Justiça Fiscal Internacional e Tributação de Lucros de Grupos Multinacionais

Justiça Fiscal Internacional e Tributação de Lucros de Grupos Multinacionais

2023

Filipe Domingues Cerqueira Alves
Advogado
Professor Universitário

ALMEDINA

JUSTIÇA FISCAL INTERNACIONAL E TRIBUTAÇÃO DE LUCROS DE GRUPOS MULTINACIONAIS

AUTOR

Filipe Domingues Cerqueira Alves

EDITOR

EDIÇÕES ALMEDINA, S.A.

Avenida Emídio Navarro, 81, 3D

3000-151 Coimbra

Tel.: 239 851 904 · Fax: 239 851 901

www.almedina.net · editora@almedina.net

DESIGN DE CAPA

FBA.

PRÉ-IMPRESSÃO

EDIÇÕES ALMEDINA, S.A.

IMPRESSÃO E ACABAMENTO

Janeiro, 2023

DEPÓSITO LEGAL

....

ALMEDINA | GRUPOALMEDINA

BIBLIOTECA NACIONAL DE PORTUGAL – CATALOGAÇÃO NA PUBLICAÇÃO

ALVES, Filipe Domingues Cerqueira

Justiça fiscal internacional e tributação de lucros de grupos multinacionais. – 1ª ed. – (Teses de doutoramento)

ISBN 978-989-40-1022-7

CDU 339

Aos meus Avós

"Taxes are what we pay for a civilized society (...)"

Justice Oliver Wendell Holmes Jr., in *Compañia General de Tabacos de Filipinas vs. Collector of Internal Revenue,* 275 U.S. 87, 100 (1927).

"J'estime donc que l'acte de juger a pour horizon un équilibre fragile entre les deux composants du partage: ce qui départage ma part de la vôtre et ce qui, d'autre part, fait que chacun de nous prend part à la société."

Paul Ricoeur, in *"Le juste"*, Paris: Éditions Esprit, 1995, pp. 191-192.

AGRADECIMENTOS

Agradeço à Família pela solidez da minha raiz e por me permitir sentir que posso ser sempre quem sou. Para a minha Mãe, meu Pai (também meu Mestre das lides jurídicas), André e meus Avós, nunca terei palavras bastantes de agradecimento: apenas o abraço pode sonhar ser expressão inteira de gratidão. Envolvo neste gesto os meus Tios, em especial o meu Tio Joaquim.

À Ana agradeço a felicidade da travessia que fazemos juntos e por me fazer querer ser melhor pessoa todos os dias, para que possa merecer o seu carinho e cumplicidade. À Fatinha, José Manuel, Miguel e Francisca sou grato por toda a ternura e acolhimento.

Expresso o meu reconhecimento à Universidade Católica Portuguesa por ser parte marcante da minha formação e identidade. Ali estudei e me licenciei, tendo hoje a oportunidade de também me testar, todos os dias, enquanto docente. A esta Universidade, na pessoa do Senhor Professor Doutor Manuel Fontaine Campos, Diretor da Escola do Porto da Faculdade de Direito, agradeço por me fazer sentir sempre apoiado e por me proporcionar todas as condições de trabalho necessárias. Estendo este agradecimento ao Senhor Professor Doutor António Ulisses Cortês pelo empenho que colocou na fase inicial desta Tese, o que permitiu que ela acedesse à luz do espaço público académico. Agradeço ao Doutor Nuno Sousa e Silva pela solidariedade que em muito contribuiu para a disponibilidade de tempo que a redação deste texto exigiu.

A elaboração desta Tese beneficiou de um período de investigação no *International Bureau of Fiscal Documentation*, Amesterdão, Países Baixos e da participação no seu *Doctoral Meeting of Researchers in International Taxation* em 2017, no qual a mentoria da Senhora Dra. Joanna Wheeler e do Senhor Professor Bertil Wilman, a quem agradeço, me ajudou a organizar ideias. Deixo uma palavra ao Senhor Professor Doutor João Félix Pinto Nogueira: o seu incentivo levar-me-ia a nova estada de investigação, desta feita na Universidade do Michigan, Estados Unidos da América, em 2018. Agradeço a esta instituição as condições que me possibilitou para o efeito, e ao Professor Reuven Avi-Yonah a orientação que ali me concedeu. Também agradeço ao Senhor Dr. Miguel Teixeira de Abreu pelo tempo dispensado e experiência partilhada, que contribuíram para várias ideias deste texto.

Agradeço a sorte de me cruzar com amigos e colegas, em tantos contextos, cujos contributos para esta caminhada não especifico, mas que são inúmeros e preciosos, que guardarei para sempre comigo. Aos meus amigos, em especial, devo ainda o agradecimento pelo perdão das ausências – que, felizmente para mim, não são recíprocas.

Por fim, quero agradecer o raro privilégio da minha orientação de Tese.

À Senhora Professora Doutora Maria de Fátima Ribeiro, que pela segunda vez toma em mãos o encargo específico de orientar os meus trabalhos, agradeço ser modelo de honestidade, rigor e verve intelectual. Nunca me faltou com palavras de estímulo, advertência e compreensão – entre tantas outras. Sou-lhe profundamente reconhecido e grato por o meu percurso se poder ter cruzado com o seu.

Ao Senhor Professor Doutor Miguel Gonçalves Correia agradeço a generosidade infinda, o método vigoroso e os diálogos profundos e críticos. Mostrou-me horizontes e esteve presente neste percurso de forma entusiasmada desde o primeiro dia. Estou-lhe genuinamente grato e agradecido por todas, aliás muitas, partilhas.

RESUMO

Os grupos multinacionais de empresas (GMN) são o principal ator comercial contemporâneo. Porém, a tributação dos lucros gerados pela sua atividade reveste-se de desafios resultantes da sua presença transnacional e da estruturação do sistema fiscal internacional, assente na responsabilidade tributária individual das entidades que o compõem. Este tratamento das entidades do GMN choca com a sua atuação integrada e sujeita a uma direção económica unitária, o que possibilita atividades de planeamento tributário através da implementação de comportamentos de substituição fiscalmente motivados e determinados pela cúpula do grupo. Desta forma, o GMN reduz injustamente os seus encargos fiscais e provoca os fenómenos da erosão das bases tributárias estaduais e da deslocalização de lucros.

Na presente Tese, procuramos estabelecer critérios de aferição da Justiça do sistema fiscal internacional, em geral, e da tributação do rendimento empresarial, em particular. No seguimento, procedemos à avaliação do Direito vigente à luz dos princípios elaborados, tomando por referência o Direito Internacional geral, o Direito Convencional de âmbito fiscal e a legislação portuguesa. Assim, identificamos e tentamos demonstrar o funcionamento e manipulação do regime de preços de transferência entre entidades relacionadas como questão central no fenómeno de erosão de bases tributárias e deslocalização de lucros. Seguidamente, procuramos demonstrar como os desenvolvimentos recentes no sistema de tributação internacional não são aptos a superar as limitações do regime de preços de transferência para realizar os seus propósitos de repartição de direitos tributários e de limitação de abuso de planeamento fiscal.

Demonstradas as insuficiências metodológicas do regime de preços de transferência, analisamos a forma de tratamento do risco gerado pela atuação integrada do GMN pelo Direito Societário e, na sequência, afirmamos a necessidade de desenvolvimento das regras de Direito Fiscal para assegurar a justa tributação daquele. Neste contexto, propomos a integração progressiva de elementos de repartição formulaica na tributação de lucros de entidades integradas em GMN, assentes numa fórmula multifator composta pelos fatores "ativo", "massa salarial" e "receitas". A adoção deste método teria lugar no contexto das atuais regras de tributação internacional, mantendo o apego ao princípio da contabilidade separada das entidades do GMN. Concluimos que a implementação da nossa proposta aportaria o incremento geral da Justiça do sistema fiscal internacional e nacional.

Palavras-chave: Direito Fiscal, Direito Fiscal Internacional, Direito das Sociedades Comerciais, Justiça Internacional, Justiça Fiscal Internacional, Tributação, Tributação de Grupos de Sociedades, Preços de Transferência, Repartição Formulaica, *Formullary Apportionment.*

ABSTRACT

Multinational enterprises (MNE) are the main contemporary player in international trade and investment. However, taxing their profits is becoming increasingly challenging due to their transactional nature and the structuring of the international tax system, based on a separate legal entity approach. This approach provides leeway for tax planning opportunities exploited by MNE's unified management and the implementation of variables of substitutive behavior motivated by tax purposes. As a consequence, the aptly designated phenomena of base erosion and profit shifting occurs and MNE are frequently able to unfairly reduce their tax burden.

In the present dissertation, we seek to establish guiding principles for evaluating the current international tax system. Subsequently, we contrast positive law with the previously elaborated principles of fairness in international taxation, departing from the analysis of International Law, Treaty Law and Portuguese Law. Thus, we identify and try to demonstrate that the transfer pricing regime is at the core of base erosion and profit shifting. We then elaborate on how recent developments in international tax are not fit to overcome the limitations of the transfer pricing regime for its anti-abuse purposes and hamper the fair sharing of tax bases between States.

Departing from the methodological shortcomings of the transfer pricing regime, we then turn to the analysis of the treatment of MNE by Corporate Law, concluding for the need to revamp international tax rules to ensure fairness in the taxation of MNE. We propose progressive integration of formulary apportionment methods in the rules for group taxation and profit splitting between affiliates by using a formula based on three fators: "assets", "labor" and "receipts". Our proposal would blend in with the current transfer pricing rules and the separate entity approach for group taxation purposes. Finally, we conclude that our proposal would improve the fairness of international and national tax systems.

Keywords: Tax Law, International Tax Law, Companies Law, International Justice, Inter-nation Equity, Taxation, Group Taxation, Transfer Pricing, Formullary Apportionment.

LISTA DE SIGLAS E ABREVIATURAS

AA. VV.	autores vários
ADS	*Automated Digital Services*, serviços digitais automatizados
ADT	Acordo(s) de Dupla Tributação
AG	Advogado-Geral
AGNU	Assembleia-Geral das Nações Unidas
AktG	*Aktiengesetz*, Lei das Sociedades Anónimas da Alemanha, Lei de 6/9/2015 (BGBl. I S. 1089), com suas sucessivas alterações
ALS	*Arm's length standard*, princípio de plena concorrência
AOA	Authorized OECD Approach
AOE	*Apple Operations Europe*
AR	Assembleia da República
Art(s).	Artigo(s)
ASI	*Apple Sales International*
AT	Autoridade(s) Tributária(s)
ATAD	*Anti Tax Avoidance Diretive*, Diretiva Anti-Elisão Fiscal (Diretivas 2016/1164/EU e 2017/952/EU)
BEPS	*Base Erosion and Profit Shifting*
CAAD	Centro de Arbitragem Administrativa
CbCR	*Country by Country Reporting*
CCCTB	*Common Consolidated Corporate Tax Base*, matéria coletável comum consolidada de imposto sobre as sociedades
CCI	Câmara de Comércio Internacional
CCTB	*Common Corporate Tax Base*, matéria coletável comum de imposto sobre as sociedades
CDI	Comissão de Direito Internacional
CE	Comissão Europeia
CEDH	Convenção Europeia dos Direitos do Homem

CEN	*Capital export neutrality*, neutralidade na exportação de capitais
CFC	*Controlled Foreign Companies*
CFS	*Consumer Facing Businesses*, negócios orientados ao consumidor
CGAA	Cláusula geral anti-abuso
CGI	*Code Génerale d'Impôt* de França, Decreto nº 81-866 com suas sucessivas alterações
CIADH	Convenção Inter-Americana dos Direitos do Homem
CIN	*Capital import neutrality*, neutralidade na importação de capitais
CINUSDM	Convenção Internacional das Nações Unidas Sobre o Direito do Mar
CIRC	Código do Imposto sobre o Rendimento das Pessoas Coletivas, Decreto-Lei nº 442-B/88, com suas sucessivas alterações
CIRCEUA	*Internal Revenue Code* dos Estados Unidos da América, Título 26 do U. S. Code com suas sucessivas alterações
CIRS	Código do Imposto sobre o Rendimento das Pessoas Singulares, Decreto-Lei nº 442-A/88, com suas sucessivas alterações
CLEN	*Capital and labor export neutrality*, neutralidade da exportação de trabalho e capital
CLIN	*capital and labor import neutrality*, neutralidade da importação de trabalho e capital
CMOCDE	Convenção Modelo OCDE sobre Impostos Sobre o Rendimento e Capital
CMNU	Convenção Modelo das Nações Unidas sobre Impostos sobre o Rendimento e Capital
CON	*Capital ownership neutrality*, neutralidade na detenção de capitais
CRP	Constituição da República Portuguesa
CSC	Código das Sociedades Comerciais, Decreto-Lei nº 262/86 com suas sucessivas alterações
CT	Código de Trabalho, Lei nº 7/2009 com suas sucessivas alterações
CV69	Convenção de Viena sobre o Direito de Tratados de 1969
CVM	Código dos Valores Mobiliários, Decreto-Lei nº 486/99 com suas sucessivas alterações
DAC	*Diretive on Administrative Cooperation*, Diretivas de Cooperação Administrativa,
DBCFT	*Destination Based Cash-flow Tax*
DEMPE	*Development, enhancement, maintenance, protection and exploitation of intangibles*, desenvolvimento, melhoria, manutenção, proteção e exploração comercial de intangíveis
EBF	Estatuto dos Benefícios Fiscais, Decreto-Lei nº 215/89 com suas sucessivas alterações

ECOFIN *Economic and Financial Affairs Council*, Conselho para as Questões Económicas e Financeiras do Conselho da União Europeia
Ed. Edição
EEE Espaço Económico Europeu
EStG *Einkommensteuergesetz*, Código do Imposto sobre o Rendimento das Pessoas singulares da Alemanha, promulgado a 1/10/2002, *Bundesgesetzblatt* I p. 3866; 2003, com suas sucessivas alterações.
EUA Estados Unidos da América
FA *Formullary apportionment*, repartição formulaica
FTT Fiat Finance and Trade, Ltd.
GmbH *Gesetz betreffend die Gesellschaften mit beschränkter Haftung*, Lei das Sociedades de Responsabilidade Limitada da Alemanha, Lei de 20/04/1892, com suas sucessivas alterações
GMN Grupo(s) de empresa(s) Multinacional(ais)
I&D Investigação e Desenvolvimento
IBFD *International Bureau of Fiscal Documentation*
ICJR *International Court of Justice Reports*
IFA *International Fiscal Association*, Associação Fiscal Internacional
IMF *International Monetary Fund*, Fundo Monetário Internacional
IRC Imposto sobre o Rendimento das Pessoas Coletivas
IRS Imposto sobre o Rendimento das Pessoas Singulares
IVA Imposto Sobre o Valor Acrescentado
KStG *Körperschaftsteuergesetz*, Código do Imposto sobre o Rendimento das Pessoas Coletivas da Alemanha, promulgado a 15/10/2002, *Bundesgesetzblatt* I, p. 4144; 2003, com suas sucessivas alterações
LFL Lei das Finanças Locais, Lei nº 73/2013 com suas sucessivas alterações
LGT Lei Geral Tributária, Decreto-Lei nº 398/98 com suas sucessivas alterações
LIS *Ley del Impuesto de las Sociedades* de Espanha, Lei nº 27/2014 com suas sucessivas alterações
LOB *Limitation on Benefits*, Limitação de Benefícios
MCCCIS Matéria Coletável Comum Consolidada De Imposto Sobre As Sociedades
MLI *Multilateral Instrument*, Convenção Multilateral para a Aplicação das Medidas Relativas às Convenções Fiscais Destinadas a Prevenir a Erosão da Base Tributária e a Transferência de Lucros
MTC *Multistate Tax Commission* dos EUA

Nº	Número(s)
NBER	*National Bureau of Economic Research*
NCRF	Norma Contabilística e de Relato Financeiro
NN	*National neutrality*, neutralidade nacional
NON	*National ownership neutrality*, neutralidade na nacionalidade do capital
Nt.	Nota(s)
OCDE	Organização para a Cooperação e Desenvolvimento Económico
OECE	Organização Europeia para a Cooperação Económica
OMC	Organização Mundial de Comércio
ONU	Organização das Nações Unidas
P(p).	Página(s)
Par(s).	Parágrafo(s)
PARD	Projeto de Artigos Sobre Responsabilidade Diplomática, aprovado na 61ª Sessão da AGNU, A/61/10
PI	Propriedade intelectual e/ou industrial
PIB	Produto Interno Bruto
PPT	*Principal Purpose Test*, Teste do Propósito Principal
PT	Preços de transferência
RCADI	*Récueil des Cours de l'Académie de Droit Internacional*
RETGS	Regime Especial de Tributação de Grupos de Sociedades
RGICSF	Regime Geral das Instituições de Crédito e Sociedades Financeiras, Decreto-Lei nº 298/92 com suas sucessivas alterações
RIAA	*Report on International Arbitration Awards to the UN*
SdN	Sociedade das Nações
Sec(s)	Secção(ões)
SHS	Schanz-Haig-Simons
Ss.	Seguinte(s)
STA	Supremo Tribunal Administrativo
STJ	Supremo Tribunal de Justiça
TC	Tribunal Constitucional Português
TFUE	Tratado sobre o Funcionamento da União Europeia
TGUE	Tribunal Geral de União Europeia
TIDM	Tribunal Internacional do Direito do Mar
TIJ	Tribunal Internacional de Justiça
TJUE	Tribunal de Justiça da União Europeia
TPAH	Tribunal Permanente de Arbitragem de Haia
TPAI	Tribunal Permanente de Arbitragem Internacional

TPEJ	Tribunal Penal para a Ex-Jugoslávia
TRC	Tribunal da Relação de Coimbra
TRG	Tribunal da Relação de Guimarães
TUE	Tratado da União Europeia
UDITPA	*Uniform Division of Income for Tax Purposes Act* dos EUA
UE	União Europeia
UNCTAD	*United Nations Conference on Trade and Development*, Conferência das Nações Unidas para o Comércio e Desenvolvimento
USC	*United States Supreme Court*, Supremo Tribunal de Justiça dos EUA
USD	*United States Dollars*, Dólares dos EUA

NOTA PRÉVIA

A presente obra corresponde na íntegra à Tese de Doutoramento apresentada para obtenção de grau de Doutor em Direito conferido pela Faculdade de Direito da Universidade Católica Portuguesa a 24 de janeiro de 2022. O texto foi objeto de atualizações mínimas e pontuais que refletem insuficiências resultantes da discussão da Tese. A redação da Tese foi concluída em março de 2021. A atualização das referências legislativas, bem como a recolha de bibliografia, foram sustadas em novembro de 2020. A legislação nacional referida foi atualizada à data de edição da obra.

As obras dos autores citados em texto são referidas em nota de rodapé por identificação de apelido do autor, ano de publicação e página. Quando esta última não é referida, pretendemos remeter para a obra no geral. Quando a obra é da autoria de três ou menos autores, são referidos os seus apelidos. Caso seja da autoria de mais do que três autores, é referido o apelido de um autor acompanhado da menção *et al.*, mantendo-se a demais forma de citar. Se for feita referência a mais do que uma obra de um autor num mesmo ano, serão diferenciadas pela aposição da letra "a" a seguir ao ano e assim sucessivamente. Foram citados recursos informáticos interativos – a sua referenciação é feita apenas em texto.

Todas as obras estão citadas de forma completa na lista bibliográfica de obras citadas. A forma integral de citação, incluindo o nome completo do(s) autor(es), ano de publicação, título, volume (se aplicável), editora e local de edição surgirão apenas naquela. A este propósito, os autores de língua espanhola serão citados recorrendo aos dois últimos apelidos e os demais apenas ao último apelido. O segundo nome dos autores anglo-saxónicos é abreviado. A lista bibliográfica é a única lista de referenciação de obras consultadas, mas contem todos os documentos citados em texto que não sejam monografias ou artigos de periódicos, relatórios de Organizações Internacionais e documentos alojados em formato *online*.

A jurisprudência é citada em texto com chamada de "*acórdão*", "*caso*" ou "*decisão arbitral*", consoante aplicável e está recolhida em lista de jurisprudência no final. Aí, pode ser citada com referência à fonte ou aos locais de publicação oficiais conforme tradição do Tribunal em questão. Quando não o é, os locais de consulta variam consoante a natureza da decisão e do Tribunal. A jurisprudência judicial portuguesa pode ser consultada em www.dgsi.pt e www.tribunalconstitucional.pt. A jurisprudência arbitral tributária portuguesa pode ser consultada em www.caad.org.pt. A jurisprudência de Tribunais da União Europeia pode ser consultada em https://curia.europa.eu/jcms/jcms/j_6/pt/. A jurisprudência dos EUA foi citada segundo as regras *Bluebook*, após a identificação do tribunal e o nome abreviado do caso (como referido em corpo de texto), identificando o nome do caso, o volume dos *United States Reports*, a abreviatura destes (U. S.), a primeira página do caso e o ano da decisão. Os acrónimos constantes dos locais de publicação de jurisprudência internacional são referentes à língua inglesa para comodidade de apreensão uma vez que é a linguagem mais corrente de referenciação académica na área e uma das duas linguagens de citação oficial dos ICJR. A demais foi acedida através da base de dados do IBFD, consultável em https://research.ibfd.org/.

A obra contém anglicanismos. Hesitámos quanto à sua manutenção em texto, mas considerando a análise de conceitos de Direito Internacional ou desenvolvidos neste contexto, resolvemos manter algumas expressões em língua inglesa (em especial, a identificação dos métodos de preços de transferência e a sigla correspondente a repartição formulaica), devidamente assinaladas e traduzidas no seu primeiro uso, com o fito de mais facilmente situar o interlocutor no discurso da prática e doutrina internacional. Com exclusão da exortação inicial, procurámos sempre proceder às traduções de citações em língua estrangeira, que são todas da nossa autoria.

Introdução

Esta Tese aborda a Justiça internacional da repartição de bases tributárias, em geral, e a tributação do rendimento do grupo de empresas multinacional (GMN), em particular. A escolha do tema foi motivada pela perceção da possibilidade de o GMN beneficiar de oportunidades e vantagens fiscais que lhe permitem diminuir a sua carga fiscal em prejuízo dos direitos tributários de alguns dos Estados em que atua. Como veremos, esta possibilidade resulta da estruturação jurídica dos GMN e da desadequação das regras jurídico-tributárias genericamente aplicáveis à sua atuação[1].

Enquadramos o tratamento do tema na dinâmica da relação Estado-contribuinte num contexto aberto[2]. Este coloca particulares desafios aos Estados contemporâneos[3]. O modelo de capitalismo telemático proporciona a atuação integrada, desmaterializada e transnacional do GMN de um modo que não se subsume aos quadros referenciais e tradicionais do

[1] Notando uma "crise de confiança" relativamente ao governo das sociedades na sequência dos recentes escândalos financeiros envolvendo empresas de grandes dimensão e impacto no mundo dos negócios, cfr. Ribeiro, 2009, p. 23.

[2] Por contexto aberto, entendemos um cenário em que se considera a interação de um GMN e suas várias entidades constituintes (e respetivas naturezas jurídicas) com mais do que um Estado (e mais do que um quadro legislativo). Este cenário é distinto de um contexto fechado: a tributação de grupos de empresas atuando circunscritas a um Estado e, portanto, sujeitas à mesma legislação fiscal. Sobre a tributação de grupos de empresas em contexto fechado, vd. Correia, 2013a, pp. 261 e ss. Para um resumo das dificuldades que as interações entre vários ordenamentos jurídicos suscitam na tributação de entidades empresariais atuando transnacionalmente, vd. Morais, 2005, pp. 18 e ss.

[3] A este respeito, vd., por exemplo, Dagan, 2017, pp. 23 e ss.

imposto sobre o rendimento empresarial[4]. Em paralelo, a concorrência fiscal internacional possibilita a erosão de bases tributárias com repercussões na receita fiscal de alguns Estados que não conseguem, por variadas razões, tributar o rendimento que tem fonte no seu território.

A questão é urgente porque o GMN é, hoje, o principal veículo de trocas comerciais internacionais[5]. Contudo, a sua tributação apresenta uma tendência regressiva[6]. Esta tendência é injusta para os concorrentes do GMN, porquanto possibilita uma maior rendibilidade da atividade do GMN e, consequentemente, maior dificuldade de entrada em mercado de novas iniciativas empresariais. Mas é, sobretudo, injusta para os demais cidadãos de todos os Estados onde atua o GMN sem o pagamento de medida de imposto proporcional ao rendimento que ali obtém, por força dos maiores encargos tributários que, como tal, recaem sobre aqueles. A atuação do GMN suscita, portanto, questões de Justiça internacional e nacional que procuraremos concretizar na Parte I da Tese[7].

No seguimento da identificação de um problema de Justiça, tentamos compreender as causas deste *statu quo*. O nosso objetivo é um: contribuir

[4] Pese embora a vasta diversificação de formas de imposição tributária que permitem a regulação local de fenómenos comerciais transnacionais. A compreensão do sistema fiscal implica adotar uma perspetiva holística que não se limita a apreciar a tributação sobre o rendimento. Impostos sobre o consumo, sobre a receita ou taxas locais são formas eficientes e progressivamente adotadas de tributação local de realidades comerciais globais, às quais faremos referência pontual no curso do trabalho. Vd., por exemplo, Feria/Belim, 2011, pp. 333 e ss.

[5] 90% do lucro empresarial global é arrecadado pelas maiores 20% sociedades abertas integrantes de GMN e 80% do lucro empresarial global é arrecadado pelas maiores 10% sociedades abertas integrantes de GMN segundo McKinsey Global Institute, 2015, pp. 1-4. 2/3 dos lucros gerados pelos GMN são capturados pelos 100 maiores GMN mundiais (aqueles com mais de 40 mil milhões de USD de ativo). Estes representam apenas entre 0,1% a cerca de 1% dos GMN e, em 2017, as suas operações envolveram 9% dos ativos globais, 17% das vendas no estrangeiro e 13% do emprego estrangeiro.

[6] Assim, entre 2000 e 2010, as taxas efetivas de IRC suportadas por empresas integradas em GMN foram 3,3% inferiores, em média, às suportadas por empresas independentes em situações comparáveis. Em especial, as taxas efetivas de IRC de empresas afiliadas de GMN são 5 a 8,8% inferiores em comparação com empresas concorrentes de âmbito meramente doméstico. Sucede que, precisamente, é nas afiliadas do GMN que estão sujeitas a taxas efetivas de IRC inferiores que é contabilisticamente reportada a maior percentagem de lucro dos GMN – vd. OECD, 2015a, pp. 15, 57, 68 e 101 e, mais desenvolvidamente, Parte I, Capítulo I, 4.

[7] Destaque-se que a atuação comercial transnacional tem sido um motor de desenvolvimento económico e pacificação regional e mundial, conforme demonstra a obra de Clausing, 2019. Esta Tese integra-se neste contexto, procurando alcançar a Justiça na tributação sem prejuízo das trocas internacionais comerciais. Estas são assumidas como um dado adquirido que se pretende regular do ponto de vista fiscal, e não limitar.

para a melhoria do mecanismo de tributação de rendimento empresarial obtido pelo GMN. Por isso, procedemos a uma análise geral da tributação de grupos empresariais internacionais considerando a estrutura do IRC[8], o Direito Internacional geral e convencional e a sua projeção nas regras de direito português. Identificando as variáveis de rentabilidade do GMN e como este age para as implementar, subsumimos a sua atuação às principais normas de Direito Fiscal internacional e nacional, para contrastar os resultados da respetiva aplicação ao GMN com a intenção legislativa. Concluímos que uma causa fundamental da injustiça identificada radica no funcionamento do processo de regulação de transações intragrupo. Este é instituído, sobretudo, pela implementação do princípio da plena concorrência no regime de preços de transferência, que visa determinar parte da matéria coletável das entidades que compõem o GMN.

A análise descrita no parágrafo precedente é feita na parte II da Tese. Aqui permitimo-nos, também, apreciar a regulação de GMN pela área conexa do Direito Societário procurando pontos de contato que possam permitir a adoção de soluções satisfatórias no âmbito fiscal. Contudo, terminamos por concluir pela insuficiência metodológica do regime de preços de transferência para desempenhar o papel fundamental de centro normativo da tributação do GMN. Neste ponto, impõe-se, então, propor uma alternativa ao funcionamento daquele regime, o que fazemos na Parte III através da explanação de modelos de repartição formulaica de tributação de lucros de entidades integradas e formas de implementação dos mesmos no sistema vigente numa perspetiva *second best*[9].

[8] Importa precisar que ao referimo-nos ao IRC temos em mente o imposto sobre o rendimento empresarial, conscientes de que a realidade da sua tributação, de uma perspetiva comparada, não se reconduz no rendimento empresarial obtido por pessoas coletivas – cfr. Devereux *et al.*, 2021, pp. 21 e ss; Gutmann, 2015, pp. 1 e ss; Morais, 2007, pp. 11 e ss. Na realidade portuguesa, realce-se que, por um lado, o IRC não incide juridicamente apenas sobre pessoas coletivas, mas também sobre entes despersonalizados como, por exemplo, o estabelecimento estável – cfr. art. 2º CIRC – ou, ainda, é tributado em sede de IRS por força do regime de transparência fiscal – cfr. art. 6º CIRC. Por outro lado, o IRC não esgota o âmbito de incidência dos rendimentos empresariais, que quando obtidos por pessoas singulares são tributados em sede de IRS, ainda que com possibilidade de aplicação subsidiária das normas do CIRC – cfr. art. 32º CIRS. A nossa Tese apenas considera a composição do GMN por entidades de responsabilidade limitada.

[9] A perspetiva *second best* assume a impossibilidade de vigência de todas as variáveis necessárias para assegurar a Justiça e eficiência na sua plenitude e foi primeiramente teorizada por Lipsey/Lancaster, 1956, pp. 11 e ss. Nos seus efeitos práticos, é semelhante à "abordagem de continuidade" proposta por Schön, 2009, pp. 67 e ss.

Gostaríamos de frisar que escrevemos animados da convicção profunda da possibilidade de melhoria do funcionamento do sistema fiscal, da necessidade da sua evolução normativa e metodológica e da vontade de contribuir para a concretização de regras jurídicas mais justas. O trabalho a que nos propomos é eminentemente normativo, no sentido descrito por VAN HOECKE[10]: assume posições e faz escolhas entre valores e interesses. Elegendo um fim (a repartição de bases tributárias entre Estados através da formulação de um regime justo de tributação de GMN), ponderamos escolhas entre modelos, opções, princípios e regras, vigentes ou enunciados, balanceando uns e outros em busca da concretização dos vários valores que devem traduzir-se nas regras de direito positivo.

Mas o nosso exercício não é meramente argumentativo. Atuamos também convencidos da inescapável necessidade de debate do assunto pela doutrina portuguesa. Com efeito, Portugal está hoje integrado num mercado global e a preponderância do GMN na sua receita fiscal não constitui uma exceção à regra[11]. O Estado português integra a UE[12] e é permanente-

[10] Vd. VAN HOECKE, 2011, p. 10. Para este efeito, seguimos a lição de CORTÊS, 2013, pp. 40 e ss, e procuramos aplicar a designada *metodologia jurídica integral*, decorrente de uma análise sistemática e constantemente depurada da jurisprudência dos tribunais; da convocação de elementos empíricos; da investigação em direito comparado e da ideia global de direito; e do papel de uma ética de Justiça, orientada por um ideal de humanidade, como pedra de toque na inovação jurídica.

[11] Destaque-se que os contribuintes com volume de negócios superior a 25 milhões € apresentam 0,4% das declarações de IRC entregues, mas geram 54,3% do IRC cobrado. Em 2018, havia 492.935 contribuintes de IRC em Portugal. Destes, 4.506 estavam sujeitos ao RETGS abordado na Parte II, Capítulo I, 4.1. e 1.339 apresentaram declarações relativas a eliminação da dupla tributação económica de lucros e reservas distribuídos (cfr. arts. 51º e 51º-D CIRC) correspondendo a 9.047 mil milhões € de rendimento declarado – cfr. dossier estatístico da AT disponível em https://info.portaldasfinancas.gov.pt/pt/dgci/divulgacao/estatisticas/estatisticas_ir/Pages/Estatisticas_IRC.aspx. Estes últimos contribuintes são particularmente relevantes e, possivelmente, GMN por força da sua dimensão, o que justifica que sejam particularmente acompanhados pela Unidade de Grandes Contribuintes da AT – cfr. art. 68º-B LGT e critérios para classificação como Grande Contribuinte (que também abrange, pela previsão, grande parte de grupos de sociedades sujeitos a RETGS) previstos na Portaria nº 130/2016. Note-se que, também em 2018, apenas 136 apresentaram um volume de negócios superior a 250 milhões €. Já pelo Despacho nº 977/2019, a AT divulgou existirem 1614 Grandes Contribuintes em Portugal. Sobre a evolução da receita proveniente da tributação de consumo, rendimento e património em Portugal, vd. SANTOS/MARTINS, 2009, p. 10.

[12] No âmbito da qual se discutem os temas subjacentes à presente Tese, como descrito, por exemplo em Parte II, Capítulo I, 4.2, ou as propostas da CE sobre *digital services tax* ([COM(2018) 148 final]) ou sobre *significant digital presence* (estabelecimento estável digital) – [COM(2018) 147

mente representado na OCDE[13]. Pragmaticamente, a forma justa de tributar o GMN interessa à nossa Fazenda Pública e ao debate nacional e internacional sobre o tema.

final], bem como se regulam várias questões abordadas na presente Tese, como são exemplos as Diretivas ATAD ou as decisões do TJUE descritas na Parte II, Capítulo I, 4.3.

13 Por exemplo, através de uma Delegação Permanente do Ministério dos Negócios Estrangeiros – cfr. https://ocde.missaoportugal.mne.gov.pt/pt/ – ou, mais importantemente neste contexto, através da participação no Quadro Inclusivo (*Inclusive Framework*) da OCDE para a implementação do projeto BEPS (vd. também a Parte II, Capítulo II, 1.3)

Parte I

Capítulo I
A crise do IRC em contexto aberto: o fenómeno BEPS

1. O Estado fiscal

As relações jurídicas internacionais contemporâneas assentam na organização das comunidades humanas em Estados: grupos de base territorial, que se governam a si próprios e que entram em relações recíprocas[14]. Um Estado é uma comunidade política soberana implementada num determinado território, organizada de forma a aí ditar as regras jurídicas de convivência entre seres humanos de forma plena e sem ingerências externas, recusando qualquer outro poder equivalente e concorrente. Pela evolução mais ou menos sofisticada de sistemas de regras e princípios, os membros dessas comunidades erigiram instituições e formas de processo de gestão da coisa comum que são os assuntos da vida de todos, numa dialética entre sujeitos (o indivíduo) e soberanos (o conjunto dos indivíduos organizados).

Assim, por partilharem desígnios e preocupações comuns e se organizarem de forma a gerir os mesmos, todos os cidadãos de um Estado são convocados para a participação no esforço de organização e discussão dos assuntos comuns. Fazem-no através de mecanismos capazes de impor a vontade coletiva dos membros da comunidade sobre interesses dissonantes de cada

[14] O elemento territorial é "evidente" na definição de Estado – expressão de Crawford, 2007, p. 46. Com efeito, o domínio exclusivo duma parcela territorial é condição para considerar essa mesma parcela território de um Estado. E esse domínio resulta do exercício de um direito exclusivo do Estado, excluindo qualquer outra pretensão de outro Estado concorrente – vd. o acórdão TPAH, *Ilha de Palmas*, p. 9. O contraponto deste direito é o dever que impende sobre o Estado de proteger interesses de Estados terceiros na parcela que domina exclusivamente, como nota também o TPAH. A referência ao território avulta também na definição de *soberania fiscal*, que "implica o poder de determinar a aplicação territorial de leis fiscais de acordo com os princípios reconhecidos pelo Direito Internacional" – vd. Traversa/Pirlot, 2014, p. 128.

um deles. A principal forma coerciva de participação no esforço coletivo de construção de uma comunidade feita por um Estado aos seus constituintes é a exigência do imposto[15].

O imposto é uma prestação pecuniária, unilateral, definitiva, coativa[16], estabelecida por lei em sentido estrito, devida por um membro (pessoa individual, coletiva ou fiscalmente equiparada) de uma comunidade que detenha capacidade contributiva a uma entidade que exerça funções ou tarefas públicas, com o objetivo de satisfação de fins públicos[17]. A finalidade do imposto é, portanto, principalmente recoletora. A sua coleta visa financiar o cumprimento das tarefas estaduais essenciais e cuja responsabilidade de prestação compete ao Estado.

A existência de uma comunidade política autodeterminada, soberana, e situada num determinado território é, também, razão de ser da existên-

[15] A participação na vivência comunitária justifica a exigência do imposto. Assim, Franco, 1992, p. 58, refere o dever de cobertura dos encargos de uma comunidade pelos seus membros – "a participação de cidadãos na cobertura de necessidades públicas" – acrescentando a p. 157 que os obrigados pelo imposto são os cidadãos e os residentes.

[16] Xavier, 2014, p. 39 não considera que a coatividade seja um traço do imposto, mas sim uma característica da pretensão do credor, que a pode exigir pela força pública se não for espontaneamente realizada – e nesse sentido também são coativas as prestações voluntariamente assumidas, como os preços, exequíveis através do processo de execução fiscal.

[17] O conceito de imposto divide-se, assim, num elemento objetivo, num elemento subjetivo e num elemento teleológico – vd. Nabais, 1998, p. 240. A função e finalidade do imposto, considerada a sua íntima relação com o coletivo, acompanha as mutações da própria ideia das relações políticas. Assim, foi já entendido como instrumento para a própria revolução social (com Marx), ou ainda como tendo uma função principal de correção de exageros provocados pelos mecanismos de mercado operando em livre concorrência, através da repartição de rendimentos e património. Por seu turno, Menéndez, 2001, p. 20, considera que a função essencial do imposto é a de proceder à transferência de recursos da economia pública para a economia privada. Já Murphy/Nagel, 2002, p. 46 identificam 3 funções para o imposto: o financiamento de bens públicos, o benefício de indivíduos e a afirmação de Justiça redistributiva, também discorrendo sobre os fins sociológicos e filosóficos do mesmo, como sejam a distinção entre sector público e privado e a distribuição do produto do rendimento social pelos indivíduos. As funções económicas do imposto são, ainda, descritas por James/Nobes, 2018, p. 7, destacando que através da recolha do imposto, sua administração e consequente aplicação dos fundos públicos, o Estado hodierno procura desempenhar essencialmente três papéis. *Primo*, promover a eficiência na alocação de recursos do mercado. *Secondo*, operar uma redistribuição de recursos dentro da sociedade que administra, de acordo com o consenso mínimo comunitário daquilo que é entendido como *justo*. *Tertio*, suavizar a ocorrência de crises cíclicas, influenciando a manutenção do nível de emprego e dos preços – função menos consensual doutrinalmente em comparação com as já aludidas. Sobre as funções do imposto, veja-se também, Faveiro, 1986, pp. 25 e ss., Pires, 2011, pp. 86 e ss., Teixeira, 1990, p. 42.

cia da obrigação de imposto[18], que encontra fundamento na Constituição[19] ou na autodeterminação[20] de uma comunidade. Daí que só possa haver imposto onde haja Estado[21]. Por um lado, só o Estado pode coercivamente impor o financiamento de necessidades coletivas. Apenas o Estado é titular do poder tributário[22] na medida em que este está associado ao mais alto nível da função legislativa que cria, modifica e extingue impostos a título originário. Por outro lado, só a união sociocultural e de convívio íntimo

[18] Defende Kallergis, 2018, p. 51, que o imposto é condição para existência do Estado, configurando-se como o contrapeso do poder coercivo deste sujeito. Ilustra com a citação de D. Rosenbloom, a nota 58: não existe qualquer sujeito jurídico - tribunais, legislatura, democracia funcional - sem um sistema fiscal.

[19] Com Nabais, 1998, p. 300.,

[20] Assinala Medeiros, 2015, p. 157, que no, contexto hodierno a soberania não assenta no domínio territorial pelo Estado, tendo evoluído para uma ideia relacionada com a autodeterminação coletiva, assinalando mesmo a necessidade central destas comunidades interagirem com outras seus pares, partilhando com elas o controlo das respetivas condições de vida numa escala global. Também Machete, 2012, p. 335, considera que a Constituição é fundamento legitimador do poder do Estado, constituindo este último uma dimensão da comunidade ordenada à garantia de liberdade - autodeterminação - dessa mesma comunidade e, por isso, também da liberdade de todos e de cada um dos seus membros.

[21] Apenas no Estado se verifica "a unidade de sentido capaz de integrar uma comunidade humana em que os laços de solidariedade justificam a imposição de sacrifícios em vista do bem comum e segundo critérios de justiça distributiva" como recorda Machete, 2012, p. 335. Também Nagel, 2005, p. 121, afirma que a existência do Estado condiciona positivamente a forma do exercício da soberania nesta comunidade. A pretensão de legitimidade política que subjaz à imposição de uma obrigação de imposto só se justifica caso essa imposição seja feita de acordo com critérios de Justiça - o contrapeso da capacidade estadual de impor decisões com recurso à força. Com Dworkin, corrobora que uma comunidade política que exerce domínio sobre os seus cidadãos e que lhes exige certas obrigações de afiliação e obediência a lei deve ser imparcial e objetiva no tratamento de todos os cidadãos, considerando a posição de todos na decisão pelo coletivo. Já Allix, 1938, p. 550, afirmava que a existência da comunidade política, que representa e rege o Estado, é fundada na "aliança política", o que leva Kallergis, 2018, p. 47, a afirmar que o fundamento do poder fiscal é a soberania e que a legitimidade desse mesmo poder assenta na representação.

[22] Utilizamos a expressão *poder tributário,* e não *soberania fiscal* na esteira de Kallergis, 2018, p. 13. A soberania não se exerce: é a qualidade formal do poder e que caracteriza o seu título, a faculdade da sua disposição e o seu exercício. Quando o Estado determina o estatuto ou o regime fiscal de um sujeito interno, não exerce a sua soberania, mas o seu poder dentro dos limites da sua competência. No mesmo sentido, Nabais, 1998, p. 296, que afirma que a soberania é a qualidade jurídica do poder do Estado. Diferentemente, cfr. Martinez, 1996 pp. 69 e ss. A soberania é, assim, uma descrição do atributo da estadualidade resultante de uma análise normativa das características desta: a capacidade de gozar todos os direitos e deveres reconhecidos pelo Direito Internacional, e alcançados no processo dialético e evolutivo de constituição do Direito - assim, Crawford, 2013, p. 72. No mesmo sentido, Carrillo-Salcedo, 1996, p. 63.

verificada de uma comunidade política é capaz de legitimar e possibilitar tal poder. Isto sucede porque este poder é imposto em atenção a preocupações concretas dos indivíduos que compõem essa mesma comunidade e que, portanto, ganham direito a participar na definição da imposição dessa obrigação, nomeadamente através do processo democrático[23]. É essa mesma recolha de receitas que permite ao Estado, *de facto*, manter a sua independência e soberania[24]. O Estado contemporâneo é, portanto, um Estado fiscal porque o financiamento da sua infraestrutura, organização e cumprimento de funções constitucionais é financiado pelo imposto[25].

2. O Estado fiscal e a extrafiscalidade

A função hodierna do imposto não se esgota, todavia, no financiamento das funções essenciais do Estado. Com efeito, o imposto financia também as opções políticas da comunidade, consequência do alargamento do âmbito de intervenção estadual na economia moderna e da intensificação do Estado enquanto agente modelador económico-social, materializado na ideia de Estado Social[26]. Assim, o entendimento daquilo que constitui "necessidade coletiva" é, hoje, mais lato e extravasa a garantia da manutenção de esfera de livre atuação individual associada ao liberalismo constitucional e ao núcleo de funções essenciais do Estado. Na mesma medida, mais ampla é a finalidade do imposto, que abarca também o financiamento da provisão de bens públicos que satisfaçam necessidades coletivas gerais insuscetíveis de se reduzir a uma relação de prestação de serviços difusos entre Estado e contribuinte[27], bem como a realização de imperativos de ordem constitucional. Estes tanto podem estar relacionados com a efetivação plena do catálogo de direitos, liberdades e garantias, como com impera-

[23] Considerando que a lei fiscal é legítima quando aceite socialmente, ou seja, colhendo legitimidade da sua criação através de procedimentos democráticos, discussão pública e compromisso político, vd. Dourado, 2014, p. 206. E aqui reside, aliás, o fundamento da leitura contemporânea do princípio da legalidade aplicado à criação de impostos – cfr. Vasques, 2016, pp. 326 e ss.

[24] Sobre a distinção entre soberania *de facto* e *de jure*, vd. Rixen, 2008, p. 27.

[25] Sobre o conceito de Estado fiscal, vd. Nabais, 2005, pp. 44 ss. e Vasques, 2016, pp. 18 e ss.

[26] Sobre a extrafiscalidade como inerente a qualquer imposto, cfr. Nabais, 2019, pp. 397 e ss.

[27] E todos os membros da comunidade beneficiarão destes serviços, na medida em que os bens públicos prestados pelo Estado são não-exclusivos (é impossível excluir sujeitos do seu consumo) e não-concorrenciais (o consumo do bem público por um sujeito não reduz a sua disponibilidade para outro sujeito) – Hemels, 2014, p. 418. Na formulação de Murphy/ Nagel, 2002, p. 46 – os bens públicos são "os bens que não podem ser fornecidos a ninguém a não ser que sejam fornecidos a todos".

tivos da realização dos direitos económicos, sociais e culturais, para utilizar a Constituição da República Portuguesa (CRP) como referência[28].

Contudo, a realização de um catálogo de prerrogativas associadas a um determinado programa coletivo económico e social encontra-se a jusante das garantias de liberdade tradicionalmente associadas ao Estado liberal. É uma dicotomia, aliás, traduzida na própria determinação e concretização do conteúdo das tarefas estaduais associadas a cada uma daquelas esferas. Os direitos, liberdades e garantias surgem determinados em normas de teor constitucional, impondo a tarefa de realização do seu conteúdo previamente especificado ao poder constituído. Por seu turno, o catálogo dos direitos económicos, sociais e culturais carece de concretização infraconstitucional por determinação constituinte, ao dotar as normas referentes aos mesmos de uma textura aberta.

Com efeito, as funções fiscais propriamente ditas surgem associadas ao catálogo de direitos liberais que assegura a autonomia individual. Estes direitos, na sua dimensão principal, são afetados por uma reserva geral imanente de ponderação com valores, bens ou interesses igualmente dignos de proteção jurídica pelo poder público. Mas a sua determinidade constitucionalmente configurada implica, para os poderes constituídos, a obrigação de garantirem a inviolabilidade e possibilidade jurídicas ínsitas nos mesmos[29].

[28] No mesmo sentido, Faveiro, 1986, p. 30. Note-se que os imperativos de realização social podem determinar o desempenho pelo Estado de funções tidas como estruturantes da comunidade e associadas à extrafiscalidade, como por exemplo, a correção das desigualdades materiais, tarefa que se entende hodiernamente ser "de segunda vaga" e que se prende com a realização das opções políticas sociais associada às alterações qualitativas e quantitativas da função do Estado social. Ora, porquanto o Estado tem mais tarefas a realizar, tem mais despesas que carecem de financiamento. Contudo, a primazia da autonomia individual, decorrente de uma ideia de Justiça assente na dignidade da pessoa humana, e o interesse próprio do Estado no florescimento da economia, que aumenta as suas receitas de forma derivada da participação nesse resultado, acabam por estar na base da distinção entre a fiscalidade e a extrafiscalidade, mantendo a autonomia do debate. Ou seja, e para nós, da essência do imposto é a recolha de fundos para realização de tarefas estaduais essenciais. Admite-se, contudo, que a sua finalidade não seja só essa e que a recolha de imposto possa estar associada à realização de determinado programa social, constituído juridicamente nas imposições constitucionais. Assim, a dignidade da pessoa humana constitui limite da função extrafiscal do imposto, pois o indivíduo jamais possa ser instrumentalizado em torno de um dado fim social. A distinção entre o imposto fiscal e o extrafiscal também mantém interesse na medida em que o parâmetro constitucional material daqueles é próprio, arvorado no critério da capacidade contributiva, ao passo que o destes é a realização conteudística dos direitos fundamentais e a concatenação com o princípio da igualdade na sua vertente tributária.

[29] Vd. Novais, 2010, p. 345.

Essa determinidade está ausente nos direitos económicos, sociais e culturais. Estes são carentes de determinação constante pelo poder constituído e sujeitos, entre outros limites, a uma reserva imanente do financeiramente possível. Mas resultam, sobretudo, de uma vontade constituinte de dotar o Estado de uma responsabilidade intervencionista moldada de determinada forma, como, por exemplo, associada à redução de desigualdades entre indivíduos. A realização deste conjunto de direitos projeta-se na função extrafiscal do imposto[30].

Não que tal implique negar natureza de fundamentalidade ao catálogo de direitos económicos, sociais e culturais previsto na generalidade dos quadros constitucionais modernos, sobretudo em constituições que, como a CRP, positivam e assumem tal característica[31]. O que sucede é que a realização das funções extrafiscais do Estado carece de concretização pelo legislador ordinário numa ótica de especificidade de funções: é este que dispõe de meios para interpretar o consenso social imediato e aferir dos pressupostos sociais, económicos, culturais e até filosóficos que hão-de determinar as opções da sociedade concretizadas nas políticas a adotar. Assim, a função extrafiscal do imposto, ao invés, não se radica na sua essencialidade para a vida em comunidade: dependendo do concreto caminho determinado por cada comunidade e da extensão das tarefas cometidas ao Estado central, esta função poderá estar presente em distintas medidas[32].

Ao invés, a função fiscal do imposto é da sua essência em qualquer Estado que seja centrado na dignidade da pessoa humana. A função fiscal assegura o financiamento da prestação de bens difusos e de benefícios de

[30] A associação entre a Constituição, a função fiscal e a função extrafiscal do imposto surge aflorada em Faveiro, 1986, pp. 20 e ss. quando afirma, a p. 42, que a distinção entre ambas as funções é resolvida no plano constitucional, pois depende da própria índole fundamental da coletividade e do sentido e sentimento que se pretenda atribuir à concepção filosófica do Estado em concreto. Sobre o quadro do fenómeno extrafiscal, vd. também Nabais, 1998, pp. 629 e ss.

[31] Frise-se que, para o cidadão, esta distinção não releva quotidianamente na medida em que aquele raramente pretende exercer o *direito como um todo*, mas sim faculdades ou prerrogativas do mesmo que se manifestam, de forma distinta, em vários direitos. Por exemplo, será inegável que o direito à vida é indissociável ao direito a uma habitação digna, embora não deixe de ser verdade que ambos surgem consagrados em planos diferentes na CRP. Nessa medida, ambas as funções do imposto se materializam de forma relativamente indistinta para o cidadão permanente e habitante na comunidade onde se exerce o poder tributário do Estado, em estrita interação com os demais cfr. Novais, 2010, p. 265 e Alexy, 2009, pp. 162 e ss.

[32] E financiada, também, de outras formas mais correlacionadas com o objetivo concreto que se procura realizar, colhendo, por exemplo, financiamento público através de outros tributos como taxas ou contribuições, e não necessariamente em impostos.

que todos os membros sociais gozam. Falamos das chamadas necessidades de *satisfação passiva*: sentidas por todos ou quase todos os participantes numa comunidade, mas que só são satisfeitas porque existem os bens, os meios ou os serviços criados para elas sem que seja preciso que cada um procure, ativamente, a satisfação individual – a prestação de serviços de polícia e judiciais, por exemplo, assegura a segurança[33]. A imposição de uma prestação pecuniária com as características do imposto a todos os membros comunitários é, assim, fundamentada na contrapartida do benefício de inserção em dada comunidade política territorial e potencial usufruto dos serviços garantidos pelo Estado.

Note-se que, no limite, qualquer conflito de direitos entre os membros da comunidade será dirimido pelo Estado[34]. Nessa medida, a determinação final do gozo daquilo a que cada qual tem direito num dado momento apenas pode ser assegurada pelo Estado, atuando como um terceiro imparcial e justificando o financiamento desta rede de segurança última através das prestações de imposto. Esta função do Estado, que não é a única tida com essencial, é, todavia, fundamento suficiente para a imposição de imposto. O princípio base da ideia de Justiça jurídica – *suum cuique tribuere* – não é mais do que mera proclamação de ordem moral sem a garantia da efetiva distribuição do que é de cada qual a cada um[35].

A descrição do imposto como *odioso*[36] corre o risco de ser, então, injusta. É precisamente o imposto que, indiretamente, permite o gozo de direitos fundamentais pelos membros da comunidade ao alimentar o mecanismo comunitário de proteção dos mesmos, possibilitando a operatividade da convivência coletiva no Estado[37]. A manutenção deste convívio pacífico materializado na ideia de Estado implica que todos os seus habitantes possam gozar de direitos fundamentais e que, concomitantemente, lhes seja

[33] Vd. Faveiro, 1986, p. 48 e Nabais, 2008, pp. 48 e ss.

[34] Com efeito, no Estado moderno os cidadãos não são livres nem têm o direito de resolver os seus litígios (entre privados ou entre estes e o poder público) recorrendo aos seus próprios meios. Esta função é desempenhada pelo Estado, através da ação dos tribunais e inscrita como pilar da vida em comunidade através da sua consagração no texto da CRP, nº 1 do art. 201º. Barber, 2012, p. 37 afirma que o requisito básico para a existência de um Estado é a capacidade de este manter um Estado de Direito funcional, através do qual se relaciona com os seus constituintes.

[35] Ou, na alternativa de Ricoeur, 1995, pp. 191-192, na partilha justa do que é de todos.

[36] A expressão é de Vasques, 2008, p. 131.

[37] Vd. Murphy/Nagel, 2002, p. 46, afirmando que o imposto proporciona as condições mínimas de qualquer teoria de governo para que todas as vantagens associadas à civilização possam ser usufruídas: paz doméstica e segurança, um sistema legal e proteção contra invasores.

permitida a participação no processo de decisão da organização da vida em comum, com vista a um certo desiderato acordado politicamente. Porquanto a implementação do catálogo de direitos fundamentais liberais depende da vigilância e pro-atividade estadual na sua promoção, o gozo da liberdade e dos direitos de propriedade está intimamente ligado à sua proteção[38], a qual é tarefa principal e, em larguíssima medida, exclusiva do Estado.

É esta configuração constitucional da interação política que há-de possibilitar a determinação dos objetivos em comum a perseguir por esse conjunto de pessoas que participam numa mesma comunidade, concretizados na maior ou menor extensão do catálogo de exigências económicas, culturais e sociais cuja implementação subsequente incumbem ao Estado. O conjunto destas atividades tem um custo difuso, financiado através do imposto. Para que a exigência coerciva do imposto seja justa, todos os membros deverão comparticipar o financiamento do esforço coletivo, sob pena de uns membros da comunidade se aproveitarem do esforço dos demais através do usufruto dos serviços estaduais sem o encargo do seu sustento.

Esta obrigação fiscal poderá ser modelada na sua extensão consoante a presença de um sujeito numa comunidade apenas lhe permita o gozo mínimo do catálogo de direitos constitucionalmente determinados e cuja implementação impende sobre o poder executivo e legislativo (assegurados pela função fiscal) ou consoante a sua presença seja plena, associada à determinação e benefício de um programa socioeconómico mais vasto (assegurados pela função extrafiscal).

Assim, o dever de pagamento de imposto pode ser exigido pelo Estado aos seus constituintes, mas também pelos membros da sociedade aos demais. Aqueles são ainda investidos no direito de exigir do Estado que busque o cumprimento da obrigação devida aos demais beneficiários dos serviços públicos. O imposto é, como tal, a expressão pecuniária do dever fundamental de participação na estruturação da comunidade através do pagamento da prestação associada: um preço a pagar pela estruturação da sociedade depositada nas mãos do Estado – ora garantia de gozo de liber-

[38] No mesmo sentido, Sanches, 2016, p. 23. Vd. também Jeremy Bentham, que traduzimos: "[a] propriedade e as leis nascem juntos e morrem juntos. Antes da lei, não havia propriedade. Desapareçam as leis e toda a propriedade desaparece" – cfr. Bentham, 1871, p. 113. Sobre o tema, vd. Holmes/Sunstein, 2000, 1999, p. 54 e Murphy/Nagel, 2002, p. 43.

dade individual, ora meio de prossecução de melhoria de nível de vida geral[39].

3. O poder tributário e a inclusão do rendimento empresarial na base tributária

O poder tributário é exercido sobre a base tributária de um Estado. A base tributária é definível como o conjunto de sujeitos e factos jurídicos sujeitos ao poder de imposição fiscal de um Estado[40]. O conceito de base tributária constitui o universo substantivo fiscal do Estado, na medida em que integra os pressupostos, a incidência, as taxas e as exclusões (declaradas ou não) do imposto[41].

A definição da base tributária marca o limite do poder tributário de um Estado e está associada, por inerência, à comunidade política que o constitui, confinada no território que ocupa[42]. Como o dever de pagamento do imposto suporta a soberania estadual, quem quer que utilize os serviços públicos como descritos numa dada comunidade deverá cumprir a obrigação de pagamento de imposto. A obrigação de imposto deve ser exigida a todos aqueles que partilham do mínimo denominador comum de suficiente intensidade de presença numa dada comunidade política. A base tributária deverá, assim, representar o esforço contributivo para suporte do projeto constitucional do Estado.

[39] Não utilizamos a expressão *preço* num sentido contratualista sinalagmático, mas no sentido de tradução pecuniária do dever de pagar impostos, independente do benefício efetivamente recolhido pelo contribuinte concreto da ação do Estado. Precisamos que não aderimos à conceção do imposto como o preço a pagar pelos serviços prestados pelo Estado ao cidadão. Sobre a rejeição do princípio do benefício (entendido como o preço pelos serviços prestados pelo Estado) como fundamento da imposição fiscal, Nabais, 1998, p. 449.

[40] Referimo-nos aqui ao poder de instituir impostos em sentido estrito. Como bem nota Xavier, 1981, p. 39, este é anterior à constituição de relações jurídicas de imposto e investe o sujeito ativo numa posição supraordenada de poder relativamente ao sujeito passivo. Por seu turno, a constituição do direito subjetivo à cobrança do tributo coloca o sujeito ativo numa posição de paridade ao sujeito passivo conta tida da igual subordinação à lei de ambos os sujeitos da relação jurídica. Alberto Xavier distingue, assim, o poder tributário da competência tributária. Aquele refere-se ao poder de instituir impostos, poder de natureza legislativa em sentido material no exercício da sua soberania fiscal. Esta refere-se aos poderes de aplicação da norma tributária material, uma vez constituída, de polícia tributária e de cobrança de tributos.

[41] Parafraseando o art. 103º, nº 2 CRP.

[42] Nabais, 1998, p. 98, considera a territorialidade um limite jurídico do poder tributário que resulta do carácter limitado do mesmo. Sendo expressão de soberania, esta é forçosamente limitada por princípios superiores de Justiça e, externamente, pelo Direito Internacional.

Como tal, a base tributária do Estado deve abranger a tributação de todos os sujeitos e realidades económicas que usufruem da satisfação das necessidades coletivas garantidas pelo Estado num território, na medida da intensidade da sua presença ou do gozo dessas potencialidades que a sua natureza lhes permite. Consequentemente, a base tributária é composta por sujeitos que tenham uma relação particularmente intensa com o Estado (ditos residentes) ou por eventos que geram rendimentos com ligação intensa a um território (dita a sua fonte).

Portanto, o rendimento da pessoa coletiva, residente ou não residente, não pode deixar de ser tributado. Esta imposição fiscal é autónoma e distinta da tributação do rendimento das pessoas singulares, por vários motivos políticos, jurídicos e económicos que procuraremos resumir de seguida[43].

Em primeiro lugar, a sociedade comercial ou a entidade organizada sem personalidade jurídica (por exemplo, o estabelecimento individual de responsabilidade limitada, ou o estabelecimento estável, doravante EE) beneficiam da satisfação de necessidades passivas pelo Estado. Mais do que isso: a sua própria existência depende do Estado, desde os momentos da sua constituição até à sua liquidação. Detêm propriedade, transacionam propriedade, geram rendimento com a aplicação do seu capital na interação com os membros de uma comunidade local. Nessa medida, recebem do Estado inequívocos benefícios gerais (concretizados na disponibilização de uma estrutura de mercado para operarem) e particulares (concretizados nos mecanismos de defesa de propriedade e dos seus direitos).

Por estes motivos, são cidadãos fiscais do Estado na medida compatível com a sua natureza, porquanto "titulares e destinatários de um determinado número de direitos e deveres universais e detentores de um específico nível de igualdade"[44], o que justifica a sua qualidade de sujeitos passivos e contribuintes de imposto. A abrangência da cidadania fiscal promovida pelo IRC permite destacar, também, a função social integradora do imposto, ins-

[43] Sobre os aspetos mencionados até ao final da presente secção, vd. Correia, 2013a, pp. 24 e ss; Morais, 2007, pp. 7 e ss; Tavares, 1999, pp. 37 e ss; Mendes, 2016, pp. 28 e ss; Avi-Yonah, 2016, p. 115 e ss; Harris, 1996, pp. 278 e ss; Faveiro, 2002, pp. 434 e ss; Shaviro, 2009, pp. 10 e ss; James/Nobes, 2018, pp. 250 e ss.

[44] Vd. Nabais, 2005, p. 93. Ainda que a sua cidadania esteja limitada ao gozo de direitos e liberdades pessoais compatíveis com a sua natureza, o que exclui a cidadania política e social. Cremos que a questão não é tanto económica como é jurídica. É uma questão de fruição de satisfação de necessidades que, ultimamente, satisfazem sempre pessoas singulares ou iniciativas empresariais que dependem do gozo e transmissão de direitos de propriedade e, nessa medida, estão fortemente relacionados com as tarefas de garantia de liberdade e segurança do Estado.

trumental na realização de princípios constitucionais e do programa social a implementar pelo Estado[45].

Em segundo lugar, a obtenção de rendimento empresarial tem lugar numa dita *economia de mercado*. A garantia do catálogo de direitos liberais pelo Estado é condição *sine qua non* para a realização de uma economia de mercado e, nessa medida, para a obtenção de rendimento associado ao investimento em fatores de produção – o que constitui o objeto tributável do IRC[46]. Se o imposto arrecadado pelo Estado financia a garantia do dito catálogo, então imposto e rendimento estão numa relação umbilical e simbiótica[47]. Tendo em conta o seu inequívoco papel estruturante na construção de uma economia de mercado[48], também as sociedades comerciais e outras entidades organizadas sem personalidade jurídica são sujeitos autónomos do dever fundamental de pagar impostos.

Neste contexto, o IRC serve vários propósitos específicos – e relacionados. Por exemplo, possibilita a tributação de rendas económicas, enquanto constitui um travão à acumulação de rendimentos empresariais através da ablação do património empresarial que representa ou através do reconhecimento da dedutibilidade de gastos para efeitos fiscais (estimulando-os). Trata-se, também, de um importante instrumento de regulação económica, através dos limites que impõe à fraude financeira por força da fiscalização contabilística associada à cobrança do imposto. Este papel regulatório manifesta-se, ainda, no instrumento de intervenção do Estado na economia privada que constitui, sem que isso torne o IRC num instrumento *intervencionista*[49]. Com efeito, a imposição de imposto autónomo na esfera empresarial é um indutor de eficiência económica porque liberta a prossecução do objeto social de preocupações com a repercussão da mesma na situação fiscal individual dos sócios, o que poderia incentivar estes a exercer maior controlo sobre a pessoa coletiva, e permite a recolha de imposto sobre o

[45] Assim, vd. Faveiro, 2002, p. 442; Tavares, 1999, pp. 40 e ss; Avi-Yonah, 2004, pp. 1193 e ss.

[46] Cfr. Devereux *et al.* 2021, p. 23; Faveiro, 2002, pp. 462 e ss.

[47] Vd. Nabais, 1998, pp. 196 e ss. Daí que a intervenção do Estado na sociedade nunca possa asfixiar aquilo que visa garantir: a autonomia da pessoa humana, projetada na condução da sua vida de forma digna. O poder tributário do Estado caminha, assim, no fio fino da navalha. Por um lado, tem uma função impositiva do princípio democrático, impondo as escolhas sociais sobre o poder fático determinado pela riqueza ou pelas posições naturais de domínio. Por outro lado, por pretender realizar primacialmente a autonomia e liberdade individual, tem de deixar espaço à livre conformação social e dinâmica humana.

[48] Cfr. Holmes/Sunstein, 2000, pp. 59 e ss. e Correia, 2011, pp. 971 e ss.

[49] Sobre a função regulatória do IRC, vd. Correia, 2013b, pp. 327 e ss.

rendimento de forma centralizada numa entidade empresarial autónoma, e não nos sócios da mesma.

Em terceiro lugar, importa nunca deixar de ter presente que as pessoas coletivas são formas de realização de interesses individuais através de expedientes técnico-jurídicos criadores de centros de imputação de normas[50]. Tratando-se de entes jurídicos para realização de fins individuais, a tributação do rendimento de sociedades comerciais e entidades equiparadas[51] é uma garantia de tributação mínima do rendimento dos beneficiários da sua atividade. Também por este motivo, a tributação do rendimento das sociedades garante a igualdade de tratamento na prossecução de atividades económicas, não tendo em consideração a diferença de natureza jurídica do sujeito que a conduz (pessoa individual ou pessoa coletiva)[52].

Por fim, e com particular relevo no âmbito da presente Tese, o IRC desempenha uma importante função no quadro da repartição internacional do direito à tributação. Com efeito, a fixação de jurisdição sobre o rendimento empresarial com base no princípio da fonte[53] permite aos Estados a tributação de rendimento obtido por não-residentes, mas relacionado com o seu território[54].

[50] Acresce que a personalidade jurídica das sociedades comerciais é "uma realidade pré-normativa que o Direito Fiscal deve respeitar" – Xavier, 1981, p. 371, uma vez que representa uma organização económica dotada de capacidade contributiva própria e distinta da dos sócios, dadas as facilidades e vantagens que o Direito oferece às formas societárias de exploração de empresas. Assim, o rendimento obtido pela sociedade comercial é um rendimento próprio resultante da particular organização económica que se projeta na prossecução do seu objeto social, e que não deve ser confundido com o dos sócios. A sua tributação será, até uma necessidade para evitar que as sociedades comerciais funcionem como *caixas de poupança dos sócios*. Sobre as várias conceções da personalidade jurídica das sociedades comerciais e das pessoas coletivas, vd. Dine, 2000; Ribeiro, 2016; Ribeiro, 2009, pp. 83 e ss., nt. 27; Teubner, 1990, pp. 67 e ss; Abreu, 2021, pp. 161 e ss.

[51] Sobre o conceito amplo de empresa, vd. Nabais, 2005, p. 361.

[52] A justificação da existência de um imposto autónomo sobre o rendimento empresarial é uma discussão distinta da incidência económica do IRC, hesitando a doutrina em declarar se o mesmo incide sobre os sócios da iniciativa empresarial, os trabalhadores ou os credores – cfr. Harberger, 1962, pp. 215 e ss; Clausing, 2012, pp. 433 e ss; Auerbach, 2006, pp. 1 e ss; Shaviro, 2009, pp. 57 e ss. Importa, pois, distinguir entre incidência jurídica e incidência económica do imposto, sendo que a incidência económica do imposto pode não coincidir com a incidência jurídica por força do fenómeno da repercussão (vd., por exemplo, o funcionamento do IVA).

[53] Vd. Parte II, Capítulo II, 1.

[54] Frisando este aspeto, cfr. Morais, 2007, pp. 7-8. A este propósito, vd. também Harris, 1996, pp. 278 e ss. Afirmando a particular importância da receita de IRC para os países em vias de desenvolvimento, vd. Avi-Yonah, 2016, pp. 121 e ss., confirmado por OCDE, 2020a, p. 3.

Com este inciso, procurámos explicitar a necessidade teórica e prática da tributação das sociedades comerciais que, em suma, se reconduz à sua justa participação nos encargos comunitários. Assim, a presente Tese foca-se na análise do IRC: a forma de tributação dos ganhos empresariais de pessoas coletivas e entidades equiparadas. Compreendamos o seu relevo.

4. A crise do IRC e o fenómeno BEPS

A apreciação dos dados sobre a recolha de impostos sobre o rendimento nos Estados fiscais contemporâneos demonstra uma tendência de maior oneração dos rendimentos obtidos por pessoas singulares em comparação com os rendimentos obtidos por pessoas coletivas ou equiparadas[55]. O relevo do papel contributivo da pessoa singular na dinâmica do Estado moderno é reforçado pelas exigências que lhe são feitas tanto em sede de impostos sobre o consumo[56] como em sede de contribuições para a Segurança Social[57]. Acresce que, consideradas a necessidade de assegurar neutralidade no tratamento de rendimentos de capital ou prediais obtidos por pessoas singulares[58], bem como as contingências da mobilidade deste tipo de rendimentos, podemos ainda concluir que o papel de financiar a economia estadual recai desproporcionalmente sobre os rendimentos de trabalho das pessoas singulares[59].

[55] Nos países integrantes da OCDE, o total de IRC (aqui incluídos ganhos de capital) recolhido em 2019 representou um peso relativo no total de impostos recolhidos de 9,6%. Em comparação, o total de impostos sobre o rendimento das pessoas singulares, assumiu um peso relativo no total de impostos recolhidos de 23.8%. Dados recolhidos usando OCDE.stat, disponível em https://stats.oecd.org/Index.aspx?DataSetCode=REV, consultado pela última vez em 12/02/2021, e doravante referido por OCDE.stat.

[56] O Imposto sobre o Valor Acrescentado (IVA) e impostos sobre o consumo análogos representaram entre 27% a 45,3% do total de impostos recolhidos nos países integrantes da OCDE em 2019 – cfr. OCDE.stat.. No caso português, esta cifra fixa-se em 40,1%.

[57] A natureza das contribuições para a Segurança Social é debatida pela doutrina, não sendo unânime a consideração das mesmas como impostos, como resulta da leitura de Vasques, 2009, pp. 181 e ss. Contudo, classificando as mesmas como impostos, vd. Morais, 1998, p. 1171 ou o acórdão TC nº 1203/96. As contribuições para Segurança Social realizadas por pessoas singulares representam entre 17,6% e 53,1% do total de impostos recolhidos nos países integrantes da OCDE em 2019.

[58] Desiderato que, entre outros, sustenta a classificação do sistema de IRS português como um sistema semi-dual. Sobre o tema, vd. Pereira, 2020, pp. 50 e ss.

[59] De uma forma geral, a soma da receita proveniente dos impostos sobre o rendimento (com a intrínseca desigualdade de peso relativo e incidência direta), das contribuições para a Segurança Social e das receitas de IVA representa mais de 75% da receita fiscal total dos países observados. Já a recolha de impostos representou entre 24,5% e 46,3% do PIB dos países da OCDE em

A maior oneração dos rendimentos das pessoas singulares e do seu consumo não deve ser necessariamente rejeitada *per se*. Afinal, o Estado é suporte de comunidade de vida de pessoas humanas organizadas em regime de autogoverno, razão pela qual mais lógico será que sejam mesmo aquelas a sustentar o esforço coletivo de funcionamento do mesmo. Porém, importa notar que não são as pessoas singulares os principais agentes dinamizadores da economia no capitalismo contemporâneo. Em rigor, a organização das trocas económicas assenta na ideia da empresa, e esta organiza-se hoje sobretudo sob a forma de sociedade comercial. Com efeito, a figura fundamental promotora das trocas comerciais no capitalismo contemporâneo é a empresa policorporativa, organizada sob a forma de GMN.

O conceito de GMN desdobra-se em dois âmbitos. Um económico-jurídico: o exercício da empresa (ou de várias empresas) de forma aglomerada, agrupando sob a mesma égide várias sociedades comerciais ou empresas, orientadas pela prossecução de um fim económico comum. Outro, geográfico: este grupo atua de forma transnacional, sendo a sua cadeia produtiva distribuída por vários ordenamentos e suscitando, adiante-se, questões de interação entre ordenamentos jurídicos e suas normas no exercício da sua atividade. A atuação do GMN constitui o principal veículo de circulação transnacional de recursos[60].

2019 (34,8% no caso português). Vd., no mundo, UNCTAD, 2015, p. 180. Na UE, a taxa implícita de imposto sobre o trabalho (resultado da relação entre os impostos sobre o rendimento das pessoas singulares empregadas com as contribuições para segurança social destas, e o valor dos salários brutos dos trabalhadores com os seus impostos sobre salários) mostra, desde 2008, uma tendência irreprimível de subida. Contudo, no mesmo espaço de tempo, é genericamente observável um aumento da coleta de IRS que não é acompanhado por equivalente aumento na coleta de IRC ou, mais rigorosamente, uma geral diminuição da coleta de IRC que não é, de modo algum acompanhada pela geral diminuição da coleta em sede de IRS. Assim, através da utilização do portal do Eurostat, é possível verificar que a coleta de IRS aumentou em todos os Estados para os quais são apresentados dados. A coleta de IRC, por seu turno, diminui na UE analisada em 15 ou em 25 Estados-Membros – cfr. http://appsso.eurostat.ec.europa.eu/nui/submitViewTableAction.do, consultado pela última vez a 12/02/2021. As mesmas fontes estatísticas documentam um aumento simultâneo da coleta de IVA, bem como das contribuições sociais a cargo dos trabalhadores, o que resulta numa maior tributação efetiva da pessoa singular em detrimento das pessoas coletivas. Em Portugal, o peso relativo do IRC no total de impostos recolhidos sobre o rendimento e no total de impostos recolhidos em absoluto mostra uma tendência descendente desde 2000.

[60] Vd. McKinsey Global Institute, 2015, p. 40 que aponta mais de 80.000 GMN ativos no mundo, excluindo da sua contabilidade GMN com sede na Irlanda, Luxemburgo e as ilhas do Caribe, cuja localização é essencialmente jurídica e motivada por razões fiscais. UNCTAD, 2018, pp. 26 e ss, por seu turno, estima que as 100 maiores multinacionais do mundo representem 0,1%

Acresce que o relevo do GMN para o Estado ultrapassa o seu papel de contribuinte. Enquanto ator principal no plano comercial, o GMN desempenha um papel relevantíssimo como sujeito passivo, o que resulta do seu relevo enquanto empregador[61] e enquanto intermediário comercial. Esta característica transforma o GMN em autêntico *pivot* da administração fiscal, devido à sua participação no sistema tributário. Com efeito, o GMN desempenha hoje importantes tarefas de cooperação com as administrações fiscais através das suas obrigações declarativas e secundárias, nomeadamente permitindo a recolha de contribuições para a Segurança Social, a antecipação de rendimentos de imposto sobre pessoas singulares (através do mecanismo de retenção na fonte) e a coleta de IVA.

Todavia, a tributação do GMN apresenta uma tendência regressiva, tanto no espetro geral, como na comparação com outros entes empresariais[62]. A crise financeira global de 2008 conferiu visibilidade social a esta

do universo dos GMN. A sua tendência é a de deterem progressivamente menos ativos tangíveis, sem que tal comprometa a sua rendibilidade enquanto grupo, o que também é observado pelo UNCTAD, 2018, imagem I.19, destacando que o ranking dos 100 maiores GMN de 2017 contém 15 empresas tecnológicas e 7 empresas de comunicações. Trata-se de uma tendência confirmada, idem, pelo McKinsey Global Institute, 2015, p. 6. Estes GMN fornecem bens e serviços a uma comunidade global de consumidores em crescendo: entre 1990 e 2010, o mundo ganhou 1.2 mil milhões de consumidores, e deverá ganhar 1.8 mil milhões até 2025. Neste contexto, note-se que as vendas e prestações de serviços dos GMN foram responsáveis por quase 10% do PIB mundial em 2013. Destaque-se que os GMN são responsáveis por 80% do comércio global e as suas cadeias de fornecimento internacionais representam 60% daquele. Assim, o comércio intra e interempresas representa mais de 2/3 do comércio global, segundo Owens/Zhan, 2018, p. 2. Resulta daqui a importância quantitativa da regulação das transações intragrupo, na medida em que constituem a maior fatia das operações do mesmo. Para mais sobre o impacto diferenciado consoante os sectores de atividade e os países de operação das atividades de GMN, ver também UNCTAD, 2015, pp. 179 e ss.

[61] Na UE, apenas 1,1% (235.000) das empresas são transnacionais e controladas por sócios estrangeiros. Todavia, os seus trabalhadores no estrangeiro representam 14% do total da população laboral europeia (aproximadamente 33,92 milhões de pessoas) e são responsáveis por 27% do seu volume total de negócios – cfr. https://ec.europa.eu/eurostat/statistics-explained/index.php?title=Category:Globalisation pela última vez consultado a 10/02/2021.

[62] Cfr. Henry, 2016, p. 44; Shaxon/Christensen, 2016, p. 269. O que não significa redução de coleta de IRC, uma vez que a redução das taxas nominais de imposto foi compensada pelo alargamento da sua base tributária. Antes pelo contrário, na maioria dos países da OCDE, a percentagem de receita de IRC por referência ao PIB aumentou até à crise financeira de 2008, altura em que é observável uma quebra nesta relação que se tem consolidado – cfr. OCDE, 2020a, p. 4. Contudo, aparentemente, os GMN têm vindo também a pagar progressivamente menos imposto efetivo, o que sugere uma maior capacidade de subtração à exigência fiscal deste tipo de entida-

dinâmica[63]. A menor oneração fiscal dos GMN, comparativamente com a oneração dos rendimentos obtidos pelo trabalho de pessoas singulares, tornou-se um foco de contestação central do capitalismo contemporâneo. A questão da tributação dos GMN foi acompanhada pela doutrina especializada ao longo dos anos, mas é inegável que se tornou uma questão de urgência social e política, percecionada como tal pela opinião pública. O forte envolvimento institucional, político e da sociedade civil na discussão do tema permitiu identificar os catalisadores daquela tendência: a erosão de bases tributárias (*base erosion*) e a deslocalização de lucros (*profit shifting*), conjuntamente designados enquanto fenómeno pelo acrónimo inglês BEPS (*base erosion and profit shifting*)

A erosão das bases tributárias esta associada à mobilidade e a volatilidade dos fatores de produção integrados do GMN, assentes na remoção de barreiras ao comércio e no advento da instantaneização da comunicação em altos volumes, tornada acessível pela tecnologia contemporânea. A sofisticação do planeamento fiscal e a interação dos vários ordenamentos nacionais possibilitam a manipulação pelo GMN tanto do preenchimento dos fatores de conexão com jurisdições estaduais que permitem o exercício da imposição fiscal, como da ocorrência dos próprios factos tributários. Em consequência, é reduzido o leque de opções para financiamento do Estado através de tributação, na medida em que os eventos de realização de lucro tributável incluíveis na base tributária podem diminuir quantitativa ou qualitativamente.

A deslocalização de lucros implica a declaração de lucro contabilístico em jurisdição diferente daquela onde se verificou a atividade económica que lhe dá origem. Através de diversas operações jurídicas e contabilísticas, uma sociedade do GMN que obteve lucro numa determinada jurisdição consegue transferir o mesmo como contraprestação devida a outra sociedade do mesmo GMN, que então o declara e sujeita a um distinto regime fiscal. Porém que ambos os sujeitos desta transação são controlados pelo mesmo agente. Desta forma, o lucro económico mantém-se na esfera da

des por força das oportunidades que a sua integração lhes permite e são debatidas nesta Tese – vd. OECD, 2015a, pp. 15 e ss.

[63] Esta visibilidade seria ampliada posteriormente pelos escândalos de divulgação de informações associadas à utilização de jurisdições fiscais particularmente vantajosas para condução de atividades económicas transnacionais protagonizada pela controvérsia dos *Panama Papers* e *Lux Leaks.*, divulgação de informação contabilística confidencial pelo ICIJ – INTERNATIONAL CONSORTIUM OF INVESTIGATIVE JOURNALISTS. A este propósito, vd. também CHRISTIANS/SHAY, 2017, p. 27.

entidade controladora, com prejuízo para a receita fiscal do Estado onde deveria ser efetivamente pago o imposto, tendo-se deslocalizado o lucro resultante do investimento e utilização dos meios de produção para outra unidade constituinte do grupo. Assim, o Estado que exerce o poder tributário pode ser Estado distinto daquele onde deveria ser pago o imposto sobre o rendimento que a atividade económica gerou.

Ambas as consequências são o resultado do planeamento fiscal do GMN aproveitando a estruturação do sistema de tributação internacional[64]. Cada Estado, por força do princípio da soberania territorial, apenas pode tributar a sua base tributária: sujeitos residentes e eventos com fonte no seu território. A atuação transacional do GMN pode determinar que o mesmo facto tributário seja tributado duas vezes[65] (porque obtido por uma entidade residente num Estado, mas tendo fonte económica em atividade conduzida noutra jurisdição[66]); ou, inversamente, que nem chegue a ser tributado por Estado algum[67].

Com o fito de regular as lacunas e sobreposições que possam resultar das pretensões tributárias concorrentes de dois Estados, são celebrados Acordos de Dupla Tributação (ADT) que visam repartir o direito a tributar uma entidade com contacto com duas jurisdições por cada um dos Estados concorrentes. A repartição é feita principalmente com base em dois princípios estruturantes do Direito Fiscal internacional[68]: o princípio da residência e o

[64] No mesmo sentido, Morais, 2012, p. 253.

[65] Sobre as várias configurações de conexão com um Estado com base em elementos reais ou pessoais, ou nas consequências de diferentes qualificações jurídicas dos factos subsumíveis à norma, vd. Pires, 1984, p. 73 e pp. 133 e ss.

[66] Sobre a dupla tributação, veja-se Pires, 1984, p. 73: "[a] dupla tributação implica a existência de um mesmo facto tributário previsto em duas leis diferentes, fazendo surgir dois impostos. Existem duas previsões, dois pressupostos abstratos que descrevem o mesmo facto tributário." A dupla tributação implica a subsunção de um mesmo facto tributário a uma pluralidade de normas – e será, neste caso, jurídica. Poderá ocorrer dupla tributação económica, todavia, quando o sujeito passivo em relação à qual se verifica o pressuposto objetivo seja distinto em cada norma impositiva (por exemplo, em relação à distribuição de dividendos). A dupla tributação, *per se*, poderá ser injusta, mas não necessariamente ilegal. Neste sentido, Vogel/Rust, 2015, p. 14. Afirmando a inexistência de qualquer obrigação resultante de Direito Internacional de mitigar a dupla tributação, vd. Martha, 1989, p. 151. Sobre o tema, entre tantas referências, vd. por todos e ainda IFA, 2016, pp. 155 e ss.

[67] Sobre o tema, vd. Kleinbard, 2011a e Kleinbard, 2011b.

[68] Veja-se, por exemplo Avi-Yonah, 2007, p. 1, que afirma que o rendimento ativo deve ser tributado na fonte e o rendimento passive na residência. No mesmo sentido, Cockfield, 2010, p. 20. Em sentido semelhante, Fantozzi *et al.*, 2009, p. 920, demonstrando que o caminho das reformas internacionais no sentido da vigência exclusiva da territorialidade retira utilidade

princípio da fonte[69]. Aquele refere-se a quem o Estado tributará por todos os rendimentos obtidos; este último assume uma conformação objetiva, procurando definir quais os rendimentos obtidos por não residentes que são tributados pelo Estado onde são obtidos.

De forma introdutória, a tributação com base na residência implica uma conexão particularmente intensa com um território, assentando num elemento de conexão pessoal de cariz socioeconómico. Assim, a residência exige uma presença duradoura num dado território, acompanhada de efetiva intenção de aí permanecer, pelo que é possível adivinhar na definição a existência de elementos subjetivos ou objetivos que são articulados de forma diversa pelas várias jurisdições. Num contexto empresarial, esta conexão é preenchida por referência ao local de constituição e/ou administração da empresa. Peggy Musgrave, referindo-se ao rendimento pessoal, afirma que o princípio de residência sustenta que todo o rendimento auferido por um indivíduo (doméstico ou estrangeiro) é tributável pelo Estado de residência[70]. Com efeito, a tributação na residência é frequentemente à tributação do rendimento global obtido pelo contribuinte, o que também é tendencialmente implementado em sede de IRS.

As definições de residência constantes de legislação nacional seguem, frequentemente, a formulação da Convenção Modelo

ao conceito de residência tributária e foca a ênfase no sistema de IRC como um sistema de tributação na fonte. Segundo o autor, os Estados tendem a imitar as práticas concorrenciais fiscais e tributar apenas a atividade que tem lugar na sua jurisdição. O princípio da residência, sobretudo quando dissociado de tributação mundial, perde assim relevo, na medida em que as regras de CFC asseguram a tributação do rendimento passivo (que deve ser feita na esfera dos sócios), e a territorialidade é particularmente assegurada pelos regimes de *participation exemption*. A questão mais premente, todavia e para nós, reside na atração de atividades sem substância para determinadas jurisdições e o exercício de competência nas mesmas a baixas taxas efetivas. Merece atenção, todavia, a sugestão revista de Avi-Yonah/Xu, 2017, pp. 3 e ss. segundo os quais o excesso de países de fonte de rendimento limita a tributação possível pelo rendimento ativo, sugerindo a deslocação da mesma para o Estado de residência do GMN e a tributação de rendimento passivo (rendas, *royalties*, juros) no Estado de fonte dos mesmos. Frisamos, ainda, que na presente Tese apenas nos focamos na rede de ADT e não noutro tipo de tratados que possam ter influência em questões fiscais, como os tratados bilaterais de investimento (*Bilateral Investment Treaties*, BIT).

[69] Vd., no geral Morais, 2005, pp. 40 e ss. e 132 e ss; também Xavier, 2014, p. 226 e ss; Pereira, 2011, p. 99; Pires, 1984, pp. 212 e ss; Avi-Yonah, 1999, pp. 1573-1676; Desai/Hines Jr, 2003, pp. 487 e ss; Roxan, 2012, pp. 1 e ss; Kemmeren, 2001; Martha, 1989, pp. 66 e ss; Musgrave, 1984, pp. 228-252; Musgrave, 2000, pp. 197-225; Musgrave, 1991, pp. 276-305.

[70] Vd. Musgrave/Musgrave, 1972, pp. 63-85.

da OCDE (CMOCDE)[71]. Para efeitos de aplicação deste mo-

[71] Ou, melhor, um modelo de convenção, como explica MORAIS, 2013, pp. 35 e ss. A CMOCDE resulta do trabalho histórico promovido pela OCDE sobre critérios de repartição de bases tributárias e é um modelo globalmente tido como referencial para a redação de ADT pelos vários Estados, juntamente com o Convenção Modelo das Nações Unidas (CMONU). Com efeito, como veremos infra, foi na SdN que se conduziram os primeiros trabalhos de coordenação internacional tendo por objetivo a eliminação da dupla tributação internacional. Estes contaram com a integração progressiva de delegados provenientes da Câmara de Comércio Internacional (CCI), que também estudavam o tema, tendo apresentado um Relatório sobre o mesmo no seu segundo congresso, em Roma, março de 1923. Na sequência da intensificação da cooperação, a SdN criaria o Comité Fiscal Permanente, que viria a reunir 10 vezes entre 1929 e 1946 e cujos relatórios e documentos finais de trabalho podem ser consultados em http://setis.library.usyd.edu.au/pubotbin/toccer-new?id=brulegi.sgml&tag=law&images=acdp/gifs&data=/usr/ot&part=0. Na primeira sessão do Comité, foi solicitada assistência técnica formal à CCI com o objeto de apreciar quais os melhores métodos de repartição de lucros tributários entre empresas afiliadas. Este trabalho viria a ser apoiado no estudo conduzido por MITCHELL B. CARROLL após a sua designação como perito relator encarregue de apresentar resultados de pesquisa sobre tributação internacional, entre 1930 e 1933, cujo relatório final pode ser lido em http://setis.library.usyd.edu.au/pubotbin/toccer-new?id=cartaxa.sgml&images=acdp/gifs&data=/usr/ot&tag=law. O trabalho de MITCHELL também é importante porque, elaborando no acervo anterior, viria a conduzir à redação de um novo projeto de modelo de tratado com o objetivo de lidar com a repartição de lucros industriais e comerciais, em 1933, que viria a ser sucessivamente alterado em reuniões ulteriores do Comité, nomeadamente 1943 e 1946. Tendencialmente, estes modelos isentavam de tributação o rendimento obtido no estrangeiro. Consulte-se modelo e comentário em http://setis.library.usyd.edu.au/pubotbin/toccer-new?id=brulegi.sgml&images=acdp/gifs&data=/usr/ot&tag=law&part=15&division=div1 – LEAGUE OF NATIONS FISCAL COMMITTEE LONDON AND MEXICO MODEL TAX CONVENTIONS COMMENTARY AND TEXT, C.88.M.88.1946. II.A. Com o final da Segunda Grande Guerra, os trabalhos de cooperação internacional para assuntos económicos encontraram fórum preferencial na Organização Europeia para Cooperação Económica (OECE), criada em 1948 com o objetivo de auxiliar a coordenação do Plano Marshall na Europa. Esta criaria um Comité Fiscal em 1956, com o objetivo de redigir um projeto de ADT até 1958. A OECE viria a alterar a sua designação para OCDE com a adesão do Canadá e EUA, e foi na OCDE que viria a ser aprovada a primeira versão da sua Convenção Modelo (CMOCDE), em 1963, revista em 1971 e profundamente revista em 1977. Esta última versão, por seu turno, viria a ser novamente revista em 1991, altura em que se adotou o conceito de Modelo ambulatório, progressivamente adaptável e que é a base da atual CMOCDE, apesar de suas sucessivas revisões. Desde 1963, também, que as CMOCDE são acompanhadas da publicação de comentários técnicos detalhados, que auxiliam a interpretação da letra da convenção. A SdN seria sucedida pela Organização das Nações Unidas (ONU). O seu Conselho Económico e Social criou, então, uma comissão especial de aconselhamento em finanças públicas, seus aspetos jurídicos, técnicos e administrativos. Este comité foi desmantelado em 1954, sendo que a ONU apenas viria a constituir um "*Grupo Ad Hoc de Peritos em Assuntos Fiscais entre Países Desenvolvidos e em Vias de Desenvolvimento*" anos mais tarde, que viriam a preparar um modelo próprio de ADT baseado no modelo da OCDE de 1977 (Convenção Modelo da ONU – CMONU). A CMONU seria adotada, na sua primeira versão, em 1979 e publicada em 1980, distinguindo-se do modelo

delo[72], residente será aquela pessoa que nos termos da lei em vigor do Estado-parte seja sujeita a tributação por força do seu domicílio, residência, local de administração ou outro critério de natureza semelhante[73]. Assinale-se que a norma da residência visa assegurar uma relação de conexão intensa com o Estado tributante, ao exigir uma presença do contribuinte no território do Estado que vai para lá da mera geração de rendimentos com fonte no mesmo. Fica expressamente excluído da definição de residente o sujeito cujo rendimento é tributado apenas porque teve fonte no Estado em questão[74].

Para o estabelecimento de uma conexão de residência de uma sociedade comercial, dispõe o nº 2 do art. 4º da CMOCDE que o critério fundamental é o local de administração efetiva da mesma, o local de incorporação ou constituição ou outros fatores relevantes. A classificação de uma entidade como residente é, desta forma, frequentemente integrada por remissão para legislação interna aplicável no Estado pretendente a tributar. Esta técnica possibilita uma definição de residência variável, mais ou menos exigente consoante a positivação legal concreta[75].

da OCDE pelo seu maior pendor tributário na fonte. Portanto, os modelos de ADT que marcam a prática internacional contemporânea tiveram a sua génese no trabalho desenvolvido pela. Para mais sobre a história da CMOCDE e CMNU, vd. Jogarajan, 2018; Andrus/Collier, 2017, pp. 10 e ss; Vogel, 1988a, p. 218; Morais, 2005, pp. 100 e ss. Tão centrais são estes modelos de tratado que a implementação de alterações resultantes da Iniciativa BEPS implica a modificação de disposições de ADT e foi feita através da negociação de um tratado multilateral que tem por objetivo modificar, de uma vez, os ADT bilaterais dos Estados aderentes – a Convenção Multilateral para a Aplicação das Medidas Relativas às Convenções Fiscais Destinadas a Prevenir a Erosão da Base Tributária e a Transferência de Lucros (o MLI). Portugal depositou o instrumento de ratificação do MLI a 28/2/2020, produzindo efeitos nos nossos ADT a partir de 1/1/2021. Sobre este, vd. Bravo, 2020; IFA, 2020, pp. 17 e ss; e Dourado, 2017, pp. 87 e ss.

[72] Sobre formas de configurar residência em Direito Fiscal internacional, vd. Fantozzi *et al.*, 2009, p. 890 e Courinha, 2011a. Sobre o desenvolvimento histórico do conceito de residência de sociedades comerciais, vd. Vann, 2010a, pp. 208 e ss.

[73] Nos termos do seu art. 3º, al. g), sub-al. i) e ii).

[74] O que coloca problemas na invocação da qualidade de residente para efeitos de aplicação de um ADT aos contribuintes que tenham estatutos semelhantes à residência não-habitual portuguesa, por exemplo – cfr. arts. 16º, nº 8 e 81º, nº 4 e nº 5 CIRS.

[75] Reconheça-se, todavia, que a incompletude inerente ao Direito Internacional a que faz alusão Martha, 1989, pp. 29 e ss., poderá justificar esta variabilidade da letra da lei concreta, recaindo a análise do mesmo na articulação concreta do dispositivo do Estado tributante. No mesmo sentido, Kallergis, 2018, p. 447, para quem o unilateralismo no exercício do poder fiscal normativo é um efeito da indeterminação recíproca das ordens jurídicas.

A CMOCDE não impõe a verificação de critérios de substância substancialmente densos para afirmar a residência da uma sociedade comercial ou entidade equiparada. Embora especialmente apto para ser aplicável a pessoas individuais, o critério da residência tem, contudo, relevo prático na repartição de direitos tributários entre Estados, porque determina qual a jurisdição que regula o mecanismo de imputação de lucros a sócios das pessoas coletivas[76], e também porque se considera que os dividendos distribuídos por uma sociedade comercial têm fonte no Estado de residência da mesma[77]. Igualmente, aquele critério permite a uma determinada sociedade reclamar os benefícios concedidos por uma ADT, que normalmente apenas o permite aos residentes dos Estados-parte[78]. O estabelecimento de residência de uma sociedade comercial numa dada jurisdição tem, assim e como se vê, relevo prático para efeitos de planeamento fiscal do GMN[79].

Por seu turno, a tributação com base na fonte de rendimento constitui uma noção mais indefinida. Já VOGEL afirmava que o conceito de tributação na fonte apenas não é ambíguo quanto ao que exclui – tributação baseada em residência ou cidadania[80]. No mais, a definição do conceito de fonte depende de forma considerável de considerações técnicas e da concretiza-

[76] Vd. VANN, 2009, p. 262, que no mesmo sentido, afirma que o critério de residência aplicado a sociedades comerciais permite garantir que os fluxos de capital entre sociedades do mesmo grupo não sejam tributados através das isenções de tributação na fonte, possibilitando a sua tributação apenas no momento de distribuição de dividendos aos sócios.

[77] Assim, HARRIS, 1996, p. 279.

[78] Sem prejuízo do desenvolvimento de cláusulas específicas anti-abuso de benefícios de aplicação de ADT, como as cláusulas *Limitation on Benefits* (LOB) e *Principal Purpose Test* (PPT) dos modelos de ADT – cfr. art. 29º CMOCDE e Parte 2, Capítulo II, 3. As cláusulas LOB decorrem da necessidade de assegurar o princípio da personalidade jurídica das sociedades comerciais – cfr. FANTOZZI *ET AL.* 2009, p. 901. O PPT foi introduzido pelo art. 7º do MLI. Sobre o mesmo, vd. ELIFFE, 2019, pp. 47-76 e VAN WEEGHEL, 2019, pp. 3-46.

[79] Reforce-se que o mero preenchimento do critério de residência fiscal pode determinar a repartição de rendimento a uma entidade do GMN (e, nessa medida, a repartição de matéria tributável a um Estado) sem que a mesma tenha atividade substancial ou, pelo menos, proporcional à parcela do lucro global do GMN que lhe é atribuída para efeitos fiscais, questão agravada quando a fonte de rendimento é externa e a residência societária não é a mesma dos seus sócios e últimos beneficiários efetivos do rendimento. Neste último caso, o critério habitual de designação de residência como sendo o local de administração da sociedade pode revelar-se totalmente despropositado como o demonstram FANTOZZI *ET AL.* 2009, p. 916-918.

[80] Vd. VOGEL, 1998a, pp. 225 e ss.

ção legislativa dos Estados envolvidos[81]. A doutrina afadiga-se na busca da concessão de substância normativa ao conceito.

Por exemplo, PEGGY MUSGRAVE afirma que o princípio da fonte determina que o rendimento é tributável na jurisdição em que tem origem, considerando que o direito principal de tributação, em caso de concorrência de dois Estados sobre o mesmo rendimento, pertence ao Estado de fonte de rendimento. Para a autora, a fonte está associada ao rendimento de capital[82], e o direito de tributação deve pertencer ao Estado onde o capital investido gera retorno (que é aquele de localização de custos). Em alternativa, ERIC KEMMEREN considera que a expressão "tributação na fonte" se refere a várias realidades diferentes[83]. Este autor considera que o conceito de fonte resulta da elaboração do princípio da localização da riqueza. Uma pessoa que recebe rendimento com fonte em pagamentos de entidades

[81] Em sentido idêntico, veja-se HARRIS, 1996, p. 315. A expressão "fonte" é intrinsecamente incompleta e dependente da caracterização do rendimento pela legislação local, conforme nota o mesmo autor a p. 278. Portanto, a fonte apenas logra descrever um fator de conexão que carece de caracterização, nomeadamente por referência à maior ou menor intensidade de afiliação ou intensidade de origem em face da vida comunitária de referência. A ambiguidade dos conceitos é tão manifesta que, simetricamente, a doutrina económica afirma que fonte e residência são conceitos jurídicos sem conteúdo económico concreto – cfr. MUSGRAVE/MUSGRAVE, 1972, p. 168. Desde logo, o princípio da fonte pode ser abordado de duas formas. A primeira prende-se com uma abordagem de oferta, segundo a qual o rendimento tem a sua fonte onde os serviços que geram o rendimento operam (o valor está na origem). A segunda prende-se com uma abordagem de oferta e procura, dividindo o rendimento entre a jurisdição onde o valor é acrescentado ao produto e aquela onde o produto é usado (o que pode determinar uma participação na jurisdição de uso do produto superior à que lhe tocaria se apenas se medisse o capital investimento na atividade de vendas ou trabalho nessa jurisdição).

[82] E este é gerado pela atividade de fatores físicos de produção, que são essencialmente o capital e o trabalho, cuja contratação resulta de aplicação de capital. A fonte está assim associada ao rendimento que origina numa jurisdição e não aos indivíduos particulares que o recebem. Daí que a tributação na fonte seja particularmente apta a fundar sistemas de IRC, impostos que a autora classifica como impessoais e *in rem* – cfr. MUSGRAVE, 2000, p. 199. Ainda assim, a autora admite que a tributação na residência de sociedades comerciais se impõe por razões de eficiência, com o objetivo de tributar o rendimento externo de empresas locais.

[83] A saber: o Estado de localização de propriedade tangível ou intangível usada pelo contribuinte na obtenção de rendimento, o Estado de uso de propriedade tangível e intangível pelo contribuinte, o Estado a partir de onde o contribuinte presta serviços, o Estado do prestatário de serviços do contribuinte, o Estado de assinatura de um contrato que é título para obtenção de rendimento de um contribuinte, o Estado de execução de contrato que é título para obtenção de rendimento de um contribuinte, o Estado cujas leis governam a execução do contrato que é título para obtenção de rendimento de um contribuinte, entre outras – cfr. KEMMEREN, 2001, pp. 31 e ss.

localizadas num Estado tem uma tal relação com o Estado onde a entidade que paga ou a propriedade que origina o rendimento estão fisicamente localizados que justifica a obrigação de suportar o financiamento desse. Destarte, a localização do rendimento para efeitos de tributação deveria ser norteada pelo princípio da origem[84], associado à causa do rendimento. Assim, a tributação justifica-se no local de criação de rendimento – e esse local é o Estado que possibilita o retorno ou a aquisição de riqueza. Nestes termos, o princípio da origem surge fortemente influenciado pelas teorias da afiliação económica e do benefício e é, para o autor, o principal (se não o único) princípio na base do qual a repartição de poder tributário entre Estados deveria ser baseada, ao ponto de descartar por completo o imposto sobre o rendimento com mera base em residência.

Para Alberto Xavier, a fonte equivale, em sentido amplo, ao capital de "onde brota o rendimento tributado"[85]. Por este motivo, a fonte localiza-se no lugar onde é exercida a atividade, onde são utilizados os fatores de produção ou onde se situam os bens ou direitos de que provem o rendimento[86]. O autor distingue fonte de produção de fonte de pagamento, sendo que, no primeiro caso, existe um nexo causal direto entre o rendimento e o facto que o determina; enquanto que, no segundo caso, a expressão não está ligada a causalidade, mas a origem de recursos que representam rendimento para o respetivo beneficiário. A mesma distinção é feita por Paula Rosado Pereira[87], que afirma que fonte é a local de origem ou proveniência de rendimentos. Assim, o Estado tem o direito de tributar os factos ocorridos no seu território, independentemente de os titulares do rendimento serem naturais ou estrangeiros, com base em elementos de conexão reais ou objetivos (uma conceção próxima do *situs*). Já Manuel Pires considera que a fonte do rendimento estará situada no território do Estado onde são utilizados os fatores de produção[88].

Ora, no âmbito de tributação do GMN, o critério da fonte é operacionalizado sobretudo através da tributação dos lucros do estabelecimento está-

[84] Vd. Kemmeren, 2001, pp. 35 e ss: a fonte em sentido estrito é equiparável ao *situs* – a localização física do rendimento –, pese embora reconheça algumas dificuldades de localização física de certos tipos de rendimento.

[85] Vd. Xavier, 2014, pp. 297 e ss.

[86] É uma aproximação conceptual mais económica, coincidente com a de Graetz, 2000, p. 317.

[87] Vd. Pereira, 2011, p. 106.

[88] Vd. Pires, 1984, p. 236.

vel[89], uma vez que só quando a atividade comercial daquele grupo é suscetível de se revelar presencialmente relevante é que o Estado fonte a pode tributar. O problema da fonte, hodiernamente, coloca-se quando a definição de estabelecimento estável é confrontada com a natureza descentralizada e atomizada do GMN e com novos modelos de negócio. A fragmentação da atividade económica do grupo e a sua natureza unitária permitem a manipulação do preenchimento do conceito de estabelecimento estável.

O planeamento fiscal do GMN parte deste contexto brevemente descrito e procura otimizar o resultado fiscal das operações do GMN com base em três fatores, utilizados de forma conjugada ou isolada. O primeiro consiste no aproveitamento de diferenciais de taxa de imposto entre jurisdições onde atua[90]. O segundo passa pela utilização abusiva de sobreposições e lacunas legislativas[91]. O terceiro tem por base o abuso da rede de

[89] Mas não necessariamente. Há jurisdições que adotam abordagens diferentes, mas que, no fundo, se reconduzem à questão de saber se uma atividade é desempenhada com carácter de permanência numa jurisdição por um não-residente. Vd., por exemplo, o regime dos EUA sobre o *effectively connected income*, previsto no CIRCEUA, secs. 864 e 865. Para mais, vd. Arnold, 2018, sec. 1.3.2. Vd. também arts. 5º CIRC e 5º e 7º da CMOCDE; e Schreiber, 2013, pp. 20 e ss.

[90] Através de abusos do regime de preços de transferência, subcapitalização social e financiamento por dívida excessivo, utilização de reporte de perdas e deslocalização de atividades para jurisdições com tratamento fiscal mais favorável. Sobre a subcapitalização social e financiamento por dívida excessivo em Direito Fiscal, vd. Xavier, 2014, p. 469; Bizioli *et al.*, 2020; Harris, 2020, pp. 252 e ss; Dourado/Feria, 2008, pp. 817 e ss; Sadiq, 2020, pp. 139 e ss; IFA, 2019. Sobre a subcapitalização nominal ou material em Direito Societário, vd. Ribeiro, 2009, pp. 184 e ss; Ventura, 1987, pp. 77 e ss; Duarte, 2011, pp. 1065-1087; Portale, 2004, pp. 43 e ss.

[91] Através do recurso a instrumentos ou entidades híbridas, transações com instrumentos derivados, criação de duplas deduções tributárias, entre outros. A utilização de instrumentos híbridos resulta da caracterização distinta de elementos de uma transação por duas jurisdições distintas. Por exemplo, uma sociedade residente numa jurisdição A poderá celebrar contrato de financiamento com determinadas características com sociedade residente em jurisdição B. A lei da jurisdição A classifica a transação como uma contribuição para capital de sociedade; por seu turno, a jurisdição B classifica a transação como um mútuo efetuado por parte terceira. Desta forma, os juros associados à restituição do mútuo realizados pela sociedade da jurisdição B à sociedade da jurisdição A podem ser dedutíveis como custo na jurisdição B, mas podem não ser incluídos como rendimento na jurisdição A se esta isentar de tributação os rendimentos auferidos por sociedades residentes resultantes de participações em capital de sociedades noutros Estado (o que sucederá, por exemplo, na UE por força da Diretiva 2015/121/UE, também conhecida como Diretiva "Mãe/Filhas"). O funcionamento da chamada *subpart F* do CIRCEUA e das regras associadas ao mecanismo *check the box* dos EUA, entretanto revogadas, são outro exemplo das oportunidades que a classificação distinta da natureza de uma entidade empresarial por dois ordenamentos jurídicos criam. A este propósito, vd. Ting, 2014, pp. 51 e ss. Em Portugal, a Lei nº 24/2020 transpõe parte da Diretiva ATAD (Diretiva nº 2016/1164/UE do Conselho, que estabelece regras contra as práticas de elisão fiscal que tenham incidência direta no funciona-

ADT vigentes entre Estados[92]. Desta forma, e aproveitando o formalismo em que assenta o sistema tributário internacional, o GMN logra obter o mesmo resultado económico através de transações juridicamente distintas entre unidades que o compõem, consoante o tratamento fiscal que lhe seja mais favorável. Fá-lo através da gestão das designadas variáveis de comportamento substitutivo[93]. As transações intragrupo assumem, pois, um relevo central para a compreensão do fenómeno BEPS.

5. O fenómeno BEPS e o seu impacto

O fenómeno BEPS tem motivado iniciativas reativas e de coordenação internacional a vários níveis, visando o repensar sem precedentes de regras sobre tributação de comércio internacional baseadas num trabalho e modelo de ADT desenvolvido inicialmente nos anos 30. As discussões no âmbito da OCDE têm sido o fórum privilegiado, até ao momento, para o debate em torno dos efeitos indesejados da atuação do GMN num contexto aberto. O debate confluiu para o projeto promovido desde o Verão de 2013

mento do mercado interno) e da Diretiva 2017/952/UE, que altera esta última no que respeita a assimetrias híbridas com países terceiros, procurando mitigar os efeitos para a receita fiscal da utilização de acordos utilizando entidades híbridas através do aditamento ao CIRC dos arts. 68º-A a 68º-D e descrevendo no art. 68º-A, nº 1, al. b) o que se entende por assimetria híbrida. Note-se a importante disposição do art. 69º-A, nº 2, al. b) CIRC: "[u]m resultado de assimetria apenas é tratado como assimetria híbrida quando sobrevenha entre empresas associadas, entre um sujeito passivo e uma empresa associada, entre a sede e o estabelecimento estável, entre dois ou mais estabelecimentos estáveis da mesma entidade ou no âmbito de um acordo estruturado". No mesmo contexto, medidas anti entidades híbridas foram introduzidas também em 2019 em França, através da adição dos arts. 205 B, 205 C e 205 D ao CGI. Já o art. 15º da LIS espanhola não permite a dedução de despesas incorridas em transações com entidades relacionadas que, por força de diferenças na classificação fiscal das características da transação, não geram rendimento, ou geram rendimento isento de tributação ou sujeito a uma taxa de imposto inferior a 10%. À data da redação da presente Tese, a Espanha ainda não havia implementado medidas anti híbridas para lá da descrita; a Alemanha não havia ainda implementado a ATAD, embora, por exemplo, o regime de *participation exemption* previsto em ADTs não seja aplicável a entidades híbridas, nos termos do art. 50d(11) EStG, nem é possível aplicar a mesma caso os dividendos distribuídos tenham sido objeto de dedução a rendimento tributável na sua fonte – cfr. art. 8ºb(1) KStG (tal como não é, também, no regime português – cfr. art. 51º, nº 10, al. a) CIRC). Sobre o tema, vd. BIZIOLI/PARADA, 2020, pp. 941 e ss.

[92] Através da implementação de estruturas triangulares, evicção de elementos de conexão positivados pelos tratados ou mero *treaty shopping*. Sobre sociedades-base, vd. MORAIS, 2005, pp. 159 e ss., XAVIER, 2014, pp. 377 e ss; KEEN *ET AL.*, 2014; e GARCÍA-BERNARDO, 2020, pp. 51 e ss. Para mais indicadores demonstrativos da erosão de bases e deslocalização de lucros generalizada, vd. também OECD, 2015ª e UNCTAD, 2015, p. 192.

[93] Vd. Parte II, Capítulo I, 6 e 7.

e apropriadamente designado *Base Erosion and Profit Shifting* (doravante, projeto *BEPS*)[94].

A urgência do tema é justificada pelas consequências nefastas do fenómeno, sob várias perspetivas. De entre estas, a magnitude do volume de perdas fiscais é assinalável, ainda que incerta[95]. A erosão das bases tribu-

[94] Veja-se o relatório ponto de partida da iniciativa, OCDE, 2013a. Para um breve sumário da interação entre o projeto BEPS e o direito da UE, veja-se Dourado, pp. 2-5. Vd. também Brauner, 2015, pp. 72-84. O projeto BEPS é simbólico pela sua magnitude, embora não seja fenómeno único. Desde 1997 que a UE segue as observações do Grupo do Código de Conduta da UE sobre Fiscalidade das Empresas (doravante, o Código de Conduta), que monitoriza o cumprimento do dito Código por resolução do ECOFIN de 1997. No quadro da UE tem-se assistido, idem, ao implementar de várias iniciativas legislativas destinadas a combater a evasão e a fraude fiscais, nomeadamente as Diretivas de Cooperação Administrativa (DAC 1 a 6, Diretivas 2011/16/UE, 2014/107/UE, 2015/2376/UE, 2016/881/UE, 2016/2258/UE, 2018/822/UE) e as Diretivas ATAD. As NU têm, pelo seu Comité Fiscal, trabalhado em paralelo as questões suscitadas na presente Tese através, de, entre outras iniciativas, negociações para o desenvolvimento da sua CMONU.

[95] Diversas instituições avançaram estimativas quantitativas do impacto do fenómeno BEPS. Assim, a UNCTAD estima o volume de perda de receita fiscal global em $ 200 mil milhões, estimando que o montante de rendimento empresarial deslocalizado de economias em vias de desenvolvimento para jurisdições com tributação particularmente favorável seja em torno de $ 450 mil milhões, o que implica uma perda de receita fiscal direta de em torno de $ 90 mil milhões para uma taxa de tributação média sob o rendimento de 20%. No caso de economias desenvolvidas, a estimativa leva em conta variáveis distintas, mas que conduzem a uma perda de receita fiscal direta em torno de $ 100 mil milhões. Vd. UNCTAD, 2015, pp. 200 e ss. O Parlamento Europeu estima, por seu turno, que a cifra rondará € 50 mil milhões a € 70 mil milhões – cfr. Dover *et al.*, 2015, p. 4. A OCDE coloca a mesma cifra nos $ 100 mil milhões a $ 240 mil milhões, o que representa 4 a 10% do total anual de receitas de impostos sobre o rendimento global – cfr. OECD, (2015a), pp. 101 e ss. Na doutrina, Bradbury et al., 2018 recolheram alguns dos estudos mais recentes na matéria que procederam ao cálculo do impacto na receita fiscal global provocado pelo fenómeno BEPS. Crivelli/Mooij/Keen, 2016, pp. 268-301, fixam o valor anual de perda de receita fiscal em $ 123 mil milhões. Clausing, 2016a, pp. 905-934 estima que essa cifra seja de $ 280 mil milhões. Cobham/Janský, 2018, pp. são menos conservadores e colocam o referido valor em $ 500 mil milhões. Tanto Janský/Palanský, 2019 como Zucman, 2015 consideram que esse valor será de $ 125 mil milhões. Este último autor, numa análise mais ampla, estima que 18% de todo o IRC de GMN residentes nos EUA seja declarado em seis jurisdições: Reino dos Países Baixos, Bermudas, Luxemburgo, Irlanda, Singapura e Suíça. Este valor corresponde a 55% de todo o lucro com fonte externa aos EUA. O autor destaca ainda a existência de ativos avaliados em mais de $ 6.1 triliões de forma não declarados diretamente pelos seus beneficiários ou reportados em jurisdições ditas *offshore* ou paraísos fiscais – cfr, Zucman, 2015, pp. 49 e ss. e pp. 105 e ss. É um problema que, embora conexo, é mais amplo do que o mero fenómeno BEPS na medida em que envolve a utilização de jurisdições com taxas nominais ou efetivas de IRC perto de 0% ou bases tributárias muito pouco inclusivas de rendimentos a tributar. A proliferação de paraísos fiscais merece relevo autónomo, mas não pode aqui ser ignorada, pois potencia todo o quadro exposto e constitui um autêntico sistema especializado e complementar

tárias implica, necessariamente, uma diminuição da receita pública e, correspetivamente, a deslocação do peso fiscal do Estado para os ombros de sujeitos com menor mobilidade – e que serão, por via de regra, as pessoas individuais localmente residentes. A menor receita fiscal oriunda da atividade do GMN projeta-se num ataque à integridade do sistema, aumentando a carga fiscal dos demais sujeitos. Os Estados afetados deparam-se com menor receita fiscal e um maior custo e esforço de fiscalização de cumprimento de obrigações fiscais. A questão é particularmente gravosa nos países em desenvolvimento, por força do subfinanciamento de investimento público que poderia promover crescimento económico[96]. A repartição de recursos de um Estudo é, assim, influenciada por comportamentos fiscalmente motivados[97].

A repartição de recursos internacional afeta, também, a Justiça internacional[98]. A deslocalização de lucros não permite a obtenção de receita fiscal associada à atividade económica efetivamente conduzida numa dada jurisdição. O resultado poderá ser um de dois: ou o enriquecimento indevido de um Estado à custa de outro, pelo exercício de poder tributário sobre rendimento que não foi gerado na sua jurisdição, ou simplesmente a não tributação do rendimento. O fenómeno BEPS também se liga umbilicalmente às formas de realização de investimento direto externo, na medida em que os métodos de realização deste são determinados, em larga medida, por considerações fiscais. Tal implica a condução de atividades económicas em jurisdições que não permitem o maior retorno económico do investimento realizado, ou nas quais a atividade substancial económica não corresponde à atividade financeira declarada, alterando os padrões de fluxos de inves-

dentro do sistema de Direito Fiscal internacional. Em Tørsløv/Wier/Zucman, 2018, pp. 16 e ss. os autores atualizam os números e reforça a conclusão: o montante de rendimento deslocalizado para os designados paraísos fiscais anualmente é de $ 600 mil milhões, o que reduz a coleta de IRC na UE em 20% e no resto do globo em cerca de 10%.

[96] Sobre os desafios fiscais dos países em vias de desenvolvimento, vd. Mehta/Shubert/Siu, 2020.

[97] Vd. OCDE, 2013a, pp. 8 e ss; Picciotto, 2016, pp. 221 e ss. Vd. ainda Tørsløv/Wier/Zucman, 2018, pp. 16 e ss., que notam implicações macroeconómicas adicionais desta deslocalização tributária: se o rendimento fosse declarado no Estado de fonte efetiva, o impacto na economia local seria múltiplo. Os gastos com financiamento da dívida estadual seriam reduzidos; poderia haver reinvestimento financeiro local dos montantes recolhidos com a correspondente multiplicação de efeito através da coleta de ulterior imposto sobre rendimento gerado pelo investimento, o que poderia conduzir à redução de impostos sobre o rendimento das classes médias ou mesmo de taxa de IVA.

[98] Vd. UNCTAD, 2015, pp. 203 e 204.

timento direto externo e as balanças de pagamentos estaduais face ao que seria economicamente razoável[99].

Como tal, a concorrência fiscal entre Estados, assumida e pretendida ou não, torna-se uma realidade, na medida em que alguns contribuintes têm ao seu dispor várias opções de condução de iniciativas empresariais, em particular, as de transferir o seu capital, a sua residência ou a sua base tributária individual para outras jurisdições. Portanto, a política fiscal observada por um Estado afeta o comportamento dos contribuintes, determina a composição do grupo cujos interesses deveria representar e tutelar e influencia a repartição de recursos económicos entre Estados.

Este quadro de concorrência fiscal internacional cria as condições para a mercantilização e fragmentação do poder tributário, segundo Tsilly Dagan[100]. Aquela ocorre porque a concorrência na atração de investimento e de componentes da base tributária levam o Estado a determinar as regras de incidência fiscal com aquele mesmo objetivo, relegando considerações de Justiça internacional (e mesmo individual) ou de eficiência para segundo plano. A fragmentação surge porque a relação Estado-constituinte não agrupa simultaneamente todas as dimensões da potencial interação entre aqueles sujeitos, na medida em que o GMN tem a possibilidade de dividir as suas atividades e alocar os vários componentes das mesmas a regimes fiscais que maximizem os benefícios dessa opção[101], através da afetação de unidades constituintes ao desempenho de funções produtivas, vertente de que trata a nossa Tese. Como bem alerta Nabais, a responsabilidade pelo fenómeno BEPS não é só dos GMN que interpretam a lei a seu favor, mas também dos Estados que possibilitam as oportunidades para o efeito[102].

Acresce que a redução de carga fiscal do GMN implica o seu maior lucro após impostos – e uma distorção concorrencial em face dos agentes eco-

[99] V. Bolwijn/Casella/Davide, 2018, p. 139 estimando que quase 50% do IDE é realizado utilizando sociedades-base residentes em jurisdições de baixa tributação. Vd. também Barry, 2019, pp. 325-240, demostrando a articulação concreta entre os EUA e a República da Irlanda como jurisdição de conduta preferencial para constituição de sociedades veículo para IDE oriundo dos EUA e as implicações do fenómeno na contabilidade nacional irlandesa.

[100] Cfr. Dagan, 2017, p. 23. Em sentido distinto, afirmando a inexistência de um mercado de concorrência fiscal, Roxan, 2012, p. 25, crítico da aplicação do princípio de Tiebout no plano internacional contemporâneo, marcado pela mobilidade de capital e não de pessoal. Também crítico da aplicação do mesmo modelo ao contexto tributário internacional contemporâneo, vd. Avi-Yonah, 1999, p. 1611. Vd., ainda, Tiebout, 1956, pp. 416-424.

[101] Vd. Dagan, 2017, pp. 30 e ss.

[102] Cfr. Nabais, 2020, p. 260.

nómicos puramente domésticos, impactando o desenvolvimento de pequenas e médias empresas e do tecido local empresarial. Mas implica também uma distorção concorrencial em face de outros concorrentes multinacionais. Empresas diferentes podem analisar de forma distinta o risco de aproveitamento de oportunidades jurídicas para reduzir a sua carga fiscal (aqui ínsitas, também, considerações reputacionais), o que as coloca em desvantagem perante outros concorrentes[103].

O fenómeno BEPS também afeta a posição económica do próprio GMN porquanto reduz a eficiência económica da sua operação. Neste contexto, a eficiência é definida como a minimização de efeitos de substituição (ou seja, alterações no comportamento económico do contribuinte ditadas por razões fiscais[104]) e minimização de custos de cumprimento acessórios (ou seja, a dispêndio de recursos necessários para cumprimento das obrigações fiscais acessórias do GMN e para o funcionamento do sistema fiscal estatal como um todo). Desta perspetiva, a atuação transfronteiriça seria tão mais eficiente quanto menos restrições encontrasse à livre alocação de recursos entre as várias unidades constituintes do grupo em busca da sua maior rendibilidade[105]. Assim, seriam reduzidos os incentivos à implementação de comportamentos de substituição.

De facto, a rendibilidade económica das operações do grupo é alterada por considerações fiscais[106]. Desta forma, a escolha ótima para localização do investimento do GMN não é só ditada pelos melhores resultados económicos, mas também pelos melhores resultados financeiros após impostos, afetando a capacidade decisória do GMN. Como consequência, a doutrina nota uma redução da capacidade de endividamento e investimento em subsidiárias externas[107], reduzindo a eficiência de alocação interna de recur-

[103] No mesmo sentido, UNCTAD, 2015, pp. 203 e 204, OCDE, 2013a, p. 8.

[104] Assim, é um imperativo de eficiência que o total de imposto pago por contribuintes que investem no estrangeiro não seja superior ao total de imposto pago por empresas locais nessas jurisdições – cfr. IFA, 2005, p. 34.

[105] Cfr. Correia, 2013a, pp. 261 e ss.

[106] Já demonstradas pela doutrina. Por exemplo, vd. Arena/Roper, 2010, pp. 637-654; Egger/Seidel, 2013, pp. 225-242; Mooij/Liu, 2020, pp. 68-306; Becker/Johannesen/Riedel, 2020, pp. 104-138; Foss/Mudambi/Murtinu, 2019, pp. 1644-1655; Keuschnigg/Devereux, 2013, pp. 432-440; Davies *et al.*, 2018, pp. 120-134.

[107] Para efeitos de Tese, entendidas como os veículos societários ou empresariais de investimento local ou regional num mercado para produção de bens ou serviços e transação dos mesmos sob controlo do GMN. O conceito inclui, assim, entidades personificadas como sociedades comerciais ou entidades despersonificadas como o estabelecimento estável ou *joint ventures*.

sos[108]. De igual forma, o estímulo para a adoção de condutas fiscalmente eficientes pelo GMN tem um custo operacional não despiciendo, aumentando sobremaneira a complexidade transacional e os seus custos de cumprimento e contexto[109].

*

O fenómeno BEPS repercute-se, assim, de forma marcante na repartição de bases tributárias entre Estados. Consideramos que a atuação abusiva de alguns GMN, propiciada pelo sistema de tributação sobre o rendimento articulado internacionalmente nos termos em que o descrevemos, conduz a um resultado injusto na distribuição dos objetos e sujeitos passivos do poder tributário, afetando a repartição de direitos tributários entre Estados[110]. A erosão de bases tributárias, assim, pode causar a erosão do próprio sentimento de Justiça fiscal do sistema[111], fundado no princípio de igualdade como parâmetro de controlo material do esforço contributivo exigido para o suporte dos encargos comunitários.

Neste sentido, cremos que o sistema fiscal internacional assenta numa estrutura inadequada para a regulação da atividade dos GMN, o que provoca a sua inerente injustiça a nível internacional, mas também, a nível interindividual[112]. No capítulo seguinte, proporemos alternativas às regras vigentes e procuraremos orientar a implementação das mesmas com o objetivo de tornar o sistema fiscal internacional mais justo.

Começaremos por enunciar os princípios que consideramos deverem orientar a tributação de rendimento empresarial num contexto fiscal inter-

[108] Cfr. Keuschnigg/Devereux, 2013, pp. 432-440. Neste contexto particular, a eficiência refere-se à alocação ótima de fatores de produção, considerando o seu rendimento económico.

[109] Cfr. Correia, 2013a, p. 126.

[110] Todavia, embora o projeto BEPS tenha resultado da percepção de algumas jurisdições que se consideravam afetadas pelas práticas fiscais de outras, não deixa de ser necessário advertir que a política fiscal faz parte das formas de estímulo económico ao dispor de um Estado, sendo pertinentes as preocupações de perda de atividade empresarial que a redução da perda de margem competitiva fiscal pode aportar a alguns Estados – cfr. Christians/Shay, 2017, pp. 27 e ss.

[111] Nas palavras de Morais, 2016, p. 260, "torna-se difícil compreender que a contribuição que é exigida às empresas para o financiamento da despesa pública seja inferior à que é suportada pela generalidade dos cidadãos". Sobre as consequências para o processo democrático e integração cívica da erosão factual da soberania do Estado e da progressiva preponderância do GMN, ver Habermas, 2005, pp. 122 e ss.

[112] Veja-se Franck, 1995, p. 30, que distingue entre Justiça agregada (entre Estados nas suas relações internacionais) ou desagregada (entre indivíduos num seio de um mesmo Estado).

nacional, recentrando o debate na noção de Justiça fiscal e, em particular, de Justiça fiscal internacional. Para tal, desenvolveremos o nosso entendimento sobre a noção de Justiça fiscal internacional aplicada à repartição de bases tributárias. É certo que o discurso fiscal é enunciado de diversas perspetivas[113], cada uma retratando a acentuação de um objetivo comunitário político, económico ou social que se procura atingir ou assegurar com determinada política. Optaremos, todavia, por desenvolver os valores de Justiça e equidade resultantes do consenso de determinada comunidade[114] e que norteiam a própria ideia de Direito[115] para a orientar a nossa concetualização. Tentaremos alcançar a "ideia diretiva geral pela qual se orienta a concretização ulterior do Direito como que por um fio condutor"[116].

Conferimos este último papel aos princípios jurídicos como justificativos do sistema jurídico na sua totalidade, dotando-o de validade ética, impregnando todos os seus elementos pela sua "força normativa potencialmente expansiva"[117] e justificando as concretas soluções positivas por apelo a elementos extrapositivos que constituem o *gel de ligação* de todo o sistema. Os princípios, com Dworkin[118], são um padrão que deve ser observado não

[113] Vd. Roxan, 2012, pp. 10 e ss, que refere, sem pretensão de exaustão, as perspetivas legal, social, económica e de bem-estar do discurso fiscal. O autor afirma que a utilização de conceitos económicos, ou outros, implica a sua importação e reformulação para o discurso jurídico e político no âmbito do quadro de operacionalização dos mesmos: em suma, implica um esforço de interpretação e contextualização. Tal como a hermenêutica filosófica moderna parte da intertextualização para a contextualização articulando passado e presente como parte do mesmo processo, a interpretação normativa e contextual é fundamental para assegurar o princípio da igualdade e a Justiça. Com efeito, "ideias que constituem o Direito como Direito são ideias constituintes da experiência, mas são, também, em parte, constituídas nessa mesma experiência" – cfr. Gonçalves, 2013, pp. 13 e ss. Veja-se, também, Neves, 1968, p. 47: "o sistema positivo sempre será duplamente ultrapassado: pelos princípios axiológico-normativos por que se vai determinando o comunitário projeto axiológico e pela realidade historicamente concreta da sua aplicação".

[114] Na esteira de Dworkin, 1986, pp. 228-238. Para uma outra perspetiva da definição do consenso comunitário quanto aos valores de Justiça, Rawls, 2013, pp. 33 e ss.

[115] No mesmo sentido, Neves, 1968, p. 40: "[r]evela-se-nos a ideia de direito numa segunda dimensão, ao manifestar-se naquelas intencionalidades axiológicas (nos "princípios axiológicos") que os membros comunitários, quando integrados pela mesma situação de concreta convivência social em que atuam uns relativamente aos outros os seus fins pessoais (e individuais), hão-de assumir e realizar para que as respetivas posições ou condutas, na parte que toca a cada um dos outros, se possam dizer fundadas (legítimas e válidas)."

[116] Vd. Cortês, 2010, p. 222. e Larenz, 2009, p. 674.

[117] Vd. Cortês, 2010, p. 231.

[118] Sobre a distinção entre princípios jurídicos e políticas, vd. Dworkin, 2013a, pp. 38-45 e 106-111.

porquanto seja desejável, mas na medida em que são uma exigência de Justiça, equidade ou outra razão moral. Daí que um argumento de princípio implique a garantia de um direito individual ou de grupo.

O exercício de um direito justificado principialisticamente confere ao mesmo uma aura de poder que suplanta as meras exigências e preocupações de uma comunidade e impõe uma discriminação dentro da política fiscal a implementar que permita a sua realização. Assim, uma política fiscal válida dará prioridade à garantia e vigência dos seus princípios jurídicos constituintes. São estes que procuraremos elencar na próxima secção da Tese, procurando aportar ao debate de política fiscal a contribuição de ideias baseadas em princípios de Justiça.

Capítulo II
Justiça fiscal internacional

1. Justiça fiscal internacional e o IRC

A Justiça fiscal é frequentemente entendida como *Justiça tributária*[119]: a avaliação quantitativa do modo como é distribuída a imposição dos encargos tributários entre as várias categorias de contribuintes[120]. É, fundamentalmente, um problema das pessoas, pois, como vimos acima, as empresas são formas jurídicas de realização de interesses individuais[121]. E, nesta medida, trata-se de uma questão intimamente ligada à própria ideia de Direito – como este se pode impor ao livre arbítrio das pessoas, deverá ser *o mais justo e racional possível*[122]. Portanto, o encargo do imposto deverá ser distribuído

[119] É a perspetiva de que parte Sanches, 2016, p. 13. Trata-se de uma perspetiva de Justiça distributiva, por oposição a uma perspetiva de Justiça comutativa. Sobre os tipos de Justiça, vd. Kaufmann, 2014, pp. 232 e ss. Na obra deste autor, a Justiça fiscal é a Justiça do bem comum e da adequação. Outras perspetivas de noções de Justiça neste contexto são expostas por Dusarduijn/Gribnau, 2020, p. 37.

[120] Sanches, 2016, p. 15 alerta para a relação simbiótica entre a distribuição e a redistribuição dos encargos tributários na sociedade contemporânea, advertindo para a necessidade de concatenação da Justiça entre ambas as vertentes de finanças públicas, como que "verso e o anverso da mesma moeda". Porém, a nossa Tese não aprecia questões de Justiça na despesa pública. Sobre estas, vd. Martins, 2016.

[121] Vd. Parte I, Capítulo I, 3.

[122] Vd. Cortês, 2010, p. 15 e pp. 266 e ss. Baseando a Justiça no direito de igual preocupação e respeito de todos no desenho das instituições que os regem, vd. Dworkin, 2013a, p. 219. Considerando a Justiça o mais elevado valor da ideia de Direito, e a igualdade a mais elevada ideia diretiva daquela, vd. Kaufmann, 2014, p. 225. Sobre a Justiça no discurso da metodologia do Direito, vd. Larenz, 2009, p. 241-258. Afirmando que a Justiça do Direito tem de ir para lá da absoluta comutatividade, procurando superar a divergência e desigualdade fáctica da existencial social, Neves, 1975, pp. 233 e ss.

considerando o valor ontológico do sujeito enquanto ser de igual dignidade do seu par[123].

Consequentemente, o padrão de avaliação da distribuição daqueles encargos apenas pode ser o cumprimento do princípio da igualdade[124]. Ora, é sabido que uma mera igualdade formal que se abstraia das condições factuais de partida do cidadão para procurar afirmar uma ideal igualdade perante a lei conduziria a resultados absurdos e de efetiva desigualdade e injustiça. Daí que o princípio da igualdade seja entendido hoje como significando mais do que a mera proibição de arbítrio, desdobrando-se também numa vertente positiva que se reconduz à garantia de igualdade material dos cidadãos na e perante a lei[125].

O princípio da igualdade material na distribuição dos encargos fiscais projeta-se, consensualmente, no critério da capacidade contributiva[126]. O critério da capacidade contributiva é um parâmetro de controlo comparativo que visa assegurar que duas manifestações de riqueza idênticas sejam sujeitas a um encargo fiscal proporcionalmente igual[127]. Desta feita, procura-se assegurar o que Peter Harris cunhou como a sua essência: *não*

[123] Cfr. Alves, 2016, p. 328: "a própria realização das ideias de liberdade e de Justiça como bens comuns esta dependente da possibilidade real das mesmas, ou seja, da gestação de condições para que o sujeito possa efetivamente comungar de e participar em tais valores fundamentais. Tal concepção parece-nos inclusive aflorar no art. 1º da CRP ao afirmar a dignidade da pessoa humana (mais do que a própria humanidade) como a base da construção de uma sociedade livre, justa e solidária, realizada pela vontade popular, expressão política de uma ideia de autonomia. É a ideia de dignidade que informa o princípio da igualdade essencial de todas as pessoas perante a lei e o interesse público, verdadeira base moral da organização do Estado e do Governo em democracia".

[124] Sobre igualdade material e jurídica e o conflito entre as mesmas, vd. Alexy, 2009, pp. 279 e ss.

[125] Cfr. Miranda/Medeiros, 2010, pp. 222 e ss.

[126] Cfr. Sanches, 2016, p. 25; vd. também Englisch, 2014 p. 451, afirmando o relevo constitucional do critério da capacidade contributiva também ao nível da UE e seus tratados. Note-se que a capacidade contributiva não é o único critério material de repartição de encargos tributários. No âmbito dos tributos com estrutura comutativa, o princípio da igualdade material projeta-se no princípio da equivalência, como adverte e aprofunda Vasques, 2008, pp. 78 e ss. Rejeitando a aplicabilidade do critério da capacidade contributiva a taxas e demais tributos com natureza remuneratória, retributiva ou reparadora, vd. Nabais, 1998, p. 474. Sobre o tema, vd. também Palma, 2001, pp. 109 e ss. e, num contexto internacional, Schön, 2009, pp. 71 e ss.

[127] A igualdade pressupõe proporcionalidade no tratamento de uma pluralidade de pessoas, segundo Kaufmann, 2014, p. 232. Já Aquino, 2004, referia que todos devem contribuir para as despesas públicas segundo as suas possibilidades e na proporção equitativa das mesmas. Sobre a proporcionalidade e a fiscalidade direta, vd. Nogueira, 2010.

alterar a posição de riqueza relativa de cada membro da comunidade relativamente a outro membro por força da imposição de imposto[128].

O princípio da igualdade projetado no critério da capacidade contributiva é um critério de tributação material subjetivo e objetivo. Assim, todos os cidadãos estão sujeitos ao pagamento dos mesmos impostos por todas as manifestações (qualitativas e quantitativas[129]) da capacidade contributiva[130]. Este critério tem, assim, três corolários fundamentais: contribuintes que não disponham de capacidade contributiva não pagarão imposto; contribuintes com a mesma capacidade pagarão os mesmos impostos (igualdade horizontal); e contribuintes com diferente capacidade pagarão diferentes impostos (igualdade vertical)[131]. A subsunção da atuação do GMN a estes corolários implica, todavia, algumas considerações prévias.

A primeira: é evidente que a forma de projeção do critério da capacidade contributiva é distinta consoante os sujeitos em análise sejam pessoas singulares ou sociedades comerciais[132]. Nestas últimas, a capacidade contributiva é aferida pela manifestação de riqueza objetivada numa realidade económica (rendimento, património ou despesa), não considerando as circunstâncias pessoais, económicas e rendimento disponível do contribuinte após imposto. A capacidade contributiva objetiva é manifestada pelo preenchimento de factos que a revelam e estão presentes na seleção de determi-

128 Por oposição, e como decorre do exposto, a vertente redistributiva do imposto assume expressão no debate de extrafiscalidade - assim, Harris, 1996, pp. 15-27. Não se pretende sugerir que a discussão da vertente redistributiva tem menor relevo na estruturação da sociedade contemporânea - antes pelo contrário, esta é uma questão que está omnipresente e implícita nesta Tese, desde logo por força ao seu apego a princípios de Justiça.

129 Para Roxan, 2012, p. 16, a capacidade contributiva deve refletir os recursos do contribuinte medidos pelo seu rendimento, riqueza, consumo ou outra métrica considerada apropriada. Para Dourado, 2019, p. 215, "sempre que o objeto da tributação abrange apenas uma parte da riqueza - parte do rendimento, parte do património ou parte do consumo - a lei não assenta, em bom rigor, num critério de igualdade económica entre sujeitos passivos, nem prossegue corretamente objetivos de Justiça redistributiva".

130 O critério da capacidade contributiva implica, assim, uma ampla base tributária - cfr. Harris, 1996, p. 37.

131 Cfr. Nabais, 1998, pp. 439 e ss.. Note-se a advertência do autor para a necessária concatenação deste princípio com outros princípios constitucionais, designadamente o da proporcionalidade, sempre que os impostos tenham também finalidades extrafiscais, a p. 479.

132 Não se concorda, pois, com Bird/Mintz, 1996, para quem a ideia de uma sociedade com capacidade contributiva é uma aberração. Pela nossa parte, consideramos que, em última análise, *todos os impostos são pagos por pessoas*, nas palavras do Report on Double Taxation submitted to the Financial Committee - Economic and Financial Commission Report by the Experts on Double Taxation - Document E.F.S.73. F.19 (5/4/1923), pp. 18 e ss.

nados pressupostos pelo legislador como determinantes da obrigação tributária e coerentemente aplicados[133].

No caso, aqueles factos tendem a reconduzir-se a manifestações de verificação de lucro[134], o qual é encontrado partindo da execução da contabilidade da empresa[135]. Objetivizando-se a medição da manifestação de riqueza, abrimos o caminho à desconsideração do relevo da subjetividade jurídica como forma de garantir a tributação de capacidade contributiva empresarial, sempre que haja uma conexão adequada entre a entidade empresarial e o lucro que realize[136].

A segunda consideração refere-se à articulação transnacional do GMN. Se a capacidade contributiva é um parâmetro de controlo comparativo, a seleção das realidades a comparar é o pressuposto da sua aplicação. A capacidade contributiva visa medir a intensidade da exigência que a imposição fiscal a um contribuinte representa enquanto materialização da extensão de um dever jurídico fundamental: o de pagar impostos. Assim, a mensuração do dever apenas pode ser comparada com a imposição de deveres que decorram dos mesmos pressupostos tributários selecionados pelo legislador. Pretendemos, assim, destacar que o juízo de comparação de capacidade contributiva apenas pode ser feito entre realidades sujeitas ao mesmo poder tributário, por ser esta sujeição que fixa os pressupostos selecionados pelo legislador como manifestações de capacidade contributiva[137].

[133] Vd. Nabais, 1998, pp. 496.

[134] No mesmo sentido, Ferreira, 2020, p. 203, que afirma que o princípio de tributação pelo lucro real se confunde, em IRC, com a tributação segundo a capacidade contributiva. Noutro sentido, Nabais, 2005, pp. 373 e ss., que aceita a consagração de regimes de tributação *normal*, em particular para as pequenas empresas e para os grandes evasores fiscais. Considerando o lucro como manifestação de capacidade contributiva na vertente de tributação da criação de riqueza, Mendes, 2016, p. 24. Afirmando que, no IRC, "toda a capacidade contributiva respeita às realidades constitutivas do lucro – os resultados da atividade e os acréscimos e decréscimos patrimoniais", Faveiro, 2002, p. 160.

[135] Assim, Ferreira, 2020, p. 196, afirma que, se contemporaneamente a tributação pelo lucro real é interpretada pelo sujeito passivo através da inscrição contabilística no balanço, esta possibilidade implica o dever de não proceder a manipulações de valor, sobretudo nos domínios em que existe maior espaço de decisão para a sua autodeterminação pelo sujeito passivo, propiciando redução artificial de matéria coletável.

[136] Vd. Nabais, 1998, p. 485. Estamos aqui, também, a considerar a tributação de realidades despersonalizadas ou resultantes de mera associação de pessoas, como o estabelecimento estável, reconducentes ao conceito fiscal de *entidades tributáveis*, na expressão de Mendes, 2016, p. 29, e que usamos também ao longo da presente Tese.

[137] O critério da capacidade contributiva conforme definido em corpo de texto e aplicável a cidadãos de um Estado não se presta a comparação de realidades transnacionais, muito menos

Com efeito, se visamos medir a igualdade na distribuição de encargos tributários pela operação do critério da capacidade contributiva, apenas podemos comparar sujeitos obrigados pelo mesmo tipo de encargo ou realidades objetivas sujeitas ao mesmo tipo de encargo. Isto porque o termo de comparação é sempre orientado pela Justiça da exigência coerciva, e esta é apenas imposta por cada Estado sobre uma realidade económica respetiva e territorialmente delimitada. Daí que não seja possível proceder à comparação entre dois contribuintes sujeitos ao poder tributário de dois Estados distintos, pois a capacidade contributiva visa comparar situações de sujeição a um poder tributário, não o resultado de sujeição a poderes tributários e exigências coercivas diversas[138].

de tributação de GMN. Por um lado, a participação do GMN na definição das regras fiscais não tem reflexo político considerando o princípio da legalidade e a representatividade popular; por outro lado, as sociedades e entidades equiparadas são meios para obtenção de recursos, não fim em si próprias, razão pela qual relevam sobretudo como formas de criação de riqueza e não de demais formas de manifestação de capacidade contributiva (consumo, detenção de riqueza). Por este motivo, a apreciação da sua capacidade contributiva é sempre mais limitada, não havendo, ainda, bem-estar que deva ser apreciado para medida do sacrifício imposto na fixação do tributo. De igual forma, a cadeia de produção de riqueza de um GMN é distinta de entidades independentes, o que impossibilita juízos comparativos com o GMN pois a capacidade contributiva do grupo não é traduzida pela apreciação jurisdição a jurisdição de manifestações objetivas da mesma – cfr. Vergnet, pp. 178-185. Não que esta comparação seja impossível. O mais das vezes, todavia, o contexto de referência para apreciação das normas aplicáveis ao caso é que não será o mesmo, o que reduzirá a valia da tarefa comparativa para efeitos normativos.

[138] Daí que Nabais, 1998, p. 511, coloque a questão da dupla tributação internacional fora do âmbito da discussão da capacidade contributiva, sendo certo que o princípio da igualdade nem sequer proíbe, *per se*, a dupla tributação jurídica ou económica. Assim, apenas aquele sujeito à mesma imposição pode ser incluído num juízo de comparabilidade, como habilmente demonstra Kaufman, 1998, pp. 178-183. A imposição de poder tributário de outro Estado implica, sempre, que o tratamento dos rendimentos de fonte estrangeira seja tributado de forma distinta do rendimento obtido no Estado de residência. Com efeito, se o Estado de residência confere um crédito fiscal limitado por imposto pago no estrangeiro, aceita que o rendimento tributado no estrangeiro oriundo de Estados com taxa de imposto superior será mais tributado nos mesmos; se não confere limites ao crédito fiscal, permite que o Estado que imponha uma taxa de imposto superior à sua consuma riqueza da sua base tributária; se isenta de inclusão no rendimento tributável o rendimento de fonte externa, aceita que os rendimentos obtidos no estrangeiro serão tributados a uma taxa inferior, superior ou igual à sua, consoante o caso. Em qualquer dos casos, o Estado de residência não controla a extensão total dos encargos dos seus contribuintes, razão pela qual não pode incluir considerações de igualdade de tratamento de encargos fiscais estrangeiros na tributação de residência considerando todo o rendimento do contribuinte (porque a fixação deste depende de variáveis que não controla), mas apenas garantindo a ausência de tratamento arbitrário, manifestada na não discriminação. Conclui a autora que para o Estado de residência, em bom rigor, o imposto pago no estrangeiro pelo seu contribuinte é um custo

A imposição de duas exigências coercivas torna a situação dos sujeitos em análise não comparável normativamente. Esta comparação, a ocorrer, será meramente descritiva de um resultado final[139] e nunca parâmetro normativo de controlo de princípio da igualdade. Por este motivo, o critério da capacidade contributiva em sede de IRC implica a apreciação de uma realidade objetiva territorialmente limitada[140]. Se o propósito do IRC é tributar o rendimento oriundo de investimento em fatores de produção, a tributação do GMN só poderá ter por base o rendimento oriundo da sua atividade localizada numa dada jurisdição. Essa revelação não deve focar-se, assim, apenas no sujeito jurídico que gera o rendimento pois este integra-se numa realidade económica que o transcende: o GMN. e essa só pode ser a atividade do GMN manifestada numa jurisdição.

Como tal, o critério da capacidade contributiva enquanto pressuposto de tributação do GMN deverá basear-se em manifestações de riqueza objetivas. O seu fundamento resulta da participação nos benefícios difusos da atividade estadual na estruturação da comunidade, em particular, na faculdade conferida pelo Estado de ali realizar negócios. Assim, a aplicação transnacional daquele critério implica a sua convolação num autêntico *princípio de participação*, conforme apropriadamente defendido por Ian Roxan, e situado num contínuo entre o critério da capacidade contributiva e o critério do benefício como fundamento da imposição fiscal[141].

de obtenção de rendimento ou de consumo de riqueza, razão pela qual deveria ser meramente deduzido à base tributável e não à coleta. Já Pires, 1984, p. 171, afirma que o critério da capacidade contributiva implica que a carga tributária de um sujeito passivo não deve ultrapassar aquela a que estaria sujeito se apenas obtivesse rendimento num Estado, apelando, todavia à inadmissibilidade da "*hiperconsideração*" do critério caso o contribuinte esteja conexionado com mais do que um Estado.

139 Avi-Yonah, 1999, p. 1616 sugere que a Justiça fiscal interindividual internacional se preocupa com a taxa de imposto aplicável a transações transfronteiriças, o que revela este viés descritivo que não atende a manifestações de capacidade contributiva.

140 Também Harris, 1996, p. 16 associa o sentimento de Justiça fiscal à forma como uma dada comunidade percepciona a Justiça na distribuição dos encargos. A tradução técnica desta ideia política determina uma preferência de organização do IRC com base em modelos de tributação na fonte e uma certa incidência real sobre o rendimento, que, aliás, não é contrária à CRP, como demonstra Faveiro, 2002, p. 422. Avi-Yonah, 1999, p. 1649, relaciona a noção de Justiça fiscal internacional com o mecanismo de tributação na fonte quando este permite a Estados importadores de capital (frequentemente mais pobres que os exportadores de capital) tributarem rendimento de atividades levadas a cabo no seu território.

141 Cfr. Roxan, 2012, p. 17. O autor afirma que o princípio do benefício ganha novo fôlego como fundamento de tributação em situações transnacionais, dando como exemplo o trabalho de Avi-Yonah que o erige num dos dois princípios fundamentais do sistema internacional fiscal (sendo

Para o autor, quanto menos for intensa a participação no aproveitamento de benefícios da comunidade em que se opera, menor será o encargo tributário para o contribuinte que obtém rendimento. A redução deste encargo reflete a limitação da sua capacidade de interferência no consenso sobre o nível global de bens públicos a prestar pelo Estado[142]. Ao invés, quanto mais for intensa essa participação, maior será o encargo fiscal do contribuinte que se integra nessa comunidade. A concatenação entre o critério da capacidade contributiva e o critério do benefício como fundamento de imposição tributária resulta da consideração dos benefícios retirados da atividade económica medidos por indicadores objetivos como o sejam o lucro, o volume de negócios[143] ou outros indícios físicos[144]. O princípio da participação torna-se, assim, pressuposto e medida da tributação do GMN num contexto aberto, a aferir por referência a cada jurisdição[145].

o outro o princípio da tributação única). Em sentido semelhante, veja-se Kaufman, 1998, p. 197 defendendo que o princípio do benefício é a medida da vigência de Justiça fiscal internacional (no que se afasta de Musgrave com a teoria da afiliação económica, menos deferente aos direitos de tributação de Estado de residência). O princípio do benefício, assim entendido, é uma medida de jurisdição tributária, não de quantificação de obrigação tributária. Reforçando a ideia, vd. Harris, 2020, p. 47, afirmando que qualquer imposição substantiva de imposto deve ter por base o potencial de receber a prestação de serviços governamentais.

142 Se determinada pessoa beneficiar da garantia de funções estaduais essenciais em duas comunidades, justificar-se-á a imposição do pagamento de imposto a ambos os Estados, ainda que em diferentes medidas. Conforme demonstra Barber, 2012, p. 24, a intensidade de relação de um cidadão com o território marca a intensidade das exigências estaduais sobre o mesmo. No território, um Estado tem uma relação direta com o terreno: regula a aquisição, venda e uso da propriedade e, no limite, pode até recorrer à expropriação. Fora do território, o Estado apenas se relaciona com qualquer outra propriedade por mediação dos seus nacionais. No mesmo sentido, Kallergis, 2018, p. 122.

143 Aceitando o volume de negócios (e não o lucro) como possível revelador de capacidade contributiva em sede de IRC, cfr. TJUE, caso *Vodafone Magyarország* (C-75/18) – "uma tributação progressiva pode basear-se no volume de negócios, desde que, por um lado, o montante do volume de negócios constitua um critério de distinção neutro e, por outro, constitua um indicador pertinente da capacidade contributiva dos sujeitos passivos". A questão é polémica devido à concatenação com o princípio da tributação do rendimento líquido.

144 Cfr. Roxan, 2012, p. 43. considera que é necessário estabelecer critérios para aferir da presença numa jurisdição atendendo a indícios físicos tradicionais, contrapondo que a identidade jurídica das partes, as relações contratuais e de propriedade entre entidades são distrações no processo de identificação de manifestações de capacidade contributiva.

145 Note-se que o princípio da participação não é um mero princípio de pagamento de benefício obtido pela atividade do Estado anfitrião em sentido estrito, razão pela qual não se justifica aqui, ainda, o recurso a critérios de equivalência.

Do exposto resulta que o critério da capacidade contributiva, em sentido estrito, apenas tem um âmbito de aplicação pleno em contexto fechado. Isto reserva o âmbito de aplicação do juízo comparativo para todos aqueles que habitam numa comunidade ou entre as empresas que ali fazem negócio. A coercibilidade do imposto e a Justiça da sua imposição mover-se-iam, então, num dado contexto que resultaria da repartição prévia de recursos entre Estados (entendidos aqueles como o conteúdo económico ínsito na fixação de uma base tributária). Uma vez distribuídos aqueles, cada Estado pode implementar a sua própria Justiça fiscal.

Por este motivo, a Justiça fiscal internacional exige que se permita tributar de acordo com a intensidade da atividade do sujeito numa dada jurisdição e que haja uma forma jurídica de revelar a intensidade dessa participação com base em indícios objetivos. Ou seja, que os pressupostos de incidência tributária sejam fixados pelos Estados de forma a garantir este postulado, ressalvado o espaço de soberania na fixação dos elementos do imposto. Então, a definição da base tributária tem um papel fundamental na garantia de igualdade de tratamento de sujeitos envolvidos em atividades transnacionais, em particular o GMN. A avaliação de um padrão de Justiça fiscal individual surge interligada com a repartição de bases tributárias entre Estados quando se pretende apreciar a Justiça da tributação de GMN em comparação com a de outros sujeitos tributários.

Contudo, se apenas se pode afirmar plenamente a capacidade contributiva como critério normativo de comparação de encargos sobre contribuintes num contexto fechado, parece que preocupações com igualdade interindividual não são consideradas num plano internacional. Este contexto parece reservar para a Justiça fiscal internacional um mero papel orientador da repartição de recursos (as bases tributárias), separando ambos os âmbitos de aplicação de um juízo de Justiça: o estadual e o internacional.

Importa, todavia, questionar com que objetivo poderá ser feita essa repartição. Parte da doutrina fiscal internacional assume que o regime de Direito Fiscal internacional deverá ser, primeiramente, eficiente na alocação de recursos. O critério da eficiência ditaria, assim, a repartição de bases tributários entre Estados. Vejamos a valia do argumento para o que ora nos preocupa: como tributar o rendimento produzido por uma atividade transnacional de um GMN.

2. Justiça fiscal internacional e eficiência na alocação de recursos internacionais

A doutrina fiscal internacional clássica tem considerado a eficiência na alocação de recursos internacionais fundamental para o objetivo de maximização da receita tributária. Contudo, as noções de *eficiência* apresentadas são variáveis e dependem do contexto da sua formulação e dos interesses que se pretendam avançar. Considerando que são os Estados que ditam a sua base tributária, estes podem fazê-lo com o objetivo quer de lograr avançar a maior recolha possível de impostos para o seu tesouro, quer com o objetivo de garantir a maior recolha possível de impostos em termos internacionais; quer, ainda, com objetivo de tornar o investimento transfronteiriço eficiente e, nessa medida, não afetado por disposições fiscais[146].

O referencial histórico neste debate é a conceptualização primeiramente formulada por Richard Musgrave[147], distinguindo entre neutralidade na exportação de capitais (*capital export neutrality*, CEN) e neutralidade na importação de capitais (*capital import neutrality*, CIN)[148]. Ambos os conceitos procuram orientar as opções de política fiscal quanto à maior rendi-

[146] O primado da eficiência tem por base o conceito segundo o qual o capital deve ser investido no local que ofereça melhor taxa de retorno, incorporando diferenças de risco – Musgrave, 1963, p. 4. O que, em si, leva ínsita a ideia de que a eficiência no investimento permitirá gerar melhores resultados económicos e, nessa medida, gerar resultados fiscais também eles favoráveis ao Estado tributante – Shaviro, 2014, p. 15. Veja-se, para mais sobre eficiência, Vogel, 1998b, pp. 310-320, em particular a posição aí descrita de Ture; Schön, 2009, pp. 79 e ss. e James/Nobes, 2018, pp. 20 e ss.

[147] Cfr. Musgrave, 1959. O debate seria, todavia, muito desenvolvido pela cônjuge Peggy Musgrave numa série de obras recolhidas em Musgrave, 2002. Vd. também Shaviro, 2014, pp. 121 e ss.

[148] Uma alternativa aos padrões CEN e CIN foi proposta por Kemmeren, 2001, pp. 72 e ss. Kemmeren afirma que a eficiência na alocação de recursos não pode desconsiderar a correta alocação de todos os fatores produtivos, e não apenas do capital. Assim, propõe outros padrões de análise de eficiência da repartição recursos: neutralidade da exportação de trabalho e capital (*capital and labor export neutrality, CLEN*) neutralidade da importação de trabalho e capital (*capital and labor import neutrality, CLIN*). Segundo aquela, o rendimento deve pagar a mesma taxa de imposto, independentemente da sua fonte e da sua natureza (rendimento de trabalho ou capital). Segundo esta, trabalho e capital originários de diferentes Estados devem competir em termos fiscais iguais com o trabalho e o capital de cada Estado independentemente do local de residência do trabalhador ou investidor. Kemmeren afirma que a neutralidade na alocação de recursos apenas pode ser alcançada quando o Estado não possa influenciar a repartição de poderes tributários, daí que seja apologista de tributação baseada na territorialidade, fundamentada no já desenvolvido princípio da origem. A alternativa tem o mérito de chamar a colação a tributação do rendimento de trabalho no debate de política fiscal internacional, embora a dinâmica que introduz não seja particularmente distinta da dinâmica da discussão CEN/CIN.

bilidade do investimento direto externo e, assim, o aumento do bem-estar global, consoante o destino daquele, embora com enfoques distintos.

A CEN determina que todo o investimento direto externo seja tributado à mesma taxa de imposto, independentemente do seu local de destino. Assim, exige um sistema de tributação global com base na residência que elimine a dupla tributação de rendimento através da concessão de um crédito pelo imposto pago na fonte pelo Estado de residência (idealmente, sem limites quanto à sua extensão). Desta forma, todos os investimentos externos ou domésticos são tributados à mesma taxa de imposto na residência do investidor, pelo que a localização do investimento não é afetada pela tributação do rendimento de capital. A CEN assume, portanto, que o Estado de residência é o principal titular do direito de tributação do investimento direto externo em termos conceptuais e o responsável por assegurar a igualdade na tributação dos seus residentes. Desta forma e em princípio, a CEN favorece a eficiência global na alocação de investimento[149].

Por seu turno, a CIN determina que o retorno do capital investido seja tributado à mesma taxa de imposto, independentemente da residência do investidor. A CIN implica, portanto, a vigência exclusiva de tributação na fonte, para que todo o investimento realizado numa dada jurisdição seja tri-

[149] Daí que uma política focada no cumprimento do padrão CEN seja desejável, na medida em que o investimento é mais reativo a questões fiscais do que a poupança – cfr. Roxan, 2012, p. 5. Em sentido semelhante, Graetz, 2000, p. 270, para quem a CEN é neutra quanto à escolha da localização do investimento desde que a margem de lucro antes de imposto de um dado investimento seja igual. O residente de qualquer nação paga o mesmo montante de imposto sobre o rendimento independentemente do Estado onde investe. No mesmo sentido, Avi-Yonah, 1999, p. 1606 e ss. Shaviro, 2014, pp. 127 e ss., elenca dois problemas que colocam em dúvida esta asserção. O primeiro consiste no chamado *efeito clientela* que pode surgir por falta de uniformização na adoção do padrão, quando existam Estados que isentem rendimento estrangeiro de tributação, por exemplo (e para cujos investidores, a taxa de tributação na fonte se torna, então, relevante). Pode também suceder que o investimento em determinados Estados seja feito apenas por sociedades oriundas de determinados Estados que concedem créditos por imposto, pois a interação concreta entre os sistemas fiscais de ambas as jurisdições assume relevo decisivo no resultado final após imposto. Desta forma, os padrões ótimos de investimento resultam distorcidos, o que em si próprio encerra problemas de eficiência. Este efeito projeta-se no fenómeno das sociedades-base, vd. nt. 92. O segundo problema resulta da estrutura do sistema de IRC e da incidência do mesmo na entidade empresarial. Uma vez que o montante de imposto não é determinado ao nível dos sócios, mas sim da entidade empresarial, aqueles podem conduzir o seu investimento por veículos de investimento com tratamento fiscal mais favorável. A mesma crítica pode ser aplicável à análise da vigência de CIN, pois esta pode determinar como referência do aforrador uma entidade empresarial cuja nacionalidade é distinta dos seus sócios, possíveis investidores efetivos. Sobre o efeito de clientela, ver também Scholes *et al.*, 2015, pp. 108 e ss.

butado à mesma taxa[150]. Todos os investimentos num dado Estado são sujeitos à mesma taxa de imposto sobre rendimento, e toda a atividade comparável num dado Estado é sujeita ao mesmo nível de tributação na fonte[151]. A dupla tributação de rendimentos é evitada pela isenção de tributação de rendimentos estrangeiros no Estado de residência. Como tal, na vigência de CIN, todos os aforradores recebem o mesmo retorno após impostos independentemente da sua residência[152]. O padrão privilegia, assim, a eficiência na tributação do aforro no país de residência do investidor. Alerte-se, desde já: é impossível alcançar simultaneamente os fins promovidos por ambos os princípios CEN e CIN na ausência de taxas de impostos e bases fiscais uniformizadas em todos os Estados[153].

Em alternativa, refletindo a preferência do interesse nacional na repartição de recursos, o conceito de neutralidade nacional (*national neutrality*, NN) viria a ser trabalhado por vários economistas, com destaque para PEGGY MUSGRAVE[154]. A NN seria assegurada sempre que os residentes de um Estado fossem tributados por todo o seu rendimento global e os impostos pagos em Estados fonte de rendimento estrangeiro fossem meramente dedutíveis como custos de obtenção de rendimento (ou seja, não creditáveis no montante de imposto a pagar). A NN teria como consequência a forte redução das trocas-transfronteiriças e, contrariamente aos seus objetivos, a redução de investimento direto externo por multinacionais sedea-

[150] Mais notam DESAI/HINES JR. que a vigência de CIN, idealmente, implica a coordenação global das taxas de imposto empresariais e pessoais, com o fito de garantir a mesma tributação para todos os investidores. Por seu turno, a aplicação de CEN é independente das políticas fiscais de outros Estados. É uma asserção que desconsidera os efeitos das políticas fiscais de Estados concorrentes na implementação de CEN, e que pode implicar a redução por completo da base tributária do Estado de residência através da concessão de créditos por imposto pago na fonte.

[151] SHAVIRO, 2014, p. 141., nt. 9, afirma que CIN não implica um necessário aumento de competitividade produtiva na medida em que a sua vigência não altera necessariamente os padrões de IDE no Estado que a implementa.

[152] Cfr. GRAETZ, 2000, p. 270. Tal possibilita uma mais eficiente alocação da poupança e, nessa medida, a localização de investimentos no Estado onde mais retorno rendam.

[153] Vd. MUSGRAVE, 2000, p. 201 e GRAETZ, 2000, p. 272. Acrescente-se que a implementação global de CEN de forma unilateral é impossível por parte de um Estado, uma vez que apenas consegue assegurar a vigência do mesmo para os seus residentes. Vd. a excelente demonstração de SHAVIRO, 2014, pp. 121-124, alertando, todavia, para os inultrapassáveis custos de transação de implementar a vigência uniforme internacional de um só padrão dos analisados.

[154] Vd., por exemplo, MUSGRAVE, 1963, pp. 6 e ss. Apesar do destaque dos escritos de MUSGRAVE, o conceito terá sido sistematizado vez por FELDSTEIN/HARTMAN, 1979, pp. 613-629, embora em FELDSTEIN/HINES JR./HUBBARD, 1994, tenha concedido que uma menor tributação do rendimento externo poderá ser no interesse doméstico.

das no Estado proponente. Nessa medida, verificar-se-ia uma redução da rendibilidade após-imposto do GMN e da atividade económica local. A consequência seria paradoxal: um menor avanço dos interesses estaduais locais[155].

Hines Jr. e Desai procuraram superar os conceitos CEN, CIN e NN, defendendo que os mesmos não retratam sistemas ótimos do ponto de vista da eficiência fiscal[156]. Os autores afirmam que o investimento direto externo é predominantemente realizado através da transferência de controlo e propriedade de entidades existentes e não da transferência de poupança líquida de um Estado para o outro, o que os conceitos anteriores não refletem. Sugerem, assim, distintos padrões para aferir da eficiência da política fiscal internacional de um Estado: a neutralidade na propriedade de capital (*capital ownership neutrality*, CON) e a neutralidade na nacionalidade de capital (*national ownership neutrality*, NON).

A CON exige que as regras fiscais não afetem os padrões de distribuição de propriedade, ou seja, que a propriedade de um ativo pertença ao comprador que ofereça o preço mais alto na ausência de diferenças fiscais. A eficiência na alocação de recursos é maximizada se as identidades dos detentores de capital não forem afetadas pela tributação, na medida em que a doutrina demonstra que a produtividade do capital está associada à identidade dos seus proprietários[157], razão pela qual considerações fiscais não devem perturbar a detenção de ativos por aqueles que podem retirar o maior valor dos mesmos. Na prática, a CON vigorará se sistemas fiscais de Estados concorrentes forem uniformes, incluindo aqui situações em que todos os Estados isentam o rendimento externo de tributação e situações

[155] De igual forma, a implementação unilateral de NN pode ser dificultada pelos mesmos motivos aplicáveis ao padrão CEN, aqui incluído o *efeito de clientela* (vd. *supra* nt. 149), na medida em que ativos locais seriam essencialmente detidos por proprietários locais e o investimento externo seria essencialmente conduzido por sociedades de direito estrangeiro – cfr. Shaviro, 2014, pp. 145 e ss. Note-se que NN é vista como eficiente do ponto meramente doméstico, na medida em que trata todos os residentes de uma jurisdição de uma dada forma. É, portanto, um padrão de contexto fechado.

[156] Cfr. Desai/Hines Jr, 2003. Para os autores, a eficiência é aferida do ponto de vista da maximização do retorno sobre o capital investido. Sobre a neutralidade na detenção de ativos e eficiência, vd. também Kane, 2006, pp. 53-79.

[157] O quadro de análise CON/NON coloca as diferenças de produtividade entre GMN e as transferências de controlo de ativos induzidas por diferentes taxas de imposto no centro da análise da eficiência da tributação. Contudo, o conceito de "neutralidade", central para avaliar da eficiência de um padrão, difere das demais avaliações para a NON. NON considera que um regime é eficiente quando não cria desencorajamento ao IDE.

nas quais todos os Estados tributam o rendimento estrangeiro, mas conferem créditos fiscais pelo imposto pago no estrangeiro.

No caso da NON, a eficiência na alocação dos recursos é maximizada se o rendimento obtido no estrangeiro for isento de tributação no Estado de residência. Isto porque o investimento externo adicional não reduz a receita fiscal no Estado de residência. Com efeito, e segundo os autores, qualquer redução em investimento doméstico por empresas locais é compensada por fluxo de investimento direto externo substitutivo[158]. Ou seja, se o investidor residente desloca o seu capital para uma jurisdição estrangeira, abre-se uma oportunidade em sentido inverso: um investidor estrangeiro (ou outro nacional) investirá o capital no fator produtivo disponível naquele Estado. Se a receita fiscal local fica inalterada com esta substituição, o ganho nacional acaba por aumentar através da maior rendibilidade após-impostos das empresas locais. Ora, esta é maximizada e estimulada se os lucros estrangeiros forem isentos de tributação no Estado de residência[159].

[158] Alguns autores consideram esta asserção reveladora de um entendimento estático dos *stocks* de capital - vd. Graetz, 2000, p. 289 e Roxan, 2012, p. 6. Mesmo neste cenário puro de substituição de investimento, a tributação de rendimento obtido no estrangeiro geraria receita para os cofres locais, permitindo, ao mesmo tempo e também, maior rendibilidade após-impostos das empresas locais. O que interessaria aquilatar, para estas, é qual o aumento do valor dos custos de transação por cada unidade de imposto arrecadado, conforme alerta Shaviro, 2014, pp. 150 e ss. Até porque, continua o autor, as regras NON assim descritas estimulam entidades residentes a caracterizar rendimento obtido como rendimento de fonte estrangeira, reduzindo as suas inclusões na base fiscal local. Tributar o rendimento obtido no estrangeiro poderia, assim, desincentivar estes comportamentos substantivos.

[159] Desai/Hines Jr, 2003, p. 28, todavia, reconhecem que as implicações para a *welfare* local são menores em contextos nos quais a localização de fatores de produção é móvel em resposta a diferenciais de taxa de imposto. A exclusividade de tributação na fonte pode incentivar investimento em jurisdições de baixa-tributação, o que pode não ser eficiente, mas ainda assim satisfazer a CON. A introdução de créditos fiscais pelo imposto pago no estrangeiro por um Estado de residência neste cenário poderia reduzir o custo para o interesse nacional da incorreta alocação de capital, mais distorcendo a propriedade dos ativos e eficiência operativa da indústria em questão. De igual forma, Shaviro, 2014, p. 131, lembra a possibilidade do GMN criar estruturas que maximizem resultados após impostos, e portanto, estarem dispostos a pagar um preço superior por um determinado ativo por razões fiscais e não por razões puramente produtivas (e que justificariam, por ventura, um preço inferior e que um concorrente estaria disposto a pagar). Assim, os padrões de propriedade seriam alterados por razões fiscais, reduzindo-se o valor ótimo global de produção e aumentando os custos de transação pela adoção de variáveis de comportamento substitutivo do GMN.

3. A eficiência na alocação de recursos internacionais como critério normativo insuficiente para uma análise de Justiça fiscal internacional

Apesar de ter dominado o debate de política fiscal internacional após a década de 60, a "sopa de letras"[160] sobre eficiência não resultou num consenso acerca da preferência desejável de um padrão sobre o outro, ou quanto à valia de argumentos para preferir algum dos padrões em detrimento dos demais[161].

Com efeito, a descrição de efeitos nos fluxos de investimento direto externo por referência à eficiência no rendimento de capital, ou melhoria de ganho nacional ou global, não permite fundar uma opção justificada por um determinado padrão[162]. Isto sucede porque a descrição dos efeitos dos padrões de eficiência não oferece motivo justificativo para a prossecução de um em detrimento do outro. Afinal, porque deverá um Estado optar pela neutralidade na importação de capitais em detrimento de neutralidade na exportação de capitais?

O problema agrava-se porque os vários padrões descritos não serão seguidos de forma uniforme pelos vários Estados da comunidade internacional. Assim, uma atuação unilateral de algum dos Estados no sentido de procurar implementar um dos padrões pode implicar a renúncia à captação de receita fiscal que acrescerá a Estados concorrentes não necessariamente comprometidos com cooperação internacional – e poderá determinar reduções na eficiência da alocação de recursos, tanto do ponto de vista de receita como de rendimento de capital investido.

[160] A expressão é de Shaviro, 2014, pp. 133-140.

[161] O que é, idem, uma pista para o relevo do mesmo em política fiscal internacional. Com efeito, a história demonstra o papel relativamente proeminente dos EUA na conformação das soluções em política fiscal internacional e a influência que as suas regras locais têm na configuração dos padrões normativos internacionais. Ora, Graetz/O'Hear, 1997, pp. 1049-1053, demonstram que que CIN e CEN não eram conceitos tidos em conta na formulação de regras fiscais pelos EUA entre em 1918 e 1928. Shay/Fleming Jr./Peroni, 2002, p. 107 são também cépticos quanto à valia de analises de política fiscal com base em critérios de eficiência. Para mais críticas da categorização apresentada nesta secção, vd. Avi-Yonah, 1999, pp. 1608 e ss.

[162] Já Graetz, 2000, nota a p. 324, também, que um padrão CEN desconsidera o interesse nacional ao colocar o foco na eficiente repartição global de recursos, na medida em que o legislador local deverá tutelar tanto a evasão fiscal local como estrangeira (o que coloca, ademais, problemas severos de legitimidade constitucional). Mas acrescenta que a análise de política fiscal em termos de eficiência é demasiado limitada, porque assume mercados perfeitamente concorrenciais e governos abstémios de promoção de políticas fiscalmente agressivas, bem como desconsidera a existência de economias de escala ou escopo promovidas pelo GMN, e exclui outros valores da ponderação da correta política fiscal a adotar por um Estado.

Isto mesmo nota DANIEL SHAVIRO, concluindo que o argumento do interesse global na mais eficiente alocação de recursos é apelativo, mas ilusório. Excluídas obrigações assumidas voluntariamente (por exemplo, em tratados), os Estados atuam essencialmente orientados pelo seu próprio interesse económico nacional[163] - o que, diríamos, resulta do próprio mandato constitucional dos seus governantes. Assim, torna-se essencial analisar as determinantes do seu interesse particular a fim de compreender os efeitos potenciais de uma dada medida fiscal na receita de cada Estado e na sua interação económica com os demais[164]. Aliás, esta é uma advertência aparentemente confirmada pela tendência de aumento da adoção de regimes de tributação empresarial predominantemente na fonte, o que reflete a preocupação dos Estados fonte de rendimento com a concorrência fiscal e a diminuição de receitas e dos Estados de residência com a sua competitividade fiscal[165].

[163] E que, segundo GRAETZ, 2000, pp. 325 e ss., deve presidir as opções de tributação empresariais, cabendo à Justiça interindividual a orientação prioritária nas opções de tributação de pessoas singulares.

[164] O autor acaba por aderir à conceção de SLEMROD e YITZHAKI do custo de eficiência marginal de fundos (*marginal efficiency cost of funds, MECF*): a relação de ganho face a perda fiscal que resulta de uma alteração legislativa fiscal que aumente o valor de um imposto. Quanto mais baixa for esta, mais eficiente é a medida. Quanto maior forem os custos dos contribuintes relativamente aos ganhos de receita fiscal, o custo social de cada medida de imposto recolhido aumenta - vd. SHAVIRO, 2014, p. 161. Apesar de a definição do propósito da eficiência não ser objeto deste debate, reconhecemos que suas as implicações na adoção de uma dada medida devem ser apreciadas caso a caso, porque uma mistura de opções deferentes a cada um destes padrões pode aumentar a eficiência na alocação dos recursos comparativamente com a adoção de apenas um padrão referencial.

[165] E que a incidência do IRC na entidade empresarial torna inevitável para SHAVIRO, 2014, p. 165. Esta tendência é concretizada na adoção cada vez mais generalizada de regimes de isenção de tributação sobre lucros e reservas originados no estrangeiro e distribuídos a entidades residentes (*participation exemption*) cumpridos determinados requisitos variáveis, normalmente associados a percentagens mínimas de detenção de participação em capital social por períodos mínimos de tempo - cfr. os arts. 51º e ss. e 54º-A CIRC e, em complemento inverso, os arts. 14º, nº 3, 23º-A, nº 2 CIRC e art. 27º EBF e, ainda, no caso de rendimentos aos quais não seja aplicável o regime do art. 51º e ss. CIRC, a possibilidade de concessão de crédito de imposto por dupla tributação económica internacional constante do art. 91º-A CIRC, bem como, a propósito dos juros e *royalties*, o art. 12º, nºs 12 e ss. CIRC. Em comparação com o regime de isenção de *participation exemption* português, o regime francês não consagra um regime semelhante, embora não isentando totalmente os rendimentos de fonte estrangeira, pois o montante de 12% do montante de eventuais mais-valias é incluído na base fiscal do sujeito passivo se o saldo daquelas for positivo, representando despesas não dedutíveis associadas à detenção da participação - cfr. art. 219º, a quinquies CGI. Os limiares de detenção de participação são também inferiores ao regime

Contudo, é inegável que a eficiência na alocação de recursos interessa à implementação das escolhas legislativas na composição das bases tributárias estaduais. De novo com Ian Roxan[166], apesar da componente meramente descritiva do conceito de eficiência, a maximização do montante de recursos recolhidos (pelo imposto) disponível para distribuição interessa aos Estados. A compreensão dos efeitos de determinada opção fiscal (nomeadamente, quanto aos custos de distorção que possa introduzir e à incidência do imposto) interessa a um debate de Justiça, sobretudo no plano intra-estadual, pela pressão incidente sobre a receita fiscal que pode demonstrar.

A título de exemplo, a excessiva tributação na fonte de rendimento (seja por alargamento de inclusão de factos tributários na base fiscal, seja pela fixação do quantitativo de taxa de imposto) poderá reduzir o investimento direto externo. Como consequência, o financiamento da oferta de serviços públicos passaria a onerar desproporcionalmente fatores locais, não obrigando membros estrangeiros da comunidade a participarem de forma proporcional em face do benefício que recebe. Assim, o financiamento dessa oferta é diminuído e, eventual e consequentemente, a qualidade da mesma.

Ou seja, a Justiça na repartição de bases tributárias acabará por afetar a realização de princípios de Justiça fiscal no interior de um Estado. Isto ocorre por força da aplicação do critério da capacidade contributiva na imposição do imposto, que exige a realização de Justiça relativa no tratamento da obtenção de rendimento por pessoas singulares e entidades empresariais, mas atenta sobretudo a tributação de manifestações de riqueza objetivas nestas últimas. Resulta daqui uma distorção na aplicação do critério da capacidade contributiva a pessoas singulares e a entidades empresariais.

Resta dizer que o discurso económico em torno da eficiência é juridicamente reconduzível ao debate em torno do princípio da não-discrimina-

português (exige-se a detenção de pelo menos 5% do capital social durante um período de 24 meses), sendo certo que a isenção de inclusão no rendimento é de 95% dos lucros e reservas distribuídas ou de 99% no caso de sociedades em relação de grupo tal como definidas pela lei – cfr. arts. 154º e 216º CGI. A isenção de tributação também incide apenas sobre 95% dos rendimentos recebidos na Alemanha – cfr. art. 8b(3) KStG. O limiar de participação, no caso espanhol, é de 5% no capital da sociedade que distribui os rendimentos (ou o valor da participação seja superior a € 20.000.000,00), embora apenas se exija a detenção da participação por um período mínimo de um ano para beneficiar do regime de *participation exemption* – cfr. art. 21º LIS.

[166] Cfr. Roxan, 2012, pp. 6 e ss.

ção[167]. Com efeito, o que se procura alcançar com os padrões ora retratados é um tratamento idêntico dos sujeitos passivos ou das transações que realizem – uma não discriminação subjetiva ou objetiva. Ora, o juízo de não-discriminação é inerente e ínsito a um juízo de Justiça[168].

O discurso de eficiência tem, assim, duas valias fundamentais: a de alertar para as consequências de determinada opção fiscal em termos de recolha de receitas e a de colocar o foco na vigência do princípio da não-discriminação dos sujeitos passivos. A orientação do fim que a eficiência na alocação de recursos num contexto aberto deve prosseguir carece, contudo, da orientação justificativa e normativa de princípios de Justiça que permitam justificar a opção pelo fim escolhido como parâmetro de análise ou como objetivo desejável ou exigível[169]. O debate a que vimos de aludir carece, assim, de reconciliação com o debate de Justiça na distribuição de bases tributárias inerente ao discurso jurídico, à política estadual e à forma como este tem sido proposto pela doutrina fiscalista. No próximo ponto, procederemos a uma revista de posições sobre o tema e procuraremos superar as divergências doutrinais que sejamos capazes de identificar.

4. A intensificação de trocas comerciais no séc. XX e os primeiros esforços de regulação de distribuição justa dos direitos tributários entre Estados

A Justiça na distribuição dos direitos de tributação entre Estados era já uma preocupação nos primeiros esforços de coordenação de comércio internacional no século XX, conduzidos no âmbito da primeira organização internacional de âmbito geral: a Sociedade das Nações (SdN). A necessidade de restabelecimento da paz mundial após a Primeira Grande Guerra implicava olhar o esforço de reconstrução de infraestruturas e industrial, a inflação galopante e a depreciação acentuada de várias moedas dos principais países

[167] Isto já notava Graetz, 2000, pp. 304 e 305, quando resume, em suma, que o discurso de eficiência conforme aduzido pela doutrina CEN e CIN tem, na sua base, considerações de não discriminação. No mesmo sentido, cfr Musgrave, 1972, p. 72. Sobre a discriminação em Direito Fiscal internacional, vd. van Raad, 1986, em particular pp. 256-265.

[168] Vd. Miranda/Medeiros, 2010, p. 232 a propósito da imposição de discriminação positiva associada ao princípio da igualdade.

[169] Pese embora a dificuldade de formulação de juízos de Justiça que sirvam uma comunidade tão díspar quanto a comunidade internacional. Esta dificuldade também é assinalada por Brooks, 2009, p. 22 e IFA, 2005, p. 32. Veja-se Dworkin, 1980, p. 212 que demonstra como a distribuição de recursos eficiente, por si só, não basta para afirmar a Justiça na distribuição de recursos.

europeus como desafios a resolver. Neste contexto, é lançada a semente da regulação da tributação das trocas comerciais transfronteiriças no âmbito da Conferência Financeira Internacional de Bruxelas, convocada pela SdN e que viria a funcionar entre 24 de setembro e 8 de outubro de 1920[170].

Por esta ocasião, foi constituída a Comissão de Créditos Internacionais que viria a recomendar à SdN a adoção de certas reformas legislativas pelos seus membros. Assim, com o objetivo de fomentar a concessão de crédito internacional, foram sugeridas propostas de implementação de um compromisso internacional que garantisse que todos os Estados recolheriam os devidos impostos pelos investimentos efetuados no seu território sem provocar dupla tributação internacional[171]. Ciente do relevo da questão para o desenvolvimento económico instrumental à manutenção da paz, o Conselho da SdN viria subsequentemente a criar o Comité Provisório de Assuntos Económicos e Financeiros em 1920. Este viria a dividir-se em dois comités: o Comité Económico e o Comité Financeiro[172].

O Comité Financeiro assumiu como um dos seus encargos a questão da dupla tributação internacional, e comissionou a redação de um relatório sobre a mesma, particularmente preocupado com as consequências em termos de equidade e livre circulação de fluxos de capital que o fenómeno das trocas comerciais internacionais originaria (doravante, o Relatório). O Relatório foi redigido por um grupo de trabalho com quatro peritos que o viriam a publicar em 1923[173]. Em retrospetiva, este Relatório constituiria a sistematização teórica inicial que seria a base dos trabalhos técnicos vindouros apresentados nesta e noutras organizações a propósito do tema da dupla tributação internacional.

O Relatório é dividido em três partes: i) consequências económicas da dupla tributação internacional[174]; ii) princípios gerais que governam a com-

[170] Vd. Jogarajan, 2018, p. 16.

[171] Tida como um entrave à circulação de capital internacional e realização de investimentos transnacionais necessários para relançar a economia global.

[172] Sobre os Comités Permanentes e outros órgãos de organizações internacionais referidas na presente secção, vd. Chrétien, 1954, p. 23.

[173] A composição deste grupo é, hoje, célebre: Gijsbert Bruins da Universidade Comercial de Roterdão, Luigi Einaudi da Universidade de Turim, Edwin Seligman da Universidade de Columbia e Sir Josiah Stamp da Universidade de Londres. Cfr. Report on Double Taxation submitted to the Financial Committee – Economic and Financial Commission Report by the Experts on Double Taxation – Document E.F.S.73. F.19 (5 de Abril de 1923), p. 18.

[174] Esta primeira parte debate se a dupla tributação internacional é um encargo sobre o retorno sobre negócios existentes ou uma barreira à criação de novos negócios. Para tal, no Relatório faz-se notar que a tributação de investimento estrangeiro no Estado fonte tem dois efeitos prin-

petência internacional tributária; iii) aplicação destes princípios[175]. Contém, ainda, uma adenda sobre a repartição de ganhos realizados por atividades comerciais transnacionais. É na segunda parte que os autores formulam a teoria da "afiliação económica" (*economic allegiance*) como fundamento de competência tributária do Estado. Assim, cada contribuinte deveria pagar imposto no Estado onde tivesse um interesse. Este interesse seria revelado através da localização, proteção ou consumo de riqueza.

A localização da riqueza foi apontada como o elemento inicial da afiliação económica. A riqueza revelava-se nos seus locais de produção e aquisição, ou seja, todos os locais até ao ponto em que a produção física atingiu um fim económico que permite que seja adquirida como riqueza. Os autores do Relatório consideravam que a riqueza tem, assim, a sua fonte na sua localização. O princípio da fonte, ou origem, encontra, assim, correspondência na tributação da incorporação de riqueza como um fundo ou coisa.

Num contexto de produção sucessiva e integrada, a riqueza localiza-se onde haja sucessivas prestações de ganho capitalizadas no fundo ou coisa. Por seu turno, a localização económica distingue-se da localização

cipais. O primeiro é o de que o risco da dupla tributação do investimento corre por conta do Estado fonte, pois o financiamento da atividade espera retorno líquido, e, para tal, exige remuneração do investimento ajustada ao custo do imposto para o obter. O segundo é o de que a tributação do investimento estrangeiro implica uma limitação de circulação de capital no Estado fonte, na medida em que induz a procura de alternativas de investimento de capital pelo investidor. A valia do Relatório neste ponto reside na explicitação das consequências da dupla tributação do comércio, pois conclui que a mesma tanto é um encargo do investimento ou uma barreira ao investimento, consoante o investimento já foi ou não realizado.

[175] Na terceira parte do Relatório, os autores debatem-se com a implementação prática dos seus princípios, confrontando-se desde logo com o que entendiam ser algo paradoxal. O Estado devedor é aquele que, por força da localização da riqueza no seu território, tem o direito primário de tributação do rendimento, cabendo ao Estado de residência o papel de atenuar a dupla tributação internacional. Ou seja, o Estado de fonte é que se vê na posição de atração de investimento estrangeiro, mas tem a prerrogativa de atender às suas necessidades de financiamento desconsiderando, em teoria, os interesses do Estado investidor. Como forma de articulação prática dos interesses em confronto nesta questão, propõem quatro possíveis alternativas para implementação da alocação de direitos proposta na parte segunda. A primeira consiste na aplicação do método do crédito fiscal – um Estado pode deduzir ao montante de imposto devido pelos seus cidadãos o montante de imposto pago no estrangeiro, colocando o encargo da tributação do rendimento obtido pelo Estado devedor no Estado credor. A segunda consiste na isenção de tributação de não-residentes. A terceira consiste na divisão da coleta e sua repartição entre Estado de residência e fonte, sem que, contudo, sejam avançados critérios ou métodos para, fundadamente, proceder a tal repartição. A quarta consiste numa variação desta última, através da tributação de determinados rendimentos na fonte, com isenção de tributação de não-residentes para outras classes na fonte e correspetiva tributação do rendimento derivado na sua residência.

física (*situs*), que nem sempre coincide com aquela, e apenas é relevante na medida em que serve para reforçar a localização económica. O princípio da fonte, ou origem, foi assim definido como um princípio composto.

O seguinte elemento gerador de afiliação económica é o do local de manutenção e *proteção* de riqueza. Este local está associado às funções estaduais que asseguram a proteção da sua propriedade.

Por fim, haverá um último local de afiliação económica. O ato de consumo é um ato de disposição de riqueza do seu titular. O consumo tem lugar, normalmente, na residência do seu titular e é susceptível de gerar "afiliação económica". O local de *residência* ou domicílio e que está no espetro oposto do primeiro elemento de afiliação (fonte).

Para os autores do Relatório, a questão da decisão quanto à competência tributária sobre determinado rendimento tende a flutuar entre a alocação de competência ao Estado de fonte ou ao Estado de residência. Todavia, aqueles manifestam preferência pelo princípio de tributação do Estado de fonte quando a localização da riqueza coincide com o seu *situs* ou o local de sua proteção. Os autores concedem, todavia, que o conceito de rendimento moderno resulta de um produto de tal forma composto e complexo que, mesmo teoricamente, não é fácil traduzir de forma quantitativa a proporção de ligação económica de um contribuinte a todos os Estados interessados na tributação do seu rendimento[176].

O Relatório é concluído com uma adenda que contém uma importante proclamação teórica. A adenda versa sobre a repartição de rendimento quando o conjunto das operações económicas de obtenção de rendimento não tem lugar no mesmo local. Portanto, o Relatório já incluía preocupações com a realização de venda em local distinto do da produção do bem. Mas e sobretudo, já introduzia a questão hodierna, ainda que em jeito de

[176] Para o ilustrarem, os autores aplicam os princípios formulados a uma série de situações tipo e de fontes de rendimento. Chegados à tributação dos rendimentos resultantes de participação em sociedades comerciais (dividendos) reconhecem que os mesmos devem ser tributados na origem dos ganhos da sociedade. Mas, a multitude de jurisdições que, por força das diferentes localizações produtivas e de vendas da sociedade comercial, podem reclamar ser origem do rendimento tornam-se um "sério incómodo" ao fracionamento do valor das ações e seus dividendos e, nessa medida, enfraquecem as pretensões dos Estados de origem – vd. Report on Double Taxation submitted to the Financial Committee – Economic and Financial Commission Report by the Experts on Double Taxation – Document E.F.S.73. F.19 (5 de Abril de 1923), p. 36. Mais são favoráveis à tributação de ativos intangíveis no Estado de residência.

apontamento para reflexão[177]: em indústrias altamente integradas, todos os momentos de produção podem estar sob o controlo de uma empresa, o que será representado por um único balanço de contas. Contudo, o resultado da operação integrada deve ser subdividido de forma a demonstrar qual o montante de imposto que cada Estado que contacta com a produção pode exigir.

Como solução, era proposta no Relatório a divisão dos resultados com base numa fórmula assente em critérios como o volume de vendas, o total de capital envolvido na operação de cada negócio em cada país, o total do inventário mantido em cada país, o valor da propriedade envolvida no negócio em cada país, o total de salários e despesas incorridos por cada empresa num país, ou o total de créditos que surgem num país. Dito de outro modo, os autores do Relatório eram favoráveis à adoção da utilização de métodos formulaicos de repartição de rendimento.

Embora o conceito de afiliação económica não fosse cunhado com preocupações declaradas de Justiça, estabelecia um critério do direito a tributar uma atividade produtiva complexa e integrada, não se resumindo a uma avaliação descritiva das consequências de determinada opção. O conceito de afiliação económica, como definido pelo Relatório, é, contudo, ainda hoje, um referencial central no debate de Justiça fiscal internacional, influenciando as suas várias noções. Note-se, por fim, que um sistema baseado no conceito de afiliação económica permitiria aos Estados de residência angariar uma porção menor do rendimento gerado pelos GMN ali sedeados do que aquela que o atual sistema permite[178].

[177] Vd. Report on Double Taxation submitted to the Financial Committee – Economic and Financial Commission Report by the Experts on Double Taxation – Document E.F.S.73. F.19 (5 de Abril de 1923), p. 52.

[178] Cfr. Kaufman, 1998, p. 199. Com efeito, a jurisdição de residência é presentemente considerada como a titular do direito de tributação do fluxo final de capital do grupo, bem como do lucro residual do mesmo (resultante da integração das suas atividades). O maior relevo do local de atividade física do grupo para efeitos tributários pode implicar, correlativamente, o menor relevo da sua residência. Para a autora, tal significa que o sistema actual não é baseado na afiliação económica, valor que deveria nortear a Justiça fiscal internacional. A autora analisa o conceito, contudo, da perspetiva de Justiça interindividual e nota, a p. 196, que os autores formularam o seu conceito de Justiça fiscal internacional tendo por base o que corresponderia hoje o critério da capacidade contributiva. Esta opção justifica-se porque o Relatório labora essencialmente, nesta parte, em torno do IRS.

5. Noções de Justiça fiscal internacional

5.1. A influência de Peggy Musgrave

As noções de Justiça fiscal internacional são altamente influenciadas pelo trabalho de sistematização realizado por Richard e Peggy Musgrave (sobretudo desenvolvido por esta)[179]. A autora elenca quatro aspetos que devem ser abordados neste debate. Primeiramente, os Estados devem poder exigir receita fiscal que financie os serviços difusos e os bens intermédios que prestem a privados que auxiliem a produção de riqueza[180]. Seguidamente, os Estados têm o direito de cobrar um preço pelos custos nacionais e externalidades associadas ao investimento direto externo (criadas, por exemplo, por eventual antagonismo interno ao investimento direto externo, ou por desequilíbrio da balança externa de pagamentos que possa exigir medidas corretivas da mesma). Ademais, os Estados devem poder dividir entre si os resultados do rendimento produzido por uma base tributária comum. Por fim, há considerações filosóficas e morais que influenciam o debate e as opções estaduais[181].

Musgrave considera que o problema da Justiça fiscal internacional se coloca a respeito da repartição de ganho e perda nacional por cada unidade de investimento de capital realizado no estrangeiro, e não à repartição da receita fiscal entre Estados nem à medida justa de repartição de encargos fiscais entre indivíduos. Assim, quando uma sociedade comercial residente num Estado A investe no Estado B, o lucro que daí resulta é um ganho nacional do Estado A. Se o Estado B tributa esse ganho, automaticamente o ganho nacional de A é diminuído. Mesmo que os lucros sejam repatriados para o Estado A, este tem de tomar uma opção: tributa os mesmos na esfera da sociedade sua residente (aumentando a sua receita fiscal), ou não (abdicando de receita fiscal e repercutindo, assim, o custo do imposto pago

[179] Vd. Musgrave/Musgrave, 1972. Apesar da participação de Richard nos primeiros trabalhos sobre o tema, seria Peggy Musgrave a desenvolver o mesmo ao longo de vários anos de trabalho. Vários juristas apresentam conclusões diversas a partir da conceptualização da autora, como demonstra Ozai, 2020, pp. 58 e ss.

[180] Noção partilhada por outros autores que consideram que a Justiça fiscal internacional implica que o direito a tributar é constituído com a prestação de contribuição estadual para obtenção de rendimento, consubstanciada no fornecimento de serviços difusos que permitem a geração de riqueza no seu território – vd. Barker, 2001, p. 162. Este concorda com Musgrave na medida em que o valor gerado na jurisdição de fonte é o excesso do retorno de capital do investidor em comparação com o retorno de capital obtido no Estado de residência, o que pode ser tributado através de regimes de tributação por despesa, como por exemplo, tributação de consumo.

[181] Cfr. Musgrave, 1963, p. 73.

no estrangeiro pela sociedade residente em toda a comunidade). Seja como for, o seu *stock* de capital é sempre diminuído por força do imposto pago em B. A tributação do rendimento remetido para o Estado A é uma escolha entre a transferência do mesmo para a receita pública ou para o rendimento líquido do cidadão investidor direto no estrangeiro.

Neste contexto, assentando ainda na distinção entre tributação com base no princípio da fonte e no princípio da residência, PEGGY MUSGRAVE afirma que este último não tem implicações na ponderação de Justiça fiscal internacional. Apenas a medida da tributação da fonte tem impacto na distribuição de recursos entre Estados, porque determina a apropriação pelo Estado fonte de rendimento que pertenceria ao Estado de residência por força da primeira possibilidade que tem de tributar o rendimento obtido no seu território[182]. A tributação no Estado de residência, por seu turno, apenas tem impacto na distribuição de encargos em contribuintes de um Estado.

Com efeito, é o Estado de residência que tem o ónus de mitigar o excesso de encargos fiscais do investidor direto no estrangeiro provocado pela dupla tributação de rendimento. A afirmação do princípio da igualdade horizontal em matéria fiscal implica não prejudicar o rendimento oriundo de investimento externo em detrimento do rendimento oriundo de investimento interno[183]. Daí que as exigências de justiça fiscal se manifes-

[182] KAUFMAN, p. 180, considera ainda que o imposto pago na fonte não tem influência numa análise da capacidade contributiva do contribuinte na sua residência, na medida em que não afeta a justa distribuição de bens no Estado de residência. Portanto, a distribuição de encargos fiscais pelo mundo não releva para efeitos de Justiça interindividual, a qual apenas se afere na jurisdição de residência. O imposto pago no estrangeiro mais não é encarado, assim, do que um custo de obtenção de rendimento ou do consumo.

[183] Vd. MUSGRAVE, 1991, p. 328 e MUSGRAVE, 2000, p. 184. A tributação no Estado de residência, para a autora, releva para efeitos de eficiência e neutralidade na condição de investimentos (nomeadamente, a propósito da implementação de um padrão CEN), bem como para realizar preocupações de Justiça interindividual. Com efeito, aquela apenas determina como é que o rendimento que sobra após o imposto pago na jurisdição de fonte é repartido entre a Fazenda Pública e o contribuinte. Daqui resulta que cabe à jurisdição de residência assegurar a neutralidade fiscal no que diz respeito à repartição interjurisdicional de recursos de capital bem como a Justiça interindividual, evitando a dupla tributação de rendimento. Assim, a perda de receita pelo Estado de residência depende do método que usa para atenuar a dupla tributação. Todavia, AULT, 1991, p. 577, refere que a posição do Estado fonte na gestão das suas pretensões fiscais durante a negociação de um tratado de dupla tributação é influenciada, por seu turno, pela forma como o Estado de residência trata a transação tributada no seguimento da imposição de imposto pelo Estado fonte e qual a solução que confere para evitar a dupla tributação. Isto porque o nível de investimento no Estado fonte pode variar consoante a reação do retorno do investimento pelo Estado de residência, isto é, considerando os efeitos na repartição dos recursos

tem de forma distinta quando se afirma a preferência pela tributação com base na fonte ou na residência. A tributação na fonte suscita questões de Justiça fiscal internacional. A tributação na residência implica questões de Justiça fiscal interindividual.

A autora procura, então, justificar a tributação na fonte com o objetivo de procurar um critério para a repartição de direitos tributários entre Estados que pretendam tributar o rendimento na fonte. Para Musgrave, esta fundamentação não se encontra na ideia segundo a qual cada jurisdição cobra pela prestação de serviços ao investidor na participação no processo produtivo e onde bens e serviços intermédios hajam sido prestados[184]. Fica assim afastada a ideia da tributação com base no no benefício concedido e que permitiria a repartição de direitos tributários entre Estados, porque o local de prestação de benefícios permitiria estabelecer a afiliação económica. Porém, a tributação com base no princípio do benefício não é consistente com um imposto sobre rendimento de capital, cuja incidência é distinta[185].

Assim, Musgrave conclui que a tributação na fonte tem como fim tributar a chamada renda nacional[186]. Se uma empresa investe num Estado,

que a própria tributação do capital implica. A este propósito, vd. Fantozzi *et al.*, 2009, p. 926, nt. 62: o excesso de tributação na fonte cria um problema na jurisdição de residência porquanto reduz a sua capacidade de financiamento, o que cria problemas de Justiça fiscal internacional e alocação de recursos.

184 Cfr. Musgrave/Musgrave, 1972, p. 71.

185 Para Musgrave, 2000, p. 198, a tributação com base no princípio de benefício deveria ser implementada com base num imposto sobre o valor acrescentado que os Estados propiciam. Por outro lado, os benefícios que possibilitam a geração de lucro na jurisdição de fonte também podem ser prestados pelo Estado de residência. O Estado fonte propicia os benefícios de acesso ao mercado, as suas infraestruturas, mercado de trabalho (eventualmente, de custo reduzido comparativamente com o Estado de residência). Porém, o Estado de residência propiciou benefícios históricos na angariação de capital, proteção do mesmo e propriedade do GMN. No fundo, ambos os Estados concorrentes prestam serviços que propiciam a criação de rendimento, daí que o princípio de benefício não sirva para justificar a divisão da base tributária. Ademais, pode não se verificar qualquer lucro no Estado de fonte, o que não seria impeditivo de tributação caso o fundamento da mesma fosse o princípio do benefício. A tributação, nestes últimos casos, seria inconsistente com o critério da capacidade contributiva ou, até, com o próprio conceito de imposto sobre rendimento. Noutro sentido, vd. Barker, 2001, p. 188, que afirma que a tributação na fonte assenta no princípio do benefício, o que torna a Justiça fiscal internacional irrelevante na medida em que cada Estado fonte cobra um preço pelos serviços que presta através da obrigação de imposto.

186 Musgrave/Musgrave, 1972, p. 72 consideram que tal ganho pertence ao Estado do investidor porque os ganhos de capital são maiores do que aqueles que resultariam do investimento doméstico. A definição é deferente à exportação de capital e equipara o direito do Estado de

este também obtém um ganho, desde logo por força do aumento de rendimentos de trabalho que o investimento gera[187]. Se o Estado fonte não dispõe de um volume de capital para investimento local adequado, o investidor pode obter um rendimento do capital investido superior ao que obteria na jurisdição de sua residência[188]. O Estado fonte tem interesse em tributar esse diferencial de rendimento na medida em que o mesmo seja superior ao diferencial de rendimento de trabalho que o investimento gera[189].

Se assim é, impõe-se considerar a origem territorial dos lucros na definição dos componentes móveis da base tributária. São estes componentes que influenciam a partilha de rendimento oriundo de bases tributárias comuns ou que se intersetam entre dois Estados. MUSGRAVE conclui, então, que a fonte do rendimento do capital é o local do seu uso, incluindo o do capital fixo, o do investimento em trabalho e o do investimento em desenvolvimento de mercados. A determinação de fonte de rendimento é, como tal, associada aos custos incorridos pelo GMN. Nesta medida, o IRC assume-se como um imposto *in rem* sobre as operações de estrangeiros em território

residência a tributar a exportação de capital com o seu direito a tributar rendimento empresarial. Também SATO/BIRD, 1975, p. 451 concordam, ao elaborar o conceito como dizendo respeito à partilha de ganhos resultante do investimento internacional e consideram que, na verdade, o debate opõe os partidários de tributação na fonte aos partidários de tributação na fonte e na residência o que KAUFMAN, 1998, p. 153, corrobora.

[187] Embora tal subida seja compensada por uma redução, ou menor incremento, dos rendimentos de capital domésticos por força da substituição na propriedade do capital.

[188] Com base neste argumento, BARKER, 2001, p. 212 alerta para a necessidade de consideração da tributação sobre o consumo como integrando considerações de Justiça fiscal internacional. Com efeito, o autor considera que rendimento excedente ao retorno normal sobre o capital é tributável através de impostos sobre o consumo.

[189] MUSGRAVE, 1963, pp. 57 e ss., demonstra que a tributação com base na residência aumenta a base de IRC doméstico no Estado exportador de capital e diminui-a, identicamente, no país importador de capital, o que é compensado por um aumento da base tributável de IRS neste mesmo Estado. Caso a tributação seja promovida apenas com base no princípio da fonte, a base de IRC e IRS aumenta no Estado importador de capital, diminuindo bastante a perda de base de incidência de IRS no Estado exportador de capital caso os lucros obtidos na fonte sejam remetidos para a residência. A distribuição das bases é melhorada se ambas as jurisdições tributarem o rendimento em questão e a jurisdição de residência confira um crédito por pagamento de impostos na fonte, mas a situação global do Estado exportador só é melhorada se a taxa de imposto na fonte for inferior à taxa de imposto na residência. Caso contrário, os efeitos deste regime na distribuição das bases tributárias são semelhantes aos da tributação exclusiva na fonte. A autora, todavia, alerta novamente para o impacto que a deslocalização de lucros pode ter no modelo desenvolvido.

local[190], a ser integrado no sistema de tributação de rendimento local ou à parte do mesmo, sem implicar preocupações de Justiça interindividual.

Todavia, apesar de o imposto ser incidente sobre uma realidade *in rem*, é exigido a uma pessoa jurídica (ou a uma massa patrimonial) com um estatuto jurídico próprio e autónomo. Daqui resultam dois problemas: a definição de residência de uma pessoa coletiva e a integração da tributação entre sócios e sociedade. A primeira é irrelevante, caso apenas exista tributação na fonte no panorama internacional; contudo, deixa de o ser se aplicarmos o princípio de tributação na residência também a pessoas coletivas, surgindo a possibilidade de manipulação deste fator. A questão é agravada pela existência de subsidiárias do GMN, uma vez que o investimento conduzido pelas mesmas pode afetar a qualificação da origem do capital pela alteração da residência do investidor direto. A segunda permite reforçar o entendimento de PEGGY MUSGRAVE sobre o IRC como um imposto absoluto, ou seja, incidente sobre a entidade empresarial como tal, e não como uma forma indireta de tributação dos sócios[191].

Por estes motivos, a autora conclui que os desafios expostos no parágrafo anterior podem ser ultrapassados pela tributação *in rem*, através da implementação de tributação na fonte de rendimento apoiada no método de repartição formulaica[192]. MUSGRAVE sustenta a fixação de regras comuns para a definição de bases tributárias e aplicação de regras fiscais nacionais de forma subsidiária[193]. Sinalize-se, porém, que MUSGRAVE não define o que

[190] Vd. MUSGRAVE/MUSGRAVE, 1972, p. 169, o que justificaria a dedutibilidade local de custos com juros, despesas associadas a financiamentos e a inclusão de rendimentos de royalties na fonte. Mais tarde, todavia, a autora viria a evoluir o seu pensamento a este propósito, defendendo a tributação destes encargos na fonte através da sua não dedutibilidade em MUSGRAVE, 2000.

[191] Embora admita que o Estado de residência de uma sociedade apenas possa tributar a mesma, em caso de concorrência fiscal, caso seja também o Estado de fonte de rendimento ou o Estado de residência dos seus sócios pessoas individuais – cfr. MUSGRAVE/MUSGRAVE, 1972, p. 175.

[192] O imposto sobre a pessoa coletiva tem natureza *in rem* e, portanto, baseada na sua atividade e não em todo o rendimento global percepcionado por aquela – cfr. MUSGRAVE, 2000, p. 186. Caso o retorno sobre o capital seja idêntico nas várias jurisdições em que opera o GMN, um sistema de repartição formulaica deveria ser usado para implementar a Justiça fiscal internacional. Para evitar a necessidade de recurso ao princípio de contabilização separada de unidades do grupo na ausência de taxas de retorno iguais, a autora sugere ajustes no rendimento de capital em determinados setores de atividade ou lá onde o fator trabalho tenha um baixo custo. A contribuição da autora para a determinação de uma fórmula de repartição será recuperada *infra*.

[193] Vd. MUSGRAVE, 2000, p. 284. A autora mais destaca algo fundamental: o próprio conceito de rendimento tem implicações de Justiça que devem ser encaradas na inclusão do mesmo numa dada base tributável. KAUFMAN, 1998, por seu turno, considera que a determinação da base tributável e da taxa de imposto não são suficientes para descrever o âmbito dos encargos fiscais de

entende ser justo na repartição de recursos, satisfazendo-se com a proporcionalidade de repartição que resulta do processo que implementa[194]. Consequentemente, a autora rejeita a aplicação do princípio da não-discriminação nas relações bilaterais entre Estados pois não favorece necessariamente a Justiça fiscal internacional[195]. Admitindo que os Estados não podem discriminar os seus contribuintes internamente com base na nacionalidade por razões constitucionais, decorre daqui que deveriam aplicar reciprocamente taxas de IRC acordadas em âmbito internacional[196],

Em suma, como a Justiça fiscal internacional depende apenas da atuação do Estado fonte de rendimento, é fortemente associada à definição da base tributável e sua distribuição entre Estados, bem como à discussão da taxa de imposto aplicável aos rendimentos inclusivos na mesma.

5.2. Sistematizações posteriores: um resumo

A noção de Justiça fiscal internacional viria a ser desenvolvida e revisitada por vários autores. Por exemplo. Klaus Vogel concorda que um princípio de Justiça implica a prevalência de tributação de rendimento quase exclusivamente na sua fonte[197]. Com efeito, a produção e detenção do rendimento na jurisdição de fonte tem riscos associados que ali se manifestam e, juridicamente, se protegem. Como o rendimento produzido só é consumido se repatriado para o Estado de residência, só neste momento é que este Estado deverá ter o direito a tributá-lo[198]. Desta forma, a tributação na residência não suscitaria questões de Justiça fiscal internacional na medida em que não afeta a tributação de rendimento pelo Estado fonte. Em consequência,

um Estado num contexto aberto: os limites de definição da mesma e a identificação dos seus contribuintes interessam também à discussão de repartição de bases tributárias.

[194] Embora procure implementar princípios de Justiça redistributiva nas relações internacionais que reequilibrem a variação entre a capacidade exportadora dos vários Estados que atuam no plano internacional.

[195] E pode ser prejudicial a opções políticas internas ou ao conceito de Estado Social que uma comunidade queira implementar, por exemplo.

[196] As taxas seriam uniformes e aplicáveis de forma inversa ao rendimento per capital dos países importadores de capital e diretamente proporcionais ao rendimento per capita nos países exportadores de capital, pp. 175 e ss., embora este entendimento seja evolutivo no pensamento da autora. Por exemplo, Musgrave, 2000, p. 210, considera ideal a tributação de lucros com base em taxas recíprocas.

[197] Vd. Vogel, 1988c, p. 398. Harris, 2020, p. 103, também liga a Justiça fiscal internacional à preocupação de alívio de dupla tributação.

[198] E a conceder créditos fiscais pelo imposto pago no estrageiro pelo contribuinte.

o autor afirma que deverá ser dada prevalência a tributação exclusiva na fonte por uma questão de Justiça e vigência do princípio do benefício[199].

Klaus Vogel retira esta conclusão após criticar a conceptualização de Musgrave. Para Vogel, a ideia de ganho nacional defendida por Musgrave não encontra arrimo em regras consuetudinárias de direito comercial. No momento da produção de rendimento, o investimento direto externo mais não é do que um valor integrado na economia do Estado fonte e sujeito à sua jurisdição. A assunção segundo a qual, na ausência de imposto, todo o rendimento obtido pelo investidor seria um ganho do Estado de residência é tida como sem fundamento.

Peter Hongler também considera que o conceito de Justiça fiscal internacional aventado por Musgrave não tem fundamento jurídico no direito doméstico ou internacional. O autor demonstra que tal conceito não resulta de direito convencional, consuetudinário ou de um princípio geral de direito. Na verdade, Hongler é céptico quanto à valia da noção de Justiça fiscal internacional. Considera que tem um valor normativo frágil e incipiente para fundar pretensões estaduais quanto a direitos de tributação. Duvida que aquela possa servir para fundamentar opções legislativas concretas de repartição de base tributária[200]. Afirma, todavia, que poderá ser derivado um princípio de Justiça fiscal internacional a partir da noção de Justiça fiscal interindividual.

Assim, a Justiça fiscal internacional impõe a consideração da Justiça comutativa nas relações entre Estados, impondo um processo internacional

[199] O autor parece aduzir uma conceção mais ampla do princípio do benefício do que a mera prestação de serviços e disponibilização de bens intermédios por parte do Estado, ao afirmar que são as oportunidades económicas providenciadas pelo Estado fonte que propiciam os benefícios relevantes para a produção de rendimento. É, portanto, uma abordagem mais fundada na relação com o mercado e a participação no mesmo do que propriamente focada na prestação de bens ou serviços concretos que podem ser remunerados por preço fixado por intermédio de imposto. Assim, qualifica o imposto baseado no benefício como a prestação devida pela prestação da totalidade dos serviços do Estado e que é paga pela totalidade dos contribuintes, o que também fundamenta considerações de Justiça interindividual – cfr. Vogel, 1988c, pp. 396 a 398. A este propósito, Debelva, 2018, pp. 569 e ss., nota acertadamente que a divisão das bases tributárias tem por base o entendimento do princípio do benefício na forma da afiliação económica porque se preocupa com a divisão do sujeito ativo da relação tributária, ao passo que o critério da capacidade contributiva analisa o sujeito passivo da relação fiscal.

[200] Nomeadamente fórmulas de repartição concretas ou determinados métodos de PT, embora se mostre favorável à inclusão de considerações de mercado na tributação do rendimento, o que corresponderia a uma imposição de um princípio imperativo de Justiça, por facilitar a tributação efetiva do rendimento – vd. Hongler, 2019, pp. 472-474.

de negociação de questões que respeitem aos interesses mútuos e que propicia a consagração, em ADT, de obrigações justas e equilibradas. Contudo, HONGLER afasta-se de MUSGRAVE quanto à necessidade de considerações redistributivas na repartição de bases tributárias entre Estados, porquanto assentes em compreensões cosmopolitas de relações internacionais e baseadas em conceitos interindividuais, não aplicáveis, nessa medida, num contexto interestadual[201].

AVI-YONAH também hesita quanto à valia prática da densificação de Justiça fiscal internacional, acabando por manifestar, a este propósito, preocupações quanto à redistribuição de rendimento entre Estados. Afirma o autor que a Justiça fiscal internacional deve estar associada à progressividade das medidas a adotar por cada Estado. No confronto entre uma medida que seja regressiva para a equidade de um base tributária e outra que seja progressiva, a Justiça fiscal internacional impõe a adoção da primeira[202].

A preocupação com as questões redistributivas no plano internacional manifesta-se, aliás, no trabalho de outros autores. KIM BROOKS procede a uma ampla revisitação do conceito de Justiça fiscal internacional desenvolvido por MUSGRAVE[203], mas conclui que pensar em Justiça fiscal inter-

[201] Cfr. HONGLER, 2019, p. 411. Não é o único autor a usar o indivíduo como referencial para a análise de questões de Justiça transfronteiriça. KAUFMAN já o fazia, e MAARTEN DE WILDE refere que a Justiça fiscal internacional tem o seu fundamento no princípio da igualdade intersubjetiva, o que é equiparável, no domínio do Direito Fiscal, ao princípio da não-discriminação – cfr. DE WILDE, 2017, p. 47. DEBELVA, 2018, pp. 569 e ss. procura analisar o sistema fiscal internacional também baseado numa perspetiva interindividual, preocupando-se com o resultado da aplicação de métodos de eliminação de dupla tributação de um investidor no estrangeiro. Deste modo, conclui que em caso de divergência de taxas de imposto domésticas e externas, o método de isenção não avança preocupações de Justiça interindividual em qualquer situação de investimento externo (comparado o contribuinte que só tem rendimento doméstico com um contribuinte com rendimento de fonte doméstica e estrangeira). Já o método de concessão de crédito por imposto pago no estrangeiro, apenas logra cumprir preocupações de Justiça horizontal caso a taxa de imposto do rendimento na fonte seja inferior à taxa de imposto na residência. As preocupações de Justiça interindividual no plano de repartição de direitos tributários entre Estados parecem remeter-se, no limite, a inquietações relacionadas com o princípio da não-discriminação, cabendo a cada Estado garantir a vigência do critério da capacidade contributiva na comunidade que lhe subjaz de acordo com a conformação local do princípio da igualdade.

[202] Cfr. AVI-YONAH, 1999, pp. 1624 ss. Cabe notar que o autor analisa a Justiça fiscal internacional de uma perspetiva interindividual. AVI-YONAH é bastante mais pragmático e defensor do princípio da tributação unitária, o rendimento transnacional não deve ser tributado mais do que uma vez. Esta era também a visão do grupo técnico da SdN em 1927.

[203] Cfr. BROOKS, 2009, pp. 471-498.

nacional supõe refletir sobre as implicações redistributivas da aplicação do conceito, sobretudo quando os fluxos de capital entre Estados não são recíprocos ou equivalentes[204].

Por sua vez, IVAN OZAI defende que sempre que não seja possível identificar claramente a titularidade do direito a tributar o rendimento de um GMN, a repartição do mesmo entre os Estados concorrentes deveria ser ditada por critérios redistributivos[205]. Outros autores, como INFANTI[206], propõem medidas de apreciação do caráter redistributivo da tributação internacional com base em indicadores como, por exemplo, o índice de desenvolvimento humano. Já ANA PAULA DOURADO afirma a impossibilidade de impor preocupações redistributivas a nível internacional, concluindo pelo nível intraestadual como o *locus* de realização de princípios materiais constitucionais de equidade[207].

6. Justiça internacional: que referencial?

A diversidade de posições que vimos retratando reflete sensibilidades distintas quanto à legitimidade do estabelecimento de uma conexão entre um Estado e rendimento gerado ou obtido no seu território. Contudo, todas as posições têm subjacente, de forma expressa ou implícita, a afirmação ou negação de obrigações redistributivas de direitos tributários entre Estados. Ainda assim, o enquadramento desta questão não é idêntico entre os vários autores, que variam quando ao contexto de comparação para afirmação dessas obrigações. Há autores que colocam o foco nas relações de igualdade entre Estados e outros que atentam nas formas de assegurar igualdade entre sujeitos que atuam transnacionalmente.

Ora, a nossa Tese preocupa-se com a repartição de direitos tributários entre Estados. Falamos da distribuição do poder de tributar, e não do encargo tributário de uma transação transnacional porque pretendemos afirmar quem tem o direito de tributar. Seguidamente, aferimos da extensão e medida desse direito. Na verdade, o encargo tributário da operação do GMN resulta do exercício do poder de tributação. É o Estado que tem de

[204] Vd. BROOKS, 2009, p. 23.

[205] Cfr. OZAI, 2020, p. 87..

[206] Vd. INFANTI, 2012, p. 240. A nossa investigação não logrou identificar nenhuma norma positivada que sugira esta preocupação. INFANTI refere também outras abordagens associadas à redistribuição necessária para progressividade com direitos humanos, em particular de uma perspetiva feminista. Neste sentido, vd. também LAHEY, 2010, pp. 157 e ss.

[207] Vd. DOURADO, 2017, p. 45.

afirmar os pressupostos do seu direito a tributar – aqueles só depois podem ser rebatidos pelos sujeitos passivos.

Contudo, há uma inegável relação entre a repartição de direitos tributários entre Estados e a medida do encargo fiscal exigido aos membros de uma comunidade. Um Estado com maior pretensão tributária sobre rendimento transacional recolhe maior receita fiscal. A sua política pode – ou não – desonerar contribuintes estritamente nacionais. Assim, a questão da Justiça fiscal internacional não pode ser abordada sem se compreender se os Estados têm um dever de atender a preocupações de Justiça interindividual na definição das suas bases tributárias ou na fixação unilateral destas. Em particular, coloca-se o problema de saber se os Estados devem atender à situação de constituintes de outros Estados ou aos efeitos das suas decisões na receita tributária de outras jurisdições. O debate é importante porque a inclusão ou exclusão do princípio da igualdade tributária interindividual nas preocupações de repartição de bases tributárias internacionais pode projetar-se de duas formas.

Primeiramente, considerações de igualdade intersubjetiva podem fundamentar obrigações redistributivas entre Estados. Sendo a tributação de uma base tributária um inequívoco recurso económico do Estado, a sua repartição poderia incluir considerações redistributivas que atendessem à menor receita coletada por um Estado em concorrência com outro, por exemplo. Um Estado com menor receita fiscal resultante de operações transnacionais tem menor amplitude de escolhe quanto às suas opções fiscais e extrafiscais. Daqui resulta que um cidadão pode ser onerado com maior encargo fiscal do que o cidadão de outro Estado simplesmente porque o Estado do primeiro tem maiores pretensões tributárias sobre rendimento gerado por GMN e, assim, pode desonerar os seus cidadãos. Se afirmamos um dever internacional de garantir encargos fiscais semelhantes independentemente de residência, poderá afirmar-se a obrigação de repartição de bases tributárias de forma redistributiva e o tratamento de forma idêntica de unidades do GMN situadas em Estados diferentes.

Em segundo lugar, mesmo negando a existência de obrigações redistributivas entre Estados, a Justiça na repartição de bases tributárias pode implicar a redistribuição de receita tributária entre Estados. Com efeito, um critério de repartição de bases tributárias distinto do vigente no direito fiscal internacional pode determinar maior receita fiscal para alguns Estados, com reflexos subsequentes nas suas políticas internas. A redistribuição tributária entre Estados poderia ser uma consequência de um procedimento que trate GMN de forma igual a demais sujeitos passivos. Ou seja, possibilitando a tributação de todo o rendimento líquido do GMN em circunstâncias de igualdade com outros GMN independentemente do local onde atuem ou da sua residência, refletindo a intensidade da relação da atividade do GMN com um território.

Ora, a questão do dever de atuação estadual orientado para o interesse do indivíduo, no geral, ou apenas aos seus cidadãos pode ser enquadrada pelo Direito Internacional da forma que de seguida adiantamos. Na verdade, o exercício do poder estadual sobre uma base tributária mais não é, como vimos, do que o exercício da soberania, sujeito aos seus limites de Direito Internacional geral.

Sucede que a doutrina jus-internacional diverge quanto ao referencial do valor de Justiça internacional. As regras da comunidade jurídica internacional devem assegurar o justo tratamento dos indivíduos, independentemente do seu Estado de cidadania, residência, ou outra forma de descrição de afiliação ou, em alternativa, garantir o justo tratamento dos Estados nas suas relações recíprocas ou garantir? A perspetiva cosmopolita pugna pela primeira hipótese. Em contraste, a perspetiva estatista pugna pela segunda hipótese. Ambas as posições representam a forma mais extremada de encarar a questão. Ambas as posições, são, também, mutuamente excludentes. Apreciemos os seus fundamentos e analisemos alternativas a estas visões.

6.1. Justiça internacional: a visão cosmopolita

Comecemos pela perspetiva cosmopolita. Esta afirma um padrão de Justiça interindividual num contexto global, independentemente de afiliação estadual, tomando por referência a obrigação direta de tutela da dignidade da pessoa humana pelo Direito Internacional[208]. Para os autores cosmopolitas, as relações entre Estados visam sempre garantir a justa repartição de direitos entre os indivíduos independentemente do Estado que integrem.

Anne Peters é uma destacada proponente desta doutrina, afirmando a vigência de um dever de realização de valores de elevada ordem moral

[208] O que implicitamente coloca preocupações de Justiça redistributiva integradas nas normas de Direito Internacional. Autores como Charles Beitz e Thomas Pogge consideram que a dignidade da pessoa humana é afirmada independentemente do seu contexto socio-cultural e que, como tal, a preocupação com a realização da mesma é global e desconsidera limitações colocadas pela mediação estadual. As suas preocupações redistributivas assumem as implicações mais extremas das visões cosmopolitas. Vd. Pogge, 1989, pp. 236-241; Pogge, 2005, pp. 1-7; Beitz, 1999a, pp. 521-524; Beitz, 1999b; Beitz, 2011. Sobre Justiça redistributiva global, vd. Hutchings, 2018, pp. 102 e ss.

impendente sobre os Estados[209]. Estes devem proteger e promover direitos e interesses humanos e satisfazer as necessidades de segurança da humanidade. Portanto, não só a soberania estadual não é irrestrita, como não é meramente limitada por direitos humanos – antes existe em função dos mesmos. A soberania estadual tem, assim, um carácter funcional, orientado à proteção e promoção de direitos humanos. Resultaria daqui uma necessidade de preocupação com a promoção e realização de direitos humanos a um nível global por parte de cada Estado[210]. E, neste sentido, a comparação das exigências feitas por um soberano a um indivíduo adotaria um padrão de comparação transnacional e referenciado ao indivíduo.

Em sentido semelhante, EYAL BENVENISTI afirma o igual valor moral de todos os indivíduos. Assim, tal como o exercício da autodeterminação pessoal implica sempre a consideração dos demais e das suas ânsias, as relações entre as comunidades de indivíduos devem replicar a mesma preocupação. A atuação estadual é, por este motivo, *fiduciária da humanidade*, que em conjunto imbui o Estado de um poder de representação que institui a soberania para aquele propósito. Portanto, o respeito por este princípio implica uma obrigação impendente sobre os Estados de desenvolverem um sistema de mecanismos institucionais que possam corrigir, ou minimizar, os défices de participação democrática individual na sociedade internacional. Desta forma, estaria garantido o reflexo de preocupações individuais no processo de decisão internacional.

Como o Direito Internacional não logra justificar a exclusão dos interesses dos cidadãos estrangeiros do conjunto de interesses que o Estado deve ponderar quando age no plano internacional em representação dos seus cidadãos, e como todos os indivíduos têm igual valor moral, o Estado deve considerar os interesses de toda a humanidade na sua atuação. A autoridade soberana do Estado contemporâneo para gerir a coisa pública na sua jurisdição tem como corolário o dever de levar em consideração interesses externos e até de ponderar a promoção de interesses da comunidade em geral em detrimento do interesse da comunidade que o constitui[211].

[209] Vd. PETERS, 2009, p. 518.

[210] Bem como uma presunção de derrogação do valor soberania quando em confronto com o valor da afirmação de direitos humanos.

[211] Cfr. BENVENISTI, 2013, p. 308. Daqui resultariam quatro obrigações principais: a de considerar, mas não necessariamente ceder a, interesses de *stakeholders* estrangeiros; a de permitir a sua participação, de alguma forma, no processo deliberativo de escolhas políticas; a de acomodar os interesses externos quando tal não implica perda para o interesse local; e a de atuar positivamente em caso de catástrofes naturais. Sem negar o papel preponderante do Estado soberano,

As conceções cosmopolitas têm o inegável mérito de destacar o progressivo papel da fundamentação da natureza do Direito Internacional nos direitos humanos como manifestações da dignidade da pessoa humana. Todavia, esta visão abre portas a uma erosão da exclusividade do Estado na regência da coisa pública interna. Esta erosão é perniciosa para os próprios fins que o Direito Internacional pretende realizar e não é refletida no histórico da evolução da ordem jurídica internacional. Aliás, a exclusividade de exercício de autoridade em que assenta a soberania estadual é a âncora essencial da paz internacional e pressuposto primeiro de expressão de qualquer outro valor no convívio entre comunidades.

Os proponentes cosmopolitas desconsideram, assim, as dinâmicas próprias da interação comunitária estadual, pouco dadas a solidariedades de âmbito mais amplo. Com efeito, a comunidade internacional é melhor descrita como marcada por processos de progressiva integração e institucionalização, balizados por regras de direito geral ou convencional que moldam o âmbito da mediação do Estado nas relações internacionais de forma nem sempre diretamente conexionada com preocupações diretas dos seus constituintes individuais e que apenas excepcionalmente permitem ultrapassar a instituição Estado como local de deliberação coletiva.

Acresce que as teorias cosmopolitas, pelo contrário, relativizam a identidade, autonomia e subjetividade do Estado nas relações internacionais, que assume a natureza de mero veículo de transmissão de valores comunitários. Ora, a realização dos valores ínsitos nos direitos humanos é progressiva, contextual, e dependente de pressupostos sociais, culturais, económicos e até filosóficos. Neste contexto, a obrigatoriedade de consideração de interesses de outras comunidades e de promoção de direitos humanos de forma global pelo Estado é problemática – e não só por questões de legitimidade política e constitucional. E tanto assim é que os proponentes de teses cosmopolitas não demonstram a existência de regras de direito consuetudinário ou Direito Internacional geral que sustentem as suas posições, mas apenas regras de direito convencional.

Ora, a projeção destas correntes num contexto de tributação internacional implicaria a vigência de um princípio de igualdade alargado. A repar-

faz depender a vigência destas obrigações da existência de instituições políticas e judiciais que asseguram a gestão da Justiça com base na ideia de reciprocidade, nomeadamente, que todos cumpram com este ditame. E mais afirma que o incumprimento das obrigações que derivam deste postulado até pode não gerar necessariamente consequências jurídicas impostas por terceiros como mecanismos sancionatórios e restaurativos de Direito.

tição de bases tributárias entre Estados teria a preocupação de garantir que todos os sujeitos passivos pagam a mesma medida de imposto independentemente do local onde conduzem a sua atividade económica. De igual modo, a visão cosmopolita na repartição de bases tributárias poderia implicar para cada Estado o dever de considerar preocupações com a receita tributária de demais Estados no modo de exercício do seu poder tributário.

Trata-se de um postulado altamente duvidoso quando confrontado com o teor do princípio da autodeterminação e a sua articulação com os princípios da legalidade e tipicidade vigentes nas Constituições contemporâneas. Estes últimos estão associados à representatividade dos interesses afetados pelas decisões que fixam os encargos tributários[212]. Assim, a representação de membros de outras comunidades no processo legislativo que define os elementos essenciais do imposto é vedada pela ideia de soberania e independência estadual. Acresce que o sentido básico de reciprocidade inerente a uma noção de Justiça seria ferido sujeitos não submetidos a um encargo estadual pudessem participar na definição da medida daquele.

[212] Benvenisti contende que a sua visão não viola o princípio da autodeterminação na medida em que este visa proteger a comunidade local de interferências no autogoverno por outras comunidades, mas não a liberta da obrigação moral que deve ao coletivo de comunidades. O seu argumento é, afinal, uma revisitação da dicotomia direito/moral que tanto marca o debate sobre o fundamento do Direito Internacional e que explica, também, que defenda a possibilidade de inexistência de sanções para a violação das obrigações morais que anuncia. De facto, os exemplos de obrigações coercivas que apresenta, surgem no âmbito de um quadro jurídico convencionalmente instituído por Estados – o que justifica a positivação de sanções no âmbito de Direito Internacional com base na partilha de valores que permitem a institucionalização prévia necessária a um acordo de valores. A inexistência de qualquer mecanismo sancionatório e restaurativo da violação das obrigações morais que anuncia não implica necessariamente a falta de positivação no seio do Direito Internacional geral, embora seja inequívoco indício da mesma. É que o autor não sustenta a vigência dessas normas em nenhuma forma de revelação de Direito Internacional, sem particular do costume ou de um princípio que possa ser extraído de um conjunto de normas de Direito Internacional geral. Outros autores, todavia, procuram oferecer noções de Justiça internacional interindividual partindo de uma análise de direito positivo. Steven Ratner é um deles. Assumidamente cosmopolita, Ratner afirma a paz como valor primordial do Direito Internacional, embora admita pretensões próprias dos Estados no plano internacional, distintas e oponíveis às dos indivíduos. Declara que a Justiça internacional resulta de um processo tendente a um resultado de repartição e alocação de direitos e obrigações a sujeitos do mundo de forma clara. As normas substantivas que procedem a esta repartição serão justas se se conformarem ao padrão de Justiça conforme definido pelo autor: prioridade de contributo para a paz global e vigência dos direitos humanos como um todo – cfr. Ratner, 2015, p. 80.

6.2. Justiça internacional: a visão estatista

Os autores estatistas consideram que um padrão de Justiça interindividual apenas pode ser assegurado pelas instituições estaduais, pelo que a existência do Estado é uma condição de vigência de Justiça. Cabe a cada Estado garantir que os encargos que impõe aos membros da sua comunidade são justos; mas já não cabe a cada Estado assegurar a justa distribuição de recursos internacionais ou entre seus cidadãos e membros de outras comunidades. Consequentemente, as relações entre Estados são marcadas apenas por meras obrigações recíprocas de cooperação, com o objetivo de assegurar condições para a imposição de autoridade sobre os membros da comunidade que residem no território de forma justa.

O mais destacado proponente contemporâneo da perspetiva estatista das relações internacionais é, possivelmente, Thomas Nagel. Este autor fundamenta o argumento estatista com o conceito político de Justiça cunhado por Dworkin: um soberano que exige obediência dos seus súbditos, e a eles se impõe, deve ser imparcial no tratamento de cada um e cada qual[213]. Esta imparcialidade manifesta-se na imposição de regras aos membros de uma comunidade cunhadas pelo princípio da igualdade (a virtude principal dos soberanos). É essa igualdade que legitima e compensa o exercício da coação estadual e que permite a Justiça nas relações interindividuais.

Por outro lado, o cumprimento do dever de tratamento justo apenas pode ser exigido pelos constituintes do Estado porque só estes estão numa relação de sujeição ao poder soberano – e não os demais membros da humanidade[214]. Por consequência, o Estado não está obrigado a considerar a

[213] Cfr. Nagel, 2005, pp. 120 e 121. Dworkin, todavia, parece demonstrar maior sensibilidade para o "império da Justiça" na ordem jurídica global. Considera que a Justiça é central em qualquer ordem jurídica, e que o Direito Internacional não é distinto. Logo, afasta-se das conclusões de Nagel quando considera que também no plano internacional há considerações de Justiça interindividual a observar pelos Estados: todos os Estados têm o dever de prossecução de meios para mitigar falhas e riscos do sistema de Estados soberanos na proteção dos seus cidadãos e na garantia da sua legitimidade política (esta última, por seu turno, assegurada pela supradita virtude política do sistema) – Dworkin, 2013b, p. 19. A associação da Justiça a uma necessária relação estrutural desconsidera a obrigação moral e ética ínsita de qualquer ordem de Direito imparcial e a existência social de formas de sanção descentralizadas no próprio Direito Internacional que não dependem da institucionalização de mecanismos repressivos (pensamos, por exemplo, no regime das contramedidas).

[214] Contra Nagel, vd. Cohen/Sabel, 2006, p. 164, afirmando que no plano internacional se verificam as condições de interdependência, cooperação e institucionalismo que justificam implicações de Justiça nas relações entre os sujeitos internacionais.

posição daqueles que não estão sujeitos ao seu poder quando impõe coercivamente a sua autoridade. A atuação dos Estados num plano internacional será, então e no limite, marcada pela vontade de cooperação com o objetivo de alcançar benefícios mútuos de redistribuição interna, e não marcada por um dever de Justiça que transcenda as fronteiras estaduais[215].

TSILLY DAGAN partilha a ideia base da perspetiva estatista. Contudo, afirma que a mobilidade dos fatores de produção e a fragmentação de soberania estadual tradicional dificultam a imposição de encargos estaduais de forma justa[216]. Isto acontece porque alguns sujeitos passivos são particularmente móveis. Assim, as opções políticas tributárias estaduais procuram, alternativamente, atrair a declaração dos rendimentos destes ou evitar a sua deslocalização para fora do território estadual. Por este motivo, a economia de mercado dificulta a atuação estadual assente no igual valor moral de cada cidadão, na medida em que alguns dos cidadãos têm um maior valor económico para o Estado[217]. Isto reflete-se na existência de regimes fiscais desiguais para determinados sujeitos ou rendimentos. Consequentemente, a mobilidade dos constituintes exige a cooperação entre Estados para criar instituições nas quais valores de Justiça possam imperar. Sem esta cooperação, o Estado não consegue exercer a necessária coação para assegurar as responsabilidades dos cidadãos e, deste forma, o exercício de autoridade pode ser marcado por profundas desigualdades de tratamento.

Porém, tal sistema multilateral só será legítimo se garantir a autoria coletiva do seu desenho institucional e a consideração de preocupações de Justiça individual manifestadas por todos os Estados cooperantes como representantes dos seus constituintes[218]. Assim, a autora defende a cooperação multilateral orientada por ideias de Justiça interindividual, como única forma de assegurar o exercício pleno de funções tributárias estaduais. E, neste contexto, um sistema de cooperação será justo na medida em

[215] Vd. DAGAN, 2017, p. 207. Isto porque as instituições internacionais não são diretamente constituídas pelos cidadãos, mas pelos Estados que representam aqueles. Nessa medida, as instituições internacionais, locais de realização de Justiça, não agem em nome dos indivíduos e, como tal, não podem realizar valores de Justiça individual (assim, vd. também NAGEL, 2005, p. 138). Daí que RAWLS, 2014, também seja contrário à vigência de obrigações de redistribuição. RATNER, 2015, p. 94, parece corroborar a inexistência de deveres de Justiça redistributiva entre Estados.

[216] Vd. DAGAN, 2017. p. 200.

[217] E assim, podem, pelas suas escolhas, decidir submeter-se à jurisdição de um Estado conforme a tributação das suas atividades económicas lhe seja mais favorável.

[218] Vd. DAGAN, 2017, pp. 205-211.

que garanta e promova (ou pelo menos, não piore) a situação individual dos constituintes de cada Estado envolvido. A cooperação estadual surge como uma necessidade contemporânea para garantir capacidade de cada Estado assegurar princípios de Justiça no tratamento dos seus cidadãos.

As conceções de Justiça estatistas têm o mérito de destacar o Estado enquanto fórum privilegiado de interpretação e realização dos pressupostos sociais, culturais, económicos e até filosóficos que estão subjacentes aos princípios de Justiça que regulam as relações entre sujeitos de uma comunidade estadual. Contudo, os seus proponentes desconsideram a progressiva e inequívoca integração do Estado em quadros institucionais que limitam a sua atuação e impõem padrões de conduta normativos, ainda que distintos dos vigentes em direito interno, que vão para lá da mera manutenção da soberania e prossecução de interesses sinergéticos. A existência de uma ordem jurídica internacional é inequívoca e demonstrada pela existência de mecanismos sancionatórios na sociedade dos Estados. A tendencial natureza descentralizada destes mecanismos reforça a ideia de igualdade entre Estados, mas demonstra também a existência de um padrão de validade de comportamentos dos sujeitos que não pode ser marcado pela ideia de *várias Justiças locais*, ou pela mera prossecução do interesse benéfico estadual mútuo, por muito que tal sirva a posterior realização de Justiça interindividual num Estado.

É certo que DAGAN afirma a utilidade da cooperação internacional para efetiva realização de soberania. Para a autora, se o Estado não logra exercer de forma imparcial a sua soberania sobre todos os constituintes sem cooperação dos demais sujeitos de Direito Internacional, então deve cooperar com estes para aquele efeito. Nesta construção de mecanismos cooperativos, o Estado está sempre norteado pela preocupação de assegurar a Justiça no tratamento dos seus constituintes, na medida em que a legitimidade de atuação do Estado no plano internacional tem a mesma natureza da legitimidade estadual na imposição da sua soberania aos constituintes: muda apenas a forma e o contexto do seu exercício[219]. Todavia, a autora não logra

[219] Para FORST, 2017, p. 164, a questão do contexto é, aliás, fundamental para um discurso de Justiça. O autor afirma que é necessário ultrapassar a dicotomia Estado – sociedade internacional e assumir uma pluralidade de contextos de (in)Justiça que diferem por referência à sua qualidade relacional. Assim, a análise de Justiça é sempre possível onde haja relações políticas, cooperação social e formas de domínio, sejam ou não juridicamente institucionalizadas. O foco permite deslocar a discussão sobre a vigência da Justiça da instituição em que se realiza para o contexto relacional em que se manifesta.

demonstrar o fundamento jurídico desse dever de cooperação, ou no limite, baseia-o no dever de Justiça exigido ao Estado pelos seus constituintes. Ora, em alternativa à cooperação, o Estado poderia cumprir este dever simplesmente imponto a vigência do princípio da capacidade contributiva a partir dos pressupostos de base fácticos que logra dominar. Do argumento de DAGAN não resulta um dever do Estado agir em determinado sentido, nem é justificada a existência de padrões normativos de atuação nas relações internacionais.

Na verdade, os Estados atuam enquadrados por normas de Direito Internacional geral que obedecem a critérios de Justiça, mas fundados em razões distintas da legitimidade para atuação interna do Estado e que se ancoram sobretudo no dever de proteção da sua comunidade. Esta Justiça não é uma mera projeção dos deveres que impendem sobre os Estados no tratamento dos seus próprios constituintes.

Assim, pelo que vimos de expor, ambas as perspetivas parecem-nos curtas: ou não demonstram de que forma integram na Justiça internacional um padrão de moralidade análogo ao vigente em Justiça interindividual no Direito positivo; ou recusam a existência de regras para as relações estaduais assentes em noções de Justiça próprias da comunidade internacional, o que equivale a negar a existência do Direito Internacional Público para lá do mero direito convencional.

6.3. Justiça internacional e a superação da dicotomia cosmopolitismo-estatismo

MATTIAS KUMM apresenta uma visão constitucionalista do Direito que procura superar estas insuficiências, integrando razões morais nas regras de Direito Internacional que são, simultaneamente, padrões de validade da ordem jurídica interna[220]. KUMM oferece uma interpretação cosmopolita do constitucionalismo[221], baseada na manutenção da soberania estadual como

[220] Vd. KUMM, 2013, p. 612. É uma perspetiva fundamentalmente *dworkiniana*, embora com apelo à ideia de constitucionalização e não da unidade e fundamento do sistema jurídico. O que KUMM afirma é que haverá um processo constitucional sempre que a validade das regras que regem uma comunidade resulte de opções feitas por e razoavelmente atribuíveis aos destinatários da mesma, tidos como sujeitos livres e iguais. Em KUMM, 2010, pp. 211-213 o autor distingue entre a autoridade com base na lei e com base na constituição.

[221] Sobre o constitucionalismo GRIMM, 2010, p. 9, elencando as 5 características que permitem identificar a vigência de uma constituição material: 1) a existência de um conjunto de normas jurídicas emanadas de processo político; 2) o propósito destas normas é o de estabelecer a regulação do exercício do poder público e não uma mera modificação do *status quo* anterior; 3) a

garantia da sua legitimidade. Para o autor, um dos propósitos fundamentais do Direito Internacional é criar e definir as condições que permitem a um Estado exercer a sua autoridade de forma exclusiva. Contudo, esta exclusividade tem um corolário: o Estado soberano deve garantir o respeito pelos direitos de cidadãos de outras comunidades no seu próprio território[222]. Desta forma, a consideração dos interesses dos membros de outras comunidades permite a importação para as regras de Direito Internacional de padrões de Justiça interindividual que orientam, em contextos distintos, a atuação estadual.

Assim, um Estado tem o dever de ponderar os efeitos das suas ações no plano internacional na situação de constituintes de outras comunidades. A adoção de determinadas políticas estaduais pode melhorar ou piorar as condições de cidadãos de outros Estados, mas também produzir *externalidades de Justiça*[223]. As políticas e actos estaduais só são legítimos quando não produzam estas últimas. Aquele dever de ponderação tem, todavia, os seus limites: os cidadãos de um Estado podem opor-se a políticas deste que promovam o bem-estar de membros de outra comunidade em detrimento do seu, uma vez que a razão de ser do Estado é promover o bem-estar dos membros da sua comunidade como esta o determine.

Nesta articulação entre deveres e limites de atuação é realizada a noção de uma atuação internacional legítima por um Estado soberano. Esta asse-

regulação do exercício é extensiva, ou seja, não existem outros portadores de poder público ou formas extraconstitucionais de exercício do mesmo; 4) o direito constitucional encontra a sua origem no povo, sendo fundamental a distinção entre poder constituinte e poder constituído; 5) o direito constitucional é o direito supremo, toda a demais legislação tem de estar em conformidade com o mesmo. Estas características prendem-se com a função da constituição, a qual está sempre associada à democracia e ao Estado de Direito como forma de a legitimarem. A ausência de um Estado de Direito equivale ao poder totalitário e autoritário, o que nega as cinco características constitucionais ora descritas. Vd. também, a este propósito, Kumm, 2010, p. 213.

[222] Veja-se a Kumm, 2013, p. 622.

[223] Kumm funda-se em Walen, 2014, pp. 427-464 para distinguir entre atos de Estado que têm externalidades negativas (que provocam efeitos nas condições de vida de terceiros, mas que não lhe são vedados por norma proibitiva) e atos de Estado que têm externalidades de Justiça (que provocam efeitos nas condições de vida de terceiros e que lhe são vedados por norma proibitiva). Estas últimas ocorrem quando o comportamento do Estado lhe é vedado mesmo que não provoque danos em terceiros. As primeiras ocorrem quando o comportamento do Estado apenas é questionado se provoca danos em terceiros. Para o autor, a adoção de regras tributárias protecionistas, ou a tributação de acesso ao mercado interno de um Estado, enquadra-se neste último caso e não gera externalidades de Justiça, na ausência de normas convencionais que disponham sobre o assunto – cfr. Kumm, 2010 p. 254. As questões de fixação de base tributária parecem reconduzir-se a esta última categoria de atuações.

gura a sua autoridade constitucional porque reforça a motivação para a sujeição dos seus constituintes ao seu poder soberano; e porque desenvolve um processo dialético sobre o conteúdo do dever de tratamento justo e recíproco nas relações entre Estados e entre estes e os seus constituintes[224]. Qualquer ato estadual que provoque e imponha uma externalidade de Justiça é um ato de domínio não consentido sobre terceiros e, nessa medida, desrespeitador do princípio da igualdade soberana e, de forma derivada, da igualdade interindividual[225].

Para dirimir os conflitos que resultam da sua atuação injusta para com os membros de outras comunidades, o Estado tem o dever de participar e se submeter a um sistema de regras – o Direito Internacional[226]. Este sistema assegura a exclusividade da soberania estadual, posto que o exercício de poderes soberanos observe as suas regras. A ordem jurídica internacional e a ordem jurídica nacional são, desta forma, mutuamente co-constitutivas. Por este motivo, KUMM conclui que a atuação do Estado no plano internacional assenta, nos mesmos vetores da sua atuação no plano interno. Estes são os vetores do constitucionalismo cosmopolita: compromisso para com a trindade dos direitos humanos, democracia e Estado de Direito[227]. Como decorrem de imposições morais do exercício de autoridade estadual sobre os seus constituintes, e como são transpostos nos termos que vimos de expor para os padrões normativos internacional, estes vetores integram também o padrão de referência normativa do Direito Internacional. Desta forma, a justificação dos valores que devem nortear o comportamento estadual acaba por encontrar arrimo no próprio Direito Internacional geral,

[224] Cfr. KUMM, 2013, p. 614. Vd. também KUMM, 2016a, p. 246, afirmando que só a reciprocidade assegura motivação para cumprimento das regras limitativas de direitos de homens livres e iguais. Ora, KUMM afirma que este problema se replica na esfera internacional, vendo os Estados como agentes dos seus constituintes, na esteira de KANT.

[225] Sobre arbitrariedade e domínio não consentido como fundamento de injustiça, vd. também FORST, 2017, p. 154.

[226] Cfr. KUMM, 2016a, p. 245.

[227] Vd. também KUMM, 2016b, p. 700, afirmando que esta é a validade da ideia de constituição, e não o fenómeno sociológico do poder constituinte e o processo da sua revelação. Na sua essência, todavia, este é o fundamento de uma ordem jurídica, e não necessariamente de uma constituição – o que permite extrapolar os imperativos de Justiça para qualquer relação jurídica e não apenas para um contexto constitucional, com as limitações que a teoria tem para a sua afirmação de um dever de agir do Estado com determinado conteúdo no plano internacional. Esta compreensão, aliás, explica a existência de decisões constitucionais com fundamentos normativos para lá da constituição, e não menos assentes na ideia de Direito por este motivo – vd. CORTÊS, 2010, pp. 133-142.

e não num referencial autónomo específico de proteção de direitos de indivíduos[228].

Frisemos que, para MATTIAS KUMM, o fórum de realização de Justiça interindividual ainda é o Estado. O dever de atuação com respeito pelos interesses dos cidadãos de outros Estados tem por base a preservação da legitimidade da soberania interna do próprio Estado. Mas aqueles outros cidadãos apenas poderão opor algum direito contra a atuação de um Estado estrangeiro em situações verdadeiramente excepcionais, reconducentes ao princípio da não-ingerência nos assuntos internos de um Estado ou a normas convencionais previamente acordadas entre Estados. Esta consequência resulta de regras de direito consuetudinário internacional que visam proteger a própria autonomia de outras comunidades estaduais e, inerentemente, a própria estabilidade de toda a comunidade internacional.

Ora, o recurso à corrente teórica do constitucionalismo para nortear o comportamento do Estado no plano internacional encontra dificuldades de enquadramento nos próprios pressupostos da corrente, nomeadamente no que diz respeito à origem e justificação da soberania no plano externo[229]. Mas, e como bem nota DYZENHAUS, o recurso ao constitucionalismo provoca uma ambivalência profunda no entendimento da ideia de Direito: a de compreender se a sua autoridade se situa no interior do sistema legal ou lhe é externa, vício que partilha com as teorias do positivismo jurídico[230]. O autor prefere focar-se na autoridade do Direito como interna à

[228] KUMM não identifica fundamento jurídico para a vigência destes princípios num contexto internacional e relacional entre Estados, a não ser uma pretensa superioridade e imposição moral desses valores que, aparentemente, é exterior à constituição e ordem de valores que nela estão inculcados. Neste contexto, remete a solução do problema epistemológico para a formação e operação do costume em Direito Internacional – cfr. KUMM, 2016a, p. 257.

[229] A validade constitucional resulta, em parte, diretamente do conteúdo dos princípios que visa instituir e não tanto do seu procedimento, havendo práticas constitucionais a nível internacional porquanto assentes em princípios fundamentais constitucionais – cfr. KUMM, 2010, p. 213.

[230] Vimos há pouco que KUMM encontra a validade do constitucionalismo nos princípios que visa instituir. É precisamente para isto que alerta DYZENHAUS: o constitucionalismo implica a avaliação do conteúdo da constituição pelos padrões políticos morais externos ou pelos processos de produção de juízos jurídicos do Estado de Direito. O argumento de KUMM parece recair nesta última categoria. Para DYZENHAUS, o constitucionalismo é apenas um processo de afirmação do Estado de Direito – cfr. DYZENHAUS, 2012, pp. 256-260. Sobre relação com constitucionalismo e princípios jurídicos, vd. CORTÊS, 2010, p. 72-75 e p. 103.

própria ordem jurídica e como justificação da validade das imposições estaduais[231].

É a fundamentação na noção de Direito que permite a validade e vigência das Constituições por períodos dilatados de tempo, assente nos seus valores justificativos. Com efeito, a legitimidade da Constituição não é distinta da legitimidade do Direito ordinário – é explicada pelas mesmas características da lei que nos dizem porque é que o Direito é autoritário e legítimo. Estas características são aquelas que resultam da constituição moral integrada na ordem jurídica, entendida como o conjunto de normas e princípios constitutivos da juridicidade e que explicam a legitimidade dos atos que com aqueles se conformam[232]. Na revelação destas características, o Direito torna-se legítimo e não capricho de vontade de quem exerce o poder[233].

A justificação do exercício do poder é fundamental para a legalidade[234]. Por detrás do Direito positivo, ou do poder constituinte, estarão sempre os princípios de Direito que condicionam o exercício do poder e o constituem de tal forma que se torna autoritário e legítimo[235]. Estas premissas são tanto mais reais no Direito Internacional, em que os Estados são simultaneamente criadores do direito que os reage e intérpretes e seus aplicadores, contendo uma obrigação de justificar o seu comportamento de acordo com a ordem de valores que eles próprios criaram, sob pena de a desfazerem[236]. A autoridade do Direito não é buscada em valores morais externos que este assume – antes decorre dos valores que o Direito promove e articula.

Concordamos com DYZENHAUS. Um padrão de Justiça internacional vigente deve ser aferido por referência à ordem jurídica, e não por referência a padrões exteriores à mesma, nomeadamente morais e não inculcados naquela. A Justiça das regras jurídicas não é aferível através do confronto

[231] Para DYZENHAUS, 2012, pp. 255-256, a autoridade e validade do Direito surge porque este é produto de decisões políticas que respeitam a igual dignidade daqueles a quem se aplicam, bem como a capacidade de estes se autodeterminarem, promovendo condições para este efeito.

[232] Cfr. DYZENHAUS, 2012, p. 244.

[233] Cfr. DYZENHAUS, 2012, p. 258.

[234] O autor assinala que a questão é premente tanto do ponto de visto interno como do ponto de vista externo, no momento em que forças internacionais e transnacionais agem com implicações no plano doméstico, e o poder executivo é disperso por uma multitude de poderes governamentais díspares, por vezes privados, que diminuem a supervisão constitucional sobre o poder constituído – cfr. DYZENHAUS, 2012, p. 256.

[235] Cfr. DYZENHAUS, 2012, p. 260.

[236] Cfr. DYZENHAUS, 2014, pp. 53–64.

das regras com um qualquer padrão moral exterior ao sistema. É a vigência de princípios derivados da ideia de Justiça que confere um carácter normativo à ordem jurídica e dota as regras que a integram de coercibilidade. O jurídico não abstrai da Justiça: antes depende dela. Por este motivo, aquilo que é justo deve ser apreensível por referência à ordem jurídica: ao conjunto de regras que disciplinam o convívio de sujeitos de uma comunidade e aos valores que estas integram.

Assim, é na análise dos princípios e regras constituintes da ordem jurídica que encontraremos a resposta ao critério norteador da noção de Justiça internacional: a prevalência do interesse individual na apreciação de condutas estaduais, ou a autonomia do interesse estadual e das relações interpretadas por estes sujeitos. Se assim é, e cremos que sim, a questão reconduz-se à identificação da ordem jurídica que regula o problema em questão ou, mais profundamente, à distinção entre ordens jurídicas aplicáveis para encontrar a solução para a questão que nos ocupa: uma dita *interna* e outra dita *internacional*[237].

Aqui chegados, importará indagar se entre ambas as ordens valerão padrões distintos de Justiça. Se sim, teremos de distinguir entre os conceitos de Justiça nacional e os conceitos de Justiça internacional. Se não, poderemos considerar que os conceitos de Justiça nacional e os conceitos de Justiça internacional são orientados pelo mesmo padrão de valores – cumprindo interrogar se, na verdade, haverá mesmo duas ordens jurídicas. Desta eventual distinção resultará o conceito a trabalhar para encontrar valores normativos que orientem as opções de tributação a nível nacional e internacional. Vejamos.

7. Justiça internacional: entre unidade de Direito e pluralismo jurídico

A distinção entre ordens jurídicas remete-nos para a clássica querela entre monismo e dualismo de ordens jurídicas. O monismo clássico apenas considerava a existência do direito nacional, carecendo o Direito Internacional de ser transposto para o mesmo para vincular cidadãos[238]. O dualismo tra-

[237] Por Direito Internacional referimo-nos ao tradicional Direito Internacional público, na medida em que o Direito Internacional privado é, afinal, direito interno que opera por normas de remissão recíprocas e resolutivas de aplicação de conflitos de ordenamentos.

[238] Vd. Cassese, 2005, p. 214, que refere o nacionalismo e autoritarismo de algumas Grandes Potências, ciosas de proteger os seus interesses, como base de propagação desta corrente que os legitimava a desaplicar qualquer norma de Direito Internacional contrária aos seus interesses. O monismo tinha, portanto, uma base essencialmente ideológica e política.

dicional afirmava a existência de dois conjuntos diferentes e autónomos de regras jurídicas[239] – o ordenamento nacional e o ordenamento internacional. Aquele prevaleceria sobre este último.

O pós-Primeira Grande Guerra possibilitou a afirmação de uma terceira concepção: o monismo com primado do Direito Internacional. Este entendimento alternativo do monismo postulava um sistema legal unitário operando em vários níveis. A pirâmide das fontes jurídicas era encabeçada pelo Direito Internacional. Como consequência, o direito interno deveria sempre conformar-se com o Direito Internacional.

O alargamento das matérias reguladas pelo Direito Internacional e o surgimento da pessoa singular como sujeito de Direito Internacional[240] esbateu as fronteiras entre direito interno e Direito Internacional. Progressivamente, o pluralismo de ordens jurídicas e o reconhecimento recíproco daquelas consolidaram-se como as fundações de uma outra corrente: o "monismo moderado"[241]. Assim, esta é acolhida com simpatia pela generalidade da doutrina contemporânea como a forma mais ilustrativa de representação das relações entre Direito Internacional e direito interno[242].

[239] Assim, "[u]ma norma pertencente a um sistema não pode valer, como tal, no interior de outro sistema (...)" – cfr. MIRANDA, 2016, pp. 143 e ss., que destaca a prevalência da concepção de soberania nacional na perspectiva dualista. Citando o trabalho de DIONISIO ANZILOTTI, CASSESE, 2015 recupera três diferenças entre as ordens nacional e internacional. A primeira é respeitante aos seus sujeitos: num caso, indivíduos; no outro, Estados. A segunda concerne as fontes: leis parlamentares ou jurisprudência no caso nacional; costume e tratados no Direito Internacional. A terceira e última consistia no conteúdo das regras: a lei nacional regula o funcionamento interno do Estado e as suas relações com os indivíduos; o Direito Internacional governa principalmente as relações entre Estados. Por nós, cumpre-nos advertir que embora a separação estanque entre ambas as ordens surja hoje um tanto ou quanto em desuso, a advertência de que há um conjunto de regras direcionadas sobretudo a dispor sobre as relações entre Estados, tendencialmente inaplicável a indivíduos, não deve deixar de ser levada em linha de conta aquando da análise da natureza das normas no caso concreto na medida em que enquadra o contexto em que se deve desenvolver o juízo normativo aplicável.

[240] O que decorre da faculdade de exercício de direitos de forma própria e sem intermediação estadual conferida por alguns da área dos Direitos Humanos (em particular, a CEDH, mas também a CIADH), mas sobretudo da subjetividade passiva conferida ao sujeito por várias normas de Direito Internacional humanitário e Direito Internacional penal.

[241] Recuperamos MIRANDA, 2016, p. 146, sensível às incursões do Direito Internacional no direito interno. Por outro lado, também é certo que "o Estado não pode desconhecer internamente as normas que gerou externamente" – assim, VELASCO VALLEJO, 2013, p. 192.

[242] Assim, CASSESE, 2005, p. 216. O mesmo autor refere, ainda, que o Direito Internacional não constitui, hodiernamente, um reino jurídico distinto do direito interno. Vd. também o art. 2º do Projeto de Artigos Sobre Responsabilidade Internacional (PARI), resultante do trabalho da

É certo que a prática estadual e os esforços de codificação internacionais não deixam de separar claramente a ordem jurídica interna da ordem jurídica internacional no que diz respeito à produção de efeitos de suas normas. A vinculação a uma norma internacional não implica o dever de o Estado adaptar o seu direito interno àquela[243], sem prejuízo da inobservância da norma internacional implicar responsabilidade internacional[244]. Trata-se do corolário da ideia do Estado enquanto entidade soberana na condução dos seus assuntos internos, mas sujeito a regras de Direito Internacional.

De facto, a conceptualização estanque de formas de receção e interação do Direito Internacional com o direito interno tem a valia de clarificação estrutural. Porém, corre o risco de falhar a apreensão da abertura e interação entre os vários ordenamentos que assinalámos, materializada em tantas manifestações jurídicas como sejam as sentenças judiciais ou a produção legislativa. Este acolhimento recíproco de regras jurídicas por ordens jurídicas distintas é hoje inegável. A interação estadual e a distribuição de competências multinível no ordenamento internacional[245] ditam a proliferação de instrumentos legais – dotados de maior ou menor coercibilidade – que procuram produzir efeitos nos ordenamentos jurídicos nacionais inci-

Comissão de Direito Internacional das Nações Unidas e cujo texto é aprovado em anexo à Resolução da sua Assembleia Geral 56/83 de 12/12/2001.

243 Ressalvado seja o caso particular das normas *jus cogens*. Uma norma *jus cogens* é uma norma imperativa de Direito Internacional geral: aceite e reconhecida pela comunidade internacional dos Estados no seu todo como norma cuja derrogação não é permitida e que só pode ser modificada por uma nova norma de Direito Internacional geral com a mesma natureza – cfr. art. 53º CV. Não sendo permitida derrogação, compete aos Estados garantir não só a sua observância, mas que não haja condições legislativas locais para a sua violação: vd. Tavares, 2015, pp. 83 e ss; Linderfalk, 2008, pp. 854 e ss. Já Crawford, 2012, p. 52 parece sugerir uma obrigação de adaptação de legislação interna de cada Estado aos compromissos internacionais, embora a responsabilidade só surja quando o comportamento daqueles seja desconforme a uma obrigação internacional numa ocasião específica, o que diríamos implicar que, assim sendo, a obrigação é a de observar o comportamento devido numa dada ocasião e não a de potencialmente conformar a legislação interna com os compromissos internacionais.

244 Atente-se no art. 3º do PARI que considera irrelevantes as disposições de direito interno para aferir do cumprimento do Direito Internacional por parte do Estado incumpridor. Neste sentido, Cassese, 2005, p. 218.

245 A expressão é recuperada por Balaguer Callejón, 2013, pp. 91-107, e referenciada também em Vaz *et al.*, 2015, p. 204.

dindo sobre os mesmos factos. A prática jurisprudencial parece confirmar este postulado de forma subtil[246].

Com efeito, pode dar-se o caso que duas ordens jurídicas sobrepostas contenham disposições cujo cumprimento completo simultâneo seja logicamente impossível – serão, então, disposições inconsistentes[247]. Esta inconsistência, cumulada com o não reconhecimento de uma norma superior que ordene e resolva o conflito de normas constantes de ordens concorrentes, caracteriza o fenómeno do *pluralismo jurídico*[248]. E aqui nos parece residir a essência que unifica a pretensa dicotomia que vimos de enunciar.

O conflito entre várias ordens jurídicas pode servir de estímulo ao juiz para interpretar as várias normas concorrentes de forma harmoniosa[249]. Mas este choque do âmbito de aplicabilidade de normas ocorre num mundo jurídico moderno marcado por uma ideia de soberania diluída pela fragmentação do poder constituinte e pela distribuição de competências mul-

[246] Vd. ALVES, 2017, com uma análise de vários acórdãos em que se colocava a concorrência de ordens jurídicas distintas sobre a regulação de determinados factos, em particular o acórdão do TJUE, caso *Kadi*, a Sentença nº 238/2014 do Tribunal Constitucional Italiano, e a decisão do 15/12/2015 do Tribunal Constitucional Federal alemão a propósito de um ADT celebrado entre o Estado alemão e o Estado turco e a aplicação de normas de direito interno em derrogação do texto da dita convenção. Os casos referidos são demonstrativos da pertinência da lição de FITZMAURICE, 1957, pp. 71-72, quando descrevia como o conflito de obrigações entre duas ordens se resolveria considerando a supremacia da ordem que tinha a tarefa de apreciar, no caso concreto, a questão – com a consequência de que se o Estado local não cumprisse com os seus deveres internacionais por força da supremacia da sua lei nacional, então teria cometido uma violação da sua obrigação no plano internacional.

[247] Na formulação de BARBER, 2012, p. 156. É uma inconsistência, todavia, não necessariamente desordenada, porquanto permite a afirmação de um compromisso político composto de um acordo tácito em discordar – vd. MADURO, 2003, pp. 74 e ss.

[248] As doutrinas do pluralismo legal e do pluralismo constitucional procuram orientar a discussão sobre a articulação de ordens jurídicas conflituantes para lá da dicotomia monismo – dualismo. Vd., exemplificativamente, GRIFFITHS, 1986, pp. 1-55; GALLIGAN, 2006; DE BÚRCA/WEILER, 2012; BOGDANDY, 2008, pp. 397 e ss; MEDEIROS, 2015, pp. 261 e ss.

[249] Vd. BARBER, 2012, p. 170 que conclui que a contradição entre sistemas é a essência do pluralismo legal. O reconhecimento de concorrência de outras ordens jurídicas, a interação entre as mesmas e a consideração prudentes destes vetores num esforço argumentativo decisório mais permite a articulação entre os vários ordenamentos pelo juiz, mas, acima de tudo, coloca-o mais perto de uma solução razóavel, justa e equitativa. A argumentação assim densificada, em vez de conduzir à arbitrariedade, aumenta os meios intelectuais ao dispor do juiz – assim, PERELMAN, 1998, p. 130. Esta mesma temperança e reconhecimento de ordens jurídicas com níveis de proteção equivalentes aplicáveis ao caso concreto estão na base da doutrina do Tribunal Constitucional Federal alemão no caso *Solange* e do TEDH no caso *Bosphorus*. Por todos, MEDEIROS, 2015, pp. 370 e ss.

tinível no ordenamento internacional. A noção de pluralismo jurídico demonstra-nos que a solução da questão da interação entre Direito Internacional e nacional ultrapassa hoje o vetusto contexto de ordens jurídicas distintas e "convoca termos fundamentais como a democracia, a autodeterminação e a autocompreensão dos cidadãos"[250].

Ora, subjacente a estes *termos fundamentais* está o valor da promoção da dignidade da pessoa humana enquanto fundamento de qualquer ideia de Direito. Qualquer noção de Justiça, enquanto elemento normativo orientador da ideia de Direito, tem de ter como cerne a pessoa humana, seja a mesma considerada no plano interno ou no plano internacional[251]. No plano interno, aquele valor encontra o seu reflexo mais evidente nos direitos de personalidade liberais e, em particular, na condução dos assuntos comunitários com base no princípio democrático. No plano internacional, esta reflexão é transposta para o conteúdo dos princípios da autodeterminação dos povos e da soberania estadual na condução exclusiva dos seus assuntos internos. Portanto, a articulação pluralista entre as várias ordens jurídicas tem por referência os mesmos valores normativos – porém, aplicados em contextos sociais distintos.

Assim, o âmbito de vigência de ordenamentos jurídicos distintos explica-se, sobretudo, pelo núcleo comunitário no qual surgem e visam regular. É essencialmente uma diferença de natureza social, e não normativa, que permite distinguir entre Direito Interno e Direito Internacional – e, nessa medida, esbater a diferença de fundamento de ambas as ordens[252]. O contexto social determina o modo de interpretação e aplicação concreta dos princípios de Direito – e separa o que apelidamos, por facilidade de conveniência e significado, o Direito Internacional do Direito Interno. Nessa medida, a noção de Direito (internacional) orientado à pessoa, mas assente no sujeito Estado, permite encontrar o reflexo desta mundividência.

Ora, no plano internacional, é na comunidade de Estados que haveremos de procurar a manifestação concreta da ideia de Direito e Justiça

[250] Assim, Medeiros, 2015, p. 290.

[251] Todo o Direito se projeta para as relações entre indivíduos. Já dizia Neves, 1968, p. 123 que "ser pessoa é ser sujeito de direito e o direito só pode sê-lo de pessoas", porque "o primeiro sentido da ideia de direito é, certamente, o do respeito incondicional da pessoa humana, pois que divergindo e convergindo a comunidade na pessoa moral – a comunidade é a convivência ética das pessoas – o direito não pode sequer pensar-se se não for pensado através da pessoa e para a pessoa".

[252] Vd. Crawford, 2013, p. 272. Assim, cada contexto suscite preocupações diferentes que o sistema jurídico visa regular. Desenvolvidamente, vd. Dagan, 2017, pp. 216 e ss.

vigente e regente das relações desse grupo social. A existência de uma sociedade regida por regras jurídicas constitui a *comunidade internacional*. A distribuição de direitos e deveres no seu seio deve fundar-se numa ideia de Direito[253], que resulta da exponenciação das comunidades individuais estaduais. Como estas são assentes em homens livres e iguais, nenhum pode pretender dominar o outro, e o árbitro de qualquer desacordo entre ambos será o implementado pelo sistema de Direito. Este argumento projeta-se a nível internacional da seguinte forma: o âmbito do desacordo entre comunidades de homens será o implementado pelo sistema de Direito.

Contudo, diferentes comunidades implicam uma vigência diferente da noção de Direito, manifestado em normas próprias, porquanto os conflitos que visa regular são contextualmente diferentes[254]. Numa comunidade, a autonomia individual manifesta-se comunitariamente pelo exercício da participação social, idealmente através da participação indireta no governo da comunidade. O Direito deve, pois, procurar proteger o espaço de autonomia decisional próprio das comunidades locais. Fá-lo através de regras que possibilitem o convívio entre comunidades de forma a garantir a sua convivência pacífica e a ausência de ingerência, ou seja, a manutenção do exercício do domínio exclusivo de cada Estado sobre o seu território. Este é o fundamento do Direito Internacional: garantir o gozo pacífico da soberania pelos Estados, ou seja, a manutenção do autogoverno exclusivo e independente, projetada nas suas vertentes internas e externas e a garantia da sujeição ao Direito de todas as relações humanas.

A atuação do Estado no plano internacional mais não é do que a atuação de comunidades de pessoas autogovernadas. Estas comunidades estaduais têm o dever de promover a sua soberania, protegendo-se de interferências externas. E, ao fazê-lo, devem garantir a vigência de um processo internacional que permita garantir a soberania dos demais sujeitos, assente numa

[253] Vd. Franck, 1995, p. 27. Sustenta o autor que, num sistema judicial maduro, as funções de repartição de direitos e obrigações surgem numa condição de escassez moderada, condição estruturante da análise da vigência de um princípio de Justiça na distribuição daqueles numa comunidade.

[254] No mesmo sentido, Carrillo-Salcedo, 1996, p. 47, que conclui que o Direito Internacional não é diferente de outras ordens jurídicas. Simplesmente, é marcado pelo carácter particular da sociedade que pretende reger: a sociedade internacional. No sentido semelhante, vd. Bennouna, 2017, p. 30 afirmando a existência de uma continuidade entre a ordem jurídica interna e internacional, que se referem à mesma realidade social, ainda que em diferentes níveis. Vd. ainda Crawford, 2013, p. 55.

lógica de reciprocidade que é, afinal, central a uma teoria de Justiça[255]. Desta forma, os Estados aceitam limitações ao seu próprio poder soberano emanadas do Direito Internacional: tantas quanto as necessárias à garantia do exercício recíproco do mesmo[256]. Assim se entende a natureza exclusiva do exercício do *ius imperium* no território estadual, manifestada na característica de independência conforme a célebre proclamação de MAX HUBER, no caso Ilha de Palmas: "a independência relativamente a uma parte do globo significa o direito de aí exercer, com a exclusão de todos os outros Estados, as funções estaduais"[257].

Esta exclusividade tem um corolário: o dever de cada Estado proteger no seu território os direitos de outros Estados. Assim, é o exercício da soberania em conformidade com as circunstâncias: não se pode limitar ao seu aspeto negativo de exclusão numa porção do globo das atividades de outros Estados, pois é a soberania que visa repartir entre as nações o espaço no qual se desenrolam as atividades humanas, a fim de lhes assegurar em todos os lugares um mínimo de proteção que o Direito Internacional deve garantir[258]. A soberania tem, portanto, e então, um caráter funcional, orientado à ideia de Direito.

[255] Vd., num contexto de Direito Internacional público, CARRILLO-SALCEDO, 1996, p. 45: o conceito de soberania encontra a fonte primeira dos seus limites na existência de outros soberanos e na reciprocidade dos direitos estabelecidos entre uns e outros.

[256] Vd. LAUTERPACHT, 2011, p. 438: os altos interesses dos Estados são reconhecidos, medidos e ajustados pelo Direito Internacional por referência aos iguais interesses de outros Estados e os da comunidade internacional como um todo. Para o autor, os direitos de um Estado apenas estão protegidos enquanto parte da ordem jurídica internacional, afastando concepções metafísicas da soberania estadual e do seu exercício. Afirma, a pp. 20 e ss: "os direitos são conferidos pela comunidade e a comunidade deve garantir que os direitos não são exercidos de forma anti-social".

[257] Ou seja, de forma plena, irrestrita, exclusiva e excludente do exercício de competência idêntica por qualquer outro Estado com referência a determinada porção do globo. A competência é o instrumento que traduz a partilha de poder entre diferentes esferas políticas, designando o âmbito do exercício do mesmo de forma funcional (determinação das funções exercidas por cada esfera) e de forma material (determinação das matérias reguladas por cada esfera). A competência é, pois, um conceito operatório na medida em que permite conceber a repartição do objeto de um poder sempre que haja uma ou mais pessoas públicas capazes, potencialmente, de o exercer – assim, KALLERGIS, 2018, p. 15. Assim, exerce o poder normativo fiscal (conteúdo) quem tem a competência para o fazer. Para o autor, a origem da competência fiscal estadual reside na sua situação objetiva e não numa habilitação da ordem jurídica internacional, sendo aquela um meio de preservação do Estado que lhe permite levar a cabo as missões e exercer as funções que, livremente, decide prosseguir.

[258] Vd. CARRILLO-SALCEDO, 1996, p. 61.

Esta ideia só pode ser ancorada na pessoa humana, o que permite densificar um critério de Justiça internacional que leve em conta, ainda que de forma derivada, anseios de Justiça interindividual[259]. Ao garantir o espaço de exercício exclusivo de soberania de cada comunidade, o Direito Internacional garante a potencial manifestação da autonomia de cada um na participação política e no autogoverno de acordo com o contexto local. Assim, sob o mesmo contexto, cada comunidade deve arbitrar e resolver as diferenças quanto ao conteúdo da Justiça interindividual e implementar um plano de desenvolvimento constitucional, social e económico orientado ao mesmo. Garantir um espaço de autogoverno em cada comunidade organizada como Estado é, afinal, o desiderato do Direito Internacional e que em nada se afasta, na raiz, da ideia que o Direito visa realizar: a dignidade da pessoa humana[260]. A realização da dignidade da pessoa humana tem uma força irradiante manifestada em princípios universais de Direito, infor-

[259] Veja-se CORTÊS, 2010, p. 278, afirmando que a referência ao Estado de Direito deve ser entendida como a referência ao um Estado de coisas conforme ao Direito – *"a própria ideia de Direito é o* principium unitatis *de todas as ordens jurídicas"*. Veja-se também LAUTERPACHT, 2011, p. 123, afirmando a vigência dos princípios gerais de direito em sede de Direito Internacional, desde logo por referência ao art. 38º, nº 2 do Estatuto do TIJ, clarificando a existência de referenciais comuns em todas as ordens jurídicas. Este autor mais proclamava a p. 400, já em 1933 (data da primeira edição da obra), que o desenvolvimento do Direito Internacional dependeria da sua incorporação dos princípios gerais de Direito vigentes nas comunidades civilizadas, ultrapassando a referência ao Estado natural dos Estados. Quanto mais o Direito Internacional se aproximasse dos padrões do direito interno, mais se aproximaria dos padrões de ordem e moral que são a fundação última de todo o Direito. E aos que diziam que o objetivo principal do Direito Internacional seria assegurar a paz (vd. desde logo, o preâmbulo e art. 1º da CNU), LAUTERPACHT respondia a p. 46: a obtenção de paz mais não é do que o postulado da unidade do sistema legal "porque a lógica jurídica inevitavelmente implica a condenação da anarquia e do predomínio da força privada". A vigência e aplicação jurisprudencial dos princípios gerais de Direito em sede internacional é demonstrada com clareza por CARRILLO-SALCEDO, 1996, pp. 156 e ss. Em sentido semelhante, vd. ainda BENNOUNA, 2017, p. 89: o Direito Internacional geral não se limita a uma técnica e um conteúdo jurídico – procede de valores universais e de um fundo ético comum que garante a sua legitimidade.

[260] Vd. CORTÊS, 2010, pp. 255 e ss. Reconhecendo esta ideia no âmbito do Direito Internacional, vd. CRAWFORD, 2013, p. 272, concedendo que apesar do princípio da igualdade humana não ter um papel claro fora do direito convencional, é referido em instâncias judiciais como base da natureza das normas *erga omnes*, oponíveis a todos porquanto derivam de princípios e regras respeitantes aos direitos básicos do sujeito humano (veja-se o TIJ, caso *Barcelona Traction*). Mais longe ainda vai o IACHR, afirmando que o princípio da igualdade perante a lei pertence à categoria de normas *ius cogens*, e toda a estrutura jurídica da ordem pública nacional e internacional repousa naquele, permeando todo o Direito como um princípio fundamental – cfr. o Parecer *Juridical Condition and Rights of the Undocumented Migrants*, par. 101.

mados por e constituintes da noção de Justiça, que se projeta desta forma como valor e padrão que preside à orientação da atuação estadual *devida* no plano internacional.

8. Justiça internacional e Direito Fiscal

Acabámos de concluir que a ideia de Direito determina os Estados a atuar com o objetivo de garantir espaço de autogoverno em cada comunidade que, juntamente com as demais, compõem a comunidade internacional. Desta forma, garante a autonomia de cada cidadão constituinte dessa comunidade através da sua participação no processo democrático[261]. Esta atuação permite a preservação da sua soberania e a garantia a produção de efeitos das suas opções legislativas, assegurando a soberania estadual – jurídica e de facto. Podemos, portanto, afirmar que toda a ordem jurídica tem como referência a pessoa humana.

Concretizada esta ideia no âmbito tributário internacional, resulta do exposto que as regras de Direito Fiscal internacional se devem conformar com um padrão normativo que garanta a soberania de facto de cada Estado, materializada na manutenção da autonomia decisória política[262]. Esta está presente sempre que um Estado implementa políticas constitucionais representativas da vontade dos cidadãos constituintes, passíveis de assegurar a implementação de critérios de Justiça interindividual na comunidade[263]. No caso particular do IRC, tal implica que cada Estado assegure a vigência do princípio da igualdade com base no critério da capacidade contributiva, convolado no critério da participação. Fá-lo-á sempre que tribute rendimento resultante de investimento de capital em fatores de produção localizados no território do Estado tributante, realizando os objetivos do

[261] Ainda que por formas de processo não necessariamente subsumíveis à ideia ocidental de democracia deliberativa.

[262] A importância da manutenção de controlo soberano sobre o sistema fiscal é reconhecida, inclusive, pelo TJUE, concedendo precedência ao direito de garantir a justa repartição de bases tributários entre Estados sobre uma concepção demasiado abrangente da implementação das 4 liberdades comunitárias. Corroborando, assinala o AG Maduro, Opinião no caso TJUE *Marks & Spencer*, que argumentos referentes à perda de controlo ou de competência sobre o sistema fiscal de um Estado devem ser levados a sério em situações de aplicação das liberdades de circulação de capitais. Vd. também Traversa/Pirlot, 2014, p. 142 e 143.

[263] As preocupações de Justiça interindividual deverão ser asseguradas ao nível de comunidade estadual, desde logo por só nesta se encontrar referencial comparativo com a mesma intensidade de afiliação a uma comunidade.

sistema fiscal[264]. Como tal, o fundamento da norma de imposição fiscal é garantir a autonomia das políticas num dado território, o que justifica a não produção de efeitos extraterritoriais.

Assim, o âmbito de incidência territorial da norma emanada pelo Estado é enquadrado por princípios jurídicos resultantes de uma ordem de convivência (nacional e internacional) de Direito. Mas, porque sempre baseada e orientada para o valor da dignidade da pessoa humana, a repartição de competências tributárias deve articular aquele valor com a manutenção da exclusividade da soberania do Estado sobre o território. Ora, o imposto funda a manutenção da autonomia estadual e a realização de opções comunitárias constitucionalmente manifestadas. Nesta medida, garantir a soberania tributária permite garantir o valor da dignidade da pessoa humana manifestado na garantia da efetividade dos efeitos da legislação estadual na qual cada cidadão participou.

Daqui resultam os limites de incidência territorial da norma fiscal: a proibição de violação da autodeterminação estadual, através de legislação que limite ou interfira com a definição de outras políticas locais ou a sua implementação por força de definição de incidência territorial injustificada, ou seja, sem conexão efetiva com o território e com a comunidade que implementa a norma. Com efeito, a imposição de imposto decorre do exercício de competência estadual e trata-se *do contraponto material do exercício da sua soberania,* no dizer de Kallergis[265]. A projeção de efeitos extraterritoriais injustificados não serve o propósito e funções do imposto e viola o domínio de competência reservada de Estados terceiros.

Esta violação, todavia, raras vezes será evidente porquanto o âmbito de eficácia territorial da norma não permite a produção dos seus efeitos no estrangeiro[266]. Contudo, um Estado pode definir uma norma de incidên-

[264] O que implica considerar, por exemplo, a tributação de ganhos de capital latentes num determinado território aquando da transferência para o exterior dos mesmos, mas também a proteção de bases tributárias contra a dedução excessiva de perdas fiscais verificadas noutras jurisdições – vd. Correia, 2013a, p. 267.

[265] Cfr. Kallergis, 2018, p. 15.

[266] Uma vez que o Estado local não reconhece os efeitos de normas jurídicas extraterritoriais que projetam os seus efeitos no seu território, negando a coercividade das mesmas e o acesso a mecanismos de implementação daquela. Veja-se também Albrecht, 1952, p. 152, afirmando que a imposição de imposto sem capacidade coerciva de cobrança é contrária ao Direito Internacional. Afirmando a inexistência de qualquer limite vigente em Direito Internacional sobre o direito de tributar, componente de soberania, a não ser que resultante de direito convencional, vd. Norr, 1961, p. 2 e Sato/Bird, 1975, p. 396. Em sentido distinto, com o que concordamos, vd. no geral Avi-Yonah, 2007; Martha, 1989, pp. 16 e ss; Kallergis, 2018, p. 35.

cia fiscal sem projetar efeitos jurídicos no território de outros Estados, mas atraindo para a sua jurisdição consequências fiscais de comportamentos locais ou extraterritoriais– o que, de facto, condiciona a incidência de normas de Estados terceiros pelo desequilíbrio que implica na repartição do *quid* tributário. Este comportamento, por si, não afronta regras de Direito Internacional geral, pois parece claro que os Estados são livres de estabelecer o seu regime legal interno desde que não provoquem danos claros, sérios e sem fundamento razoável nos interesses de outros Estados ou desde que não infrinjam normas proibitivas de Direito Internacional. Em geral, o Direito Internacional permite o exercício extraterritorial de jurisdição na medida em que os Estados podem dispor sobre efeitos fácticos provocados no seu território por condutas que ocorreram extraterritorialmente.

No entanto, a produção de efeitos jurídicos sem conexão material suficiente com um Estado determina que as disposições legais que visam este efeito não sejam oponíveis a outro Estado, permanecendo válidas apenas na sua própria ordem jurídica[267]. O limite da atuação internacional do Estado em matéria fiscal e, em particular, na fixação de suas bases tributáveis, parece residir na exigência de uma conexão efetiva do facto tributário com a produção de efeitos fiscais numa dada jurisdição. Assim, o inverso desta proposição implica não tributar factos ou sujeitos com conexão limitada com o Estado.

Daqui derivam alguns corolários: a tributação de residentes efetivos no território de um Estado baseada em considerações de substância, bem como a implementação de um processo de repartição de bases tributárias fundado nestes princípios e que demonstre a conexão efetiva do sujeito ou do rendimento tributados com o Estado que impõe o imposto[268]. Resulta daqui a diminuição do relevo do papel do conceito de residência na tributação de GMN e a acrescida importância do processo de repartição de lucros da atividade do GMN entre as suas entidades constituintes como forma de revelação da fonte do rendimento.

[267] Os limites relativos ao conteúdo do poder fiscal do Estado na sociedade internacional são, assim, mais de índole material do que jurídica – vd. KALLERGIS, 2018, p. 759.

[268] Por exemplo, o TJUE já reconheceu de forma clara a relação entre o princípio da soberania e o princípio da territorialidade substantiva em matérias fiscais – cfr. TRAVERSA/PIRLOT, 2014, p. 140. A territorialidade é tida como um critério de repartição de competências tributárias em vários casos do TJUE, dos quais são exemplos *Futura Participations, Bosal* – vd. ISENBAERT, 2010, pp. 711-718.

Assim, uma norma de repartição de direitos tributários entre Estados será justa quando implemente um processo que reflicta a ligação efetiva e proporcional do rendimento resultante de investimento em fatores de produção com o Estado que o tributa. Desta forma, permite colher a participação no pagamento dos benefícios difusos que possibilitam a obtenção do mesmo e de financiar as operações políticas da comunidade local onde esse rendimento é gerado[269]. Desta forma, o âmbito de incidência territorial da norma conduzirá ao alinhamento com o seu âmbito de eficácia. Ou seja, o Estado que pretenda tributar atividades económicas com conexão com o seu território recolherá efetiva receita fiscal. O processo deve garantir que o seu resultado é exigível aos sujeitos passivos, por um lado, e oponível a Estados concorrentes pelo outro.

Neste sentido, é inequivocamente correta a asserção de PEGGY MUSGRAVE: o problema de Justiça fiscal internacional coloca-se a propósito da medida de tributação de jurisdição de fonte. O Estado pode exigir o pagamento de imposto que financie os serviços difusos e bens intermédios que presta aos membros da comunidade que o compõem[270]; mas só deve exercer a sua jurisdição fiscal sobre sujeitos a quem possibilite a obtenção de rendimento, quanto mais não seja pela criação de condições de mercado e infraestruturas para condução de atividades económicas substanciais no seu território.

A questão da repartição de bases tributárias não é, porém, uma questão de direito a tributar o ganho nacional como a coloca MUSGRAVE, na medida em que todas as jurisdições nas quais o GMN desenvolve alguma atividade produtiva podem arguir a prestação de serviços difusos e bens intermédios necessários à produção de rendimento, e nessa medida todos podem reclamar parte do ganho que resulta da participação do Estado na atividade privada – mesmo o Estado de residência, por motivos históricos da sua participação na acumulação de capital investido. Como a produção económica

[269] Não abstraímos de questões de Justiça material na nossa Tese; contudo, consideramos que a primeira forma de dirimir conflitos quanto a valores tão subjetivos como o valor de Justiça passa pela adoção de um procedimento justo para essa mesma resolução. No mesmo sentido, cfr. BROEKHUIJSEN/VORDING, p. 162.

[270] E cujo exercício, por outro lado, se impõe. Com efeito, a "tarefa do governo é assegurar que os contribuintes obedecem ao princípio de Justiça", ou seja, proteger os contribuintes de *free riders*, na medida em que o Estado tem o dever de garantir o cumprimento da lei a que o GMN tacitamente se consentiu submeter quando se estabelece numa dada jurisdição e aí desenvolve atividade – neste sentido, HEMELS, 2014, pp. 420-423.

moderna é altamente integrada, um processo de repartição de bases tributárias deve resolver duas questões fundamentais.

A primeira é a da definição do âmbito de incidência territorial da norma fiscal de incidência (também referida na doutrina tributária como a questão da jurisdição ou do nexo). A segunda é a da delimitação de normas de incidência em confronto entre si, pois estas irão necessariamente sobrepor-se num mundo integrado e desmaterializado. Tal implica processos de negociação de boa fé, com participação dos envolvidos que permita afirmar a reciprocidade dos interesses em causa, protegendo a autonomia decisória interna e a validade territorial efetiva da soberania estadual, postulando equidade no processo. Esta última permite definir a incidência material da norma fiscal, ou seja, quantificar a repartição de lucro gerado por um GMN entre Estados para efeitos de tributação.

De seguida, começaremos por apreciar de que forma a definição do âmbito de incidência territorial da norma fiscal contribui para a Justiça na repartição de bases tributárias e tributação do GMN.

9. Justiça fiscal internacional e repartição de bases tributárias

9.1. A repartição de bases tributárias como resultado da fixação de jurisdição

Através da fixação da base tributária, o Estado delimita a incidência territorial das suas normas fiscais – a sua jurisdição. A noção de jurisdição desdobra-se nas competências estaduais de criação do direito interno (jurisdição prescritiva ou legislativa), de execução e aplicação das leis resultantes da prerrogativa prescritiva (jurisdição executiva) ou, ainda, de resolução de litígios através da deliberação sobre a lei aplicável ao caso concreto (jurisdição adjudicativa)[271]. Na tradição jurídica europeia continental, assinala ALBERTO XAVIER que a noção de jurisdição se reconduz à distinção entre âmbito de incidência (ou seja, determinar se uma norma pode abranger pessoas, coisas e factos localizados no território de um Estado) e âmbito de eficácia (se, e em que termos, a norma tributária é suscetível de ser coercivamente aplicada em território estrangeiro)[272]. A primeira questão remete-nos para o direito dos conflitos; a segunda para a competência interna-

[271] Assim, MARTHA, 1989, p. 62. Diríamos que esta última se pode incluir na jurisdição executiva.

[272] Vd. XAVIER, 2014, p. 6. A jurisdição, assim, surge relacionada com o domínio espacial de competência dos órgãos jurisdicionais – vd. KALLERGIS, 2018, p. 3. A definição de CASTAGNÈDE, 2015, p. 22 é mais ampla.

cional de órgãos internos na aplicação do direito, ou da relevância de atos públicos estrangeiros.

O Estado apenas pode delimitar a sua jurisdição sobre factos tributários ou pessoas sujeitas à sua soberania. Esta desdobra-se em soberania pessoal e soberania territorial[273]. No primeiro caso, o Direito Internacional reconhece costumeiramente o direito de o Estado impor regras sobre os seus nacionais. No segundo, o âmbito de incidência varia consoante o grau de intensidade de relação do não-nacional com o Estado, denotado pela presença territorial. No âmbito do Direito Fiscal internacional, essa soberania será semelhante à soberania pessoal quando o estrangeiro ali reside; ou limitada, quando a presença do não-nacional não é equiparável à sua residência ou porque se manifesta apenas em interesses económicos. Assim, a delimitação da jurisdição estadual depende da definição de residência fiscal e fonte de rendimento, na medida em que o Estado define os seus residentes e os rendimentos com fonte no seu território que pretende tributar.

Como tal, a aplicação dos princípios da fonte e da residência reflete o diferente grau de intensidade do âmbito de incidência da legislação estadual, por referência à intensidade da relação do contribuinte ou do rendimento com a comunidade estadual. No caso da residência, a intensidade referida é máxima, justificando a plena jurisdição pessoal e real do Estado sobre o rendimento obtido pelo contribuinte. No caso da fonte, trata-se de uma relação de índole mais limitada, na esteira da participação menos intensa do contribuinte na vida dessa comunidade – que apenas terá usufruído dos mecanismos de mercado para obtenção de rendimento[274]. Ausente o preenchimento de qualquer um destes critérios, o Estado não terá jurisdição para exercer o seu poder tributário.

Os critérios de fonte e residência são critérios jurisdicionais e, nessa medida, têm um impacto inegável na afirmação da Justiça fiscal internacional. Isto, porque a fixação da jurisdição tributária é condição *sine qua non* para aferir da medida do poder tributário. Assim, a sua aplicação influencia a afirmação do critério da capacidade contributiva porque fixar jurisdição sobre sujeito passivo ou rendimento é inclui-lo(s) na base tributária de um Estado e sujeitá-los ao exercício do seu poder coercivo – que deverá ser sempre justo. Conforme avançado, a própria fixação da base tributária

[273] Martha, 1989, p. 48, acrescenta a este leque a soberania funcional, resultante do Direito do Mar.

[274] Sobre o conceito de fonte, a sua relação com os limites da jurisdição estadual e o seu fundamento, vd. também Lokken, 2012, p. 141.

é instrumental à realização da Justiça interindividual, seja de forma direta pela medida do encargo tributário, seja de forma indireta pela efetividade de inclusão de uma realidade tributária na mesma pretendida pela comunidade estadual.

A questão relevante é, então, aferir a densidade da conexão do fenómeno a regular com o Estado para que possa ser afirmada a jurisdição[275], sob pena de violação do princípio da não transatividade das leis[276]. Este problema coloca-se tanto na definição de residência como na definição de fonte e nas consequências fiscais associadas ao preenchimento de cada um destes critérios. Neste contexto, a consagração de um nexo de conexão menos intenso com um Estado como legitimante de suas pretensões tributárias pode implicar o maior risco de exercício extraterritorial de poder tributário.

Por este motivo, mais importante do que a função afirmativa da jurisdição, é a sua dupla função negativa: impedir o arbítrio resultante de tributação por Estados que não têm conexão com o fenómeno legislado e afastar a mera nacionalidade como critério exclusivo de conexão com o Estado[277]. Assim, a pretensão tributária de um Estado que não resulte de uma conexão suficientemente estrita com o seu território é abusiva e poderá não produzir efeitos face a outros Estados. Como consequência, um Estado com pretensões tributárias sobre o rendimento do GMN pode não reconhecer o poder tributário de outro Estado sobre uma realidade com a qual tenha conexão. Fá-lo-á negando créditos por imposto pago noutra jurisdição, mas também afastando as consequências da inclusão ou dedução de rendimentos em bases tributárias estrangeiras que não sejam fundadas em conexão suficientemente estrita com a jurisdição daqueles Estados. Este será o enquadramento principialista da definição do âmbito de incidência territorial da norma fiscal.

Aqui chegados, contudo, a questão não se encontra encerrada. O GMN estabelece conexões suficientemente estritas para justificar tributação em várias jurisdições, por um lado, e é tributado (em seu benefício) em jurisdições nas quais não tem atividade substancial relevante, pelo outro. Com efeito, constitui um princípio geral de Direito Internacional o direito de

[275] Trata-se, na verdade, de um princípio clássico de Direito Internacional, como refere PARK, 1978, pp. 1610 e 1611 com referência a TPIJ, caso *Lotus*. Com o autor, "o controlo do território pelo Estado implica o controlo sobre eventos que afetam o território".

[276] Cfr. XAVIER, 2014, pp. 17, PIRES, 1984, pp. 542 e 543.

[277] No mesmo sentido, veja-se MARTHA, 1989, p. 15, e XAVIER, 2014, pp. 6 a 14.

o Estado determinar livremente a extensão das suas relações económicas internacionais - e, em particular, o grau de permissão de investimento externo no seu território e as regras a que o submente[278]. O direito de Estado tributar estas atividades pode ser visto como uma consequência e como o preço da concessão da exploração do seu ambiente económico e suas estruturas pelo investidor estrangeiro.

O grau de faculdade em fixar a extensão de tal preço é debatido, traduzindo-se esta discussão na resposta à questão de saber até onde pode o Estado definir o âmbito de incidência do seu poder tributário, *rectius*, qual a medida da inclusão na sua base tributária de rendimento declarado pelo GMN. Ora, os critérios da fonte e da residência permitem afirmar a existência de um determinado nexo relacional entre contribuinte ou rendimento e Estado que justifica o exercício do poder tributário deste último.

[278] Alguns autores notam que o exercício da função legislativa local tem por objetivo frequente atrair investimento através da adoção de regras protectoras deste. Inclusive, haverá várias normas costumeiras internacionais com este propósito. Por exemplo, os investidores têm direito à proteção de suas expectativas e a um tratamento não-arbitrário, aqui incluído tanto o direito à proteção da nação mais favorecida como direito de tratamento igual aos nacionais locais, ambos consequências da aplicação da lei de acordo com o princípio da igualdade. Assim, vd. Daillier/Pellet/Forteau, 2017, pp. 1216 e ss; Crawford, 2014, pp. 616-619. Estas formas de tutela não são absolutas, na medida em que regimes especiais de comércio e políticas protecionistas podem ser aplicados em certas circunstâncias - para uma súmula, veja-se Ratner, 2015, pp. 324 e ss. A gestão destas circunstâncias, todavia, resulta do amplo leque de discricionariedade contido nos poderes soberanos do Estado na medida em que é o poder único e irrestrito que dispõe sobre as relações no seu território. Uma analogia poderá ser traçada com a densificação de princípios de repartição sobre o direito à exploração de recursos naturais. Este último, embora historicamente referenciado à exploração de recursos naturais e associado à garantia do exercício do direito à autodeterminação dos povos, é visto hoje como incluindo o direito de cada Estado regular de forma plena todas as atividades económicas que se desenrolem no seu território. A discussão de soberania sobre os recursos económicos estaduais teve o seu pico na década de 70. O princípio garante da mesma foi afirmado em vários documentos jurídicos internacionais, sendo maior exemplos a Resolução 626 (VII) da Assembleia Geral das Nações Unidas (AGNU), recomendando todos os Estados membros da organização a atentarem na necessidade de manutenção dos fluxos de capital internacionais em condições de segurança, confiança mútua e cooperação económica entre nações. Mais recentemente, o TIJ, assinalou que o princípio da soberania permanente sobre recursos naturais referido na Declaração de Estabelecimento de uma Nova Ordem Económica Internacional [Resolução da AGNU 3201 (S. VI) de 1/5/1974] e na Carta dos Direitos e Deveres Económicos dos Estados [aprovada pela resolução da AGNU 3281 (XXIX) de 12/12/1974) revestia natureza costumeira. Vd., sobre o assunto e na jurisprudência, o TIJ, caso *Atividades Armadas no Território da República Democrática do Congo*, par. 244. Vd. também Bungenberg/Hobe, 2015, p. 36. Esta analogia é, todavia, imperfeita. Os recursos naturais são fixos, embora passíveis de serem influenciados transfronteiriçamente. As bases tributárias hodiernas são profundamente móveis.

Contudo, fonte e residência, aparentemente, não permitem orientar a justa medida do exercício do poder tributário do Estado. Por um lado, não permitem descobrir se, aferida a efetividade da ligação da presença do GMN num Estado, a medida de tributação imposta por este é inferior ou superior à justa medida de tributação[279]. Pelo outro, não permitem determinar o quantitativo do rendimento do GMN a repartir entre dois Estados e, nessa medida, delimitar normas de incidência tributária entre si.

Isto sucede porque fonte e residência, como determinantes de nexo jurisdicional, carecem de conteúdo normativo material e quantificador. Sendo princípios descritivos, residência e fonte assentam na verificação de determinados factos e na afirmação do preenchimento de um requisito de conexão, mas não da medida da mesma. E, por este motivo, não possibilitam dirimir conflitos entre pretensões tributárias unicamente fundadas na afirmação do preenchimento dos requisitos de conexão. Com efeito, a forma de colocar a questão da tributação do GMN por dois Estados em que opere não é a de saber *que Estado deve tributar o seu rendimento*, mas sim *quanto do seu rendimento pode cada Estado tributar*.

A dificuldade de fixação da justa medida da tributação e da repartição do lucro tributável do GMN entre Estados é agravada pela falta de consenso em torno das noções de residência e fonte de rendimento. Neste contexto, Kallergis já havia sinalizado que os critérios de residência, fonte, nacionalidade ou outros são meramente operativos, não constituindo elementos positivados na ordem jurídica internacional, mas representações de uma relação entre o Estado legislador e o objeto ou o sujeito do imposto. O autor demonstra que tais critérios de repartição de competências estão ausentes, idem, do direito consuetudinário e remete para os princípios gerais de direito como contendo a solução para o problema da conexão razoável que justifica o exercício de competência sobre sujeito ou objeto[280].

[279] O que é evidente, desde logo, da consulta do quadro resumo das diferentes taxas de retenção na fonte aplicáveis a rendimentos obtidos em território português para o ano de 2020 com a natureza de dividendos, juros e *royalties*, disponíveis em http://info.portaldasfinancas.gov.pt/pt/informacao_fiscal/convencoes_evitar_dupla_tributacao/convencoes_tabelas_doclib/Documents/Tabela_CDT_2019.pdf e variáveis entre 5% e 15% do rendimento obtido pelo sujeito passivo. A repartição de direitos tributários operada pelos ADT é binária: aceita a existência de repartição na fonte, ou não, mas não dispõe sobre a (justa) medida da mesma. Com efeito, Pires, 1984, p. 314, afirmava-me que se dois Estados podem tributar o mesmo rendimento, coloca-se a questão da proporção das respetivas tributações, proporção que pode afetar mormente a equidade nas relações entre Estados.

[280] Vd. Kallergis, 2018, p. 290. No mesmo sentido, Chrétien, 1954, p. 108.

Parece, assim, que a repartição de direitos tributários entre Estados não é especificamente regulada pelo Direito Internacional. A afirmação dos princípios da fonte e da residência não resulta de prática consuetudinária, mas da forma especificamente prevista como são configurados em cada ADT ou pela legislação interna de cada Estado. Dito isto, justifica-se compreender como é que o Direito Internacional geral regula a repartição de exercício de direitos entre Estados. Isto permitirá densificar o conteúdo dos princípios da fonte e residência enquanto princípios jurídicos por apelo a uma já longa tradição jurídica geral reguladora da conexão entre um sujeito ou um objeto e o exercício do poder estadual sobre os mesmos, ou, em alternativa, concluir pela relativa imprestabilidade do valor Justiça para este efeito. Com tal fim, apreciaremos a prática estadual relativa à repartição de competências estaduais concorrentes sobre um sujeito ou objeto pela jurisprudência internacional com o objetivo de colher ditames de Direito Internacional geral, para integrar a fixação de fonte e residência de forma dita justa.

9.2. A fixação de jurisdição orientada por critérios de Justiça internacional

A comunidade internacional distingue-se das comunidades estaduais porque todos os sujeitos primários daquela (os Estados) estão num plano de igualdade jurídica. Por este motivo, e na ausência da sua criação por vontade dos Estados, inexiste uma instituição central que profira as regras aplicáveis à comunidade (à semelhança de um Parlamento) ou que declare determinada situação factual como conforme ou desconforme ao Direito (à semelhança de um Tribunal). Como consequência, o Direito Internacional é altamente dependente da efetividade, conferindo relevo jurídico apenas a situações que estejam solidamente implantadas na vida real.

É este estado de coisas que leva Cassese a afirmar que a efetividade tem um papel primordial na ordem jurídica internacional, permeando todo o corpo de regras que a compõem considerada a ausência de uma entidade central superior capaz de impor a sua vontade aos sujeitos dessa ordem tendencialmente paritária: os Estados[281]. Como tal, um Estado só pode exercer

[281] Vd. Cassese, 2005, p. 12. Também Kallergis, 2018, sustenta que a efetividade resulta de um princípio geral segundo o qual o Estado que pretende exercer o seu poder fiscal normativo deve justificar um laço suficientemente estreito com o objeto ou o sujeito do imposto, a p. 248 e pp. 373 e ss.

a sua jurisdição sobre um sujeito quando pode afirmar uma ligação efetiva com aquele.

Este princípio foi afirmado num litígio de proteção diplomática, mecanismo através do qual o Estado afirma a sua jurisdição subjetiva ao exigir responsabilidade de outro Estado por danos causados a um seu nacional. Assim, no clássico caso *Barcelona Traction*[282], o TIJ afirmou que "para efeitos de proteção diplomática, a alocação de entidades empresariais a um determinado Estado é baseada, no Direito Internacional e em certa medida, numa visão análoga à das regras de nacionalidade respeitantes a indivíduos"[283]. Na sequência, viria a considerar que a nacionalidade de uma sociedade comercial é a do seu local de constituição e sede segundo o direito consuetudinário.

Porém, a afirmação da localização da sede num Estado depende da verificação de uma ligação factual mínima com o território – que o preenchimento do conceito de sede estatutária não satisfaz, por exemplo. Assim, o TIJ exige a demonstração de sede efetiva de uma sociedade para afirmar o local da nacionalidade, o que pode ser revelado através de vários indícios, como sejam a antiguidade do registo comercial local, a apresentação anual de contas, o cumprimento de obrigações registrais na jurisdição em questão, a realização das assembleias de administração na jurisdição em questão, entre outros[284]. Trata-se de uma regra de natureza consuetudinária, consagrada e positivada no art. 9º do PARD. Assim, o critério da nacionalidade, conforme descrito, apenas pode ser derrogado quando a sociedade comercial seja, em simultâneo, controlada por nacionais de outro Estado,

282 Vd. TIJ, caso *Barcelona Traction*.

283 Princípio este reafirmado no caso *Diallo*, par. 104. Mas o TIJ exige mais do que uma ficção legal para afirmar a residência de sujeito num dado Estado, como se viu no caso *Nottebohm* e na exigência aqui feita de existência de ligação efetiva entre um sujeito e um Estado que peticiona o exercício de proteção diplomática em sua representação. Em rigor, é discutível que o caso *Nottebohm* possa ser considerado um precedente estabelecendo uma teoria geral de conflitos de nacionalidade. A Comissão de Direito Internacional das Nações Unidas considera que a decisão deve ser lida à luz e considerando os factos particulares do caso, nomeadamente os laços extremamente ténues do Sr. Nottebohm com o Estado do Liechenstein. No limite, poder-se-á dizer que uma vez que um Estado reconhece e atribui a nacionalidade a um indivíduo, matéria do seu domínio reservado, uma pretensão concorrente semelhante terá de ser baseada em fortes laços de efetividade. Veja-se Comissão de Direito Internacional das Nações Unidas, 2006, p. 33.

284 Vd. paras. 71-76 do acórdão *Barcelona Traction*.

não tenha negócios substanciais no Estado de constituição e o seu local de administração e controlo financeiro seja localizado no outro Estado[285].

No que concerne a fixação de jurisdição objetiva, o TIJ proferiu variadas decisões a propósito da repartição de direitos de exploração de recursos económicos naturais ou de fronteiras entre Estados e que permitem retirar regras gerais de fixação de jurisdição. Por exemplo, o TIJ foi chamado a decidir sobre a repartição dos direitos de exploração de plataforma continental entre Estados concorrentes estava em questão no caso *Plataforma Continental do Mar do Norte*[286]. Aqui, o TIJ afirmou a necessidade de encontrar um critério razoável[287] de repartição de recursos entre Estados, através da análise da extensão da plataforma continental pertencente a cada Parte em litígio e o comprimento das suas respetivas linhas costeiras. Para este efeito, o TIJ recorreu a um critério de causalidade: quanto mais forte for a pretensão de um Estado sobre um território, maior é a extensão dos direitos sobre o mesmo que pode exercer sobre este[288]. Este entendimento não é, contudo, absoluto. Com efeito, a repartição de direitos sobre recursos económicos entre Estados implica o cumprimento de obrigações de negociação e resolução de litígio de boa-fé com vista a adoção de soluções equitativas que derivam da própria noção de Justiça[289].

[285] Mais se veja que o relatório da CDI a propósito da redação da norma é claro: o critério de nacionalidade de uma sociedade comercial implica forçosamente uma conexão efetiva entre a sociedade e o Estado de nacionalidade, pois a ausência dessa ligação pode ter como efeito o encorajamento do fenómeno dos paraísos fiscais (cfr. Dugard, 2013, pp. 10 e 27 e ss. e CDI, 2003, p. 26). A consagração de uma versão mais limitada do conceito de "conexão efetiva" como descrita acabou por prevalecer, contudo, por respeito à autonomia concetual da figura da personalidade jurídica da sociedade, bem como devido à complexidade acrescida que a aferição de tal ligação aportaria a Estados de investimento e tribunais, sobretudo em casos de GMN.

[286] Cfr. TIJ, caso *Plataforma Continental do Mar do Norte*, pp. 3 e ss.

[287] Embora o tenha formulado de forma negativa, ou seja, a solução quanto à repartição do uso de um recurso não deverá ser desrazoável. Assim, o TIJ intervém apenas em casos de desrazoabilidade clara do resultado de repartição de competência sobre um recurso a que as partes chegam, como nota Russo, 2015, p. 501. Defendendo que o estabelecimento de competência fiscal sobre um sujeito ou bem depende de uma conexão razoavelmente estrita como corolário do princípio geral de boa fé, Kallergis, 2018, p. 255 e p. 291. Trata-se aqui de um conceito de razoabilidade estritamente jurídico na medida em que o Tribunal apenas pode lançar mão da equidade se tal for solicitado pelas partes (cfr. art. 38, nº 2 do ETIJ).

[288] Cfr. TIJ, caso *Plataforma Continental do Mar do Norte*, par. 98.

[289] A referência à equidade visa limitar os efeitos injustos que a aplicação do princípio da equidistância na repartição de direitos de exploração da plataforma continental causaria. Mais tarde, em 1985 (TIJ, caso *Plataforma Continental*, par. 71) o Tribunal reafirmou o carácter normativo do princípio da equidade formulado nestes termos e a exigência inerente ao mesmo de as partes de

Este recurso à noção de Justiça como orientador de soluções para litígios concretos é, aliás, clássico na jurisprudência do TIJ. Desde cedo que o Tribunal remedeia a ausência de regras técnicas específicas para a repartição de direitos soberanos entre Estados com o recurso ao Direito Internacional geral e aos seus princípios[290]. Assim, a referência à efetividade da ligação entre Estado e objeto da soberania manifesta-se na exigência de um grau de ligação concreto entre o direito a proteger e o direito invocado em juízo pelo Estado[291]. Mas, a utilização de um recurso comum sem salvaguarda dos interesses de outros Estados não pode ser "considerada equitativa"[292].

O relevo assim conferido à equidade em casos de repartição de jurisdição levou o TIJ a desenvolver uma metodologia decisória apoiada nas noções de proporcionalidade e processo justo como forma de implementar aquela[293]. Em abstrato, a dimensão da repartição do direito à exploração do recurso estará relacionada com a intensidade da ligação material dos Estados interessados no mesmo[294]. Subsidiariamente, a adesão a um procedimento de negociação de boa fé e de respeito recíproco pelos direitos dos outros Estados é tida como um indicador da violação ou não de obrigações substantivas[295]. Nestes termos, o resultado alcançado na divisória da plata-

procurarem resolver os seus litígios por acordo. Já o TPIJ, caso *Diversão de Água*, a par. 321, havia afirmado que o princípio da equidade é parte constitutiva do Direito Internacional. Todavia, o TPIJ alerta: estas mesmas soluções equitativas não têm a virtualidade de remediar desigualdades naturais - cfr. par. 91, asserção reforçada em TIJ, caso *Delimitação Fronteira do Mar das Caraíbas*, par. 197.

290 Cfr. TIJ, caso *Pescarias* p. 132 e caso *Delimitação Fronteira do Mar das Caraíbas*, par. 197.

291 Cfr. TIJ, caso *Certos Direitos Navegacionais e outros*, par. 87.

292 Cfr. TIJ, caso *Fábrica de Celulose do Rio Uruguai*, par. 177.

293 O TIJ tem vindo a aplicar, para efeitos de delimitação de fronteiras marítimas, um método de três passos: 1) desenho de uma linha equidistante que distribua as áreas a repartir entre os Estados interessados; 2) ajuste da linha para considerar circunstâncias fácticas especiais; 3) teste de desproporcionalidade entre o recurso alocado e a pretensão de exercício de direito sobre o recurso do Estado interessado. Cfr. TIJ, caso *Disputa Marítima*, par. 180; caso *Delimitação do Mar Negro*, pars. 115-122; caso *Disputa Marítima e Territorial*, pars. 190-193.

294 Cfr. TIJ, caso *Delimitação Fronteira do Mar das Caraíbas*, par. 135; recuperando o caso *Delimitação do Mar Negro*, par. 213 e o caso *Disputa Marítima e Territorial*, par. 158 e o caso *Peru v. Chile*, par. 193..

295 No mesmo sentido, vd. TIJ, caso *Golfo de Maine*, par. 88 e a declaração de voto de vencido dos juízes Shawkat Al-Khasawneh e Bruno Simma no caso *Fábrica de Celulose do Rio Uruguai*, afirmando que no caso de aplicação de princípios de direito substantivo genéricos e flexíveis, como o da justa partilha de recursos naturais, o respeito por obrigações procedimentais constitui um indicador fundamental para a compreensão da violação ou não de obrigações substantivas.

forma continental não pode consistir numa repartição desproporcional ao tamanho da linha costeira do Estado interessado.

A afirmação de ligações efetivas entre o Estado e os objetos da sua jurisdição percorre outras áreas de Direito Internacional[296]. No caso *M/V Saiga (nº 2)*[297], o TIDM foi chamado a dirimir um litígio que envolvia a apreciação da nacionalidade de um navio[298]. Assim, o TIDM estabeleceu que o Estado de nacionalidade de um navio é o Estado ao qual aquele está efetivamente ligado, esclarecendo que a *ratio* por detrás do princípio da *ligação efetiva* é o de assegurar a efetiva implementação dos deveres do Estado de bandeira através da demonstração da sua capacidade de regular questões administrativas, técnicas e sociais no navio[299].

Não é possível encontrar desenvolvimento de critérios de repartição de bases tributárias especificamente formulados por Tribunais internacionais[300], o que resulta da escassa jurisprudência no âmbito tributário. Tanto quanto é do nosso conhecimento, o TPIJ apenas se viu confrontado com 4 casos versando sobre assuntos fiscais durante o seu funcionamento[301] e o TIJ apenas com 1[302]. Destes resulta a confirmação de conclusão que já aqui formulámos: o TPIJ afirma o princípio da soberania do Estado em matéria tributária. As limitações à mesma resultam de direito convencional e não de direito consuetudinário. Não significa isto, todavia, que não sejam aplicáveis à repartição de bases tributárias os limites gerais ao seu exercício, concreti-

[296] Considerado o objeto da Tese, destacamos apenas casos respeitantes a sociedades comerciais ou assuntos económicos. O debate sobre a efetividade como forma de estabelecimento de jurisdição de um Estado sobre uma entidade é, por exemplo, extremamente aprofundado em vários casos do TIJ, TEDH e TPEJ – cf. TAVARES, 2015, pp. 204 e ss.

[297] Vd. TIDM, caso *M/V SAIGA (nº 2)*, pars. 80 e ss.

[298] Por aplicação da regra constante do art. 91º da Convenção Internacional das Nações Unidas Sobre o Direito do Mar (CINUSDM). Esta é terreno fértil no que concerne a referência à repartição equitativa de recursos – vd. arts. 59º, 74º, 83º, 140º, 155º, nº 1, 160º, nº 2, 173º, nº 2.

[299] Reafirmado, por exemplo, em TIDM, caso *M/V "Virginia G"*, p. 4.

[300] Por Tribunais internacionais, entendemos Tribunais que apliquem regras de Direito Internacional geral. Com este inciso, pretendemos clarificar que não incluímos aqui análise de jurisprudência do TJUE neste âmbito. Sobre esta e a repartição de bases tributárias, vd. RICHELLE/SCHÖN/TRAVERSA, 2013.

[301] Que são os casos do TPIJ *Prince von Pless, Companhia de electricidade de Sófia, União Aduaneira Alemanha e Aústria* e *Zona Franca entre França e Suíça*. Neste último caso, em particular, é feita referência ao estabelecimento recíproco e justo de zonas de tributação reduzida nos territórios confrontantes de França e Suíça em nota diplomática constante dos autos (cfr. acórdão, p. 125).

[302] Vd. TIJ, caso *França v. EUA*, pp. 176 e ss.

zados na proibição de imposição de tratamentos discriminatórios em razão de nacionalidade e na proibição do exercício abusivo de direitos[303].

A análise até aqui efetuada permite-nos retirar corolários da formulação de princípios gerais de Direito Internacional aplicáveis à fixação de jurisdição e elencar características de uma repartição de competências soberanas justa. Assim, o TIJ lança mão de uma concepção procedimental de Justiça para aplicar a mesma ao caso concreto. Esta concepção assenta na busca permanente de uma solução consensual para o litígio, na esteira da obrigação de negociação de boa fé que preside sempre ao comportamento estadual em caso de repartição de competências soberanas. Na ausência de solução consensual, a noção de Justiça internacional exige a demonstração de um nexo de causalidade entre a titularidade de um direito e o seu gozo. Quando dois sujeitos afirmam a existência concorrente desse nexo, um critério de efetividade deverá determinar a prevalência de uma pretensão sobre outra e um critério de proporcionalidade deverá determinar a medida dessa prevalência.

Este procedimento não tem um propósito redistributivo de recursos entre Estados. Preocupações redistributivas parecem estar ausentes de normas positivas de Direito Internacional. Contudo, não estão ausentes da própria ideia de Justiça quando considerada a ideia de autonomia de pessoa humana e, de forma derivada, de comunidades humanas. Com efeito, a autonomia pressupõe um limiar mínimo de recursos que permitam a reflexão e a tomada de decisão informadas; de forma derivada, a garantia de que uma comunidade dispõe de recursos que lhe permitam o autogoverno.

10. Conclusão intermédia: uma proposta de noção de Justiça fiscal internacional e a sua aplicação

A análise que vimos de efetuar permitiu-nos extrair princípios que podem ser transpostos para o campo tributário. Em particular, estes princípios podem densificar a definição de residência e fonte enquanto critérios de fixação de jurisdição de um Estado sobre um GMN. Assim, parece inequívoco que a fixação de jurisdição assenta no princípio da efetividade. Por-

[303] Cfr. TPIJ, *caso Zona Franca entre França e Suiça*, p. 74. Após apreciar as alegações das partes nos casos citados e colocados perante o TPIJ, Chrétien, 1954, conclui que não existem limitações específicas em direito positivo à soberania fiscal – o que, note-se, não invalida que o exercício de competência fiscal não esteja sujeito aos princípios de Direito Internacional geral, como temos vindo a defender. O TIJ confirmaria este princípio no caso *França v. EUA*. Vd. também, a este propósito, Pires, 1984, pp. 542 e ss.

tanto, ambos aqueles princípios devem demonstrar uma ligação efetiva do sujeito ou rendimento a tributar com o Estado. Neste contexto, a efetividade implica a verificação factual de atividades nas quais o GMN investiu capital, localizadas na jurisdição que pretende tributar o seu rendimento.

Seguidamente, a formulação dos princípios e sua projeção legislativa devem permitir revelar a intensidade daquela relação: maior no caso da residência, mais limitada no caso da fonte. Em terceiro lugar, a configuração de ambos os princípios deverá permitir levar em consideração os direitos de todos os concorrentes no exercício do direito, ou seja, de todos os Estados com pretensões tributárias concorrentes sobre o GMN. Esta consideração respeita, sobretudo, a repartição do rendimento obtido na fonte. Por este motivo, um processo de estabelecimento de conexão entre Estado e GMN que leve em conta as pretensões de todos os Estados onde se verifique atividade efetiva do mesmo será justo.

Ao garantir uma ligação efetiva e proporcional da tributação dos GMN às atividades que conduz no território, este processo garante acesso a recursos financeiros que a o fenómeno BEPS limita. Nessa medida, e comparando com o *status quo*, ainda que não se possa dizer que um conceito de Justiça fiscal internacional assuma preocupações redistributivas, pode-se afirmar que teria efeitos redistributivos pelo realinhar de direitos tributários que implica o incremento da ligação entre poder tributário e efetividade de presença do GMN numa jurisdição. Considerado que cada Estado tem uma larga amplitude para afirmar jurisdição sobre um sujeito ou facto relevante conexionado com o território, a chave para afirmar a implementação de Justiça fiscal internacional passa pelo critério da repartição de jurisdição e não tanto pelo direito de afirmar a mesma. Na verdade, desde que preenchidos indícios mínimos de efetividade, é decisão soberana de um Estado incluir os factos tributários assim revelados na sua base tributária.

Posto isto, propomo-nos analisar as regras de repartição de rendimento do GMN para efeitos fiscais vigentes na prática internacional, com o objetivo de aferir da conformidade daquelas com o cânone de Justiça fiscal internacional que resumimos acima. Ora, importa alertar desde já que cremos que essa conformidade não se verifica e explicamos sumariamente porquê.

Na ausência de um ADT vinculativo que regule a repartição de direitos tributários entre Estados, cada um tributará o rendimento obtido no seu território de acordo com a sua definição de residência e fonte. Em particular, a definição de fonte permite a fixação de base tributária objetiva e varia de Estado para Estado. Isto causa dois problemas de interação: um, com as consequências da fixação residência fiscal noutro Estado; outro, com a definição de fonte de outros Estados.

O primeiro problema sucede porque os Estados que tributam rendimento na fonte podem ver o rendimento obtido no seu território diminuído por custos incorridos noutras jurisdições pelo estabelecimento estável ou pela dificuldade, até, em afirmar a presença de um estabelecimento estável na sua jurisdição. *Prima facie*, o Estado fonte não tem informação sobre os sujeitos da transação que lhe permita afirmar que o custo incorrido pela atividade que não tem lugar na sua jurisdição não deve ser considerado e deduzido no rendimento da fonte. De igual forma, não tem informação sobre toda a operação do GMN para aferir do grau de presença na sua jurisdição. Assim, é mais difícil para os Estados fonte de rendimento apreciarem a estrutura do GMN e aferir da possibilidade de não reconhecer efeitos fiscais na sua jurisdição a factos tributários ocorridos noutras jurisdições.

O segundo problema surge porque cada Estado pode definir o que considera ser rendimento obtido no seu território de forma excessiva, o que implicaria a dupla tributação do rendimento. Caso um ADT esteja em vigor entre ambos os Estados, estes problemas poderão ser atenuados pela repartição de direitos tributários operada pela convenção, na medida em que arbitra o tipo de rendimento que pode ser tributado numa jurisdição. Contudo, a repartição de rendimento pela fonte não é binária, mas sim o resultado da aplicação de um processo regulado convencionalmente. Assim, fixada a intensidade da conexão de uma entidade do GMN com um Estado por força das regras dos arts. 4º e 5º CMOCDE, a repartição de lucro entre o GMN é o resultado do método implementado pelos arts. 7º e 9º CMOCDE[304] para tutelar as transações intragrupo.

Estes consagram o princípio da plena concorrência (*arm's length standard*, ALS) para quantificar o rendimento realizado pelo GMN e tributável em cada Estado no âmbito de uma transação com conexão efetiva com o seu território, operacionalizado pelo regime de preços de transferência. Este

[304] Os arts. 7º e 9º da CMONU implementam também o regime de preços de transferência, contudo a forma de aplicação do mesmo ao estabelecimento estável é distinta, na medida em aceita alocar ao mesmo rendimentos que sejam que produto da sua atividade, bem como a venda de produtos semelhantes aos vendidos pelo estabelecimento estável e outras atividades e negócios conduzidos pelo estabelecimento estável. Por outro lado, a CMONU não permite ao estabelecimento estável deduzir e incluir o pagamento de *royalties* e outras despesas originadas em transações intragrupo.

tem como objetivo principal equiparar as operações intragrupo àquelas realizadas por entidades não relacionadas e independentes, tentando neutralizar vantagens supostamente indevidas da integração empresarial e fixando os preços de transferência de ativos intragrupo[305]. Tal regime busca evitar a realização de operações norteadas por considerações de poupança fiscal que seriam impossíveis ou difíceis de replicar em contextos concorrenciais[306].

Na prática, cabe ao regime de preços de transferência o papel de repartição de direitos tributários entre Estados nas transações intragrupo, na medida em que é o seu funcionamento que determinará o rendimento obtido pelas entidades que compõem o GMN e, nessa medida, qual o rendimento tributável pelo Estado em questão. Contudo, os próprios métodos utilizados para implementar o regime deste são tão diversos que não se pode, verdadeiramente, dizer existir um consenso em torno de uma forma de repartição de direitos entre Estados. Desta forma, o GMN tem a iniciativa declarativa que fixa a repartição do rendimento entre as suas unidades e, assim, o *quantum* que integra a base tributária de cada Estado[307]. Este tem meramente um papel fiscalizador e revisionista da base declarada pelo contribuinte.

Por outro lado, materialmente, o objetivo do regime de plena concorrência é a equiparação de entidades relacionadas a entidades não-relacionadas, não o de determinar a afiliação económica ou fonte do rendimento obtido pelo GMN, daí que este regime não represente corretamente a afiliação económica do rendimento de uma sociedade comercial integrada num GMN.

Não cremos que a tributação de transações intragrupo do GMN através do regime de preços de transferência cumpra com os cânones fixados até ao momento. De igual forma, não cremos que o regime logre, por força da pouca demonstração da efetividade da ligação Estado-GMN, revelar a justa

[305] Sobre a função da fixação de preços de transferência no âmbito da gestão empresarial e para lá da sua função fiscal, vd. SCHÖN, 2011, p. 53.

[306] O regime de preços de transferência, por um lado, tem como objetivo tratar de forma igual situações desiguais: as transações de um grupo integrado comparadas com as transações entre entidades não relacionadas. Pelo outro, limita a eficiência interna do GMN e gera custos de cumprimento e de planeamento fiscais desnecessários que poderiam ser direcionados à prossecução do seu objeto social – vd. CORREIA, 2013a, p. 263.

[307] Recorde-se que, inversamente, já XAVIER, 1972, p. 313, afirmava que o princípio da tipicidade em Direito Fiscal implicava que se retirasse ao julgador "o critério da sua tributação, isto é, a fixação da medida do tributo".

medida de tributação deste último, o que tem repercussões a dois níveis: na justa repartição de direitos tributários entre Estados e na vigência, a um nível estadual, da garantia do critério da capacidade contributiva. Equivale isto a dizer que o debate bule com preocupações de Justiça internacional, mas também de Justiça interindividual.

Cumpre tentar compreender as causas do fenómeno BEPS e, se possível, apresentar propostas que incrementam a Justiça fiscal internacional. De seguida, procuraremos compreender de que forma a estruturação do IRC se articula com a operação do GMN, considerando em particular a operação do regime de preços de transferência. Neste processo, procuraremos demonstrar as falhas estruturais deste regime e evidenciar as suas consequências e impacto direto na Justiça do sistema fiscal. Para tal, apreciaremos criticamente as falhas estruturais deste sistema na interação descrita e a criação de descontinuidades que corrompem o valor da Justiça na sua aplicação, tanto do ponto de vista da repartição do poder tributário entre Estados como da distribuição dos encargos fiscais pelos membros das comunidades onde atuem.

Parte II

Capítulo I
As causas do fenómeno BEPS e o IRC em contexto aberto

1. Causas de BEPS: unidade de contexto, diversidade de regras, fragmentação social

O fenómeno BEPS é o resultado da dissonância entre duas realidades de costas voltadas. Por um lado, a fixação de bases tributárias é deferente a regras estruturais que vigoram na generalidade dos sistemas de IRC implementados em cada Estado. Por outro lado, o GMN age transnacionalmente de uma forma que não é satisfatoriamente enquadrada na estrutura do IRC, o que permite que parte da sua atuação escape à regulação fiscal de todos os Estados em que opera. Vejamos porquê.

2. A estrutura do IRC

2.1. Os três pilares do IRC

O IRC português encontra-se positivado, sobretudo, no Código do Imposto sobre o Rendimento das Pessoas Coletivas (CIRC). Assume características conformes à generalidade dos sistemas de IRC contemporâneos, que tendem a ser estruturados de forma comum[308]. Assim, identificada a noção relevante de rendimento como rendimento-acréscimo[309], o IRC assenta

[308] A análise seguinte é estrutural e funcional e permite agrupar um conjunto de características que ultrapassam a contingência política e conceptual que por vezes afeta o Direito Fiscal, permitindo classificar os elementos estruturais identificados como sendo mais do que meros "pilares de areia" da estrutura do Direito Fiscal, parafraseando e contrariando Shaviro, 2009, p. 44. Vd. mais análises de IRC comparado em Avi-Yonah/Sartori/Marian, 2011, pp. 113 e ss; Thuronyi/Brooks/Kolozs, 2016, pp. 269 e ss; Arnold/Ault/Cooper, 2019, pp. 443 e ss.

[309] Damos como adquirida esta noção como ponto de partida da Tese, sem que isso signifique que a tributação com base no rendimento-acréscimo seja a única forma possível de tributar o rendimento empresarial, ou, até, que seja unanimemente aceite como a mais adequada. Partindo

na identificação do seu titular, na sua quantificação e na sua periodização. Portanto, a identificação da entidade a tributar é o ponto de partida para a identificação da realidade tributável. Resultam daqui os seus três pilares fundamentais e que conferem ao IRC uma natureza formalística: incidência na entidade empresarial[310], tributação com base no princípio da realização, e periodização anual do rendimento tributável[311].

O rendimento obtido pela entidade empresarial é a base tributável em IRC. Este rendimento é calculado com regras específicas e sujeito a taxas autónomas. Trata-se de uma consequência do reconhecimento da autonomia funcional da entidade empresarial[312], cujas consequências também se projetam na atribuição a esta entidade de uma personalidade tributária própria e que confere relevo fiscal independente aos seus recursos, atividades e rendimentos.

do consenso da fórmula Schanz-Haig-Simons (SHS) como refletindo uma definição pura de rendimento (rendimento = consumo + variação de riqueza entre dois períodos de referência), várias possibilidades de implementação como sistema de tributação empresarial foram adiantadas. Em alternativa à descrita no texto, poderíamos ter tributação com base no mero acréscimo de rendimento, prescindindo de realização. Assim estruturado, o o funcionamento do IRC deparar-se-ia com problemas de liquidez, custos de transação, e aprovação política. Por seu turno, a tributação com base de destino e fluxo de caixa (*destination based cash flow tax*, DBCFT) tem sido defendida como uma solução fiscalmente eficiente que eliminaria vários problemas associados ao sistema de realização. A tributação com base no fluxo de caixa incide sobre as receitas líquidas de um negócio. A tributação com base no destino e fluxo de caixa é uma versão aplicada daquela ao contexto aberto, calculando-se a base tributável subtraindo as despesas incorridas numa jurisdição às receitas obtidas na mesma. Desta forma, as exportações não são tributadas, mas as receitas provenientes de bens importados são. De entre as várias objecções à adoção do método, pelo menos de forma plena, deverão ser assinaladas as dificuldades de transição, a justaposição de efeitos com o IVA em Estados que o tenham implementado e a não eliminação de problemas de preços de transferência. Sobre o conceito de rendimento SHS, vd. Haig, 1921, pp. 1 e ss; Simons, 1938. Sobre o conceito de IRC e alternativas, em geral, vd. OCDE, 2007. Sobre rendimento-acréscimo, vd. Tavares, 2011, pp. 27 e ss; Correia, 2013a, pp. 15 e ss. Sobre DBCFT, vd. Auerbach *et al.*, 2017, pp. 1 e ss; Avi-Yonah/Clausing, 2017, p. 229; Devereux/Vella, 2017, pp. 477 e ss; Devereux/Feria, 2014, pp. 1 e ss.

310 Temos, portanto, que o sistema de IRC define a incidência pessoal para, consoante aquela, definir qual é a sua incidência material – cfr. Morais, 2007, p. 11, que mais destaca que o rendimento a ser tributado é variável consoante a concreta situação do sujeito passivo (residente e não-residente; residente que exerce a título principal atividade de natureza empresarial ou não).

311 Cfr. Correia, 2013a, pp. 84 e ss.

312 Que nem sempre implica uma autonomia patrimonial – ilustre-se com o exemplo do estabelecimento estável. A entidade empresarial não se confunde, também, com a *empresa*. Sobre o conceito de empresa no Direito, vd. Abreu, 1996; Carvalho, 2011; Antunes, 2002, pp. 3 e ss.

A tributação com base no princípio da realização permite identificar as inclusões e deduções de rendimento manifestadas pelo facto tributário e identificar a incidência objetiva do IRC[313]. Como regra, apenas ocorre um facto tributário quando o rendimento do contribuinte é realizado, ou seja, quando ocorre a venda ou uma troca de bem ou direito por dinheiro ou outros ativos[314]. Assim, as inclusões no rendimento tributável são deter-

[313] MENDES, 2016, p. 42 e SCHOLES *ET AL.*, 2015, p. 20. Importa notar que a deferência ao princípio da realização não é absoluta, estando sujeita a exceções por necessidades anti-abuso ou por facilidade de administração de sistema. Sobre a implementação de métodos valorimétricos com base no "justo valor" no sistema de IRC, vd. TAVARES, 2011, pp. 257 e ss. Assim, e por exemplo, as mais e menos-valias latentes não são objeto de tributação porquanto não foram, ainda, realizadas - cfr. arts. 20º, nº 1, al. h), 21º, nº 1 al. b) e art. 24º, nº 1, al. b) CIRC - ainda que seja possível reconhecer as perdas e ganhos por variações de justo valor em instrumentos financeiros - cfr. arts. e art. 20º, nº 1, al. f) e 23º, nº 1, al. j) CIRC.

[314] Vd. CORREIA, 2013a, pp. 9 e ss. e MENDES, 2016, p. 49, precisando que, em rigor, o que se visa tributar é a "transmissão de valor" e que, neste efeito e contexto, "o pagamento é entendido não no sentido estrito de um pagamento em dinheiro, mas sim no sentido de qualquer transmissão de valor (suscetível de valorização monetária) de uma pessoa para outra pessoa". No mesmo sentido, vd. HARRIS, 2020, pp. 10 e 11. A propósito do princípio da realização, vd. SCHENK, 2003, pp. 355 e ss. Importa precisar que o conceito de realização é aplicável no âmbito da inscrição contabilística do rendimento - assim, TAVARES, 2011, pp. 42 e 43 e DUQUE, 2018, p. 18 (a propósito do IRS). Não é, assim, um conceito estritamente jurídico. A realização, na medida em que demonstra a perceção de rendimento, é um pressuposto jurídico que, conjugado com outros, constitui o facto tributário, entendido este como o facto que define a incidência de imposto e gera a obrigação de pagamento do imposto - assim, o art. 36º, nº 1 LGT e a generalidade da doutrina portuguesa: CAMPOS/SILVA/SOUSA, 2012, pp. 293 e ss; MARTINEZ, 1996, p. 186; FAVEIRO, 1986, p. 359; DOURADO, 2019, p. 111; VASQUES, 2016, p. 420, NABAIS, 2020, pp. 59 e ss; CONDESSO, 2019, p. 11, sem prejuízo de a produção de efeitos da norma de incidência fiscal poder ser diferida (como o nota FAVEIRO, 2002, p. 589). Confirmando o exposto, vd. por exemplo o acórdão do TCAS, proc. nº 237/05.6BEALM (JOAQUIM CONDESSO). De igual modo, note-se que o facto tributário, assim definido, não esgota o universo dos factos fiscalmente relevantes, como nota SANCHES, 2007, p. 249. O alerta deste autor dizia respeito à periodicidade do rendimento de IRC (anual) e à eventualidade de existirem factos tributariamente relevantes durante o ano de acumulação de rendimento, discussão que tem o seu expoente máximo na experiência fiscal portuguesa recente a propósito da aplicação retroativa da norma fiscal no âmbito da realização de mais-valias em IRS - cfr. acórdão do STA, proc. nº 01292/14 (DULCE NETO). Veja-se ainda a referência à distinção entre facto constitutivo da obrigação de imposto e facto tributável em XAVIER, 1981, p. 248. Completaríamos dizendo que um evento de realização pode ser acompanhado do seu reconhecimento (quando a obtenção de rendimento é fiscalmente considerada) ou do seu não reconhecimento (quando a obtenção de rendimento não é fiscalmente considerada, o que constitui um autêntico benefício fiscal, do qual é exemplo o regime de neutralidade fiscal do art. 73º e ss. CIRC). Nesta Tese, utilizamos a expressão "facto tributário" em sentido amplo, para nos referirmos a um evento fiscalmente relevante, na medida em que gerará uma inclusão ou dedução no rendimento do sujeito passivo, salvo a desconsideração do seu relevo por lei. É

minadas por eventos que revelem a concretização de uma atividade geradora de ganhos ou perdas que devam ser consideradas no cálculo global do rendimento tributável. Estas consistem, normalmente, em transações com outras partes que revelam uma alteração positiva na composição do valor do património do sujeito passivo[315], "independentemente da natureza da contrapartida recebida (dinheiro ou outros ativos) ou da sua efetiva aplicação (consumo, poupança ou reinvestimento)"[316]. Através de um evento de realização, é possível identificar uma manifestação de capacidade contributiva. Com efeito e em princípio, só a realização do ganho confirma a obtenção de rendimento pelo contribuinte e a sua disponibilidade financeira para pagar imposto. Assim, o funcionamento do princípio da realização transforma o IRC, no dizer de Miguel Correia, num sistema de tributação de transferências, sendo que a medida do facto tributário é determinada pelo acréscimo de rendimento do contribuinte[317].

Por fim, a periodização anual do rendimento tributável permite a identificação do acréscimo a tributar, a qual é sempre referida a um determinado período, também designado por exercício. Pode-se afirmar que este pilar está relacionado com a quantificação de rendimento fiscalmente relevante e, indiretamente, de exequibilidade de gestão de sistema. Com efeito, as necessidades correntes de financiamento estadual implicam a solicitação aos seus contribuintes de um fluxo constante de capital, materializado na recolha do imposto de forma regular, para aplicação e distribuição através do Orçamento de Estado, de implementação anual. Considerando que o rendimento tributável de uma entidade empresarial resulta, em locução simplista, da subtração das deduções autorizadas pelo sistema ao rendimento bruto obtido, o cálculo daquele terá de ser balizado por forma a determinar que inclusões e que deduções são levadas em consideração.

um conceito abstrato que não se reconduz necessariamente ao do art. 36º, nº 1 da LGT porque, como decorre daqui, nem todo o evento de realização implica a constituição de uma obrigação de pagamento de imposto. Sobre a distinção entre evento de realização reconhecido e não reconhecido, Correia, 2011, p. 976; Shaviro, 1992, pp. 1 e ss; e Avi-Yonah/Sartori/Marian, 2011, pp. 92 e ss.

[315] Cfr. Correia, 2013a, p. 85 – daí que possam ocorrer por aumento de ativo (perceção de dinheiro ou de um bem, prestação de um serviço) ou diminuição de passivo (assumção de uma dívida por terceiros) ou ainda por utilização de um ativo de um terceiro.

[316] Cfr. Mendes, 2016, p. 47.

[317] Cfr. Correia, 2013a, p. 10.

2.2. Os sete subpilares do IRC

A forma como o rendimento é calculado partindo destes três pilares resulta da sua articulação com sete subpilares que também se verificam na generalidade dos sistemas tributários de IRC, e que se articulam e relacionam entre si.

O primeiro subpilar é o conceito de "base fiscal" de um bem ou direito[318]. Esta representa o valor histórico fiscalmente relevante de um bem ou direito que se integra com caráter de tendencial permanência no património do contribuinte para efeitos fiscais, e permite identificar a parte do património do contribuinte que não será sujeita a tributação no futuro[319]. Assim, corresponde ao registo contabilístico histórico das variações positivas e negativas do valor fiscal do ativo fixo não corrente de um contribuinte, garantindo que aquelas variações apenas produzem efeitos tributários quando ocorra um momento de realização e permitindo preservar o valor de aquisição que serve de base ao cálculo do ganho tributável no momento da transmissão.

O segundo subpilar consiste na distinção entre rendimento empresarial (dito ativo) e de capitais (dito passivo), com diferente tratamento dos mesmos consoante a sua natureza[320]. Esta distinção é promovida com particular ênfase nos sistemas anglo-saxónicos, que declaradamente secionam ambas as categorias, procedendo ao cálculo aritmético da coleta de cada sujeito através da imputação e subtração de rendimentos dentro de cada tipo de categoria. A generalidade dos sistemas europeus continentais, apesar de não positivarem esta distinção de forma expressa, tributam também os ganhos de capital de forma distinta dos ganhos empresariais, seja através da compartimentação dos tipos de rendimento não englobados no rendimento geral do sujeito passivo, seja através de regras próprias de tributação especificamente aplicáveis àqueles[321].

[318] Cfr. Correia, 2013a, p. 96 e Mendes, 2016, pp. 74 e ss. Vd. a forma como a base fiscal é definida no art. 46º, nº 2 CIRC ou o diferimento de tributação previsto no art. 76º, nº 1 CIRC aplicável às fusões e cisões que desconsidera para efeitos de tributação ganhos ou perdas apurados, desde que as partes de capital recebidas pelos sócios das sociedades fundidas sejam valorizadas, *para efeitos fiscais*, pelo valor que tinham as partes de capital entregues ou extintas – ou seja, posto que a *base fiscal* se mantenha a mesma.

[319] Cfr. Mendes, 2016, p. 74.

[320] Cfr. Correia, 2013a, p. 88 e Mendes, 2016, pp. 83 e ss.

[321] É a chamada divisão entre rendimento empresarial e rendimento de capital (*business income and capital income divide*). As despesas empresariais são aquelas necessárias para obtenção de rendimento no curso da atividade empresarial do sujeito passivo, também apelidadas de despesas

A natureza do aumento de valor subjacente aos rendimentos justifica as diferentes formas de apuramento da quantia tributável. Por exemplo, os rendimentos empresariais resultam da exploração comercial direta da unidade económica de produção num dado período passado, apurados de forma certa e definitiva. Já os rendimentos de mais-valias resultam de variações de ativos não correntes (ex.: valores mobiliários), cujo valor é determinado *on a going concern*, em função dos rendimentos que se espera que os ati-

de capital circulante, na medida em que este deixa de ser propriedade do sujeito passivo e, em contrapartida, gera lucro ou perdas. Já o rendimento de capital não é circulante e está associado à estrutura fixa empresarial que permite a condução da atividade negocial – cfr. SCHOLES *ET AL.*, 2015, p. 353 e AVI-YONAH/SARTORI/MARIAN, 2011, pp. 97 e ss; TAVARES, 2011, pp. 228 e ss. Esta distinção surge também relacionada com o supramencionado princípio da realização, funcionando como um princípio anti-abuso daquele. Desta forma, nos ordenamentos em que há uma seccionação entre ambos os tipos de rendimentos, não é permitido deduzir ao rendimento empresarial perdas resultantes de menos-valias de capital, uma vez que estas podem ser seletivamente espoletadas pelo sujeito passivo através da escolha do momento da alienação de ativo com um valor latente inferior ao da sua base fiscal, ou seja, que represente uma perda face à sua aquisição para o património do contribuinte. A divisão entre os dois tipos de rendimento é menos intensa nos regimes europeus. Para lá das particularidades associadas à consagração de regimes de *participation exemption*, por exemplo, o cálculo dos rendimentos de capitais obtidos observa regras específicas no que respeita ao valor da base fiscal e ao valor de realização – cfr. arts. 46º, nºs 2 e 3 CIRC. De igual forma, as mais e menos-valias realizadas com a transmissão de instrumentos de capital próprio não concorrem para a determinação do lucro tributável de sujeitos passivos de IRC com sede ou direção efetiva em território português – cfr. art. 51º-C, nº 1 CIRC, com a excepção assinalável do disposto no nº 4 do mesmo preceito. Na Alemanha, as menos-valias não são dedutíveis – cfr. secção 8b(3) KStG – ao passo que 95% do valor das mais-valias está isento de tributação, desde que a realização da mesma não ocorra posteriormente à depreciação do valor da participação social e subsequente dedução de perda associada – cfr. secção 8b(2) KStG. Por seu turno, o sistema francês distingue entre mais e menos-valias de curto prazo e de longo prazo (cuja detenção na esfera do sujeito passivo da participação social transacionada é inferior ou superior a 2 anos, respetivamente – cfr. art. 39º duodecies, nº 4 e 5 CGI). A dedução das menos-valias do primeiro tipo pode ser feita ao rendimento ordinário societário; a referente ao segundo tipo apenas pode ser deduzida contra as mais-valias da mesma natureza pelo prazo de 10 anos, e se não se tratar de menos-valias associadas a rendimentos tributados à taxa de 0% – cfr. art. 219º, al. a) CGI e circular administrativa BOI-IS-DEF-30-20160406. Existem, ademais, várias disposições anti-abuso específicas destinadas a limitar a dedução indevida de menos-valias de capital. A dedução de juros ou gastos de financiamento é frequentemente limitada, por exemplo, em termos idênticos aos do art. 67º CIRC (e da Diretiva ATAD). O regime francês é bastante mais limitativo da possibilidade de dedutibilidade de encargos do género. Destacaríamos, desde logo, que os juros e gastos de financiamento apenas podem ser deduzidos até ao montante da taxa média de mercado cobrada por instituições financeiras em mútuos com prazo de vencimento superior a dois anos, salvo demonstração de que, no caso específico alegado pelo sujeito passivo, uma instituição financeira cobraria taxa de juro superior – cfr. art. 39, nº 1, 3º e 212, I, a. CGI.

vos possam vir a gerar no futuro, sem intervenção direta na sua capacidade produtiva por parte do sujeito passivo e, nessa medida, em função de uma expectativa[322]. A possibilidade de seleção do momento de verificação de menos-valias conduz a que, frequentemente, não seja possível deduzir estas aos rendimentos obtidos no decurso normal de uma atividade comercial.

O terceiro subpilar consiste na possibilidade de dedução de perdas verificadas em determinados exercícios a lucros obtidos noutros exercícios[323]. Esta característica visa atenuar o choque entre a existência contínua da unidade empresarial e a definição de um momento temporal fixo para aferição do rendimento a tributar. Desta forma, o reporte de prejuízos (imprevisíveis) permite compensar a periodização anual (fixa) e conferir Justiça à tributação empresarial, procurando garantir a consistência da tributação da empresa com a sua real capacidade contributiva. O reporte de prejuízos fiscais conhece, todavia, limites de natureza pessoal, temporal e quantitativa, justificados pela necessidade de garantia de coleta fiscal pelo Estado[324].

O quarto subpilar consiste na aplicação do princípio da continuidade do interesse económico[325]. Ou seja, apenas deverão ser reconhecidos como eventos de realização as alterações patrimoniais que correspondam a uma mudança na detenção do interesse económico sobre o bem. Inversamente, poderão não ser reconhecidas como factos tributários alterações meramente jurídicas do titular da propriedade do bem. Fundamentalmente, procura-se tributar o rendimento daquele que detém os riscos e os benefícios associados à fonte produtora do mesmo. O reconhecimento surge, pois, associado ao princípio da realização, permitindo considerar ou desconsiderar a existência de realização de rendimento consoante se transfira, ou não, o interesse económico do bem. Rocha Mendes exemplifica com duas situações: "(i) os ativos transmitidos são trocados por ativos que cumprem funções semelhantes na empresa, sem que, portanto, ocorra a liberação do capital inicialmente investido nessa função; ou (...) (ii) os ativos recebidos titulam direitos económicos sobre os ativos alienados ou representam direitos equivalentes aos representados pelos ativos alienados"[326].

322 Vd. Mendes, 2016, p. 84.

323 Cfr. Correia, 2013a, p. 91 e Mendes, 2016, p. 118.

324 Cfr. Mendes, 2016, p. 118. Cfr., por exemplo, os arts. 52º e 75º CIRC.

325 Cfr. Correia, 2013a, p. 92 e Mendes, 2016, pp. 110 e ss.

326 Cfr. Mendes, 2016, p. 110. Cfr. os exemplos dos regimes dos 46º, nº 3, al. a) CIRC, para o primeiro caso, e arts. 73º e ss. (cumulado com o disposto no art. 60º EBF) e 86º CIRC para ambos os casos.

Associados ao primeiro pilar, surgem o quinto e sexto subpilares: a existência de um duplo nível de atributos fiscais e mecanismos de integração dos mesmos[327]. Assim, a personalização tributária do ente empresarial implica o reconhecimento de factos tributários a dois níveis: no nível da entidade empresarial e no nível dos sócios da empresa societária. É que o investimento realizado pelos sócios determina a duplicação fiscal e artificial do rendimento empresarial: eles tornam-se proprietários de uma entidade que realizará lucro e, nessa medida, a sua participação social valoriza-se, gerando rendimento latente na sua esfera. Refletindo esta realidade, o sistema fiscal reconhece atributos sociais internos (a base fiscal dos bens da sociedade afere o valor da propriedade da sociedade) e externos (a base fiscal das participações dos sócios afere o valor das suas participações sociais que representam o capital da entidade sujeita a tributação). Como tal, o sistema fiscal atribui autonomia para efeitos de verificação de eventos de realização, tanto às participações sociais como ao património detido pela entidade representada por aquelas, conferindo-lhes existência e reconhecimento autónomos[328].

O sexto subpilar decorre da necessidade de integração de rendimento empresarial com o rendimento dos sócios. Os participantes numa empresa societária procuram obter o retorno do seu investimento, o qual pode revestir várias formas diretas: distribuição de dividendos[329], distribuição de capital retido em excesso pela sociedade (por redução de capital), ou restituição do capital investido pelo sócio na iniciativa empresarial (seja em vida desta, seja pelo seu direito à quota-parte do ativo sobejante em caso de liquidação). Daqui resulta uma real possibilidade: o rendimento tributado na esfera da pessoa coletiva volta a ser tributado na esfera do seu sócio. A eliminação da dupla tributação económica é, assim, o sexto subpilar que varia de jurisdição para jurisdição, visando assegurar a neutralidade

[327] Cfr. Correia, 2013a, p. 93 e Mendes, 2016, pp. 89-91.

[328] O aumento do valor dos bens da sociedade reflete-se no aumento do valor de mercado da participação social do sócio, mas não na sua base fiscal. Inversamente, a participação social pode aumentar de valor de mercado, sem que os bens da sociedade vejam alterações na sua base fiscal. Cfr. Correia, 2013a, p. 93. Vd., por exemplo, a distinção entre o valor de mercado e o valor intrínseco da participação que resulta do art. 52º, nº 2, al. b) e c) CIRS.

[329] O problema coloca-se com particular acuidade na distribuição de dividendos. A realização de dividendos na esfera empresarial e a subsequente integração dos mesmos na esfera dos sócios conduz à dupla tributação económica, ou seja, à tributação do mesmo rendimento na esfera de duas pessoas jurídicas distintas – bem desenvolvido em Mendes, 2016, pp. 95 e ss. ou na obra de Harris, 1996, em geral.

da forma de condução de iniciativa empresarial ou a redução de dupla tributação[330].

Por fim e a propósito do sétimo pilar, todos os sistemas de IRC reconhecem progressivamente os custos suportados no investimento empresarial, procurando mimetizar o seu expectável retorno[331]. Fazem-no através de regras de capitalização e de amortização e de depreciação. Pelas primeiras, determinados gastos não são registados como gastos correntes, mas sim adicionados ao valor contabilístico do ativo, sendo integrados na base fiscal do mesmo. Pelas duas últimas, o desgaste associado ao decurso do período de vida útil do bem é reconhecido através da redução do seu valor contabilístico e da sua base fiscal ao longo do tempo para efeitos de apuramento de lucro tributável[332].

Vejamos, agora, de que forma o GMN explora o sistema que acabámos de descrever. Comecemos por enunciar de forma económica e funcional a sua atuação.

3. O GMN e o seu enquadramento económico-funcional

A protagonista central do capitalismo globalizado de base tecnológica e telemática é a empresa coletiva, explorada por pessoas singulares ou coletivas. Por seu turno, sociedade comercial é *a forma jurídica por excelência de organização da empresa coletiva*, sendo certo que o grupo de sociedades constitui, na realidade hodierna, a realidade predominante e o ator central do sistema económico-empresarial[333]. Esta constatação é exponenciada no plano internacional, constituindo o GMN a forma de atuação comum da iniciativa empresarial transnacional.

A criação do GMN surge em resposta à necessidade empresarial de superação de ineficiências de mercado e criação de sinergias resultantes da especialização na condução da uma atividade empresarial[334]. Aquelas são superadas através do exercício da sua atividade subordinada a uma direção

[330] Cfr. o regime dos arts. 40º-A CIRS e e 51º e ss. CIRC.

[331] Cfr. Correia, 2013a, pp. 94 e ss. e Mendes, 2016, pp. 80 e ss. Cfr. também o regime dos arts. 29º-34º CIRC e do Decreto Regulamentar nº 25/2009, com a redação conferida pelo Decreto Regulamentar nº 4/2015.

[332] Cfr. Mendes, 2016, p. 81.

[333] Nas palavras de Antunes, 2019, pp. 15 e ss. e p. 472. O desenvolvimento do processo de expansão externa das sociedades comerciais é descrito por Antunes, 1994, pp. 66. Sobre o capitalismo pós-industrial e a alteração das relações comerciais, da perspetiva estadual, vd. Picciotto, 2011, pp. 7 e ss.

[334] Cfr. Antunes, 2002, pp. 35 e ss.

económica unitária[335], submetendo os membros do GMN a uma determinação global de alocação dos seus recursos (ativo, capital e pessoal) à filial ou sucursal que mais rendimento logre extrair dos mesmos. Esta direção tem como efeito o aumento da capacidade de gerar lucros do GMN, mas também a criação de um autêntico *mercado interior organizado*[336] no seio daquele, na medida em que as suas unidades constituintes competem entre si pela alocação dos recursos globais do grupo. Cada constituinte do GMN procura atrair recursos do grupo, tentando mostrar-se capaz de prover à sua melhor rendibilidade no quadro unitário de prossecução do mesmo objetivo e conduzindo, assim e também, à especialização funcional. O GMN institui, assim, um mecanismo de autocontrolo e de adaptação à realidade e tomadas de opção negociais prévias: ao constituído e ao constituindo.

Contudo, a concorrência interna apenas se verifica até ao momento em que os interesses individuais das unidades constituintes do grupo, isoladamente considerados, colidem com o interesse global de maximização de lucro[337]. A direção económica unitária do GMN gere a atribuição e retirada de recursos a cada unidade constituinte por razões produtivas, preventivas de responsabilidade de qualquer natureza[338], ou presididas por determinada ordem organizacional[339]. Em simultâneo, consoante as necessidades ou a maximização da rendibilidade dos recursos o exijam, por detrás do véu da autonomia patrimonial de cada unidade jurídica que o constitui, o GMN transfere horizontal, vertical ou transversalmente os seus rendimentos ou ativos – a *titularidade do direito de propriedade é funcional* em face da organização económica[340].

[335] O que suscita a confrontação entre o interesse do grupo e o interesse das sociedades comerciais que o compõem. Veja-se Ribeiro, 2009, pp. 405 e ss. Advertia para esta contradição interna do sistema legal Antunes, 1998, p. 207. Sobre a direção económica unitária, veja-se Oliveira, 2012, pp. 140 e ss. Contudo, há quem assinale que o controlo de uma sociedade por outra tem o seu fundamento na possibilidade que daí resulta para o sócio controlador de aumentar os benefícios privativos que retira da sua posição como sócio a expensas dos sócios minoritários, o que será o custo societário da maior eficiência no controlo da prossecução da atividade social que um sócio controlador poderá exercer. Assim, Goshen/Hamdani, 2019, p. 24.

[336] Vd. Correia, 2013a, p. 68 e Teubner, 1990, pp. 82 e ss.

[337] Vd. Correia, 2013a, pp. 65 e ss.

[338] Vd., por exemplo, o problema analisado por Dias, 2014a, pp. 411-424.

[339] Vd. Antunes, 2002, pp. 44 e ss; Correia, 2013, p. 78; Silva, 2016, pp. 9 e ss;, e Oliveira, 2016, pp. 17 e ss. para uma descrição das várias formas de organização e estruturação de grupo.

[340] Vd. Antunes, 1994, pp. 152 e ss. para quem a mistura patrimonial na atuação do grupo não resulta de fraude ou abuso do instituto da personalidade jurídica separada das sociedades que o

Desta forma, "devido a este mecanismo interno de tomada de decisão, a estrutura de governança do grupo pode assumir uma variedade indeterminada de formas e características, dependendo da combinação concreta e estrategicamente implementada num dado momento de mercado interior e hierarquia, contrato e organização"[341]. Neste quadro, o GMN atua assumindo as mais diversas formas de organização jurídicas ou contratuais, de acordo com fatores socioeconómicos como a dimensão do grupo, o sector em que atua, o grau de diversificação dos seus produtos, a nacionalidade, a dimensão das subsidiárias, a tradição de gestão, entre outros.

Ora, a análise económica do funcionamento do grupo é fortemente contrastante com a sua normal organização jurídica. Com efeito, os grupos económicos são tratados juridicamente como constelações polisubjetivas – conjuntos de sociedades comerciais (ou sucursais) relacionadas entre si, com diferentes e possíveis estruturações hierárquicas, assentes numa direção unitária comum que se revela com base em instrumentos jurídicos tipificados, exercício de direitos sociais e constituição de relações contratuais ou factuais que a implementem.

Assim, a existência de uma direção económica unitária é a pedra de toque em que assenta a existência de um grupo[342] e que promove a rutura com o modelo funcional da sociedade comercial de capitais independente. Existe um GMN sempre que sociedade-cúpula exerça domínio sobre um grupo de sociedades ou entidades que atuam de forma independente, conservando as respetivas personalidades jurídicas e/ou tributárias próprias e distintas, o que apenas acontece quando aquele controle de forma unitária a atividade e as opções estratégicas, financeiras e operacionais das demais, implementadas de forma conjunta e transfronteiriça[343]. A autonomia decisória das unidades constituintes do grupo, orientada pelo seu interesse próprio, é condicionada por critérios decisórios externos que, naturalmente, implementam visões estratégicas e de integração em dinâmicas funcionais e económicas exteriores à sociedade dominada. Estes critérios decisórios externos tendem a perturbar a sociedade comercial constituinte do grupo enquanto centro autónomo de tomada de decisão, seja pelos sócios, seja

compõe, mas sim de uma intenção estrutural e estratégica de integração e uso de propriedade inserida numa estratégia empresarial mais ampla. Vd. também CORREIA, 2013a, pp. 118 e ss.

[341] Assumindo uma verdadeira natureza camaleónica, no dizer de CORREIA, 2013a, p. 70.

[342] Afirma ANTUNES, 1994, p. 159, "[u]nified management is domination".

[343] Vd. ANTUNES, 2002, p. 24. Usamos a expressão domínio no sentido "domínio – controlo", na terminologia de ANTUNES, 1994.

pelos administradores, na medida em que a formação e exteriorização da sua vontade é influenciada pela incorporação nos mesmos de uma vontade formulada exteriormente à sociedade e não pelo funcionamento da especialização de poderes do grémio social[344].

Daqui resulta, portanto, que o GMN atua de forma integrada, fáctica e economicamente, mas é composto por unidades jurídicas separadas[345], genericamente obedecendo cada uma aos ditames da prossecução do seu próprio interesse social. Esta prossecução é organizada em torno de um património próprio, que apenas responde pelas obrigações sociais e que constitui a garantia geral das obrigações constituídas junto de terceiros. Por este motivo, o património social deve ser gerido pelos membros dos órgãos estatutários considerando estes dois limites: a afetação exclusiva à prossecução do objeto social próprio da sociedade, de acordo com o seu interesse, e a utilização do mesmo apenas neste âmbito e para estes efeitos, garantindo a sua conservação prudente para efeitos de tutela de credores sociais. O grupo vive, assim, na dialética constante entre os seus dois vetores estruturantes: o pluralismo legal e a unidade económica ou funcional, admitida que é esta última pelo Direito quando aceita o controlo intercorporativo por mecanismos de natureza financeira, contratual, pessoal, organizacional ou factual[346]. Vejamos como se projeta esta dialética no regime de Direito Fiscal aplicável ao GMN.

[344] Possibilidade aparentemente rejeitada por variadíssimos autores lusos: Abreu, 1996, p. 226; Ventura, 199, p. 229; Cordeiro, 2020, p. 872. A questão coloca-se, sobretudo, no local de formação e manifestação dessa vontade. Pois, se esta vontade for formulada através do exercício dos poderes sociais, nomeadamente com base direta ou indireta no acordo da assembleia dos sócios, haverá enquadramento jurídico para a produção de efeitos da mesma, como veremos *infra* Parte II, Capítulo II, 4.

[345] Veja-se, contudo, a proposta de Teubner, 1990, pp. 67 e ss. configurando o grupo como uma entidade policorporativa, ou seja, uma rede de relações intersistémicas entre centros de ação autónomos. Assim, o controlo hierárquico direto que se verifica no grupo tradicional é substituído por um controlo contextual indireto de subunidades do grupo auto-dirigidas. Esta autonomia relativa das subunidades, por seu turno, cria uma dinâmica interna específica do grupo, que assim entre num processo auto referencial, observando-se a si próprio e utilizando esta auto referência para se controlar a si próprio. Trata-se de uma conceptualização assente numa teoria jurídica autopoiética.

[346] Bem exposto em Antunes, 1994, p. 119. Esta aceitação não prejudica, contudo, os regimes de responsabilidade societária resultantes da inobservância dos deveres associados à qualidade de administrador societário ou sócio.

4. O GMN e o seu enquadramento jurídico-fiscal

A realidade funcional do GMN não é diretamente acolhida pelo Direito Fiscal. Apesar da descrição do GMN como uma entidade económica una, o seu tratamento fiscal raras vezes é integrado[347]. Com efeito, a regulação de grupos de empresas neste campo tende a ter um âmbito territorial (apenas incluindo de entidades residentes num dado Estado) e deferente a uma abordagem de contabilidade empresarial independente, mediante a qual as entidades relacionadas são tributadas como entidades autónomas, com desvios pontuais àquela. No Direito Fiscal, o princípio da independência jurídica da entidade tributável apenas é postergado em casos de profunda integração económica entre duas entidades cumulada com a verificação de controlo de uma pela outra. O que vem de se dizer projeta-se em dois campos de análise fundamental para apreciação da tributação de grupos de sociedades, conforme veremos.

4.1. Regimes de tributação de grupos

O primeiro campo de análise referido prende-se com a superação da incidência subjetiva numa entidade independente e autónoma pela tributação de uma entidade agregada: o grupo. O regime de tributação de grupos afeta o princípio da incidência de IRC na entidade empresarial, na medida em que agrega atributos fiscais de várias sociedades numa entidade tributável de forma mais ou menos integrada[348]. Isto sucede, sobretudo, pela possibilidade de aplicação de regimes de consolidação de resultados. Por este motivo, torna-se necessário fixar regras para definição da elegibilidade de integração num grupo de sociedades para efeitos de tributação.

Assim e tendencialmente, a generalidade dos regimes de IRC apenas integram nos seus regimes de tributação de grupos as entidades residentes num mesmo Estado[349]. A forma de integração de sociedades não residentes,

[347] Sobre a história da tributação de grupos e formas de a implementar, vd. IFA, 2004, pp. 23 e ss; Arnold/Ault/Cooper, 2019, pp. 518 e ss; Ting, 2012, pp. 46 e ss; Silva, 2016, pp. 45 e ss.

[348] Com particular reflexo no regime de base fiscal de ativos transferidos entre sociedades, tratamento de reservas e valorização e perdas transitadas e créditos fiscais – cfr. Arnold/Ault/Cooper, 2019, p. 513.

[349] Em território da EU, por força das decisões do TJUE exigindo a neutralidade no tratamento de realidades fiscais comparáveis, em particular depois do caso *Avoir Fiscal* (C-270/83), as regras fiscais de grupos de sociedades tendem a aplicar o mesmo regime a sociedades comerciais e a estabelecimento estável e a permitir a integração de sociedades residentes em outros Estados-Membros nos regimes de tributação de grupo locais. Exemplo do que se vem de dizer é o regime do art. 69º-A CIRC.

de estabelecimento estável de sociedades não-residentes e de sociedades residentes detidas por não-residentes (e, por este motivo, possivelmente não integradas no grupo) varia. A elegibilidade para inclusão no perímetro no grupo é fundamental, na medida em que poderá possibilitar o reporte de perdas fiscais entre membros do grupo (reduzindo o encargo fiscal global do grupo) ou regimes de neutralidade na transferência de ativos.

Por outro lado, o controlo de uma entidade pela outra poderá demonstrar continuidade de interesse económico que justifique o tratamento diferenciado da perceção de rendimentos como lucros, dividendos, juros e do reporte de perdas[350]. Contudo, suscita também riscos de preços de transferência e a possibilidade do deferimento do reconhecimento de eventos de realização na transferência de propriedade para terceiros apenas quando a mesma é transmitida para lá do perímetro grupal. Por este outro motivo, a definição do que deve ser entendido como *controlo* para efeitos de aplicação de um regime de tributação de grupos torna-se fulcral, devendo traduzir a ideia de continuidade de interesse económico que justifique o alargamento ao grupo da apreciação de responsabilidade tributária, em detrimento da entidade que o integra[351].

Neste contexto, a existência de uma unidade económica resultante de investimento controlado em fatores de produção demonstra-se por indícios objetivos de exercício de controlo e de detenção de propriedade de ativos. Só assim é identificável a continuidade de interesse económico que justifica a transferência de atributos fiscais entre sociedades e o tratamento de transações intragrupo de forma distinta. Daí que a generalidade dos regimes de tributação de grupos apenas inclua no perímetro grupal sociedades ou entidades dominadas pela entidade-mãe ou cujas participações sociais são detidas em maioria ou para lá de certos limares por aquela, bem como entidades que se possa demonstrar serem controladas pelas entidades dominantes[352].

[350] Sobre a continuidade de interesse económico e identidade de atividades relacionadas como fundamento para o reporte de perdas cruzado, vd. o ac. STA, proc. nº 0558/11 (Dulce Neto).

[351] As perdas de receita resultantes de regimes de consolidação são justificadas pelos potenciais efeitos do ponto de vista económico que se visam alcançar com este mecanismo – assim, o acórdão STA, proc. nº 021/12 (Fernanda Maçãs) ainda a propósito do regime do anterior art. 59º CIRC de tributação pelo lucro consolidado, entretanto revogado. Com efeito, como veremos, o regime de tributação de grupos positivado no CIRC já não é um regime de consolidação desde as alterações introduzidas ao CIRC pela Lei nº 30-G/2000 – assim, Morais, 2007, p. 165.

[352] Cfr. Ting, 2012, p. xiv. O autor exemplifica várias hipóteses de regras de constituição de grupo, demonstrando que os regimes de grupos de Austrália, Japão e Espanha adotam como

O resultado da articulação destes aspetos converge na consagração de regimes de tributação de grupo marcados pela maior ou menor presença de regimes de consolidação de resultados de sociedades do grupo[353]. ANTONY TING define consolidação como um regime que permite a um grupo de sociedades agrupar-se como um único contribuinte para efeitos fiscais, possibilitando tanto o reporte de prejuízos entre as várias unidades de grupo, como a transferência de ativos entre as sociedades de grupo de forma fiscalmente neutra[354]. Esta consolidação pode ter lugar ao nível nacional – caso em que é a lei nacional que determina a forma de consolidação –, ao nível de um bloco de Estados ou ao nível universal – casos em que será a lei de um Estado ou um tratado a determinar o regime de consolidação do grupo. Nem todos os regimes de grupo permitem ambas as possibilidades apontadas por TING – sobretudo em contexto aberto.

Tradicionalmente, são apontadas quatro formas diferentes de alinhar a integração fiscal com o princípio da separação patrimonial dos membros que compõem o grupo. No sistema de contribuição de grupo (*group contribution*), os membros do grupo com lucros procedem a transferências de bens para compensação de perdas para os membros que as realizem. Já no sistema de crédito de grupo (*group relief*), as entidades do grupo mantêm a sua própria organização fiscal e procedem à transferência de créditos fiscais por perdas para sociedades que realizem lucros, assim reduzindo a responsabilidade tributária daquelas. O sistema de atribuição (*attribution system*), por seu turno, torna a sociedade cúpula responsável solidária pelo

critério de inclusão num grupo a mera detenção de capital. França, Itália, Holanda conjugam-no com detenção de direitos de voto. Nenhum Estado analisado funda a composição do grupo para efeitos fiscais num critério de controlo *de facto* ou de influência dominante Vd. também, IFA, 2004; CORREIA, 2013a, pp. 138 e ss; OESTREICHER/SPENGEL/KOCH, 2011, pp. 5 e ss. Frise-se que utilizamos a expressão *entidade-mãe* nos termos do art. 2º, nº 1, al. c) do Decreto-Lei nº 158/2009, alterado pelo Decreto-Lei nº 98/2015: uma entidade que detém uma ou mais subsidiárias, sendo que se entende por subsidiária uma entidade, ainda que não constituída sob a forma de sociedade, que é controlada por uma outra entidade, designada por empresa-mãe, incluindo qualquer subsidiária da empresa-mãe de que essa empresa depende em última instância (cfr. art. 2º, nº 1, al. g) do mesmo diploma). Certos regimes de consolidação exigem que a entidade-mãe seja uma sociedade comercial. A expressão *entidade-mãe* engloba ambas as realidades e é empregue no art. 121º-A CIRC. Vd., porém, os arts. 2º, a) e 4º, nº 1 da Diretiva 2011/96/UE. Nesta Tese, a expressão sociedade-mãe refere-se a uma entidade-mãe dotada de personalidade jurídica.

353 É sintomático que ARNOLD/AULT/COOPER, 2019, pp. 515 e ss., se refiram aos regimes de tributação de grupo como regimes de consolidação, encontrando, todavia, diferentes extensões desta nos vários regimes analisados.

354 Cfr. TING, 2012, p. 5.

pagamento das obrigações fiscais dos membros do grupo, sem compensação individual em cada membro por eventuais perdas. Finalmente, no conceito de unidade fiscal ou entidade singular (*fiscal unity* ou *single entity*), a consolidação é total – todo o ativo, responsabilidade e transações das subsidiárias são tratados como se fossem operações da sociedade-mãe, única responsável pelo pagamento de imposto e com possibilidade de deduzir perdas ao nível do grupo[355].

Portugal tem um regime especial de tributação de grupos de sociedades (RETGS), previsto nos arts. 69º e ss. CIRC[356]. Assim, existindo um grupo de sociedades, a sociedade dominante pode optar pela aplicação do regime especial de determinação da matéria coletável em relação a todas as sociedades do grupo[357]. Existe um grupo de sociedades quando, entre outras exigências legais, uma sociedade, dita dominante, detém, direta ou indiretamente, pelo menos 75% do capital de outra ou outras sociedades ditas dominadas, desde que tal participação lhe confira mais de 50% dos direitos de voto[358]. Note-se que o regime não exige a detenção de 100% do capital

[355] Para descrição de modelos possíveis de consolidação, em abstrato, e comparação de modelos implementados vd. Ting, 2012, pp. 39 e ss. e pp. 61 e ss. A experiência comparada de regimes de consolidação na Europa mostra que em França e Itália, apesar de a sociedade-mãe ser responsável solidariamente pelas obrigações fiscais dos membros do grupo, estes últimos respondem pelas demais dívidas fiscais do grupo até ao limite da sua responsabilidade tributária caso o seu exercício fosse analisado isoladamente. O regime de tributação de grupo holandês, todavia, determina a responsabilidade solidária dos membros do grupo pela totalidade das dívidas fiscais do dito (art. 15º, parágrafo 1 Lei de Imposto sobre as Sociedades holandesa de 1969). No mesmo sentido, alinha-se o regime espanhol, que exclui da responsabilidade solidária dos membros do grupo a responsabilidade contraordenacional por violações de disposições atinentes ao grupo, imputável apenas à entidade-mãe. Para mais sobre consolidação fiscal, vd. Mitroyanni, 2008, pp. 121 e ss; IFA, 2004, pp. 23 e ss; Arnold/Ault/Cooper, 2019, pp. 513 e ss; Herzig, 2008, pp. 547 e ss; Garbarino, 2014, pp. 16 e ss. Sobre consolidação financeira para efeitos de Direito Societário, cfr. Rodrigues/Dias, 2014, pp. 329 e ss.

[356] Sobre os regimes de tributação de grupos em Portugal, vd. Morais, 2007, pp. 153 e ss; Antunes, 2000, pp. 5 e ss; Lousa, 1989, pp. 59 e ss; Nunes, 2001; Nabais, 2019, pp. 560 e ss. Ainda no âmbito tributário, veja-se também a definição de grupo empresarial contida no regime da Taxa de Segurança Alimentar Mais, em particular a sua regulamentação pela Portaria nº 215/2012, art. 3º, nº 5 e, a este propósito, o acórdão STA, proc. nº 0418/14.1BECBR (Ana Paula Lobo).

[357] Cfr. art. 69º, nº 1 CIRC. Vd. também a Circular DGCI 4/2001.

[358] Cfr. art. 69º, nº 2 CIRC. Compare-se, por exemplo, com o regime do *groupe d'intégration fiscale* francês, que exige a detenção de 95% de capital social e direitos de voto para permitir o tratamento consolidado da integração grupal para efeitos fiscais em França (vd. arts. 223º-A a 223º-Q CGI). Este regime permite a responsabilidade singular pelas dívidas do grupo da entidade-mãe e a neutralização de apenas algumas transações intragrupo, e que excluem, por exemplo, a distribuição de dividendos ou a remição de dívidas (vd. art. 216º CGI). A responsabilidade

fiscal de cada entidade é, assim, calculada individualmente de acordo com a sua contabilidade, aplicando-se alguns ajustes, e o regime apenas abrange sociedades residentes em França, ainda que detidas por sociedades francesas por intermédio de sociedades não residentes. O regime alemão *Organschaft* exige o controlo financeiro de uma sociedade por uma entidade (pessoa individual, entidade fáctica - *partnership* - ou sociedade), o que é demonstrado pelo controlo direto ou indireto de mais de 50% dos direitos de voto na sociedade controlada (vd. secção 14(1), nº 1 KStG), bem como pela celebração de um acordo de partilha de lucros e perdas entre as entidades integradas (vd. secção 14(1) e 17 do KStG e secção 2(2) do GewStG). A celebração deste acordo depende de deliberação prévia em AG, sendo o quórum deliberativo de 75% no caso de AktG - cfr. arts. 293(1) e 2 AktG. A jurisprudência tende a exigir o mesmo quórum deliberativo no caso de uma GmbH, embora haja doutrina que exija a unanimidade. A entidade dominada tem de ter a sua sede ou administração efetiva em solo alemão, embora possa ser constituída em qualquer Estado-Membro ou Estado EEA. A sociedade dominante tem de ser sujeita de IRC na Alemanha (podendo ser um estabelecimento estável). Contrabalançando a responsabilidade da entidade controladora por perdas da sociedade dominada, exige-se a transferência de lucros desta para aquela, o que pode espoletar a obrigação de pagamento de compensação a sócios minoritários (em particular, acionistas, por força do disposto no art. 304º AktG). O rendimento das entidades controladas é calculado individualmente, mas integrado na entidade controladora e compensado ao seu nível com as perdas e lucros dos demais membros do grupo. Já nos termos dos arts. 55º e ss. da LIS, haverá um regime consolidado quando uma sociedade (residente ou não, desde que não residente num paraíso fiscal) ou um estabelecimento estável detenha uma participação de 75% do capital social das sociedades dominadas, bem como detenha a possibilidade de exercer a maioria dos direitos de voto em AG. Apenas residentes fiscais em Espanha podem integrar o grupo fiscal como sociedade dominada. A entidade-mãe responde pela dívida tributária do grupo, embora as demais entidades sejam solidariamente responsáveis pela mesma e se mantenham obrigadas a todas as obrigações fiscais do regime individual, inclusive as secundárias, com a excepção da obrigação principal de pagamento de imposto (art. 56º LIS). Os lucros e perdas do grupo são consolidados, gerando-se apenas uma obrigação tributária cuja responsável principal é a entidade-mãe, pese embora o cálculo de rendimentos tributáveis ao nível individual se manter (art. 66º LIS). O regime de tributação grupal do Reino Unido está previsto nas secções 151-153 do Corporation Tax Act de 2010 (CTA). Para efeitos fiscais, haverá um grupo quando uma entidade-mãe residente no RU detenha 75% do capital social de duas ou mais de duas sociedades, sendo também relevante a possibilidade de estabelecimento de consórcios para efeitos fiscais. Embora não haja um regime de consolidação propriamente dito, o estabelecimento de um grupo permite a qualquer membro do mesmo compensar as suas perdas ou lucros com as de outro membro do grupo (secção 97 e ss. CTA). Este regime é aplicável inclusive a sociedades não-residentes no RU. O regime também permite a transferência de participações de capital entre membros do grupo, diferindo-se o evento de realização para efeitos de ganhos de capital para o momento em que a participação abandona o grupo (cfr. secção 171 do TCGA). Contudo, as transações intragrupo não são neutralizadas, como decorre do anteriormente exposto. O regime dos EUA, embora assinavelmente complexo, permite o estabelecimento de um grupo consolidado para efeitos fiscais quando uma entidade-mãe detenha 80% do capital social e dos direitos de voto de pelo menos uma subsidiária no grupo e, por seu turno, detenha diretamente (por si ou por uma subsidiária, ou seja, sem interposição de sociedades não integra-

social das sociedades dominadas para permitir a opção pelo RETGS e está limitado às sociedades de responsabilidade limitada[359] com sede e direção efetiva em território português, tributadas à taxa normal mais elevada[360], ou a sociedades dominantes residentes de um Estado-Membro da UE ou do EEE que esteja vinculado a cooperação administrativa, no domínio da fiscalidade, equivalente à estabelecida no âmbito da UE[361].

Preenchidos estes requisitos, entre outros, o lucro tributável do grupo é calculado pela sociedade dominante, através da soma algébrica dos lucros tributáveis e dos prejuízos fiscais apurados nas declarações periódicas individuais de cada uma das sociedades pertencentes ao grupo[362], corrigido pelas regras de limitação de dedutibilidade de encargos com gastos de financiamento aplicadas ao nível do grupo[363]. A contabilidade separada e individual mantém-se no regime português[364], não desconsiderando transações intragrupo nem diferindo eventos de realização ocorridos na mesma, embora as sociedades integrantes do grupo estejam dispensadas de retenções na fonte de IRC em pagamentos efetuados entre si[365]. Por fim, a declaração de rendimentos de cada entidade conduz à constituição de obrigações fiscais de pagamento de imposto independentes e próprias, sem prejuízo de o pagamento das mesmas incumbir à sociedade dominante, sendo qualquer das outras sociedades do grupo solidariamente responsável pelo pagamento daquele imposto[366]. O regime português adota, portanto,

das no grupo) 80% do capital social e dos direitos de voto das demais subsidiárias do grupo – cfr. CIRCEUA §1504(a)(1) e (2). Nenhuma entidade não-residente nos EUA pode integrar o grupo.

[359] Cfr. art. 69º, nº 4, al. g) CIRC.

[360] Cfr. art. 69º, nº 3, al. a) CIRC.

[361] Cfr. art. 69º-A CIRC.

[362] Este regime inclui uma vantagem implícita do RETGS, cujo regime de dedutibilidade de prejuízos fiscais dito *especial* não consagra norma limitadora a 70% de lucro tributável para a dedução de prejuízos fiscais constante do art. 52º, nº 2 CIRC, pelo que os prejuízos de sociedades do grupo são plenamente compensados na sociedade dominante. Contudo, o regime regra é a dedução dos custos pela sociedade que os incorreu – cfr., por exemplo, o acórdão do TCAS, proc. nº 05251/11 (Eugénio Sequeira), ou o acórdão do STA, proc. nº 0107/11 (Casimiro Gonçalves), a propósito da dedução de custos de juros e imposto de selo de empréstimos bancários contraídos por uma sociedade e aplicados no financiamento gratuito de sociedades suas associadas.

[363] Cfr. arts. 67º, nº 5 e 70º CIRC.

[364] Cfr. art. 120º, nº 6, al. b) CIRC.

[365] Cfr. art. 97º, nº 1, al. e) CIRC.

[366] Sem prejuízo do direito de regresso pelo pagamento de parte do imposto que a cada uma delas efetivamente respeite – cfr. arts. 106º, nº 12 e 13 e 115º CIRC a propósito do pagamento especial por conta, bem como o art. 87º-A, nº 3 CIRC; para a derrama estadual, que incide

o sistema de atribuição, não procedendo à consolidação plena das operações do grupo, aqui incluídas as transações intragrupo.

Do exposto resulta que os regimes de tributação de grupos se aplicam a realidades limitadas territorialmente e procuram concretizar, no essencial, a possibilidade de dedução de perdas com lucros intragrupo através de formas de consolidação mais ou menos mitigadas. No limite, essas formas de consolidação podem levar à desconsideração de transações intragrupo, não incluindo nem deduzindo os valores de troca associados às mesmas nas bases tributáveis de cada entidade do grupo.

Porém, as vantagens técnicas dos regimes de grupos para efeitos fiscais são, precisamente, os maiores obstáculos à sua implementação num contexto aberto. A compensação de perdas intragrupo e, mais intensamente, a desconsideração de transações intragrupo (com o reconhecimento de eventos de realização apenas na relação com partes terceiras) tem como efeito a redistribuição de lucro tributável entre as entidades do grupo. Ora, num contexto aberto, a possibilidade de redistribuição de lucro tributável pelo GMN equivale à redistribuição de direitos tributários pelos Estados com que o grupo contacta. Com efeito, a inclusão de rendimento na esfera de uma sociedade do grupo equivale à deslocação do mesmo da base tributável de um Estado para outro. A aceitação de dedução de perdas incorridas por entidades estrangeiras bem como a redistribuição de rendimento intragrupo que resulta da compensação das perdas e do diferimento de eventos de realização suscitam preocupações de erosão de base tributária que limitam a adoção de regimes de grupo fiscais transfronteiriços. As experiências com regimes de tributação de grupos transfronteiriços são, assim, limitadas.

4.2. Regimes de tributação de grupos transfronteiriços: a iniciativa CCCTB

Neste contexto, deve ser feita referência à iniciativa *Common Corporate Consolidated Tax Base* (matéria coletável comum consolidada de imposto sobre as sociedades, MCCCIS, doravante CCCTB) da Comissão Europeia. Este projeto foi primeiramente apresentado em 2011[367] e relançado em

sobre o lucro do grupo, vd. o art. 18º, nº 16 CIRC e o acórdão STA proc. nº 01302/12 (Fernanda Maçãs); cfr. a Lei nº 73/2013 a propósito da derrama municipal e art. 88º, nº 14 e 21º CIRC que, todavia, leva em consideração o prejuízo fiscal de todo o grupo para a fixação de taxas de tributação autónomas agravadas.

[367] Sobre o projeto CCCTB, vd as seguintes obras: Weber, 2012; Lang *et al.*, 2013; Lang *et al.*, 2008; Weber/Streek, 2018; Spengel/Zöllkau, 2012; Wendt, 2009.

25 de outubro de 2016, através de duas propostas de Diretiva[368] com vista à harmonização dos sistemas de tributação de rendimento empresarial das pessoas coletivas na UE. O objetivo da Comissão consiste em reduzir o planeamento fiscal abusivo por parte de GMN e os obstáculos a atividades transfronteiriças da UE. A realização daquele desenvolverá o mercado interno e, consequência da harmonização legislativa, reduzirá a litigância entre ambos os níveis de integração europeia – o nacional e o comunitário[369].

A Proposta de Diretiva de consolidação de matéria coletável de grupos de sociedades define um grupo como sendo composto por: uma sociedade-mãe; suas filiais diretas e indiretas nas quais a sociedade-mãe disponha de direito de exercer mais de 50% dos direitos de voto, bem como de um direito de propriedade que se eleve a mais de 75% do capital da filial ou mais de 75% dos direitos de participação nos lucros distribuídos por aquela; e seus estabelecimentos estáveis. Especifica-se, ainda, que se considera que a sociedade-mãe detém 100% dos direitos de voto numa filial uma vez atingido o limite máximo relativo aos direitos de voto que possam ser exercidos no seu âmbito. Mais se especifica que o direito à participação nos lucros e o direito à propriedade do capital são calculados multiplicando-se as participações detidas, direta ou indiretamente, em filiais de cada nível[370].

A matéria coletável de todos os membros do grupo, calculada de acordo com regras uniformes nos termos da Diretiva CCTB, será agregada numa matéria coletável consolidada[371]. Esta consolidação tem uma particulari-

[368] Proposta para uma diretiva do Conselho sobre uma Matéria Coletável Comum de Imposto Sobre as Sociedades, COM(2016) 685 final (doravante, Proposta de Diretiva CCTB) e Proposta para uma Diretiva do Conselho sobre uma Matéria Coletável Comum Consolidada de Imposto Sobre as Sociedades, COM(2016) 683 final (doravante, Proposta de Diretiva CCCTB).

[369] Vd. Spengel/Zöllkau, 2012, p. 10.

[370] Vd. art. 5º da Proposta de Diretiva CCCTB.

[371] Vd. arts. 7º e 9º, nº 1 da Proposta de Diretiva CCCTB. A definição de "consolidação" carece de clarificação. O sistema CCCTB não se subsume totalmente a nenhum dos tipos de consolidação identificados supra. O art. 3º, nº 23 da Proposta de Diretiva CCCTB considera que a matéria coletável consolidada do grupo é o resultado da soma das matérias coletáveis (ou base tributária) de todos os membros do grupo, calculada nos termos da Proposta de Diretiva CCTB. Note-se que a articulação com o art. 5º CCCTB determina que o resultado fiscal dos seus membros será integralmente considerado na matéria coletável do grupo – mesmo que a sociedade-mãe não detenha 100% capital dos direitos económicos aos lucros ou dos direitos de voto. E, apesar de o art. 7º CCCTB determinar a agregação da matéria coletável dos membros do grupo, a Proposta de Diretiva não propõe a realização de um balanço do grupo. Ou seja, a consolidação não é total *(fiscal unity)*, o que implica que cada membro do grupo seja responsável pelo paga-

dade: precisamente para responder a uma série de objetivos de política fiscal e correspondendo à natureza económica do grupo, não inclui no cálculo da matéria coletável o resultado das transações entre os seus membros[372]. A sociedade-mãe pode, então e para efeitos fiscais, alocar livremente os direitos de propriedade do grupo pelas várias filiais sem que a alteração da titularidade jurídica dos bens ou direitos gere mais ou menos-valias tributáveis. A decisão de consolidação assume, a nível tributário, que a propriedade do grupo está orientada à prossecução do interesse da sociedade-mãe e, nessa medida, os direitos de propriedade do GMN são livremente transmitidos no seu interior sem incidências fiscais.

A operação de consolidação das bases tributárias dos membros do grupo é, em si, tecnicamente complexa e pode concretizar-se de diversas formas[373]. A Proposta de Diretiva CCCTB não concretiza um método contabilístico particular de consolidação e a ciência contabilística tem avançado diversas formas de levar a cabo esta operação. Ainda assim, é prática corrente utilizar um princípio de subsidiariedade na operação, levando a cabo o máximo número de operações de consolidação no nível mais inferior pos-

mento da obrigação tributária que lhe respeita, que cada base tributária seja calculada de forma separada e que a sociedade-mãe não seja responsável solidária pelas dívidas tributárias dos membros do grupo. É demonstrativo desta conclusão o facto de várias previsões da Proposta de Diretiva ordenarem o tratamento do grupo como uma unidade em assuntos específicos. Exemplifiquemos com as regras referentes à apresentação de apenas uma declaração de rendimentos pela sociedade-mãe, à aplicação das regras de limitação à dedutibilidade de juros e encargos financeiros ao grupo como um todo e não aos seus constituintes, ou à aplicação da uma taxa de imposto média aplicável a todos membros do grupo em substituição de aplicação de uma cláusula *switch-over* a um membro do grupo. Estas cláusulas impõem tributação de certos rendimentos em derrogação de regras de partilha de competência, na medida em que sujeitam a tributação no Estado de residência do sujeito passivo rendimentos já tributados no Estado fonte do mesmo, que teria em princípio o direito exclusivo à percepção do imposto. Contudo, como as taxas nominais de tributação destes rendimentos concretos no Estado fonte são vistas como excessivamente reduzidas pelo Estado de residência, este arroga-se o direito de também tributar o mesmo rendimento à taxa nominal que determine, permitindo ao contribuinte creditar o imposto já pago em outra jurisdição. Na proposta CCCTB, a aplicação desta cláusula é substituída pela aplicação de uma taxa nominal média a certos tipos de rendimentos. Vd., para mais, Gutmann, 2018, pp. 151 e ss.

[372] Embora o Projeto de Diretiva imponha o registo das transações intragrupo de forma consistente e devidamente documentada – art. 9º CCCTB – o que é importante porque a movimentação de bens dentro da sociedade determina a localização dos fatores de repartição. Contudo, ficam assim dispensadas operações de neutralização de transações intragrupo no planeamento fiscal do mesmo, reduzindo custos de contexto e cumprimento. Vd. Munsterman, 2018, p. 200.

[373] Sobre a consolidação no projeto CCCTB e as várias possibilidades técnicas de execução da mesma, vd. Oestreicher, 2008, pp. 517-546 e Sanders, 2012, pp. 1 e ss.

sível do grupo. Ou seja, a neutralização de operações intragrupo, imparidades e reavaliações ocorre ao nível das subsidiárias, cabendo à sociedade-mãe o papel de repositório da soma global da receita e perdas de cada membro do grupo, resumindo e concentrando a operação global[374].

Eliminadas as operações intragrupo da base tributária, o rendimento do grupo será, então, oriundo de transações realizadas apenas com parte terceiras. Porém, a literatura disponível mostra que o rendimento do membro do grupo antes da consolidação raras vezes coincide com o rendimento atribuído ao membro do grupo após a operação de consolidação. As causas de tal diferença encontram-se, por um lado, na utilização de fatores de repartição de rendimento total do grupo pelas unidades do grupo, que atentam no peso dos fatores operacionais tangíveis do grupo para este efeito – e não ao rendimento efetivamente percecionado por cada uma (e eventualmente calculado com base no regime de preços de transferência), gerando distorções pós-consolidação[375]. Pelo outro lado, o mecanismo de compensação de perdas intragrupo pode gerar transferência de responsabilidades entre as sociedades do mesmo.

A matéria coletável consolidada, se positiva, será então repartida entre os membros de grupo em exercício fiscal para efeitos de tributação por cada Estado com jurisdição sobre as entidades do grupo. E embora o imposto a pagar seja calculado com base na operação do grupo, a liquidação e responsabilidade pelo pagamento da obrigação tributária será individual para cada membro[376]. As obrigações fiscais de cada membro do grupo serão o resultado da aplicação da taxa de tributação nacional à quota-parte que lhe cabe após a operação de repartição – ou seja, independentemente de saber se a operação concreta do membro foi positiva ou negativa no exercício em questão. Cada membro do grupo será responsável pela obrigação de pagamento do imposto que lhe cabe distribuída[377].

Ou seja, o funcionamento das regras de consolidação da segunda proposta de Diretiva determina que o imposto gerado pelo rendimento do grupo seja distribuído pelas suas unidades constituintes, independentemente do seu resultado concreto, traduzindo assim a direção económica global do mesmo. Assim, certas subsidiárias que tenham apresentado resultados negativos terão imposto a pagar se o resultado global do grupo for

[374] Vd. a descrição da operação em Petutschnig, 2015, pp. 245 e 246.

[375] Vd. Petutschnig, 2015, pp. 246 e ss., que assim o evidencia.

[376] Vd. os arts. 45º e 52º da Proposta de Diretiva CCCTB.

[377] Cfr. art. 51º, nº 2 e 3 e art. 52, al. h) da Proposta de Diretiva CCCTB.

positivo, por força das regras de repartição[378]. Destaque-se, todavia, que os membros do grupo que realizem perdas de exercício abdicam do reporte tributário das mesmas, na medida em que são onerados com a constituição de obrigação tributária por força da atividade do grupo, e não da sua própria. Ocorrerá aqui, portanto, uma transferência indireta de bens da sociedade que realiza perdas para outras sociedades do grupo, sem contrapartida específica.

Com efeito, sociedades do grupo que gerem resultados positivos poderão não ter uma responsabilidade tributária equivalente à que teriam segundo regras de tributação singular, por força dessa mesma compensação de resultados. O seu encargo tributário pode ser reduzido, na medida em que os fatores de repartição determinem uma contribuição para os resultados do grupo proporcionalmente inferior ao resultado individual efetivamente obtido. Em suma, de forma geral, a responsabilidade tributária dos membros do grupo será distinta da que lhes corresponderia sob um regime de tributação separada[379]. A dimensão da responsabilidade tributária será originada pelo peso na estrutura do grupo e não pelo concreto resultado operacional, consolidado ao nível da sociedade-mãe.

4.3. Regimes de tributação de grupos transfronteiriços: uma realidade rara e limitada

A adoção das propostas de Diretiva CCTB e CCCTB é difícil do ponto de vista político, pelo grau de integração administrativa que exige; mas, sobretudo, pela dificuldade em colher aceitação de Estados-Membros da UE que perderiam receitas fiscais como consequência da descrita redistribuição de resultados pelo grupo. Sendo este transnacional, a relocalização de lucro nas suas entidades encontra a sua simetria na localização de lucro tributável nos Estados-Membros onde estas operam, o que tem implicações redistributivas no seio da UE. Ainda que a existência de um orçamento comum, implicando funções redistributivas compensatórias destes mecanismos, possa aplacar inquietudes nacionais, o certo é que a iniciativa demonstra a impossibilidade de aplicação de regimes de tributação de grupo fora de realidades institucionais altamente integradas do ponto de vista financeiro, económico, administrativo e fiscal, exibindo as limitações de regimes de grupo transnacionais.

[378] Cfr. Munsterman, 2018, p. 199.

[379] Vd. Petutschnig, 2015, pp. 256 e ss.

Evidência do que vem de ser dito está no facto de todos os regimes de tributação de grupo comparados pela doutrina que trata o tema[380] serem unilaterais e, nessa medida, aplicáveis a sociedades dominantes residentes e suas dominadas. As excepções a esta regra concentram-se essencialmente na UE, por força da vigência de regras de integração aplicáveis a regimes de grupos de sociedades[381], mas também, e sobretudo, por causa do papel harmonizador da jurisprudência do TJUE[382]. Apesar de a tributação direta ser regulada essencialmente pelas competências próprias dos Estados-Membros, o Tribunal tem repetidamente imposto a vigência do princípio da não-discriminação, articulado com a construção do mercado único determinante da aplicabilidade das regras associadas à liberdade de estabelecimento e de circulação de capitais. Isto não quer dizer que a intervenção do TJUE tenha poucas repercussões. Antes pelo contrário: a sua influência projeta-se em campos como a tributação de dividendos[383], o reporte transfronteiriço de perdas[384], a aplicação de regras CFC[384] e de subcapitalização[385] –

[380] Como nota Ting, 2012, p. 51. Vd. também IFA, 2004.

[381] Nomeadamente, as Diretivas "Mãe/Filhas" (2015/121/UE), "Fusões e Aquisições" (2009/133/CE) e "Juros e Royalties" (2013/13/UE), mas também as regras associadas às liberdades de circulação. Sobre o tema, vd. Silva, 2016, pp. 277 e ss. e a obra de Terra *et. al.*, 2018.

[382] Cfr. Broe, 2009, pp. 95 e ss., e as obra de Monsenego, 2012 e Slavnić, 2015.

[383] Por exemplo, através do caso *Verkooijen* (C-35/98), o TJUE considerou que a isenção de tributação de dividendos distribuídos a sociedades residentes por sociedades residentes constituía um impedimento ao livre movimento de capital na UE, pois os dividendos distribuídos por sociedades estabelecidas noutros Estados-Membros são tratados de forma menos favorável que os dividendos pagos por sociedades residentes; princípios semelhantes foram aplicados no caso *FII Group Litigation* (C-446/04) e confirmados em *Haribo* (C-437/08 e C-437/08), embora com resultado não necessariamente coincidente, pois naquele caso o TJUE aceitou que os dividendos estrageiros podiam ser tributados desde que compensada a dupla tributação com crédito de imposto, o que julgou equiparável à isenção de tributação de dividendos domésticos.

[384] Por exemplo, no emblemático caso *Cadbury Schweppes* (C-196/04), o TJUE decidiu a propósito de legislação relativa a sociedades estrangeiras controladas do Reino Unido e a incorporação dos lucros de sociedades estrangeiras controladas na matéria coletável da sociedade-mãe, que o tratamento desvantajoso de sociedades-mãe com subsidiárias residentes na UE sujeitas a regime fiscal mais vantajoso era contrário à liberdade de estabelecimento, pese embora ter aberto a porta a medidas restritivas neste âmbito dedicadas a combater "expedientes puramente artificiais, desprovidos de realidade económica, com o objetivo de eludir o imposto normalmente devido sobre os lucros gerados por atividades realizadas no território nacional". O caso *Cadbury Schweppes* representa um passo no sentido da territorialização dos sistemas de IRC na UE.

[385] No caso *Lankhorst-Hohorst* (C-324/00), o TJCE determinou que o tratamento dos gastos com financiamentos incorridos com sociedades subsidiárias estrangeiras não podia ser distinto do tratamento dos mesmos quando incorridos com sociedades domésticas, tendo seguido aproximação semelhante no caso *Bosal* (C-168/01). No caso *Masco Denmark ApS* (C-593/14), o TJUE

decidiu aceitável a regulamentação de um Estado-Membro que recusa a uma sociedade nacional a isenção fiscal pelos rendimentos recebidos a título de juros nos casos em que uma empresa do mesmo grupo, estabelecida noutro Estado-Membro, não tenha direito à dedução fiscal dos correspondentes encargos com juros, em aplicação da legislação desse Estado-Membro que limita a dedução de juros em caso de subcapitalização, ao passo que concede a uma empresa residente uma isenção fiscal pelos rendimentos recebidos a título de juros nos casos em que uma empresa residente do mesmo grupo não tenha, nesse mesmo Estado-Membro, direito à dedução fiscal dos correspondentes encargos com juros, em aplicação da legislação nacional que limita a dedução de tais encargos com juros em caso de subcapitalização.

[386] Por exemplo, no *leading case Marks & Spencer* (C-446/03), o TJUE considerou que a proibição de dedução de perdas verificadas em subsidiárias estrangeiras ao rendimento de um grupo de sociedades residentes no Reino Unido era contrária à liberdade de estabelecimento, embora tenha vindo a mitigar a obrigatoriedade de consideração das mesmas no caso *Oy AA* (C-231/05), no regime de consolidação por contribuição de grupo finlandês, e no caso *X Holding* (C-337/08), negando a possibilidade de integração em regime de consolidação total holandês de uma subsidiária não residente nem com estabelecimento estável naquele Estado. A propósito do conceito de perdas definitivas, que devem poder ser deduzidas pela sociedade-mãe de um grupo mesmo quando incorridos por sociedades estrangeiras, vd. o caso *Skatteverket* (C-608/17). A propósito de (não) dedução de perdas de estabelecimentos estáveis verificadas no estrangeiro, vd. o caso *Futura* (C-250/95), com a particularidade de lidar com o art. 7º, nº 4 CMOCDE versão pré-2010 e referido *infra* em Parte III, Capítulo I, 4. A propósito de recusa de dedução de perdas pelo estabelecimento estável da sociedade-mãe, vd. o caso *Lidl Bélgica* (C-414/06). Sobre a recusa de dedução de custos incorridos no estrangeiro por um estabelecimento estável, vd. o caso *Centro Equestre* (C-345/04). Sobre a incompatibilidade com as regras comunitárias da negação do benefício do regime de tributação pelo lucro consolidado com subfiliais residentes detidas por intermédio de filiais residentes de outro Estado-Membro, vd. o caso *Papillon* (C-418-07). Sobre a limitação injustificada por lei nacional da liberdade de estabelecimento, através da sujeição da transferência das perdas realizadas em território nacional por um estabelecimento não residente de uma sociedade estabelecida noutro Estado-Membro para uma sociedade do mesmo grupo estabelecida em território nacional à condição de não ser possível utilizar essas perdas para os efeitos de um imposto estrangeiro, vd. o caso *Phillips* (C-18/11) e o caso *NN A/S* (C-28/17). Considerando que é contrária ao art. 49º TFUE legislação de um Estado-Membro que, no âmbito de tributação de um grupo de sociedades, permite a uma sociedade-mãe, em caso de aquisição de uma participação numa sociedade residente que se torna membro desse grupo, proceder à amortização do valor comercial da empresa até ao limite de 50% do preço de compra da participação, mas proíbe essa amortização em caso de aquisição de uma participação numa sociedade não residente, vd. o caso *Finanzamt Linz* (C-66/14). Sobre a dedução total ao lucro líquido dos dividendos distribuídos por sociedades participadas residentes no âmbito de um regime de tributação consolidado e a obrigatoriedade de concessão do mesmo tratamento a sociedades que integrariam o grupo se fossem residentes no Estado-Membro de tributação, cfr. o caso *Groupe Steria SCA* (C-386/14). Vd. também os casos *SCA Group Holding* (apensos C-39 a C-41/13), sobre o regime de consolidação holandês, considerando que os artigos 49° e 54° TFUE devem ser interpretados no sentido de que se opõem à legislação de um Estado-Membro por força da qual uma sociedade-mãe residente pode constituir uma unidade fiscal com uma subfilial residente

e não apenas nas relações entre Estados-Membros, mas também entre estes e Estados terceiros[387].

Resulta do exposto que os grupos empresariais apenas são tratados como uma entidade fiscal una quando está integração é intensíssima, territorialmente limitada, e quando optem por tal. Por norma, a realidade grupal assenta no tratamento individualizado de cada entidade que compõe o grupo como sujeito autónomo e independente, ou seja, com a sua contabilidade e responsabilidade tributária próprias. A personalidade tributária individual e autónoma é, pois, a regra, mitigada por disposições que visam refletir a integração no grupo e que, no geral, se reconduzem à integração da relação sócio – sociedade[388] e à tutela das situações particulares que os fluxos entre estes sujeitos originam, como por exemplo a distribuição de lucros, o financiamento por entidades associadas, ou o controlo dos preços das transações entre partes relacionadas.

quando a detém por intermédio de uma ou várias sociedades residentes, mas não pode constituir essa unidade fiscal quando detém a subfilial por intermédio de sociedades não residentes que não dispõem de um estabelecimento estável nesse Estado-Membro ou ainda à legislação que impede duas sociedades-filhas de consolidarem contas porquanto a sociedade-mãe não tem residência no Estado daquelas duas. Sobre este regime e a necessidade de concessão de vantagens associadas ao mesmo também a sociedades não-residentes, cfr. os casos apensos C-398 e C-399/16. No mesmo sentido, vd. também o caso *B e o.* (C-749/18), considerando que os arts. 49º e 54º TFUE devem ser interpretados no sentido de que se opõem a uma legislação de um Estado-Membro que, embora admita uma consolidação fiscal vertical entre uma sociedade-mãe residente ou um estabelecimento estável, nesse Estado-Membro, de uma sociedade-mãe não residente e as suas filiais residentes, não admite uma consolidação fiscal horizontal entre as filiais residentes de uma sociedade-mãe não residente

387 Com efeito, o art. 63º TFUE "é único no seio das disposições de liberdade de circulação na medida em que claramente cobre movimentos de capital com Estados terceiros sem reservas" – traduzimos Isenbaert, 2010, p. 317. Vd. entre outros, o caso do TJCE *Sanz de Lera* (processos apensos C-163/94, C-165/94 e C-250/94) e o caso do TJUE *FII Group Litigation* (C-446/04). A liberdade de circulação de capitais pode ser invocada quer pelo investidor quer pelo beneficiário do investimento – vd. TJCE, caso *Staatssecretaris van Financiën v. B.G.M. Verkooijen* (C-35/98). A restrição da mesma não pode ter lugar por razões de receita fiscal, conforme decidido pelo TJUE, caso *Orange European Smallcap Fund* (C-194/06). Afirmando a aplicabilidade das regras de livre circulação de capitais do ordenamento comunitário a Estados terceiros, vd. Dourado/Wattel, 2018, pp. 199 e ss; Cordewener/Kofler/Schindler, 2007, p. 396. No mesmo sentido, a propósito do art. 22º, nº 1 EBF, vd. decisão arbitral de CAAD de 09/02/2020, proferida no proc. nº 256/2019-T.

388 Sobre as regras de imputação de rendimento a sócios de pessoas coletivas (que podem ser outras pessoas coletivas), no geral, vd. Correia, 2013a, pp. 131 e ss, a obra de Harris, 1994, Arnold/Ault/Cooper, pp. 528 e ss; Silva, 201 pp. 96 e ss.

Assim, a atuação transnacional do GMN apenas encontra tutela indireta nos regimes fiscais nacionais com o âmbito descrito ou em particulares disposições de ADT que visem abarcar situações concretas de integração societária. Sucede que estas são, *idem*, escassas. O GMN não é considerado sujeito tributável para efeitos de aplicação do art. 3º CMOCDE, nem pode ser, consequentemente, considerado como residente fiscal numa dada jurisdição para efeitos do art. 4º CMOCDE[389]. Neste particular, a integração grupal pode afetar a aplicação da ADT também por força do tratamento do rendimento conferido a uma entidade subsidiária no âmbito de regimes de consolidação. Com efeito, se o rendimento da subsidiária operando no Estado A for atribuído à sociedade-mãe que opera no Estado B por força de um regime de consolidação, não será tributado no primeiro. Contudo, se a subsidiária for uma sociedade comercial residente fiscal no Estado A, poderá invocar esta qualidade para efeitos de aplicação de normas de ADT[390] – ao contrário da sociedade-mãe, que não o poderá fazer na medida em que não é residente de A[391]. As regras citadas têm, assim, influência na atribuição de rendimento a uma das entidades do grupo.

Eventuais regimes de consolidação de perdas não são abrangidos diretamente pelos ADT, sugerindo alguns autores que deverão ser interpretados no âmbito das provisões referentes às transações intragrupo – cfr. art. 7º CMOCDE[392]. Aliás, as demais transações não cobertas por alguma disposição específica de um ADT acabam por ser subsumíveis ao regime de preços de transferência, que tutela de forma não especificada todas as transações entre partes relacionadas e, nessa medida, as transações intragrupo[393]. A interpretação e aplicação de qualquer norma a uma transação intragrupo carece, ainda, de mediação da aplicação do art. 24º, nº 3 CMOCDE, consa-

389 No dizer do acórdão do STA, proc. nº 0138/08 (Miranda de Pacheco) "[a] relação de domínio entre sociedades comerciais não afeta as suas personalidades jurídicas nem as suas personalidades tributárias, por serem autonomamente sujeitos de relações tributárias (artigo 3º, nº 1 do CPPT, nem a correlativa personalidade judiciária tributária (nº 2 do mesmo código)."

390 Na medida em que o seu rendimento não é sujeito a imposto na sua esfera, pelo que não preenche a previsão do nº 1 do art. 4º CMOCDE.

391 Cfr. Link, 2008, p. 146.

392 Vd. Staringer, 2008, p. 155.

393 A consolidação de resultados pode ser alcançada indiretamente através da fusão de sociedades relacionadas, mediante a qual a sociedade integrada absorve os atributos da sociedade integrante e, assim, possibilita a integração das perdas desta última nos resultados da primeira. A reavaliação em baixa do valor de uma participação social detida numa subsidiária também poderá servir propósitos idênticos

grando o princípio da não discriminação de um estabelecimento estável que atue num Estado parte na convenção[394].

Temos, assim, que a atuação do GMN não é especificamente regulada na generalidade dos sistemas fiscais nacionais nem no corpo de normas de direito convencional internacional aplicável, consoante o caso. Vejamos, então, de que forma se pode enquadrar a sua atuação no confronto com a estrutura do sistema de IRC, atuando num contexto aberto.

5. O GMN e a estrutura de IRC

O sistema de tributação empresarial não captura a forma de atuação do GMN. A questão toca a estrutura básica do sistema fiscal em dois pontos fundamentais: a incidência na pessoa empresarial e a dependência do princípio da realização. Por um lado, a separação jurídica das pessoas coletivas[395] que compõem as várias unidades do grupo encontra reflexo na incidência do IRC sobre a entidade empresarial. Ou seja, cada pessoa jurídica integrante do GMN tem uma correlativa personalidade tributária[396]. Por força da estruturação jurídica do grupo como um universo de sociedades (ou sucursais) independentes, o funcionamento do seu mercado interior implica a transação entre sujeitos jurídicos distintos. Porém, a definição do objeto e conteúdo dos negócios entre as partes é controlada pelo grupo e não resulta da convergência de vontades contrapostas que possibilitam a definição equilibrada do teor das transações.

Por outro lado, a transferência de ativos entre membros do grupo, porquanto entre pessoas jurídicas distintas, gera um facto tributário[397]. Este é consequência da vigência do princípio da realização no sistema de tributação empresarial, que se alicerça em manifestações revelantes de capacidade contributiva e que assentam, normalmente, na ocorrência de transações. Como as unidades constituintes do grupo apenas podem dispor dos ativos que integram o seu património, a alocação dos mesmos a cada sociedade do

[394] Vd. Staringer, 2008 p. 157; Silva, 2016, pp. 111 e ss.

[395] E que pode ser determinada quer por razões de descentralização funcional, quer por razões de melhor colher o benefício do privilégio da responsabilidade limitada.

[396] Em bom rigor, a questão vai para lá da mera personalidade jurídica, na medida em que as sucursais ou unidades empresariais também gozam de personalidade tributária sob a forma de estabelecimento estável.

[397] O fenómeno é omnipresente: "[a]s transferências patrimoniais constituem elemento conatural ao grupo" – cfr. Oliveira, 2012, p. 526. O relevo fiscal das transferências patrimoniais intragrupo verifica-se na ausência de regimes especiais derrogatórios, como os regimes de neutralidade fiscal no caso de reorganizações tributárias.

grupo implica a transferência do seu domínio jurídico. Ora, a transmissão de bens entre partes não relacionadas resulta da convergência de interesses distintos, sendo os termos da transação ditados pelo concurso de vontades de partes independentes. Nas transações intragrupo, o conteúdo destas é determinado pelo interesse económico comum que preside à atuação das entidades partes na transação, e não pela força das regras da atuação de partes independentes no mercado.

Pelo exposto, o GMN consegue organizar as suas transações não só procurando obter a maior eficiência na aplicação do seu investimento, mas também os melhores resultados financeiros após impostos, pois controla as variáveis determinantes destes resultados. Vejamos de que forma a sua atuação perturba o funcionamento dos pilares do sistema de IRC.

5.1. A atuação do GMN e a estrutura de IRC: a incidência na entidade empresarial

O IRC incide sobre pessoas jurídicas autónomas ou entidades equiparadas. Em contraste, o GMN estrutura-se com base na interdependência entre unidades e nas sinergias daí resultantes, superando ineficiências de mercado e atuando de forma distinta daquela que resultaria das relações entre unidades empresariais independentes. A unidade de interesse na atuação das suas unidades constituintes determina que o GMN logra controlar a incidência subjetiva do IRC nas transações intragrupo, na medida em que a cúpula do grupo pode decidir quem são as partes do mesmo numa determinada transação. Tal possibilidade está ausente em mercado concorrencial: um sujeito comercial que se relaciona de forma independente com terceiros não tem a possibilidade de determinar com quem contrata. Os seus fornecedores e clientes são determinados pela oferta e procura associadas aos bens ou serviços a transacionar.

É certo que o sujeito independente conserva a liberdade de contratar e de definir os termos da contratação que vai ínsita no exercício da autonomia privada. Contudo, não determina quem são os seus fornecedores: estes sê-lo-ão sempre que vendam o produto de que o comerciante necessita. Da mesma forma, não determina quem é o seu mercado: este resulta da procura dos produtos produzidos. Há uma diversidade de condicionantes alheias à sua produção que aquele não influencia: a localização de fornecedor ou de mercado e, inerentemente, o regime fiscal aplicável às transações com partes sujeitas àquela jurisdição. Assim, o comerciante tem um domínio reduzido sobre as consequências fiscais das suas operações quando atua em mercado livre.

Esta questão é fundamental, porquanto permite ao GMN organizar-se de forma a promover transações intragrupo fiscalmente vantajosas, através da escolha da contraparte submetida a jurisdição fiscal que lhe permita alcançar o resultado financeiro após-impostos mais apreciado[398]. O GMN consegue assim, dentro de certos limites, determinar com quem transaciona, escapando às regras da oferta e procura e, nessa medida, escolhendo a que jurisdições (e legislação e poderes tributários inerentes) se vai submeter. Esta característica do sistema estimula o grupo a colocar unidades constituintes em jurisdições de baixa tributação e a utilizar essas unidades como base do seu investimento e de circulação de capital, alocando funções contratuais associadas a alto rendimento a essas empresas. E logra fazê-lo porque, dominando a dinâmica da negociação contratual da transação integrada, domina a alocação de funções contratuais associadas a maior risco (e, nessa medida, de maior rendimento) às entidades que determine.

Seguidamente, dissemos atrás que o reconhecimento da autonomia funcional da pessoa empresarial implica que o imposto sobre o rendimento incide sobre aquele que é obtido pela entidade empresarial. Ora, o GMN explora a possibilidade de incidência pessoal num contexto aberto através da escolha de forma de investimento numa dada jurisdição estrangeira. No geral, poderá desenvolver o mesmo de duas formas[399]. Por um lado, pode constituir uma sociedade comercial de acordo com regras de direito interno local e com personalidade jurídica e tributária própria. Ou, então, pode conduzir o seu investimento diretamente, ou seja, através de uma operação factual com caráter de permanência na jurisdição estrangeira, mas sem per-

[398] As distorções no comportamento do GMN que o regime de preços de transferência introduz são relatadas pela doutrina. Por exemplo, vd., entre tantos, Mooij/Liu, 2018, p. 290, que concluem que a introdução de medidas legislativas reguladoras de preços de transferência distorce a repartição de investimento de capital, embora não alterem o volume total de investimento dos GMN analisados, sugerindo a sua sensibilidade à alteração de operações em resposta a alteração a regras de preços de transferência. Vd. também Becker/Johannesen/Riedel, 2020, pp. 104-138, que demonstram que o GMN aloca de forma desproporcionada o risco de operações a sociedades localizadas em jurisdições de baixa tributação de forma a atrair para as mesmas lucros através do funcionamento do regime de preços de transferência.

[399] Abstraímos aqui de análises do enquadramento das sociedades de pessoas ou *partnerships*, no âmbito de GMN, pelo facto de a grande atividade económica se processar de forma menos frequente com recursos a tais instrumentos – cfr., porém, Castagnède, 2015, pp. 396 e ss. e Scholes *et al.*, 2015, pp. 291 e ss. Distinguindo, na realidade norte-americana, entre entidades corporativas e não-corporativas, vd. Shaviro, 2009, pp. 29 e ss. Advirta-se, contudo, que a questão não é de somenos importância para efeitos de planeamento fiscal internacional – cfr. Peeters, 2015, pp. 59 e ss. A este propósito, vd. também o art. 5º, nº 9 CIRC.

sonalidade jurídica própria, o que implica a detenção direta da organização de produção no estrangeiro por uma sociedade de cúpula, sem a interposição de uma sociedade constituída localmente[400]. No discurso fiscal, este conceito é consumido e representado pelo instituto do estabelecimento estável, embora não o esgote.

A decisão do GMN de organizar a sua atividade de uma ou outra forma tem consequências fiscais assinaláveis. Estas decorrem da análise conjugada de três "dados elementares"[401]: o normativo fiscal do Estado de residência, o normativo fiscal do Estado de acolhimento de investimento (ou fonte de rendimento), e a relação – formalizada ou não por um ADT – entre ambos os normativos. Assim, a constituição de uma subsidiária local implica, tendencialmente, a consideração dessa sociedade como residente na jurisdição de constituição e, nessa medida e por regra, obrigada a declarar todo o rendimento das suas atividades (nacionais e estrangeiras) para efeitos fiscais nessa jurisdição, que a tributará.

A qualificação de uma entidade como residente num Estado também importa para o tratamento do rendimento obtido no estrangeiro. Esta qualidade está normalmente associada ao direito de uma dada jurisdição tributar todo o rendimento do ente em questão, o que não sucede se a entidade for considerada não residente (caso em que essa tributação é limitada aos rendimentos obtidos nessa jurisdição). Adicionalmente, essa qualificação também afeta o tratamento dos pagamentos feitos pela entidade em questão, nomeadamente a sujeição dos mesmos a retenção na fonte ou não. Esta última consequência pode resultar da legislação interna do Estado de residência, ou da articulação entre o dispositivo do Estado de residência e o dispositivo do Estado de fonte através da ADT, que pode derrogar (aplicando tratamento mais favorável) o dispositivo do Estado de fonte do rendimento.

[400] Vd. Scholes *et al.*, 2015, p. 291 e Schön, 2010a, pp. 65 e ss. Apreciando as consequências desta opção estrutural, o autor aponta que a opção pelo estabelecimento estável permite a grupos em início de operação ou de expansão deduzir imediatamente as perdas incorridas na sociedade-mãe, bem como transferir o uso de meios de produção para o estabelecimento estável sem temer a tributação da apreciação do seu valor (na medida em que não ocorre, no geral, nenhum evento de realização porquanto o bem ou direito não troca de proprietário jurídico). Note-se que o preenchimento do conceito de estabelecimento estável pode não resultar de uma decisão explícita de conduzir uma atividade com presença direta numa jurisdição pelo estabelecimento estável. Com efeito, sendo a aplicação do conceito o resultado do preenchimento de determinados indícios de presença fáctica apreciáveis caso a caso, o GMN pode estabelecer um estabelecimento estável caso, inadvertidamente, preencha os mesmos.

[401] Vd. Castagnède, 2015, p. 89.

De igual forma, a classificação como residente numa dada jurisdição poderá relevar para efeitos de deduções ou créditos fiscais por impostos pagos no estrangeiro. Cabendo ao Estado de residência o papel de atenuar a dupla tributação internacional, frequentemente fá-lo através de créditos fiscais generosos ou permitindo deduções ao rendimento obtido[402]. A afetação do tratamento de rendimentos resultante da conjugação de ordenamentos pode gerar benefícios fiscais líquidos comparativamente ao resultado derivado da mesma operação num contexto fechado, benefícios esses que o GMN procura[403].

A opção pela condução de atividade por intermédio de um estabelecimento estável, por seu turno, pode implicar uma quantificação da responsabilidade tributária do estabelecimento estável variável, mas normalmente, e *ceteris paribus*, de extensão inferior à de uma sociedade comercial subsidiária[404]. O preenchimento do conceito de estabelecimento estável implica uma apreciação casuística sobre a verificação de pressupostos fácticos que estão frequentemente na disponibilidade da opção de estruturação do GMN. Com efeito, a existência de um estabelecimento estável depende do preenchimento cumulativo de dois pressupostos: i) a existência de uma instalação fixa; ii) mediante a qual é exercida uma atividade empresarial[405].

[402] O que também é o resultado frequente de opções legislativa marcada por objetivos de política fiscal. Veja-se, sobre a adoção de regime semelhante ao art. 45º-A CIRC na República da Irlanda, Barry, 2019, pp. 325-340.

[403] Cfr. Avi-Yonah, 2011, p. 601.

[404] Isto porquanto se coloca a questão de saber se o estabelecimento estável apenas é responsável pelo imposto pelo rendimento que ativamente gere e que seja diretamente conexo com a sua atividade (conexão efetiva, opção que resulta do art. 7º da CMOCDE) ou se o pagará imposto por todos os rendimentos que aufira, sejam ou não relacionados com a atividade comercial principal que conduz numa dada jurisdição (opção que resulta da versão do art. 7º da CMONU) e que, em certa medida, é acolhida pelo legislador português no art. 3º, nº 3 CIRC, ainda que de "forma limitada" - cfr. Morais, 2011, p. 30. O mesmo autor salienta, na experiência portuguesa, a possibilidade de dedução pela sociedade comercial subsidiária de custos gerais do grupo não incorridos na jurisdição portuguesa ao abrigo do regime dos encargos gerais de administração (cfr. atual art. 54º CIRC), o que conduz a uma outra vantagem propiciada por planeamento fiscal: a dedução de encargos que não tinham sido efetivamente incorridos pela sociedade que os deduz.

[405] Vd. a definição do art. 5º, nº 1 CMOCDE e os arts. 3º, nº 4 e 5º, nº 1 CIRC. Vd. também OCDE, 2017b, par. 42.2 - 42-4 que destaca três elementos integrantes do conceito de estabelecimento estável: i) um *situs*, local de condução de negócio, ii) com grau de permanência, iii) condução do negócio empresarial a partir desse mesmo *situs* no Estado onde esse se situa. O GMN deverá lograr dispor do *situs* para que haja um estabelecimento estável, destacando Reimer, 2015, p. 337 o caráter de *tangibilidade* do estabelecimento estável como essencial à sua verificação. Está

Decompõe-se, pois, num elemento estático e num elemento dinâmico: uma organização sem caráter temporário, através da qual se exerce uma atividade[406]. Contudo, o conceito exige que essa atividade seja exercida a título principal, restando excluídas do conceito de estabelecimento estável as ditas atividades preparatórias ou auxiliares, como por exemplo, os depósitos de mercadorias, entre outras e que tenham essa natureza[407].

Todavia, a evolução dos modelos de negócio comerciais contemporâneos, altamente assentes na desmaterialização do comércio à distância e na segmentação de funções produtivas dentro do GMN, coloca em evidência as limitações da definição do estabelecimento estável expostas[408].

associado a este requisito um inegável propósito prático: o do cumprimento coercivo da obrigação tributária, por ser possível localizar os representantes do estabelecimento estável ou seus ativos pela AT. Assim também, Arnold, 2018, sec. 1.1.2.3. Trata-se de um requisito em revisitação contemporânea por força das exigências da desmaterialização e intangibilização da atividade comercial internacional – cfr. Vv. Aa., 2019, no geral, sobre a evolução recente da definição de estabelecimento estável.

[406] Vd. a completa exposição de Xavier, 2014, p. 311. O objetivo do requisito do exercício de uma atividade é afastar rendimentos obtidos de forma passiva da tributação do estabelecimento estável– cfr. Reimer, 2015, p. 338.

[407] Vd. art. 5º, nº 8 CIRC e art. 5º, nº 4 CMOCDE e Xavier, 2007, pp. 339. O Comentário MOCDE, par. 24, afirma ser fundamental avaliar se a atividade do local fixo de negócio, em si própria, constitui uma parte essencial e significativa da atividade da empresa como um todo. Como tal, as exceções do nº 4 do art. 5º CMOCDE podem verificar-se cumulativamente sem que a subsunção da atividade empresarial a várias alíneas em conjunto implique a existência de um estabelecimento estável. Alerta-se para o facto de a abordagem da OCDE não constituir costume internacional: vários Estados não membros daquela organização adotam posições diferentes, o que se se concretiza, entre outros exemplos, na CMONU. Vd. também Reimer, 2015, pp. 376 e ss. e Sasseville, 2019, pp. 3 e ss.

[408] Bem expostos, por exemplo e de forma sucinta, em OCDE, 2017b, pars. 42.7 e 42.8. Pense-se no comércio eletrónico: na medida em que os produtos são disponibilizados ao consumidor via um sítio *web*, não existe estabelecimento estável porquanto o sítio não se reveste da característica de tangibilidade (resultando da combinação de dados eletrónicos com *software*). O comentário destaca que a promoção e publicidade de bens e serviços, a recolha de dados de mercado e fornecimento de informação são atividades que "geralmente" devem ser consideradas preparatórias e auxiliares – logo, não conducentes à existência de um estabelecimento estável. Parece entreaberta a porta dogmática à solução de uma questão a que voltaremos: onde tais funções sejam uma parte essencial ou significativa da empresa como um todo, poder-se-á concluir pela existência de um estabelecimento estável. É importante apontar, todavia, que o Comentário à CMOCDE exige sempre a presença de equipamento físico na jurisdição que pretende tributar (um servidor, por exemplo) para afirmar a existência de um estabelecimento estável. Caso contrário, e se o único ponto de contacto de atividade empresarial é a disponibilização de produtos *online* juntamente com outras atividades auxiliares, não estaremos diante de um estabelecimento estável, nos termos da sua conceptualização clássica.

Esta assenta predominantemente na ideia de uma representação permanente (uma estrutura não só fixa como física) e na condução de uma atividade central na produção de rendimento sob supervisão direta e promoção da entidade-mãe[409]. Neste quadro, a fragmentação das atividades do GMN possibilita-lhe conduzir funções limitadas na jurisdição de venda dos seus produtos, que podem não ser de molde a ativar uma presença económica de relevo na jurisdição que pretende tributar a sua atividade e, nessa medida, a evitar o preenchimento do conceito de estabelecimento estável[410].

Nesta medida, o próprio conceito do estabelecimento estável é lacunar e sujeito a manipulação no caso de atividades produtivas altamente integradas, e em que a direção económica unitária permite a adoção das formas negociais adequadas à produção de certo evento sem incorrer em riscos financeiros ou de incumprimento contratual. A mera análise abstrata da letra das normas que contêm a definição de estabelecimento estável na CMOCDE sugere ao intérprete várias hipóteses de configuração de formas de condução de uma atividade sem atingir o limiar mínimo de presença necessário para preencher o conceito – e, assim, evitar a jurisdição do Estado fonte sobre aquele rendimento. Desde logo, a fragmentação de operações permite dispor de armazéns nas jurisdições de mercado com o único propósito de colocar mercadoria à disposição por um prestador de serviços de logística, ou repartir as várias funções necessárias à prossecução

[409] Ainda que o próprio conceito preveja a possibilidade de atividades levadas a cabo diretamente por terceiros permitam o preenchimento do conceito de estabelecimento estável, nomeadamente no caso dos estaleiros de construção e dos contratos de agência. Contudo, tanto num caso como noutro, a supervisão e a promoção da atividade cabe à sociedade-mãe, através da definição dos elementos essenciais de execução das tarefas contratadas no acordo prévio com o subempreiteiro ou o agente dependente e da supervisão factual da execução contratual. No entanto, há quem veja nesta parte da disposição atinente ao estabelecimento estável o lançamento do conceito para a contemporaneidade digital, admitindo que nem sempre a fixidez do estabelecimento estável seja o critério essencial, pois há casos em que a natureza das funções desempenhadas por conta de outrem, num sentido amplo, podem determinar a existência de um estabelecimento estável – assim, Arnold, 2018, sec. 1.1.2.2.. Veja-se também o art. 5º, nº 3, 6 e 9 CIRC e art. 5º, nº 3 e 5 CMOCDE. Sobre a relação entre estabelecimento estável e agentes, vd. Austrey, 2019, pp. 159 e ss; Silva, 2019, pp. 173 e ss. e o comentário de Nogueira, 2019, pp. 81 e ss. à decisão arbitral do CAAD de 28/11/2016, proc. nº 7/2006.

[410] Embora se deva assinalar o progresso de soluções do projeto BEPS no que concerne à adoção de regras anti-fragmentação, com propostas que inspiram a alteração do art. 5º CIRC pela Lei nº 75-B/2020, modelada nas versões dos arts. 5º, nº 5 e 6, 5º nº 4 e 5º, nº 8 CMOCDE conforme redação conferida pelos arts. 12º, 13º e 14º MLI. Para mais sobre a evolução do conceito de estabelecimento estável neste particular, cfr. Arnold, 2018, sec. 1.2.6; Chatel/Harley, 2019, pp. 31 e ss; Arginelli, 2019, pp. 91 e ss.

da operação por unidades distintas do grupo (imagine-se, localizadas distintamente) ou subcontratadas, o que poderá não implicar a constituição de um estabelecimento estável[411].

Estas diferenças de tratamento entre as formas de estruturação de investimento direto externo são mitigadas, na generalidade dos ordenamentos jurídicos, pela vigência do princípio da proibição de tratamento discriminatório positivado nos ADT[412]. Contudo, esta aparente neutralidade apenas é chamada à colação quanto, a montante, o julgador pode afirmar existir um estabelecimento estável num dado Estado. Com efeito, a afirmação da existência de um estabelecimento estável é condição para o estabelecimento duma conexão entre o contribuinte e o poder tributário que possibilite e legitime a atuação deste. Os proveitos de uma sociedade não-residente num Estado apenas podem ser ali tributados caso se verifique a existência de um estabelecimento estável[413]. Portanto, a tributação na fonte depende, primeiramente, do preenchimento da definição de estabelecimento estável contida na legislação do Estado fonte do rendimento e anfitrião do investi-

[411] Vd. art. 5º, nº 4 CMOCDE, art. 5º, nº 6 CIRC e Tavares, 2016, p. 260. Ilustre-se de forma genérica com o exemplo mais óbvio: os modelos de negócios de *e-commerce*, nos quais o GMN instala meras funções de armazenamento e distribuição nos locais de venda de produtos, evitando o preenchimento de estabelecimento estável e, nessa medida, a tributação do rendimento gerado no Estado fonte do mesmo. Outra forma de elisão consistirá na conclusão dos acordos "comissionistas" – a sociedade-mãe é proprietária do inventário numa dada jurisdição, que é vendido por um comissário, sem poderes de representação, celebrando contratos que não vinculam diretamente a sociedade-mãe, ou através de agentes ditos independentes, evitando assim a aplicação do art. 5º, nº 5 CMOCDE – sobre o tema, vd. Arnold, 2018, par. 3.6. A questão é particularmente premente nos países de direito civil, nos quais vigora uma distinção clara entre o mandato com representação e o mandato sem representação. No caso dos comissionistas, uma vez que a propriedade do bem é da sociedade-mãe, mas posto que frequentemente o comissionista apenas desempenha funções para essa sociedade, este suportará o risco do contrato, o que possibilita a aplicação de normas como a do art. 5º, nº 7 CIRC. Cfr. também o art. 12º MLI.

[412] Vd., em particular, o art. 24º CMOCDE. Na planificação de transações intragrupo, o GMN pode interesse em conduzir o investimento através de uma subsidiária pela obrigação de respeito que a sua estrutura de capital implica na análise transacional, reduzindo possibilidade de alocação de capital a estabelecimento estável considerando as funções que desempenha – vd. Andrus/Collier, 2017, pp. 86 e ss. e 119 e ss.

[413] Vd. art. 7º CMOCDE. Daí que se diga que o conceito de estabelecimento estável seja instrumental e essencial na repartição de competências tributárias entre Estados (vd. Arnold, 2018, sec. 1.1.1.3). No mesmo sentido, IFA, 2005, p. 28. Veja-se, ainda, Vann, 2010a, p. 270, que considera que o conceito de estabelecimento estável é mais central na dinâmica dos ADT do que o conceito de residência fiscal, apelando a considerações históricas. Reimer, 2015, p. 335, afirma que que o conceito de estabelecimento estável é um substituto funcional do conceito de residente para efeitos de aplicação de um ADT.

mento (a qual, o mais das vezes, replicará a definição constante dos ADT de que é parte)[414].

Por fim, a articulação entre os dispositivos legais do Estado fonte e residência por intermediação de um ADT tem efeitos assinaláveis na tributação do GMN[415]. Aquela articulação pode criar sobreposições ou lacunas (mesmo na vigência de ADT entre Estados concorrentes à tributação do GMN) que aquele pode aproveitar, em virtude do poder discricionário que tem de controlar as variáveis contratuais, através do controlo das partes. Em vez de evitar o nexo de tributação numa dada jurisdição, o GMN pode ter interesse em atrair a declaração de rendimentos para a mesma, por força da sua reduzida tributação.

Para tal e por exemplo, constituirá uma sociedade comercial subsidiária numa dada jurisdição, com o propósito de conduzir o seu investimento através da mesma (as sociedades-base)[416]. Esta possibilidade permite a uma entidade do GMN ser considerada residente numa jurisdição consoante o seu interesse, na maior parte das vezes com o propósito de aproveitar benefícios concedidos por ADT aos residentes desse mesmo Estado (hipótese frequente ao nível do planeamento de aplicação de taxas de retenção na

[414] Ainda que Pires, 2018, p. 73, alerte que a tributação pelo Estado fonte é justificada pela forte ligação económica entre a atividade produtora de rendimento e aquele, o que se pode manifestar por outras formas que não o estabelecimento estável. A autora manifesta aqui sensibilidade para a premente questão a tributação do digital, consideradas as limitações do conceito de estabelecimento estável. Diga-se também que a inspiração convencional da positivação em direito interno do conceito de estabelecimento estável não deve distrair o intérprete: os ADT têm uma mera "função negativa", e que é a de delimitar, por via convencional, pretensões tributárias dos Estados cujo fundamento seja a lei interna. Daí que esta última nunca perca centralidade na definição da incidência tributária. Cfr., por todos, Xavier, 2014, p. 121.

[415] Castagnède, 2015, p. 99, afirma, porém, que o fator fiscal não é o mais decisivo na escolha da organização jurídica do investimento direto externo, na medida em que considerações de mercado local ou de limitação de responsabilidade civil são mais prementes. Outras motivações surgem elencadas em Morais, 2005, p. 181.

[416] A fixação de residência de uma sociedade-cúpula para efeitos funcionais de planeamento fiscal do GMN pode não coincidir necessariamente com o local de residência da sociedade-mãe. Frequentemente, o grupo dispõe de uma sociedade-base, residente em Estado diverso do da sociedade-mãe e de nível de tributação efetivo reduzido em comparação com o nível do Estado de mercado, controlada por pessoas singulares ou coletivas domiciliadas noutro Estado, e operando num terceiro Estado – assim, Xavier, 2014, p. 378. Esta sociedade opera recebendo os dividendos do grupo prévios à distribuição final aos seus beneficiários efetivos ou procedendo à sua recaracterização antes daquele primeiro momento. Assim já o explicava Morais, 2005, p. 188, distinguindo entre função de *primary sheltering* de *second sheltering*.

fonte por rendimentos obtidos localmente[417]) ou com o propósito de evitar a tributação com base na residência num outro Estado.

Acresce ainda que a própria definição de residência para efeitos fiscais é suscetível de manipulação pelo GMN. Isto, porque a comunidade de Estados diverge nos critérios utilizados para considerar uma sociedade comercial como sua residente, optando uns pelo critério da constituição e outros pelo critério do centro de direção de negócios[418]. A divergência entre os

[417] Um exemplo jurisprudencial demonstrativo da dificuldade da AT em limitar o aproveitamento de benefícios resultantes de ADT e subsequentemente transferidos para entidade residente em território com tratamento fiscal mais favorável é tratado na decisão arbitral do CAAD proferida em proc. com o nº 131/2013-T. A AT logrou, todavia e através da aplicação da CGAA, impedir a deslocalização de lucros para jurisdição terceira através da compra e revenda por sociedade aí localizada (sem qualquer atividade efetiva) no caso decidido por decisão arbitral do CAAD, proc. nº 219/2016-T.

[418] Exemplifique-se o relevo do problema com a descrição da famosa estrutura *double irish*, objeto de forte escrutínio público e associada a GMN como *Google* (hoje em dia, *Alphabet*), *LinkedIn*, *Apple*, *Pfizer*, entre outros que cumula a manipulação do critério de residência com a utilização de ativos intangíveis, descrita em FMI, 2013, p. 47 ou pelo Subcomité de Investigações Permanentes do Senado dos EUA, 2013, p. 3 e 156. Uma sociedade-mãe de um GMN (A) constitui uma sociedade comercial subsidiária constituída em jurisdição com tratamento favorável de rendimento de propriedade intelectual (B), transferindo para esta última direitos de propriedade intelectual associados aos produtos comercializados pelo grupo (o que pode ser feito por uma transação de compra e venda ou através de contribuição de capital). Subsequentemente, o mesmo GMN constitui uma sociedade controlada na República da Irlanda (IRL1), detida pela sociedade B. IRL1 adquire o direito a transacionar os produtos do GMN incorporando a propriedade intelectual do mesmo através de um contrato de licença ou de um acordo de preços de transferência. A exploração destes direitos é licenciada a uma sociedade constituída nos Países Baixos (PB), que por seu turno os licencia novamente a outra sociedade irlandesa (IRL2), todas sob controlo do grupo. Esta última, por seu turno, é a sociedade operacional que procede à celebração de contratos de fabrico dos produtos do GMN e, subsequentemente, vende os mesmos a entidades terceiras, centralizando o rendimento oriundo de transações com partes não relacionadas resultante das vendas do GMN. Porém, transfere o produto destas transações para a sociedade PB como contrapartida pela exploração dos direitos de propriedade intelectual incorporados nos produtos vendidos. Sobre esta transferência de rendimentos não incide qualquer retenção na fonte por força da Diretiva Juros e Royalties. Por seu turno, a sociedade PB mimetiza esta operação, procedendo ao pagamento de *royalties* a IRL1. Contudo, como por força da exploração de assimetrias na definição de residência, esta última não é tida como residente fiscal na República da Irlanda, esta última jurisdição não tributa o rendimento recebido a título de *royalties*. As regras CFC estadunidenses, por seu turno, consideravam IRL1 como residente fiscal na República da Irlanda. Deste modo, os rendimentos oriundos das vendas a entidades terceiras pelo GMN escapariam largamente a tributação, pois às inclusões resultantes das vendas com terceiros eram deduzidos os pagamentos de *royalties* entre IRL2 e PB. A remessa de *royalties* de PB para IRL1 não seria tributada pelos Países Baixos na fonte, nem na República da Irlanda que não consideraria IRL1 aí residente, nem pelos EUA aplicando regras CFC à sociedade B, pois

critérios pode, assim, gerar uma lacuna que implica que determinada entidade do GMN não seja considerada residente em jurisdição alguma, afinal, embora se deva reconhecer a progressiva dessuetude desta forma de planeamento fiscal.

O sistema assente em transações entre partes independentes é assim subvertido pela atuação do GMN nas suas transações intragrupo, na medida em que este controla i) a identidade das partes e ii) a natureza da sua relação. Desta forma, as transações intragrupo realizam um interesse único, e não são o resultado de interesses distintos, mas convergentes, como nas transações entre partes independentes. Resulta, assim, evidenciado que as implicações da estruturação do sistema fiscal de tributação sobre o rendimento empresarial propiciam a determinação da incidência subjetiva pelo GMN, dificultando a coincidência entre o titular jurídico e o titular económico do benefício retirado da atividade produtiva.

5.2. A atuação do GMN e a estrutura de IRC: o princípio da realização

A incidência objetiva do imposto assenta noutro pilar do IRC: a tributação com base no princípio da realização. A operação deste princípio permite, entre outras vantagens[419], uma avaliação fidedigna e pouco custosa do valor dos ativos transferidos e dos serviços prestados no mundo empresarial, por

não consideraria os pagamentos realizados por IRL1 à sociedade B como pagamentos realizados entre entidades distintas nem consideraria a sociedade IRL1 sujeita à sua tributação porquanto não residente nos EUA. O SUBCOMITÉ estima que, desta forma, só nos exercícios compreendidos entre 2009 e 2012 o GMN *Apple* terá evitado a incidência de IRC sobre rendimentos oriundos de vendas com terceiros no montante de 44 biliões USD, o que se deve a dois vetores: deslocalização de lucros para a República da Irlanda através da manipulação de preços de transferência da propriedade intelectual; aproveitamento de assimetrias de classificação de natureza de entidade conducentes a dupla não tributação – cfr. SUBCOMITÉ, 2013, p. 5-8. A estratégia do GMN *Alphabet* (anterior *Google*) é idêntica – cfr. STEWART, 2018 p. 13 e COMITÉ DE CONTAS PÚBLICA DA CÂMARA DOS COMUNS DO REINO UNIDO. O Estado da República de Irlanda, pelo Finance Act de 2014, passou a considerar as sociedades fiscais constituídas na República da Irlanda como aí residentes (ao invés de considerar apenas as administradas a partir do seu território como tal), com vista a limitar o recurso a esta estrutura. Este efeito não é plenamente alcançado por vários motivos, como por exemplo a formulação de reserva à aplicação do art. 12º do MLI – cfr. CHRISTIAN AID, 2017. Descrevendo e discorrendo sobre as audiências do Senado e do Comité de Contas Públicas da Câmara dos Representantes do Reino Unido, vd. HUNT, 2020, pp. 57 e ss. A este propósito, vd. ainda TING, 2014, pp. 40 e ss; MAINE/NGUYEN, 2017, pp. 176 e ss; BROTHERS, 2014, pp. 687 e ss; UNCTAD, 2015, pp. 194 e ss; TAVARES; BOGENSCHNEIDER/PANKIV, 2012, pp. 121 e ss.

[419] Para um elenco global de vantagens e desvantagens do princípio da realização, vd. CORREIA, 2013a, pp. 10 e ss. e 116 e ss. e TAVARES, 2011, pp. 75 e ss.

força das dinâmicas de mercado aberto e do equilíbrio proporcionado pelos vetores da oferta e procura. Porém, tal apenas sucede nas transações entre partes não relacionadas. No caso de transações entre partes relacionadas, *maxime* no seio de GMN, a dinâmica de oferta e procura que leva ao estabelecimento de um preço de mercado está tendencialmente ausente.

A realização como manifestação de factos tributários não revela as vantagens associadas ao seu funcionamento quando aplicada às transações intragrupo. Partes não-relacionadas, por força dos seus interesses divergentes, encontrarão o negócio jurídico que seja o mínimo denominador comum para a realização dos seus interesses. Essa forma será, o mais das vezes, aproximada da substância económica do negócio que pretendem realizar. Raras vezes o interesse fiscal de duas partes não-relacionadas será coincidente, e, não tendo interesse comum ou direção económica unitária, as partes não têm incentivo para contratar em obediência ao interesse económico de outrem. Em rigor jurídico, no caso das sociedades comerciais, nem o podem fazer, por força dos deveres de lealdade que impendem sobre os seus administradores. Em suma, as partes independentes não estão dispostas a sofrer o efeito e contingências de adotar formas contratuais que não obedeçam a um interesse próprio. Esta tensão determina que, na ausência de interesse fiscal comum, o negócio jurídico celebrado respeite a substância económica e a intenção das partes, em particular quanto às condições e preço da transação.

Toda esta dinâmica está ausente no GMN que, num contexto aberto, põe em evidência as limitações do modelo, manipulando a diferente definição das bases tributárias dos ordenamentos onde atua e a interação entre estes bem como assimetrias informativas entre Estados. Com efeito, estando duas partes sujeitas a uma direção económica unitária, o valor assacado à transação é determinado por quem exerce o controlo sobre estas – e não necessariamente pela tendência de o vendedor exigir o maior preço possível, contrariada pela oferta do menor preço possível pelo comprador. O resultado final projeta-se na fixação do preço correspondente ao evento de realização, que corresponderá aos interesses da direção económica unitária e, nessa medida, não resultará numa avaliação fidedigna do valor dos bens transferidos e serviços prestados[420].

[420] O regime de preços de transferência também tem interferência na fixação do preço de transações celebradas pelo GMN com entidades externas. A doutrina existente parece demonstrar a existência de uma relação entre a fixação de um preço de transferência de recursos mais baixo e o aumento do valor do preço cobrado pelo bem produzido nas relações do GMN com os seus

Ademais, não se pode dizer que numa transmissão de ativos intragrupo ocorreu uma transferência de valor, na medida em que o mesmo permanece contido e integrado dentro das fronteiras do GMN. As transferências de valor entre unidades do grupo não revelam a alteração do titular último do rendimento: a entidade-mãe. A capacidade contributiva do grupo não se altera com transações internas – este não incrementou o seu ativo nem realizou liquidez que justifique tributação. Uma transação intragrupo implica uma mera troca de ativos sujeita à mesma direção económica unitária e não uma transmissão de ativos em sentido estrito. Neste contexto, o princípio da realização não tem a virtualidade de sinalizar capacidade contributiva ou um evento tributável assente na transmissão de bens porque o interesse económico e o gozo das propriedades associadas ao bem se mantém controlado pelo mesmo sujeito: a entidade-mãe.

Ora, os eventos de realização são definidos e fixados na legislação de cada Estado, assim integrados na definição das respetivas bases tributárias. A seleção do Estado que tenha definido a sua base tributária de forma a consagrar determinadas inclusões ou deduções pode implicar, no caso concreto, o regime fiscal mais favorável para a centralização da operação. O GMN pode, então, optar por localizar e centralizar parte das suas operações nesse mesmo Estado. Com efeito, sendo a cadeia de produção industrial e de serviços contemporânea fortemente fragmentada e complexa, o processo de transformação de bens em mercadoria é hoje um autêntico facto tributário complexo de geração sucessiva. Desta forma, o GMN pode reorganizar a sua produção, considerando os eventos tributáveis, e caracterizar transações intragrupo de forma a produzir eventos de realização em jurisdições cujo tratamento fiscal lhe seja mais favorável.

Acresce que, na medida em que controla a ocorrência dos eventos tributáveis nas transações intragrupo, o GMN pode provocar o tratamento da mesma realidade fática de forma distinta consoante a caracterização que faça da transação para efeitos declarativos. Este tratamento distinto de idêntica realidade fáctica também pode ocorrer porque o seu enquadramento jurídico pode variar consoante o Estado que exerce jurisdição sobre

clientes: o maior desconto de preço nas transações internas leva a um aumento de preço nas transações externas. Esta relação é cumulada com o facto de a entidade vendedora ou agremiadora do lucro da transação do GMN estar frequentemente localizada numa jurisdição de tributação reduzida. O regime de preços de transferência parece gerar, assim, distorções na neutralidade de fixação de preços internos e externos – vd. Hiemann/Reichelstein, 2011, p. 15 e Mooij/Liu, 2020, p. 288.

o mesmo[421]. A declaração de atividades relevantes do grupo em jurisdições com taxas nominais de imposto mais reduzidas é, apenas, a face mais visível deste tipo de estratégias.

Ora, a fixação do valor das transações intragrupo internacionais determina a repartição de rendimentos pelas entidades do GMN e, desta forma, a repartição do *quantum* relativo a tributar por cada Estado. Assim, a repartição de bases tributárias depende, de facto, em larga medida da articulação de princípios e métodos próprios que compõem o regime de preços de transferência, que visa equiparar as transações entre partes relacionadas às transações entre partes independentes. Só que, como veremos, o regime de preços de transferência não impede que o GMN controle o tempo, a forma, teor e condições dos negócios que subjazem às transações. Nesta medida, o princípio de realização não cumpre o propósito de facultar a avaliação das transações pelo seu justo valor, uma vez que este é determinado de forma unitária na cúpula do grupo. As dificuldades da AT são agravadas pelas assimetrias informativas[422], contingências de cooperação interestadual e administrativa e limitações ao exercício da soberania estadual sobre factos não ocorridos de forma manifesta no seu território (como o é, por vezes, a obtenção de rendimentos derivados de investimento de capital).

6. O GMN e comportamentos de substituição

A manipulação que possibilitam as regras em torno dos pilares e subpilares de IRC pela direção económica unitária do grupo, atuando num contexto aberto, é fatal para o sistema de IRC contemporâneo. Este tem por base a consideração de unidades empresariais independentes que transacionam entre si de forma independente e com interesses divergentes. Mas o GMN assenta precisamente na operação de uma ou várias empresas, unitariamente controladas sob o mesmo interesse convergente, transacionando entre si procurando obter vantagens derivadas da integração. É na divergência entre a entidade económica una e o tratamento independente das entidades que a compõem que reside a causa da erosão das bases tributárias e a deslocalização de lucros.

[421] Pense-se no tratamento dado aos instrumentos híbridos, possibilitando o chamado *double dipping* (dupla dedução de custos), ou na caracterização dos fluxos de capital entre sociedades de grupo, possibilitando a circulação financeira com deduções associadas à cobrança de juros intragrupo.

[422] Assimetrias estas mitigadas pelo desenvolvimento das obrigações de declarações financeiras e fiscais por país (CbCR) – cfr. art. 121º-A CIRC, Portaria nº 367/2017 e OCDE, 2015b.

Ora, os sujeitos e as operações que são abrangidos pela definição da base tributável determinam o rendimento sobre o qual incidirá o poder tributário do Estado. Portanto, ao controlar em larga medida as transações intragrupo e o seu conteúdo, a cúpula do GMN logra manipular a incidência subjetiva e objetiva do imposto sobre o rendimento, o que toca particularmente a incidência do IRC na entidade empresarial e o funcionamento do mecanismo da realização. O GMN movimenta os seus ativos produtivos (aqui também incluídos o capital e a força de trabalho) pelas suas unidades constituintes da forma que melhor serve considerações produtivas económicas, mas também resultados após imposto[423].

Fá-lo através da adoção da estrutura negocial que melhor sirva os seus interesses, e que determinará a caracterização das transações segundo variáveis de comportamento substitutivas – ou comportamentos de substituição[424] – que podem gerar ou não factos tributáveis de conteúdo distinto. Estamos diante de comportamentos de substituição quando uma empresa "substitui, realiza transações e/ou implementa estruturas (funcionais e/ou societárias) diferentes daquelas que realizaria ou implementaria na ausência de vantagens que levam a empresa a substituir o seu comportamento normal"[425]. Desta forma, o GMN adapta o conteúdo das transações intragrupo ao melhor resultado financeiro para o grupo, considerando essencialmente quatro variáveis: i) a natureza do ativo transferido; ii) a direção do fluxo transacional; iii) a intensidade da relação existente entre as partes na transação; iv) a adoção da forma jurídica transacional[426]. É através da consi-

[423] Cfr. Mendes, 2016, p. 429.

[424] Neste particular partimos da teorização de Correia, 2013a, pp. 98-116 e 261 e ss., complementada por Mendes, 2016, pp. 429-432.

[425] Cfr. Correia/Mendes, 2010, p. 89.

[426] Veja-se como Antunes, 2002, exemplifica a pp. 98 e ss, várias formas de concretizar esta camuflagem transacional que caracteriza o grupo, autêntica "tradução financeira do princípio dos vasos comunicantes". As transferências de rendimento entre sociedades do grupo e a sociedade-mãe podem ser feitas através de contratos numerosos com esse fito: contratos de licença e assessoria técnica com condições fixadas unilateralmente pela sociedade-mãe (originando os *royalties*), contratos de prestação de serviços, contratos de exclusividade de fornecimento, contratos de financiamento, fixação de preços de cessão e venda interna, repartição geográfica de mercados, etc.. Estas formas de exercício de influência e de esvaziamento do poder de decisão da sociedade subordinada podem ser alcançadas por relações contratuais implementadas fora do quadro estrutural das relações societárias: pense-se na vigência de contratos de franquia, de licença e de crédito entre sociedades não diretamente relacionadas mas que revelam um poder negocial desproporcionado da sociedade dominante, "criando posições equivalentes (...) às que caracteriza a relação entre a sociedade-mãe e as subsidiárias" – vd. Oliveira, 2012, pp. 130 e

deração e interação entre estas 4 variáveis e da projeção dessa ponderação nos resultados após imposto do GMN que este implementa opções de planeamento fiscal. Vejamos.

No que respeita a natureza do ativo transferido, o cálculo do rendimento originado pela transação é distinto consoante estejamos diante da transferência de bens, participações sociais ou dinheiro. Relativamente aos primeiros dois casos, os sistemas de IRC costumam atualizar a base fiscal do bem transacionado para o seu valor de mercado, conforme declarado pelas partes da transação, ocorrendo um evento de realização com reconhecimento. No caso das prestações pecuniárias (utilizadas como contraprestação de mútuos, prestação de serviços ou uso de ativos tangíveis ou intangíveis nas suas diversas formas), a transação é reconhecida através da inclusão do rendimento em questão pelo mutuante, prestatário ou locador no seu rendimento bruto e de uma dedução ao rendimento bruto do pagador da quantia em questão. A base fiscal do dinheiro é sempre equivalente ao seu valor nominal.

Contudo, nem sempre a base fiscal das demais coisas reflete o seu valor de mercado[427]. Por este motivo, a diferença entre aquele e este pode determinar a verificação da realização de um evento de inclusão ou de dedução de rendimento na base tributária do sujeito a que respeita, dada a existência de uma maior-valia ou menos-valia latente. Ademais, aquando da transferência do bem cedido para o cessionário, o sistema de IRC procede à atualização da base tributável do bem. Consoante o caso, a atualização pode determinar a ocorrência de um evento de realização, a alteração da base fiscal do ativo (o que implica o diferimento de um evento de realização para transação posterior), ou não determinar a existência de um evento de realização[428].

A direção do fluxo transacional prende-se com a determinação das partes no negócio utilizado para transferir o benefício económico do ativo, que decorrerá de uma alteração jurídica na propriedade ou direito de uso do mesmo. Numa transação entre partes independentes, o benefício econó-

ss. Esta camuflagem transacional bule com o próprio conceito de contrato – este tem por base o consenso, que é o produto de uma dinâmica interpretativa de duas vontades distintas, mas convergentes na produção de determinados efeitos.

[427] Exemplifique-se com um bem objeto de depreciações, cuja base fiscal poderá – e será, frequentemente – inferior ao valor de mercado.

[428] Como sucede no caso de regimes de reorganização empresarial marcados pelo princípio da neutralidade, já referidos em Parte II, Capítulo I, 2.2.

mico do ativo tende a alinhar-se com a titularidade do direito que confere a utilidade do mesmo. Nesta medida, o fluxo transacional é direto: pense-se na relação comprador/vendedor, mutuário/mutuante, prestador de serviços/beneficiário de serviços. Todavia, o GMN, através da perceção do rendimento consolidado pela entidade-mãe, extrai o benefício económico da utilização de todos os ativos das sociedades ou entidades que o compõem, independentemente da titularidade do direito aos mesmos por estas. Assim, os fluxos transacionais intragrupo podem ser diretos ou indiretos, mas também e ainda, entre sociedades hierarquicamente distintas ou pares – pense-se nas relações de detenção de participações sociais e nos fluxos verticais de transferência de ativos que possibilitam. Desta forma, o beneficiário económico último da utilidade económica dos ativos do grupo é a entidade-mãe e não necessariamente o proprietário do bem que a possibilita. Esta particularidade permite várias formas alternativas de circulação de ativos e rendimento pelo grupo, mas que servem o mesmo interesse económico.

Seguidamente, constate-se que a relação entre partes na transação intragrupo pode ter graus de intensidade distintos. Estes graus são, normalmente, aferidos pelo montante da participação que uma das partes deterá no capital social da outra ou pela possibilidade de influenciar o seu comportamento de forma decisiva através do exercício do direito de voto na assembleia geral ou administração. Se a intensidade da relação entre entidades for baixa, o tratamento fiscal das operações será igual ao tratamento fiscal de operações entre partes independentes. Todavia, se a participação no capital social atingir determinados limiares que a lei considere reveladores de um alto grau de integração, ou se se revelar o exercício de influência dominante de uma entidade sobre outra, é possível que determinadas transações não sejam reconhecidas para efeitos fiscais, não gerando inclusões ou deduções na base tributável das partes.

Por fim, como o GMN controla de forma unitária ambas as partes do negócio nas transações intragrupo, tem a possibilidade de as caracterizar juridicamente, adotando a forma negocial que melhor sirva os seus intentos estratégicos fiscais[429]. Esta prerrogativa interfere com os três fatores que acabámos de ver. Com efeito, uma transmissão de bens ou participações sociais pode ocorrer no âmbito de um contrato de compra e venda[430], de

[429] Conforme já referia Antunes, 2002, p. 38.

[430] Veja-se um exemplo de planeamento fiscal utilizando um contrato de compra e venda, permanecendo o alienante a utilizar o bem cedido no âmbito da sua atividade comercial, no esquema D7 divulgado pela AT em www.portaldasfinancas.pt ao abrigo do art. 15º do Decreto-

uma operação de fusão[431], de uma entrada no capital social de uma sociedade, de uma transmissão de património por liquidação, ou para concluir a diversidade de exemplos, de uma distribuição de dividendos em espécie. Por seu turno, a transferência de dinheiro pode assumir a forma de cumprimento de obrigação de pagamento de preço devido por compra de bem[432] ou prestação de serviços[433], pagamento de juros devidos[434], paga-

-Lei nº 29/2008: "[u]ma empresa residente para efeitos fiscais em Portugal aliena um bem, que utiliza na sua atividade, a uma empresa relacionada residente na União Europeia. Com esta operação apura uma mais valia fiscal que não é tributada pela utilização de prejuízos fiscais reportáveis. Seguidamente, a empresa alienante celebra um contrato de locação sobre esse bem na qualidade de arrendatária, procurando afastar a classificação do contrato de locação como locação financeira e consequentemente o regime previsto no número 2 do artigo 25º do Código do IRC. As vantagens fiscais associadas a estas operações resultam da conjugação do aproveitamento da dedução dos prejuízos fiscais e da potenciação de maiores deduções, tanto na esfera da entidade vendedora (rendas) como da entidade adquirente e locadora (depreciações calculadas eventualmente sobre um valor do bem aumentado)."

431 Vd. o acórdão TCAS, proc. nº 9973/16.0BCLSB (Jorge Cortês), que sanciona a denegação de benefício fiscal constante de art. 60º EBF a sociedade comercial que se funde com outra apenas para adquirir a propriedade imóvel da segunda desta forma.

432 Veja-se, contudo, o acórdão clássico do Supremo Tribunal do Canadá datado de 18/10/2012, proc. nº 33874, caso *GlaxoSmithKline Inc.*, no qual o pagamento de preço de matéria prima para fabrico de fármaco manifestamente inferior a preço de mercado foi justificado pela existência de um contrato de licença de uso de marca e patente entre comprador e vendedor que permitia ao comprador o fabrico e venda de fármaco utilizando marca e patente do vendedor de matéria prima.

433 Veja-se o acórdão do *Landsskatteretten* (Tribunal Fiscal Nacional) da Dinamarca, proc. nº 17-0989902, datado de 24/10/2019, no qual se considerou que o pagamento de compensação por prestação de serviços a uma sociedade associada pelo desenvolvimento conjunto de tecnologia em motor de combustão não respeitava o regime de preços de transferência porquanto os factos do caso demonstravam que o trabalho de inovação e desenvolvimento prestado pela sociedade associada a tornava verdadeira coproprietária do produto desenvolvido, o que impunha uma maior compensação pelos serviços prestados (que disfarçavam o que, materialmente, seria a remuneração pela utilização da propriedade intelectual aplicada no produto).

434 Sirva como exemplo de planeamento fiscal com estruturas de financiamento intragrupo o esquema D4 divulgado pela AT ao abrigo do art. 15º do Decreto-Lei nº 29/2008: "[n]o âmbito de um grupo de sociedades é utilizada uma sociedade instrumental localizada num Estado membro da União Europeia com um regime de tributação dos rendimentos financeiros mais favorável do que o regime nacional, para a obtenção de recursos financeiros, junto do (s)acionista(s), designadamente por via de instrumentos não remunerados, e/ou com recurso ao mercado, havendo neste caso garantia, direta ou indireta, prestada pelo(s) acionista(s). Os fundos obtidos pela sociedade instrumental são disponibilizados a outras entidades do grupo, com remuneração, permitindo-lhes gerar lucros que podem ser distribuídos à sociedade mãe em Portugal, beneficiando dos mecanismos de eliminação de dupla tributação económica. No conjunto das operações, não se vislumbram motivos económicos extrafiscais que justifiquem a utilização de

mento de *royalties* por utilização de propriedade intelectual[435], partilha de custos no desenvolvimento de ativos intangíveis[436], distribuição de dividen-

tal sociedade, em detrimento do financiamento direto por parte do acionista às entidades do grupo. A operação assim desenhada possibilita, de modo abusivo, que os proveitos obtidos pelo acionista, sob a forma de lucros distribuídos, não sejam tributados em território nacional." Sobre a influência do planeamento fiscal no financiamento do GMN, vd. SADIQ, 2020, pp 139. e ss.

[435] Veja-se a decisão arbitral do CAAD, proc. nº 146/2013 na qual, por razões também associadas à falta de sucesso da AT em demonstrar os pressupostos de revisão de PT, foi aceite como custo num exercício o pagamento de *royalties* no montante de €1.123.246,46 a uma sociedade dominante que havia adquirido, anteriormente, os direitos que originam os *royalties* à licenciada pelo preço unitário de € 9,98. A este propósito, vd. ainda a decisão arbitral do CAAD proferida no proc. 762/2015-T.

[436] Como demonstra a análise do grupo *Microsoft* pelo SUBCOMITÉ. O grupo *Microsoft* constituiu três sociedades gestoras de centros regionais de operações em jurisdições de baixa tributação efetiva: República da Irlanda (responsável pelas vendas na Europa), Médio Oriente e África), Singapura (responsável pelas vendas na Ásia) e Porto Rico (responsável pelas vendas no continente americano). Para que estas sociedades pudessem distribuir os produtos com marca Microsoft e utilizando a propriedade intelectual detida pela sociedade-mãe do grupo, com sede nos EUA, a sociedade-mãe e as três sociedades celebraram um acordo de partilha de custos de desenvolvimento de intangíveis, que dividia pelas quatro sociedades os custos em I&D da sociedade-mãe, estimados em 9.1 biliões de USD em 2011. Cada uma das entidades contribuiria para a sociedade-mãe com um pagamento pelo uso da propriedade intelectual do grupo baseado na sua proporção de vendas no total de vendas globais do grupo. Por exemplo, se a sociedade irlandesa era responsável por 30% das vendas globais, então pagaria à sociedade-mãe do grupo 30% dos custos de I&D. Os direitos de utilização de propriedade intelectual eram licenciados pelas três entidades em questão, com margem de lucro substancial, a sociedades subsidiárias que fabricam os produtos do grupo e, depois, os revendem no mercado. A título de exemplo, a sociedade da República da Irlanda (MIRL), pagou 2.8 biliões USD no âmbito do acordo de partilha de custos com a sociedade-mãe, embora tenha licenciado os direitos assim obtidos por 9 biliões USD a outra sociedade irlandesa (MIOL), centralizando assim o residual do lucro da operação na sua esfera. Assim, em 2011, a MIRL declarou um lucro de 4.3 biliões USD, sujeitos a uma taxa efetiva de imposto de 7,2% – o que equivale a 11 milhões USD de lucro por trabalhador. Já a MIOL, no mesmo exercício, declarou um lucro de 2.2. biliões USD, sujeitos a uma taxa efetiva de imposto de 7.3% – o que equivale a 3.3 milhões USD de lucro por trabalhador. Nesta altura, por força das regras da subpart F do CIRC estadunidense, o pagamento de *royalties* da MIOL à MIRL não era tributado pelos EUA. Por seu turno, a sociedade de Porto Rico (doravante MOPR) empregava 177 trabalhadores com um salário médio de 44.000 USD em 2011. Todavia, esta mesma sociedade declarou 4 biliões USD de lucro em 2011, o qual foi tributado a uma taxa de 1.02% por força de acordo de preços de transferência celebrado com o estado de Porto Rico incidindo sobre a tributação de rendimento não obtido nessa jurisdição. O SUBCOMITÉ estima a perda de receita fiscal para os EUA através da condução das vendas da Microsoft através da MOPR como descrito em 4 milhões USD por dia – cfr. SUBCOMITÉ, 2012. A este propósito, STEPHEN SHAY nota que a localização da declaração de lucros do grupo Microsoft fere a compreensão comum na medida em que a maior parte da sua atividade, conduzida por 90.000 trabalhado-

dos[437], restituição de mútuos[438], suprimentos ou prestações suplementa-

res, tem lugar nos EUA – cfr. SUBCOMITÉ, 2012. A este propósito, vd. também MAINE/NGUYEN, pp. 193 e ss. Do outro lado do Atlântico, vd. a decisão do Nono Circuito do Tribunal de Recurso Federal dos EUA, acórdão *Altera*, caso nº 16-70496 e 16-70497, datado de 7/6/2019, que invalida um acordo de partilha de custos entre uma entidade estadunidense e uma entidade sedeada nas Ilhas Virgens Britânicas mediante o qual os custos com retribuição em espécie a trabalhadores (o valor de participações sociais avultadas) não era contabilizado nos custos partilhados entre ambas as entidades, embora fossem deduzidos como custos da sociedade dos EUA, o que reduzia desproporcionalmente a sua matéria coletável em benefício da sociedade sedeada nas Ilhas Virgens Britânicas, deslocalizando assim lucro para esta sociedade. Vd. também, do mesmo Tribunal, o acórdão *Amazon*, caso nº 17-72922, datado de 16/08/2019, que demonstra como a definição de intangível pode incluir ou excluir relevantíssimas componentes para efeitos da fixação do preço de transferência de um ativo intangível. No caso, a transferência intragrupo de ativos intangíveis associados ao uso de marca "*Amazon*" foi avaliada pelo sujeito passivo em 255 milhões de USD, mas pela AT local em 3.6 biliões de USD (contabilizando aviamento e outras características únicas do negócio). A saga dos casos *Veritas* e *Bausch&Lomb* nos EUA são demonstrativas da dificuldade de fixação de preços de transferência em transações altamente integradas intragrupo com intangíveis.

437 Sirva de exemplo de planeamento fiscal utilizando a distribuição de dividendos, o esquema D3 divulgado pela AT ao abrigo do art. 15º do Decreto-Lei nº 29/2008: "[u]ma sociedade residente em território português constitui ou utiliza uma sociedade holding já constituída residente num outro Estado Membro da UE, para a qual transfere, a preços de mercado, ou não, uma participação em sociedade com sede fora da UE. A sociedade holding residente na UE beneficia de um regime de tributação mais favorável em sede de impostos sobre o rendimento, designadamente quanto aos dividendos auferidos das suas participadas e não dispõe dos meios humanos e materiais adequados ao exercício do seu objeto social. Assim, a referida holding europeia obtém uma tributação mais favorável aquando da distribuição de dividendos da sua participada residente fora da UE, beneficiando os lucros que subsequentemente são distribuídos para a sociedade residente em Portugal da aplicação do mecanismo de eliminação da dupla tributação económica. As vantagens fiscais pretendidas com a aplicação deste esquema reconduzem-se ao aproveitamento do mecanismo de eliminação da dupla tributação económica constante do artigo 51º do Código do IRC que, com a interposição de uma sociedade residente em Estado Membro da UE, passa a beneficiar, de forma indireta, os lucros distribuídos por sociedade residente num país terceiro."

438 Veja-se um exemplo de planeamento fiscal utilizando o pagamento de encargos financeiros associados a mútuo no esquema D11 divulgado pela AT ao abrigo do art. 15º do Decreto-Lei nº 29/2008: "[u]m grupo multinacional (A) pretendendo adquirir uma sociedade residente em Portugal (F) constitui uma sociedade gestora de participações sociais (M) em Portugal que irá realizar a operação de aquisição e obter o correspondente financiamento junto de uma instituição de crédito. Após a aquisição, e de modo a reduzir, de forma abusiva, o lucro tributável global mediante a dedução dos gastos incorridos com o financiamento, a sociedade M incorpora, através de fusão, a sociedade F, passando a desenvolver a atividade desta última."

res[439], reporte de perdas[440], entre outras. E, assim, todos estes instrumentos podem ser utilizados em reorganizações empresariais ou na transferência de ativos intragrupo, com possibilidades e resultados fiscais distintos, consoante o grau de integração das várias partes na transação[441].

[439] O SUBCOMITÉ detalhou como o grupo *Hewlett Packard* (doravante, a HP) financiava as operações internas dos EUA através da concessão de mútuos por entidades estrangeiras cuja restituição permitia a distribuição, *de facto*, dos lucros operacionais, evitando a aplicação da sec. 956 do CIRCEUA vigente no final da primeira década de 2000 através dos chamados *staggered loans* – cfr. SUBCOMITÉ, 2012. Veja-se a decisão arbitral do CAAD, proc. nº 587/2014-T, demonstrativa da liberdade de classificação de formas de financiamento intragrupo (mútuos, prestações suplementares, suprimentos) e da necessidade do respeito pela AT da caracterização feita pelo sujeito passivo.

[440] Atente-se na factualidade da decisão arbitral do CAAD, proc. nº 5/2011-T, na qual se debateu a aplicabilidade de CGAA conducente à desconsideração da dedução de 50% de menos-valia realizada em liquidação de sociedade da declaração de rendimento da sócia, porquanto a liquidação de sociedade foi precedida de distribuição de dividendos que desvalorizou a sociedade liquidada ao ponto de gerar a menos-valia em questão.

[441] Vd. CORREIA, 2013a, p. 103. A análise pelo SUBCOMITÉ da estrutura fiscal do grupo *Caterpillar* (doravante, a *Caterpillar*) e da sua reorganização é um exemplo cristalino da configuração concertada das variáveis de comportamento substitutivo que vêm de se explicitar. O SUBCOMITÉ estima que a reestruturação levada a cabo pela *Caterpillar* na primeira década de 2000 tenha permitido poupar 2.4 biliões de USD em imposto através de uma série de transações complexas que relocalizaram formalmente as suas operações no Estado suíço. A *Caterpillar* contava com 178 concessionárias por todo o mundo, 27% das quais nos EUA e menos de 2% na Suíça. Menos de 1% de todos os seus trabalhadores mundiais está localizado na Suíça. Contudo, em 2008, 45% da sua receita e do seu lucro era contabilizado neste Estado. Assim, o modelo de negócio da *Caterpillar* é assente na venda de peças de substituição para as máquinas que comercializa: com efeito, 80% do seu lucro é gerado na venda de peças que, não obstante, compõem 20% da sua receita. Em 1999, a *Caterpillar* constituiu uma sociedade suíça (doravante, a CSARL) que passou a desempenhar as funções de central de compras mundiais de peças de substituição que subsequentemente revendia a entidades do grupo *Caterpillar* nos EUA e no mundo ou a distribuidores terceiros no mundo. Adicionalmente, a CSARL celebrou acordos de licença com a sociedade-mãe do grupo, com sede nos EUA, que lhe permitiam a venda dos produtos com marca *Caterpillar* em troco de pagamento de royalties à sociedade-mãe avaliados entre 4 a 6% do produto das vendas das peças. A CSARL mais celebrou um acordo com a sociedade-mãe através do qual esta desempenharia as funções-chave de gestão mundial de inventário, supervisão de fornecedores, redação de mapas previsionais de procura, gestão da logística de armazenamento e distribuição de peças mediante o pagamento dos custos de desempenho destas funções acrescidas de uma margem fixa de 5% sobre os mesmos. Ora, estas sempre foram as funções desempenhadas pela sociedade-mãe. Com efeito, até então, a sociedade-mãe comprava diretamente as peças aos seus fornecedores que depois vendia a sociedades do grupo redistribuidoras. Desta forma, o rendimento resultante da revenda das peças era incluído na declaração de rendimentos da sociedade-mãe nos EUA. A criação da CSARL permitiu remover a sociedade-mãe do trato sucessivo da propriedade das peças e, assim, remover a inclusão do rendimento originário da revenda de peças da jurisdição estadunidense. Para este efeito, a única alteração operacional factual face

A questão é fundamental na medida em que a tributação dos grupos é "valorativamente neutra, devendo atender apenas às circunstâncias reveladoras da capacidade contributiva do facto ou ato"[442]. Resulta daqui um paradoxo: por um lado, o sistema fiscal é fundamentalmente assente na realização de transações e na respetiva forma como meios de identificar as ditas circunstâncias reveladoras da capacidade contributiva. Por outro lado, os sujeitos tributários, no caso o GMN, conseguem adotar resultados económicos alternativos semelhantes, mas com consequências fiscais distintas, precisamente porque estão em condições de determinar as formas e o conteúdo da transação intragrupo através da caracterização da mesma. Assim, a pretensão de tratamento neutro de transações juridicamente distintas acaba por "introduzir uma assimetria, ou descontinuidade, no sistema fiscal, permitindo que transações com o mesmo efeito económico tenham consequências fiscais distintas"[443].

Desta forma, grande parte das dinâmicas naturais do mercado são eliminadas da transação, corrompendo as vantagens do princípio da realização para o sistema de tributação de rendimento[444]. Em particular, e como exemplo máximo, pensamos na destruição do mecanismo de fixação de preço em mercado: a vontade do vendedor de vender pelo preço mais alto concorre com a vontade do comprador de comprar pelo preço mais baixo, atribuindo ao ativo transferido o seu valor justo. Esta concorrência de vontades está ausente em transações entre partes relacionadas do grupo, que procuram obter eficiência produtiva interna e melhor resultado fiscal pós-operação, podendo determinar o valor, o momento e a classificação jurídica da transação em obediência ao ditame da gestão do grupo e não aos

ao anterior modelo de negócio consistiu na remoção da firma da sociedade-mãe do cabeçalho das facturas emitidas e a sua substituição pela firma da CSARL, bem como passar a processar as ordens de encomenda através desta sociedade constituída na Suíça. Nenhum aspecto físico das atividades de compra, armazenamento e distribuição do grupo *Caterpillar* foi alterado com a reestruturação descrita. Em complemento desta, a CSARL celebrou acordos de fabrico com as maiores unidades do grupo localizadas na França e na Bélgica, mediante os quais os serviços de fabrico eram remunerados através do pagamento dos custos associados acrescidos de uma margem fixa de 7%, reduzindo desta feita o lucro residual destas últimas sociedades e concentrando-o na CSARL. Beneficiando, ainda, de um acordo de preços de transferência com o Estado suíço, A tributação efetiva do grupo *Caterpillar* rondava os 4% sobre os lucros globais. A sociedade-mãe deixou de reportar 85% do lucro obtido com a venda de peças em troca do pagamento de um *royalty* de 15% sobre o valor de venda das mesmas – Subcomité, 2012.

442 Parafraseamos o acórdão TCAS, proc. nº 04255/10 (José Correia).

443 Cfr. Mendes, 2016, p. 429.

444 Cfr. Correia, 2013a, p. 11.

interesses concretos de cada unidade empresarial. Assim, a manipulação das variáveis de comportamento substitutivas confronta diretamente os três pilares principais do sistema de tributação de rendimento *supra* identificados: entidade empresarial, rendimento, momento.

Ora, os motivos que presidem à adoção de comportamentos de substituição são variados[445]. No âmbito tributário, os atributos fiscais das sociedades constituintes do grupo podem determinar opções diferentes, se, por exemplo, uma sociedade tem prejuízos fiscais para reportar. O GMN pode, então, determinar a sua fusão com uma outra sociedade comercial em detrimento da compra de participações sociais no capital da mesma, por exemplo, com o objetivo de compensar as perdas fiscalmente reportáveis na sociedade integrante com os lucros da sociedade integrada, diminuindo o lucro tributável da iniciativa empresarial conjunta[446]. As várias considerações de efeitos fiscais que a adoção de uma ou outra forma negocial implicam são determinantes óbvias na escolha.

Existem, todavia, outras variáveis tributárias a considerar. Poderão existir condutas proibidas pelo legislador que impeçam a adoção de determinada forma negocial – as chamadas *restrições fiscais*. De igual modo, a política de aplicação de cláusulas anti-abuso pela AT competente pode influenciar o comportamento do grupo, tornando a opção por determinado comportamento de substituição mais ou menos arriscada.

Há, também, considerações de outra natureza que podem incentivar a adoção de comportamentos de substituição[447]. Certas opções negociais podem ser ditadas pelas preferências do contribuinte relativamente às suas estruturas societárias ou preferências de gestão. A dimensão e o momento de integração organizacional da empresa (inicial, consolidado, PME ou grande grupo) também podem ditar variações nas opções negociais[448]. A existência de restrições jurídicas ou contabilísticas à implementação de

[445] Acompanhamos Correia/Mendes, 2010. Vd., também, Schenk, 2004, pp. 508 e ss.

[446] O que não é permitido sem limites ditados por preocupações anti-abuso – cfr., por exemplo, o regime do art. 75º CIRC.

[447] Cfr. Xavier, 2014, p. 432. O autor alerta para a existência de motivos extrafiscais que podem presidir à deslocação de lucros de unidades constituintes do grupo para outras, como a presença de incentivos financeiros, restrições cambiais, regimes de tutela de acionistas minoritários, pressões salariais, exigências de crédito.

[448] Ilustre-se com o exemplo do contraste entre a vontade de proceder a distribuições de dividendos com o ensejo de manter os mesmos na esfera da sociedade lucrativa, pelas mais variadas razões.

uma dada transação[449] também podem influenciar as decisões da cúpula. Os custos associados às transações de substituição poderão, ainda, desincentivá-las (consultoria jurídica e contabilística, custos de registo)[450].

Assim, a adoção de comportamentos substitutivos pelo GMN resulta de ponderação subsequente de duas ordens: uma estritamente financeira-fiscal e uma de exequibilidade. Na primeira, o grupo envolver-se-á em comportamentos substitutivos para um mesmo objetivo operacional se o custo fiscal antecipado da adoção do comportamento substitutivo for inferior ao custo de execução do comportamento negocial típico para o fim, considerado o resultado após impostos da transação. Na segunda, o grupo ponderará se o custo e risco de exequibilidade da adoção do comportamento substitutivo (aqui abrangidos todos os custos e riscos não fiscais) são inferiores ao custo de execução do comportamento negocial típico para o fim. Se, após a resposta à segunda ponderação, a vantagem fiscal ainda se mantiver, será de prever a adoção do comportamento substitutivo[451].

O GMN goza, portanto, nas transações intragrupo, de uma vantagem concorrencial fiscal, na medida em que tem a possibilidade de adaptação do seu conteúdo aos interesses fiscais de cada parte ou da cúpula do grupo. Tal não sucede numa transação entre partes não relacionadas. De igual forma, esta vantagem fiscal configura um potencial prejuízo para um Estado, na medida em que transações com substância económica semelhante poderão

[449] Imaginem-se restrições no âmbito do direito da concorrência que impedem fusões, ou limitações de exercício de determinada atividade a sociedades com objeto social exclusivamente afeto à mesma, ou ainda, acordos com credores que impossibilitam a alteração do grémio social de uma sociedade comercial sem a sua autorização ou obrigam a manutenção da prossecução de atividade económica por determinada sociedade, sem possibilidade de cedência desta, ou a escolha de formas de financiamento de uma sociedade de entre a opção por suprimentos ou por prestações suplementares e o diverso tratamento contabilístico de ambas as figuras. Note-se que a literatura existente demonstra que a poupança fiscal criada por comportamentos oportunistas diminui o valor das receitas do sujeito passivo, algo que este pode não estar disponível a aceitar, sobretudo se a divulgação das operações necessárias a implementar os ditos comportamentos for, por variados motivos (bancários, comerciais, reputacionais), importante para a sua operação. Cumpre ainda não olvidar que o legislador tem dificuldades em prever que comportamentos de substituição podem ser induzidos pela adoção de uma determinada medida fiscal. Estes podem ser desconhecidos, por um lado, ou determinados por escolhas dos contribuintes não antecipadas pelo legislador – Schenk, 2004, pp. 508 e ss.

[450] Vd. Scholes, *et al.*, 2015, pp. 123 e ss., e Lourenço, 2004.

[451] Vd. Shaviro, 2014, pp. 67 – a discricionariedade de escolhas tributárias promove potenciais custos de opção. Quanto mais elevados são os custos de exercício da opção, menos elástica se torna a opção fiscal. Também o afirma Mendes, 2016, p. 248: "[as] reorganizações societárias só têm sentido quando os ganhos de eficiência visados excedem o custo da sua implementação".

determinar incidências tributárias distintas, consoante sejam levadas a cabo por integrantes de um grupo sujeito a direção unitária ou não.

Este prejuízo está associado à forma de administração do sistema fiscal que depende hoje, em larga medida, das declarações fiscais dos sujeitos passivos. São estes que, através do cumprimento das obrigações declarativas e acessórias, prestam informação transacional ao Estado, mas, mais importante, a caracterizam. A AT assume um papel de gestão e fiscalização desta informação: o risco de inexatidão da mesma corre por sua conta, na medida em que a legalidade dos comportamentos de substituição é aparente. Sucede que a sua ilegalidade, em contraste, não é evidente, e mais difícil se torna de identificar num contexto aberto.

Ora, a subsunção dos factos às normas tributárias depende da iniciativa declarativa do GMN, cabendo aos Estados o seu controlo e fiscalização. A dependência da organização do sistema fiscal do cumprimento das obrigações acessórias dos contribuintes confere-lhe uma natureza formalística, necessária para identificar eventos de realização[452]. A liquidação de imposto diverso do que resulta da declaração do sujeito passivo depende da análise da sua contabilidade e das suas transações conforme declaradas, o que não se revela plenamente possível atenta a exiguidade dos meios estaduais.

7. Comportamentos de substituição e contexto aberto

Recordemos que os Estados têm a pretensão de tributar tanto atividades estrangeiras de residentes como atividades locais de estrangeiros, o que implica o cruzamento de fluxos de poder tributário. Cada Estado determina a extensão do seu poder tributário ao definir a base tributária sob sua jurisdição: quem e o que deve ser tributado. Por força das regras de repartição de competências estaduais, a sua autoridade apenas pode incidir sobre os elementos da base fiscal que tenham uma conexão suficientemente forte com o seu território. Lá onde esta conexão não exista, a atuação do Estado não pode ter lugar: os limites materiais da competência da sua ordem jurídica estão associados ao seu território. Esses limites são reciprocamente

[452] A título de exemplo, veja-se a presunção constante do art. 75º, nº 1 LGT. É certo que esta presunção não se verifica sempre que "as declarações, contabilidade ou escrita revelarem omissões, erros, inexactidões ou indícios fundados de que não refletem ou impeçam o conhecimento da matéria tributável real do sujeito passivo" – cfr. art. 75º, nº 2 LGT. Porém, e como desenvolveremos *infra*, afirmar a existência do incorreto cumprimento das regras PT implica a demonstração da forma de observância correta dessas regras por parte da AT, o que esta tem dificuldades em fazer por força das limitações associadas ao próprio método.

oponíveis entre Estados, de forma a que nenhum deles faz uso dos poderes de autoridade onde outro Estado tenha o direito de o fazer: o exercício da soberania pressupõe a sua exclusividade.

Por seu turno, o GMN não está presente nem confinado a uma determinada comunidade política. Com efeito, este atua num contexto aberto, o que para o debate fiscal implica considerar os componentes da base tributária como fluidos e relacionados ou integrando em simultâneo duas ou mais comunidades políticas. Os vários regimes tributários a que se sujeita o GMN são ancorados no tratamento separado da contabilidade de cada entidade que o compõe e que declara o rendimento obtido pela sua operação individual num determinado Estado, de acordo com a legislação local. Este *status quo* permite o enquadramento da atividade económica do GMN em regimes legais distintos, através da deslocalização da atividade ou das suas declarações para efeitos fiscais.

Em consequência desta interação, a legislação interna de cada Estado com que o GMN contacta numa dada transação, por intermédio das suas entidades, pode definir de forma distinta os três pilares do sistema de tributação empresarial: incidência subjetiva, tributação com base no princípio da realização, e periodização anual do rendimento tributável[453]. Estes operacionalizam-se de forma variável pela sua articulação com os sete fatores subsidiários do sistema: natureza do rendimento a tributar, dedutibilidade de perdas, princípio da continuidade do interesse económico, duplo nível de atributos fiscais e forma de integração do mesmo, regras de capitalização, amortização e depreciação e regras de definição de base fiscal. A questão é exponencialmente agravada quando uma determinada transação possa ser sujeita a regras tributárias de três jurisdições e assim sucessivamente[454]. A ausência de uniformidade de composição de bases tributárias conduz à celebração de ADT com o objetivo de, de forma coordenada entre os Estados parte, repartir a composição das mesmas.

Assim, a base tributária de cada jurisdição pode ser configurada diferentemente pelo legislador local, determinando diferentes inclusões e deduções à mesma. Exemplificando, sistemas fiscais distintos podem conside-

[453] Vd. Scholes *et al.*, 2015, p. 17, que reconduz as dimensões essenciais do planeamento fiscal à articulação da forma de funcionamento dos três pilares fundamentais da mecânica do IRC identificados em Parte II, Capítulo I, 2.1. Veja-se, no mesmo sentido do autor, Picciotto, 2011, p. 228.

[454] Daqui que também se possa concluir que o presente regime é particularmente oneroso para o GMN por força dos custos de contexto e de planeamento a que obriga, bem como pela ineficiência que acarreta a adoção de estruturas económicas ditadas por propósitos de obtenção de resultados após impostos e não pela maior eficiência económica operacional.

rar a entidade que recebe dividendos de uma participada residente ou não residente, afetando desta forma o tratamento da distribuição daqueles. A realização de certa operação pode ser ou não considerada um evento de realização, resultando na sua não inclusão na base tributária. Num exemplo ainda mais simples, a fixação de uma taxa de imposto distinta pode provocar um valor final a entregar à Fazenda Pública diferente entre duas operações comparáveis, consoante integrem a base fiscal de um Estado ou de outro e, nessa medida, estejam sujeitas à jurisdição respetiva. As opções legislativas locais podem determinar a existência de créditos fiscais a imputar a uma das sociedades do grupo num determinado Estado – o que alteraria o após imposto da operação. A outro nível, também a adoção de regras contabilísticas diferentes por cada Estado pode ocasionar tratamento distinto de uma inclusão ou dedução na base fiscal. Os exemplos são inúmeros.

A localização da transação implica a consideração de variáveis como a base tributária, a taxa de imposto aplicável na jurisdição tributante, a aplicação de isenções, créditos fiscais ou outro tipo de benefícios fiscais, bem como a possibilidade de tratamento determinado por ADT aplicável ou CGAA. A direção do fluxo transacional pode ser fixada tendo em conta a entidade de destino e o regime fiscal a que está sujeita. A transação pode ser caracterizada de forma distinta por cada um dos ordenamentos jurídicos envolvidos. O mesmo pode suceder com a natureza do sujeito passivo, que pode ser considerado uma entidade opaca ou transparente para efeitos fiscais, consoante a jurisdição que a aprecia a sua natureza.

*

Em suma, as vantagens após impostos da adoção de comportamentos de substituição resultam da dialética entre Estado e GMN que tem por base a exponencial desadequação do sistema de tributação de IRC em contexto aberto. As variáveis de comportamento substitutivas só podem ser implementadas em transações intragrupo. Portanto, o tratamento fiscal destas operações é fundamental. Este resulta essencialmente do regime de preços de transferência, o que faz com que a adoção de variáveis de comportamento substitutivas tenha influência direta na repartição de competências tributárias entre Estados. Procuraremos demonstrar, de seguida, o funcionamento das variáveis de comportamento substitutivo através da sua subsunção aos quadros estruturais e teóricos que sustentam a regulação transnacional fiscal da atividade do GMN e a repartição de competências tributárias por ADT.

Capítulo II
As soluções para o fenómeno BEPS

1. O relevo do regime de preços de transferência e a tributação do GMN e o princípio da fonte e o princípio da residência

A repartição de competências tributárias entre Estados resulta de princípios de Direito Internacional geral e de ADT[455]. O direito convencional assume relevo particular neste âmbito, pela codificação de regras que exprimem a vontade dos interessados e pelo desenvolvimento de diretrizes interpretativas que desenvolvem a aplicação prática das normas ali consignadas. As normas de ADT influenciam duplamente a tributação do GMN: quer pela sua aplicação *qua tale*, quer pela transposição frequente do seu conteúdo para os códigos tributários dos Estados partes nas mesmas e pela conformação, em maior ou menor medida, da interpretação da lei interna com as diretrizes interpretativas.

A leitura da CMOCDE permite identificar tipos de rendimento com regulação específica consoante a sua natureza, com particular destaque no contexto desta Tese para o rendimento de bens imóveis (art. 6º CMOCDE), os lucros empresariais (arts. 5º e 7º CMOCDE), os dividendos (art. 10º CMOCDE), os juros (art. 11º CMOCDE), os *royalties* (art. 12º OCDE) e as mais-valias (art. 13º CMOCDE). Assim, a distribuição de competências tributárias varia entre uma alocação (distribuição total) ao Estado fonte ou de residência ou uma repartição limitada entre ambos os Estados.

As transações entre partes relacionadas que não sejam cobertas por esta tipificação são integradas no regime dos arts. 7º e 9º CMOCDE, que consa-

[455] Vd. Harris, 1996, p. 284, demonstrando que a repartição de bases tributárias entre Estados opera pela positivação de regras de repartição unilateralmente implementadas na legislação interna dos Estados e pelo funcionamento dos ADT. Vd., também, Vann, 2010b, pp. 248 e ss.

gra o regime de preços de transferência[456]. O regime de preços de transferência tem como objetivo equiparar os negócios entre partes relacionadas a transações entre partes independentes. Uma transação assim equiparada dir-se-á realizada *at arm's length*, ou seja, de forma independente e em condições de plena concorrência. Procura-se, desta forma, garantir que os lucros realizados pelas partes numa transação sejam alocados a quem os gerou, fixando os preços de transferência de recursos entre entidades relacionadas. Uma vez identificada a incidência subjetiva e objetiva do poder tributário no caso concreto, cada Estado só pode tributar a parte correspondente do rendimento com conexão no seu território.

Sucede, todavia, que no caso da aplicação dos arts. 7º e 9º CMOCDE, não basta afirmar o estabelecimento de jurisdição sobre membros do GMN para determinar a extensão da competência tributária de um Estado. Com efeito, afirmar que existe um estabelecimento estável num Estado, por exemplo, permite tributar o rendimento desse estabelecimento estável apenas na medida em que aquele seja atribuído à sua atividade nesse Estado (art. 7º, nº 1 CMOCDE *in fine*). Acresce que os lucros que são obtidos em transações entre entidades relacionadas por causa do estabelecimento de condições negociais que não seriam estabelecidas por entidades independentes podem ser incluídos nos lucros da empresa que os realizaria se se verificassem condições de plena concorrência e, assim, ser tributados (art. 9º CMOCDE). A questão fundamental nestes dois casos é a medida dos lucros atribuídos a uma das entidades, o que permite, por seu turno, definir a sua matéria coletável. Aqueles são determinados pelo regime de preços de transferência e pela aplicação dos princípios que lhe são subjacentes, o que permitiria superar as limitações estruturais do sistema, e, em especial, limita o impacto das variáveis de comportamento substitutivo. Cremos que, todavia, este regime não o faz e procuraremos demonstrar porquê.

1.1. O regime de preços de transferência: uma breve descrição

O regime de preços de transferência constitui a aplicação prática do princípio da plena concorrência formulado no art. 9º da CMOCDE[457], que

[456] Em particular, este último. Cfr. Xavier, 2014, p. 608.

[457] A história da formulação do art. 9º CMOCDE pode ser encontrada em Andrus/Collier, 2017, pp. 50 e ss., demonstrando, aliás, a influência dos EUA na primeira versão presente no rascunho da CMOCDE 1963. Avi-Yonah, 2007, por seu turno, detalha a evolução do método de preços de transferência desde o seu sucesso ao seu declínio. Veja-se também OCDE, 1979, a primeira publicação detalhada desta instituição quanto ao conceito e aplicação do seu regime.

modela a generalidade da prática legislativa na área e é complementado pelas Diretrizes OCDE[458], que desenvolvem a sua interpretação e orientam

Sobre a evolução histórica dos arts. 7º e 9º e sua interação no modelo CMOCDE, vd. Sasseville/Vann, 2018, sec. 1.1.2.6.2 e ss. O art. 7º da CMOCDE contém um afloramento do mesmo princípio aplicável aos estabelecimentos estáveis. Todavia, a análise do regime de preços de transferência aplicável a subsidiárias e a estabelecimentos estáveis é distinta – cfr. art. 7, nº 2 CMOCDE e art. 9º CMOCDE. Com efeito, nos termos da AOA (*authorised OECD approach*, interpretação aprovada pela OCDE e acolhida no art. 63º, nº 11 CIRC) evoluiu no sentido de tornar a atribuição de lucros ao estabelecimento estável semelhante à atribuição de lucros a subsidiárias. O regime de preços de transferência encara o estabelecimento estável como uma entidade separada hipotética. Porém, em vez de apreciar a distribuição das funções na transação analisada para efeitos de comparação de preços com base nos contratos e termos conforme declarados pelo contribuinte, a análise de transações intragrupo realizadas com o estabelecimento estável confere prioridade à apreciação factual da localização das pessoas com desempenho de funções significativas. O peso relativo do estabelecimento estável na transação depende, no caso da análise de funções e riscos, do peso relativo de pessoal significante associado à execução de funções e assunção dos riscos económicos e financeiros da transação. Ora, não é possível separar as funções, ativos e riscos no caso de atribuição de lucros a um estabelecimento estável como o é no caso de atribuição de lucros a uma entidade controlada, mas juridicamente distinta da sociedade-mãe ou base. Assim, o valor de capitalização adequado de um estabelecimento estável para efeitos de ponderação do seu peso relativo na operação intragrupo (e, assim, medida do lucro tributável que lhe possa ser alocado ou dos preços que deva praticar para refletir uma retribuição negocial a condições de mercado), é obtido de forma automática e proporcional ao resultado da análise de funções desempenhadas e riscos assumidos. Assim, a alocação de capital entre entidades relacionadas para obtenção de nível adequado de remuneração de funções desempenhadas no caso de transações com um estabelecimento estável pode ser distinta da alocação de capital no caso de sociedades independentes. Com efeito, estas podem constituir-se com estruturas de capital que devem ser respeitadas pela AT local atenta a ausência de normas específicas que obriguem a determinado nível de capitalização de uma sociedade comercial. A remuneração adequada em transações intragrupo celebradas por um estabelecimento estável ou por uma sociedade independente pode, assim, ter resultados diferentes por força de diferentes regras de alocação de capital necessário ao desempenho das funções em questão. Para mais sobre as dificuldades que o contraste de regimes suscita, vd. Andrus/Collier, 2017, pp. 120 e ss. Considerando que não deverão, necessariamente e por regra, resultar diferenças de maior na aplicação do regime, vd. Petruzzi/Holzinger, 2017. Vd., ainda, Cottani, 2020; Reimer, 2015, pp. 516 e ss. e Palma, 2011, pp. 773 e ss. Vd. também Dourado, 2017, pp. 199 e ss; Nogueira, 2010; Monsenego, 2012, para questões particulares de Direito da UE que tendem a esbater a diferença de consequências fiscais da condução de IDE através de uma ou de outra forma apontada no corpo de texto.

[458] Cfr. OCDE, 2017a, também referidas em texto como "as Diretrizes". É fulcral notar que a prática da OCDE não esgota – longe disso – a conformação e definição dos métodos de preços de transferência. Veja-se, também, NU, 2017; Cottani, 2020. Sobre a interação entre o direito aduaneiro e o regime de preços de transferência, vd. Pereira/Moucho, 2017, pp. 53 e ss.

a sua implementação nos Estados que adotam a CMOCDE[459]. Em Portugal, o regime é acolhido pelo art. 63º, nº 1 CIRC[460]. As transações intragrupo devem fixar "termos ou condições substancialmente idênticos aos que normalmente seriam contratados, aceites e praticados entre entidades independentes em operações comparáveis"[461]. Caso as condições de uma transação entre partes relacionadas[462] sejam distintas das que seriam negociadas por partes independentes em operações comparáveis, os lucros gerados por uma das sociedades com a disparidade de valores podem ser incluídos nos lucros na esfera da outra sociedade associada e ser tributados em conformidade. Com efeito, a *transferência de ativos contra pagamento de preço* pode propiciar a *transferência indireta de lucros* entre entidades relacionadas, resultante da divergência entre o preço estipulado e o preço justo ou objetivo, ou seja, aquele que resultaria da fixação dos termos da transação por partes independentes. O regime visa fixar, assim, os preços de transferência entre entidades relacionadas de acordo com critérios de mercado e tem, como tal, uma natureza anti-abuso[463].

Em rigor, a aplicação do princípio conforme consignado no art. 9º CMOCDE vai para lá da sua letra. As AT podem incluir no lucro de uma empresa a vantagem que esta atribuiu à outra, e não apenas o lucro reali-

[459] Recorde-se que as Diretrizes são um documento de *soft law* complementar à CMOCDE, sendo que apenas os ADT concluídas entre os Estados e o seu direito interno influenciam a aplicação do Direito ao caso concreto de forma vinculativa para o julgador. Isto sem prejuízo da força persuasiva das mesmas, por si só, ou de o texto da CMOCDE ser integrado em várias jurisdições internas através de uma interpretação conforme ao seu texto ou através da adoção legislativa do seu conteúdo. Afirmando a necessária conformação do regime de preços de transferência positivado em direito interno com o regime de Direito Internacional plasmado nos ADT, vd. Courinha, 2009b, pp. 161 e ss.

[460] E Portaria nº 268/2021, que revogou a Portaria nº 1446-C/2001. A consagração do princípio da CMOCDE no CIRC é animada de uma particularidade metodológica que não é de somenos.

[461] Muito crítico da ideia de paridade e eficiência de mercado como cânone interpretativo do método de preços de transferência, vd. Brauner, 2020.

[462] Aqui incluídos estabelecimentos estáveis.

[463] Assim, Schoueri, 2015, p. 690 e Schön, 2010a, p. 232; Tavares, 2011, p. 412; Courinha, 2009b, p. 142; Sanches, 2007, p. 167; Nabais, 2019, p. 222. Duvidando desta natureza, vd. Teixeira, 2009, p. 260. Outras funções são associadas ao regime de preços de transferência – vd. OECD, 2013, p. 20, que considera que as mesmas servem para repartir o rendimento obtido por um GMN pelos Estados onde este tem atividade negocial, com o que, como exposto, também concordamos. Sobre o propósito alocativo e anti-abuso do regime de preços de transferência, vd. ainda Brauner, 2020, pp. 211 e ss.

zado pela outra parte na transação[464]. Ou seja, a AT pode reconfigurar a dedutibilidade dos custos ou perdas em questão ou a inclusão dos ganhos que anormalmente foram deixados de realizar na esfera tributável de uma das entidades do grupo. Compete às AT o encargo da prova dos pressupostos de aplicação do regime corretivo[465]. Para que as declarações de rendimentos das entidades do GMN possam ser corrigidas, terá de se verificar i) um nexo de interdependência entre as sociedades associadas; ii) a sujeição de cada uma das partes a ordenamentos jurídicos distintos; iii) a obtenção de uma vantagem anormal com a operação; iv) e um nexo causal entre a vantagem anormal obtida e a interdependência[466].

De modo a aferir a obtenção de uma vantagem anormal com a operação importa comparar a operação em análise e a (hipotética) mesma transação conduzida entre entidades não relacionadas. Identificada a transação em questão, a mesma é comparada com uma transação entre partes independentes. Assim, procura-se confrontar o preço e as condições da transação controlada com o preço e as condições da transação entre partes independentes que se consiga qualificar como comparável. Tal determina, primeiramente, a identificação de transações comparáveis internas (em que uma das partes em análise se relaciona com partes terceiras) ou externas (em que nenhuma das partes da transação comparável é parte na transação analisada).

[464] Vd., também e por exemplo, o art. 57º CGI, que permite à AT incluir no rendimento tributável de sociedades francesas ou estabelecimentos estáveis de sociedades estrangeiras vantagens decorrentes de preços de compra e venda excessivos ou insuficientes, pagamento de *royalties* de valor excessivo por uso de patentes, marcas e assistência, concessão de mútuos sem juros ou envolvendo taxas de juro anormalmente altas ou reduzidas ou qualquer outra forma de transferência de rendimento.

[465] As asserções jurisprudenciais desta regra são frequentes. Vd., por exemplo, o acórdão do STA, proc. nº 0833/13 (Jorge de Sousa) ou o acórdão do TCAS, proc. nº 02515/08 (José Correia). Em França, o mesmo já foi decidido pelo Cour Administrative d'Appel, caso *Société Novartis Groupe France AS*, ou pelo Conseil d'État, decisão proferida em proc. nº 313440, datada de 13/7/2010. Na Bélgica, o Tribunal de Recurso de Antuérpia decidiu da mesma forma no caso com nº de proc. 2017/AR/1640, a 5/3/2019: cabia à AT local a prova de que a repartição de lucro resultante da aplicação do PSM não estava conforme ao resultados a que chegariam partes independentes se tivessem celebrado a mesma transação. O mero facto de concluir pela aplicação de preço distinto, aplicando outro método constante das Diretrizes, não é suficiente para a AT provar a necessidade de correção de preço da transação. Assim decidiu, também, o Supremo Tribunal Administrativo Checo, no caso com nº de proc. Afs 99/2012-52, decisão de 13/3/2013.

[466] Cfr. Xavier, 2014, pp. 444-447.

Sinalizada a existência de transações comparáveis, o contribuinte deverá selecionar o método de preço de transferência mais apropriado aos factos e circunstâncias do caso concreto, de entre o leque de cinco métodos descritos pela OCDE nas suas Diretrizes e que, por exemplo, surgem incorporados no art. 63º, nº 5, al. a) CIRC. Esta norma prevê a utilização i) do *comparable uncontrolled price* (método do preço comparável de mercado), ii) do *resale price method* (método do preço de revenda minorado), iii) do *cost-plus method* (método do custo majorado), iv) do *profit split method* (método do fracionamento do lucro) ou v) do *transactional net margin method* (método da margem líquida da operação)[467].

Pelo método *comparable uncontrolled price*, o preço cobrado por uma parte da transação controlada é comparado diretamente com o preço cobrado por uma parte na transação não controlada. A existência de uma diferença entre ambos os preços poderá indicar uma diferença comercial e financeira injustificada, que fundamente a correção do preço da transação.

Pelo *resale price method*, a margem de revenda de uma transação controlada é comparada com a margem de revenda de uma transação independente. Assim, ao preço de revenda é subtraída uma margem bruta que representa os custos de venda e operacionais do revendedor, considerando as funções que desempenhou, os ativos realizados e os riscos assumidos. O resultado da subtração corresponde, pois, ao lucro da operação e que serve de base comparável para estabelecer o preço da transação em regime de plena concorrência.

Pelo *cost-plus method*, a majoração sobre o custo total de venda (*mark-up*) de um produto tangível ou serviço numa transação controlada é comparada com a majoração sobre o custo total de venda numa transação independente. Consideram-se os custos de transação incorridos pelo vendedor e adicionam-se aos mesmos a majoração a que corresponde o desempenho de funções e a assunção de riscos associados à transação. O preço alcançado será o preço de transferência independente e comparável.

[467] Cfr. OCDE, 2017a, pp. 104 e ss. e Portaria nº 268/2021, arts. 6º e ss.. Sobre os vários métodos de PT constantes das Diretrizes, e outros, vd., por exemplo, FARIA, 2000, pp. 59 e ss; TURINA, 2018, pp. 307 e ss; BRAUNER, 2008, pp. 128 e ss; HIEMANN/REICHELSTEIN, 2011, pp. 5 e ss; BAISTROCCHI/ROXAN, 2013; ANDRUS/COLLIER, 2017, pp. 110 e ss; TORVIK, 2018, pp. 237 e ss; CASTAGNÈDE, 2015, pp. 118 e ss; XAVIER, 2014, pp. 430 e ss; MARTINS, 2015, pp. 1-62; COTTANI, 2020; NU, 2017, pp. 37 e ss.

Em bom rigor, estes três métodos são os únicos que procedem a uma análise transacional entre comparáveis[468]. Com efeito, os restantes dois métodos afastam-se de análise com transações comparáveis. Por este motivo, deverão ser usados de forma pretensamente excecional, apenas quando as transações são de tal modo interrelacionadas que não podem ser analisadas de forma separada[469].

O *transactional net margin method* pretende refletir a margem líquida de uma transação ou conjunto de operações realizadas, utilizando uma determinada base produtiva (considerando, por exemplo, um conjunto de custos, vendas e ativos). Porque aprecia um conjunto de operações, o método abandona a sua estrita natureza transacional. A este propósito, notam ANDRUS/COLLIER[470] que, em praticamente todos os casos em que há informação disponível para aplicação deste método, a mesma está agregada por empresa e não por transação ou conjunto de transações, o que implica que o método é frequentemente usado considerando a operação global do sujeito em questão, afastando-se assim da abordagem transacional idealizada teoricamente pela OCDE. A análise com base neste método foca-se na mensuração das contribuições "rotineiras" da entidade testada na transação controlada e no valor que deve ser atribuído às mesmas. O remanescente do rendimento (designado por residual) é alocado à outra parte da transação[471]. Trata-se de um método de análise unilateral, portanto.

[468] Vd. AVI-YONAH, 2007, p. 1, que demonstra como os vários métodos de PT foram evoluindo no sentido de afastamento progressivo do recurso à comparação entre transações independentes, que, em bom rigor, é representado na sua plenitude apenas pelo método *comparable uncontrolled price*.

[469] Cfr. OCDE, 2017a, p. 57, pars. 3.2, 3.5 e 3.49 - 3.57. e COLLIER, 2017, pp. 81 e ss. Dizemos "pretensamente excecional" porque na realidade altamente integrada do GMN, a exceção torna-se a regra e, na prática, a identificação de transações comparáveis é, frequentemente, impossível, recorrendo-se sobretudo ao *transactional net margin method*. Acresce que não existe obrigação jurídica de optar por um método em detrimento de outro ou, sequer, de apenas poder recorrer a um método de preço de transferência não transacional quando esteja demosntrada a impossibilidade de recorrer aos três métodos referidos.

[470] Cfr. ANDRUS/COLLIER, 2017, p. 111.

[471] Vd. crítica de ANDRUS/COLLIER, 2017, p. 113, à manipulação deste método por parte das partes controladas, uma vez que os contribuintes logram contratualizar a alocação do risco, capital e propriedade que seja deslocalizável para as entidades colocadas em jurisdição de menor tributação. Desta forma, reduzem o relevo da contribuição dita rotineira a partir da entidade localizada em jurisdição de maior tributação e concentram a alocação do lucro residual na entidade sujeita a menor tributação.

Já o *profit split method* identifica o lucro resultante da operação e divide-o entre as partes relacionadas da forma como seria expectável que fosse dividido entre partes não relacionadas. Contudo, fá-lo considerando as contribuições respetivas das partes para o resultado alcançado, e não comparando transações. Uma variável do *profit split method* consiste em identificar lucros básicos e lucros residuais. Os primeiros refletem um retorno básico apropriado para o tipo de transação celebrado, em regra associado às funções de rotina; os segundos procedem à alocação do remanescente do lucro entre as partes consoante a respetiva contribuição para o resultado alcançado[472]. O método assenta numa análise detalhada das funções levadas a cabo, ativos utilizados e riscos assumidos pelas partes[473]. Assim, também se distingue do *transactional net margin method* por ser um método bilateral da análise[474].

Subsidiariamente, dir-se-á ainda que as partes envolvidas numa transação podem lançar mão de métodos alternativos de demonstração de termos e condições que seriam normalmente acordados, sempre que os métodos que se acaba de descrever não possam ser utilizados, devido ao carácter único ou singular das operações ou à falta ou escassez de informações e dados comparáveis fiáveis relativos a operações similares entre entidades independentes (cfr. art. 63º, nº 3, al. b) CIRC). Uma vez que esta previsão é preenchida frequentemente, a doutrina assinala um incremento da utilização de métodos de comparação baseados em análise económica ou práticas de avaliação de valor que não se baseiam diretamente em transações comparáveis.

Uma vez identificada a existência de uma transação comparável, a aplicação dos métodos descritos baseia-se numa análise funcional[475]. Afere-se se as partes na transação controlada levam a cabo as mesmas funções económicas (ou semelhantes) que as partes da transação ideal de comparação.

[472] Cfr. Avi-Yonah/Benshalom, 2011, p. 372, que afirmam que a questão dos lucros residuais é fundamental na aplicação do regime de preços de transferência contemporâneo pois lida com a repartição de rendimento resultante de ativos móveis e riscos assumidos coletivamente pelo GMN. Sobre tributação de lucro residual e vários métodos para a mesma, vd. Torvik, 2018, pp. 237 e ss.

[473] Para mais sobre o PSM, veja-se OCDE, 2018b. Doravante, designaremos por "*Diretrizes Revistas*" o texto das Diretrizes conforme as alterações incluídas pela revisão de 2018. Vd. Chand/Wagh, 2014, pp. 402 para a distinção do PSM de um método de repartição formulaica. Vd. também, para uma evolução histórica do método PSM, Torvik, 2018, pp. 125 e ss.

[474] Com as críticas apontadas por Andrus/Collier, 2017, p. 112. Sobre o desenvolvimento de métodos econométricos de comparação de transações, vd. Gonnet *et al.*, 2014, pp. 4 e ss.

[475] Seguimos de perto Andrus/Collier, 2017, pp. 107 e ss.

Ceteris paribus, uma entidade que desempenha mais funções numa transação deverá ver-lhe alocada uma percentagem de rendimento superior. Este desempenho está também associado à utilização de ativos – quantos mais ativos (por exemplo, mão de obra, capital, direitos de propriedade industrial) forem envolvidos numa função, maior será o rendimento oriundo da transação expectavelmente atribuído a uma parte. E, por fim, a parte que suportar mais risco comercial, financeiro ou jurídico numa transação deverá, por esse mesmo motivo, obter uma maior remuneração.

Na análise da assunção de risco configurada pelas partes, as AT atentarão em vários vetores. O primeiro é o da distribuição contratual de riscos conforme declarada pelas partes e a consistência dessa distribuição com a substância económica da transação. O segundo é o da existência de padrões de alocação de risco semelhantes em transações independentes. Na ausência deste último, a distribuição contratual do risco entre as partes só será respeitada pelas AT se, ainda assim, a parte que o assume se comporta de forma consistente com tal assunção, tem capacidade para a mesma e controla, de alguma forma, a ocorrência do risco.

As Diretrizes OCDE assentam, idealmente, numa abordagem transacional (*transacional approach*)[476]. De igual forma, o funcionamento do regime de preços de transferência não avalia o mérito da opção de estruturação do negócio em análise conforme implementado pelo contribuinte. Com efeito, o regime assenta na aceitação da estruturação da transação conforme idealizada pelo contribuinte, não permitindo a descaracterização da mesma e substituição por um juízo da AT sobre a transação que as partes pretenderiam implementar, salvo em casos excecionais[477].

Resulta do exposto que o regime de preços de transferência é altamente assente na aferição da alocação do risco de transação entre as partes, associado às funções e ao capital envolvido na mesma – a chamada análise "funções, ativos e riscos". Esta alocação é passível de determinação contratual por aquelas, o que abre as portas à concentração de capital e assunção de risco em países de baixa tributação, com o objetivo de atribuir a enti-

[476] O que não permite, *prima facie*, apreender o valor relativo da operação no seio da globalidade financeira do grupo, podendo impedir a correta aferição do rendimento gerado pelo grupo ao desconsiderar custos ou inclusões necessárias à obtenção do mesmo que poderão não se refletir na transação individualmente considerada – vd. Andrus/Collier, 2017, p. 103.

[477] E que seriam, até 2017, os da ausência de substância económica ou de racionalidade comercial – cfr. Andrus/Collier, 2017, pp. 103 e 199 e ss, reconhecendo assim uma amplitude para desacordo extremamente estreita por parte das AT. Vd. também Bullen, 2011, pp. 431 e ss. e pp. 509 e ss.

dades com base naquelas jurisdições a maior fatia possível de rendimento tributável[478].

1.2. O regime de preços de transferência e suas limitações

O regime de preços de transferência consagra um sistema complexo, particularmente propenso a abusos e objeto de crítica variada[479]. São frequentes as críticas conceptuais ao sistema. De entre estas, a mais frequente resulta da ficção em que assenta o sistema: as transações entre partes relacionadas devem observar os mesmos termos que as transações entre partes independentes[480]. Ora, a verdade é que não existem transações comparáveis à maior parte das transações intragrupo[481]. A ironia é evidente: uma das maiores críticas a um sistema assente em comparação de transações é... a inexistência de transações comparáveis.

Em segundo lugar, o regime de preços de transferência não consegue proceder à distribuição do rendimento oriundo de benefícios de integração grupal, porquanto tais benefícios não ocorrem em transações independen-

[478] Como o demonstram ANDRUS/COLLIER, 2017, p. 110.

[479] Cfr. EDEN, 2016, p. 154, concedendo que uma das duas grandes críticas apontáveis ao regime de preços de transferência é a sua propensão a abusos. VANN, 2010b, pp. 313 e ss. demonstra como a análise "funções, ativos e riscos" é o centro do planeamento fiscal em torno do instituto.

[480] AVI-YONAH/BENSHALOM, 2011, p. 376 classificam esta assunção como sendo "a falácia central do sistema", explicando que a evolução das tecnologias de comunicação permite a gestão descentralizada e desmaterializada empresarial, e que o GMN leva a cabo operações que não seriam equacionáveis se executadas por estruturas independentes sem direção económica unitária comum. Com uma visão crítica particularmente incisiva sobre a possibilidade de encontrar comparáveis em transações PT, vd. DURST, 2011, p. 128. Veja-se, ainda, HELLERSTEIN/HELLERSTEIN, 2018, sec. 8.03 afirmando que o regime de preços de transferência "opera no mundo da Alice no País das Maravilhas" e notando que, já em 1939, a *National Tax Association* estadunidense considerava que à medida que os modelos negociais evoluíam, se tornava impossível encontrar comparáveis para proceder à construção dos preços de transações intragrupo. Segundo aquele coletivo, o regime de preços de transferência ignora o carácter unitário, a interdependência e integração dos GMN, não poupando nos descritivos: a tributação com base no regime de preços de transferência seria um conceito "falido".

[481] Vd. também MCLURE JR., 2002, p. 587; EDEN, 2016, p. 155; AVI-YONAH/CLAUSING/DURST, 2009, pp. 503; LANGBEIN, 1986. Já TAVARES, 2011, p. 417, nota que o sistema permite a utilização de comparáveis parcialmente incorretos, afirmando mesmo a existência de uma álea de determinação do valor de certas operações intragrupo. Sobre a arbitrariedade das Diretrizes da OECD considerado o amplo espectro de comparáveis que admite como validamente implementando o método, vd. DURST, 2011, p. 137.

tes[482-483]. O GMN existe precisamente para superar ineficiências de mercado e explorar e potenciar sinergias de integração[484]. Ora, os preços das transações intragrupo são distintos dos preços entre entidades independentes porque refletem os benefícios das sinergias de integração. Estas sinergias incluem benefícios difusos de condução de atividades em comum em diversos ordenamentos jurídicos e jurisdições, como as relacionadas com investigação e desenvolvimento (I&D), poupanças em custos de transação, custos de obtenção de informação, custos de gestão e custos financeiros[485].

482 Desai/Hines Jr., 2003, p. 500, demonstram que a propriedade conjunta do GMN confere-lhe vantagens relativamente às relações empresariais independentes, o que conduz a diferenças no tipo de bens que o GMN costuma deter – marcas, processos produtivos, patentes – e que, por seu turno, implicam "diferenças significativas de produtividade" do grupo.

483 Neste particular, cfr. Schoueri, 2015, que advoga que o método de preços de transferência não impõe regras para a distribuição de tributação por rendimentos oriundos das sinergias de operação intragrupo porquanto o art. 9º da CMOCDE não foi desenhado com este propósito. O autor afirma que não existe lacuna alguma no que concerne a tributação de rendimentos oriundos de sinergias grupais – simplesmente, o método de preços de transferência não o prevê e os modelos de ADT não lidam com o assunto. Tal resulta de um motivo simples: rendimentos oriundos de sinergias de transações intragrupo não existem em transações entre partes não relacionadas, daí que a comparação entre transações não os pode pretender incluir. E, neste particular, a alocação de rendimentos oriundos de sinergias deve ser respeitada pelas AT tal e qual como o contribuinte a declara. Acrescenta que razões constitucionais internas impedem, aliás, uma imposição semelhante, na medida em que o reajuste de uma transação intragrupo implica a demonstração da existência de preços de mercado comparáveis. Se estes não existem no tocante às vantagens derivadas de sinergias intragrupo, então o reajuste obriga o grupo a adotar preços que não são os de mercado – mas também não são os de uma transação independente. Daí que o princípio da igualdade horizontal não exija a tributação de rendimentos derivados de sinergias na medida em que a capacidade contributiva de cada contribuinte, aferida pelo lucro que obtém, deve ser avaliada pelos mesmos padrões. O autor conclui que poderá haver um problema quando se compara uma entidade de um GMN com uma sociedade que opera unicamente no mercado interno, mas que em rigor não se coloca aqui uma análise de comparabilidade, na medida em que se trata de sujeitos de natureza diferente e sujeitos a regras de jurisdições distintas. Também considerando que o GMN é livre de alocar o lucro residual à entidade sua constituinte que entenda, vd. Kane, 2014. Afirmando a inexistência de razões para interferir com a alocação de risco contratual intragrupo, vd. Schön, 2010b, p. 243.

484 Que, do ponto de vista da gestão, são implementadas através da transferência de recursos eficiente pelo grupo, razão pela qual os preços de transferência têm como objetivo permitir a uma empresa descentralizada alcançar o seu potencial lucrativo pleno. Daí que a doutrina tenha chegado a concluir que o preço de transferência mais eficiente é inferior ao preço PT – assim, Hiemann/Reichelstein, 2011, p. pp. 17 e ss. Veja-se também Tavares, 2016.

485 Cfr. Avi-Yonah/Benshalom, 2011, p. 378. Schön, 2011, pp. 56 e ss. demonstra que as unidades do GMN ricas em capital e ativos intangíveis logram gerar rendas fixas dentro do GMN que não lhe deveriam ser alocadas, na medida em que as unidades do grupo pagadoras da renda são as que propiciam a oportunidade de benefício do rendimento.

Tal como afirma Avi-Yonah, é a obtenção de benefícios de integração que justifica a inexistência de transações comparáveis às intragrupo[486]. A existência de benefícios de integração expulsa a concorrência do GMN do mercado e, nessa medida, elimina a existência de transações comparáveis.

É a internalização destes custos propiciada pela atividade multijurisdicional que está na essência da integração grupal – a aplicação de preços de mercado às transações intragrupo não reflete nem captura o aumento de rendimento que aquela propicia. Sucede que todos os lucros do grupo têm de ser alocados individualmente aos seus membros, por força da incidência do IRC na pessoa empresarial. Daqui decorre que algumas entidades podem ser beneficiadas pelas sinergias resultantes da operação do grupo ou ver-lhes alocado rendimento tributável que resulta, apenas, do facto de integrarem um GMN e não necessariamente da rendibilidade da sua operação[487].

Em terceiro lugar, o regime de preços de transferência estimula o GMN a localizar atividades lucrativas em jurisdições de baixa tributação[488], nomeadamente alocando às entidades operando nas mesmas funções alegadamente essenciais à produção de rendimento, bem como transferindo para as ditas capital para financiamento das demais atividades do grupo. Estas transferências de capital ocorrem essencialmente em dois contextos. O primeiro, no seio de operações de investimento externo que utilizam jurisdições de baixa tributação como jurisdições-conduta de investimento. Para tal, procuram maximizar a utilização de sinergias provocadas pela rede de CDT, com o objetivo de reduzir a tributação na fonte de país de investimento e, assim, maximizar a repatriação do retorno de capital. O segundo, no âmbito de operações de deslocalização e retenção de rendimentos de capital futuros em jurisdições de baixa tributação, o que surge normalmente associado à transferência de direitos de propriedade intelectual para

[486] Cfr. Avi-Yonah, 2007, p. 24.

[487] Pense-se no exemplo dado por Andrus/Collier, 2017 p. 126, da organização de uma central de compras no seio do GMN. A fixação de preços de vendas às unidades de grupo idênticos aos praticados entre entidades independentes teria como efeito a imputação de pagamentos à entidade central de compras pela revenda dos produtos que podem ultrapassar o custo da implementação do sistema centralizado. Dessa forma, todo o benefício do desconto de compra de grupo se transmitiria para a entidade central, o que seria um resultado dificilmente verificável na organização de um esquema semelhante entre entidades independentes.

[488] Vd. Scholes *et al.*, 2015; Avi-Yonah/Clausing/Durst, 2009, pp. 507; Kleinbard, 2011a; Haufler, 2001, p. 140; Morais, 2005, pp. 162 e ss.

entidades residentes nessas jurisdições, com o objetivo de aí centralizar rendimento tributável.

Exemplificando, ANDRUS/COLLIER identificam tipos de transações problemáticas comuns e particularmente oriundas das deficiências identificadas. O primeiro tipo consiste na transferência de capital, *tout court*, para uma jurisdição de baixa tributação, em contrapartida da aquisição de participações sociais numa subsidiária. Este capital é depois utilizado para o financiamento das atividades do grupo, o que permite i) a transferência contabilística dos lucros realizados com o investimento de capital e ii) a redução de resultados positivos nas empresas financiadas através da dedução dos custos associados ao financiamento (desde logo, juros) na sua esfera[489]. Uma variação desta transação consiste na contribuição com propriedade intelectual para o património da subsidiária, acompanhada do direito a receber rendimentos regulares (rendas, *royalties*) pela manutenção, desenvolvimento e utilização do mesmo. Associadas a este tipo de transações, estão as questões da excessiva ou deficiente capitalização das entidades envolvidas na transação para as funções que desempenham[490].

[489] Para mais desenvolvimentos, vd. ANDRUS/COLLIER, 2017, pp. 156 e ss.

[490] Tem-se defendido que o regime de preços de transferência apenas permite reestruturação de preços e não descaracterização de transação e subsequente tributação da transação que partes efetivamente queriam. ANDRUS/COLLIER, 2017, p. 173 defende que o regime de preços de transferência permite não reconhecer a eficácia fiscal de uma determinada operação, embora reconheça dificuldades técnicas e práticas para implementar a descaracterização de transações intragrupo e imputar consequências fiscais alternativas, acabando por concluir não lhe parecer ser possível proceder a recaracterização de transações se se interpretar o regime de preços de transferência ao abrigo das Diretrizes de 2010. Para mais sobre os ajustamentos de transação no regime de preços de transferência, vd. NAVARRO, 2017, pp. 119 e ss. Veja-se também a decisão arbitral do CAAD, proc. nº 76/2012-T, distinguindo a fixação de preços distintos ao abrigo do regime de preços de transferência pela AT da descaracterização das formas de transação, que apenas podem ocorrer no âmbito da aplicação da CGAA prevista nos arts. 38º, nº 2 e 63º CPPT: "[n]ão se impõe nesta norma ao contribuinte qualquer limitação às suas opções em matéria de operações comerciais ou financeiras a realizar com entidades cm quem mantenha relações especiais. (...) No âmbito do regime de preços de transferência não se impõe ao contribuinte a opção pelas operações comerciais ou financeiras mais rentáveis, mas apenas que, relativamente àquelas por que optar, estabeleça termos e condições idênticos aos que seriam estabelecidos por pessoas independentes em operações comparáveis; ou, do mesmo CAAD, a decisão arbitral em proc. nº 112/2013-T. Com efeito, o regime de preços de transferência apenas tutela o "abuso da liberdade de decisão em matéria de quantificação de preços que cabe ao sujeito passivo e que se encontra limitada nesta situação especial" e não o abuso de formas jurídicas – assim, SANCHES, 2009a, p. 194.

É possível ainda utilizar jurisdições de baixa tributação como fornecedoras centralizadas de capital às subsidiárias do GMN. A entidade financiadora pode, assim, reclamar a assunção de risco negocial pelo financiamento das atividades do grupo. A remuneração do capital é, então, associada à remuneração pela assunção do risco, permitindo localizar na entidade financiadora do grupo o destino de uma maior fatia de rendimento tributável a este título.

O regime de preços de transferência mostra-se, nestes casos, particularmente inapto para tutela dos credores tributários. Com efeito, as operações descritas implicam mais do que uma mera fixação de preços das transações declaradas. Estamos diante da utilização das deficiências estruturais do sistema com o objetivo de maximizar o resultado pós-impostos do GMN, com grave prejuízo para as bases tributárias estaduais.

Em quarto lugar, a aplicação do regime de preços de transferência é tendencialmente unilateral[491]. Ou seja, a comparação de transações é feita por uma AT que analisa uma das partes envolvidas, o que gera assimetrias de análise[492]. A falta de uma perspetiva holística por parte da AT pode impedir a determinação de correta aferição e fiscalização do esquema transacional nas partes. O resultado será a alocação de uma fatia de rendimento tributável superior à que seria alocável a uma das partes envolvidas caso fossem respeitados preços de mercado[493]. Por este motivo, é corrente afirmar-se

[491] Ainda que no âmbito dos acordos prévios sobre preços de transferência, haja lugar à comunicação do seu teor ao abrigo da Diretiva 77/799/CEE – cfr. art. 138º CIRC e Decreto-Lei nº 61/2013.

[492] As discussões sobre a aplicação do método decorrem num espectro de posições tão afastadas que permitem a defesa de algo e do seu contrário – entre outras questões que a litigância em torno do regime de preços de transferência suscita, destaque-se a análise de natureza e características do instituto, as suas fontes e harmonização interna e internacional e consagração do método; a apreciação de especiais cuidados na fundamentação das correcções; a circunscrição do espectro aplicativo pelos tribunais (contencioso de mera anulação ou de plena jurisdição) e na determinação do ónus da prova, como exemplificado por Tavares, 2011, p. 415.

[493] A situação é particularmente explorada no que diz respeito à distinção entre os lucros de rotina e os residuais em operações intragrupo altamente integradas. A configuração contratual das partes significa que as funções consideradas como não rotineiras podem ser alocadas à parte da transação não fiscalizada, atribuindo à mesma uma parcela de rendimento significativa e para a qual, possivelmente, não contribuiu em termos de empenho de ativos produtivos.

que o método de preços de transferência não reflete a realidade económica do grupo[494] nem a sua atuação multijurisdicional[495].

Em quinto lugar, o regime de preços de transferência é tido como particularmente desadequado para lidar com a exploração de ativos intangíveis, a qual é resultante da integração do GMN[496]. Com efeito, a remuneração pela utilização de ativos intangíveis está no cerne dos grandes litígios contemporâneos em matéria de preços de transferência e sua valorização[497]. A dificuldade de avaliação do seu valor, cumulada com a sua desmaterialização, permitem a movimentação da titularidade do direito ao rendimento associado ao mesmo por unidades constituintes do GMN[498]. A questão é agravada pela preponderância dos ativos intangíveis na operação do GMN, descritos como centrais e cruciais para o seu sucesso[499].

[494] Vd. Avi-Yonah, 2007, p. 24; Picciotto, 2016, pp. 221 e ss; Navarro, 2017, pp. 31 e ss.

[495] Vd. Avi-Yonah/Clausing/Durst, 2009, pp. 501 e ss. Noutro contexto, também desaconselhando a abordagem de perspetivas transacionais em detrimento de uma perspetiva global para apreciar do equilíbrio em termos de vantagens patrimoniais de transações variadas intragrupo, vd. Dammann, 2019, p. 232.

[496] Fuest *et al.*, 2013, p. 308 consideram que o catalisador da criação de valor do GMN é a propriedade intelectual. Haskel/Westlake, 2018, p. 26 demonstram como no conjunto da Europa e EUA, o investimento em ativos intangíveis (como por exemplo, *software*, bases de dados, I&D, exploração mineral, *design*, formação, estudos de mercado e *marketing*, reestruturação de processos produtivos) ultrapassou o investimento em ativos tangíveis (edifícios, maquinaria de comunicação e informação, equipamentos, veículos) medido em percentagem do PIB pouco após 2005. Vd. também Eden, 2016, pp. 162 e ss., demonstrando as dificuldades em encontrar comparáveis para transações com intangíveis na teoria e na prática e oferecendo soluções para aprimorar o método de preços de transferência e ultrapassar estas limitações.

[497] Sobre a aplicação dos métodos de regime de preços de transferência supradescritos à avaliação de comparáveis em preços de transferência a ativos intangíveis, vd. Torvik, 2018 pp. 237 e ss.

[498] O que pode ser titulado por várias formas jurídicas, exemplificando-se com a contribuição para o capital de sociedade em jurisdição estrangeira, a celebração de contratos de licença para uso de ativo intangível, a conclusão de acordos de reestruturação entre empresas do grupo que implicam transferência de ativo, acordos de contribuição para custos associados a I&D do ativo intangível, acordos de organização, de gestão e fabrico de produto que envolvam utilização do ativo intangível e até em acordos de distribuição de produtos tangíveis cujo valor depende fundamentalmente do intangível integrado nos mesmos (como é o caso da distribuição de *software* proprietário) – cfr. Brauner, 2008, p. 87. Diga-se, ainda, que o desenvolvimento de ativos intangíveis únicos pelo GMN quase nunca é acompanhado da transferência dos mesmos a partes não relacionadas – cfr. Joint Committee, 2010, p. 110. Vd., ainda, Torvik, 2016, pp. 589 e ss. para a discussão sobre propriedade jurídica, controlo e substância económica de exercício deste último sobre ativos intangíveis.

[499] O que resulta das suas particulares características, como referidas por Haskel/Westlake, 2018, pp. 65 e ss.: escalabilidade (exponenciada pela utilização integrada), irrecuperabilidade

Ora, patentes, marcas, *know-how* são exemplos de ativos intangíveis fundamentais para o sucesso de um GMN, mas que podem ser, simultaneamente, de difícil avaliação pecuniária, de existência singular e facilmente transferíveis entre unidades do mesmo[500]. O momento da perceção de rendimento derivado dos mesmos pode ser muito distante do momento do respetivo desenvolvimento inicial, criando uma janela de oportunidade para a deslocalização do rendimento associado ao ativo em jurisdições de baixa tributação no início da sua exploração. Caso a alocação de riscos entre partes seja minimamente consistente com o seu comportamento na exploração do ativo intangível, uma parte que desempenhe funções não tão substanciais na exploração do negócio pode ser caracterizada como assumindo o risco do mesmo. Desta forma, transfere para si os proveitos da iniciativa comercial do GMN, através da remuneração do risco assumido.

No dizer lapidar de Andrus/Collier, "[a] interação entre repartição contratual de risco, caracterização de contratos de investigação ou de marketing como contratos de prestação de serviços de risco limitado pela parte que desempenha a maior fatia das funções operacionais do negócio, e a transferência de capital de investimento para jurisdições de baixa tributação podem gerar pretensões aos frutos do desenvolvimento por empresas associadas desempenhando poucas funções em jurisdições de baixa tributação"[501]. Tais questões são exacerbadas pela atuação do GMN num contexto aberto. A discricionariedade organizativa do grupo, cumulada com a diversidade de regimes fiscais com que contacta, proporciona a ocorrência de distorções transacionais e económicas.

Por fim, e para lá das críticas concetuais, Flaming Jr./Peroni/Shay assinalam obstáculos à exequibilidade do regime[502]. Este é de aplicação con-

dos seus custos de desenvolvimento, geração de externalidades positivas, funcionamento sinergético. Brauner, 2008 coloca a ênfase na possibilidade de fácil escalabilidade dos ativos intangíveis e na sua interação com ativos tangíveis e financeiros como a razão fundamental para o seu enorme potencial gerador de lucro. Para uma lista compreensiva de tipos de intangíveis, vd. IFA, 2017, p. 257.

500 Através da sua transferência por baixos valores em momentos iniciais do seu desenvolvimento ou da sua contribuição como entrada em sociedades comerciais constituídas pelo grupo em jurisdições de baixa tributação, como demonstram Andrus/Collier, 2017, pp. 130 e ss. Sobre o tema, vd. também Schön, 2010a, pp. 90 e ss.

501 Cfr. Andrus/Collier, 2017, 131.

502 Cfr. Flaming Jr./Peroni/Shay, 2014, p. 15. No mesmo sentido, vd., também, Picciotto, 2017, pp. 19 e ss., Hellerstein, 2005, p. 109 e Durst, 2011, p. 133. Note-se uma questão fundamental: um sistema fiscal inexequível não é um sistema fiscal capaz de fazer vingar os princípios de Justiça que integra.

textual e altamente específico para cada contribuinte, o que dificulta sobremaneira a atividade de fiscalização das AT. Esta dificuldade surge agravada pelas profundas assimetrias de informação entre os interessados: dificilmente as AT dispõem da informação e dos recursos que estão por detrás da planificação fiscal do GMN, do conhecimento das suas operações e da extensão das mesmas. Ademais, a litigância resultante do sistema é onerosa para as partes envolvidas e os custos de cumprimento das obrigações associadas ao regime são significativos[503].

O regime de preços de transferência está, pois, no centro do criticismo assacado ao modelo de repartição de bases tributárias entre Estados e, por inerência, de tributação de GMN, razão pela qual parte da comunidade internacional tem procurado o melhoramento progressivo do mesmo. Apreciemos o estado de arte da evolução recente do regime de preços de transferência de seguida.

1.3. As limitações do regime dos preços de transferência e o projeto OCDE-BEPS

A evidência das limitações do regime de preços de transferência aplicado à economia contemporânea conduziu à iniciativa *BEPS – Base Erosion Profit Shifting*[504] e suas quinze ações[505]. Esta iniciativa foi promovida pela OCDE a solicitação dos Ministros das Finanças do G20[506] e iniciou-se com a produção de um relatório descritivo da existência e magnitude de BEPS, dos desenvolvimentos globais com impacto em assuntos fiscais internacionais[507], das principais caraterísticas que subjazem à tributação de atividades

[503] Vd. Baistrocchi, 2005, p. 949.

[504] Vd. o relatório inicial da iniciativa, OCDE, 2013a. Sobre o desenvolvimento do projeto BEPS, vd. também IFA, 2017, pp. 20 e ss.

[505] Cujos relatórios finais estão disponíveis em http://www.oecd.org/tax/beps-2015-final-reports.htm, pela última vez consultados em 22 /1/2021.

[506] Sobre o "G20", cfr. https://g20.org/en/summit/about/ e OCDE, 2013a, p. 14.

[507] Tais como a evolução dos modelos globais de negócio; a concorrência fiscal internacional provocada pelo dramático aumento nos fluxos de capital e investimento entre Estados que a liberalização do comércio, a abolição de controlos de câmbio e os avanços tecnológicos propiciaram; o impacto de um modelo de *corporate governance* particularmente assente na maximização do valor para o acionista societário. Cfr. OCDE, 2013a, pp. 25 e ss.

transfronteiriças[508], bem como das oportunidades BEPS que esses características criam[509].

Este primeiro relatório observa a substancial existência de dados e estudos indicando uma segregação cada vez maior entre o local onde as atividades negociais ocorrem e o local onde os lucros derivados das mesmas são reportados para efeitos fiscais. Mais sinaliza a diversidade de estudos comparando as taxas nominais de imposto (TNI) aplicadas a GMN com as taxas efetivas de imposto incidentes sobre os seus rendimentos, concluindo pela falta de uniformização metodológica na definição dos mesmos[510].

[508] Tais como o princípio da jurisdição fiscal global ou territorial; o regime de preços de transferência como repartidor de lucros sujeitos a tributação entre Estados; o papel do financiamento por dívida na estrutura tradicional dos GMN (promovendo o *debt to equity bias*, preferência por dívida em detrimento de capital próprio); regras anti-abuso, como cláusulas ou doutrinas gerais anti-abuso, regras CFC e de subcapitalização, regras anti-híbridos e regras anti erosão de bases tributárias – cfr. OCDE, 2013a, pp. 33 e ss.

[509] Tais como a utilização de entidades constituídas em jurisdições de baixa tributação para canalização de rendimentos derivados de financiamentos intragrupo; a utilização de entidades híbridas (opacas para uma jurisdição e transparentes para outra, o que permite a criação de estruturas mediante as quais o pagamento de juros sobre um financiamento concedido pode ser deduzido na jurisdição do mutuário, mas não incluído como rendimento na jurisdição do mutuante porquanto a tributação ocorre ao nível dos sócios do mutuante); o uso de sociedades-conduta com o objetivo de aproveitar vantagens de redes de tratados de dupla tributação para evitar tributação de rendimentos na fonte; a manipulação do regime de preços de transferência com a deslocalização de funções, ativos e riscos para jurisdições de tributação favorável; a conclusão de acordos de preços de transferência favoráveis ao contribuinte (questão particularmente sob a mira da Comissão Europeia, ao abrigo das provisões de fiscalização concedidas pela disciplina referente aos auxílios de Estado – vd. *infra* Parte II, Capítulo II, 5); construção de estruturas societárias multijurisdicionais cujo efeito global é o de atribuir lucro tributável com base em ficções jurídicas associadas a direitos intangíveis e obrigações derivadas dos mesmos, bem como a alocação de risco intragrupo, através de operações que isoladamente não são diretamente violadoras da letra da lei, mas que globalmente violam o seu espírito, conduzindo a BEPS – cfr. OCDE, 2013a, pp. 39 e ss.

[510] O relatório demonstra a perceção difusa da comunidade científica e política quanto às diferenças entre ambos os conceitos e suas projeções empíricas. A TNI é a taxa estatuída pela lei de um Estado aplicável ao rendimento tributável com o propósito de determinar a extensão da responsabilidade fiscal de um contribuinte. Esta não deverá ser tida como um indicador fiável do ónus fiscal efetivamente suportado pelo contribuinte. A taxa efetiva de imposto, por seu turno, é definida como a relação entre o IRC pago por um contribuinte e os seus lucros obtidos antes de impostos durante um determinado período de tempo. A taxa efetiva de imposto reflete melhor o funcionamento do sistema de tributação empresarial, permitindo apreender o resultado das várias regras sobre composição da base tributária (mais ampla ou estreita), bem como a importância das deduções e créditos fiscais disponíveis para o contribuinte numa dada jurisdição. De forma metafórica, diríamos que a TNI é a estática do sistema de IRC, sendo a taxa efetiva de imposto a sua dinâmica. Cfr. OCDE, 2013a, pp. 21 e ss.

No seguimento deste, seria publicado pela OCDE o "Plano de Ação de BEPS", ainda no mesmo ano[511] (doravante, o Plano). No Plano, é reconhecido que o panorama descrito em OCDE, 2013a, abre portas à minimização dos encargos fiscais do GMN de forma injusta, criando tensões sociais críticas. No mesmo, é identificado o prejuízo que a situação causa aos Estados (por força da redução das receitas tributárias e aumento de custos de contexto associados à gestão das declarações e obrigações fiscais do GMN), aos contribuintes individuais (em virtude da deslocalização dos encargos tributários das comunidades para as suas esferas), e aos próprios GMN (em face dos riscos reputacionais e distorções concorrenciais que as práticas fiscais agressivas e eventualmente ilegais podem criar). O desenvolvimento da economia digital afeta a estruturação do sistema, de acordo com o teor do Plano, uma vez que colocou as regras fiscais internacionais vigentes desde a década de 1920 (na sua essência) sob grande pressão, reconhecendo-se a sua inadaptação à economia desmaterializada.

O trabalho no projeto BEPS foi e tem sido desenvolvido de forma urgente. Tal deve-se à premência do tema, à necessidade de restauração de confiança das populações no sistema fiscal e equilibrar a concorrência entre empresas, bem como à vontade de dotar os Estados de ferramentas para implementação efetiva das suas políticas fiscais[512]. Assim, a OCDE publicou os 15 relatórios finais referentes a cada ação BEPS em 2015, detalhando as medidas propostas para adoção internacional[513]. As expectativas para a

[511] Cfr. OCDE, 2013b.

[512] Cfr. OCDE, 2015a, p. 4.

[513] Cfr. OCDE, 2013b, pp. 9 e ss. Tais ações postulam diferentes níveis de compromisso e vinculatividade. Assim, há padrões mínimos que as jurisdições concordaram adotar, a não ser que já dispusessem de regras na sua jurisdição ou redes de ADT que tutelassem a questão (respeitantes às Ações 5, 6, 13 e 14); meras recomendações, com os quais os participantes no projeto concordam em princípio e que se espera que resultem em convergência de regras no futuro (incluindo as Ações 2, 5, 6, 7 e 8-10); e práticas ideias, de adesão vinculativa (contidas nas Ações 12 e 14). O projeto surge descrito de forma particularmente didática em IFA, 2017, pp. 32, que nota que os padrões mínimos não afetam regras fiscais substantivas, mas gestão de relações de tratados, transparência e relações administrativas inter-governamentais. A Ação 1 procura resolver os desafios da economia digital. São particularmente importantes as preocupações reveladas no projeto com a possibilidade de derivar rendimento através de mera presença digital numa dada jurisdição, afastando o preenchimento do conceito de estabelecimento estável e, nessa medida, evitando o preenchimento de conexão tributária com o Estado fonte de rendimento. O problema da definição de estabelecimento estável surge também referenciado na Ação 7, que visa lidar com as consequências da fragmentação das cadeias globais de produção e outros esquemas contratuais que visam evitar a verificação de um estabelecimento estável num dado Estado fonte de rendimento. A Ação 7 pretende, pois, prevenir a evasão artificial do conceito de estabeleci-

inclusão das medidas em tratados e legislação interna foram elevadas pelas declarações da OCDE, pois "uma vez implementadas as medidas, muitos esquemas que facilitam a dupla não tributação serão encerrados"[514]. Em conclusão, foi reconhecida a necessidade de adoção coordenada e multilateral de medidas que concretizem a evolução da preocupação do sistema fiscal internacional ao longo do século.

Ora, se as primeiras discussões coordenadas quanto à gestão das operações comerciais transfronteiriças demonstravam a preocupação com a dupla tributação, os debates atuais são particularmente sensíveis à regulação da dupla não-tributação ou tributação de rendimento segregado artificialmente. O novo paradigma é, portanto, o do realinhamento da tributação com a substância negocial relevante. Neste contexto, o regime de preços de transferência é tido como um ponto central em todo o problema BEPS[515].

mento estável. A Ação 2 pretende neutralizar os efeitos das assimetrias híbridas, procurando garantir que entidades e entidades duplamente residentes não obtêm benefícios derivados de tratados (como redução de retenção na fonte) indevidamente e que não ocorrem situações de isenção ou não reconhecimento como rendimento de pagamentos que foram deduzidos como custo pela entidade pagante. A Ação 3 lida com o fortalecimento de regras CFC com o objetivo de evitar a derivação de rendimento de uma sociedade residente para uma sociedade não-residente. As preocupações de condução de rendimentos estão também associadas à Ação 4, incidente sobre a excessiva dedutibilidade de juros e encargos financeiros. Com efeito, a frequência da estruturação do GMN através do financiamento das unidades constituintes por uma sociedade-base colocada numa jurisdição de baixa tributação é elevada, resultando na frequente subcapitalização das sociedades financiadas. Estas retribuem o mesmo com o pagamento de prémios e juros dedutíveis na sua jurisdição e que, por vezes, não são sequer incluídos como rendimento na jurisdição de residência da sociedade-base. O enquadramento destas situações no regime de preços de transferência exponencia o seu potencial erosivo de bases tributárias, através do acordo contratual e termos fixados pelo GMN. As três preditas ações tutelam questões que são frequentemente implementadas através de abuso de benefícios de ADT, o que a Ação 6 pretende evitar. Com efeito, a interposição de Estados terceiros nas relações bilaterais "Estado de residência-Estado fonte" levou à proliferação de estruturações assentes na baixa tributação de sucursais de sociedades estrangeiras, sociedades-conduta de rendimentos e a deslocalização artificial de rendimento através da implementação de práticas de preços de transferências agressivas. As Ações remanescentes lidam com a operacionalização do sistema fiscal internacional, preocupando-se com a colheita de dados referentes a BEPS (Ação 11), a obrigatoriedade de divulgação de práticas fiscais agressivas (Ação 12), a maior eficiência dos procedimentos de resolução de litígios (Ação 14) e o desenvolvimento do MLI (Ação 15). Cfr. também OCDE, 2013b, pp. 9 e ss., Corrick, 2016, pp. 173 e ss., e Dourado, 2017, pp. 60 e ss. para uma descrição global e integrada das várias ações.

514 Cfr. OECD, 2015a, p. 5.

515 Vd. OCDE, 2013b, p. 19. E tanto assim é que os relatórios das representações locais da IFA, em IFA 2017, identificam as ações 13, 8-10 e 6 como as de ação prioritária no âmbito do projeto. Importa relativizar o papel do regime de preços de transferência enquanto causa do fenómeno

E tanto assim é, que se devota três ações específicas ao mesmo – as Ações 8 – 10. Estas referem-se, conjuntamente, à produção de resultados de aplicação de preços de transferência alinhados com a criação de valor[516]. O objetivo conjunto destas é contrariar três grandes tipos de comportamentos: a transferências de intangíveis e outros ativos móveis por valores inferiores ao seu justo valor, a sobrecapitalização de entidades residentes em jurisdições de baixa tributação (o que possibilita a recirculação de capital e a tributação do retorno associado ao mesmo nesses Estados) e a alocação contratual de risco em transações intragrupo para jurisdições de baixa tributação.

Assim, a Ação 8 centra-se na questão dos intangíveis, focando-se na transferência dos mesmos entre membros do GMN. Para tal, o trabalho da OCDE envolverá a adoção de uma definição ampla e clara de "intangíveis"; a garantia de que os lucros associados ao rendimento e transferência de intangíveis são repartidos de acordo com a criação de valor; a mensuração de ativos intangíveis difíceis de avaliar; e a atualização de regras quanto a acordos de partilha de custos (*cost sharing agreements*)[517]. A Ação 9 lida com o desenvolvimento de regras com o objetivo de combater a excessiva alocação de risco, e correspetivamente de capital, entre membros do GMN. O fito é o de assegurar que os lucros de atividade não são alocados a uma entidade do grupo apenas porque contratualmente assumiu riscos ou financiou a atividade, mas antes assegurando uma correlação da sua atividade

BEPS, pois a existência de paraísos fiscais e concorrência internacional fiscal são causas concorrentes do mesmo. A falta de harmonização legislativa das regras fiscais aplicáveis ao GMN nas várias jurisdições deve, também, ser notada. Todavia, o regime de preços de transferência é central e sinérgico com os outros fatores que promovem a erosão das bases tributárias e deslocalização de lucros: a correção das suas limitações implicará a conexa redução de relevo dos demais fatores neste âmbito.

[516] Diríamos que a base concetual das Ações 8-10 é inovadora, algo que nos parece subavaliado pela doutrina. Com efeito, o conceito de "criação de valor" é uma adição à doutrina da tributação de rendimento, da forma como o entendemos. O princípio da tributação do rendimento, como veremos, não é orientado pela criação de rendimento, mas pelo financiamento das necessidades estaduais necessárias à propiciação das infraestruturas para que essa criação ocorra. A ênfase na criação de rendimento coloca o intérprete diante de um enquadramento que é, em si, uma entorse aos cânones de tributação de rendimento e que conduzirá, forçosamente, a resultados afastados da coerência principialista.

[517] Um acordo de partilha de custos é um acordo entre empresas para partilhar as contribuições e riscos do desenvolvimento, produção ou obtenção conjunta de ativos intangíveis, tangíveis, ou de serviços, no pressuposto de que essa atividade conjunta criará benefícios para a iniciativa individual de cada participante no acordo – cfr. OCDE, 2017a, par. 8.3. e art. 11º da Portaria nº 268/2021.

com a criação de valor. A Ação 10 é residual, mas nem por isso menos central, na medida em que pretende clarificar em que situações a operação promovida por um GMN pode ser recaracterizada para efeitos fiscais pela AT, bem como densificar os métodos de preços de transferência no contexto de cadeias de valor global, em particular do *profit split method*, para lá de combater formas típicas de erosão de bases tributárias através de pagamentos por prestação de serviços intragrupo indevidos. Refira-se, ainda, a Ação 14 que é complementar a estas três, na medida em que lida com a redução da assimetria de informação entre as partes da relação fiscal, desenvolvendo orientações quanto à prestação de informações no âmbito dos *dossiers* de preços de transferência, entre outros objetivos. De seguida, apreciamos o desenvolvimento do regime de preços de transferência resultante do projeto OCDE – BEPS.

1.4. O regime de preços de transferência no projeto BEPS

O Relatório Final 8 – 10 é dedicado ao regime de preços de transferência e toma como base de trabalho a interpretação do art. 9º CMOCDE pelas Diretrizes OCDE, não descurando a referência à correspondente provisão do CMONU[518]. Assim, procede a uma revisão de toda a Secção D, Capítulo I das Diretrizes sobre Preços de Transferência, marcada por três questões fundamentais: a preocupação com a realidade material da transação intragrupo; a clarificação quanto às regras para repartição de risco (e, como retribuição associada ao mesmo, do lucro) nas transações entre entidades do grupo; e a maior densificação das regras para as transações envolvendo ativos intangíveis[519].

Como tal, a apreciação da realidade material da transação intragrupo implica a delineação precisa da transação objeto de comparação. Procura-se determinar a *verdadeira transação* executada. Segundo ANDRUS/COLLIER trata-se de um progresso em face da redação das Diretrizes de 2010[520]. Com efeito, estas previam a possibilidade de recaracterização ou desconsideração da transação descrita pelas partes se a substância económica diferir da sua forma. Tal previsão foi eliminada da nova versão das Diretrizes, o que não significa que essa possibilidade tenha sido reduzida, antes pelo contrário e na visão destes autores.

518 Vd., no geral, OECD, 2015b.

519 Cfr. OECD, 2015b, p. 10.

520 Cfr. ANDRUS/COLLIER, 2017, p. 199.

A densificação e clarificação das Diretrizes referentes ao detalhe de análise de comparabilidade de transações implica um processo de análise de transação intragrupo mais detalhado. Desta forma, as AT passam a ter a possibilidade, e até o mandato, de analisar os esquemas contratuais do GMN para lá das suas declarações contratuais e examinar os comportamentos de facto implementados. A possibilidade de desconsideração de transações intragrupo surge agora se as mesmas não estiverem dotadas de racionalidade comercial[521], mas não parece ser possível lá onde a configuração das mesmas pelo contribuinte seja coerente com a distribuição de funções, ativos e riscos entre as partes envolvidas[522].

As Diretrizes mantêm, ainda assim, a deferência principialista ao desenho das transações conforme idealizadas pelas partes, o que nos parece correto[523]. Em particular, não se exige ao GMN que estruture transações da mesma forma que partes independentes as delineariam. Todavia, a comparabilidade da transação em análise com transações de partes não relacionadas determina o confronto da primeira com as alternativas realisticamente

[521] Cfr. OCDE, 2015b, pars. 1.126-1.127. Não é definido o que se entende por racionalidade comercial e as Diretrizes dão dois exemplos do preenchimento do conceito que, aparentemente, não têm nada em comum a não ser a falta de comparáveis em ambos os exemplos, o que, convenhamos, afetará muitas análises de comparabilidade. O exemplo 1, em particular, surge-nos como particularmente simples e infeliz, na medida em que a inexistência de mercado segurador passado não é indicadora firme de impossibilidade de constituição de um no futuro, tudo dependendo do âmbito concreto de atividades desempenhadas pela seguradora. Com efeito, se esta desempenha de forma geral essa atividade, não se vê como a transação poderia ser desconsiderada. Por outro lado, se não desempenha essa atividade, a questão não é tanto uma de racionalidade económica, mas sim de ausência de substância negocial. Andrus/Collier, 2017, p. 202, consideram que o que está em causa é a ausência de um mercado comercial para a transação desempenhada ou a presença de preços especulativos. Diremos, quanto ao primeiro caso, que a ausência de mercado terá de ser mais do que uma mera ausência de comparáveis, mas sim uma ausência de verificação de fluxo transacional capaz de satisfazer o interesse projetado pelas partes relacionadas se conduzido por partes independentes. Note-se, todavia, que na sua decisão no caso *Hornbach-Baumarkt-AG v. Finanzamt Landau* (C-382/16), o TJUE decidiu que as regras de PT alemãs devem possibilitar a demonstração de existência de racionalidade comercial na decisão de prestar financiamento a uma empresa do grupo em condições não consideradas de plena concorrência. Ou seja, razões comerciais podem afastar o cumprimento do princípio da plena concorrência, no entender do TJUE, desde que a transação sob análise não seja fictícia ou substancialmente ilícita, como o nota também Lyons, 2020, pp. 37 e ss. Esta asserção já constava do par. 67 das conclusões do AG no caso TJUE, *Thin Cap Litigation*.

[522] Vd. Andrus/Collier, 2017, p. 200

[523] Afirma Navarro, 2017, p. 72, que o Plano demonstra que a prioridade é manter a deferência à transação conforme idealizada pelas partes. Em sentido contrário vd. Andrus/Collier, 2017, p. 238. Vd., também, OECD, 2015b, par. 1.124.

disponíveis[524]. A referência a "opções realisticamente disponíveis" impede o recurso do GMN a termos contratuais que se afastem consideravelmente da corrente prática negocial entre sociedades independentes[525]. Assim, se a transação em análise for coerente com o comportamento das partes, só poderá ser desconsiderada se for comercialmente irracional e se não for possível determinar um preço de transação aceitável tendo em conta as perspetivas e alternativas contratuais disponíveis para as partes[526].

Seguidamente, a nova versão das Diretrizes foi profundamente trabalhada a propósito da alocação de risco nas transações entre entidades relacionadas, o que está associado ao tratamento do problema da correta remuneração da atividade de financiamento. Um dos problemas fundamentais que a conjugação das várias insuficiências do sistema provoca é a utilização, pelo GMN, de sociedades comerciais residentes em jurisdições de baixa tributação para financiar as demais sociedades do grupo. Esse financiamento permite ao GMN reclamar para essa sociedade uma fatia considerável dos lucros do negócio desenvolvido, através de pagamento de juros, *royalties*, rendas ou outras formas de retorno associadas a financiamento de capital ou de desenvolvimento de intangíveis. A solução desta questão no contexto do padrão de preços de transferência é delicada, na medida em que parece um problema fora do âmbito da análise transacional – embora possa ser evidente a artificialidade comercial de uma estrutura assim descrita. Todavia e como visto, o consenso em torno do pretendido novo regime de preços de transferência é o de que as estruturas de capital societárias são muito diversificadas, não se podendo afirmar a existência de uma estrutura ideal ou modelo[527]. A organização das subsidiárias deve ser respeitada, na ausência

[524] Cfr. OECD, 2015b, pars. 1.40, 1.52-1.53 e 6.111-6.112.

[525] Vd. Andrus/Collier, 2017, p. 201. Já Navarro, 2017, p. 71, afirma que um critério relevante neste contexto será o de analisar se cada uma das partes veria a sua situação agravada ou piorada no cenário antes de impostos, porque em tais casos, partes independentes poderiam não concordar com a transação a implementar. Contudo, a p. 195 afirma que a forma de realizar ajustamentos de transação está mal concebida pelas Diretrizes, porque qualquer forma negocial realisticamente concebível por uma parte independente é a melhor forma negocial realisticamente concebível, pois partes independentes não concebem alternativas distintas para implementar os seus propósitos. Diríamos nós que o uso de variáveis de comportamento substitutivo é, para estas, limitado. Portanto, a orientação fornecida pelas Diretrizes é difusa.

[526] Impossibilidade essa resultante, em parte, da forma da transação implementada pelo GMN, embora Andrus/Collier, 2017, p. 201, notem que o par. 1.122 é de leitura complexa. A referência à "substância económica" desaparece da anterior versão das Diretrizes com a formulação deste parágrafo.

[527] Seguimos aqui Andrus/Collier, 2017, pp. 207 e ss.

de qualquer disposição de direito material que obrigue à sua própria capitalização de forma adequada ao desenvolvimento da atividade comercial[528].

O Relatório Final, assim, refugia-se na análise das funções envolvidas nas transações pelas partes; determina que os riscos que sejam contratualmente assumidos pela parte na transação que não possa exercer controlo significativo e especificado sobre os riscos, ou que não tenha capacidade financeira para o fazer, será ao invés alocado à parte que preencha os preditos requisitos. Para tal, a análise "funções – ativos – riscos" foi densificada, procurando afirmar a relação entre a alocação de risco, capital e sua remuneração pelos membros do grupo, e garantir que não é enfraquecida pelas assimetrias de informação entre a administração fiscal e o contribuinte no que respeita a ativos de difícil avaliação ou conclusão de acordos de partilha de custos.

Desta forma, o Projeto BEPS procura limitar a separação artificial entre o local de exploração de atividade económica do grupo e a jurisdição de destino dos lucros da sua atividade global, ditada pela localização da sociedade financiadora e recoletora do lucro residual que remunera o seu esforço financeiro. Assim, a assunção de risco numa transação relacional nunca poderá ser meramente ditada pela letra do acordo das partes: exige-se controlo de risco e capacidade financeira que justifique essa função de controlo. Portanto, a alocação de retribuição pelo risco da transação a uma entidade relacionada depende de i) alocação contratual do mesmo, ii) suporte financeiro das consequências da concretização do risco, iii) assunção pela sociedade em questão das decisões associadas ao controlo de risco (embora não necessariamente de todas, ou sequer da maioria das decisões)[529] e iv) supervisão ativa pela sociedade em questão do eventual *outsourcing* (seja externo, seja interno) da monitorização de risco[530].

[528] Sobre o necessário respeito pelas estruturas de capitalização societária conforme desenhadas pelos sócios na ausência de normas prescritivas ou proibitivas específicas quanto às mesmas, *vd.* Ribeiro, 2009, pp. 184 e ss. No âmbito fiscal, o acórdão datado de 26/06/2020 do Tribunal Federal de Recurso canadiano *Cameco Corporation*, caso nº 2020 FCA 112, demonstra também a deferência do sistema fiscal ao necessário respeito pela estruturação e independência jurídica de sociedades parte do mesmo grupo.

[529] As novas Diretrizes não são, na nossa opinião, claras quanto à distinção entre decisões de controlo de risco e de mitigação de risco, sendo que as primeiras parecem essenciais para efeitos de alocação de risco e as segundas não. A complexidade interpretativa sugere litigância indesejável.

[530] Vd. Andrus/Collier, 2017, p. 227 e ss. A este propósito é pertinente o alerta em IFA, 2017, p. 226, segundo o qual muitas jurisdições não estão vocacionadas nem têm os recursos necessários instalados para proceder à análise de risco de uma transação, nem têm a capacidade técnica

A coerência necessária entre o comportamento das partes na transação intragrupo e a implementação contratual da transação é crucial na análise da alocação do risco (e da sua consequente remuneração) nas novas Diretrizes. Assim, as Diretrizes procuram densificar os requisitos para assunção de risco, em particular associados ao controlo decisional sobre o mesmo e a capacidade financeira para o seu suporte. A lógica inerente a este raciocínio respeita a normal dinâmica de mercado: uma parte só assume riscos que tem capacidade de controlar tanto a nível da tomada de decisão sobre os mesmos como do seu suporte financeiro. O sublinhar destas duas funções (assunção e controlo) na análise de repartição de risco no sistema de preços de transferência é reforçado na nova versão das Diretrizes. Onde na versão anterior a capacidade de controlo e de sustentação financeira do risco eram indicadores de uma alocação de acordo com o que fariam partes independentes, na versão atual são condições para a aceitação da alocação de risco[531].

Para o Projeto BEPS, a capacidade financeira de assumir o risco pode ser definida como o acesso a fundos para assumir risco ou reduzir o mesmo, para pagamentos de funções mitigadoras de risco e para suportar as consequências da assunção de risco caso o mesmo se materialize[532]. Não se exige a capacidade imediata de liquidez para cobrir os custos de assunção de risco caso o mesmo se materialize, mas sim uma autonomia patrimonial própria da entidade que o assume e que demonstre uma garantia geral de cumprimento de obrigações robusta, o que evidenciará pela solidez dos seus ativos e folha de balanço. Em consequência, a entidade associada que não assuma risco nestes termos não poderá ver deslocada para a sua esfera rendimentos que extravasem a mera operação económica sem risco. O objetivo do regime é evitar a deslocação de capital para jurisdições de baixa tributação sem desempenho de funções significativas na condução do negócio.

Por seu turno, a gestão de risco envolve o exercício efetivo de três atividades distintas e a demonstração de capacidade para o efeito. A primeira é a tomada de decisões sobre a assunção de risco, a redução de risco ou a recusa de oportunidades de negócio envolvendo risco. A segunda comporta a tomada de decisões sobre a resposta a riscos concretizados associados a uma oportunidade de negócio. A terceira implica a tomada de decisões de miti-

de determinar a correlação adequada entre o valor de lucro derivado de determinado montante de capital investido.

531 Vd. Andrus/Collier, 2017, p. 203.

532 Cfr. OECD, 2015b, para 1.64.

gação de risco, executando ações que afetam a concretização do mesmo[533]. Esta última é exigida com menor intensidade ou, no limite, pode ser executada por entidades distintas do grupo ou externas ao mesmo. Da mesma forma, a atividade de controlo do risco pode ser distribuída por várias entidades do GMN[534]. Daí que assunção do risco por uma entidade do grupo não tenha de ser plena; o que se exige é que a entidade que o assuma execute algumas funções de controlo e compense outras entidades que exerçam as demais.

O resultado da articulação destas duas dimensões de suporte de risco implica que a alocação do mesmo será aceite, ou deferida, à entidade do grupo que reúna ambos os leques de capacidades expostas. Caso mais do que uma entidade do grupo desempenhe estas funções, o risco deverá ser alocado à que predominantemente exerça as mesmas. Porém, o teor do Relatório não distingue de forma clara a solução a dar a casos de assunção de risco por várias atividades do GMN e casos em que o risco é assumido de forma preponderante por uma entidade do GMN, apesar da participação de outras no desempenho da função. A partilha de riscos dentro do GMN poderá implicar a dificuldade de encontrar transações comparáveis, considerada a individualidade da estruturação de cada grupo[535].

Em conclusão, as Diretrizes apenas se debruçam sobre formas de determinação do retorno apropriado sobre o capital no âmbito de uma transação intragrupo e não sobre a estrutura de organização e transação levada a cabo pelo GMN. Neste contexto, lá onde uma entidade financiadora não desempenhe qualquer função associada ao controlo do risco, considerar-se-á não ter assumido o mesmo. Assim sendo, apenas lhe poderão ser alocados os lucros correspondentes a um retorno de capital comparável a um investimento sem risco. Quando a entidade não controle o desenvolvimento da atividade financiada, mas tenha capacidade de realizar decisões indepen-

533 Cfr. OECD, 2015b, para 1.61.

534 Cfr. OECD, 2015b, para 1.94.

535 O que poderia estimular o recurso à utilização do PSM como método de repartição de lucro entre várias entidades do grupo. Contudo, notam Andrus/Collier, 2017, p. 205-206 que as Diretrizes não sugerem o uso de PSM para repartir lucro entre as várias entidades que assumem funções de controlo nem exigem que a entidade a quem é alocado contratualmente o risco exerça a maioria ou as principais funções associadas ao controlo do mesmo. Já Reimer, 2015, p. 518, assinala que o conceito de risco se prende com as muitas micro oportunidades de mercado que falham e que poderiam ser acauteladas por um contrato de seguro e, portanto, o prémio sobre a materialização desse risco pode servir como critério auxiliar de repartição de lucro empresarial.

dentes quanto à identidade de entidades financiadas, e de rever essas decisões periodicamente, dir-se-á que assume risco de investimento, embora não de desenvolvimento de atividade. Poderá, nessa medida, ser-lhe alocada uma participação nos lucros superior à situação anteriormente descrita, mas ainda assim aquém da perceção de todo o rendimento derivado da atividade desenvolvida.

No espectro oposto, estaria o caso em que a entidade financiadora também exerce controlo sobre a atividade desenvolvida, em particular no tocante à progressão da mesma: investimento significativo em ativos necessários para desenvolvimentos ou progressão para fases subsequentes de I&D, por exemplo[536]. Neste caso, a entidade financiadora parece poder participar na perceção de todos os proveitos resultantes da atividade desenvolvida.

A este propósito, diremos que não parece verosímil que a entidade financiadora do grupo possa tomar decisões de forma autónoma e não integrada com o desenvolvimento da atividade comercial num GMN. O controlo dos ativos e a assunção do risco reconduzem-se, nestes termos, a parâmetros tendencialmente coincidentes. Mesmo que haja funções associadas a estas tarefas desempenhadas por outras entidades do GMN, as decisões são tomadas sobre ativos que são controlados. Ora, as formas de exercício de controlo dependem da detenção de propriedade ou do uso de propriedade de outrem em troca de remuneração – pelo que o controlo e a decisão sobre o uso de um ativo envolvem sempre a detenção jurídica de ativos ou capital. Com efeito, ANDRUS/COLLIER demonstram que a excessiva referência à função do risco na alocação de funções para efeitos de atribuição de rendimento determinará uma manutenção do *statu quo*, por força da necessária associação de capital às funções associadas ao risco da transação.

Por fim, o Plano lida com a *vexata questio* dos intangíveis. Define-os como "algo que não é um ativo físico ou financeiro, passível de ser detido ou controlado para uso em atividades comerciais e cujo uso ou transferência seria compensado se tivesse ocorrido em transações entre partes independentes em circunstâncias comparáveis". Mais especifica que não têm de constar da folha de balanço ou do inventário de ativos para efeitos contabilísticos, não têm de ser objeto de direito de propriedade e não necessitam de ser autonomizáveis, no sentido de poderem ser transferidos de forma separada[537].

536 Cfr. OECD, 2015b, para 6.64.

537 A definição tutela o problema da transferência de aviamento sem compensação, mas pode permitir a entidades relacionadas reclamarem para si parte dos lucros associados ao mesmo,

As características dos ativos intangíveis, em particular a sua desmaterialização, permitem a sua transferência de forma meramente contratual entre entidades do grupo. Tal possibilita dissociar a propriedade jurídica do intangível das atividades de utilização e desenvolvimento do mesmo, que lhe conferem o seu potencial gerador de rendimento. Na versão de 2017 das Diretrizes, a determinação da propriedade dos intangíveis conforme contratualmente alocada e a conduta das partes associadas são um ponto de partida para a alocação do lucro resultante do seu uso. É certo que proprietário dos intangíveis tem uma pretensão de reclamar para si o lucro derivado da exploração dos mesmos. Mas tem agora uma ampla obrigação de compensação das entidades do grupo que executam funções, usam ativos e assumem riscos associados à criação dos intangíveis que, no limite, e cujo custo pode equivaler a todo o lucro resultante da exploração daqueles[538]. O objetivo é o de alinhar a atividade económica associada ao desenvolvimento e utilização do intangível com o rendimento gerado pelo mesmo. A propriedade legal do intangível não garante o direito a todo (ou até, a qualquer) retorno sobre a exploração do mesmo.

No âmbito das transferências de intangíveis entre membros do GMN, assume particular protagonismo o problema da avaliação dos mesmos. E, aqui, é inegável a evolução das Diretrizes face à anterior versão. Se, por um lado, afirmam a dificuldade de em muitos casos proceder à avaliação de ativos intangíveis, por outro notam que a avaliação do preço de uma transação intragrupo deverá ter por base a potencial aceitação do preço por ambas as partes da transação, e não uma análise unilateral. Mais rejeitam a ideia segundo a qual o residual de lucro, após remuneração de funções rotineiras na exploração do intangível, deva ser alocado ao proprietário jurídico do mesmo[539]. Neste particular, abre-se a porta a métodos de avaliação de ativos distintos dos tradicionais. O motivo é um: a dificuldade em encontrar ativos comparáveis que sirvam de padrão para uma avaliação do valor do intangível[540].

segundo Andrus/Collier, 2017, pp. 213. Para mais sobre a definição de intangíveis no contexto OCDE e dos EUA, vd. Torvik, 2016, pp. 63 e ss..

538 Cfr. OECD, 2015b, pars. 6.50 a 6.56.

539 Cfr. OECD, 2015b, paras 6-42 a 6-58.

540 Neste aspeto, os ativos de difícil mensurabilidade também foram objeto de atenção, em particular nos pars. 6.190 e ss. Em certas situações nas quais inexistam comparáveis, não sendo possível fazer projeções quanto à rendibilidade futura de um ativo intangível transferido num momento inicial do seu desenvolvimento, poderá ser possível ajustar *ex post* o preço devido pelo cedente do direito associado. Sobre os ativos de difícil mensurabilidade, vd. OCDE, 2018a.

Ainda no âmbito da intangibilidade, o Plano trata o problema das sinergias de grupo, tantas vezes apontado como demonstrativo da desadequação do sistema de preços de transferência à natureza do GMN. Tais sinergias proporcionam poupanças de custos reais e significativas ou aumento de ganhos, mas não são refletidas nos preços de transações independentes comparáveis. Esses ganhos são frequentemente alocados a jurisdições de baixa tributação sob o manto de *lucros residuais*, o que permite a dissociação entre o local de tributação dos lucros e o local onde a atividade que os gerou tem lugar. O Plano sugere que, quando os lucros surjam de ações concertadas e deliberadas pelo GMN, deverão ser identificados e alocados aos membros cujas funções ou ativos propiciaram as sinergias, de acordo com a sua contribuição para as mesmas.

1.5. O regime de preços de transferência após o projeto BEPS – comentário

As alterações projetadas pelos Relatórios Finais da OCDE às suas Diretrizes suscitaram reações doutrinais diversas. Se há autores entusiasmados com a possibilidade que as novas formulações das Diretrizes conferem às AT de lograr fazer prevalecer a substância sobre a forma nas transações intragrupo[541], também não faltam outros a assinalar as suas limitações[542].

Assim, alguns autores consideram os Planos de Ação BEPS ambíguos e pouco claros, o que pode conduzir ao exacerbar de litigância entre contribuintes e AT[543]. Esta ambiguidade permite leituras completamente opostas do seu teor [544], estabelecendo práticas contrárias à seguidas até ao presente.

[541] Vd. Eden, 2019.

[542] Vd., por exemplo, Pleijser, 2016, pp. 442 e ss., comparando a dinâmica empírica e económica de algumas estruturas de internacionalização de GMN com as soluções do Plano de Ação e apontando dissonâncias entre ambos os planos.

[543] Neste sentido, vd. IFA, 2017, p. 210; vd. também Brauner, 2015, p. 77; Turina, 2018; Herzfeld, 2017, p. 51.

[544] Por exemplo, em IFA, 2017, p. 225, a sucursal IFA da Noruega afirma que as regras referentes à distribuição de risco são excessivamente ambíguas e que retiram relevo ao valor e risco atribuível ao capital. Como nota Herzfeld, 2017, p. 54, a alocação do retorno residual de uma transação ao controlador do risco é inconsistente com princípios económicos, que normalmente alocam o retorno ao investidor do capital. Nessa medida, encara a ênfase do projeto BEPS no controlo do risco como uma manifestação de uma cláusula geral anti-abuso. Para a autora, esta característica das novas Diretrizes aumenta o risco da proliferação de regimes destinados a assegurar o cumprimento desta exigência fundados em jurisdições de tributação favorável com o objetivo de preencher as previsões de *substância negocial* mínimas necessárias para atrair a repartição de lucros para sociedades colocadas nessas jurisdições.

Cremos que não se trata de meras divergências doutrinais ou de perspetiva quanto a uma interpretação jurídica, mas sim do resultado de verdadeiras dificuldades em vislumbrar a aplicação prática do princípio da plena concorrência conforme consagrado nos Planos de Ação. A associação destas críticas à referência do aumento significativo de complexidade do regime de preços de transferência nos termos que vêm sendo descritos criam uma tremenda incerteza no sistema jurídico – para lá de colocarem em causa a adequação do projeto aos fins a que se propôs.

Alguns autores entendem também que as regras de repartição e controlo de risco não provocarão uma mudança do paradigma de deslocalização de lucros baseado na utilização de sociedades-base (ditas *cash box*[545]), mas sim um aumento de alguma atividade nas jurisdições de baixa tributação com o fito de fornecer consistência à alocação do mesmo e do seu controlo[546]. A densificação e quantificação das pessoas com funções significativas para a determinação de risco jogará aqui um papel importante, sendo certo que é difícil contrariar a ideia segundo a qual as decisões de controlo são tomadas pela cúpula – o que não implica esforços de deslocação particularmente onerosos para o grupo, de forma a radicar controlo de risco numa dada entidade[547]. Acresce a esta observação o facto de as administrações societárias costumarem estar radicadas em Estados exportadores de

545 A ausência de controlo, no âmbito do sistema tributário internacional, de situações de sobrecapitalização em entidades situadas em jurisdições de baixa tributação, cumulada com a ausência de obstáculos à transferência de capitais que o sistema capitalista assegura, faz com que as regras desenhadas sejam pouco eficientes para limitar o recurso às sociedades *cash box*. A este propósito, vd. Esteves, 2011, pp. 783 e ss. e Andrus/Collier, 2017, p. 234.

546 Vd. IFA, 2017, p. 225 que notam também o impacto que tais regulações poderão trazer para negócios tradicionalmente localizados em jurisdições de baixa tributação, como os extrativos, de empresas de navegação e afins. Andrus/Oosterhuis, 2017, p. 91 classificam mesmo as disposições sobre alocação do risco como formulas "mornas" anti-abuso, que os contribuintes conseguem evitar sem impacto fiscal significativo em comparação com o atual regime. Para outra abordagem sobre o tema, cfr. Schön, 2010b, pp. 242 e ss.

547 Majdowski/Bronzewska, 2018, p. 221, afirmam que o controlo do risco implica, essencialmente, a alocação de pessoas com experiência e competência adequadas a essa função. Mais adiante, referem, todavia, a limitação da abordagem das Diretrizes, que não impedirá a existência de estruturas de *parqueamento* de parte de rendimento em jurisdições de baixa tributação. Considerando que o que seria adotado nas Diretrizes também contém uma maior ênfase no capital humano, vd. Tavares, 2016, p. 200 embora reconhecendo as diferenças resultantes de aplicação das mesmas dependendo da interpretação do art. 9º CMOCDE de acordo com as Diretrizes (com maior ênfase na forma contratual e jurídica) ou da aplicação do art. 7º ao caso de acordo com a AOA.

capital, razão pela qual podem ser estes também beneficiados com o novo paradigma[548].

De seguida, diremos que não parece ser possível dissociar-se a assunção de risco da inerente alocação de capital à entidade que o assume. Contudo, os critérios determinados para afirmar a assunção de risco não estão necessariamente ligados à substância da atividade económica subjacente. Com efeito, parece que uma entidade de um grupo terá apenas de assumir o risco de financiamento, e não propriamente do desenvolvimento do produto, para que se possa dizer que se justifica a alocação de capital para seu controlo[549]. Por outro lado, a assunção de risco de financiamento não é particularmente difícil de configurar contratualmente e, desta forma, determinar a consequente alocação de risco (e de lucro) em conformidade[550]. Acresce que a autonomização da assunção de risco de financiamento do exercício de funções de controlo de risco parece uma operação extravagante num GMN, o que sugere a pouca adesão à realidade do modelo. Com efeito, as decisões de financiamento estão sempre ligadas a decisões de controlo de risco, e estão frequentemente concentradas nas mesmas unidades do grupo (sem que, necessariamente, a sociedade que detenha o capital seja a sociedade que determina o modo da sua utilização).

Sublinhe-se que as Diretrizes não tutelam de forma suficiente a questão da função de controlo sobre o risco desempenhada por mais do que uma entidade do GMN. Na verdade, o facto de não se exigir o controlo total do risco, nem sequer o exercício da maioria das funções associadas ao mesmo, permite enquadrar a alocação de risco a uma entidade contratualmente

[548] Assim o nota Dourado, 2017, p. 373. A observação de IFA, 2017, p. 200 parece corroborar esta ideia, com particular prejuízo (entre outros motivos) para os Estados em vias de desenvolvimento e jurisdições de mercado. Sobre a desadequação do regime de preços de transferência aos interesses dos países em desenvolvimento, vd. Brauner, 2020, p. 236.

[549] Cfr. Diretrizes, par. 1.94. A OCDE pretende que apenas possa ser alocado lucro associado a intangíveis a entidades que participam ativamente no seu desenvolvimento, melhoria, manutenção, proteção e exploração comercial (ou, no acrónimo inglês, que efetuem funções DEMPE). Contudo, Andrus/Oosterhuis, 2017, p. 95 exemplificam situações com resultados pouco claros em termos de alocação de risco e controlo em torno do conceito DEMPE que deveria presidir à repartição de funções e alocação de lucro respetivo no âmbito de transações com intangíveis.

[550] Vd. Majdowski/Bronzewska, 2018, pp. 222 e ss., afirmando que os dois fatores chaves na determinação da alocação de rendimento em transações intragrupo são o título jurídico de domínio sobre o ativo e a alocação contratualmente determinada de riscos. Tavares, 2016, p. 261, também afirma que a estrutura jurídica e a propriedade dos ativos continuam a assumir uma preponderância substancial na interpretação do art. 9º dos ADT modelo, mesmo após as versões propostas pelos Planos de Ação BEPS.

definida de forma dificilmente impugnável pelas AT. A obrigação de compensação das entidades que partilham o controlo de risco é ponderada pelas Diretrizes, embora não pareça ser existir efetivamente. Parece, como tal, que o limiar para que se possa afirmar que uma entidade exerce funções de controlo (para assim se lhe poder alocar o risco do negócio e a correspondente remuneração) é baixo[551].

Assim, alertam ANDRUS/COLLIER que o nível de capitalização adequado ao exercício de funções por entidades relacionadas não é abordado pelas Diretrizes, sejam as entidades subordinadas e relacionadas, um estabelecimento estável ou uma subsidiária. Na medida em que se mantém a possibilidade de afastamento de funções de um estabelecimento estável e sua concentração na sociedade-mãe, não é possível alocar um nível adequado de capital àquele que justifique a alocação de maiores rendimentos, o que conduz inevitavelmente a BEPS. Por seu turno, note-se que a aplicação do art. 7º, nº 2 CMOCDE para efeitos de alocação de capital a uma sociedade comercial (tratando-a como se fosse um estabelecimento estável, e, nessa medida, atribuindo-lhe mais lucro resultante da transação implementada pelo GMN), pode violar o regime de preços de transferência.

Isto sucede pela necessária obrigação de respeito pelas regras de constituição societária e (a ausência de) regras sobre níveis de capitalização adequados para prossecução de objeto social[552]. A resiliência do sistema de preços de transferência à descaracterização de transações do GMN pelas AT[553] permite defini-lo como um sistema transacional assente em fixação de preços, e não num sistema que possa combater estruturas de capital em fraude à lei – o que se pretenderia para afirmar a unidade empresarial e a prevalência da substância económica sobre a forma legal[554].

[551] MAJDOWSKI/BRONZEWSKA, 2018, p. 221 afirmam que o novo modelo das Diretrizes poderá implicar maior relevância das atividades de administração em detrimento do volume de capital investido para efeitos de alocação.

[552] Todavia, afirmando a possibilidade de aplicação do art. 7º, nº 2 CMOCDE a um estabelecimento estável, vd. TAVARES, 2016.

[553] Vd. NAVARRO, 2017, p. 75.

[554] Esta conclusão traduz a tensão entre uma aproximação unitária e uma visão holística do grupo, bem como o progressivo recurso a métodos focados na análise integrada dos atributos das partes e das condições de uma transação globalmente considerada, ao invés da sua apreciação, que parece também estar em contraponto com a prática tradicional do regime de preços de transferência. Isto demonstra um dos objetivos das Diretrizes: o de analisar de forma mais detalhada a estrutura da transação, com o propósito de evitar a alocação de lucros residuais por completo a entidades que não desempenhem as funções ditas de rotina – vd. OCDE, 2017, pars. 1.51 a 1.55 e 6.1333. Todavia, tal consequência será a de reduzir o recurso aos métodos de PT tra-

É certo que há uma progressão nas Diretrizes em direção à maior adoção de métodos de comparação bilaterais e que permitem apreender de forma mais completa a estrutura e forma de operação do GMN, como o demonstra a maior densificação do *profit split method*[555]. Por oposição, o *transactional net margin method* não é particularmente trabalhado, o que demonstra uma preferência pela repartição de lucros residuais entre todas as partes envolvidas numa transação e não apenas a alocação dos mesmos a uma parte (o que o *transactional net margin method*, ao analisar apenas a legitimidade da alocação de funções rotineiras a uma parte, implica[556]). Todavia, e novamente, a falta de clareza das Diretrizes não permite afirmar perentoriamente esta preferência, nem em termos teóricos, nem em termos jurídicos.

Seguidamente, e ainda no contexto de análise integrada das operações intragrupo, deve salientar-se que a falta de captação do rendimento oriundo de sinergias resultantes da integração não é resolvida pelas Diretrizes. As sinergias são encaradas como uma característica do grupo para a qual contribuem as suas unidades de forma individual e mensurável, o que permitira a alocação de rendimento referente a sinergias a cada unidade do grupo – algo altamente criticado, na medida em que assenta em fatores não empíricos e desprovidos de sentido, no dizer de Yariv Brauner[557]. O autor refere que, contrariamente à ideia de análise global do grupo, as Diretrizes de 2017 não permitem o recurso aos resultados das declarações de informação financeira e fiscal por país ou jurisdição fiscal (*Country-by-Country*

dicionais, por implicar a redução de transações semelhantes disponíveis para comparação, o que ademais aumenta a insegurança de aplicação do método escolhido, por força da necessária especulação sobre o que fariam partes independentes, no dizer de Andrus/Collier, 2017, p. 249. A diminuição progressiva do apelo ao recurso a análise comparada de transações semelhantes é também notada por Robillard, 2015, pp. 543 e ss.

555 E particular após a publicação de OCDE, 2018b.

556 Atente-se, todavia, na análise da Torvik, 2018, pp. 351 e ss. dos par. 2.56-2107 das Diretrizes 2017, sugerindo que a inclusão da expressão "outros fatores" no elenco de critérios que deverão ser tidos em consideração (para lá das funções, ativos e riscos) para efeitos de alocação de lucros a uma entidade que leva a cabo meras funções de rotina na exploração de ativos intangíveis poder constituir um autêntico "tremor de terra" na prática de PT, na medida em que a alocação de um preço normal de mercado às funções desempenhadas por essas entidades pode não ser suficiente, posto que "outros fatores" devem ser considerados.

557 Vd. Brauner, 2008, p. 77. Todavia, vd. Schön, 2011, p. 56, afirmando que qualquer rendimento ou poupança resultante de sinergias por integração do grupo deverá ser alocado ao local de localização de sinergia – e que é o local onde o uso do investimento tem lugar e não o local de residência da sociedade que recebe a remuneração associada. No mesmo sentido, Durst, 2011, p. 113, afirmando que este raciocínio é coerente com a ideia segundo a qual a utilização de fatores de produção deve importar a tributação no local de utilização dos mesmos.

Reporting – CbCR) para efeitos de repartição de rendimento entre o grupo, mas apenas com o propósito de sinalizar estruturas de risco que permitam uma rendibilidade superior à normalmente verificada para as jurisdições detentoras do direito a tributar os lucros residuais das transações do grupo. Parece desperdiçar-se, assim, a valia de um instrumento de controlo holístico do GMN, que este já usa para efeitos internos da sua própria gestão e para efeitos externos de obrigações de imposto acessórias.

Por fim, e no tocante aos ativos intangíveis[558], o projeto BEPS é marcado, primeiramente, pela tentativa de densificação do conceito de intangível, assente essencialmente na transacionabilidade do ativo, excluindo do mesmo ativos que não geram obrigações de pagamento se transferidos entre unidades independentes. Os Planos de Ação densificam obrigações associadas à estruturação de transações envolvendo intangíveis. Assim, exige-se que a entidade do GMN que pretenda extrair rendimento da exploração de ativos intangíveis compense de forma plena entidades que executem funções importantes no desenvolvimento, manutenção e exploração dos mesmos.

Ademais, permite-se a reavaliação de valores em transações com ativos intangíveis difíceis de avaliar ou envolvidos em acordos de partilha de custos, considerando os resultados operacionais posteriores à implementação da transação ou execução do acordo[559]. A forma de mensurabilidade concreta das contribuições e do seu valor, todavia, não é detalhada[560]. E se a consideração dos valores de retorno no intangível, conforme explorados

558 Para um sumário das numerosas alterações a nível de ativos intangíveis introduzidas pelos Planos de Ação, vd. Andrus/Collier, 2017, pp. 240 e ss.

559 E considerando a retribuição dessas funções com base no seu valor, e não no seu custo, bem como permitindo e reconhecendo a necessidade de métodos económicos de avaliação de funções para lá dos tradicionais cinco métodos supra descritos. A avaliação de transações assente no valor de mercado das mesmas é coincidente com o conceito SHS de rendimento.

560 Vd. Torvik, 2018, pp. 352 e ss. a propósito da aplicação do *transactional net margin method* a transações envolvendo ativos intangíveis. O autor afirma que a formulação do par. 6.133 da Diretrizes a critérios adicionais de análise de transações comparáveis para lá das funções, ativos e riscos, introduz incerteza quanto aos fatores que deverão atrair remuneração nos termos das mesmas, bem como quanto à metodologia que deverá ser aplicada para proceder à quantificação da remuneração devida. Conclui, todavia, que os pars. 6.133 e 6.141 continuarão a não limitar a aplicação do *transactional net margin method*, sendo possível aplicar dito de forma a alocar um retorno a mero preço de mercado a funções rotineiras e, nessa medida, extrair lucros residuais da jurisdição de fonte. Isto porque o *transactional net margin method* apenas deverá ser usado quando apenas uma das partes contribua com funções rotineiras para a obtenção do rendimento – e, neste particular, as Diretrizes 2017 não trouxeram alterações.

pelo GMN, é um passo positivo, não existem Diretrizes já quanto ao reajustamento e redistribuição do rendimento gerado por aquele entre o grupo. De igual forma, se o desempenho de funções de gestão de risco e do GMN se mantiver central na alocação de lucros gerados por intangíveis, o regime pós-BEPS continua a não conseguir superar as limitações criadas pela estruturação do GMN e das suas transações[561].

Desta forma, não se pode concluir pela correção das oportunidades que as transações com intangíveis propiciam àquelas entidades. Em bom rigor, cremos, nem se poderá dizer que o projeto BEPS resolva as questões estruturais supra identificadas. Com efeito, recordemos que um dos traços da atuação do GMN é a detenção de direitos de propriedade funcionalmente dependentes da direção unitária económica. Tal manifesta-se, entre outras formas, através da determinação da adoção da forma jurídica transacional adaptada aos resultados após imposto que se pretendem obter. Ora, o projeto BEPS introduz particular ênfase na apreciação da entidade do grupo que assume o risco e o controlo da operação como padrão de mensurabilidade de rendimento que lhe deve ser alocado. Mas embora se reconheça progresso na conclusão global de exigência de maior substância, ainda que mínima, de atividade económica de entidades que assumem aquela preponderância na atividade global do GMN, haverá que dizer que a configuração contratual de tais funções é, ainda, determinante na análise a realizar. E essa é definida pela cúpula do GMN, com debatível possibilidade de reconfiguração ou desconsideração por parte das AT[562].

A própria necessidade de dotação financeira adequada à assunção do risco por uma entidade do grupo tem um alcance limitado na densificação dos requisitos de substância, atenta a desmaterialização do capital e a diver-

[561] Andrus/Collier, 2017, p. 242, sugerem que funções semelhantes na exploração de intangíveis podem ser retribuídas de forma muito díspar, com base na configuração contratual e caracterização das mesmas, possibilidade que não é afastada pelas novas Diretrizes, pesem embora as proclamações de princípio no sentido contrário.

[562] O que é demonstrado com evidência no já citado caso *Cameco* (vd. nt. 528), no qual se rejeitou a reconfiguração de transações intragrupo entre sociedade-mãe canadiana e subsidiária suíça que havia sido feita com base na ausência de desempenho de funções pela sociedade suíça. O Tribunal recusou a revisão da AT local, que aplicou os novos princípios PT após-BEPS procurando alocar lucro ao local onde são desempenhadas as funções da transação, afirmando a necessidade de respeito pela separação jurídica entre as sociedades parte no negócio e a deferência à estruturação da transação. Para mais, vd. Mao/Gotfried 2019. Também desconsiderando uma análise "funções, ativos e riscos", fazendo prevalecer os termos de transações entre as partes relacionadas, cfr. o acórdão do Tribunal de Segunda Instância de Zeeland-West Brabant, Países Baixos, datado de 19/9/2017, proc. nº BRE-15_5683.

sidade de formas transacionais que podem ser adotadas para possibilitar a movimentação do mesmo. A gestão do fluxo transacional coliga-se com esta característica do sistema pós-BEPS e permite configurar um contrato em torno de intangíveis com efeitos fiscais amplamente diversos. Contraste-se a utilização de um intangível com base num contrato de prestação de serviços para a comercialização do mesmo, comparada com a utilização do dito com base num contrato de licença de utilização.

É certo que a OCDE procura tratar o GMN como uma entidade integrada[563], afastando-se em larga medida do paradigma da entidade independente como conceito, funcionando este, sobretudo e agora, para efeitos operacionais do regime. Por outro lado, é notória também a preocupação teórica do projeto respeitar a substância[564] das transações concluídas intragrupo, ao invés de apreciar a estrutura formal das mesmas. Contudo, o projeto BEPS não alterou o essencial: o regime de preços de transferência permite alocar a localização de ativos, riscos e capital para efeitos de mensuração de rendimento tributável de forma desproporcionada em face das funções e empenho de meios produtivos no território onde a atividade lucrativa é conduzida.

Com efeito, a assunção de risco numa transação tem uma influência direta no preço cobrado pela parte que assume o mesmo. Num contexto intragrupo, tal implica identificar os riscos incorridos e que entidade constituinte do GMN os assume, para que o risco da parte sujeita a fiscalização possa ser comparado ao risco assumido numa transação relevante comparável. Todavia, a natureza integrada do grupo implica que o risco de uma operação comercial possa repercutir-se sobre toda a estrutura. Bastará ilustrar o dito com o exemplo simples do produto que não é bem recebido pelos consumidores, o que afetará a rendibilidade da secção de *design*, mas também dos vendedores e distribuidores, da secção de fabrico, da secção de I&D e assim sucessivamente.

563 O que leva Andrus/Collier, 2017, p. 231 a suscitarem dúvidas de compatibilidade das Diretrizes 2017 com o regime de preços de transferência. Vd. no mesmo sentido IFA, 2017, p. 199. Também Andrus/Oosterhuis, 2017, p. 94 alertam que entidades independentes assumem frequentemente riscos que não controlam plenamente nos termos das definições das Diretrizes, o que coloca em questão a própria compatibilidade das mesmas com o princípio da plena concorrência.

564 Porém, vd. IFA, 2017, p. 214, notando a ausência de densificação do conceito de *substância* e a sua reduzida valia em caso de litigância fiscal. Navarro, 2017, p. 194, também refere que o critério de *substância* é difuso e pouco apto a fundamentar uma eventualmente necessária recaracterização de transação em que forma e substância não estejam alinhadas.

Assim, a tentativa de isolamento do risco dentro da estrutura do GMN é um problema no funcionamento do sistema, por dificultar a escolha de transações comparáveis, mas também por possibilitar a alocação contratual do mesmo a uma única entidade. A correspetiva obrigação de deferência das AT à estruturação da transação pretendida pelo contribuinte conduz a um resultado fatal: se os riscos de transação podem ser deslocados entre membros do grupo, a obtenção futura de rendimento derivado da assunção dos mesmos para unidades selecionadas do GMN torna-se uma possibilidade através da operação das variáveis de comportamento substitutivo. Desta forma, o método permite a atração de rendimento tributável para Estados que revelam menor investimento em fatores de produção necessários para obtenção daquele, produzindo um de dois resultados: a declaração de lucro desproporcionalmente superior à atividade económica conduzida numa jurisdição ou o seu inverso. Manifestamente, a exigência de um processo revelador de substância de atividade e de proporcionalidade entre esta e o direito a tributar sai, assim, afetada, desrespeitando um padrão de Justiça fiscal internacional desejável.

No tocante à desadequação em confronto com a mecânica do IRC, o desajuste em face do princípio da realização mantém-se após o projeto BEPS da OCDE. O sistema de preços de transferência é um sistema comparativo de transações intragrupo com transações independentes. Nestas últimas, o princípio da realização cumpre plenamente a sua função. Naquelas, não. As funções desempenhadas e os riscos assumidos por uma sociedade integrada num GMN nunca podem ser semelhantes aos desenvolvidos numa entidade independente. Nesta, as funções envolvem toda a atividade de gestão no interesse da mesma, o que está ausente numa sociedade contida num GMN, em particular quando pensamos nos deveres fiduciários que os administradores assumem, por referência ao património administrado numa sociedade independente, e que parecem configurar-se de forma distinta numa sociedade integrada. Por outro lado, o risco de atividade é assumido de forma distinta num GMN, na medida em que o risco de insolvência não é suportado pela sociedade local ou, então e sob outra perspetiva, é suportado de forma exponencial atenta a sua subcapitalização.

Portanto, a fixação de preços em transações intragrupo continua a ser uma questão incontornável, embora menos do que no passado, atenta a evolução de estruturas do GMN. Contudo, a falta de instruções claras quanto à forma de fixação de preços de transferência nas ditas cadeias globais de valor, à sobrecapitalização societária e subsequente financiamento de entidades grupais subcapitalizadas e à assunção de funções de risco e controlo e utilização de ativos intangíveis, demonstra que ainda existe margem para manipulação do regime através da fixação do valor das prestações intragrupo. Cabe perguntar, enfim, que papel resta desempenhar ao princípio da realização nas transações intragrupo.

2. As limitações metodológicas do regime de preços de transferência

As críticas concretas que vêm de se expor são o afloramento de desajustes da forma de atuação do GMN com o próprio sistema de IRC e que tornam a análise "funções, ativos e riscos" pouco apta a demonstrar a localização do investimento de capital em fatores de produção. A relevância da estruturação contratual das partes para identificar a natureza da transação que revela capacidade contributiva faz com que a localização de fatores de produção do GMN importe menos para este efeito do que os locais de fixação dos elementos relevantes para o funcionamento da mecânica do regime de preços de transferência pelo grupo. Desta forma, o sistema permite o uso de serviços e bens públicos por entidades constituintes do GMN, sem a correspondente comparticipação proporcional do mesmo nos custos associados. Em suma, a quantificação da matéria tributável em cada jurisdição não é proporcional à presença económica local das unidades do GMN.

Trata-se, assim, de um problema que é, na sua essência, metodológico[565]. O regime de preços de transferência não é adequado aos fins a que se propõe – demonstrar a afiliação económica de entidades do GMN a uma dada jurisdição e identificar manifestações de capacidade contributiva, ali, que evidenciem investimento em fatores de produção que justifique a tributação do rendimento gerado pelos mesmos. Com efeito, o GMN estrutura-se livremente, ao abrigo de um direito geralmente reconhecido pelas constituições hodiernas: o direito de livre iniciativa privada (cfr. arts. 61º, nº 1 e 80, al. c) CRP), fundamental para o estabelecimento de uma economia de mercado.

Este princípio tem uma dupla faceta: operacional e organizativa. Ou seja, permite a prática de qualquer ato e o exercício de qualquer atividade de índole económica por parte de pessoas privadas, singulares ou coletivas, de forma livre, e abrange o direito de constituir empresas e entidades empresariais, de conformação estatutária destas, de gestão e de exercício

[565] Assim já o notava FARIA, 2000, p. 61.

independente das correspondentes atividades produtivas[566]. O exercício desta liberdade[567] tem uma série de corolários, destacando-se, no que aqui interessa, a vigência e aplicabilidade na ordem jurídica dos princípios da liberdade de gestão fiscal[568] e da neutralidade fiscal[569].

A liberdade de gestão fiscal permite aos indivíduos e empresas planificar a sua atividade económica sem preocupações com as necessidades financeiras da comunidade estadual, atuando de molde a obter os melhores resultados económicos em consequência do seu planeamento fiscal. Neste contexto, é reconhecido aos indivíduos o direito de se guiarem por critérios de elisão ou evitação de impostos, ou de aforro fiscal, desde que por uma tal via não se violem leis fiscais nem se abuse a liberdade de configuração jurídica de factos tributários[570]. Por seu turno, o funcionamento eficiente dos mercados e a equilibrada concorrência entre empresas implica o tratamento fiscal neutro das iniciativas empresariais, independentemente da sua forma negocial[571].

Ora, o regime de preços de transferência não é suficientemente determinado de forma a poder configurar um limite ao abuso de integração grupal pelo GMN. Com efeito, a multiplicidade de métodos que o regime comporta impedem a afirmação de uma obrigação de opção por um em detrimento de outro[572]. Acresce que a integração dos métodos em mais do que um ordenamento jurídico projeta uma exigência insustentável sobre o GMN: a de interpretar a definição da base tributável conforme pretendida por dois ou mais legisladores e, nessa medida, adequar o método escolhido ao resultado da sua interpretação da legislação local e da integração do método no ADT eventualmente aplicável. Como a indeterminabilidade da tarefa é manifesta, resulta daqui a inexigibilidade de escolha de um método em detrimento do outro.

[566] Cfr. Miranda/Medeiros, 2010, pp. 1182 e ss.

[567] Que, para Teixeira, 2009, p. 239, se poderá reconduzir ao dever de os administradores atuarem no interesse da sociedade para potenciar os resultados desta e o benefício dos sócios. No mesmo sentido, Oliveira, 2009, p. 12. Sobre o tema, desenvolvidamente, vd. Schön, 2008, p. 31.

[568] Trata-se de um princípio, aliás, igualmente aflorado na argumentação do TJCE no caso *Halifax* (C-255/02): "o sujeito passivo tem o direito de escolher a estrutura da sua atividade de forma a limitar a sua dívida fiscal."

[569] Cfr. Nabais, 2018, pp. 281 e ss.

[570] Cfr. Nabais, 2018, p. 282.

[571] Princípios com positivação normativa de mais alto nível – cfr. art. 81º, al. e) CRP e arts. 107º-113º TFUE.

[572] Assinalando a elevada indeterminação legal das regras sobre preços de transferência, Dourado, 2019, p. 115.

De igual forma, como cabe a cada entidade do GMN o dever de proceder à declaração fiscal de rendimentos, a iniciativa de fixação de matéria tributável (e, nessa medida, de integração na base tributária de um Estado) é do GMN. Nessa medida, é o GMN que tem a inciativa de integração do seu rendimento na base tributária de um Estado. É certo que na terminologia do art. 9º CMOCDE, a prerrogativa de inclusão de uma vantagem obtida por uma entidade na esfera de outra cabe ao Estado – desde que demonstre o preenchimento dos devidos pressupostos. Mas para corrigir a declaração do contribuinte, o Estado tem de demonstrar que o método de preços de transferência escolhido pelo GMN para implementar a sua transação foi mal aplicado ou não era adequado ao caso. Na ausência de uma demonstração fundamentada, não pode o Estado que pretende tributar exercer aquela prerrogativa[573]. O ónus a cargo do Estado torna-se difícil de preencher pela mesma razão que é difícil afirmar a existência da violação da obrigação de escolha de um determinado método de preços de transferência por ser mais adequado do que outro. Nesta medida, a distribuição de lucro tributável do GMN pelas suas entidades constituintes é difícil de impugnar.

A consequência fatal é que o GMN poderá aplicar o método de preços de transferência que melhor permita a implantação das variáveis de comportamento substitutivo que satisfaçam os seus propósitos, excetuados casos limite de manifesta desadequação do método escolhido. Como cláusula anti-abuso de determinação de matéria tributável, o regime de preços de transferência é excessivamente aberto[574] para se poder constituir um

[573] No mesmo sentido, Sanches, 2000, p. 36 e Schoueri, 2011, p. 445, exigindo a demonstração da dissimulação da ocorrência de facto constitutivo do dever de pagar imposto ou a natureza dos elementos constitutivos da obrigação tributária para que o Estado possa descaracterizar uma transação conforme declarada pelo sujeito passivo. Já Faveiro, 2002, p. 737, afirma que o art. 63º CIRC consagra um dever de comportamento. A CMOCDE apenas estatui o direito de correção de declarações por parte da AT. A violação do dever no art. 63º CIRC poderá fazer cessar a presunção constante do art. 75º LGT, fazendo recair sobre o contribuinte o ónus de demonstrar a correção do método que utilizou, o que poderá dispensar a AT do ónus de demonstração de inadequação do mesmo. A norma do regime de preços de transferência nacional consagra assim uma presunção legal de que as operações realizadas com empresas ou pessoas com quem o sujeito passivo tenha relações especiais correspondem à correta aplicação dos métodos de preços de transferência, cabendo ao contribuinte realizar a auto-correção dos seus dados contabilísticos nestes termos. Vd., também, Teixeira, 2016, pp. 115 e ss.

[574] Usamos a expressão "aberto" conscientes de que o regime cumpre com o carácter de determinabilidade que justifica, inclusive, a sua conformidade constitucional nos termos da apreciação do TC no seu acórdão nº 252/05. Precisamos que a determinação do regime, ainda que suficiente para cumprir cânones constitucionais de limitação de exercício de direitos fundamentais

limite efetivo ao direito fundamental subjetivo de liberdade de organização empresarial de que gozam os sócios do GMN. Como método de quantificação de matéria tributável de duas entidades relacionadas atuando em contexto aberto, porquanto permeável a abuso, conduz a um resultado injusto internacionalmente na medida em que permite dissociar a atividade substantiva de cada entidade da declaração de rendimento real na jurisdição onde atua, mais distorcendo a verdadeira capacidade contributiva de cada entidade sujeita a imposto porquanto integrada num GMN[575].

Concluimos intermediariamente, assim, pelas limitações do regime de preços de transferência para regular a distribuição de rendimento em transações intragrupo. Estas limitações afetam a repartição de bases tributárias entre Estados, na medida em que este regime desempenha, de facto, o papel de repartição de rendimentos intragrupo com fontes distintas. Nesta medida, o funcionamento do regime de preços de transferência afeta sobremaneira a integração do princípio da fonte como critério de repartição de lucros de GMN e, consequentemente, de bases tributárias entre Estados.

Esta questão tem implicações centrais na realização de Justiça e efetivação do poder soberano estadual. A Justiça é determinada não só pela resposta à questão de saber quem recebe o quê, mas também à questão de saber quem determina o que é recebido por cada um. O funcionamento deste processo como descrito tem impacto no resultado da repartição de recursos. Nestes termos, coloca-se nas mãos do GMN a iniciativa de realização da Justiça com o método descrito, papel que institucionalmente estará reservado ao Estado ou a outra autoridade legitimada para o efeito.

Metodologicamente, parece que a aplicação de cláusulas específicas anti-abuso (no caso, o regime de preços de transferência) não é suficiente

(ou para se configurar como limite imanente ao exercício dos mesmos), pode não ser suficiente para garantir a sua adequação ao fim a que se propõe – é neste último plano que o nosso argumento se move. Com efeito, o regime de preços de transferência possibilita tantas opções legais para o sujeito passivo o implementar através das suas declarações, que o esforço de afastamento de todos os métodos potencialmente aplicáveis ao caso para afirmar que aquele não tenha utilizado o método devido redunda num ónus diabólico para a AT. A dificuldade no cumprimento deste ónus inviabiliza a correção de quantificação de preços em vários casos mas, sobretudo, e aqui também por vício do próprio regime, possibilita a construção progressiva de estruturas empresariais que permitem a redução de lucro tributável numa jurisdição de mercado.

575 O contexto aberto aprofunda a questão metodologicamente, na medida em que pode haver um desigual interesse para Estados relacionados em assegurar a vigência do regime de preços de transferência, quanto mais não seja, e desde logo, por força da inclusão na lei interna de entendimentos próprios sobre a forma como deve ser interpretado e aplicado o princípio da plena concorrência – cfr. Lousa, 1989, p. 91.

para evitar as situações de BEPS. Todavia, poderá haver outros mecanismos anti-abuso no âmbito do Direito Fiscal que o intérprete possa lançar mão para diminuir o impacto destas situações. Cabe-nos a análise da eventual aplicabilidade de cláusulas gerais anti-abuso (CGAA) às situações de BEPS[576]. Vejamos, de seguida, se os mecanismos anti-fraude à lei que o Direito Fiscal consigna tutelam suficientemente a questão que aqui aportamos e poderão ser chamados à colação para a repartição de lucro entre unidades constituintes do GMN e, nessa medida, entre Estados.

3. Comportamentos de substituição e Direito Fiscal: o abuso em geral

A positivação fechada de condutas como determinantes de factos tributários é estruturante no Direito Fiscal e inerente ao princípio da tipicidade[577]. A consequência desta positivação é um tendencial estímulo ao planeamento fiscal com o objetivo de evitar o preenchimento do tipo. A linha de fronteira entre a licitude e a ilicitude da estruturação empresarial com este fim é ténue.

O planeamento fiscal é lícito quando decorre do princípio da autonomia contratual das partes e do reconhecimento da liberdade que estas têm em estruturar os seus negócios de forma a incorrer na menor responsabilidade fiscal legalmente possível[578]. Em alternativa, o planeamento fiscal pode constituir uma violação direta (evasão fiscal) ou indireta (elisão fiscal) da lei. Esta última é particularmente difícil de identificar, porquanto aqui podem recair operações de planeamento fiscal agressivo aparentemente lícitas. Nestes casos, o comportamento do sujeito não é formalmente contrário à letra da lei, mas atinge resultado idêntico ao que esta visava impedir[579] ou evita o resultado que a lei visava implementar[580]. Pratica eli-

[576] Neste sentido, vd. Dourado, 2019, p. 302.

[577] Pese embora o necessário entendimento hábil do princípio da tipicidade de forma a assegurar o respeito pelo princípio da tributação com base na capacidade contributiva e a praticabilidade das regras fiscais – cfr. Nabais, 2018, p. 294, e Sanches, 2000, p. 29. Sobre o debate entre tipicidade aberta e fechada, vd. também o acórdão do TC nº 756/98.

[578] Vd. Nogueira, 2009, p. 275; Silva, 2006. A este propósito, veja-se a asserção do TJUE, caso *Leusden*, par. 76: os contribuintes não podem ser censurados por aproveitarem uma disposição ou lacuna que, sem constituir abuso, lhes permite pagar menos imposto.

[579] Cfr. Silva, 2006, p. 793. A expressão "visava impedir" pressupõe uma norma proibitiva. No mais dos casos, o fenómeno da elisão fiscal não resulta da violação da *ratio* de uma norma proibitiva, mas do não preenchimento dos pressupostos de facto ou de direito de uma norma dispositiva.

[580] Na formulação de Schoueri, 2011, p. 412: "todos os comportamentos considerados como planejamento tributário têm em comum a recusa do contribuinte, de um lado, de descumprir a legislação (...), mas de outro, de dobrar-se à tributação que, doutro modo, seria exigível".

são fiscal o contribuinte que utiliza "uma forma jurídica atípica que permite atingir o resultado económico que, normalmente, seria alcançado com recurso a um outro negócio jurídico, tipificado como gerador de uma obrigação de imposto (ou de uma obrigação mais grave)"[581]. A elisão fiscal, é, assim, uma forma de fraude à lei[582].

Estamos no campo da fraude à lei quando "alguém, sem que do seu comportamento resulte a violação de qualquer norma jurídica, adotar um comportamento que conduza a um resultado oposto ao pretendido pelo ordenamento jurídico"[583]. No Direito Fiscal, este resultado é "conseguir mediante o processo de aplicação da lei fiscal uma justa distribuição dos encargos tributários, uma distribuição feita de acordo com o critério da capacidade contributiva e não qualquer outra"[584]. Neste contexto, o princípio da justa distribuição dos encargos tributários é o corolário do programa constitucional que estrutura o ordenamento jurídico tributário. Constitui, portanto, autêntico limite inerente ao direito de propriedade e à livre organização económica[585], concretizado através das proibições de comportamentos que corrompam a vigência efetiva daquele princípio[586].

Estes tipos de comportamentos podem ser sancionados através da aplicação subsidiária do instituto da CGAA. A CGAA permite à AT requalificar o negócio ou ato praticado pelo sujeito passivo, recusando a aplicação da norma de incidência correspondente à hipótese preenchida, *prima facie*, por esse ato ou negócio, superando a situação resultante do facto de

[581] Cfr. Morais, 2006, p. 890. A prevalência da substância sob a forma subjaz à generalidade das CGAA, positivadas ou construídas jurisprudencialmente, analisadas no Relatório do Congresso IFA 2018 – cfr. IFA, 2018, p. 27. As CGAA não visam assim tutelar negócios simulados, pois o planeamento fiscal abusivo é feito mediante negócios autênticos nos quais a vontade dos contraentes corresponde às suas declarações – vd. Courinha, 2011b, p. 156.

[582] Antunes, 2007, pp. 34 e ss. afirma que na fraude à lei existe a apreciação de mais do que uma norma jurídica: a norma defraudada (norma-objeto) e a norma por via da qual se opera a fraude (norma-instrumento).

[583] Cfr. Sanches, 2000, p. 20.

[584] Cfr. Sanches, 2000, p. 20. Vd. também Schoueri, 2011, p. 443 que considera abusivo, no âmbito fiscal, o ato do contribuinte quando dele resultar um tratamento anti-sistemático, ou seja, um tratamento diferenciado sem base em valores constitucionais e que não seja justificado pela melhor organização empresarial.

[585] No sentido de que a fraude fiscal não é um abuso de direito, mas um limite imanente ao direito de propriedade e organização económica, cfr. Nabais, 2018, p. 293. Em sentido semelhante, a propósito da fraude à lei como decorrente de limite funcional intrínseco aos institutos jurídicos, Ascensão, 1999, pp. 84-90.

[586] Vd. Sanches, 2009a, p. 40.

tal comportamento não preencher a previsão de um qualquer tipo legal de imposto. Desta maneira, torna-se legítima a tributação por outra norma que, no seu espírito, contém a regra de tributação do resultado económico alcançado pela via anómala[587]. Esta possibilidade parte da consideração de que o sujeito passivo se organiza no exercício de um direito - o de autonomia privada - e que, nessa medida, pode o exercício do mesmo ser abusivo[588], mas também, de que a intenção normativa de tributar um certo negócio foi claramente expressa pelo legislador[589].

Perante a divergência de consagrações e integrações deste tipo de cláusulas na experiência comparada, Ana Paula Dourado recupera Klaus Vogel, que sumariza traços comuns da noção de abuso em Direito Fiscal conforme positivada em Estados da OCDE: - a utilização de processos jurídicos lícitos que impedem o nascimento de uma específica obrigação tributária; - a produção de um resultado económico fiscalmente menos oneroso que não se harmoniza com a substância do negócio com o recurso a esses processos; - a intenção de tornear disposições tributárias na escolha da forma jurídica implementada tendo por base considerações meramente fiscais; - uma desarmonia entre a forma escolhida e o método habitual ou adequado para atingir um equivalente resultado económico[590].

Num âmbito transnacional, o conceito de abuso tem sido desenvolvido como operador pelo próprio TJUE. No caso *Cadbury-Schweppes* o TJUE inaugurou a aplicação estável de uma fórmula para a definição de abuso. Assim, uma restrição à liberdade de estabelecimento prevista nos Tratados será justificada por motivos de combate a práticas fiscais abusivas quando tenha o objetivo de "impedir comportamentos que consistam em criar

[587] Assim, Morais, 2006, p. 983. A aplicação de uma CGAA implica, portanto, uma comparação com uma situação hipotética ou com um contribuinte em situação semelhante à apreciada pelo aplicador da cláusula - cfr. IFA, 2018, p. 27 Desta feita, a CGAA funciona essencialmente através da desconsideração da qualificação jurídica da transação implementada pelo sujeito passivo (e não através do alargamento do âmbito de tributação previsto noutras normas de incidência, como afirma Oliveira, 2009, p. 135).

[588] Cfr. Sanches, 2000, p. 31. O autor precisa: não que seja exigível intenção de comportamento abusivo, mas uma intenção de reduzir a oneração fiscal tão clara quanto a intenção do legislador de tributar determinadas operações que conduziriam à dita oneração. Diferentemente, Schoueri, 2011, p. 415.

[589] No mesmo sentido, Xavier, 1972, p. 320 e Schoueri, 2011, p. 416, que afirma não bastar a existência de uma manifestação de capacidade contributiva para que ocorra um facto tributário: é papel do legislador escolher as manifestações de capacidade contributiva que originam tributação efetiva.

[590] Vd. Dourado, 2019, p. 310.

expedientes puramente artificiais, desprovidos de realidade económica, com o objetivo de eludir o imposto normalmente devido pelos lucros gerados por atividades realizadas no território nacional"[591]. O preenchimento deste critério exige a verificação de um elemento subjetivo e de um elemento objetivo.

No primeiro, afere-se a vontade de o sujeito passivo obter uma vantagem fiscal, ilegítima que não seja o mero corolário lógico do exercício de uma liberdade fundamental[592]. No segundo, exige-se a verificação de uma desconformidade entre a observância formal dos requisitos e o objetivo prosseguido pela liberdade em questão, aferido principalmente através da noção de *expedientes puramente artificiais*. O TJUE já aceitou o recurso ao princípio da plena concorrência como forma de identificar uma conduta que preenche este conceito[593], bem como o recurso à densificação da expressão "atividade económica efetiva", de preenchimento casuístico[594].

Já a formulação da CGAA portuguesa é depositária das tendências verificadas no direito comparado, com particulares semelhanças com a proposta pela Diretiva ATAD[595] (cfr. art. 38º, nº 2 LGT e art. 63º CPPT). Com o objetivo de impedir a obtenção de vantagens fiscais que frustrem o objeto

[591] Formulação repetida em vários arestos, como por exemplo, no par. 65 do TJUE, caso *Aberdeen*. Vd. também Nogueira, 2009, p. 273; Fazendeiro, 2015, pp. 3 e ss.

[592] Cfr. Nogueira, 2009, p. 273, p. 276. Sobre o elemento subjetivo, vd. também IFA, 2018, p. 30 e pp. 42 e ss. Exige-se, portanto, um *animus* especial que vá para lá de um critério de uma intenção de minimização de encargos tributários.

[593] Assim o fez o TJUE, caso *Thin Cap Group Litigation*, pars. 47-49, com expressa referência à interpretação dos critérios para repartição de direitos tributários entre Estados de acordo com a "prática fiscal internacional" e os modelos de ADT da OCDE.

[594] Vd. Nogueira, 2009, p. 276. Note-se que o preenchimento casuístico implica, para o TJUE, caso *Thin Cap Group Litigation*, par. 82, que as AT permitam que o contribuinte demonstre que a transação em análise tem um motivo comercial válido e justificativo antes da aplicação da CGAA. Com efeito, os vários exemplos de CGAA implementados na prática internacional expressam preocupações semelhantes. O art. 6º, nº 1 da Diretiva ATAD refere a necessidade de ponderar os factos e circunstâncias relevantes na aplicação da regra geral anti-abuso. A mesma referência é feita no art. 38º, nº 2 LGT. O teste do "propósito principal" constante do art. 29º, nº 9 CMOCDE implica a consideração, também, de todos os factos e circunstâncias relevantes na apreciação da intenção do contribuinte ao implementar uma dada transação. Vann, 2010b, p. 342, apesar de sugerir o desenvolvimento de disposições anti-abuso do regime de preços de transferência, reconhece que a aplicação de CGAA é dificultada pela frequente existência de razões comerciais e fiscais, em simultâneo, subjacentes a operações de reestruturação empresarial.

[595] Vd. art. 6º, nº 1 Diretiva 2016/1164/UE do Conselho, que também influenciou inequivocamente a redação do disposto no art. 14º, nºs 17 e 18 CIRC.

ou a finalidade do direito aplicável, são desconsideradas para efeitos tributários as transações que sejam realizadas com abuso das formas jurídicas ou não sejam consideradas genuínas, tendo em conta todos os factos e circunstâncias relevantes[596]. A genuinidade das transações está presente sempre que estejam identificadas razões económicas válidas subjacentes às mesmas[597] refletidas em substância operacional.

O conceito de *razão económica válida*, que reflete a substância económica da transação, é o centro normativo do instituto. Contudo, a sua densificação e articulação revela-se problemática. Primeiramente, o GMN constitui-se de forma a integrar as suas sinergias e economias de escala, o que pressupõe idealmente a livre circulação de ativos que detém. Se esta é a razão de existência do grupo, o requisito de neutralidade no seu tratamento implicará que o GMN possa frequentemente alegar a existência de *razão económica válida* para os seus comportamentos.

Mais: a formulação do conceito de razão económica válida, na experiência comparada, não é unívoca. Bastará o GMN alegar qualquer razão económica válida para que a sua conduta não seja abusiva? Exigir-se-á apenas a predominância do motivo fiscal para que a adoção do comportamento em crise seja um motivo bastante para afirmar ausência daquela ou, mais intensamente, será de observar a exclusividade do motivo fiscal como fundamento da adoção de determinada estrutura de transação para preencher o conceito?

No âmbito da fiscalidade direta[598], a densificação do conceito tem sido auxiliada pelo requisito de substância operativa, cuja ausência poderá indi-

596 Aplicando-se as normas aplicáveis aos negócios ou atos que correspondam à substância ou realidade económica conforme apurada pela AT e não se produzindo as vantagens fiscais pretendidas pelo sujeito passivo. Trata-se de uma solução problemática quando por exemplo, haja mais do que uma alternativa à implementada para traduzir o resultado económico desconsiderado, mas com tratamentos fiscais diferentes entre si.

597 A referência a uma "razão económica" não é feliz, no nosso entender. Parte da doutrina afirma o dever de o bom gestor de maximizar o resultado pós-fiscal, porquanto este é o distribuível aos sócios, assim maximizando o mandato de gestão enquadrado pelo objetivo da sociedade comercial: a obtenção de lucro passível de distribuição aos sócios. Seria preferível o uso de expressões como *razões comerciais*, na medida em que fariam referência a padrões de conduta normal independente em mercado.

598 O conceito de *razões económicas válidas* foi particularmente desenvolvido no âmbito da fiscalidade indireta, nomeadamente, no seio da jurisprudência do TJUE sobre IVA – vd. TJUE, caso *Halifax* e a referência a *objetivos económicos* de atuação empresarial constante do par. 60, e, ainda, do mesmo Tribunal, casos *Leur-Bloem* e *Foggia*. Vd., a este propósito, TAVARES, 2011, pp. 383 e ss; CÂMARA, 2011, pp. 85 e ss.

ciar a artificialidade da estruturação da transação adotada. Mas a partir do momento em que se aceita e garante a liberdade de estruturação das opções fiscais do contribuinte, parece que o patamar necessário para afirmar o preenchimento de um requisito de *substância operacional* (e assim possibilitar a não aplicação da CGAA) não é elevado. Então, fora de situações limite em que o rendimento obtido pela unidade do grupo é manifestamente desproporcionado dos seus fatores de produção próprios, ou em que é evidente a artificialidade da solução implementada[599], os requisitos de aplicação da CGAA parecem ser excessivamente indeterminados.

A indeterminabilidade da CGAA é agravada pelo amplo grau de discricionariedade presente nas transações em análise. Com efeito, no âmbito da operação de preços de transferência, o GMN poderá não dispor de transações comparáveis para fixação de preços. Ou, conforme já analisado pela doutrina, estas poderão ser de uma amplitude tal que a variação de valores comparativos torna a sua análise desprovida de significado prático. No âmbito do GMN, poderemos nem estar diante de transações entre pessoas jurídicas distintas quando a sociedade-mãe negoceia com estabelecimentos estáveis ou estes negoceiam entre si; e, por vezes, o GMN limitar-se-á a ficcionar um preço para justificar juridicamente a deslocação do ativo para outra entidade grupal[600], não havendo alteração na sua detenção económica.

À luz do que é dito, não nos parece que a implementação de comportamentos de substituição constitua abuso de direito. O conceito de abuso radica na ideia de exercício de um direito de forma contrária ao seu fim económico ou social[601]. A implementação de comportamentos de substituição não constitui abuso de direito. As transações que implementam comportamentos de substituição são transações efetivamente pretendidas pelas partes – e, nessa medida, cumprindo a função e produzindo os efeitos dos institutos em questão, aos quais é dirigida a vontade das partes. Portanto,

[599] Nomeadamente, porquanto a transação não se insere na prática habitual comercial do sujeito passivo, antes tendo sido estruturada de forma *ad hoc* para evitar a tributação da mesma operação económica anteriormente levada a cabo ou de determinada operação singular e identificável. A propósito da formulação da CGAA conforme positivada na LGT pela Lei nº 30-G/2000, Courinha, 2009a, p. 159, reservava a aplicação da mesma para os casos de abuso manifesto de formas, com clausulados absurdos, pouco habituais ou despropositados, que desfuncionalizam os negócios utilizados.

[600] Conforme alerta Morais, 2006.

[601] Assim o é, pelo menos, na tradição jurídica lusitana. A polissemia do vocábulo *abuso* é apontada, bem, por Nogueira, 2009, pp. 234 e ss.

o respeito pela escolha da forma jurídica implementada pelas partes parece ser uma decorrência necessária da sua liberdade contratual, salvo casos limite manifestos, o que confere ao funcionamento da CGAA uma inevitável toada casualística, com todos os inconvenientes que lhe são inerentes[602].

Neste contexto, a previsão da CGAA tem uma abrangência limitada, relevando, sobretudo, a sua estatuição. Com efeito, aquela visa comportamentos ajurídicos – e estes assim o seriam independentemente da CGAA[603]. A CGAA tem apenas como novidade a afirmação clara da desconsideração da transação levada pelas partes. Porém, a maior dificuldade em sede de aplicação da CGAA ao planeamento do GMN reside precisamente no preenchimento da previsão, pela dificuldade de enquadramento do comportamento substitutivo do GMN num ato ilícito, atenta a sua ampla liberdade de agir e o facto de o ónus de demonstração do preenchimento da previsão do art. 38º LGT incidir sobre a AT[604].

Acresce que a desconsideração da transação ou série de transações objeto de censura terá como corolário a tributação da suposta realidade substancial da mesma. Ora, esta conclusão pressupõe que o GMN poderia adotar outra forma negocial manifestamente mais válida para conduzir o seu investimento direto externo, o que nem sempre se consegue demonstrar. A recusa de dedução de custos com pagamento de *royalties* ou juros ou produtos para revenda a uma entidade relacionada, por exemplo, não tem subjacente uma realidade negocial alternativa que foi evitada (salvo no caso limite de inexistência de substância operativa). Trata-se de uma forma de organização empresarial transnacional, assente na incidência autónoma de IRC em entidades independentes ou de fixação de matéria tributável.

As limitações do âmbito de aplicação transnacional da CGAA avultam. Este tipo de cláusulas não permite censurar a utilização de uma jurisdição como *cash box* do grupo se as regras do sistema de preços de transferência e dos ADT tendem a deferir ao Estado de residência o direito a tributar rendimentos de capital e se os requisitos de substância para este efeito são, como vimos, de preenchimento simples por um GMN. Ao prever-se

[602] Recusando a aplicação do instituto de abuso de direito a liberdades genéricas de agir e, em específico, à liberdade de iniciativa económica e à liberdade de concorrência, VASCONCELOS, 2007, p. 199.

[603] Pese embora o relevo histórico da sua introdução em Portugal, indissociável da superação progressiva de conceções de tipicidade fechada da norma fiscal presentes no entendimento doutrinal então vigente sobre a estrutura da norma fiscal – sobre este processo, vd. SANCHES, 2009a, p. 55.

[604] Neste sentido, DOURADO, 2019, p. 312.

a desconsideração de transações, não se permite fixar presença jurisdicional do GMN onde este não preencha o conceito de estabelecimento estável nem censurar escolhas de realização de investimento direto externo por meio de estabelecimento estável ou de constituição de sociedade comercial. E se entre os Estados com pretensões tributárias concorrentes sobre rendimento de GMN vigorar um ADT, a forma de positivação do regime de preços de transferência pode ser distinta daquela positivada na legislação local. Suscitar-se-ia assim uma questão de conflito normativo, cuja resolução determinaria qual o regime concreto anti-abuso aplicável[605].

A aplicabilidade num contexto transfronteiriço suscita, também, questões de dificuldade da operação do método a nível estrutural, administrativo e ainda a nível normativo. A fragmentação das transações por mais do que duas unidades constituintes do GMN pode determinar a perda de uma visão holística da transação e, por esse motivo, impedir a análise da sua substância económica – o que a CGAA tem em vista. Da mesma forma, e pese embora o progresso na troca de informações entre Estados, poderá dar-se o caso de um Estado não obter a informação pretendida sobre uma entidade do GMN a operar noutro Estado para poder aplicar o instituto. Por fim, o diferente entendimento daquilo que é *abuso* para cada Estado com que o GMN contacta numa dada transação ou na sua operação pode determinar diferenças na aplicabilidade da CGAA.

Como tal, o grau de complexidade e indeterminabilidade torna a aplicação da CGAA uma válvula de escape pouco eficiente para o funcionamento do sistema quando se lida com GMN[606]. Resulta daqui frustrada a vontade do sistema de definir o sujeito e o objeto de tributação. Com efeito, as jurisdições de mercado pretendem tributar o rendimento obtido por entidades empresariais que aí atuem. Na medida em que não o logram fazer, resulta afetada a repartição de encargos pretendida pelo Estado e, portanto, a vigência plena do critério da capacidade contributiva. Deste modo, as formas de repartição de bases tributárias tal como estão vigentes e positivadas, sobretudo, nos ADT e no regime de preços de transferência que integram,

[605] Questão fundamental de conformidade constitucional na medida em que, mesmo que o corpo normativo constitucional local preveja a integração de uma norma convencional internacional em hierarquia superior à lei ordinária, não fica precludida a valia das reservas de lei associadas à criação dos elementos essenciais de imposto e garantias dos contribuintes tendencialmente deferidas à AR (cfr. art. 103º CRP, por exemplo). Veja-se, sobre o tema, BAKER, 2017, sec. §9B.05.

[606] Considerando as regras legais nacionais anti-abuso de difícil aplicação ou contornáveis, vd. MORAIS, 2016, p. 253.

não permitem realizar a Justiça fiscal individual. Isto ocorre seja pela dificuldade de implementação de políticas legislativas determinada pelas consequências do fenómeno BEPS, seja pelo tratamento desigual de certas realidades subjetivas e objetivas associadas à operação negocial do GMN.

*

A análise ora concluída é uma apreciação de largo espectro, incidente sobre os princípios e métodos implementados pelo sistema fiscal para tributar o GMN. Porém, a questão projeta-se no âmbito específico da relação jurídica tributária. A deficiente quantificação da obrigação tributária, como descrita, afeta o Estado enquanto credor. As formas de tutela da sua posição enquanto sujeito ativo da relação tributária já foram criticadas. Mas, na qualidade de credor, o Estado pode beneficiar de todo o regime de tutela de credores sociais instituído pelo Direito Societário.

Com efeito, a atuação do GMN como a descrevemos não coloca desafios apenas ao Direito Fiscal. O domínio de uma sociedade por outra implica sempre o risco de instrumentalização do património da primeira em detrimento dos credores sociais, que nele encontram a garantia patrimonial geral dos seus créditos. A forma de acolhimento da realidade do GMN por outras áreas de Direito será brevemente apreciada na secção seguinte.

Procuraremos analisar a possibilidade de recurso pelo Estado a soluções divisadas pelo Direito Societário; ou buscaremos subsídios para a nossa Tese na análise da tutela de credores do GMN por este ramo, de forma a apreciar de que maneira aqui são resolvidas questões particulares de responsabilidade por dívidas constituídas por entidades do GMN em proveito de outras entidades hierarquicamente superiores. Tentaremos, assim, compreender quadros metodológicos de solução deste tipo de questões pelo Direito das Sociedades Comerciais que possam ser implementados no Direito Fiscal.

A utilidade da breve resenha feita do regime de responsabilidade aplicável a situações em que uma sociedade comercial actue no interesse de outra, ainda que parte do mesmo grupo de empresas, prende-se com um motivo imediato e com um motivo mediato. No primeiro caso, o Estado é credor de sociedades comerciais por obrigação de imposto e, nessa medida, poderia equacionar o aproveitamento do recurso aos meios de tutela de credores sociais para assegurar o pagamento da justa medida de imposto devido pelo GMN. No segundo caso, os quadros metodológicos de fundamentação de formas de tutela de credores de grupos de sociedades poderiam influenciar a construção de um regime de Direito Fiscal mais capaz de implementar o plano fiscal do Estado se se lograsse superar o formalismo da separação das entidades que compõem o grupo para efeitos de responsabilização por danos causados por instruções desvantajosas e por controlo exercido no interesse grupal e não individual. Em particular, tentaremos perceber como é que este ramo de Direito aborda a atuação integrada de um GMN e leva em consideração o interesse económico da sociedade cúpula ou sanciona o fenómeno do abuso de controlo de estruturas transnacionais.

4. Comportamentos de substituição e Direito Societário

No Direito das Sociedades Comerciais, o fenómeno do GMN é principalmente tratado no âmbito dos regimes aplicáveis aos grupos de sociedades. No geral, e comparativamente, pode dizer-se que a densidade da regulação específica do fenómeno da coligação de sociedades (em geral) e do grupo de sociedades (em particular) é baixa, apesar da consciência de que o exercício de domínio de uma sociedade por outra encerra riscos de comportamentos abusivos que redundam na subordinação do interesse económico de uma sociedade dita filha ao interesse global económico do grupo ou da sociedade-mãe[607]. Esta subordinação manifesta-se frequentemente na cele-

[607] A sociedade-mãe tem um incentivo menor para conduzir os interesses do grupo no interesse direto da sociedade-filha, na medida em que a política de gestão do grupo, razões financeiras e de investimento, e a influência dos seus próprios credores podem determinar uma hierarquização de interesses que reflete as prioridades da estrutura grupal, e não necessariamente as preocupações de todas as sociedades que integram o grupo. Este risco é concretizado através da possibilidade de controlo da assembleia geral e, inerentemente, do órgão de administração da sociedade-filha, esvaziando a autonomia do exercício das suas competências, a qual só é juridicamente admissível nos termos abaixo desenvolvidos e do regime do art. 503º CSC (no caso português). O mesmo fenómeno projeta-se na tendente irrelevância para a atuação social de eventuais sócios não pertencentes ao grupo, mas participantes no capital da sociedade comercial que integra o mesmo enquanto dominada, atenta a incapacidade de fazerem valer as suas posições e interesses. Tratando-se de questões autónomas e meritórias de tutela própria, refletem-se também na tutela de credores sociais das sociedades-filhas. Assim, a subordinação económica da sociedade-filha ao interesse do grupo pode levar à diluição do valor do seu património enquanto garantia geral das suas obrigações, seja por causa de atuações que impliquem a sua diminuição concreta, seja por comportamentos que determinem a contração de obrigações que extravasam a atuação individual societária e oneram aquele. Neste contexto, as transações intragrupo são de difícil fiscalização quanto a forma e valor, dificultando a medição do risco de interação com a subsidiária. Como tal, os riscos dos credores são exponenciados nos grupos sociais (*ex ante*, pela errónea representação de património social, e *ex post*, pela influência de transações intragrupo

bração de negócios intragrupo com condições que não seriam praticadas em mercado concorrencial. A forma pela qual cada ordenamento jurídico optou por regular as questões clássicas nas relações de grupo varia[608].

A dinâmica económica e funcional do GMN já descrita é recebida pelo Direito Societário sob o enquadramento do regime civilístico da personalidade jurídica[609]. A sociedade comercial permite aos seus sócios o gozo do benefício da responsabilidade limitada, consignado na personificação do ente social e na separação da esfera patrimonial deste em face da dos sócios, justificada quer por razões de controlo de risco quer por razões funcionais[610]. Por um lado, a limitação da responsabilidade por dívidas confere

e da instrução de prática de atos desvantajosos para a subsidiária na diluição do ativo, distribuição da sua composição e miscigenação de credores) – cfr. Hopt, 2015, pp. 5-9, Antunes, 2002, p. 95 e Manóvil, 2020, pp. 4 e ss. A interação entre o regime de preços de transferência e a proteção de sócios minoritários é demonstrada no acórdão do Supremo Tribunal de Justiça de Ontário, Canadá, *Ford Motor Company of Canada, Limited v. Ontario Municipal Employees Retirement Board*, datado de 22/01/2004, caso nº 98-CL-3075, no qual se determinou que o preço de aquisição potestativa de participações no capital social de sócios minoritários havia sido determinado em baixa por força da desvalorização do valor das participações que a deslocalização de lucros negociais da esfera da sociedade em questão por operação do regime de preços de transferência determinava. Em todo o ponto 4 do Capítulo II da Parte II da Tese, a expressão *sociedade-mãe* é utilizada no sentido de sociedade *dominante*, conforme disposto no art. 486º, nº 1 CSC.

608 Assim, há Estados cuja legislação não regula especificamente o grupo societário, o que implica a aplicação de regras gerais de direito comercial ou civil à sua atuação. Outros Estados (como Portugal, Alemanha, Itália) positivaram regras especiais de regulação do mesmo no seio do Direito Societário. Estas cuidam principalmente da tutela de sócios minoritários e dos credores das sociedades participadas do grupo, mas também da organização societária sob direção económica comum. Ambos os modelos de regulação podem ser combinados com a regulação sectorial da atuação do grupo, seja no âmbito do Direito Fiscal, seja no âmbito do direito da concorrência, ou ainda no âmbito doutras áreas pertinentes. As várias formas de regulação tratam, assim, de forma distinta os três principais conflitos de interesse identificados pela doutrina no seio de uma sociedade comercial: conflitos entre administração e sócios, conflitos entre sócios, e conflitos entre sócios como um todo e outros interessados na atividade societária, como os credores e trabalhadores. Para uma perspetiva comparada de regimes de grupos em Direito Societário, cfr. Manóvil, 2020, pp. 21 e ss.

609 Exposta neste contexto societário de forma muito completa por Antunes, 2013, pp. 7 e ss., ou por Ramalho, 2008, pp. 33 e ss.

610 Não que todas as sociedades comerciais permitam aos sócios o gozo deste benefício. Contudo, os tipos societários predominantes assentam na responsabilidade do património da sociedade pelas dívidas da sociedade e só por estas; e inversamente, as dívidas da sociedade são garantidas apenas pelo património social (na ausência de disposição legal, estatutária ou contratual). O benefício da responsabilidade limitada não pode deixar de ser entendido como um ponto de partida organizacional para compreender a dinâmica das relações comerciais, uma vez que credores com poder negocial tendem a exigir garantias pessoais a sócios ou terceiros rela-

estímulo à iniciativa empresarial, fazendo refletir o risco negocial principal e idealmente sobre o património societário. A responsabilidade limitada dos sócios das sociedades de capitais resulta da concepção da sociedade comercial como centro autónomo de formação de vontade de atribuição de direitos e obrigações, o que implica que só o seu património (e não o dos sócios) seja responsável pelas suas obrigações – e o seja apenas por estas. Por outro, a sociedade comercial manifesta uma vontade distinta da vontade dos sócios, com a agravante de praticar frequentemente atos que estes, quotidianamente, não controlam, o que justifica o benefício da responsabilidade limitada. Então, o poder de orientar uma massa patrimonial encontra o reverso da medalha no sacrifício dessa mesma massa enquanto garantia das decisões resultantes daquele poder[611].

A consciencialização dos limites das regras de separação patrimonial para efeitos de tutela de credores sociais determina que, igualmente e na prática, estas regras sejam frequentemente contornadas pelas exigências de garantias pessoais dos sócios pelas obrigações societárias por parte dos credores contratuais da sociedade comercial. Trata-se, contudo, de uma prerrogativa que não está ao alcance de todos os credores, em especial do credor tributário[612]. Com efeito, fora deste quadro e de regras específicas de responsabilidade por dívidas da sociedade-mãe do grupo, o Direito Societário ainda é deferente ao princípio da separação jurídica das entidades que compõem o grupo, fazendo refletir consequências da atuação de uma entidade integrante do mesmo na esfera de outra apenas em casos especificamente previstos.

Nestes termos, a existência e atuação de GMN supera o paradigma de personalidade jurídica/património autónomo associado a entidades comerciais de responsabilidade limitada. Assim, a esmagadora maioria das relações de grupos de empresas, porquanto assentes no controlo económico, não são especificadamente previstas pelo CSC (que utilizaremos como referência). Este apenas reconhece a existência de grupos de sociedades,

cionados com a sociedade do GMN com quem contratam, precisamente com o objetivo de precaver as consequências da eventual insuficiência do património do devedor para garantia das suas obrigações. Sobre o benefício da responsabilidade limitada, cfr. Bainbridge/Henderson, 2016, pp. 19 e ss.

[611] Vd. Antunes, 1994, pp. 124 e ss.

[612] Como a constituição da obrigação tributária não é previamente negociada pelas partes, antes depende de imposição legal, a AT não está em posição de tutelar os seus interesses através da constituição de garantias acessórias ao seu crédito prévias à constituição da obrigação tributária, salvo as que resultam de lei e que redundam, no geral, no regime dos privilégios creditórios.

assentando a sua regulação na subordinação imposta com base no "princípio do contrato" e não no "princípio do facto"[613]. Neste contexto, importa primeiramente distinguir entre um grupo de sociedades em sentido estrito e um grupo de sociedades coligadas, o que faremos por referência ao direito constituído português.

4.1. O GMN e o regime dos grupos de sociedades no CSC

A existência de um grupo de sociedades revela-se pela presença de uma direção unitária comum a uma pluralidade de sociedades que conservam a sua personalidade jurídica autónoma e respetivas estruturas organizativas[614]. Este conceito contrapõe-se ao conceito de sociedades coligadas, que formam um tipo relacional mais amplo do que aquele, que também integra sociedades relacionadas entre si por força de participações no capital social, recíprocas ou não, mas que não se encontram sujeitas a uma direção unitária comum[615].

A diferenciação essencial entre os dois tipos de relações societárias reside, portanto, na verificação ou ausência de uma direção unitária comum. Esta implica o surgimento de características que não se verificam na mera coligação e que são razão de ser e consequência, à vez, da integração grupal: o controlo, a integração económica, a interdependência administrativa, financeira e laboral e uma imagem comum[616]. Afirmada a existência de uma direção económica comum a (pelo menos) duas sociedades, afirma-se a presença de um grupo de sociedades.

Por seu turno, o grupo de sociedades pode ser qualificado como grupo de direito (quando a sua constituição resulta de previsão específica na lei) ou meramente fáctico[617]. A lei portuguesa apenas regula especificamente

613 Cfr. Oliveira, 2012, p. 34. Vd., também, Antunes, 2013, p. 43, exemplificando alguns dos instrumentos de controlo intersocietários que classifica como "inumeráveis".

614 Sobre a noção de grupo de sociedades, vd. Antunes, 2002, pp. 51 e ss; Abreu, 1996, pp. 245 e ss; Ribeiro, 2009, pp. 405 e ss; Oliveira, 2016, pp. 14 e ss; Correia, 2013a, pp. 65 e ss; Russo, 2005, pp. 1 e ss; Cunha, 2016, pp. 1055 e ss; Adinolfi, 1990, pp. 495 e ss; Manóvil, 2020, pp. 6 e ss.

615 Quando nos referimos a um grupo de sociedades, pretendemos aqui usar a expressão no seu sentido estrito por contraposição a um sentido amplo, subsumível ao disposto nas als. a), b) e c) do art. 482º CSC que prevê a coligação de sociedades, na esteira de Oliveira, 2016, p. 14.

616 Cfr. Oliveira, 2016, pp. 15 e ss.

617 Em rigor, a distinção jurídica entre grupos de facto e grupos de direito colhe apenas no contexto de ordens jurídicas que hajam tipificado regimes de operação societária específicos e aplicáveis ao contexto grupal, especiais relativamente às normas gerais do Direito das Sociedades, como o sejam o direito alemão, brasileiro, italiano, entre outros. Assim, Antunes, 2002, p. 46.

o grupo de direito[618]. O grupo de sociedades de direito português é, assim, constituído através de uma relação jurídica especificamente prevista pela lei. Esta pode surgir de duas formas: através da celebração de um contrato com determinadas características (de subordinação ou paritário) ou da participação totalitária no capital de uma sociedade[619].

Não se verificando a subsunção a alguma destas previsões, não é possível defender a existência de um grupo de sociedades especificamente relevante para efeitos do CSC. Pelo contrário, caso uma das duas situações se verifique, haverá grupo de sociedades para efeitos do CSC[620], com as con-

[618] Cfr. ANTUNES, 2002, p. 481; COSTA, 2014, p. 111; RAMALHO, 2008, p. 95.

[619] Que poderá ser inicial ou subsequente. Sobre a distinção e problemas associados, cfr. ABREU, 2014a, pp. 130 e ss.

[620] A definição de grupo de sociedades para efeitos do CSC projeta-se para lá do diploma. Nos termos do art. 2º-A, al. jj) do RGICSF, "são sociedades em relação de grupo as sociedades coligadas entre si nos termos em que o Código das Sociedades Comerciais caracteriza este tipo de relação, independentemente de as respetivas sedes se situarem em Portugal ou no estrangeiro". Ainda que a definição de grupo do RGICSF seja mais ampla do que do CSC (porquanto assente no conceito de "coligação"), este último Código é a referência conceptual para uma série de normas do sector financeiro. A definição importa, entre outros aspectos, para excluir das operações de receção de fundos reembolsáveis todas as operações de tesouraria quando legalmente permitidas, entre sociedades que se encontrem numa relação de domínio ou de grupo – cfr. art. 9º, nº 1, al. d) RGICSF; para imputar direitos de voto em assembleia geral de sociedades financeiras às sociedades em que o emitente de voto esteja em relação de domínio ou de grupo – cfr. art. 13º-A RGICSF; para avocar competências de supervisão sobre sociedades de grupo de uma instituição do crédito ao Banco de Portugal quando uma sucursal seja considerada significativa – cfr. art. 40º-A RGICSF; para efeitos de obrigatoriedade de implementação de mecanismos específicos de governança de instituições de crédito nas relações entre estas e quaisquer sociedades que com elas estejam em relação de domínio ou de grupo – cfr. arts. 86º-A, nº 4; 109º, nº 1; 115º-C, nº 1; 129º-B; 132º-B; 137º-D; 145º-Z RGICSF; para efeitos de determinação de competência do Banco de Portugal no âmbito da resolução ou recuperação de grupos de instituições financeiras – cfr. art. 116º-I; 116º-O RGICSF; para efeitos de delimitação de âmbito de possibilidade de celebração de contratos de apoio financeiros intragrupo – cfr. art. 116º-R RGICSF. Note-se que o Banco de Portugal tem competências para o exercício de supervisão em base consolidada de instituições de crédito em casos tipificados, que pressupõem relações de participação no capital social de instituições de crédito noutras instituições de crédito, mas também quando uma instituição de crédito exerça influência significativa sobre outra instituição de crédito ou instituição financeira, ainda que não detenha nela qualquer participação; quando duas ou mais instituições de crédito ou instituições financeiras estejam sujeitas a direção única, ainda que não estipulada estatutária ou contratualmente; e quando duas ou mais instituições de crédito ou instituições financeiras tenham órgãos de administração ou fiscalização compostos maioritariamente pelas mesmas pessoas – cfr. art. 131º, nº 3 RGICSF. O regime jurídico de acesso e exercício da atividade seguradora e resseguradora (Lei nº 147/2015) faz referência às relações de domínio ou controlo como relevantes – cfr. art. 6º, nº 1, al. a). Por seu turno, o CVM reconhece todas as relações positivadas no CSC – cfr. art. 21º CVM. No âmbito laboral, o art. 334º CT consagra a responsa-

sequências de regime previstas nos arts. 488º e ss. do CSC. É um regime jurídico que assenta na tipificação de determinadas relações societárias que possibilitam o controlo jurídico da sociedade subordinada, e não na mera verificação fáctica da direção comum unitária que caracteriza a existência económica do grupo.

Havendo grupo de sociedades, o interesse próprio de uma sociedade comercial pode ser subordinado ao interesse de outra sociedade[621], ainda que apenas nos grupos constituídos por contrato de subordinação (vd. art. 493º CSC) e nos grupos constituídos por uma relação de domínio total, que sucede por detenção da totalidade do capital social de uma dominada e posterior manutenção de pelo menos 90% do mesmo (vd. remissão operada pelo art. 491º CSC)[622]. Nestes casos, a sociedade diretora poderá dar instruções vinculantes (e até desvantajosas) à sociedade subordinada, desde que sirvam os interesses daquela ou das outras sociedades do mesmo grupo (vd. art. 503º, nº 2 CSC), o que parece ser suficiente para permitir comportamentos que deslocalizem lucros desta última. Esta possibilidade, contudo, não é plena – pois não poderia o Direito Societário permitir o que o Direito Fiscal pretende proibir.

bilidade solidária com o empregador de sociedade em relação de participações recíprocas, de domínio ou de grupo nos termos previstos no art. 481º CSC por crédito emergente de contrato de trabalho, ou da sua violação ou cessação, desde que vencido há mais de três meses. A este propósito, vd. o acórdão do TC nº 227/2015.

621 Que será, em princípio, a sociedade-mãe do grupo. A noção de interesse do grupo é controversa e tenderá a identificar-se com o interesse desta última. Veja-se Ribeiro, 2009, p. 202, nt. 83 e bibliografia aí citada, bem como pp. 405 e ss; Oliveira, 2012, pp. 228 e ss; Hopt, 2015, p.10; Conac *et al.*, 2015, pp. 303-305; Winter *et al.*, 2002, pp. 825 e ss., Manóvil, 2020, pp. 36 e ss; Lecourt, 2017, pp. 115 e ss; Antunes, 1994, pp. 152 e ss. e Correia, 2013a, pp. 118 e ss. Vd., ainda, Abreu, 2021, p. 199, afirmando que a expressão interesse de grupo poderá ser utilizada como locução-resumo dos interesses da sociedade diretora ou das outras sociedades do grupo. Contudo, o autor não considera que exista um interesse comum a todos as sociedades do grupo, porquanto um grupo de sociedades não paritário é baseado numa subordinação para fins fundamentalmente unilaterais e não numa coordenação para fins comuns. Esta direcção económica implica a funcionalização dos direitos da sociedade parte do grupo, em particular daqueles de propriedade, ao interesse da sociedade-mãe.

622 O caso do contrato do grupo paritário, como o nome indica, não implica necessariamente a subordinação do interesse societário de uma sociedade a outra, mas a uma direcção unitária comum. Vd. Guiné, 2014, pp. 183 e ss. Note-se, também e assim, que nem todas as *sociedades-mães* para efeitos fiscais podem ser tidas como *sociedades diretoras*, embora todas *as sociedades subordinadas* no âmbito comercial sejam *sociedades-filhas* no âmbito fiscal, razão pela qual utilizamos esta última expressão indistintamente na nossa Tese.

Assim, a faculdade de emissão de instruções vinculantes e desvantajosas da sociedade diretora à sociedade subordinada é balançada com o direito desta última exigir a compensação de perdas anuais que se verifiquem durante a vigência do contrato de subordinação e não sejam compensadas por reservas constituídas no período, previsto no art. 502º CSC. É um regime aplicável também aos grupos constituídos por domínio total, por remissão do art. 491º CSC.

Mas não é, sequer, uma possibilidade sem limites materiais, como resulta do disposto no nº 4 do art. 503º CSC, que dispõe ser "proibido à sociedade diretora determinar a transferência de bens do ativo da sociedade subordinada para outras sociedades do grupo sem justa contrapartida, a não ser no caso do art. 502º". A conjugação do nº 2 e do nº 4 do art. 503º CSC sinaliza uma limitação ao grau de desvantagem contido na instrução da sociedade diretora: esta pode dar instruções desvantajosas para a sociedade-filha, mas a transferência de bens do seu ativo para outras sociedades do grupo apenas pode ter lugar mediante *justa contrapartida*.

A referência à justa contrapartida, ainda que distinta da formulação do conceito de *preço fixado em condições de plena concorrência* do discurso fiscal, permite uma interpretação segundo a qual seria exigida uma contrapartida proporcional para a transferência de bens do ativo da sociedade-filha. A norma, porém, é críptica – e não é este o sentido que a doutrina societária lhe confere, ainda que não seja consensual a este propósito.

Coutinho de Abreu considera que este comando é mera confirmação das regras delimitadoras da capacidade jurídica das sociedades contidas no art. 6º CSC[623]. Assim, para o autor, o sentido útil da norma é o de excecionar a instrução de transmissões gratuitas para outras sociedades do grupo do leque de instruções desvantajosas que podem ser emitidas pela sociedade-mãe. Já Engrácia Antunes e Ana Perestrelo de Oliveira consideram que a norma é um afloramento da regra geral do nº 2 do art. 503º CSC[624]. Então, a *justa contrapartida* mais não representaria do que a garantia da observância do interesse de grupo: a transferência do ativo da sociedade subordinada teria de ser justificada por uma vantagem para alguma sociedade do grupo. Ou seja, a contrapartida da instrução desvantajosa não teria de se verificar na sociedade-filha que transfere o ativo. Neste sentido, a proibição da norma apenas vem violada quando não haja nenhuma van-

[623] Cfr. Abreu, 2014b, p. 288.

[624] Ainda que com fundamentação distinta e nem sempre plenamente concordante – cfr. Antunes, 2002, p. 741 e Oliveira, 2012, p. 507.

tagem com a transação para nenhuma sociedade do grupo ou quando seja colocada em causa a sobrevivência da sociedade-filha.

Contudo, hesitamos em aderir plenamente a qualquer uma das interpretações que vimos de referir. Vemos na norma um limite aduzido ao direito da sociedade diretora emanar instruções vinculantes e desvantajosas mais intenso do que vem sendo proposto pela doutrina lusa. Parece-nos inequívoco que a sociedade diretora não pode determinar atribuições patrimoniais gratuitas sem que se verifique uma justa contrapartida no património da sociedade-filha. Desde logo, a posição de Coutinho de Abreu coloca-nos algumas interrogações, porque não vislumbramos porque é que aquela pode emitir *instruções desvantajosas* para a sociedade-filha, desde que não envolvam transferências gratuitas de património. A diferença entre uma desvantagem patrimonial e a transferência gratuita de bens é essencialmente quantitativa e não qualitativa (posto que não sejam liberalidades imbuídas de um espírito puramente altruísta, genericamente excluídas pela norma do art. 6º, nº 1 CSC mesmo no âmbito do grupo). Um preço de transferência de bens anormalmente baixo não é fundamentalmente distinto de uma transferência de bens gratuita a partir do momento em que a sociedade-filha é prejudicada.

Mas também não acolhemos sem reservas a interpretação da norma em questão com o sentido dado por Engrácia Antunes ou Ana Perestrelo de Oliveira. Há uma manifesta relação de especialidade entre o nº 2 e o nº 4 do art. 503º CSC, como decorre, desde logo, do seu encadeamento sequencial no preceito. O primeiro número referido contém numa norma permissiva de espectro geral; o nº 4 contém uma norma proibitiva de espectro específico. Ou seja, a sociedade-mãe pode emitir instruções vinculativas desfavoráveis à sociedade-filha, mas não as pode determinar sem justa contrapartida. Esta justa contrapartida não pode deixar de ser proporcional à transferência de bens e diretamente verificada no património da sociedade-filha, em linha com as próprias exigências do regime de preços de transferência. O procedimento de reintegração de perdas prevista no art. 502º, nº 1 CSC é a única excepção prevista à norma proibitiva[625], garantindo um

[625] Para Ventura, 1994, pp. 116-117 a referência ao art. 502º CSC é uma gralha, devendo ser interpretada a norma como aludindo ao disposto no art. 508º CSC. No mesmo sentido, Abreu, 2014b, p. 289; propondo interpretação abrogante, Oliveira, 2012, p. 507, nt. 1542; em sentido diverso, Antunes, 2002, p. 747, que considera que o limite contido na norma é afastado no caso da compensação de perdas pela sociedade diretora prevista no art. 502º CSC. Como resulta do corpo de texto, cremos que a referência não é uma gralha. No mesmo sentido, vd. o acórdão STJ,

dos objetivos do regime de grupo de sociedades: a manutenção de "situação patrimonial-contabilísitica não inferior àquela em que estava no início da relação", assim protegendo "diretamente a dominada e, reflexamente, os sócios minoritários desta e seus credores"[626].

Note-se que a dinâmica que o art. 502º CSC pretende regular é interna: ambos os números dispõem sobre a relação sociedade diretora/sociedade-filha. Com efeito, é a sociedade-filha que, em primeiro grau, pode exigir a prerrogativa constante do art. 502º, nº 2 CSC; parece-nos, na mesma esteira, que também poderá exigir a justa contrapartida por instruções que impliquem a afetação de bens do seu património aos interesses de outra sociedade do grupo – uma situação qualitativamente distinta da observância de *instruções desvantajosas.*

Ainda que se reconheça que estas últimas possam causar danos à sociedade-filha, se a referência do nº 4 do art. 502º CSC for a manutenção da integridade contabilística e patrimonial da sociedade-filha desde a constituição da relação de grupo, a afetação de bens a outra sociedade implica uma alteração concreta na massa patrimonial que se pretende reintegrada de cariz mais intenso do que a resultante, por exemplo, do desvio de oportunidades de negócio (que provocará um dano descritível como um lucro cessante). Aquela intensidade de afetação justifica a necessidade de *justa contrapartida* na esfera da sociedade-filha, conceito que não se compadece com a mera satisfação de interesses de sociedades do grupo ou da dire-

proc. nº 1872/18.8T8LRA.C1.S1 (Maria da Graça Trigo): "[m]as, mesmo que tal situação de domínio total existisse – o que não foi alegado nem provado –, ainda assim, nos termos do nº 4 do art. 503º (aplicável às sociedades em relação de domínio ex vi art. 491º do CSC), sempre seria "proibido à sociedade diretora determinar a transferência de bens do ativo da sociedade subordinada para outras sociedades do grupo sem justa contrapartida, a não ser no caso do artigo 502º", isto é, e para nós, a não ser com assunção de responsabilidade pelas perdas da sociedade subordinada/dominada.

[626] Citamos Abreu, 2014b, p. 273. É certo também que o autor afirma que esta possibilidade apenas nasce no final da relação grupal. Contudo, com Antunes, 2002, p. 833, consideramos que tem de ser possível exigir esta responsabilidade no termo de cada exercício. Outra interpretação esvaziaria metade da norma de sentido. Com efeito, se a relação de domínio total se prolonga no tempo, a única forma de provocar a aplicação do art. 502º CSC seria peticionando a declaração de insolvência da sociedade-filha. Em caso de domínio total superveniente, essa norma aplicar-se-ia, aliás, em concurso com o possível recurso ao art. 84º CSC pelos credores da sociedade insolvente.

tora[627]. Outra interpretação conferiria um sentido tautológico ao nº 4 do art. 503º CSC e desconsideraria o comando do art. 9º, nº 3 CCiv.

Esta leitura, aliás, compagina-se com o necessário escopo lucrativo societário (fim da constituição social) e a possibilidade de emanação de instruções desvantajosas pela sociedade-mãe. Assim interpretada a relação de grupo enquadrada pelo art. 504º CSC, a sociedade-filha não deixa de ter como fim a obtenção de lucro – não pode existir para realizar prejuízo. Daí, a obrigação de reposição de perdas constante do art. 502º, nº 2 CSC, como forma de equilíbrio de sistema: permite-se que, num quadro de integração societária, a sociedade-filha receba instruções desvantajosas, mas não ao ponto de permitir a sua existência deficitária constante. Esta é impedida pelo regime do art. 502º CSC como um todo, que salvaguarda a coerência sistemática pela conservação global de um mínimo patrimonial na sociedade-filha[628].

É uma leitura, também, coerente com o disposto no art. 504º, nº 1 CSC: os membros do órgão de administração da sociedade diretora devem adotar, relativamente grupo, a diligência exigida por lei quanto à administração da sua própria sociedade[629]. A lei não permite aos administradores fazer mais na administração da sociedade-filha do que lhes permite na administração da sociedade-mãe. Por este motivo, não pode ser determinada a alienação gratuita de bens da sociedade-filha, sob pena de violação dos art. 6º, nº 1 e 64º CSC.

Isto porque impende sobre os administradores das sociedades comerciais o dever de atuar em estrita legalidade. Ora, a fixação de preços de transferência de bens que se verificariam em plena concorrência é uma imposição legal na generalidade dos sistemas de IRC e, no caso português, constante do art. 63º, nº 1 CIRC. Neste particular, as normas do regime de

627 Interpretamos no mesmo sentido a seguinte passagem do acórdão do TRC, proc. nº 213/10.7T2AVR-A.C1 (Jorge Arcanjo): "[c]ontudo, trata-se de um poder limitado, desde logo, porque as ordens prejudiciais devem ser lícitas e servir interesses do grupo ou da sociedade diretora, e não podem determinar a transferência de ativos da sociedade dominada, sem "justa contrapartida" (art. 503, nº 4 CSC)". O Tribunal cumula o necessário respeito pelo interesse do grupo ou da sociedade diretora com a prestação de justa contrapartida na transferência de ativos.

628 O que mais é reforçado pelo regime do art. 508º CSC. Com efeito, os lucros societários podem ser plenamente alocados a outras sociedades do grupo. A alocação dos lucros não é a alocação "sem quaisquer restrições de recursos financeiros" referida por Antunes, 2002, p. 610, mas apenas do balanço final do resultado de exercício da sociedade.

629 Vd. Abreu, 2014b, p. 298.

preços de transferência não deixam de ser um padrão de comportamento de órgãos de administração societária e de observância dos seus deveres de lealdade – por mais inadequadas que sejam a produzir os objetivos legais no contexto da presente Tese. Daí que não possa a sociedade-filha ser determinada a alocar bens do seu património a outras sociedades do grupo sem *justa contrapartida*, ou seja, sem o pagamento do preço que seria devido em condições de mercado ou vantagem equivalente[630], sob pena de violação conjugada dos arts. 64º CSC e 63º, nº 1 CIRC. A interpretação do art. 503º, nº 4 CSC assim proposta salvaguarda a consistência patrimonial das sociedades envolvidas numa relação de grupo.

Paralelamente às regras examinadas, o regime do grupo de sociedades também prevê a responsabilidade solidária da sociedade diretora pelas obrigações da sociedade-filha – uma notória preocupação com a tutela dos credores sociais desta. Esta responsabilidade ultrapassa a separação patrimonial entre as sociedades do grupo e está prevista no art. 501º CSC[631]. Trata-se de uma responsabilidade que abrange as obrigações constituídas antes ou depois da celebração do contrato de subordinação ou do estabelecimento de uma situação de domínio total.

Por fim, importa notar que a existência de um grupo de sociedades não destrói a estrutura e organização independentes das sociedades que o integram, em particular das sociedades-filhas. As regras do grupo de direito não derrogam as regras gerais do Direito Societário, salvaguardadas as previsões de natureza excecional lá onde aplicáveis. Por este motivo, na ausência de instruções da sociedade diretora, os membros do órgão de administração da sociedade subordinada deverão gerir esta "apenas no próprio interesse desta, e não também e principalmente no interesse da sociedade diretora ou de grupo"[632].

[630] A possibilidade referida por ANTUNES, 2002, p. 510 é, se bem interpretamos o autor, uma possibilidade fáctica e não jurídica.

[631] Responsabilidade essa que é direta, ilimitada, de natureza legal, objetiva e solidária na formulação do acórdão do STJ, proc. nº 05A1413 (FERNANDES MAGALHÃES), ainda que subordinada às condições do nº 2 da norma, não podendo o cumprimento da obrigação ser exigido antes de decorridos 30 dias sobre a constituição em mora da sociedade subordinada. Contudo, o seu carácter assim descrito torna irrelevante a relação de causalidade entre a constituição da dívida e o exercício de influência da sociedade dominante ou a satisfação do interesse próprio desta uma vez que a sociedade dominante responde sempre pelas dívidas da sociedade dominada, preenchidos os pressupostos do art. 501º CSC. No mesmo sentido, vd. DUARTE, 2012, p.584 e bibliografia aí citada. Sobre a matéria, vd. também CORDEIRO, 2011, pp. 108 e ss.

[632] Cfr. RIBEIRO, 2009, p. 424, nt. 103. A autora chega a esta conclusão após análise do regime de responsabilização dos membros do órgão de administração da sociedade subordinada quando

4.2. O GMN e o regime dos grupos de facto no CSC

Os pressupostos necessários à subsunção da forma de atuar do GMN ao regime do grupo de sociedades são tão rigorosos que determinam a sua reduzida aplicação prática. A atuação do GMN será, mais frequentemente, enquadrada nas regras aplicáveis à relação de domínio. Estaremos diante

atuam na ausência de instruções por parte da sociedade diretora. Uma vez que a lei não impõe aos membros dos órgãos de administração que atuem no interesse do grupo, estes deverão atuar sempre no interesse da sociedade subordinada, por ser esse o único comando legal positivado e que devem, então, observar. Se a sua atuação, todavia, lesar o interesse do grupo (o qual pode ser particularmente difícil de aferir), importaria analisar a possibilidade de responsabilidade da sociedade subordinada perante a sociedade-mãe. Tal pareceria suceder apenas no caso de violação de instruções específicas para atuar em dado sentido (e, dizemos, então aí a responsabilidade assentaria precisamente na violação do contrato de subordinação fonte das referidas instruções ou da obediência devida às instruções da sociedade diretora por força da lei) ou, na ausência de instruções específicas da sociedade diretora para determinado ato, vindo a sociedade dirigida a agir em sentido prejudicial ao interesse do grupo. Note-se que, apesar de a administração da sociedade diretora não ter o dever genérico de dar instruções ao órgão de administração da sociedade subordinada, tem o dever de o fazer quando a atuação surja como essencial ao interesse do grupo, nos termos da diligência prescrita pelo art. 504º, nº 1 CSC. Pelo que, se não o fez, não vemos de que forma se possa sequer alegar que a sociedade-subordinada teria um dever qualquer de atuar num dado sentido que possa fundamentar uma obrigação de responsabilização. A autora reforça o seu entendimento através do apelo ao regime de responsabilidade dos membros dos órgãos de administração pelo desrespeito de execução de instruções licitamente dadas pela sociedade diretora. Com efeito, aqueles jamais serão responsabilizados perante a sociedade diretora, mas sê-lo-ão perante a sociedade subordinada se a ausência de cumprimento redundar em prejuízo desta. Assim, resulta daqui um balizamento de apreciação da conduta dos membros do órgão de administração da sociedade subordinada por referência ao interesse social desta. Recebendo uma instrução, poderão cumpri-la (jamais sendo responsabilizados, desde que a instrução seja lícita), ou não a cumprir, não sendo responsabilizados perante a sociedade diretora, mas podendo ser responsabilizados pela sociedade subordinada (e esta, por seu turno, perante a diretora). Cabe aos membros de administração solicitar fundamentação de instruções desvantajosas para a sociedade subordinada; na ausência daquela, poderão recusar o seu cumprimento, sem prejuízo da sua responsabilidade, o que resultaria de a sua atuação ser causa do dano causado à sociedade subordinada pelo incumprimento do contrato de subordinação ou da lei. A autora concede, todavia, que o facto de uma instrução servir o interesse do grupo "redundará, com um elevado grau de probabilidade, também em benefício da sociedade subordinada, ainda que indiretamente". Em sentido idêntico, Antunes, 2002, p. 583: "cumpre precisar que a existência de uma relação de domínio intersocietário não acarreta forçosamente uma contraposição antagonística dos interesses próprios de sociedades dominantes e dependente, nem arrasta consigo inexoravelmente um sacrifício dos interesses da última em benefício da primeira". Admitindo a mesma relação, vd. também Oliveira, 2012 p. 340, nt. 1056. Afirma serem atos de gestão anormal aqueles que não forem simultaneamente legítimos na perspetiva individual das empresas que nele intervêm Teixeira, 2009, p. 246. A separação e a autonomia das sociedades envolvidas numa relação de grupo é também afirmada mesmo no caso de sociedades sujeitas ao REGTS na decisão arbitral do CAAD, proc. nº 587/2014-T.

desta quando uma sociedade está em condições de exercer influência dominante sobre outra, fora do âmbito de uma das relações tipificadas como determinantes da existência de um grupo de direito[633]. A relação de domínio que permite estabelecer um grupo de facto será presumida quando uma sociedade detiver uma participação maioritária no capital de outra, dispuser de mais de metade de votos na assembleia deliberativa de outra, ou tenha a possibilidade de designar mais de metade dos membros do órgão de administração ou do órgão de fiscalização da subordinada (vd. 486º, nºs 1 e 2 CSC).

A existência desta presunção implica sublinhar duas notas. A primeira é a de que o conceito de influência dominante se funda num critério material ou funcional de controlo. Os elementos presuntivos da norma são, assim, um indício do controlo, que pode ser ou não efetivado. Por este motivo, pode verificar-se uma situação de relação de domínio entre duas sociedades sem que seja exercida influência dominante[634]. A segunda é de que a possibilidade de exercício de influência dominante tem de se verificar ao nível do órgão de gestão, relevando a presunção de domínio como indício desse facto.

A constituição de uma relação de domínio tem parcas consequências jus-societárias[635]. Com efeito, estas resumem-se a proibições mútuas de aquisição e participação em órgãos estatutários e obrigações de menção em determinados atos sociais (vd. arts. 414º-A, nº 1, 437º, nº 1, 486, nº 3 e art.

[633] Sobre o conceito de influência dominante, vd. Dias, 2014b, pp. 79 e ss. A influência dominante pode revelar-se por outros indícios que não estes, por ex. em participações maioritárias, acordos parassociais, contratos interempresariais, uniões pessoais, relações económico-fácticas de dependência – assim, Antunes, 2002, p. 46. É importante distinguir, todavia, entre o exercício da influência dominante no quadro de órgãos societários ou extraorganicamente, porque o regime de tutela de sócios minoritários ou credores poderá ser distinto em consequência– assim, Ribeiro, 2014, pp. 441 e ss. A questão não é de somenos, pois como nota Oliveira, 2012, pp. 34 e ss. certas relações contratuais (como contratos de franquia, contratos de licença, contratos de crédito) "revelam um poder negocial desproporcionado da sociedade dominante, criando posições equivalentes, em termos de domínio e de subserviência, às que caracterizam a relação entre uma sociedade-mãe e as suas subsidiárias". Utilizamos, nesta secção, indistintamente as expressões *sociedade-mãe* e *sociedade dominante*.

[634] Com efeito, basta que estejam criadas condições para que a influência dominante seja exercida para que as sociedades se encontrem em relação de domínio – cfr. Ribeiro, 2009, p. 434.

[635] Sendo, aliás, qualificadas como "atípicas" por Dias, 2014b, p. 82 porque resultantes de estatuições aplicáveis à tutela de outros problemas que não o domínio societário.

487º CSC)[636]. Como tal, a manutenção de independência jurídica da sociedade dominada implica a impossibilidade jurídica de emissão de instruções desvantajosas vinculativas por parte da sociedade-mãe, inexistindo regime idêntico ao previsto no art. 503º, nºs 1 e 2 CSC para este caso (nem sendo o mesmo, sequer, aplicável analogicamente[637]). Nestes termos, mantém-se

[636] Veja-se desenvolvidamente, RIBEIRO, 2009, pp. 405 e ss. O regime descrito leva OLIVEIRA, 2016, p. 69, a concluir que o universo do grupo de facto não é regulado, com particular relevo para a ausência do problema do controlo intersocietário nas relações de domínio.

[637] A questão coloca-se a propósito do chamado "grupo de facto qualificado", que não é reconhecido na legislação portuguesa, conforme afirma RIBEIRO, 2014, p. 440. No mesmo sentido vd. OLIVEIRA, 2016, p. 252; DUARTE, 2007, pp. 346-347; CORDEIRO, 2011, p. 112. Contudo, concedendo a aplicabilidade analógica do regime de grupos de direito aos grupos de facto qualificados, ANTUNES, 2002, pp. 600 e ss; a seu favor, GUINÉ, 2006, pp. 295 e ss; MONTEIRO/MAIA, 2011, p. 142. A figura do "grupo de facto qualificado" é tendencialmente aceite na Alemanha no âmbito do domínio de sociedades GmbH, uma vez que a relação de grupo legalmente regulada pressupõe que a sociedade-filha assuma o tipo AktG. Em alternativa, no caso das GmbH, haverá um grupo de facto qualificado sempre que se verifique a detenção de capital que permita direitos de voto suficientes em assembleia geral para a eleição do órgão de administração, através da possibilidade direta de eleição dos membros do órgão de supervisão, que designam pelo menos metade dos membros de órgão de administração, dependendo da extensão de aplicação de regras de co-determinação laboral. Contudo, pelo voto de qualidade que o presidente do órgão de administração tem e pela quase sempre presente qualidade de representante de sócios, a detenção da maioria dos votos em assembleia geral equivale à possibilidade de controlo da subsidiária. Daí ser a base da existência do grupo de facto qualificado. Neste último caso, as transações intragrupo causam questões de tutela de acionistas minoritários, conferida pelos AktG § 291 e ss., que possibilitam a exoneração forçada de acionistas minoritários com o objetivo de os poupar à desvalorização da sua participação social pela extração de valor do acionista controlador ou maioritário antes da aquisição de uma posição de domínio de capital. Neste caso, e lá onde haja controlo indiciado, pelo menos, pela detenção de capital social associado a direitos de voto que permitam a maioria de votos em assembleia, o AktG § 311 obriga o acionista controlador a compensar danos causados por eventuais instruções desvantajosas à sociedade dominada no prazo de um ano das mesmas. A dilação na obrigação de prestação de compensação é tida pela doutrina como uma demonstração da tolerância legislativa relativamente a formas de integração grupais ou, alternativamente, como reconhecimento da ineficácia para a tutela de credores sociais do regime instituído, entre outros fragilidades de construção da solução. Assinale-se que a tutela de cenários de grupo envolvendo sociedades fechadas (GmbH) tem sido desenvolvida com base na aplicação analógica ou o desenvolvimento de normas de direito geral por parte da jurisprudência. Assim, no caso *Supermarkt*, determinou-se possível a celebração de um contrato de subordinação no caso em que a sociedade-mãe é uma GmbH após decisão de assembleia geral para o efeito, com a correspondente obrigação da sociedade-mãe de compensar as perdas da controlada, possibilidade que viria a ser confirmada pelo caso *Stromlieferung*. A existência de grupos de facto qualificados envolvendo GmbH é limitada pela proibição de a sociedade controladora negligenciar os interessas da sociedade dominada, causando-lhe dano, com base na observância de deveres de lealdade confirmados no caso *ITT*. As consequências deste comportamento ilícito seriam evidenciadas no caso *Autokran*, no qual o Supremo Tribunal Fede-

plenamente vigente a obrigação de atuação dos gerentes ou administradores da sociedade observando padrões de diligência e cuidado no interesse da sociedade controlada (cfr. art. 64º CSC)[638].

Se assim é, reconheça-se que, fora do quadro jurídico da relação de grupo de direito, as relações de controlo societário no interior de um GMN não assumem relevo autónomo, sendo duplamente limitadas[639]. Por um lado, são-no pela impossibilidade jurídica de emissão de instruções desvantajosas vinculativas para a sociedade dominada por parte da sociedade

ral determinou a aplicabilidade analógica dos § 302 (1) e § 303 (1) AktG a uma GmbH, pelos quais a sociedade dominante tem uma obrigação de compensação de perdas da dominada, bem como responsabilidade direta perante os credores sociais pelo pagamento do montante do crédito que não recuperem em caso de insolvência da dominada ou incapacidade de cumprimento desta. Exige-se, todavia, que a situação de influência dominante se revista de um carácter abrangente e permanente, não sendo possível identificar eventos danosos concretos. A jurisprudência *Autokran*, todavia, foi criticada pela ameaça ao próprio princípio da responsabilidade limitada que encerrava pela sua formulação, levando a uma correção da mesma no caso *TBB*. Aqui, o Tribunal passou a exigir que o dano efetivo na subsidiária tenha sido causado através de um abuso de poder objetivamente determinável, ainda que não especificado, cumulado com a ausência de implementação de qualquer sistema de compensação. Verificar-se-ia evolução na jurisprudência do BGH, todavia, após os acórdãos *Bremer Vulkan*, *KBV* e *Trihotel* com a formulação de uma fundamentação alternativa para a responsabilidade do sócio controlador – cfr. Homelhoff, 2001, p. 71 e Ribeiro, 2009, pp. 273-295.

[638] Vd. Ribeiro, 2009, p. 245, que sustenta que as questões de sócio controlador não assumem autonomia nas relações grupais, devendo ser encaradas sob o prisma do dever de lealdade daquele e resolvidas com referências às possíveis consequências de sua violação nos termos gerais. Assim, parecem apressadas as conclusões do acórdão do TRG, proc. nº 2522/16.2T8BRG.G1 (Maria Purificação Carvalho), quando afirma que "[n]as relações de domínio ou de grupo – reguladas nos artºs. 481. º e ss. e 490ºs., respetivamente – os objetivos empresariais dominantes são os do grupo, definidos pela sociedade-mãe, ficando as demais sociedades numa situação praticamente idêntica à de uma sucursal ou departamento sem individualidade jurídica. Em contrapartida, a sociedade-mãe assume, através dos diversos mecanismos legalmente consagrados, responsabilidades face às sociedades dominadas, ou do grupo, aos respetivos credores e, quando existam, aos designados sócios livres, o que não impede, de modo algum (nem sequer em termos legais), que uma das sociedades-filhas preste à sociedade-mãe uma garantia por dívidas por esta contraídas." Como decorre do exposto, a responsabilidade da sociedade-mãe em face de sociedades dominadas não é equiparável à sua responsabilidade em face de sociedades do grupo de direito.

[639] Noutro sentido, vd. também Oliveira, 2016, p. 342 afirmando que se o ordenamento social não proíbe o controlo intersocietário, os instrumentos sociais não o deverão limitar, sendo a situação concreta interpretada casuisticamente de forma favorável à relação de domínio. Outra interpretação seria, aliás, intenção contrária à sua utilidade social e, no dizer da autora, desconsiderante dos ganhos de eficiência negocial que a integração grupal aporta. Em sentido distinto da autora, vd. Ribeiro, 2009, p. 233; Dias, 2014b, p. 82; Costa, 2014, p. 112; Antunes, 2002, p. 603.

dominante, fora das possibilidades legalmente admissíveis. Pelo outro, são-no pela obrigação de atuação dos gerentes/administradores da sociedade controlada, observando padrões de diligência e cuidado no interesse desta que, uma vez violados, determinam a sua responsabilidade.

Concretizando, um particular ato instrutivo da parte da sociedade dominante aos administradores da sociedade-filha não poderá ser executado pelos administradores desta sem que se verifique o interesse próprio da dominada na execução do mesmo. Se, apesar de não verificado o interesse próprio da sociedade dominada, a gestão ou administração decidir executar uma instrução alheia ao mesmo, tais atos serão potencialmente nulos[640]. Mas, de igual forma, os credores e os sócios das sociedades que integram grupos de facto em que se verifique o exercício de uma influência dominante por uma sociedade-mãe, e que se sintam prejudicados pela atuação da administração, podem lançar mão (não sem dificuldades probatórias) de mecanismos de tutela *ex post* da sua posição em caso de exercício efetivo (e não presumido) de influência da sociedade dominante em prejuízo da sociedade dominada.

A prática de atos de administração que extravasem aquele balizamento, então, abrirá a porta à responsabilidade da administração da sociedade dominada por danos causados no património desta, a efetivar seja na modalidade de ação interposta pela sociedade[641], seja na modalidade de ação interposta pelos sócios minoritários[642], com a possibilidade de sub-rogação de credores[643] ou ainda, reunidos os pressupostos do art. 78º CSC, através do recurso à ação direta. Os potenciais responsáveis por danos causados à sociedade-filha serão, consoante o caso, os membros de órgão de administração da sociedade dominada, o sócio que emita voto abusivo que influencie o comportamento da sociedade dominada através de deliberação social[644],

640 Na medida em que a deliberação instrutiva seria nula pela conjugação do art. 6º CSC com o art. 56º, nº 1, al. d) CSC. Note-se que é esta impossibilidade legal de observância de instruções desvantajosas, cumulada com a existência de regulação jurídica aplicável no direito positivo, que justifica a impossibilidade de aplicação analógica do regime dos grupos de direito aos grupos de facto, considerada a inexistência de uma lacuna legislativa – assim, Ribeiro, 2014, p. 439. Noutro sentido, Oliveira, 2016, p. 249.

641 Cfr. arts. 72º e 75º CSC.

642 Cfr. art. 77º, nº 1 CSC.

643 Cfr. art. 78º, nº 2 e 606º-609º CCiv.

644 Cfr. art. 83º CSC.

o administrador de facto[645] ou o sócio controlador[646], ou ainda a sócia única[647].

Nestes termos, sob o ponto de vista jus-societário, a sociedade controlada não pode celebrar contratos, tomar deliberações ou praticar atos jurídicos que impliquem a transferência de propriedade, por exemplo, a um preço desfavorável para a sociedade dominada, mas favorável aos interesses do grupo – sem que daí advenha para ela benefício que o justifique. Estes atos, para lá da sua potencial nulidade[648], poderiam implicar a responsabilidade, em várias modalidades, dos seus administradores, gerentes ou de quem tenha determinado o comportamento destes, pelos danos causados à sociedade subordinada, sócios e credores, se aquela agir em detrimento do seu próprio interesse. Portanto, a integração num GMN constitui apenas um contexto fáctico no exercício dos poderes de administração dos administradores das sociedades envolvidas e das prerrogativas inerentes à qualidade de sócio da sociedade dominante.

4.3. O GMN e o regime das transações entre partes relacionadas

As formas de integração societárias que vimos apreciando podem ser enquadradas de outro prisma. Com efeito, o GMN pode manifestar a sua presença na vida das entidades que o compõem quer na qualidade de sócio, quer na qualidade de administrador[649], o que permite assumir uma posição de influência nos atos societários da sociedade-filha. Por seu turno, esta posição de influência pode conduzir à retirada de valor da sociedade comercial go GMN, suscitando problemas de agência e de conflitos de interesse. As transações intragrupo enquadram-se neste paradigma, sendo reguladas também ao abrigo do regime das transações entre partes relacionadas[650].

645 Através da possibilidade de aplicação dos preditos regimes de responsabilidade de administradores a outras pessoas a quem sejam confiadas funções de administração prevista pelo art. 80º CSC.

646 Por força do regime constante do art. 83º CSC e que exige, todavia, a responsabilidade dos administradores da sociedade-filha, que pode estar excluída por força do art. 72º, nº 5 CSC – vd. Ribeiro, 2014, p. 453.

647 Cfr. art. 84º CSC.

648 Cfr. art. 6º, nº 1 CSC.

649 Ou porque designou pessoa singular para o efeito na qualidade de sócia, ou porque é designada como administradora, pese embora a obrigatoriedade de indicação de pessoa singular que exerça o cargo – cfr. arts. 191º, nº. 3 e 390º, nº 4 CSC para as sociedades por quotas e para as sociedades anónimas, respetivamente.

650 Para mais sobre transações entre partes relacionadas, vd. Enriques/Tröger, 2019; Pinto, 2019, pp. 483 e ss; Abreu, 2018, pp. 13 e ss.

Na UE, o regime das transações entre partes relacionadas é regulado no âmbito do Direito das Sociedades Comerciais pela Diretiva nº 2017/828/CE, no que se refere aos incentivos ao envolvimento dos acionistas a longo prazo de sociedades anónimas com sede num Estado-Membro cujas ações estão admitidas à negociação num mercado regulamentado situado ou em funcionamento num Estado-Membro, em particular pela norma constante do art. 9º-C[651].. Trata-se de um regime que assenta na divulgação pública de transações relevantes com partes relacionadas e seus elementos essenciais o mais tardar no momento da sua realização, bem como na implementação de procedimentos de aprovação prévia das mesmas pelos órgãos sociais.

O regime, contudo, para lá de um escopo pessoal limitado, não é aplicável a transações realizadas no quadro da atividade corrente e celebradas em condições normais de mercado[652]. De igual forma, a própria Diretiva 2017/828/CE prevê, no seu art. 9º-C, nº 6, al. a), a possibilidade de isenção de aplicação das regras descritas a transações realizadas entre a sociedade e as suas filiais, desde que estas sejam totalmente detidas pela sociedade ou que nenhuma outra parte relacionada da sociedade tenha interesses na filial, ou desde que o direito nacional preveja uma proteção adequada dos interesses da sociedade, da filial e dos seus acionistas que não sejam partes relacionadas, incluindo os acionistas minoritários, nessas transações.

A Diretiva 2017/828/CE foi transposta pela Lei nº 50/2020, que, entre outras alterações, aditou ao CVM o seu art. 249º-A, que prevê a necessidade de adoção de um procedimento interno aprovado pelo conselho de administração ou conselho de administração executivo, com parecer prévio vinculativo do órgão de fiscalização, mediante o qual este verifica, periodicamente, se as transações que as sociedades emitentes efetuam com partes relacionadas são realizadas no âmbito da sua atividade corrente e em condições de mercado. Caso não o sejam, terão de ser precedidas de deliberação pelo conselho de administração, ou, quando exista, pelo conselho de administração executivo, precedidas de um parecer do órgão de fiscalização da sociedade emitente de ações admitida à negociação em mercado regu-

[651] De acordo com o art. 2º, al. h) da Diretiva, uma parte é relacionada na aceção das normas internacionais de contabilidade adotadas nos termos do Regulamento (CE) nº 1606/2002 do Parlamento Europeu e do Conselho, densificadas nos termos do Regulamento (CE) nº 1126//2008 da Comissão, na redação conferida pelo Regulamento (UE) 2016/1703 da Comissão. Esta definição é acolhida no direito português através do art. 66º-A, nº 3, al. a) e 508º-F, nº 3, al. a) CSC, ou pelo art. 249º CVM e a NCRF 5.

[652] Cfr. art. 9º-C, nº 5 da Diretiva 2017/828/UE.

lamentado. Por seu turno, o art. 249º-B determina a divulgação pública de transações com partes relacionadas cujo valor seja igual ou superior a 2,5% do ativo consolidado da sociedade emitente, ou do ativo individual caso não prepare contas consolidadas, que não sejam realizadas no âmbito da sua atividade corrente e em condições de mercado.

O CSC também contém regras que visam limitar a amplitude das transações entre partes relacionadas. Partindo de um quadro em que entidades do GMN participam na vida de suas subsidiárias na qualidade de sócios ou administradores, é possível equacionar duas hipóteses: negócios da sociedade com administradores e negócios da sociedade com sócios.

Assim, no âmbito da regulação das sociedades anónimas, o art. 397º, nº 1 CSC veda em absoluto à sociedade a celebração de alguns negócios tipificados com os seus administradores, a saber: a concessão de empréstimos ou crédito a administradores; a prestação de pagamentos por conta deles; a prestação de garantias a obrigações por eles contraídas; a prestação de adiantamentos de remunerações superiores a um mês. Porquanto contrários à lei, a prática destes atos é sancionada com a sua nulidade – cfr. art. 294º CCiv. Num segundo nível de regulamentação, também são nulos os contratos celebrados entre a sociedade e os seus administradores, diretamente ou por pessoa interposta, se não tiverem sido previamente autorizados por deliberação do conselho de administração, na qual o interessado não pode votar, e com o parecer favorável do órgão de fiscalização aplicável, consoante a estrutura societária em causa[653].

Este regime, todavia, não se aplica quando se trate de ato compreendido no próprio comércio da sociedade e nenhuma vantagem especial seja concedida ao contraente administrador – cfr. art. 397º, nº 5 CSC[654]. No relatório de apreciação anual da situação da sociedade, o conselho de administração deve especificar as transações autorizadas nos termos desta norma, bem como publicar os pareceres proferidos pelos órgãos de fiscalização a este propósito – cfr. art. 397º, nº 4 CSC[655].

[653] Quanto à aplicação do regime descrito do CSC às sociedades por quotas, a doutrina diverge: em sentido positivo, vd. Abreu, 2018, pp. 20 e ss; Martins, 2012, pp. 557 e ss; com fundamentação distinta, Cunha, 2016, p. 923; em sentido contrário, Gonçalves, 2011, pp. 115-120; Ventura, 2006, p. 176.

[654] Norma também aplicável aos sujeitos referidos no art. 397º, nº 3 CSC – assim, Abreu, 2018, p. 13.

[655] Na Alemanha, os AktG § 312 e § 313 exigem a redação de um relatório contendo as transações celebradas intragrupo, apresentado ao órgão de fiscalização e a auditores independentes (caso existam, em particular nas sociedades cotadas em bolsa – AktG § 313). Todavia, apenas as

Portanto, a lei submete estes negócios à fiscalização *ex ante* da própria estrutura social, o que também faz relativamente a atos ou contratos celebrados com sociedades que estejam em relação de domínio ou de grupo com aquela de que o contraente é administrador. Especifique-se, porém, que o sentido da norma não é submeter ao seu regime os negócios celebrados entre sociedades em relação de domínio ou grupo, mas sim entre o administrador da sociedade dominada e sociedades com as quais aquela está em relação de domínio ou de grupo[656]. Os negócios celebrados entre a sociedade e os seus sócios são regulados pelo art. 29º CSC, embora o escopo deste regime seja o de obviar a entradas ocultas (*quase-entradas*) e não propriamente a proteção da integridade patrimonial societária ou o risco das transações intragrupo. Os negócios entre sociedades e as suas sociedades sócias não são, assim, especificamente regulados pelo CSC.

4.4. O GMN e instruções desvantajosas

Conceda-se, todavia, que o quadro jurídico que vimos de enunciar contrasta frontalmente com a realidade empírica societária, marcada pela presença de grupos de facto fortemente centralizados, "em que a intensidade da direção unitária é idêntica à que é exercitável no âmbito das relações de grupo, e onde não é possível individualizar concretas intervenções lesivas sobre a sociedade-filha"[657], e cujas entidades constituintes negoceiam entre si. Esta conclusão leva parte da doutrina a admitir, preenchidos determinados pressupostos, a licitude de emissão de instruções desvantajosas a socie-

conclusões finais da análise do relatório são comunicadas aos acionistas, o que dificulta o controlo das mesmas. Merece referência o caso do direito inglês, no qual as regras de controlo de transações entre partes relacionadas não têm como escopo a tutela de transações intragrupo. A prioridade do regime é permitir a imposição de uma política de grupo, e não garantir o tratamento equilibrado de outros sócios minoritários, libertando as transações entre sociedade-mãe e filha de requisitos de aprovação social prévia em assembleia geral. Todavia, estas regras cessam na proximidade da insolvência, aplicando-se então o regime de *wrongful trading*. Logo que a administração de uma sociedade detecte que não há uma possibilidade razoável de evitar a insolvência, deve tomar todos os passos razoáveis para minimizar a perda potencial para os credores dessa sociedade – cfr. Insolvency Act de 1986, sec. 214. Assim, a sociedade-mãe pode ser obrigada a repor na subsidiária o valor que havia retirado da mesma através de uma transação intragrupo, responsabilidade que também abrange os administradores da subsidiária; a questão da responsabilidade dos administradores da dominante é deixada em aberto segundo cfr. Davies, 2019, pp. 381 e ss.

[656] Neste sentido, vd. Cunha, 2016, p. 922, e o acórdão do TRG, proc. nº 153/14.0TBBRG-A.G1 (Helena Melo).

[657] Cfr. Oliveira, 2016, p. 37.

dades dominadas no âmbito de relações de domínio. Estas instruções poderão ser lícitas se respeitarem um "dever intensificado de evitar danos ou um dever de compensar os danos causados", na formulação de Ana Perestrelo de Oliveira[658], que pugna pela aplicabilidade da teoria em Portugal. A inovação da teoria reside no reconhecimento da eficácia protetora de terceiros dos vínculos de lealdade no seio da "conexão de grupo", projetada na inexistência de conduta geradora de responsabilidade civil, se as instruções desvantajosas forem compensadas por medidas vantajosas para a sociedade prejudicada[659]. Assim sendo, haveria dois quadros de possibilidade de emissão de instruções desvantajosas em grupos de sociedades portuguesas – um submetido ao regime dos grupos de direito e outro submetido à teoria das vantagens compensatórias.

A doutrina das vantagens compensatórias assenta a ilicitude do comportamento da sociedade dominante na falta de compensação da instrução desvantajosa que tenha sido cumprida pela sociedade dominada. Serão desvantajosas todas aquelas instruções que não seriam adotadas por um gestor diligente e ordenado de uma sociedade independente e que reduzem a capacidade de obtenção de lucro ou causam prejuízos no seu património[660]. Estas terão necessariamente de ser provisórias na medida em que deverão ser compensadas de forma individualizada e identificável, e não pela mera vantagem global de integração ou pelo aumento geral de património social

[658] Cfr. Oliveira, 2016, p. 250. Note-se que a questão do sócio controlador também deve ser resolvida sob o prisma dos deveres de lealdade para Ribeiro, 2009, pp. 245-258, embora fundamentando a responsabilidade daquele sócio por comportamentos danosos perante a própria sociedade, e não terceiros, não legitimando (ademais) a emissão de instruções desvantajosas para a sociedade dominada.

[659] Cfr. Oliveira, 2012, p. 319 e 606. A autora considera que a situação de controlo gera um perigo para tutela dos interessados, em particular os credores, que por si só deve ser acautelado independentemente da existência de dano. A tutela pré-evento danoso (e não só) é adequadamente acautelada pela vigência dos deveres de lealdade que integram o estatuto societário geral (aplicáveis sempre que a sociedade tenha sede em Portugal, nos termos do art. 3º CSC), e são transversais às diversas formas jurídicas.

[660] O conceito de *desvantagem* abrange qualquer diminuição ou o risco para a situação financeira ou capacidade de ganho da subsidiária que resulta do exercício do controlo para sociedade influente. A prova desta influência exige a demonstração que um gestor razoável e diligente de uma sociedade independente ter-se-ia comportado de maneira diferente quanto colocado na mesma posição. A compensação a prestar depende da desvantagem incutida. Se esta última for refletida no balanço social, a vantagem tem de ser da mesma natureza, de forma a permitir a sua compensação. Caso não o seja, a doutrina inclina-se para apenas aceitar a concessão de uma vantagem que seja mensurável.

que a integração grupal possa permitir[661]. A ausência de compensação determinará, assim, a ilicitude da instrução[662].

Ana Perestrelo de Oliveira propõe, em suma, o ressarcimento de danos puramente patrimoniais no património da sociedade dominada com base na existência de uma relação especial entre esta e a sociedade que emanou as instruções ditas desvantajosas[663]. Este ressarcimento depende da possibilidade de individualização e identificação da instrução concreta lesiva da sociedade dominada. Também não são consideradas desvantagens indemnizáveis aquelas que resultam da própria integração no grupo (e não de concretas medidas tomadas em obediência a instruções da sociedade dominante)[664]. Supera-se, assim, o âmbito de aplicação da doutrina aos casos de constituição de um dito "grupo de facto qualificado", em que a sociedade dominada é submetida à direção unitária fáctica e contínua por uma sociedade, reservando a sua aplicabilidade apenas aos grupos de facto simples.

4.5. A inaplicabilidade do regime de tutela de credores sociais ao fenómeno BEPS

A presente secção buscou compreender se o Estado poderia lançar mão de regimes de tutela de credores sociais para tutelar a sua própria posição à luz do direito societário português. Como alternativa, a secção procurou também compreender se aqueles quadros metodológicos poderiam subsidiar soluções limitativas do fenómeno BEPS no âmbito fiscal. Feita a devida revisão de literatura, parece-nos que a conclusão que se impõe é negativa em ambos os casos.

661 Cfr. Oliveira, 2012, pp. 494-497. Requisito que permite concluir que o art. 6º, nº 3 CSC permite a prestação de garantias intragrupo sem necessidade de compensação à sociedade prestatária, pois esta possibilidade decorre da integração grupal reconhecida por lei. Sobre a prestação de garantias intragrupo, e considerando inválidas as garantias prestadas a favor da sociedade-mãe pela sociedade-filha com base na parte final da norma vd. Abreu, 2021 p. 199. Vd. também a interpretação que foi acolhida no acórdão do STJ, proc. 5371/15.1T8OAZ.P1.S1 (Fonseca Ramos).

662 A falta de compensação das instruções integra, assim, o facto gerador de responsabilidade civil e não apenas a medida de quantificação de dano.

663 Cfr. Oliveira, 2016, p. 259. O dano puramente patrimonial (também designado como dano economicamente puro ou dano patrimonial puro) ocorre quando há uma perda económica (ou patrimonial) sem que tenha existido prévia afetação de uma posição jurídica absolutamente protegida - vd. Leitão, p. 297 e Vasconcelos, 2009, p. 149.

664 Cfr. Oliveira, 2016, p. 255. Vantagens não quantificáveis resultantes da integração grupal, assim, não relevam para a aplicação do regime - cfr. Tröger, 2019, pp. 443 e ss.

Primeiramente, o GMN subtrai-se facilmente ao preenchimento das previsões associadas aos grupos de sociedades. Basta-lhe, desde logo, não outorgar os contratos necessários para o efeito ou evitar a detenção da totalidade de participação no capital social da sociedade-filha. Por este motivo, a escassa valia prática do regime é frequentemente assinalada, sendo o mesmo de aplicação residual[665]. De igual forma, o universo subjetivo de integração de um grupo de sociedades permitido pelo Direito Fiscal é mais alargado, permitindo a constituição de um grupo para efeitos fiscais sem que tal determine a constituição de um grupo para efeitos de Direito Societário. Como vimos, existe um grupo fiscal de sociedades quando uma sociedade, dita dominante, detém, direta ou indiretamente, pelo menos 75% do capital de outra ou outras sociedades ditas dominadas, desde que tal participação lhe confira mais de 50% dos direitos de voto[666]. Estes limiares quantitativos não preenchem a previsão de constituição de grupo de sociedades, mas apenas os indícios presuntivos de uma relação de domínio – a qual tem poucas consequências práticas.

A aplicação do regime jus-societário a um GMN é, ainda, limitada pelo disposto no art. 481º CSC, que reserva a aplicação das disposições do CSC atinentes ao grupo apenas a sociedades com sede em Portugal[667]. Existe, todavia, uma excepção a este limite de âmbito territorial prevista na al. c), do nº 2 do art. 481º CSC: as regras dos arts. 83º e 84º CSC são aplicáveis a uma sociedade com sede no estrangeiro que, segundo os critérios do mesmo diploma, seja considerada dominante de uma sociedade com sede em Portugal. A possibilidade é de fraco consolo, pois os regimes consagrados nesta norma também não se prestam à regulação satisfatória do fenómeno BEPS, como demonstramos *infra*.

[665] Antunes, 2013, pp. 62 e ss., qualifica o modelo dual de regulação de grupos de sociedades como um fracasso, o que decorre da tentativa de reconduzir toda "a fenomenologia prática da empresa multissocietária e multinacional a um quadro legal construído sobre uma seperação tangente e artificial entre dois modelos jurídico-organizativos rígidos": as empresas plurissocietárias de direito e as empresas plurissocietárias de facto. No mesmo sentido, Manóvil, 2020, p. 36.

[666] Cfr. art. 69º, nº 2 CIRC.

[667] Note-se, até, que é possível um GMN aproveitar o dito regime fiscal sem se subsumir ao regime societário português, desde que, entre outras condições, a sociedade dominante seja residente de um Estado membro da UE ou do EEE que esteja vinculado a cooperação administrativa no domínio da fiscalidade equivalente à estabelecida no âmbito da UE – cfr. art. 69º-A CIRC. Cumpre assinalar, também, as limitações espaciais, temporais e de tipo do regime de grupos de sociedades, como bem destacado em Dias, 2014a ou Pichel, 2014.

Acresce que um GMN pode ser composto por sociedades, mas também pelos seus estabelecimento estável. O estabelecimento estável, desprovido que é de personalidade jurídica, não é mais do que uma sucursal de uma sociedade comercial estrangeira para efeitos jus-societários. Nesta medida, qualquer previsão que pressuponha mais do que uma pessoa jurídica não é aplicável a uma relação intra-GMN composta por sociedade estrangeira e seu estabelecimento estável porque, em rigor, não existe qualquer transação a tutelar: o estabelecimento estável da sociedade estrangeira e a sociedade estrangeira são, para efeitos societários, a mesma pessoa[668].

Seguidamente, a lesão do interesse fiscal protagonizada pelos comportamentos de substituição poderia ser diretamente tutelada no contexto do regime de responsabilidade perante os credores sociais previsto no art. 78º, nº 1 CSC, ou indiretamente no âmbito do nº 2 do mesmo artigo. Sucede que a atuação do GMN, implementando comportamentos de substituição, não é subsumível à previsão da norma. Este regime prevê a responsabilidade de gerentes e membros de órgãos de administração para com os credores da sociedade quando, pela inobservância culposa das disposições legais ou contratuais destinadas à proteção destes, o património social se torne insuficiente para a satisfação dos respetivos créditos.

Ora, a sociedade-mãe do GMN e que exerce a direção sobre o grupo não é gerente ou administradora da sociedade-filha. A verificarem-se atos de lesão patrimonial da sociedade-filha, estes são cometidos pela sua administração e não pela sociedade-mãe ou seus administradores. Na ausência de integração de pressupostos do regime para responsabilização de sócio controlador[669] ou administrador de facto[670], a responsabilidade daqueles apenas poderá surgir no quadro de responsabilidade por voto abusivo prevista pelo art. 58º, nº 3 CSC.

[668] O conceito de estabelecimento estável apenas releva no âmbito tributário. Com efeito, a autonomização de uma massa patrimonial da sociedade estrangeira não implica a personificação da mesma. Neste sentido, vd. o acórdão do STA, proc. nº 0199/08 (Pimenta do Vale).

[669] Cfr. art. 83º CSC.

[670] Equacionada em Ribeiro, 2014, p. 448. Abreu, 2010, p. 63 propõe a responsabilidade da sociedade-mãe enquanto administradora de facto da sociedade-filha, superando anterior posição em favor de desconsideração de personalidade jurídica. Dias, 2007, pp. 249-252 parece aderir a tese idêntica. Aparentemente desfavorável à hipótese, cfr. Oliveira, 2012, pp. 557 e ss. Sobre o tema, vd. por todos Costa, 2016. Contudo, assinale-se a exclusão expressa da possibilidade de uma sociedade-mãe ser considerada administradora de facto (*shadow diretor*) da legislação inglesa, exclusão extendida aos seus administradores pela jurisprudência, como dá conta Davies, 2019, p. 381.

Sucede também que a subordinação dos interesses da sociedade controlada aos interesses do GMN resulta do exercício de influência contínua e difusa no seu órgão de gestão pela sociedade-mãe. As várias formas de implementação de responsabilidade previstas nos art. 72º, nºs 1, 3, 5, art. 75º, art. 77º, nº 1, art. 78º, nº 1, art. 79º nº 1, e art. 80º CSC dependem de imputação subjetiva e culposa de violação de deveres legais ou contratuais pelos gerentes ou administradores da sociedade-filha. Esta continuidade dificulta a localização do concreto ato lesivo do interesse social praticado pela atuação dos administradores da sociedade-filha[671]. Aferir da conduta culposa daqueles sujeitos implica identificar um específico ato lesivo do património social, o que, como dito, não é possível no quadro do estabelecimento de uma relação contínua de influência. Faltando este pressuposto subjetivo, que depende da identificação de um ato concreto, qualquer forma de tutela de credores sociais prevista neste quadro cai pela base. Acresce que o ponto de partida metodológico para que se possa equacionar o regime do sócio controlador do art. 83º CSC não está também reunido: a responsabilidade do sócio controlador depende da afirmação da responsabilidade própria do gerente ou administrador designado pelo sócio nos termos da lei.

Por seu turno, o regime de responsabilidade direta perante os credores sociais exige que o património da sociedade se torne insuficiente para a satisfação dos respetivos créditos. Porém, no fenómeno BEPS, a questão que se suscita não é de incumprimento de obrigações por insuficiência patrimonial para o efeito, mas sim de prática ou não de factos tributários e da mensuração das obrigações resultantes. Em bom rigor, o GMN cumpre a obrigação de pagamento de imposto, mas a montante, influencia a constituição do mesmo de forma negativa, determinando com a sua atuação uma quantia de imposto a pagar pela sociedade dominada inferior ao que

[671] A não ser que se considere que toda a atuação da sociedade-mãe em prejuízo do interesse da sociedade-filha configura desvio de oportunidade de negócio em detrimento da última e em seu favor ou de terceiro (outra sociedade do grupo) para que, a partir daqui se procure fundar a responsabilização dos administradores da sociedade dominada e a responsabilidade solidária da sociedade-mãe, seja ao abrigo da figura do administrador de facto, do art. 83º CSC ou do art. 58º, nº 3 CSC. Esta responsabilidade, porém, apenas poderá ser invocada perante a sociedade dominada ou os seus sócios, assumindo uma espécie de responsabilidade pela existência que pretende responsabilizar o sócio por retirar valores da sociedade, ainda que não constem de balanço, como é o caso de oportunidades de negócio, mão-de-obra especializada ou segredos de fabrico ou comercialização para utilizar em proveito do sócio ou terceiro – assim, Ribeiro, 2009, p. 296.

uma sociedade atuando de forma independente registaria, pela incapacidade de controlo das variáveis da transação e da remessa de fluxos de caixa e capital para outras jurisdições. Esta conduta caracteriza o fenómeno BEPS e a implementação de comportamentos de substituição, mas não conduz necessariamente a uma situação de insuficiência patrimonial na entidade do grupo, determinando, outrossim, a constituição de um crédito tributário com montante inferior ao que se verificaria se fossem observadas outras condições ou transações tidas como adequadas ou conformes a práticas de mercado.

O que vem de se dizer ainda torna qualquer medida de tutela assente na insolvência da sociedade-filha (que não ocorrerá) desadequada para a resposta aos problemas que nos ocupam. Por este motivo, fica afastado do âmbito das soluções ou cogitações para desenho de soluções o mecanismo do art. 84º CSC, mas não só. Os pressupostos atinentes à conduta dos membros de administração ou o necessário decretamento de insolvência da sociedade-filha[672] implicam a inaplicabilidade do regime do CIRE neste âmbito. Este diploma possibilita a responsabilidade de administradores de direito ou de facto pela insolvência de uma sociedade sempre que estes hajam praticado, nos três anos antecedentes à insolvência, certos atos tipificados. Neste elenco incluem-se comportamentos daqueles sujeitos que tenham criado ou agravado artificialmente passivos ou prejuízos, ou reduzido lucros, causando, nomeadamente, a celebração pelo devedor de negócios ruinosos em seu proveito ou no de pessoas com eles especialmente relacionadas; ou exercido, a coberto da personalidade coletiva da empresa, se for o caso, uma atividade em proveito pessoal ou de terceiros e em prejuízo da empresa[673]. Quando tal ocorre, o responsável pode ser condenado a indemnizar os credores do devedor declarado insolvente no montante dos créditos não satisfeitos, até à força do seu património[674]. Ainda assim, é uma medida de pouca utilidade em sede de Direito Fiscal e do fenómeno BEPS, na medida em que não afeta a constituição da obrigação tributária e depende da declaração de insolvência do devedor fiscal.

[672] No sentido que a norma visa combater a não afetação do património da sociedade ao cumprimento de obrigações sociais, vd. Ribeiro, 2017, p. 87; também Antunes, 2007, pp. 11 e ss. afirma que a norma reflete a posição de Ferrer Correia e que exigia, para aplicação, que graças a uma administração irregular o fundo de garantia dos credores da sociedade viesse a ficar diminuído ao ponto de se tornar insuficiente para garantir o cumprimento das obrigações sociais (o que não ocorre no fenómeno BEPS).

[673] Cfr. art. 186º, nº 1 e 2 CIRE

[674] Cfr. art. 189º, nº 2, al. e) CIRE.

Também as regras associadas ao regime de transações entre partes relacionadas têm um alcance limitado para a tutela dos credores de sociedades integradas num GMN. Desde logo, o recurso a conceitos indeterminados como "vantagem especial" (art. 397º, nº 5 CSC), "transações relevantes"[675] e "condições de mercado" (art. 9º-D, nº 1 da Diretiva 2017/828/CE e art. 249º-A CVM) suscita dificuldades de valorização dos preços de transação que não são distintas das encontradas no regime de preços de transferência – uma crítica que assume relevo prático não despiciendo na hora de avaliar do cumprimento do regime e das eventuais consequências do seu respetivo incumprimento.

Seguidamente, aponte-se que o conhecimento das transações reguladas por quem deva emitir parecer ou por terceiros nem sempre é fácil de assegurar. De igual forma, a delimitação do escopo pessoal a que se aplica o regime da Diretiva 2017/828/CE e o regime do CSC é limitada ou coloca questões que se prestam a divergências interpretativas e, nessa medida, a insegurança jurídica[676]. Por fim, no âmbito da nossa Tese, as sanções aplicáveis aos negócios que violem estas proibições apenas permitem a reentrada do património transacionado na esfera da sociedade-filha; e não a fixação do valor extraído na transação ilícita que pudesse fundamentar uma revisão de preços de transação em sede de regime de preços de transferência.

4.6. A inaplicabilidade de compensação de desvantagens provocadas pelo fenómeno BEPS dentro do GMN

No tocante à última alternativa de forma de tutela de credores apresentada, a "teoria das vantagens compensatórias" não nos parece superar o quadro metodológico desenhado a propósito do regime de grupos de sociedades do CSC. Desde logo, porquanto a definição do que é uma vantagem e do que é uma desvantagem para efeitos da operação da teoria parece assentar numa compreensão estática e, até, "ferroviária"[677] da dinâmica negocial societária. Com efeito, até que ponto se pode afirmar que uma instrução é *desvantajosa*,

[675] Neste particular, cfr. Abreu, 2018, p. 19, afirmando que a remessa para concretização legislativa em cada Estado-Membro do que é uma transação relevante permitirá défices de harmonização na UE.

[676] Assim, o regime da Diretiva aplicar-se-á a realidades grupais limitadas – cfr. Abreu, 2018, p. 22, que mais refere ser "flagrante" a falta de regulação específica para os negócios de sociedades com sócios ou sociedades-sócias.

[677] Parafraseando a expressão de Andrade, 2004, p. 27. A dinâmica empresarial não é feita de apenas uma direcção. Mantendo o apego à expressão alheia, agora da *vox populis*, por vezes dá-se um passo atrás para dar dois em frente.

se ela será compensada no futuro? Não estaremos, aqui, verdadeiramente diante de uma instrução que será, na pior das hipóteses, *neutra* para a sociedade dominada?

A execução de uma instrução pela administração da sociedade dominada poderá ser desvantajosa se apreciada isoladamente. Mas, devidamente contextualizada à luz de benefícios futuros, poder-se-á dizer em bom rigor que se tratou da execução de uma situação desvantajosa? Talvez não. Talvez possa ser, pelo contrário, um imperativo de boa gestão comercial: pense-se na sociedade que aceita vender mercadoria a um preço inferior ao de mercado porque assegura estabilidade de encomendas que, a longo prazo, lhe é favorável; ou na sociedade que aceita transacionar a preços inferiores aos de mercado com o seu único cliente pois, na falta deste, forçosamente terá de se apresentar à insolvência. Acresce que, frequentemente, será difícil concretizar o juízo de "instrução desvantajosa", conforme definida, uma vez que o contexto de integração no grupo social significa precisamente a inexistência de uma atuação análoga de um gestor independente que possa servir como padrão de análise comparativo[678]. De igual forma, a teoria implica a identificação de um ato concreto lesivo no património da sociedade dominada, o que raras vezes ocorrerá por força da integração contínua e permanente entre as sociedades.

Ana Perestrelo de Oliveira afirma a responsabilidade da sociedade dominante perante a sociedade dominada assente na não compensação das instruções desvantajosas. Para a autora, esta impõe-se "nos termos gerais do direito civil"[679], posto que a responsabilidade "não se funda diretamente no princípio da lealdade, que não pode dar lugar a uma forma de «responsabilidade estrutural» sem suporte legal adequado"[680]. Assim, a não compensação de instruções desvantajosas constituirá uma violação de deveres de lealdade também devidos aos sócios da sociedade-filha (seja porque a sociedade-mãe também é sua sócia, seja porque o controlo que exerce sobre ela assim o determina), bem como aos credores da sociedade-filha, porquanto expostos de forma paralela à da sociedade-filha aos riscos que a influência da sociedade-mãe provoca. Esta construção permitiria superar a

678 A teoria das vantagens compensatórias é criticada por Antunes, 2012, pp. 33 e ss. por assentar numa falácia teórica que resulta do objetivo do sistema: colocar a sociedade-filha na situação em que estaria se fosse independente, o que nunca se verifica uma vez que esta seja integrada num grupo.

679 Cfr. Oliveira, 2012, p. 564.

680 Cfr. Oliveira, 2012, p. 556.

"pura" proteção do regime de responsabilidade aquiliana, através do aproveitamento da teoria do contrato com eficácia de proteção para terceiros.

Contudo, para nós, e em bom rigor, a questão fundamental da doutrina das vantagens compensatórias não se coloca tanto na possibilidade da emissão de instrução desvantajosa, mas no dever de acatamento da mesma ou de comportamento concordante pelos órgãos da sociedade dominada – que não existe. Em termos estruturais, a possibilidade de instruir os administradores de uma sociedade comercial pela sua sócia apenas pode ser exercida através do exercício de voto[681], pois os administradores da sociedade dominada conservam o dever de administração da mesma de forma independente e atendendo ao seu interesse. Neste contexto, a emissão de instruções desvantajosas não pode ser lícita ou ilícita porque não existe proibição da sua emissão; apenas do seu acatamento[682]. Como tal, a instrução será antes vinculante ou não (no sentido de ser ou não ineficaz) perante a sociedade dominada ou os seus órgãos, uma vez que não existe qualquer dever de obediência à mesma fora do quadro institucional atrás percorrido. O apelo aos deveres de lealdade não permite, assim, suprir a presença de um quadro regulatório claro no Direito Societário português que veda a possibilidade de relevo jurídico, para lá do assinalado, às instruções para a prática de atos no âmbito de grupos societário – de direito ou de facto.

Mas a própria dinâmica do funcionamento da teoria não representa a dinâmica do GMN, pelo que a teoria das vantagens compensatórias também não permite subsidiar um método de combate ao fenómeno BEPS. O maior prejuízo que a inclusão grupal causa à sociedade dominada resultará da sua atuação em condições que não são necessariamente as de mer-

[681] A instrução à prática de atos utilizando o poder de voto deve ser entendida de forma matizada, distinguindo-se a questão associada ao valor jurídico da deliberação dos sócios consoante o tipo societário (cfr. a diferença entre o regime do arts. 259º CSC *in fine*, e do art. 405º, nº 1 CSC, segunda parte), da questão associada à influência que uma sociedade possa ter sobre o administrador por força da possibilidade de eleição ou destituição do mesmo pelo exercício do seu poder no grémio societário. A primeira hipótese projeta-se na operatividade dos arts. 58º, nº 1, al. b) ou, até, 56º, nº 1, al. c) CSC; a segunda, na operatividade do 83º CSC (não sem as dificuldades apontadas por Ribeiro, 2009, pp. 445 e 446).

[682] Cfr. Ribeiro, 2009, p. 445, nt. 123, o que coloca o foco da responsabilidade em atuações contrárias ao interesse da sociedade-filha nos membros do órgão de administração desta. Noutro sentido, vd. Oliveira, 206, p. 256, que afirma que as instruções desvantajosas são lícitas até ao momento em que não sejam compensadas, sendo que a ausência de compensação faz parte da própria *fattispecie* do ilícito. Esta visão, por seu turno, coloca o foco da responsabilidade em atuações contrárias ao interesse da sociedade-filha na sociedade dominante, que não terá possibilitado a compensação dos danos que a sua atuação determina no património da sociedade-filha.

cado, não prosseguem o maior lucro possível na sua esfera, e diminuem o âmbito de constituição da obrigação tributária em detrimento de um credor particular. O seu dano poderia resultar da diminuição do seu património líquido e, indiretamente, dos bens passíveis de distribuição para os sócios. Só que a atuação da sociedade dominada com risco para a sua própria existência não é no interesse do grupo, que tem interesse na sua atividade, razão pela qual poucas vezes aquele se concretizará.

De igual forma, o sócio da sociedade dominante goza do valor económico dessa distribuição de lucros precludida através da vantagem negocial das transações intragrupo[683]. Não é evidente a projeção do gozo dessa vantagem no dano causado à sociedade dominada. Na verdade, é particularmente problemático o enquadramento das consequências da atuação do GMN no património das sociedades dominadas e na diminuição da sua rendibilidade para efeitos de integração do pressuposto de responsabilidade civil "dano". O conceito de dano parte da premissa básica estatuída no art. 562º CCiv.: a obrigação de reparação de dano implica a reconstituição da situação que existiria se não se tivesse verificado o evento que obriga à reparação. Porém, a teoria da diferença que subjaz à quantificação do mesmo na relação sociedade dominante-sociedade dominada parece insuficiente para a sua delimitação. De facto, se não fosse o comportamento da sociedade-mãe do GMN a determinar a fixação de determinado preço de transação, possivelmente a transação nunca se realizaria - nem a preços de mercado, nem a outros.

Nessa medida, é difícil considerar que tenha existido um dano pela fixação de um preço de uma transação que, a não ser configurada dessa maneira, nunca se teria realizado. Com efeito, "nem sempre a obtenção da vantagem de alguém à custa de outrem se exprime no empobrecimento correlativo do património do lesado"[684]. É certo que se poderia argumentar que o dano verificado no património da sociedade-filha é o montante

[683] O que coloca questões quanto à legalidade dessas transações ao abrigo do regime dos arts. 31º CSC e ss. O que se verifica quando o preço de uma transação é fixado em benefício de uma sociedade-mãe é uma situação próxima da distribuição de lucros indevidos aos sócios, porquanto violadora, desde logo, do disposto no art. 31º CSC, o que poderia determinar a aplicabilidade do disposto no art. 34º CSC e a restituição do lucro indiretamente transferido ao património da sociedade-filha. Nesta medida, e fiscalmente, a deslocalização de lucros para sociedade associada pode ser tributada como se de uma distribuição de dividendos se tratasse ou pagamento de atividade empresarial, o que poderia, consoante o caso, permitir a tributação na fonte pelo mecanismo de retenção.

[684] Cfr. Varela, 2012, p. 493 e 494, Gomes, 1998, p. 403.

de lucro que deixou de embolsar, diretamente, na sua esfera, com a transação celebrada a preços que não os de mercado. Contudo, com a necessidade de calcular qual o preço de mercado da transação para efeitos de fixação da diferença entre o montante percebido e o montante devido, acabaríamos por recair no vício do regime de preços de transferência – a dificuldade de fixação de preços de mercado onde não existe uma transação entre partes independentes.

Concedemos que a posição de sócios minoritários e de terceiros é distinta da posição específica do credor Estado. Quanto aos sócios da sociedade dominada, sem prejuízo da atuação sub-rogatória no lugar daquela, o dano que lhes seja causado será reconduzido à diminuição do valor da sua participação social que resulte da eventual desvalorização do seu património por causa da não compensação de instruções desvantajosas. Porém, mesmo que se hipotize a responsabilidade direta da sociedade-mãe perante terceiros neste âmbito, o dano que lhes for causado resultará da impossibilidade fáctica da satisfação do seu crédito[685] – e já afirmamos que os interesses creditícios de terceiros não costumam ser afetados pelo fenómeno BEPS.

Acresce que no caso do credor Estado, a reposição da desvantagem causada pela instrução desfavorável não altera a quantificação da obrigação tributária eventualmente constituída pela operação desvantajosa – mas também não significa, necessariamente, que o evento compensatório seja um evento tributável. Com efeito, a compensação da redução patrimonial prévia pode ter lugar a título de entradas de capital ou prestações suplementares, por exemplo, as quais não concorrem para a formação de lucro tributável[686]. Em suma, concluímos que a teoria das vantagens compensatórias não oferece soluções satisfatórias para o fenómeno BEPS.

4.7. A *ultima ratio* – a desconsideração da personalidade jurídica no GMN?

Conforme expusemos, o Direito Societário não contém soluções adequadas para o fenómeno BEPS e os seus quadros metodológicos não se prestam a uma transposição satisfatória para o ramo do Direito Fiscal. Isto acontece porque o enquadramento da questão em quadros responsabilizantes se depara com dois obstáculos principais.

685 Vd. Oliveira, 2012, p. 610.

686 Cfr. o art. 21º, nº 1, al. a) CIRC.

O primeiro reside na quantificação do dano causado por uma transação que retira valor do património da sociedade-filha. Dir-se-á que o valor do dano é o valor do preço que esta teria auferido se tivesse transacionado o bem com uma parte independente. Porém, recaímos aqui precisamente numa das maiores dificuldades de operacionalização do regime de preços de transferência: a fixação do preço de transferência em plena concorrência. A dificuldade de fixação de preço de transferência afeta o funcionamento do princípio da realização. Mas também dificulta a quantificação de um eventual dano sofrido pela sociedade-filha com a transação a preços inferiores aos praticados em mercado concorrencial.

O segundo resulta do funcionamento da mecânica de IRC, dependente da incidência na entidade empresarial autónoma. Com efeito, o problema fundamental que a atuação transnacional do GMN causa neste particular é a repartição do benefício económico de transação entre as suas entidades daquela prevista pelo regime do Direito das Sociedades Comerciais. A implementação de variáveis de comportamento substitutivo pelo GMN projeta-se na fixação do valor de uma transação ou na subordinação de fluxos, partes e formas negociais ao interesse de um beneficiário económico último do grupo - a sociedade-mãe. Desta forma, os benefícios de exploração de uma massa patrimonial não se refletem nessa mesma, mas sim de forma direta no património dos seus titulares. A consequência fiscal desta entorse é que o Estado tem dificuldades em identificar a manifestação de capacidade contributiva a tributar.

Com efeito, a realização prévia de lucro no património social permite garantir a resolução do conflito entre os vários interesses dissonantes e confluentes na relação contratual societária e atinentes a todos os sócios, trabalhadores e credores sociais[687]. O Direito Fiscal assenta nesta estruturação para identificar factos tributários (nomeadamente, a obtenção de rendimento e a sua tributação). A atuação do GMN, quando se afasta deste paradigma, frustra a função do tipo societário para efeitos de Direito das Sociedades e para efeitos de Direito Fiscal. Portanto, trata-se de uma atuação contrária ao fim económico e jurídico do tipo societário: a obtenção de lucro no património social, e, só após a sua distribuição, no património dos sócios.

Sucede que a possibilidade de abuso de função do tipo societário não é uma novidade para a doutrina civilista. De facto, é extensa a investiga-

[687] Assim, Ribeiro, 2009, p. 554.

ção em torno do abuso da função do benefício da responsabilidade limitada, associado aos tipos societários mais relevantes no tráfego comercial[688]. O benefício da responsabilidade limitada é o véu que protege os sócios de uma iniciativa comercial do seu insucesso. Contudo, é um véu que também pode ser incentivo à prática de atos da sociedade que beneficiem sócios em prejuízo de credores sociais, com enquadramento nem sempre evidente nos regimes de responsabilidade civil associados à dinâmica do grémio societário.

Ora, para parte da doutrina lusa, a desfuncionalização do instituto da responsabilidade limitada poderá permitir a desconsideração da personalidade jurídica do ente desfuncionalizado[689]. O propósito da desconsideração da personalidade jurídica é, nestes casos, o de "destruir ou evitar as consequências que decorrem da afirmação da autonomia jurídica da pessoa coletiva, enquanto titular de personalidade jurídica"[690]. Neste contexto, a desconsideração da personalidade jurídica da sociedade dominada por uma entidade do GMN possibilitaria que o ente hierarquicamente superior fosse responsabilizado pelas suas dívidas – aqui incluídas as de natureza fiscal.

O fenómeno BEPS parece congregar, aliás, traços de dois tipos de casos potencialmente subsumíveis ao instituto da desconsideração da personalidade jurídica como forma de tutela de credores sociais: o controlo da sociedade por um sócio e a mistura de património social com património do sócio[691]. De facto, a ordenação da atividade da sociedade dominada ao

[688] Cfr. sobretudo Ribeiro, 2009, mas também Abreu, 2021, p. 183; Cordeiro, 2000; Antunes, 2002, p. 125, nt. 264; Duarte, 2007; Gonçalves, 2017; Triunfante/Triunfante, 2009; Cordeiro, 1989.

[689] Cfr. Cordeiro, 1989, p. 104.

[690] Assim, Ribeiro, 2009, p. 68. e também Abreu, 1996, p. 205.

[691] O terceiro grupo de casos seria a subcapitalização material societária. Sobre os grupos de casos *Haftungsdurchgriff* tradicionais, cfr. Ribeiro, 2009, pp. 177 e ss. Analisando o regime da sociedade por quotas portuguesa, a autora demonstra como a aplicação do instituto apenas deve ser reservada para o caso de mistura de patrimónios, porquanto os demais tipos de casos encontram encontrar formas de tutela alternativas próprias na lei comercial e civil. Vd. outra perspetiva em Cordeiro, 2000. Outros autores, todavia, embora atendam à função do instituto da personalidade jurídica, preferem destacar a existência de um limite imanente na utilização da personalidade jurídica fora do esquema valorativo do legislador em ordem à pressecução de finalidades e resultados reputados como ilegítimos à luz da ordem jurídica – cfr. Antunes, 2007, pp. 30-33. Para Ana Filipa Antunes, o desrespeito deste limite poderia constituir abuso de personalidade jurídica, o que propõe como fundamento autónomo de responsabilidade por danos causados – cfr. Antunes, 2007, 66-67. A autora rejeita enquadrar o abuso institucional no instituto da fraude à lei, mas também no de abuso de direito regulado pelo art. 344º CCiv. Na verdade, o abuso de personalidade coletiva permitiria a responsabilidade civil de quem adotasse

interesse económico do GMN implica a instrumentalização do seu património para fins extrassociais[692]. Esta instrumentalização não é evidente quando feita através da fixação de preços de transferência desfavoráveis à sociedade-filha ou dominada. Nestes casos, o lucro da transação de bens do ativo desta pode não se realizar no seu património, mas no de uma outra sociedade do grupo.

Porém, esta deslocalização de lucros não é simples de detetar nem de sancionar, como temos visto. A forma de atuação descrita do GMN é habitualmente prolongada e difusa no tempo; nem sempre é identificável um concreto ato de apropriação direta ou indireta de lucro de atividade social que demonstre o uso indevido de património da sociedade-dominada, orientado a interesse alheio. A disposição do bem do ativo de uma sociedade dominada por um preço inferior ao de mercado possibilita a realização de lucro na sociedade dominante pela revenda do mesmo a preço de mercado, por exemplo[693]. A contabilidade social pode não demonstrar claramente o desvio do benefício económico com a transação, o qual pode revelar-se apenas por comparação com outras transações do mercado ou realizadas por entidades do grupo.

iniciativas a coberto da personalidade coletiva de forma objetivamente ilícita, mas que, em rigor, não configure violação de direito de outrem, disposição legal de proteção ou abuso de direito subjetivo. Considera que o abuso de direito apenas o é de direitos subjetivos, e o abuso de personalidade jurídico prescinde da valoração do modo de exercício do direito a constituir uma pessoa coletiva, punindo o exercício da iniciativa para a consecução de objetivos censuráveis à luz da teleologia imanente ao sistema jurídico. Abreu, 2010, afirma que a utilização da sociedade por sócios para infligir danos a credores é um abuso do benefício da responsabilidade limitada, sugerindo, contudo, a desconsideração da personalidade jurídica do ente abusado como forma de tutela em casos de subcapitalização provocada. O autor propõe a mesma solução para casos de abuso do princípio da separação patrimonial entre sócios e sociedade, embora tenha evoluído a sua visão no sentido de considerar que, no caso de relações de domínio societárias, o regime da responsabilidade de administração de facto permite tutela adequada dos credores sociais. Oliveira, 2016, p. 289, considera que esta última solução não reflete a opção valorativa e ontológica do instituto.

692 Mas também sociais: porque se não fosse a integração no património do GMN, ela possivelmente não existiria. Esta questão é fundamental porque, em larga medida, o interessa da sociedade-filha é, desta forma, respeitado.

693 Trata-se de uma situação aparentemente reconduzível à categorização de "mistura de patrimónios" que permite equacionar o recurso ao instituto de desconsideração da personalidade jurídica com o fito de responsabilização do sócio-dominante pela totalidade das dívidas da sociedade dominada.

Em suma, a dificuldade de compreensão da realidade patrimonial da sociedade poderá constituir uma situação de "opacidade contabilística"[694]. A opacidade contabilística dificulta a compreensão dos contornos da autonomia patrimonial entre partes relacionadas. Assim configurada a atuação do GMN, poder-se-á equacionar a presença de uma situação de mistura de patrimónios que justificaria o recurso ao instituto da desconsideração da personalidade jurídica[695].

Os pressupostos de aplicação do instituto já foram escalpelizados pela doutrina e a jurisprudência cada vez mais recorre ao mesmo como solução jurídica a conferir ao caso concreto[696] – não é este o local para aprofundar o tema, nem conseguiríamos aportar novidades ao mesmo. Não pode deixar de se sinalizar, porém, que é discutível que os casos típicos que retratam o fenómeno BEPS sejam subsumíveis à utilização do património societário de sociedade-filha pela sociedade-mãe em benefício próprio, por vários motivos.

Em primeiro lugar, a manutenção da independência de personalidade jurídica e de autonomia patrimonial da sociedade dominada é pressuposto da atuação do GMN. Em rigor, a separação patrimonial é essencial para a verificação de eventos de realização por referência a cada sujeito passivo que integre o GMN. A incidência na entidade empresarial autónoma é uma premissa da construção de variáveis de comportamento substitutivo.

Seguidamente, uma eventual solução desconsiderante não permite ao Estado credor de uma obrigação tributária quantificar e tributar o lucro de uma sociedade do GMN que receba o lucro deslocalizado de uma sociedade residente. A desconsideração da personalidade jurídica da sociedade residente permite responsabilizar eventual sociedade controladora, reunidos os pressupostos, pelas dívidas da sociedade controlada. Porém, e neste caso, a responsabilidade seria sempre pela dívida tributária conforme constituída na esfera da sociedade controlada. No limite, a desconsideração da per-

[694] Cfr. Ribeiro, 2009, p. 264 e ss.

[695] Esta é a única tipologia de casos que, segundo Maria de Fátima Ribeiro, poderá justificar a aplicação do instituto, exigindo para o efeito a demonstração da prática de atos que ponham em causa a separação entre o património da sociedade e o património dos sócios, bem como a impossibilidade de identificação concreta dos mesmos por força da dita opacidade contabilística – cfr. Ribeiro, 2014, pp. 459 e 460 e Ribeiro, 2009, pp. 262 e ss. Quebrada a autonomia entre ambos os patrimónios, quebrada é também a própria separação patrimonial, o que determina "a não aplicação de todo o regime que pressupõe a autonomia patrimonial da massa de bens afetada à exploração da atividade empresarial que constitui o objeto social".

[696] Como nota Gonçalves, 2017, pp. 231 e ss.

sonalidade jurídica permite adicionar outros membros do GMN ao leque de responsáveis pela dívida fiscal da sociedade residente. Mas não permite reconfigurar a quantificação dessa mesma dívida, nem a tributação do lucro deslocalizado para outros membros do GMN, porquanto o credor do imposto incidente sobre esse lucro é outro Estado. A questão não é, pois, uma questão de responsabilidade por dívidas que assim possa ser resolvida, mas sim de quantificação das mesmas[697].

Em terceiro lugar, e como alerta Maria de Fátima Ribeiro, a referência à pessoa coletiva não abarca todas as realidades que justificam mecanismos desconsiderantes[698]. É uma observação particularmente pertinente no âmbito da operação do GMN, cujos sujeitos passivos da obrigação de imposto são sociedades comerciais, mas, também, estabelecimentos estáveis. A desconsideração da personalidade jurídica nunca poderia ser aplicável ao estabelecimento estável na medida em que este não dispõe de personalidade jurídica, pese embora a sua enorme relevância para efeitos fiscais.

Por fim, o recurso ao instituto da desconsideração da personalidade jurídica deve ser verdadeiramente excecional, sob pena de fazer perigar a segurança e estabilidade da noção de pessoa jurídica[699]. Por este motivo, cabe ao intérprete alcançar e esgotar soluções que resultem da lei e permitam resolver adequadamente o problema em questão antes de avançar para uma solução do género.

Estas reservas, se limitam o recurso ao transplante jurídico do instituto para o campo fiscal, permitem evidenciar, novamente, a fonte do fenómeno BEPS: o abuso do princípio da realização e da incidência na entidade empresarial. Quanto ao primeiro, um dos pressupostos para a sua verificação reside na dita opacidade contabilística do GMN. Esta opacidade não tem fonte na errada execução da contabilidade ou na contravenção ao normativo contabilístico. Antes resulta da excessiva abertura metodológica do regime de preços de transferência, que permite resultados muito díspares entre si com relevo tributário para a fixação de preços de transações intra-

697 Sendo certo que "é consensual que o recurso à desconsideração da personalidade jurídica para tutela de credores de uma sociedade apenas pode ter lugar (...) numa situação de insolvência da sociedade devedora" – cfr. Ribeiro, 2017, p. 101. Sob risco de repetição, diga-se que os fenómenos BEPS não implicam insolvência da entidade utilizada em benefício geral do GMN. Antes pelo contrário: se não fosse a integração na estrutura do GMN, a entidade controlada possivelmente não existiria. Esta questão é fundamental porque, em larga medida, o interessa da sociedade-filha é, desta forma, respeitado.

698 Cfr. Ribeiro, 2009, p. 72.

699 Vd., desenvolvidamente, em Ribeiro, 2009, pp. 125-130.

grupo. Portanto, a essência do problema reside na insuficiência do instituto jurídico aplicável, não na existência de uma lacuna. Justifica-se, assim, a evolução do regime aplicável aos casos que nos ocupam.

Quanto ao abuso da incidência na entidade empresarial, importa notar que, através das formas de operação já descritas, o GMN abusa mais do que da personalidade jurídica das suas entidades: abusa da sua personalidade tributária. Como consequência, resulta frustrada toda a teleologia do regime de IRC: a medição da capacidade contributiva do sujeito passivo. Assim, talvez com mais propriedade se possa propor aqui a "desconsideração de subjetividade jurídica"[700] e promover-se, no caso de operações altamente integradas do GMN, a desconsideração da personalidade tributária das suas entidades constituintes. Desta forma, poder-se-iam considerar manifestações de capacidade contributiva de outros sujeitos passivos do GMN que permitam reconhecer uma maior rendibilidade da entidade que o integra e que se pretende tributar – e que justificam uma maior responsabilidade tributária por força das exigências ativas ou difusas que o GMN faz ao Estado onde atua[701]. Caminhar-se-ia, assim, na direção da limitação do abuso de personalidade tributária, permitindo o correto funcionamento da mecânica da incidência na entidade empresarial. Um dos problemas centrais do sistema de IRC num contexto aberto pode ficar, assim, mais próximo de resolução.

*

Subsequentemente, importa atermo-nos na outra fonte identificada de fenómeno BEPS: o abuso do princípio da realização. A manifestação de capacidade contributiva carece de evidenciação através de um evento de realização. A consideração da realidade do GMN para lá do sujeito passivo

[700] Cfr. Abreu, 1996, p. 210, nt. 542. A questão talvez já não fosse uma questão de desconsideração da personalidade jurídica a partir do momento em que o instituto não seja fundamento de responsabilidade civil, segundo parte da doutrina que reserva para o instituto esta função – assim, e explicitamente Cordeiro, 1989, p. 173; e, se bem entendemos, Ribeiro, 2009, pp. 133 e ss.

[701] Frise-se que a desconsideração da personalidade tributária não pode ir ao ponto de permitir o exercício de jurisdição extraterritorial, mas apenas de permitir o recurso ao conhecimento de atividades do GMN fora da jurisdição que pretende tributar como forma de revelar a capacidade contributiva plena da entidade que o integra. A desconsideração não permite, assim, tributar a realidade revelada pelo levantar do véu da personalidade tributária, o que seria, como decorre do texto, ainda assim insuficiente.

num dado Estado permite a melhor medida da rendibilidade do mesmo e, assim, das suas entidades constituintes. Mas a revelação de um evento de realização implica, subsequentemente, a sua correta quantificação. Esta depende, como dito, da evolução do regime de preços de transferência. Esta evolução deve assentar na manutenção de separação patrimonial entre as unidades constituintes do GMN[702]. Mas também deve possibilitar formas de requantificar a obrigação tributária devida por cada uma delas sem ter por referência os preços das transações intragrupo fixados pela contabilidade individual.

Neste contexto, o princípio da realização em IRC é particularmente afetado pela implementação de variáveis de comportamento substitutivo. Os mecanismos de Direito Societário não logram combater satisfatoriamente o tipo de estruturação do GMN que permite a implementação de variáveis de comportamento substitutivo. Esta possibilidade decorre da liberdade reconhecida ao GMN (em rigor, aos seus sócios) de estruturar a sua organização, autêntico direito fundamental que lhe é reconhecido ao abrigo da liberdade de iniciativa empresarial[703]. Por se tratar do exercício de um direito fundamental, as limitações ao direito de organização não devem ser amplas, mas concretamente especificadas, sob pena de violação dos princípios que tutelam a restrição daquele tipo de direitos pelo Estado.

A positivação de normas restritivas de conduta empresarial suficientemente determinadas é essencial para limitar a liberdade genérica de atuação do lesante no exercício da sua liberdade económica e organizativa. Em bom rigor, a proteção de liberdade genérica de agir implica que sejam delimitadas as condutas permitidas e proibidas ao abrigo da mesma. Na ausência de uma disposição normativa que restrinja a liberdade de agir, a licitude da conduta de estruturação empresarial é "indiscutível"[704]. É que o mesmo Estado que tem de garantir o exercício da liberdade económica, por imperativo constitucional, não pode reprimir o mesmo sem um comando claro que delimite aquele – sob pena de contradição sistemática insanável.

[702] Por motivos bem demonstrados por ANTUNES, 2002, p. 126.

[703] Positivado em textos constitucionais a vários níveis jurídicos, como são exemplos o arts. 61º, nº 1 e 81º, al. f) CRP e o art. art. 3º, nº 3, TUE e arts. 119º a 127º TFUE.

[704] Cfr. LEITÃO, 2009, p. 768, defendendo, com apelo a LARENZ, que a liberdade genérica de agir se torna numa proposição jurídica apenas cognoscível quando se tomam em consideração as restrições contidas na lei, "pois a proposição jurídica completa resulta da conexão da ordenação positiva de vigência com as ordenações negativas que a restringem".

O instrumento pelo qual se procuraria combateria a fraude na estruturação grupal seria através da garantia de fixação de preços idênticos aos alcançados em regime de plena concorrência. O objetivo não tem sido cumprido nos casos que temos analisado por causa das limitações do regime de preços de transferência notadas. Mas estas limitações não constituem apenas um problema estritamente tributário. São, em idêntica medida, um problema concorrencial. Este paralelismo e a afinidade do propósito do regime de preços de transferência com o propósito das regras do direito da concorrência levaram a Comissão Europeia (CE) a procurar abordar a correta implementação do mesmo da perspetiva do ramo concorrencial.

Ou seja, a CE procurou sancionar certas interpretações do regime de preços de transferência por Estado-Membro cujo resultado redundava numa vantagem aparentemente selectiva de alguns operadores económicos, em detrimento de outros, ao abrigo do regime dos auxílios de Estado (cfr. art. 107º, nº 1 TFUE). As três decisões proferidas neste contexto[705] foram subsequentemente impugnadas e conducentes às três decisões do TGUE que de seguida se analisam com o objetivo de cumprir o mandato metodológico de esgotamento de soluções jurídicas positivadas através de interpretação[706]. Como veremos, a odisseia da CE parece confirmar que o abuso do funcionamento do princípio da realização passa pela revisão do regime de preços de transferência, exaurido na economia contemporânea.

5. Revisão judicial de abuso de preços transferência: as decisões do TGUE nos casos *FIAT*, *Starbucks* e *Apple*

As decisões *FIAT*, *Starbucks* e *Apple* são proferidas no âmbito de procedimentos espoletados ao abrigo do regime do art. 263º TFUE, destinados a obter anulação de decisões da Comissão Europeia relativa à concessão de auxílios de Estado pelos EM do Grão-Ducado do Luxemburgo (doravante, o Luxemburgo), Irlanda e Reino dos Países Baixos a empresas ou sociedades comerciais aí operantes.

[705] Vd. Decisão (UE) 2017/1283 da Comissão, de 30/8/2016, relativa ao auxílio estatal SA.38373 (2014/C) concedido pela Irlanda à *Apple*; Decisão (UE) 2017/502 da Comissão, de 21/10/2015, relativa ao auxílio estatal SA.38374 concedido pelos Países Baixos à *Starbucks*; Decisão (UE) 2016/2326 da Comissão, de 21/10/2015, relativa ao auxílio estatal SA. concedido pelo Luxemburgo à *FIAT*.

[706] Vd. acórdão TGUE, caso *Apple* (proc. T-778/16 e T-892/16, recurso pendente com nº de proc. no TJUE C-465/20 P); acórdão TGUE, caso *Starbucks* (proc. T-760/15 e T-636/16); acórdão TGUE, caso *FIAT* (proc. nº T-755/15). Sobre estes casos, vd. TAVARES; BOGENSCHNEIDER/PANKIV, 2012, pp. 121 e ss; DALY/MASON, 2020, pp. 1318 e ss; WATTEL, 2020, pp. 119 e ss.

5.1. O caso *FIAT*

No caso *FIAT*, estava em causa a celebração de um acordo em matéria de preços de transferência entre sociedades do grupo Fiat/Chrysler e o Luxemburgo[707]. Em suma, esse acordo previa a aceitação prévia do uso do *transactional net margin method* para calcular a remuneração global devida à entidade financeira do grupo (Fiat Finance and Trade, Ltd, doravante FTT) pela prestação de serviços de financiamento e gestão de tesouraria a outras entidades do grupo e pelos riscos por ela assumidos. A fixação da remuneração global devida permite fixar a base de incidência para efeitos de IRC no Grão-Ducado do Luxemburgo da FTT[708].

Assim, e para a Comissão, o método fixado no acordo de preços de transferência permitia a redução da carga fiscal da FTT, o que implicava a concessão de um auxílio de Estado do Luxemburgo à FTT afetando as trocas comerciais no mercado interno, falseando a concorrência no mesmo. A Comissão considerou que as "administrações fiscais deviam aceitar os preços de transferência entre sociedades integradas apenas quando, em conformidade com o princípio da plena concorrência, as transações fossem remuneradas como se tivessem sido aceites por sociedades autónomas negociando, em circunstâncias comparáveis, em condições de plena concorrência"[709].

Segundo a Comissão, o *transactional net margin method* no acordo de preços de transferência havia sido incorretamente aplicado, o que conduzia a um resultado distinto da aplicação do quadro de referência legislativo em questão. Ou seja, a aplicação do *transactional net margin method* não seria o resultado a que a AT local deveria chegar se aplicasse a legislação luxemburguesa que implementou os cinco métodos de preços de transferência derivados do art. 9º CMOCDE[710]. Este resultado conferia uma vantagem

[707] Vd. Portaria nº 267/2021.

[708] Mais precisamente, o acordo previa uma remuneração de risco assumido pela operação de financiamento fixada tendo por base uma rendibilidade esperada de capital mutuado antes de impostos estimada em 6,05%, através do modelo de equilíbrio de ativos financeiros, acrescida de uma remuneração por funções desempenhadas estimada pela aplicação de uma taxa de juro de mercado aplicada a depósitos de curto prazo fixada em 0,087%.

[709] Cfr. par. 14 do acórdão *FIAT*.

[710] Frise-se, contudo, que a Comissão afirma aplicar o princípio da plena concorrência independentemente da sua consagração no sistema jurídico luxemburguês, embora conceda mais tarde (par. 152) que a tributação com base no princípio da entidade separada tem como corolário a vigência do mesmo independentemente de consagração explícita ou expressa. Mas mais enigmaticamente, a Comissão também afirma que o princípio da plena concorrência que aplica é distinto e autónomo do integrado na CMOCDE, embora seja feita referência constante às Dire-

selectiva ao grupo Fiat/Chrysler, na medida em que reduzia o objeto de incidência de IRC sobre o mesmo no território do Luxemburgo.

A decisão da Comissão foi impugnada judicialmente pelo Luxemburgo. No acórdão que decide a impugnação, o Tribunal começou por notar que apesar da fixação de bases tributáveis e a repartição da carga fiscal entre os diferentes fatores de produção e os diferentes setores económicos ser competência de cada EM, o exercício da mesma está sujeito a limites, em particular os convencionados nos Tratados. De entre estes, destaca-se a proibição de concessão de auxílio de Estado constante do art. 107º TFUE, o que constitui um reconhecimento de que medidas legislativas fiscais podem ter repercussões concorrenciais sujeitas à jurisdição da Justiça europeia[711]. Nestas, insere-se a aplicação do princípio da plena concorrência enquanto "princípio geral de igualdade de tratamento em matéria de tributação"[712] e que avalia "se o lucro tributável de uma sociedade pertencente a um grupo, para efeitos de cálculo do imposto sobre as sociedades, tinha sido calculado aplicando um método que se aproximava das condições de mercado, por forma a que essa sociedade não beneficiasse de um tratamento mais favorável, em aplicação do sistema geral do imposto sobre as sociedades, do que aquele que estava reservado às sociedades não integradas cujos lucros tributáveis eram determinados pelo mercado"[713].

Portanto, o TGUE aceitou rever a forma de aplicação do regime de preços de transferência por um Estado-Membro a fim de aferir a sua conformidade com o princípio da plena concorrência. Trata-se de uma (importante) vitória preliminar da CE. Contudo, quase que poderíamos dizer que o sabor

trizes OCDE na fundamentação de sua decisão – cfr. par. 149 do acórdão *FIAT*. Esta asserção é reforçada nos pars. 139 do acórdão *Starbucks* e nos par. 196 e 197 do acórdão *Apple*, embora a alegação seja mais desenvolvida neste último caso, parecendo pretender aplicar o princípio da plena concorrência à repartição de lucros entre GMN na UE, mesmo que esse método não esteja assumido explicitamente na legislação do Estado-Membro em questão. Neste último caso, o TGUE parece assumir a aplicação do princípio da plena concorrência conforme desenvolvido pelas Diretrizes OCDE no âmbito da aplicação da chamada AOA (para transações no seio da mesma entidade jurídica, *dealings*), o que desemboca na importação de considerações de natureza técnica em constante mutação e sem valor de lei – as Diretrizes da OCDE – como parte do acervo comunitário e a sua convolação em princípio jurídico de direito de UE. Neste sentido, e com o qual se concorda, vd. Daly/Mason, 2020, pp. 1318 – 1322.

[711] Em especial, se se revestirem de natureza discriminatória e que permita a concessão de vantagens selectivas a um operador comercial – cfr. pars. 105 – 106 do acórdão *FIAT*, par. 143 do acórdão *Starbucks* e par. 34 do acórdão *Apple*.

[712] Cfr. par. 131 do acórdão *FIAT*.

[713] Cfr. par. 132 do acórdão *FIAT*. Vd., também, o par. 214 do acórdão *Apple*.

da vitória foi agridoce. Isto, porque o TGUE também determinou que cabe à Comissão justificar a escolha metodológica subjacente à rejeição do preço fixado na transação intragrupo com base na falta de correspondência com os preços que seriam praticados no mercado por entidades independentes[714]. Ou seja, a Comissão tem o ónus da prova da demonstração da aplicação incorreta de regras de preços de transferência.

No caso concreto, o Tribunal viria a considerar que a Comissão efetivamente demonstrou a existência de uma vantagem individual selectiva concedida pelo Luxemburgo e que, portanto, o montante de imposto pago pelo grupo FIAT era inferior ao que deveria pagar em condições normais de mercado[715]. Esta vantagem resultava da forma como foi determinada a base de cálculo para a remuneração dos serviços prestados pela FTT ao grupo. Assim, a remuneração das funções prestadas pela FTT foi calculada tendo por base os indicadores financeiros associados ao desempenho de funções fragmentadas e individualizadas. Contudo, esta remuneração devia ter por referência a totalidade dos ativos financeiros da FTT, na medida em que é a condição financeira da totalidade do grupo que determina os encargos financeiros associados a cada transação. A escolha da base de cálculo segmentada implica uma remuneração de desempenho de funções inferior à que seria devida se a base de cálculo de remuneração tivesse por base a totalidade dos indicadores financeiros do grupo.

O Tribunal Geral aceitou o argumento segundo o qual, ao permitir a segmentação de operações, o acordo de preços de transferência permitia que a remuneração incidente sobre cada uma das funções fosse inferior do que se a remuneração fosse calculada tendo por base a totalidade dos indicadores financeiros da FTT, determinando uma menor base tributável de IRC. Nesta medida, o acordo de preços de transferência constituía auxílio de Estado, o que implica a obrigação do Estado do Luxemburgo recuperar do IRC que não havia recolhido do sujeito passivo. Neste caso, cremos ser manifesto que a segmentação das funções exercidas em benefício do grupo

[714] Cfr. par. 146 do acórdão *FIAT*, par. 154 do acórdão *Starbucks* e par. 216, 319 e 333 do acórdão *Apple*. Neste último, o TGUE densifica o conteúdo do ónus da prova da Comissão: não basta afirmar a errada aplicação de um método de preços de transferência pelo sujeito passivo, é necessário demonstrar que os erros de aplicação causaram uma redução no imposto e que a escolha de método distinto levaria a resultado distinto na fixação de matéria coletável. Vd. Daly/Mason, 2020, p. 1318 – 1322 que consideram que o cumprimento do ónus de prova é dificultado pela textura aberta das Diretrizes que, especificamente, aceitam um grau de latitude nos resultados possíveis das várias aplicações do método de preços de transferência.

[715] Cfr. par. 340 do acórdão *FIAT*.

era excessivamente artificial e não refletia a remuneração devida em condições de mercado por concessão de financiamentos.

O Tribunal de Justiça da UE viria a revogar esta decisão nos acórdãos com os nº C-885/19 P e C-898/19 P a 8 de Novembro de 2022.

5.2. O caso *Starbucks*

A questão do ónus da prova da demonstração da aplicação incorreta de regras de preços de transferência foi suscitada novamente no caso *Starbucks*, que tem um grau mais profundo de complexidade e, como tal, de controvérsia. Neste caso, estava em causa um acordo de preços de transferência que tinha por objeto determinar a remuneração da SMBV (filial do grupo Starbucks com sede nos Países Baixos) pelas suas atividades de torrefação e de distribuição a empresas relacionadas e serviços associados dentro do grupo Starbucks (a seguir, a remuneração da SMBV).

A remuneração da SMBV constituía a base de incidência de IRC nos Países Baixos. Mas, por exclusão, determinava também o montante de *royalties* pagos à Alki (outra filial do grupo, com sede no Reino Unido) para a utilização das tecnologias de torrefação, das misturas de café e das curvas de torrefação do café (a seguir, propriedade intelectual em matéria de torrefação), no âmbito do processo de produção e de fornecimento de café aos gerentes das lojas. Isto porquanto o acordo de preços de transferência determinava também que a SMBV explorava sob licença certos direitos de propriedade intelectual pertencentes à Alki e que esses direitos eram necessários no âmbito do processo de produção e de fornecimento do café aos gerentes das lojas. Os *royalties* constituíam remuneração pela exploração desses mesmos direitos.

Ou seja, o acordo de preços de transferência previa um método para a determinação da remuneração da SMBV em conformidade com a plena concorrência para as suas atividades de produção e de distribuição dentro do grupo Starbucks. Mas o acordo de preços de transferência também aprovava o montante dos *royalties* pagos pela SMBV. Em particular, a remuneração da SMBV era calculada com base na remuneração sobre uma determinada base de custos operacionais das lojas, sendo excluídos destes, todavia, uma série de custos relevantes – em particular, os *royalties* pagos à Alki. No entender da Comissão, os *royalties* pagos deveriam integrar a base de referência para o cálculo da remuneração de funções associadas aos mesmos.

Por seu turno, o valor destes *royalties* consistia no chamado lucro residual da SMBV: o lucro operacional reduzido dos custos conforme descritos e da margem de preço aplicada aos mesmos. Note-se que por força da estruturação do acordo de preços de transferência, a remuneração da SMBV implicava que o lucro da operação do grupo nos Países Baixos lhe fosse alocado. Este lucro era subsequentemente reduzido porque as lojas de venda ao público também pagavam *royalties* a outras entidades do grupo pelo uso da marca, pelo que o pagamento destes e da remuneração devida à SMBV determinava um lucro tributável praticamente nulo nas sociedades exploradoras da atividade de retalho.

Ao deixar de fora uma série de custos necessários à operação como base de cálculo da remuneração devida (desde logo, o montante dos *royalties* devidos pela exploração da propriedade intelectual sob licença) o IRC da SMBV a pagar nos Países Baixos era diminuído assinalavelmente. Se considerarmos que a esta base tributável fixada pelo acordo de preços de transferência ainda haveria que deduzir os custos incorridos, nomeadamente os pagamentos de *royalties* à sociedade Alki, o lucro tributável final da SMBV era, na verdade, reduzidíssimo. A repartição do lucro deste GMN é, afinal de contas, o cerne do litígio, uma vez que se entende que todo o seu lucro residual consumido pela remuneração da propriedade intelectual corporizada no *royalty* de uso de marca e tecnologia proprietária de torrefação do mesmo[716].

A representação gráfica das várias relações aqui abreviadamente descritas consta do par. 24 da decisão, e aqui se reproduz:

[716] A Comissão defendia, ademais, que o valor do *royalty* deveria ser 0 baseado na análise de transações de concorrentes do grupo *Starbucks*, que não fixam pagamento de *royalties* em transações intragrupo, bem como na análise de transações envolvendo torrefação por encomenda com partes terceiras e que também não fixam o pagamento *royalties* como contrapartida associada ao desempenho do serviço contratado. Se o valor do *royalty* pago fosse 0, a base tributável da SMBV aumentaria na correspetiva medida do pagamento que não teria realizado, aumentando a matéria coletável daquela nos Países Baixos.

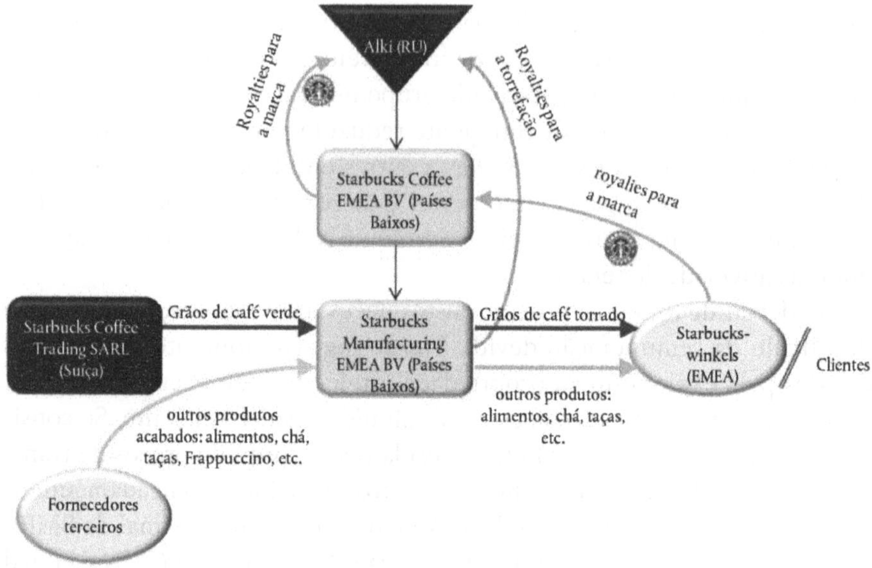

A CE considerou que o *transactional net margin method* foi incorretamente aplicado por força de errónea seleção do indicador de nível de lucro. Ao não incluir na base de custos sobre os quais incidia a remuneração da SMBV determinadas despesas necessárias para a sua operação, o acordo de preços de transferência diminuía a base tributável da SMBV, e aumentava a margem de lucro operacional das lojas. Esta última era depois reduzida por força dos pagamentos de *royalties* por utilização da marca. O acordo de preços de transferência, pela implementação do *transactional net margin method* de determinada forma, permitia, assim, à SMBV a obtenção de vantagens fiscais selectivas, em particular concretizadas na redução da base tributável de IRC. Acresce ainda que, no entender da Comissão, o método utilizado para cálculo dos *royalties* pagos pela SMBV à Alki deveria ter sido o *comparable uncontrolled price*[717].

O TGUE rejeitou a pretensão da Comissão, afirmando que o acordo de preços de transferência não fixa o montante dos *royalties*, mas sim a remuneração da SMBV por atividades de produção e distribuição com outras entidades do grupo. Os *royalties* foram calculados como sendo, em substância, a diferença entre os lucros de exploração realizados no âmbito da função de produção e distribuição e a margem operacional. Pelo que a sua

[717] Cfr. pars. 27 – 29 do acórdão *Starbucks*.

forma de cálculo não foi abrangida pelo acordo de preços de transferência, resultando do residual da operação sobre a qual incide, aí sim, o próprio acordo de preços de transferência[718]. Assim, ao testar a comparabilidade da transação tendo por base apenas uma entidade[719], o residual da atividade integrada não é tributado nem abrangido pelo acordo de preços de transferência. Isto, note-se, mesmo apesar do TGUE reconhecer não existir racionalidade económica na fórmula de cálculo de *royalties*, o que implicava que, na prática, tudo o que fosse lucro para la da remuneração das despesas da SMBV poderia ser caracterizado como *royalty*[720].

Neste inciso, foi particularmente notória a dificuldade da CE encontrar transações comparáveis que pudessem suportar a sua tese. O Tribunal afastou os contratos utilizados para efeitos de comparabilidade de preços da Comissão, considerando que não eram referenciais legítimos. O TGUE considerou que as empresas referenciais de 3 contratos apresentados como comparáveis não desempenhavam as mesmas funções das entidades em análise e que cabia à Comissão justificar eventual adaptação na sua apreciação para utilização daqueles contratos como referenciais comparativos[721]. O TGUE considerou, ainda, que a Comissão não demonstrou que o indicador de nível de lucro da transação em questão tivesse sido mal escolhido, e, como tal, errado[722]. O Tribunal rejeitou, por fim, que o valor da margem de lucro declarado pelo contribuinte possa ser tido como implausível sem comparação com uma empresa independente[723]. Em suma, para o TGUE a

[718] Cfr. pars. 206 – 209 do acórdão *Starbucks*.

[719] Cfr. par. 438 do acórdão *Starbucks*.

[720] Cfr. pars. 366 e 367 do acórdão *Starbucks*.

[721] Cfr. par. 293 do acórdão *Starbucks*. Para um resumo das razões pelas quais o TGUE desconsiderou a valia como padrão de comparação dos contratos apresentados pela Comissão, vd. par. 345 do mesmo acórdão. As dificuldades de afirmação de comparáveis por parte da AT são visíveis em várias decisões arbitrais do CAAD: proc. nº 55/2012-T; proc. nº 300/2013-T; proc. nº 181/2014-T; proc. nº 660/2014-T; proc. nº 844/2014-T; proc. nº 109/2015-T. Veja-se, também, para a impossibilidade de seleção de comparáveis considerada a existência de um contrato de licença de uso de propriedade intelectual entre as partes, o já citado caso *GlaxoSmithKline Inc.*.

[722] Cfr. par. 476 do acórdão *Starbucks*.

[723] Cfr. par. 398 do acórdão *Starbucks*. Na verdade, o raciocínio do TGUE é extremamente deferente ao princípio da incidência sobre a entidade empresarial do IRC, *rectius*, ao formalismo jurídico do sistema. Com efeito, o TGUE afirma que o pagamento de *royalties* associados à torrefação do café é justificado porque "se a SMBV fosse uma empresa autónoma, não seria capaz de produzir o seu café de acordo com as especificações do grupo Starbucks sem ter obtido o direito de utilizar a propriedade intelectual em matéria de torrefação. Portanto, a SMBV não poderia produzir o seu café torrado sem pagar royalties" – cfr. par. 294 do acórdão *Starbucks*. Ora, o *royalty* visa remunerar o uso de propriedade intelectual – porque é que uma empresa de

Comissão não logrou demonstrar que o uso de um método que não o *transactional net margin method* (no caso, o *comparable uncontrolled price*), conduziria a um resultado distinto do método aplicado pelo Estado-Membro e contribuinte no acordo de preços de transferência e mais conforme com o princípio da plena concorrência.

Destacaríamos que o TGUE se deteve na questão metodológica do caso. Neste particular, o Tribunal considerou que não basta à Comissão invocar a inobservância de prescrições metodológicas na aplicação do *transactional net margin method* pelo Estado-Membro na relação com o contribuinte materializada no acordo de preços de transferência. A Comissão tem o ónus de demonstrar que a aplicação do método escolhido conduz a um resultado demasiadamente baixo quando em comparação com a utilização de outro método de preços de transferência. Por si só a violação metodológica "não permite presumir que o método escolhido pelo contribuinte não oferece uma aproximação fiável de resultados baseados no mercado em conformidade com o princípio da plena concorrência"[724]. Isto porque não impende sobre o contribuinte uma obrigação de avaliação de todos os métodos e de justificação posterior das razões pelas quais o método escolhido dá o melhor resultado à luz das circunstâncias em presença[725].

O caso *Starbucks* demonstra a dificuldade de satisfação do ónus probatório a cargo de quem impugna a seleção de um método de preços de transferência como adequado a representar o princípio da plena concorrência.

um grupo tem de remunerar o grupo pela utilização do *royalty* quando o propósito da integração é precisamente a utilização de propriedade intelectual dispersa pelo grupo? Aliás, o Tribunal afirma de seguida que um subcontratado não pagará *royalties* porque o processo de torrefação é uma mera especificação técnica que não envolve pagamento de *royalties* – cfr. par. 295 do acórdão *Starbucks*. O que justificaria aqui o pagamento de um royalty seria a venda do café a entidades que o revenderiam ao consumidor. Ora, estas quantias não são cobradas, com esta natureza, a entidades terceiras subcontratadas, mas são cobradas na venda da SMBV a sociedades afiliadas do grupo, parecendo-nos bizarro que se afirme que estas transações emulam transações realizadas em plena concorrência.

[724] Cfr. par. 213 do acórdão *Starbucks*.

[725] Cfr. par. 214 do acórdão *Starbucks*. O TGUE parece abrir a porta à distinção entre consequências da errada aplicação do método de preços de transferência no plano do Direito Fiscal e no plano concorrencial. Com efeito, o TGUE afirma que a falta de conformidade com o princípio da plena concorrência não determina, necessariamente, a violação de regras atinentes ao regime dos auxílios de Estado – cfr. pars. 199, 207 e 213 do acórdão *Starbucks*. Contudo, quando se possa dizer que um método é conforme à plena concorrência, essa conclusão servirá em ambos os campos de análise. E, neste particular, o padrão de exigibilidade fixado pelo TGUE para afirmar a conformidade da escolha do método de preços de transferência com o princípio da plena concorrência é baixo.

Não só a diversidade de implementação de métodos retira do contribuinte o encargo de demonstrar porque escolheu um método em detrimento dos demais, como obriga a Comissão a fazer a demonstração da necessária escolha de um particular método. Esta dificuldade de cumprimento de ónus probatório e alegatório é intensificada por dificuldades intra-metodológicas, como a seleção das transações comparáveis às quais deve ser aplicado o método[726] ou como a seleção da entidade e funções testadas para efeitos de aferição de remuneração adequada - questões aprofundadas no caso *Apple*.

5.3. O caso *Apple*

O caso *Apple* encerra, por ora, a trilogia de demanda de resolução de questões fiscais por apelo a princípios concorrenciais. No caso, a Comissão pretendeu invalidar o acordo de preços de transferência celebrado pelas sociedades Apple Operations Europe (AOE) Apple Sales International (ASI) com o Estado irlandês. A AOE e ASI integram o grupo Apple. No interior do grupo Apple, a Apple Operations International é uma filial detida a 100 % da Apple Inc. A Apple Operations International detém a 100 % a filial AOE, que, por sua vez, detém a 100 % a filial ASI. A ASI e a AOE estão ambas constituídas como sociedades de direito irlandês, mas não são residentes fiscais irlandesas, outrossim dos EUA por força do funcionamento do seu conselho de administração nesse território[727]. A estrutura do grupo, no que é pertinente para a apreciação do caso, é ilustrada graficamente da seguinte forma[728]:

[726] Um problema metodológico que é semelhante debatido pela doutrina e jurisprudência estadunidense a propósito da definição de *unitary business* para efeitos de aplicação do regime de repartição do IRC estadual.

[727] O que permite o preenchimento de critério de residência empresarial para efeitos de Direito Fiscal nos EUA e não na República da Irlanda.

[728] Cfr. par. 47 da Decisão (UE) 2017/1283 da Comissão.

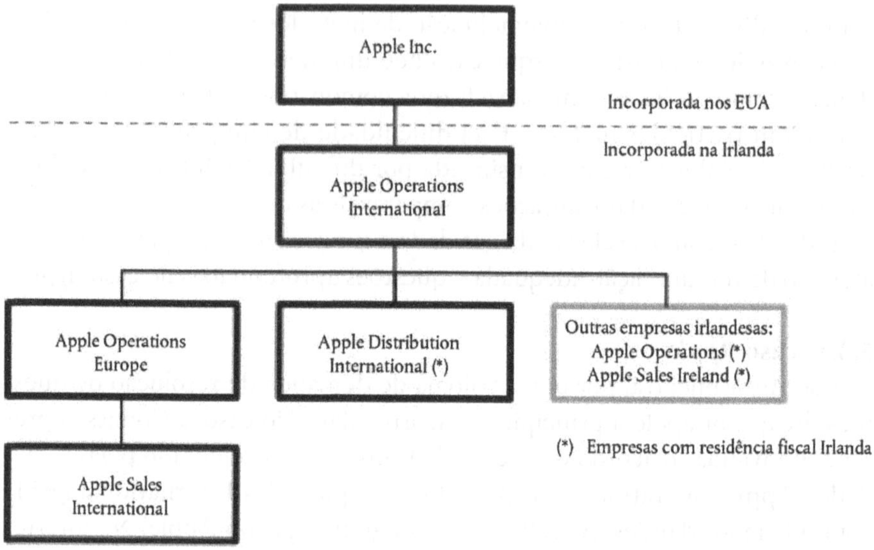

ASI, AOE e Apple Inc. são partes num acordo de partilha de custos de atividades de I&D das tecnologias incorporadas nos produtos do grupo. Assim, "nos termos desse acordo, por um lado, as partes aceitaram partilhar os custos e os riscos ligados à I&D relativos aos bens incorpóreos na sequência das atividades de desenvolvimento relativas aos produtos e serviços do grupo Apple. Por outro lado, as partes acordaram em que a Apple Inc. continuava a ser o proprietário legal oficial dos bens incorpóreos com custos partilhados, incluindo direitos de propriedade intelectual (a seguir «PI») do grupo Apple. Além disso, a Apple Inc. concedeu uma licença livre de taxa à ASI e à AOE, que lhes permitia, nomeadamente, fabricar e vender os produtos em causa no território que lhes tinha sido atribuído, a saber, o mundo, com exclusão do continente americano. Por outro lado, as partes no acordo estavam obrigadas a assumir os riscos resultantes desse acordo, sendo o principal risco constituído pela obrigação de pagar os custos de desenvolvimento dos direitos de PI do grupo Apple"[729].

A Comissão considerou que os rendimentos de propriedade intelectual das exploração das licenças de uso de marca pela ASI e AOE deveriam ter sido tributados pelo Estado holandês, com base no seguinte argumento: uma vez que a sede das sucursais ASI e AOE não tinha presença física nem trabalhadores capazes de assegurar as funções ligadas aos ativos (proprie-

[729] Cfr. par. 6 do acórdão *Apple*.

dade intelectual) e gestão de risco de utilização dos mesmos, os Países Baixos não podiam ter aceite o direito a tributar o rendimento dos royalties pelo Estado de residência (no caso, os EUA), resultante de atribuição do rendimento residual ao local de sede das sociedades. Assim, a base de incidência da ASI e AOE em território irlandês[730] foi diminuída na mesma medida da atribuição do rendimento dos royalties para a sede das mesmas[731].

O TGUE recusou por completo a repartição de lucros entre a mesma entidade *por exclusão de partes* conduzida pela Comissão[732]. Numa forte censura à metodologia da Comissão, o TGUE considera que lhe competia desenvolver a alegação em termos metodológicos e factuais. Ou seja, cabia à Comissão não só demonstrar as inconsistências metodológicas do contribuinte, mas da mesma forma caracterizar positivamente que funções desempenhavam as sucursais e que riscos assumiam, de forma a calcular que lucros lhe deveriam ser atribuídos, demonstrando as atividades de gestão diária da administração do estabelecimento estável que geriam, de facto, as funções e riscos associados à propriedade intelectual do GMN[733].

[730] Como bem nota o TGUE a par. 204 do acórdão *Apple*, o caso subjudice é ligeiramente distinto dos anteriores dois casos analisados nesta secção, porquanto diz respeito a transações no seio da mesma entidade jurídica. A questão reveste-se de maior complexidade porquanto a AOA não é uniformemente seguida por todos os Estados, mesmo os que adaptam o modelo da OCDE na redação dos seus ADT.

[731] Cfr. pars. 31 a 41 do acórdão *Apple*, recuperado a par. 296.

[732] Cfr. par. 181 do acórdão *Apple*, onde se afirma que o conselho de administração da sucursal, através das suas decisões, controlava o uso da propriedade da sociedade comercial apesar de não ter presença física nem trabalhadores nos EUA. Como tal, não se podia dizer que os atos de comércio com base na propriedade intangível eram controlados pelo estabelecimento estável, e, nessa medida, atribuíveis ao mesmo e tributáveis pelo Estado irlandês. Para proferir a decisão neste inciso, o TGUE baseia-se no conceito de estabelecimento estável (no sentido em que os lucros de uma entidade não residente apenas podem ser atribuídos ao estabelecimento estável se este os tiver obtido diretamente) e em jurisprudência irlandesa. A este propósito, Daly/Mason, 2020, criticam a leitura da jurisprudência irlandesa por parte do TGUE, afirmando que a mesma não se constitui sequer um precedente relevante em termos de direito interno.

[733] Cfr. pars. 265 e 266 do acórdão *Apple*. É uma asserção que concedemos correta, mas que, considerada as assimetrias de informação entre AT e GMN, será sempre muito difícil de demonstrar por parte do Estado que pretende tributar. Sobretudo porque, como demonstrado, o regime de preços de transferência não está construído para possibilitar a recaracterização jurídica de uma transação, mas apenas os preços praticados no seio da mesma. O ónus probatório é, assim e para usar uma expressão clássica, verdadeiramente diabólico. Há que reconhecer, todavia, que a Comissão conferiu excessivo relevo à sua teoria de "repartição por exclusão", em particular no que diz respeito à gestão da exposição ao risco comercial – cfr. par. 271 do acórdão *Apple*. Com efeito e por exemplo, o controlo de qualidade da marca não era levado a cabo apenas

Ora, a ASI e a AOE alegadamente desempenhavam funções de suporte e pós-venda, as quais justificam assunção de pouco risco (logo, baixa alocação de lucro)[734]. Esta configuração de funções tem uma projeção na aplicação do método de preços de transferência, que determina que a parte testada para efeitos de verificação da regularidade da transação será aquela para qual existe mais volume de informação comparável disponível. Por definição, as funções rotineiras e não diferenciadoras de um GMN terão comparáveis: as funções diferenciadoras, não[735]. Assim, as partes cuja remuneração foi avaliada foram as partes que desempenharam as funções rotineiras.

A questão da escolha das partes testadas, que é determinada pela alocação de funções do GMN de facto, torna-se central no litígio, exigindo o TGUE que a Comissão demonstre que as funções desempenhadas pelas sucursais eram particularmente complexas, únicas, difíceis de identificar, pelo que não existiam comparáveis para as mesmas, o que só então permitiria a aplicação de um método não transacional[736]. Como não o logrou fazer, a configuração das funções conforme delineada pelo sujeito passivo tem de ser respeitada – determinando a alocação dos rendimentos (e lucros) na mesma medida.

Ora, se o GMN consegue fragmentar juridicamente as suas operações, mas integrá-las de facto pela sua cadeia de produção, nunca será possível isolar o desempenho de funções para efeitos de comparação de remuneração devida pela sua execução[737]. Note-se que as funções que são alta-

na República da Irlanda, onde apenas era empregado um trabalhador com competência para estas funções.

[734] Cfr. pars. 273. – 294 do acórdão *Apple*.

[735] E, aqui chegados, desembocamos novamente na dificuldade de repartição de lucro originado por transações que não são comparáveis a outras transações (a repartição do lucro residual ou não rotineiro).

[736] Cfr. par. 348 do acórdão *Apple*.

[737] Neste particular, verifica-se uma evolução relativamente ao par. 244 do acórdão *FIAT*, em que é afirmado que "[n]estas circunstâncias, os capitais da FFT, que possam estar ou não relacionados com as participações que esta detém, estão, de qualquer forma, expostos aos riscos e devem ser tidos em consideração no âmbito do cálculo da remuneração da FFT." Com efeito, neste inciso o TGUE parecia fazer refletir sobre todo o GMN o risco de exploração do rendimento de um ativo intangível (o capital) utilizado por todo o grupo, pois o facto do capital ser utilizado por todo o grupo "deve ser tido em consideração no âmbito da remuneração". Ora, no par. 339 do acórdão *Apple*, o TGUE afirma que a alocação pelo contribuinte da PI a uma das partes da transação é indicadora que a mesma desempenha funções complexas associadas à sua gestão e ao seu risco. Mas o ativo intangível associado à propriedade intelectual do grupo é utilizado por todo o grupo, tal como o é o capital que o financia. Quebra-se, nesta asserção, o paralelo metodológico com as conclusões do acórdão *FIAT*, ainda que se conceda que os tipos de ati-

mente lucrativas prendem-se com o elemento diferenciador do produto (a tecnologia e a propriedade intelectual) e não com o desempenho de funções rotineiras (administrativas, por exemplo). Mas a remuneração a comparar, aplicado o método como o fez o TGUE, é a devida pelo desempenho de funções rotineiras. A entorse no argumento é progressivamente mais acentuada quanto mais avançamos na sua extrapolação. Se assim é, a base correta para medir a margem de lucro tributável nunca poderá ser a venda registada no estabelecimento estável porque esta não lhe seria atribuída na medida em que o acordo de preços de transferência considerava que a base de cálculo para fixar o lucro tributável na Irlanda era o conjunto de custos operativos de funções de rotina. Deste modo, a base de cálculo não inclui a *parte de leão* operacional – os proveitos das vendas a terceiros.

O TGUE concluiu que a mera não-observância de requisitos metodológicos pelo sujeito passivo, em particular os resultantes das Diretrizes, não constitui base suficiente para concluir que o lucro calculado não é semelhante ao lucro realizado em transações com partes independentes, muito menos para demonstrar que o lucro obtido é inferior ao que seria obtido se o método de preços de transferência em questão tivesse sido aplicado de outra forma, dita correta[738]. É manifesto, portanto, que a abertura de escolha de métodos que o regime de preços de transferência permite, acompanhada da abertura do método a resultados aproximados, torna o processo de distribuição de matéria coletável excessivamente aberto e dependente da caracterização do sujeito passivo para poder ser coercivamente fiscalizado (no caso, pela Comissão). Assim, seja no método, seja no resultado final, apenas em casos óbvios se torna aceitável defender uma alocação de lucro intragrupo distinta da declarada pelo GMN. Em adição, as dificuldades probatórias para a entidade que fiscaliza a aplicação do método são assinaláveis.

vos cuja utilização é analisada nos dois casos são distintos, mesmo que subsumíveis à categoria de intangíveis. Contudo, o *busílis* da questão é precisamente a alocação de funções pelo GMN não substanciadas por operações económicas efetivas. A asserção do TGUE resulta numa profecia auto-realizada: se o GMN aloca o rendimento derivado da propriedade intelectual a uma entidade sua constituinte, então essa alocação é indício de que a entidade controla a PI, cabendo à Comissão demonstrar não só que tal não é possível, como qual a entidade que controla efetivamente a propriedade intelectual que permite a obtenção do rendimento. A este propósito, vd. Daly/Mason, 2020, p. 1318.

[738] Cfr. par. 319 do acórdão *Apple*.

5.4. Revisão judicial de regime de preços de transferência e ónus de prova

A aplicação das análises de auxílio de Estado às regras fiscais tem por base a celebração de acordo de preços de transferência entre Estados-Membros e contribuintes. A Comissão procurou resolver uma deficiência estrutural no sistema fiscal utilizando a proteção da concorrência no mercado único e as competências que tem neste particular e que dependem de uma atuação de um Estado-Membro. Provavelmente, neste particular, e independentemente do desfecho dos casos que aguardam recurso à data da redação da presente Tese, não voltará a ter outra hipótese de o fazer. Imagine-se que os contribuintes não celebram mais acordos de preços de transferência com Estados-Membros e estes tolerem as práticas agressivas de preços de transferência implementadas pelo GMN. Nesse caso, não há atuação de Estado-Membro que possa ser censurada no âmbito concorrencial – mas é alcançado um resultado prático idêntico ao da celebração de um acordo de preços de transferência vantajoso para o GMN.

Entretanto, o excurso pela recente jurisprudência do TGUE serviu para colocar em evidência as dificuldades factuais, probatórias e metodológicas de correção de transações celebradas utilizando métodos de preços de transferência. Cabe, portanto, refletir sobre a distribuição do ónus de prova no caso de revisão de métodos de de preços de transferência declarados pelo sujeito passivo. É certo que um princípio geral de direito determina que aquele que pretende prevalecer-se de um direito tem de provar os factos subjacentes ao mesmo. Contudo, não é menos certo que quando essa prova é particularmente onerosa para quem se pretende prevalecer do dito direito, é possível proceder-se a inversões de ónus de prova (o que acontece, por exemplo, no regime previsto pelo art. 344º CCiv.) Cremos que estamos diante de um destes últimos casos.

A questão metodológica a colocar deve ser esta: o risco da estruturação complexa das operações do GMN deverá correr por sua conta ou a liberdade de iniciativa económica deverá acarretar o risco de demonstração e fundamentação das suas opções estruturais para efeitos fiscais? Tendemos a considerar que deve ser o GMN a demonstrar, sempre que para tal notificada uma entidade sua, que os pressupostos do regime de preços de transferência foram cumpridos. Cumulativamente, estes pressupostos devem estar assentes em indícios de presença física substancial num dado território onde opera a entidade a que se pretende repartir matéria coletável de operações integradas. Se a estruturação complexa de operações gera uma maior tributação da fonte, por força da aplicação deste princípio de regime, pois então caberá às jurisdições de residência mitigarem a mesma por concessão de créditos fiscais, no que resultariam penalizadas as jurisdições que possibilitam a utilização do seu sistema jurídico como jurisdição-base e beneficiadas as jurisdições de local de operação material do GMN.

Ou seja, e concluindo, são as próprias regras do regime de preços de transferência que configuram excessiva indeterminabilidade para que, considerando as regras de ónus probatório do método de preços de transferência, possam configurar limite a práticas fiscais agressivas de GMN. Estas possibilitam a implementação de variáveis de comportamento de substituição que delapidam as bases tributárias dos Estados-Membros e os impedem de exercer as necessárias competências tributárias para implementação do plano constitucional fiscal.

6. Conclusão intermédia: a insuficiência metodológica do regime de preços de transferência e a injustiça fiscal internacional

A divisão formalista do GMN em entidades autónomas, residentes ou estrangeiras, conduz ao relevo dos critérios de fonte e residência como aparentes determinantes da repartição de competências tributárias entre Estados. Assim, o regime de preços de transferência acaba por desempenhar o papel factual de mecanismo de repartição de lucro entre o GMN atuando em contexto aberto. Contudo, como demonstrado até à presente secção, o regime de preços de transferência permite a caracterização de transações de forma a não corresponderem proporcionalmente à atividade efetivamente conduzida pelo GMN ou ao lucro que o emprego dos fatores de produção do GMN integrados geram numa jurisdição. Desta forma, é reduzida a responsabilidade tributária do GMN numa dada jurisdição.

O objetivo do regime de preços de transferência é evitar o abuso da integração económica do GMN. Esse objetivo não é cumprido por razões metodológicas e constitucionais: o método de preços de transferência e o ónus de recaracterização de transações ou preços praticados no seu âmbito não permitem implementar processualmente o limite imanente ao direito de livre organização empresarial. De igual forma, a tutela do abuso de integração do GMN também não pode ser feita pela aplicação de institutos de outros ramos conexos, porquanto os mesmos visam tutelar problemas distintos e, nessa medida, são inadequados ao problema que nos ocupa.

Logo, o regime de preços de transferência não é adequado a presidir à repartição de lucro de GMN altamente integrados por dois motivos. Primeiro: não funciona estruturalmente – o ónus da prova da sua errónea aplicação incide sobre a AT[739] e não tutela estruturação abusiva transnacional de GMN. Segundo: não funciona conceptualmente – não restringe de forma específica e suficiente a liberdade de organização e iniciativa económica do GMN, não reconduz os resultados tributários do GMN à intensidade da sua conexão com um território, não pode ser melhorado pela implementação de soluções de outros ramos de direito para tutela das situações de abuso de integração empresarial. Desta forma, o regime de preços de transferência não é apto a limitar comportamentos de substituição e, nessa medida, conduz a um resultado de repartição de bases tributárias injusto.

Este resultado do mecanismo afeta a Justiça fiscal internacional, na medida em que determina uma repartição de bases tributárias não conforme ao cânone que supra desenhámos. E, consequentemente, projeta-se sobre a possibilidade de vigência de Justiça fiscal no seio dos Estados envolvidos. Com efeito, limita a implementação de políticas estaduais (seja pela diminuição de recursos disponíveis seja pela diminuição de capacidade de implementação de opções legislativas), e prejudica a afirmação do critério da capacidade contributiva enquanto critério de controlo material do princípio da igualdade na divisão dos encargos fiscais sobre os membros da comunidade.

Um sistema de tributação de GMN assente em entidades independentes é um sistema "de costas voltadas" para a realidade económica da sua operação e com graves prejuízos para a eficiência da operação do grupo, que vê assim erigidas barreiras à livre circulação de ativos, lucros e pessoal[740]. E é, em suma, um sistema que maximiza os problemas estruturais de IRC conforme apontados por MIGUEL CORREIA: i) as deficiências do sistema de IRC quando partes relacionadas estão envolvidas; ii) as assimetrias que con-

[739] No mesmo sentido, oferecendo leitura atualista do art. 104º, nº 2 CRP, vd. FERNANDES, 2020, p. 191: "[p]resume-se que o sujeito passivo efetuou a autoliquidação de acordo com critérios idóneos face aos valores reais e representativos da imagem fiel da empresa, exigindo-se à Administração que fundamente a sua intervenção em omissões, erros de imputação e mensuração ou ainda na aplicação de uma norma valorativa especial". Também MARTINS, 2010, pp. 209 e ss., com ampla resenha jurisprudencial. Veja-se, no mesmo sentido, o acórdão do Conseil d'État francês, proc. nº 313440, datado de 13 de Julho de 2010.

[740] A incidência na entidade empresarial, cumulada com o princípio da realização, determinam a ocorrência de eventos tributáveis na circulação de ativos intragrupo (seja pela perceção de preços, ou o pagamento de *exit taxes*, por exemplo), dificultando o reporte de prejuízos entre as várias entidades do grupo.

duzem a descontinuidades transacionais[741]; iii) encorajamento de atividades de planeamento fiscal; iv) distorções no comportamento dos agentes económicos, prejudicando a sua eficiência; v) complexidade e formalismo das regras fiscais[742].

Feita a crítica e, assim concluindo intermediamente, resta-nos proceder à demonstração de uma alternativa teórica e prática ao funcionamento do regime de preços de transferência conforme descrito, o que fazemos na seguinte secção.

[741] Entendendo-se que ocorre uma descontinuidade sempre que mudanças menores na forma transacional têm impactos substanciais na responsabilidade tributária oriunda da transação.
[742] Cfr. Correia, 2015, p. 277.

Parte III

Capítulo I
Fórmulas de repartição como remédio para o fenómeno BEPS

1. A fórmula de repartição como alternativa aos preços de transferência

Desde os primeiros debates sobre a tributação de lucro obtido por grupos empresariais que outro candidato a método distributivo do rendimento tributável se perfilou: o recurso a métodos de repartição formulaica (*formulary apportionment*, doravante também referido por método FA)[743]. Pelo método de repartição formulaica o rendimento obtido por um conjunto de empresas sujeitas a direção económica unitária é agregado e o rendimento líquido tributável conjunto é calculado. Este é depois redistribuído, para efeitos tributários, por cada entidade que compõe o grupo com base numa fórmula.

A fórmula relaciona o peso relativo dos fatores produtivos selecionados de cada uma com o total dos fatores produtivos do grupo, por referência aos locais onde os fatores da fórmula estejam presentes. Estes podem ser, por exemplo, os locais onde se situa a propriedade do GMN, do exercício da sua atividade, ou de realização de vendas. A matéria tributável de cada uma das entidades integrantes do grupo consiste no rendimento que lhe é atribuído após este cálculo e não no rendimento que resulta de uma transação com preços fixados utilizando os critérios do regime de preços de transferência.

Num sistema de repartição de lucro com base no método FA, é necessário distinguir entre rendimento alocado e rendimento repartido. O ren-

[743] Sobre a tributação do rendimento das pessoas coletivas com recurso a fórmulas de repartição de lucro, entre outros, vd. Avi-Yonah/Benshalom, 2011, pp. 371-398; Mayer, 2009; Weiner, 2006; Krever; Vaillancourt (eds.), 2020; Hellerstein/Hellerstein, 2018, sec. §8 e ss; Lang *et. al.*, 2008; Altshuler/Grubert, 2010; Durst, 2015; Mooij/Liu/Prihardini, 2019; Morais, 2005, pp. 547 e ss; Ribeiro, 2018a, pp. 454 e ss, Devereux *et al.*, 2021, pp. 139 e ss.

dimento alocado é total e exclusivamente integrado na matéria coletável de uma entidade do grupo. É o caso dos rendimentos associados a imóveis, cuja localização é simples de identificar. O rendimento repartido, por seu turno, é aquele que é integrado na matéria coletável de cada entidade conforme o resultado da aplicação do método FA. O rendimento tributável por um Estado em resultado da aplicação de uma fórmula de três fatores[744] é, então, calculado do seguinte modo, a título de exemplo[745]:

(1) Ativo de entidade do GMN / ativo do GMN: 200/1000 = 20%.
(2) Massa salarial de entidade do GMN / massa salarial do GMN: 200/800 = 25%.
(3) Receitas da entidade do GMN / receitas do GMN: 9.000 / 60.000 = 15%.
(4) Fração de repartição de rendimento para o entidade do GMN = ((1) + (2) + (3)) / 3 = 20%
(5) Rendimento repartível = 8.000
(6) Rendimento repartido à entidade com pertença económica no Estado = 8.000 x (4) = 8.000 x 20% = 1.600.

A este rendimento acrescerá o rendimento que for obtido de forma identificável por uma entidade individual e que lhe é alocado na totalidade. Ao resultado desta soma é aplicada a taxa de imposto local, o que permitirá obter a coleta de imposto estadual.

Assim, e em tese abstracta, o método FA dispensa regras de fixação de preço de transações intragrupo porque não visa fixar a matéria coletável de cada entidade que o compõe, mas sim de um conjunto de transações integradas. Esta abordagem supera a natureza tendencialmente unilateral e transacional do regime de preços de transferência. Permite, de igual modo, selecionar como objeto de tributação as operações de um conjunto de atividades com terceiros, o que possibilita identificar eventos de realização e quantificar os mesmos de acordo com preços fixados em mercado. Ao fazê-

[744] Pese embora a tendência, como veremos, da adoção progressiva de fórmulas baseadas apenas na receita de vendas por vários estados dos EUA no seu sistema de IRC estadual, a utilização de uma fórmula composta por três fatores é a proposta clássica de repartição de lucros de GMN, adotada de forma generalizada na segunda metade do séc. XXI nos EUA e descrita como a "fórmula de Massachussets", que pondera o local do ativo, da utilização da massa salarial e das vendas do grupo.

[745] Retirada de Hellerstein/Hellerstein, 2018, sec. § 8.02.

-lo, a medida da capacidade contributiva de um grupo de entidades torna-se representativa da sua operação integrada.

Por outras palavras, um sistema com base no método FA adota uma perspetiva global do grupo para perceber qual o peso relativo da operação de um dos seus membros no total de todo o rendimento gerado pelo grupo ou pela transação e, assim, tributar o mesmo[746]. Possibilita, como tal, um critério valorimétrico da intensidade da relação do GMN com uma dada jurisdição considerando o conjunto da sua operação com base em fatores objetivos[747]. Para tal, o mecanismo de repartição formulaica é aplicável ao lucro combinado de um grupo de sociedades ou resultante de um conjunto de transações.

Assim, o método FA não parte do cálculo da base tributável ao nível de cada entidade como o regime de preços de transferência, mas sim do lucro agregado de uma operação integrada – uma abordagem *de cima para baixo*. Uma vez apurado o lucro, o método FA reparte o mesmo pelas entidades associadas para que cada uma possa ser tributada pelo Estado ao qual está ligada por um vínculo de pertença económica representado pela presença dos fatores da fórmula naquele território[748]. Desta forma, é possível levar

[746] No acórdão *Container*, o USC afirmou que a aplicação de uma fórmula de repartição à base tributária de um grupo que incluía rendimento e sujeitos não tributáveis pelos EUA não era inconstitucional porquanto permitia aferir o rendimento global das empresas a tributar pelo Estado. Mais tarde, no acórdão *Barclays Bank PLC v. Franchise Tax Board*, o USC afirmou que "a teoria subjacente à tributação unitária é a de que certos fluxos de valor intangível no seio do grupo servem-no como se ele fosse, essencialmente, uma entidade única." Nestes termos, se a repartição formulaica for feita de forma justa, apenas tributará o rendimento gerado num Estado sem pretensão de tributar rendimentos ou sujeitos sem conexão com o mesmo.

[747] Os fatores são, assim, uma unidade de medida da intensidade da atividade do grupo numa dada jurisdição, considerada a utilidade proporcional que o meio produtivo do grupo que representam tem na obtenção do rendimento de uma atividade integrada, reconhecendo que a utilização de um fator produtivo numa atividade integrada pode gerar rendimentos não apenas para a entidade que tem uma relação jurídica com aquele mas, também, para outras entidades associadas àquela. Esta é a base de toda a teoria da repartição formulaica conforme proclamada pelo USC no paradigmático acórdão *Adams Express co. V. Ohio* (a chamada *unit rule*, regra da unidade) e que seria desenvolvida em 1942 no acórdão *Butler Bros v. McCorgan*: é a unidade de propriedade, operação e uso que justifica o direito à tributação repartida pelo membro de um grupo. A teoria da unidade é a antecessora da base contemporânea para a aplicação do regime de FA nos EUA que é constituída pelo princípio do negócio unitário, descrito como a trave-mestra do regime pelo USC em 1980 no acórdão *Mobil Oil Corp.*

[748] Ribeiro, 2018a, pp. 474 e ss., afirma que um sistema de FA tem uma natureza presuntiva porquanto o rendimento a tributar é inferido através da aplicação de fatores. Para o autor, as fórmulas são um elemento do facto tribuário, sendo com base na fórmula que se determina a matéria tributável ou rendimento tributável, não se podendo, até à sua aplicação, falar de matéria

em linha de conta a operação total geradora de rendimento do GMN e, assim, pretender tributar a totalidade do seu rendimento de forma efetiva e mais simples. Por seu turno, esta simplicidade beneficia as AT, mas também o GMN pela diminuição dos seus custos de contexto, cumprimento e planeamento fiscal.

O método FA tem uma inequívoca vantagem em face do regime de preços de transferência: não assenta na comparabilidade de transações, mas na verificação de indícios objetivos de presença numa dada jurisdição. Como tal, as dificuldades associadas à fixação de comparáveis e transações comparáveis para funcionamento do regime de preços de transferência são superadas. Igualmente, ao distribuir o lucro a tributar pelos membros do grupo

tributável. Prossegue, concluindo que o rendimento global do GMN não constitui um facto tributário, pois não está quantificado e espacialmente localizado ao nível de um Estado concreto. O facto tributário que gera rendimento tributável só surge depois da aplicação da fórmula, à semelhança do regime simplificado de aplicação de coeficientes em sede de IRS. Por fim, afirma que as fórmulas podem constar de um instrumento internacional, não tendo de ser plasmadas nos códigos de imposto sobre as sociedades nacionais. Hesitamos em aderir plenamente a esta visão. Por um lado, se a fórmula integra o facto tributário, está abrangida pela reserva de lei com todas as consequências daí resultantes. Pelo outro, não nos parece que a fórmula integre uma presunção de rendimento. A presunção parte de uma realidade conhecida para inferir uma realidade desconhecida através da interposição de uma técnica jurídica – art. 349º CCiv. Ora, o rendimento tributável não é propriamente um facto, mas uma convenção jurídica, daí que prefiramos a referência feita pelo ao autor a nt. 189, p. 474, da natureza indireta do método FA (embora reconheçamos que a discussão é mais conceptual pois o autor tende a reservar a qualificação de método de avaliação indireta aos casos em que não é possível determinar a matéria tributável do contribuinte por falta de colaboração, ou carência ou deficiência de elementos fornecidos para o efeito – cfr. Ribeiro, 2018a, p. 37.). Os proponentes do método FA afirmam que esse resultado do cálculo do rendimento das entidades separadas do grupo não reflete a capacidade contributiva do GMN como um todo, razão pela qual o lucro obtido pelo mesmo é distribuído de acordo com um método distinto e indireto (FA), que alcança resultados a nível de matéria coletável que não se baseiam na ficção de independência das unidades do grupo. Contudo, este método presta-se à quantificação da matéria tributável, apenas, porque a relação jurídica tributária entre entidade do GMN e Estado onde atua está constituída pela obtenção de rendimento na fonte – cfr. art 36, nº 1 LGT – carecendo, porém, de quantificação. A quantificação da matéria tributável integra a manifestação da capacidade contributiva que, todavia, é aferida por referência a uma realidade mais ampla – a do GMN – enquanto expressão da mesma. Assim, a fórmula opera a jusante do facto fiscalmente relevante para quantificar a obrigação de pagamento de imposto de uma entidade do GMN num Estado. Neste particular, poder-se-ia traçar um paralelismo com a fundamentação do já citado acórdão de STA, proc. nº 01292/14 (Casimiro Gonçalves), quando este afirma o facto tributário como uma norma de incidência e não como uma norma de determinação de matéria coletável (categoria à qual se subsumiriam, para nós, as normas que implementem métodos FA). Contudo, afirmando que as normas de quantificação da matéria tributável integram o facto tributário, vd. Condesso, 2019, p. 10 ou Dourado, 2011, p. 111.

ou das entidades apreciadas em conjunto, o método reflete o benefício difuso que todos os membros do conjunto recebem da integração grupal, o que permite, inclusive, distribuir o lucro gerado pela exploração de intangíveis pelo GMN. A clareza e segurança jurídica associadas à implementação de um método que é determinado e não depende de valorações jurídicas e fácticas sobre preço e intenção de partes são uma mais-valia que, também, vislumbramos no método FA[749].

De igual forma, a direção do fluxo transacional como critério de seleção de entidade do grupo que canalizará o fluxo monetário deixa de relevar para efeitos de planeamento fiscal, na medida em que o lucro obtido pelo conjunto das entidades é que releva em detrimento do lucro obtido por cada entidade que compõe o GMN[750]. A intensidade de relação existente entre as partes nas transações analisadas é reconhecida a partir do momento em que se considera que fazem parte de uma operação integrada, desconsiderando-se, então, as transações entre essas entidades.

Por fim, e sobretudo, a caracterização jurídica da transação intragrupo deixa de relevar para efeitos de verificação e quantificação de eventos de realização. Esta questão é particularmente significativa, na medida em que o regime de preços de transferência é particularmente deferente da caracterização das transações pelo grupo e da distribuição realizada por este das variáveis "funções, ativos e riscos". Como estas não são diretamente reconduzidas a fatores de produção, a ligação da alocação daquelas variáveis aos locais de operação do GMN nem sempre é proporcional e efetiva.

Consequentemente, o método FA permite reduzir a influência fiscal do recurso a comportamentos de substituição quando a contabilidade das entidades que compõem o GMN é apreciada individualmente[751]. A circulação

[749] No mesmo sentido, cfr. Slavnić, 2015, p. 417.

[750] Sem prejuízo de outras formas de planeamento fiscal abusivo que podem surgir com a adoção de um regime FA, associadas à evicção do englobamento no perímetro de apreciação do conjunto de transações de determinadas operações geradoras de rendimento para o GMN ou de entidades cujo lucro deve ser integrado no lucro do GMN a repartir para efeitos de tributação.

[751] A fórmula de repartição tem como objetivo direto a repartição do rendimento de um contribuinte, mas o seu funcionamento redunda numa limitação de abusos de sistema. O regime de preços de transferência tem um objetivo anti-abuso e de fixação de preços transacionais, que indiretamente conduz à repartição de rendimento por jurisdições concorrentes. O seu propósito principal acaba por trazer consequências indesejadas (BEPS). Nessa medida, ambos os métodos são, também, regimes anti-abuso de repartição de lucro entre entidades relacionadas, mas o método FA cumpre melhor o seu propósito. Já o *Working Paper* nº 1 do Comité de Assuntos Fiscais afirmava, em 1973, que o método formulaico apenas deveria ser seguido quando a contabilidade do estabelecimento estável não refletisse a sua atividade substancial, o que bem

de ativos entre membros do grupo pode gerar eventos de realização. Todavia, no apuramento de lucro de um conjunto de transações ou de um GMN, o reconhecimento da realização pode ser diferido até ao momento de realização de transações com entidades fora do grupo. De facto, o sistema FA torna indiferente a distribuição de preços nas transações intragrupo para efeitos de determinação da matéria coletável. Com efeito, o rendimento obtido nas transações com terceiros é obtido em condições de mercado e incluído num conjunto de rendimentos obtidos pelo grupo aos quais se deduzem os custos gerais incorridos pelo grupo. Em paralelo, as inclusões e deduções de rendimento na contabilidade das entidades analisadas conjuntamente compensam-se, importando apenas o diferencial entre a base fiscal interna (do GMN) do bem ou serviço transacionado e o preço fixado na transação com terceiros para determinar o rendimento a incluir na base tributável das entidades do GMN – e a sua margem de lucro.

Portanto, um sistema FA assegura a tributação de rendimento oriundo de fatores de produção com localização objetivamente identificável, o que permite estabelecer a ligação da localização dos mesmos com o benefício de atividade estadual e presumir atividade comercial que justifique aproveitamento desta última. É um sistema promotor de tributação incidente em atividades económicas substanciais[752], na medida em que a proporção de participação da entidade do grupo no rendimento gerado pelo grupo nas transações em mercado (ou seja, extragrupo) é determinada por indícios materiais verificáveis e referentes a elementos predominantemente tangíveis. Esta predominância permite uma conexão efetiva entre o contribuinte e o Estado tributante e impede que Estados com atividade substantiva reduzida possam tributar rendimento contabilisticamente ali declarado por artes de implementação de comportamentos de substituição.

Em termos de exequibilidade, o método FA é plenamente compaginável com a estrutura geral do IRC porque permite conservar a incidência na entidade empresarial através da consideração da integração do sujeito passivo numa operação integrada. Assim, cada entidade do GMN é responsável pela sua obrigação de imposto. Porém, a medida desta é determinada considerando a capacidade contributiva manifestada no lucro obtido pelo conjunto da atividade integrada. Esta é mais fielmente retratada quando

denota a natureza anti-abuso do mesmo – cfr. https://www.taxtreatieshistory.org/data/pdf/CFA-WP1(73)10E.pdf. A este propósito, cfr. também Reimer, 2015, pp. 524 e ss. e Sasseville/Vann, 2018, sec. § 4.2.10.

752 No mesmo sentido, Santos/Martins, 2009, p. 125.

apreciada de forma integrada, o que resulta da restituição ao princípio da realização da sua função identificadora de manifestações de obtenção de rendimento.

De igual forma, o método de repartição FA não interfere com a periodização anual do rendimento tributável nem com o funcionamento de nenhum dos subpilares de IRC. Antes pelo contrário: o princípio da continuidade do interesse económico é melhor realizado do que no método de preços de transferência, considerando que este último tende a dar relevo a eventos de realização em transações intragrupo que não implicam alteração de controlo económico de bens ou direitos. Também, tratando-se de um método menos deferente à tributação na residência, o que auxilia o cumprimento da função subsidiária do IRC face ao IRS, garantindo a tributação dos rendimentos empresariais na fonte e a menor necessidade, na mesma medida, de integração resultante de distribuição de dividendos a sócios na jurisdição de residência.

Por fim, é um método suficientemente adequado a garantir neutralidade no funcionamento da livre estruturação empresarial resultante do exercício de direitos constitucionais. A sua aplicação é relativamente independente da estruturação de fluxos de rendimento dentro do GMN – a fixação de afiliação económica depende da verificação de indícios objetivos previamente fixados por lei. Assim, não se constitui, sequer, como um limite à liberdade de organização empresarial, na medida em que a forma de estruturação do grupo é tendencialmente indiferente a um sistema formulaico, no que suplanta as insuficiências metodológicas que apontámos ao regime de preços de transferência. O método é menos dependente da caracterização de transações por parte do contribuinte e, por este motivo, é estruturalmente mais resiliente a atividades causadoras de BEPS[753]. Na verdade, radica em indícios operacionais objetivamente observáveis como forma de associação dos mesmos a afiliação económica no local de sua verificação. A extensão de incidência da norma tributária não depende da caracterização e declaração do contribuinte, outrossim de um método prévio previsto por lei de forma determinada.

[753] Estes são, alias, os dois grandes justificativos para adoção de um sistema de FA para Musgrave, 2002, pp. 245 e ss.: a alta integração da atividade do GMN que não permite isolar e separar os fatores produtivos e a dificuldade administrativa em garantir a observância do princípio da plena concorrência através do regime de preços de transferência. No mesmo sentido, vd. também Streek, 2018, pp. 4 e ss; Smit, 2018, pp. 107 e ss.

Nesta medida, o método FA implica uma redistribuição de direitos tributários entre Estados porque o conceito de residência fiscal perde relevo na medida em que, em abstrato, a repartição de lucro entre jurisdições é determinada pelo peso relativo da entidade na atividade integrada e não pela sua classificação jurídica. O sistema permite, assim, o alinhamento do direito a tributar com critérios costumeiros *supra* mencionados de fixação de jurisdição associados à ligação efetiva entre objeto de jurisdição e exercício sobre o mesmo.

Este alinhamento implica uma redistribuição no corrente *statu quo* de repartição de direitos tributários porque, em Tese, o Estado de residência tem o direito a tributar o lucro residual da operação do GMN. Isto sucede porque o Estado fonte tributa os rendimentos obtidos pelo estabelecimento estável (art. 7º CMOCDE) – mas os que não sejam atribuídos ao estabelecimento estável não são tributados pelo Estado fonte. O Estado de residência mais pode tributar dividendos, juros e *royalties* (arts. 10º, 11º, 12º CMOCDE), por defeito, o que não sucede necessariamente se o critério de repartição deixar de considerar a residência como fator distributivo de direitos de tributação.

A tributação com base no método FA parece ser, assim, mais condizente com o padrão de Justiça fiscal internacional avançado, permitindo alinhar o âmbito de incidência material e territorial do IRC com o âmbito de eficácia da norma. Ou seja, o IRC incide sobre os rendimentos obtidos num dado território e é efetivamente cobrado pelas autoridades desse território. Desta forma, limita-se o direito de tributação de Estados com menor intensidade de ligação ao GMN[754]. A pretensão simultânea tributante de um dos Estados sobre o rendimento de GMN é assim resolvida pela distribuição proporcional de lucro integrado consoante os meios de produção efetivamente envolvidos na atividade conjunta.

Como tal, a implementação disseminada de um sistema FA reduz o peso relativo das sociedades-base e jurisdições-conduta no planeamento fiscal internacional, pela exigência de um nexo de proporcionalidade entre a presença de fatores determinantes de repartição de rendimento numa jurisdição e lucro a tributar na mesma. A diferente escolha entre formas de realização de investimento direto externo passa a ter menor relevo, contribuindo para a neutralidade do sistema, reduzindo as distorções comporta-

[754] Já Morais, 2015, pp. 547 e ss., parecia sensível à maior possibilidade de realização de Justiça fiscal ínsita na aplicação do método.

mentais causadas por motivos fiscais. Em simultâneo, permite a manutenção do respeito pela soberania estadual exercida através de concorrência fiscal internacional, porque não interfere com o tratamento local das taxas de imposto, aplicação de isenções, créditos e benefícios fiscais, e, em geral, a determinação dos elementos da base tributária de um Estado.

Se a fórmula utilizada pelo método incorporar apenas fatores com conexão física com o território onde operam as empresas do grupo, a repartição formulaica de lucro pode contribuir para demonstrar uma maior substância da atividade económica do grupo. A questão passa, então, a residir na identificação dos fatores que demonstram a existência de uma atividade substancial numa jurisdição e que sejam refletidos na composição da base tributária para efeitos de IRC. Isto implica que a composição da fórmula deve refletir, tanto quanto possível, os fatores de produção geradores de rendimento.

2. O método FA em contexto fechado

O método FA não é um método inovador a implementar *de jure condendo*. Na verdade, diversos Estados recorrem a fórmulas de repartição para calcular a matéria tributável de unidades empresariais inseridas num grupo a partir do rendimento total deste[755]. Os exemplos de repartição utilizando o método FA a apresentar variam quanto ao seu objeto, embora todos constituam métodos de fixação de matéria coletável por sujeito ou território. Os EUA utilizam este método no cálculo de imposto sobre o rendimento empresarial estadual (*state income tax*), tal como o Canadá e a Confederação Helvética (Suíça). A Alemanha reparte o produto do imposto comercial (*gewerbesteuer*) entre os diversos municípios utilizando fórmulas de repartição. Em Portugal, o produto da derrama municipal também é repartido com recurso a uma fórmula.

2.1. O método FA nos EUA

As sociedades comerciais estadunidenses são contribuintes de IRC a nível federal e a nível estadual. A este último nível, o contribuinte tem o direito

[755] Para um exemplo de várias instâncias fiscais internacionais em que o sistema de repartição formulaico é usado, vd. Hellerstein, 2005, p. 110. Já em 1872, o Estado francês tributava os dividendos de filiais estrangeiras a atuar em França com base na relação entre os ativos e receita obtida em França com os ativos e receitas obtidas pela sociedade-mãe – vd. Krever/Mellor, 2020, p. 12. O art. 54º CIRC prevê, igualmente, que a distribuição de gastos comuns por sociedades sujeitas em IRC em Portugal seja determinada através da repartição proporcional daqueles ao total dos rendimentos brutos sujeitos e não isentos e dos rendimentos não sujeitos ou isentos, ou de acordo com outro critério considerado mais adequado e aceite pela AT.

de recorrer ao método FA para aferir a sua responsabilidade tributária estadual[756]. Presentemente, 44 estados (e o *District of Columbia*[757]) calculam a responsabilidade tributária de entidades empresariais que obtenham rendimentos na sua jurisdição utilizando fórmulas de repartição[758]. A aplicação do método FA nos EUA tem como objetivo a tributação de um contribuinte apenas pelo rendimento obtido num estado em que opera e que o pretende tributar, excluindo da base de incidência rendimento obtido noutros estados do território federal – que já poderia ter sido tributado por estes. Portanto, a preocupação com a dupla tributação está na base da utilização do método FA.

Por este motivo, o direito ao recurso a FA está associado à existência de um negócio unitário conduzido em mais do que um estado. Negócio unitário é todo aquele caracterizado por integração funcional, centralização de gestão e economias de escala[759]. É esta unidade de uso e gestão que justifica que atividades que tenham tido lugar fora de um estado possam, ainda assim, ser levadas em linha de conta por outro para efeitos de tributação de empresas que gerem rendimento no seu território. Apenas pode ser repartido por vários estados o rendimento resultante de um negócio unitário conduzido por uma ou mais empresas[760]. A definição do que constitui um

[756] Direito primeiramente afirmado pelo USC no acórdão *Standard Oil Co. v. Peck*. Hellerstein/Hellerstein, 2018, § 8.01, p. 2 afirmam que, se assim não fosse, o imposto cobrado pelo Estado não teria qualquer relação com as oportunidades, benefícios e proteção que confere àquelas operações.

[757] O *District of Columbia* é uma entidade administrativa territorial sob jurisdição do governo federal dos EUA – cfr. Residence Act de 16 de Julho de 1790.

[758] Os estados de Ohio, Nevada, Texas e Washington tributam as receitas brutas das sociedades comerciais. Dakota do Sul e Wyoming não tributam o rendimento de sociedades comerciais.

[759] O USC formulou a teoria da unidade empresarial pela primeira vez no acórdão *Mobil Oil Corp*, tendo vindo a reafirmar a mesma noutras ocasiões, como nos acórdãos *Exxon*, *ASARCo*, *Woolworth*, *Container*, *Allied-Signal*, *MeadWestvaco*. A teoria da unidade empresarial é sujeita a várias interpretações reconducentes à distinção entre a teoria da empresa e a teoria do ativo. Pela primeira, devem ser consideradas integradas no mesmo negócio todas as atividades conduzidas por uma ou várias empresas que atuem conjuntamente. Pela segunda, todo o rendimento obtido por um ativo integrado na empresa integra o rendimento da unidade empresarial. Para mais sobre esta distinção e suas implicações práticas, vd. Hellerstein/Hellerstein, 2018, sec. § 8.07, pp. 3 e ss.

[760] E, dentro deste, apenas será considerado o rendimento empresarial – todo aquele que origine em transações ou atividades no curso normal dos negócios do contribuinte, e inclui rendimento de propriedade tangível e intangível se a aquisição, gestão e disposição da propriedade constitua uma parte integral do curso normal dos negócios do contribuinte. Esta formulação engloba duas partes: a existência da uma componente transacional (primeira parte) e de uma componente funcional (segunda parte). O rendimento não empresarial será o residual e que não é subsumível à definição anterior, como, por exemplo, as mais-valias realizadas com a alienação de participações sociais. Sobre a distinção, e desenvolvidamente, vd. Hellerstein/Hel-

negócio unitário é particularmente polémica, fértil em litigiosidade e, apesar de tudo, central para a compreensão do funcionamento do regime: é o rendimento obtido por um negócio unitário, independentemente da pluralidade ou singularidade de personalidade jurídica de quem o explora, que é repartido pelos vários estados[761].

Assim, o método FA dos EUA assenta na afirmação de um nexo jurisdicional entre o negócio de um contribuinte e um estado e na apreciação da natureza do rendimento (empresarial ou não) obtido por aquele. Uma vez estabelecido este nexo, o estado tem direito a tributar o contribuinte pelo rendimento empresarial que este obtém com o seu negócio unificado em todo o território federal. O contribuinte, por seu turno, pode alegar que conduz um negócio unitário em mais do que um estado, invocando o direito à repartição de rendimento para que apenas seja tributada a parte do seu rendimento que corresponda à medida da sua atividade no estado tributante[762]. Caso o rendimento em questão seja repartível, ser-lhe-á aplicada a fórmula localmente vigente para determinar a parcela do mesmo que é tributável pelo estado federado em questão.

2.2. O método FA no Canadá

O Canadá é outro Estado com dois níveis de imposição de IRC, provincial e federal[763], embora o seu funcionamento seja harmonizado e coorde-

LERSTEIN, 2018, sec. § 9.03. O USC teve oportunidade de rejeitar uma conceção ampla de rendimento empresarial alinhada com o objeto social da empresa segundo a qual toda a atividade com o fim de obter lucro seria geradora de rendimento empresarial. No entender do Tribunal, esta interpretação esvaziaria, por completo o conceito de rendimento empresarial – vd. o acórdão *ASARCO*. A distinção entre rendimento empresarial e não empresarial é altamente criticada também por MAYER, 2009, p. 106. As dificuldades que a distinção suscita têm levado os estados a progressivamente adotar um entendimento de rendimento empresarial tão amplo quanto possível, segundo SICILIAN/HUDDLESTONE, 2020, p. 66.

761 Note-se, todavia, que o regime dos EUA atribui o rendimento obtido por uma unidade empresarial a um estado, ao passo que o método FA pode ser utilizado para atribuir rendimento a um contribuinte, como é feito no PSM e no projeto CCCTB.

762 É inegável a fundamentação teórica da tributação estadual estadunidense com base no princípio do benefício. No acórdão *John Deer*, a Segunda Divisão de Recurso da Califórnia mais rejeitou a verificação de prejuízos ou de baixa margem de lucro num estado como fundamento para invalidar a tributação resultante da aplicação de fórmula de repartição, uma vez que esta argumento depende da assunção que o rendimento de um negócio unitário pode ser segregado estado a estado.

763 O Estado federal tem o poder geral de recolha de fundos por qualquer forma ou sistema tributário – cfr. Sec. 91, nº 3 da Lei da Constituição. Vd. MAYER, 2009, pp. 108 e ss., e SMART/VAILLANCOURT, 2020, pp. 75 e ss. para uma descrição global do sistema.

nado. Trata-se de uma consequência da celebração de acordos de recolha de receita de impostos com o Estado federal por 8 das 10 províncias canadianas, gerindo aquele a liquidação e coleta fiscal[764]. Nestes casos, o Estado federal procede à distribuição dos impostos provinciais que recolhe pelas províncias onde o grupo residente no Canadá tenha um estabelecimento estável com base numa fórmula de repartição que visa fixar o rendimento tributável de uma empresa obtido durante um ano numa dada província[765].

A experiência de repartição formulaica canadiana tem uma particularidade distintiva. Com efeito, a repartição da receita de IRC pelas várias províncias onde o grupo atua é feita tendo por base a fórmula de repartição definida pela província de residência do grupo ou da sociedade-mãe. Contudo, o Estado federal canadiano procede a transferências financeiras de igualização para as províncias com direito a menor coleta fiscal, o que limita a concorrência interestadual na definição dos fatores da fórmula, com o objetivo de proporcionar um idêntico nível de prestação de serviços estaduais[766]. Os ganhos e perdas relativos entre as províncias resultantes da operação da fórmula de repartição são compensados pelos montantes recebidos do Estado federal a título de pagamentos de igualização. O sistema canadiano é louvado pela doutrina local pela sua simplicidade, coordenação, autonomia subsidiária das províncias e equilíbrio geral de soluções, conducentes a uma percepção de Justiça administrativa generalizada[767]. Os fenómenos de dupla tributação não são significativos, e as províncias têm autonomia para fixar as suas políticas fiscais e económicas através da fixação de taxas de imposto, sobretaxas e créditos fiscais autónomos.

2.3. O método FA na Confederação Helvética

O método FA é utilizado em vários estados agregados sob a égide do federalismo – o que sucede também deste lado do Atlântico. Na Confederação Helvética (ou a Suíça, doravante), tanto o Estado federal como os cantões podem liquidar IRC, embora aquele tenha a autoridade para harmonizar os impostos diretos locais, cantonais e federais nos termos do art. 129º da

[764] Cfr. Mayer, 2009, p. 110.

[765] Cfr. sec. 401 do Regulamento do Imposto Sobre o Rendimento canadiano (RIRC).

[766] Vd. Mayer, 2009, p. 108 e sec. 36, nº 2 da Lei da Constituição. Vd. também Smart/Vaillancourt, 2020, pp. 96 e ss.

[767] Cfr. Mayer, 2009, p. 123.

Constituição Federal, com exceção das taxas e isenções fiscais[768]. Como é vedada a dupla tributação intercantonal (cfr. art. 127º, nº 3 da Constituição Federal), os cantões procedem à repartição de base tributária de entidades que operem em vários cantões utilizando o método FA.

A aplicação do método FA suíço assenta numa estrutura bipartida. Assim, todo o contribuinte terá uma residência fiscal principal: todo o seu rendimento que não seja repartido por outros cantões é alocado ao cantão de residência. Normalmente, o local de residência será o local de sede, embora o local de gestão efetiva possa constituir o local de residência fiscal principal caso a sede seja meramente estatutária. Os cantões onde a sociedade tenha um estabelecimento estável participam na tributação do rendimento da sociedade através da repartição entre o cantão de residência e os cantões de residência secundária. É possível afirmar, ainda, a residência especial, que confere aos cantões o direito de tributação exclusiva de certas classes de rendimento que lhe sejam alocadas, como, por exemplo, o rendimento oriundo de locação de imóveis.

Os cantões usam diferentes bases tributárias para cálculo de repartição[769]. Sempre que haja repartição de rendimento entre cantões de residência principal e cantões de residência secundária, estes últimos não podem tributar de forma isolada e bruta o rendimento do estabelecimento estável no seu território, tendo de considerar os ganhos e perdas de outros estabelecimentos estáveis e da residência fiscal principal. O tipo de rendimentos repartidos e alocados varia de cantão para cantão[770].

2.4. O método FA e tributação local: os casos alemão e português

O método FA é usado, de igual forma, como forma de repartição de receitas tributárias entre unidades administrativas territoriais – municípios. Tal acontece, por exemplo, na Alemanha. As receitas provenientes do imposto comercial alemão são distribuídas pelos municípios, constituindo uma das suas principais fontes de rendimento. Aquele imposto incide sobre todas as receitas comerciais de indivíduos e sociedades, e a repartição das suas receitas tem fundamento constitucional no art. 28, nºs 2 e 3 da Lei Fundamental (*Grundgesetz*). Este dispõe que os municípios têm direito a uma fonte de receita que reflita a sua dimensão económica global sob a forma de um

[768] O sistema fiscal suíço é complexo, heterogéneo e descrito por um observador como uma "selva fiscal" - cfr. Thirsk, *apud* Mayer, 2009, p. 124.

[769] Cfr. Mayer, 2009, p. 132.

[770] Por exemplo, os ganhos de capital são alocados ao cantão de sede social e não repartidos.

imposto comercial, que é governado pela Lei Federal do Imposto Comercial (*Gewebesteurgesetz,*), e pelo Decreto do Imposto Comercial (*Gewerbesteur-Durchfuhrungsverrodnung*). Trata-se de um imposto *in rem* sobre o comércio, e não sobre sujeitos, que visa compensar os municípios dos custos que as operações comerciais implicam no seu território[771].

A base tributária do imposto são as receitas comerciais para efeitos de IRC ou IRS nacionais, majoradas segundo uma taxa fixada individualmente pelos municípios e subsequentemente sujeita a deduções e outras majorações específicas. O valor da matéria tributável é multiplicado por uma alíquota de 3,5%, obtendo-se a coleta do imposto. Esta é depois repartida por todos os municípios onde o sujeito passivo disponha de um estabelecimento estável, o que é definido pela lei de forma ampla.

O funcionamento da repartição das receitas de imposto comercial germânico é familiar a um observador português. Com efeito, em Portugal, os municípios podem deliberar lançar a derrama municipal, de duração anual e que vigora até nova deliberação, até ao limite máximo de 1,5% sobre o lucro tributável sujeito e não isento de IRC que corresponda à proporção do rendimento gerado na sua área geográfica por sujeitos passivos residentes em território português que exerçam, a título principal, uma atividade de natureza comercial, industrial ou agrícola e não residentes com estabelecimento estável nesse território[772].

Os municípios são sujeitos ativos deste imposto cujas receitas, conjuntamente com o IMI, o IMT e o IUC, representam o núcleo das receitas fiscais das autarquias locais[773]. Trata-se de um imposto acessório[774], cuja base

[771] Assim, Mayer, 2009, p. 151.

[772] Cfr. art. 18º, nº 1 da Lei das Finanças Locais (LFL). Sobre a derrama e tributação de grupos de sociedades em Portugal, vd. o acórdão do STA 0206/12 (Casimiro Gonçalves), esclarecendo que a derrama municipal incide sobre o lucro tributável do grupo e não sobre o lucro individual de cada uma das sociedades que o compõem, entendimento aplicável até à entrada em vigor do art. 57º da Lei nº 64-B/2011 (Lei do Orçamento do Estado para 2012), que conferiu nova redação ao nº 8 do art. 14º da Lei nº 2/2007, a então vigente LFL e que provocou alguma controvérsia, como demonstram Gomes/Martins, 2014, pp. 19 e ss.

[773] Assim, Sanches, 2009b, p. 135. Sobre os poderes fiscais das autarquias locais, vd. Nabais, 2005, pp. 561 e ss. Dizemos poderes fiscais em sentido estrito, na medida em que a liquidação de cobrança de taxas reveste-se, idem, de importância fundamental no financiamento das autarquias locais. Acrescente-se que os municípios têm também direito a uma participação de 7,5% na receita do IVA cobrado nos setores do alojamento, restauração, comunicações, eletricidade, água e gás – cfr. art. 25º LFL.

[774] Vd. Faveiro, 2002, pp. 376 e ss. Veja-se também o acórdão do TC nº 284/2001, que no entender de Nabais, 2005, p. 376, não sustenta a interpretação da derrama como um imposto acessório.

tributária assenta na base tributária do IRC, e cujo fundamento teórico deriva da aplicação do princípio do benefício[775]. A fixação da massa salarial como fator determinante de repartição resulta da consagração da derrama pelo Decreto-Lei nº 37/93, que veio substituir o critério da sede estatutária como definidor do município titular do direito à receita deste imposto e que se observava até então[776].

3. O método FA em contexto aberto

A utilização do método em contexto aberto, todavia, encontra diferenças de contexto assinaláveis. Primeiramente, o sistema fiscal tem uma função redistributiva no plano interno que não encontra reflexo no plano internacional, o que significa que, neste plano, eventuais quebras de receita fiscal de um ente público interessado não sejam compensadas por mecanismos de transferência financeira de outros Estados[777]. Seguidamente, a utilização do método FA num plano interno não tem associadas questões de coordenação da composição da base tributária, dos fatores da fórmula, sua definição e interpretação, e do regime de integração grupal, que são exponenciais num contexto aberto[778]. Estes debates são, localmente, influenciados por questões históricas que não são de somenos importância e influência na composição da fórmula. Reconheça-se, todavia, que este não é um problema distinto da definição do método de preços de transferência a aplicar num caso concreto. Por fim, os montantes de coleta de imposto associados a cada um dos impostos em questão são relativamente diminutos quando comparados com o total de impostos recolhidos por cada um dos Estados referidos a nível central, o que reduz o incentivo de litigância quanto aos mesmos e, nessa medida, a controvérsia e debate em torno dos fatores das fórmulas aplicadas.

Em contraste, a aplicação do método FA em contexto fechado permite, desde logo, que eventuais quebras de receita para o ente público interessado por força de utilização do método possam ser compensadas através da inserção no sistema fiscal nacional e eventuais mecanismos redistributivos orçamentais do Estado central para o estado federado ou municípios. Estes

[775] Assim, SANCHES, 2009b, p. 140.

[776] Assim, SANCHES, 2009b, p. 141.

[777] Vd. MUSGRAVE, 1984, p. 245, alertando que o imposto a nível subnacional não tem uma função redistributiva e de estabilização económica.

[778] Sobre a necessidade de garantir o controlo soberano sobre a jurisdição fiscal do Estado, MCINTYRE, 2004, p. 925, o que HONGLER, 2019, p. 471 também sublinha.

mecanismos podem resultar de consagração expressa nas regras de Direito Fiscal[779] ou, mais amplamente, pelo funcionamento do sistema financeiro público[780]. Permite, de igual forma, fixar as regras atinentes à composição da base de incidência tributária de cada estado e aos componentes da fórmula de forma relativamente uniformizada, em maior ou menor grau, o que decorre da sujeição de todos os contribuintes ao mesmo poder tributário e judicial[781]. Estas questões ajudam a explicar a não adoção de um método FA global ou coletivo para repartição de lucro empresarial em contexto aberto.

[779] O que sucede na Suíça através do mecanismo *"prazipuum"* – um avanço de alocação. Assim, se a fórmula de repartição for tida como atribuindo pouco peso às contribuições da administração para a operação lucrativa da sociedade, uma determinada percentagem de lucros é alocada ao cantão de residência antes de ser realizada a operação de repartição de rendimentos pelos vários cantões – cfr. MAYER, 2009, p. 141. No Canadá, como o governo central pode proceder à coleta de imposto em benefício das províncias, os custos de gestão do sistema fiscal são suportados pelo Estado federal se os governos provinciais alinharem a sua definição de base tributária com a definição federal. Caso não o façam, o Estado federal procede à cobrança de um preço pelo desvio introduzido na gestão do sistema – cfr. SMART/VAILLANCOURT, 2020, pp. 77.

[780] Nos EUA, o IRC estadual (*state income tax*) representou 3% das receitas fiscais estaduais próprias (às quais se devem somar as transferências do orçamento federal para compreender o universo de financiamento dos Estados) – cfr. URBAN-BROOKINGS TAX POLICY CENTER, 2020. State and Local Finance Data: Exploring the Census of Governments. Washington, DC: Urban--Brookings Tax Policy Center, acessível em https://state-local-finance-data.taxpolicycenter.org/pages.cfm (consultado a 30.11.2020). No Canadá, as transferências de igualização são, aliás, apontadas como fundamentais para o funcionamento estável e justo do sistema, destacando-se, assim, o papel estabilizador e redutor de BEPS de provisões redistributivas fiscais – cfr. SMART/VAILLANCOURT, 2020, p. 100.

[781] Nos EUA, a utilização do método FA diverge bastante de estado para estado, o que é uma consequência da natureza estadual da consagração do método. Uma tendente harmonização, todavia, resulta da definição da base fiscal a nível federal (tal como a base da derrama municipal portuguesa é a base do IRC), da adoção e desenvolvimento por 17 estados do UDITPA e dos regulamentos MTC (a MTC é uma agência pública intergovernamental promotora de Justiça e harmonização fiscal nos EUA e que publica regulamentos e modelos de lei que podem ser adotados, posteriormente, pelos estados federados), bem como do enquadramento constitucional federal da questão, balizando conceitos e limitando o âmbito de validade espacial e material do poder legislativo estadual. Por várias ocasiões, o USC foi chamado a pronunciar-se sobre a aplicação de diferentes fórmulas de repartição pelos estados, seja apreciando a sua conformidade constitucional em abstrato, seja apreciando a sua conformidade constitucional no caso concreto. Os litígios submetidos à apreciação do USC permitiram a este tribunal formular os dois grandes limites ao regime de IRC estadual estadunidense, e que resultam da aplicação da *Due Proccess Clause* (Cláusula de Processo Equitativo) e da *Commerce Clause* (Cláusula de Comércio), aquela constante da Décima Quarta Emenda de 1868 e esta constante do art. I, § 8, cl. 3 da Constituição dos EUA. Da primeira, resulta que um estado não pode tributar um contribuinte sem o estabelecimento de um nexo jurisdicional efetivo com o sujeito. Da segunda, resulta que a aplicação da fórmula de repartição por cada estado não pode ser restritiva do comércio interesta-

Assinale-se, todavia que o método de repartição formulaica é central no projeto CCCTB, que também inclui regras de preços de transferência tanto para fixação de valor de transação com entidades relacionadas que não integram o grupo, como para registo dos valores contabilísticos de ativo quanto transferido intragrupo. Conforme adiantado *supra*[782], o projeto CCCTB é composto por duas propostas de Diretiva. Estas propostas preveem a adoção de um sistema de imposto sobre o rendimento das pessoas coletivas em duas fases.

A primeira proposta (CCTB) visa harmonizar as regras de determinação de matéria coletável (base tributável) de um grupo de sociedades nos Estados-Membros. Pela segunda proposta (CCCTB)[783], mais controversa e de aplicação subsequente, determinar-se-á que o lucro de um grupo seja calculado de forma consolidada e, posteriormente, repartido de acordo

dual. Com fundamento na leitura contemporânea desta, o contribuinte tem o direito a dividir a sua base tributária se demonstrar que a mesma também é sujeita a tributação noutro estado, o que revela preocupações com dupla tributação redutora de atividade económica – cfr. HELLERSTEIN/HELLERSTEIN, 2018, sec. § 8.01, p. 1. Os autores consideram, ademais, que o que releva para efeitos de direito a exigir a repartição de rendimento em caso de condução de negócios em mais de uma jurisdição pelo contribuinte o é o risco de dupla tributação, não a dupla tributação efetiva – vd. *op. cit.*, p. 16. A Cláusula de Comércio traduz a aplicação prática de um princípio de não-discriminação à fórmula de repartição, na medida em que caso esta prejudique, pela sua composição, o tratamento fiscal de um contribuinte, será considerada discriminatória e, nessa medida, inconstitucional. A aferição da natureza discriminatória da fórmula parte da aplicação de dois testes: o teste da coerência interna e o teste da coerência externa. No acórdão *Moorman Manufacturing Co vs. Bair*, o USC distinguiu entre regras fiscais que são discriminatórias de sociedades que se envolvem em comércio interestadual sem considerar as políticas de outros estados, e regras fiscais que criam incentivos distintos para envolvimento em comércio interestadual apenas como resultado entre dois conjuntos de regras diferentes, mas não discriminatórios, que sejam internamente coerentes. Assim, um imposto que seja internamente consistente, mas que crie um risco de oneração fiscal múltipla do contribuinte não é, por si só, ofensivo da Cláusula de Comércio. O USC concluiu que "o risco de dupla tributação existe sempre que os estados onde uma empresa faça negócios não sigam regras idênticas para a divisão de rendimento". Quanto às obrigações de aliviar eventual dupla tributação por parte do estado tributante neste contexto, não necessariamente através da concessão de créditos fiscais por imposto pago noutras jurisdições, cfr. HELLERSTEIN/HELLERSTEIN, 2018, sec. § 8.01, pp. 7 e ss. Para uma aplicação da teoria do teste da coerência interna aos casos de auxílio de Estado pendentes na UE, vd. MASON, 2019, pp. 503 e ss.

[782] Vd Parte II, Capítulo I, 4.2..

[783] Embora autores como CARLO GARBARINO, 2014, pp. 16 e ss., refiram a existência de um núcleo substantivo de regras de consolidação fiscal nos vários Estados-Membros da UE que surge refletido na proposta CCCTB, já validado por jurisprudência variada do TJUE. Sobre as diferenças entre a forma de construção da base fiscal do projeto CCCTB e a definição dos componentes da mesma pelas normas IAS, vd. JAATINEN, 2012, pp. 260 e ss; RUSSO, 2012, pp. 207 e ss.

com determinada fórmula às sociedades e estabelecimentos estáveis que o compõem, refletindo a contribuição relativa de cada um destes para o apuramento global do resultado do grupo[784]. A coleta que cada Estado-Membro poderá tributar será a resultante da operação de uma fórmula de repartição, que fixará a matéria coletável de cada entidade que constitui o grupo e, indiretamente, o que pode ser tributado por cada Estado. Se aprovado, a aplicação deste regime seria obrigatória, numa primeira fase, apenas para grupos de sociedades cuja receita anual fosse superior a € 750.000.000,00[785].

Conjuntamente com as propostas CCTB/CCCTB foi publicado um relatório de avaliação do seu impacto[786] que elenca como seus dois objetivos principais o estímulo de crescimento e investimento na UE e a melhoria da Justiça do imposto sobre as pessoas coletivas no território. Esta melhoria assenta, em larga medida, no mecanismo de repartição de lucro consolidado obtido pelo GMN a cada sociedade ou estabelecimento estável que o integre, no que reside a grande novidade para os Estados-Membros da proposta CCCTB. Este mecanismo assenta numa fórmula de repartição que determinará o peso relativo de cada membro do grupo nas operações globais daquele com base em três fatores: vendas, mão de obra e ativos[787]. A fórmula de repartição da matéria coletável consolidada pelas várias sociedades do grupo busca assegurar, assim, que os lucros do grupo sejam tributados onde são efetivamente gerados[788].

É fundamental ressalvar que a fórmula que se vem de descrever não integra direito positivo, antes uma proposta *de jure condendo*. Reconhe-

784 A proposta CCCTB foi aprovada no Parlamento Europeu em março de 2018 com aproximadamente 75% de votos favoráveis – vd. Resolução legislativa do Parlamento Europeu de 15/3/2018 (COM(2016)0683 – C8-0471/2016 – 2016/0336(CNS)).

785 E que constituem aproximadamente 15% das sociedades comerciais a atuar em território da UE. O limiar proposto pela Diretiva é o mesmo constante da Diretiva 2016/881/UE do Conselho, que respeita à troca automática de informações obrigatórias no domínio da fiscalidade (DAC 4), e a sua quantificação relativa resulta dos documentos estatísticos disponibilizados pela OCDE associados ao Plano de Ação 13 do projeto BEPS.

786 Cfr. Relatório de avaliação de impacto das propostas CCTB/CCCTB de 25/10/2016, SWD (2016), 341, final. Vários estudos analisam o impacto para a coleta fiscal da adoção da CCCTB na comunidade europeia. Vd. entre outros e considerando a primeira versão do projeto datada de 2011, Devereux/Loretz, 2008, pp. 1-33; Fuest/Hemmelgarn/Ramb, 2007, pp. 605-626.

787 Vd. o art. 28º, nº 1 da Proposta de Diretiva CCCTB. É justo reconhecer que a proposta é polémica, de trabalhosa implementação técnica e administrativa e contestada politicamente por alguns Estado-Membro.

788 Cfr. o considerando 10) da Proposta de Diretiva CCCTB.

cemos, todavia, que a hipótese de consolidação e repartição de IRC tem menores hipóteses de vir a ser adotada do que a proposta que implica a uniformização da definição de base tributária nos Estados-Membros. Contudo, o debate profundo e completo tido ao longo dos anos demonstra a exequibilidade técnica da estruturação do sistema em torno de fórmulas de repartição no plano internacional, ainda que num contexto de integração económica e política particularmente aprofundado – e que parece, aliás, um requisito fundamental para o funcionamento do projeto CCCTB.

De facto, mesmo que a proposta não venha a ser positivada, a discussão em torno do projeto congregou académicos, técnicos, as próprias AT e a sociedade civil, conferindo robustez e pertinência ao produto final da mesma, o que impõe a sua consideração para efeitos de desenho de um sistema formulaico e, em particular, para a escolha dos fatores que o devam integrar. Independentemente da fórmula de implementação final do projeto (ou mesmo que nunca chegue a ocorrer), o trabalho desenvolvido em torno do mesmo demonstrou que a implementação de um método FA no plano internacional depende mais de vontade política do que da superação de questões científicas, metodológicas e técnicas.

Na verdade, o uso de fórmulas de repartição não deve ser encarado como uma alternativa mutuamente excludente do regime de preços de transferência. Com efeito, ambos os métodos se situam num *continuum*[789], o que justifica, aliás, que um dos cinco métodos aceites pela OCDE e pelos Regulamentos de Tesouro dos EUA para implementação do princípio da plena concorrência integre a repartição fracionada de lucro com base em indicadores de atividade formulaicos – o *profit split method.* Aliás, como procuraremos demonstrar de seguida, este método poderá ser um hospedeiro perfeito para a implementação de um método formulaico no regime de preços de transferência, qual autêntico *cavalo de Tróia*

4. O método FA e as Diretrizes OCDE em matéria de preços de transferência

A repartição de lucro de uma atividade empresarial integrada como a do GMN com base no método FA não representa um afastamento dramático do procedimento de repartição de lucro do regime de preços de transferência. Com efeito, a análise das Diretrizes OCDE permite pôr em relevo

[789] A expressão é de BRAUNER, 2020, p. 211. Também CLAUSING, 2016b, p. 354, afirma que método de preços de transferência e método FA são ideias num "espectro" de métodos de repartição de lucros.

dois pontos fundamentais que demonstram o alegado. O primeiro é que o modelo central de análise de comparabilidade de transações que parte da trilogia "funções, ativos e riscos" assenta, no final de contas, em manifestações de atividade semelhantes aos fatores típicos utilizados no desenho de fórmulas de repartição, como sejam o "ativo", a "massa salarial" e as "receitas"[790]. O segundo é que o sistema de fórmulas de repartição já é utilizado como método aceitável de implementação do regime de preços de transferência, nomeadamente no quadro de aplicação do *profit split method*[791]. Por estes motivos, sustentamos que a interpretação das Diretrizes OCDE permite, até, equacionar o recurso a fórmulas de repartição no seio do *profit split method* como o método com potencial de aplicação mais frequente e adequada à atividade do GMN. Vejamos.

4.1. Análise "funções, ativos e riscos" e fatores de repartição: dois lados da mesma moeda

Primeiramente, afirmamos existir uma certa coincidência entre os elementos apreciados numa análise "funções, ativos e riscos" e os fatores de uma fórmula de repartição. Vejamos. A implementação dos métodos de preços de transferência assenta em características económicas relevantes e fatores de comparabilidade das transações em questão. A afirmação de um juízo de comparabilidade possível de preços entre duas transações depende principalmente da análise das funções desempenhadas por cada uma das partes na transação, considerados os ativos usados e os riscos assumidos, incluindo a relação destes com a criação de valor do GMN em que as entidades testadas se integram[792]. Ora, a demonstração das variáveis "funções, ativos e riscos" depende da análise da *transação efetiva conforme implementada pelas partes*, manifestada através da substância factual da conduta das partes[793]. Sucede que esta deveria ser apreciada com base em indícios tangíveis de

[790] O paralelo não é evidente no que concerne o fator "receitas", embora possa ser argumentado que existe, como veremos. Em sentido semelhante, Brauner, 2020, p. 224. Já Offermans *et. al.*, 2017, p. 478, apresentam uma perspetiva holística de cadeias de valor alinhadas com a fórmula do projeto de Proposta de Diretiva CCCTB: o ativo contabilístico pode ser alinhável com o fator "ativo"; os prémios de organização tangíveis reconduzem-se às funções da massa salarial; todavia, o uso de ativos intangíveis apenas se poderá reconduzir ao fator "receitas", não se podendo afirmar a sua identificação plena com o mesmo, o que implicaria a repartição do valor gerado pelos mesmos pelas entidades que efetuam transações com partes terceiras, apenas.

[791] Também o notam Sasseville/Vann, 2018, sec. § 1.1.2.6.1.

[792] Cfr. OCDE, 2018b, par. 1.36..

[793] Cfr. OCDE, 2018b, pars. 1.45, 1.46, 1.48, 1.60 – 1.105 e 1.86.

atividade, e não a partir da distribuição de riscos e funções declaradas pelas partes[794].

Por este motivo, as Diretrizes Revistas substituem a análise baseada nas funções desempenhadas por uma análise fundada nas contribuições das partes para a transação[795]. Esta alternativa demonstra um maior enfoque na materialidade da transação, também manifestado, por exemplo, na atenção prestada aos riscos económicos significativos *assumidos* pelas partes, ao invés de *alocados* por estas[796]. A materialidade revela-se por critérios objetivos, daí que as contribuições determinantes para repartição de lucro assentem em dados objetivos, verificáveis, e reforçados por dados comparáveis, internos, ou pelo conjunto de ambos. Neste particular, note-se que a assunção de risco de insucesso de transação surge associada à contribuição de ativos que podem ser consumidos com a verificação daquele. Mas as Diretrizes também levam em consideração as funções envolvidas no desenvolvimento de um mercado para efeitos de comparabilidade[797], o que introduz a contribui-

[794] O primeiro exemplo das Diretrizes Revistas para demonstrar a pretensão de apreciação de transação efetiva é, aliás, ilustrativo: a conduta das partes é apreciada com base na determinação do efetivo pagador dos serviços em questão e dos fluxos financeiros entre os envolvidos – cfr. OCDE, 2018b, par. 1.50.

[795] Cfr., por ex., OCDE, 2018b, par. 2. As Diretrizes Revistas são, aliás, tautológicas: as contribuições das partes são medidas pelas funções desempenhadas, ativos utilizados e riscos assumidos – cfr. OCDE, 2018b, par. 2.168. Contudo, a letra deste par. não é conforme à descrição dos vários fatores de repartição sugeridos a par. 2.170 e ss. das mesmas.

[796] Cfr. OCDE, 2018b, par. 2.147 com OCDE, 2017a, par. 2.122.

[797] Cfr. OCDE, 2018b, pars. 2.163-2.166. Este último, aliás, é demonstrativo da vontade de afastamento da determinação dos preços de transferência pelas partes, como se denota do critério para determinação dos fatores de repartição: estes serão independentes da formulação da política de preços de transferência, onde anteriormente se afirmava que seriam *razoavelmente independentes* da mesma – cfr. OCDE, 2018b, par. 2.166 com OCDE, 2017a, par 2.138. Trata-se de uma interpretação, aliás, adotada pelo legislador português através das alterações introduzidas ao art. 63º CIRC pela Lei nº 119/2019, nomeadamente eliminando da norma a referência à escolha dos métodos que ofereçam "o mais elevado grau de comparabilidade", a referência expressa a análise "funções, ativos e riscos", e a incorporação na mesma al., 63º, nº 3, al. a) CIRC dos cinco métodos de preços de transferência (PSM incluído) como sendo metodologicamente equiparados. Desta feita, o recurso aos métodos de repartição de lucro deixa de estar dependente da demonstração da não aplicabilidade dos métodos tradicionais, bastando-se com a fundamentação do método escolhido, o que forçosamente altera a sua natureza subsidiária. A al. b) da mesma norma mais clarifica a possibilidade de levar em linha de conta métodos como múltiplos de EBITDA ou fluxos de caixa descontados na avaliação de transações, algo já mencionado nas Diretrizes a propósito de eventuais formas de avaliação de intangíveis. O art. 63, nº 9 CIRC, todavia, mantém a referência à correção pelo montante que teria sido obtido se as operações fossem realizadas em situações normais de mercado.

ção do mercado para o rendimento como um critério a levar em consideração na repartição de lucro entre partes[798].

Com efeito, os indícios de atividade material têm reflexo patrimonial substantivo. Integram o conjunto de direitos e obrigações que compõem o património do operador económico efetivamente envolvido na operação material do GMN. Contrariamente, a mera alocação de funções e riscos no interior do GMN com base em declarações contratuais e deslocação de ativos intangíveis (como o sejam direitos financeiros e direitos de propriedade intelectual) não demonstram operações tangíveis. Por este motivo, apenas os primeiros indícios podem ser apreciados e fiscalizados de forma sustentável e verificável pela AT. Assim, quando se pretenda não prestar relevo às declarações contratuais das partes, a análise funcional das Diretrizes Revistas reconduz-se à análise de indícios comprováveis de atividade substantiva das partes que sustente a atribuição de lucro às mesmas.

De facto, a apreciação das funções empresariais desempenhadas numa transação parte, desde logo, dos ativos envolvidos e dos riscos assumidos por cada parte[799]. Porém, como vimos perfuntoriamente, a assunção de riscos depende essencialmente do envolvimento de capital que sustente facticamente a capacidade de assumir os mesmos, complementada pela identificação da entidade do grupo que conserva a capacidade de decisão sobre a gestão daquele risco. Ora, esta capacidade está inexoravelmente associada aos órgãos de gestão que determinam a aplicação de capital do grupo. Ou seja, a assunção de risco depende sobretudo da apreciação de envolvimento de capital[800] e de quem determina esse envolvimento – pessoas com fun-

[798] Cfr. OCDE, 2018b, par. 2.166, por exemplo.

[799] Cfr. OCDE, 2018b, par. 1.51 e ss. A este propósito, Torvik, 2018, pp. 774 e ss. recupera a ideia do Schön para quem a repartição de lucros utilizando FA desconsidera os perfis de risco dos membros envolvidos do GMN, nivelando os perfis de risco das várias entidades do GMN. *De lege ferenda*, Hafkenscheid, citado *apud* Torvik, 2018, sugere alterar o art. 9º da CMOCDE para garantir que todas as entidades de grupo tenham o mesmo perfil de risco. Por este motivo, a aplicação do método PSM tende a ser favorecida pelas jurisdições de fonte de rendimento, desconsiderando os perfis de risco de cada entidade do GMN. Sensível ao mesmo problema, Brauner, 2020, p. 226 afirma que a grande diferença entre o regime de preços de transferência e o regime FA é o tratamento do risco empresarial e da sua remuneração.

[800] Veja-se a referência em OCDE, 2018b, par. 1.53 à importância da análise da *capacidade* das partes como integrante das características financeiras e comerciais relevantes de comparação de transações: essa capacidade não se reconduz, senão, à possibilidade de uso de capital investido em instrumentos de financiamento, assunção de riscos produtivos e laborais. Isso mesmo é confirmado pelo par. 1.54: a análise funcional deve considerar o tipo de ativos envolvidos, o uso de intangíveis, de ativos financeiros, e a natureza dos ativos utilizados, tais como a idade, valor de

ções significativas[801-802]. É certo que seria redutor demonstrar a localização da capacidade de decisão empresarial através da localização do fator "massa salarial" pela inclusão no mesmo dos salários dos seus administradores. Contudo, a localização efetiva das pessoas que assumem decisões estruturantes do GMN é um fator relevante na repartição do lucro do mesmo (quanto mais não seja por se identificar, frequentemente, com o preenchimento do conceito de residência societária[803]).

mercado, localização ou o local de proteção jurídica dos mesmos. Ora, são as considerações que presidem à definição do fator "ativo" num contexto de fórmulas de repartição. Esta asserção é reforçada pelos índices concretizadores de risco constantes de par. 1.72, em particular do "risco de infraestrutura ou operacional" e "risco financeiro", bem como nos vários exemplos das Diretrizes Revistas (cfr. OCDE, 2018b, par. 1.83 – 1.85). Com efeito, o maior envolvimento de ativo traduzirá, num mercado aberto, maior risco e, por seu turno, maior retorno no capital investido (cfr. OCDE, 2018b, par. 1.56), na medida em que "o impacto do risco no custo de capital é significativo" (cfr. OCDE, 2018b, par. 1.74). A assunção de risco depende da assunção das consequências financeiras da materialização do mesmo, as quais dependem sobretudo do envolvimento do fator "ativo", que, no limite, constitui a garantia dos credores sociais (cfr. OCDE, 2018b, pars. 1.63 e 1.64 e art. 600º CCiv.). Ora, o que o IRC procura tributar é, precisamente, o retorno sobre o capital investido em fatores de produção, pelo que é natural que avalie o envolvimento dos fatores de produção na obtenção de rendimento. Tal é alcançável de forma mais sustentada considerando os mesmos diretamente (o que o uso de fatores e do método FA permite) e não através da caracterização da utilização dos mesmos e do resultado daí obtido pelas partes.

801 Através da análise de quem controla a cadeia de valor, quem toma as decisões estratégicas, e quem tem capacidade financeira para sustentar a materialidade do risco. Este último critério é utilizado como determinante em caso de dúvida, como resulta da interpretação do comentário aos exemplos prestado pelas próprias Diretrizes Revistas entre par. 1.90 e 1.97, culminando na frase central do par. 1.98: a assunção de risco deve ser *"alocada à empresa que exerce controlo e tem a capacidade financeira de assumir o risco"*.

802 A gestão de risco não se confunde com a sua assunção e depende do exercício de funções pessoais de decisão que podem, inclusivamente, ser contratadas fora do grupo no caso de funções de mitigação rotineiras – cfr. OCDE, 2018b, pars. 1.63-1.66. O controlo de risco envolve, pelo exemplo das Diretrizes Revistas, fatores como capital e massa salarial – cfr. OCDE, 2018b, par. 1.69. A massa salarial assume, aliás, importância preponderante em certos negócios pela demonstração da importância particular da sua qualificação para o sucesso dos mesmos – cfr. OCDE, 2018b, sec. D. 7. Para uma análise profunda do problema abordado neste parágrafo, cfr. Vann, 2010b, pp. 326 e ss.

803 É evidente, porém, que a localização de capacidade decisória poderá encontrar relevo autónomo para lá da sua manifestação na massa salarial dos decisores, na medida em que a mera consideração de massa salarial tenderá a atribuir pouco relevo à tomada de decisão do GMN, e que é inequivocamente um fator do seu rendimento. Contudo, a identificação da decisão com a administração tende a fixar a residência societária, a qual é relevante para apreciação de alocação de determinadas fontes de rendimento por referência ao local de proteção legal dos ativos que lhes dão fonte. Desta forma, os benefícios difusos proporcionados pela proteção jurídica conferida pelo Estado ao ativo jurídico empresarial podem ser refletidos no funcionamento de uma fór-

Acrescente-se que a assunção de risco depende do sucesso da oportunidade comercial, ou seja, das receitas[804]. Estas últimas possibilitam a identificação de outro pilar transacional: o preço[805]. Na verdade, as receitas são uma evidente manifestação do rendimento: sem venda, não há acréscimo nem realização que permita a identificação de capacidade contributiva. Confirmando esta alegação, atente-se nas contribuições que a OCDE determina deverem ser consideradas para repartição de lucro entre partes numa transação utilizando o *profit split method*. As Diretrizes de 2018 apresentam mais de 15 exemplos de funcionamento do método. Da análise dos mesmos, é possível verificar que a OCDE pretende que as contribuições escolhidas para medir a participação de cada entidade envolvida numa transação reflitam as contribuições chave para a criação de valor[806].

Assim, o fator de repartição pode ser um número fixo (uma partilha de receitas numa proporção de 30-70%, por exemplo, com base em partilha

mula de repartição com alocação de rendimento, atendendo assim e prestando relevo autónomo à função administrativa do GMN pela atribuição de lucro tributável ao Estado associado à proteção jurídica de fontes de rendimento que se entendam dever ser alocadas ao Estado de residência. Vd., também, Smit, 2018, p. 107, alertando que a massa salarial e o número de trabalhadores nem sempre correspondem ao local onde as atividades que geram rendimento têm lugar e ao local onde as pessoas com funções significativas prestam os seus serviços.

804 Vd. OCDE, 2018b, par. 1.58 e, sobretudo, par. 1.71. O risco é efeito da incerteza da consecução dos objetivos negociais (que são a obtenção de lucro). O risco é assumido sempre que uma empresa tem custos ou obtém rendimento – ora, o rendimento provém do fator receita. Com efeito, o impacto do risco verifica-se quando a projecção negocial não se verifica, porque, por exemplo, o produto não atrai a procura de consumidor projetada. Daí que o fator "receitas" surja como fundamento da análise de risco em todo o seu esplendor, a par. 171, renovado como integrante do risco a analisar sob a categoria "risco de mercado" e "risco transacional" (através do relevo do preço) – cfr. OCDE, 2018b, par. 1.72, als. a) e d), pars. 1.77 – 1.79 e exemplo 3, constante de par. 1.85.

805 Cfr. OCDE, 2018b, sec D.1.2.1.6..

806 Para a OCDE, a natureza da criação de valor é chave na determinação dos fatores, na medida em que deverão ser utilizados os fatores determinantes para a mesma consoante o caso. Afirma-se que o custo pode ser usado como meio prático de medição do valor relativo das contribuições para o lucro. Contudo, consideramos que nesse caso poderemos muito longe da proporcionalidade entre a contribuição para a obtenção de lucro e o lucro obtido se o padrão de mensuração for a aptidão para criar valor, na medida em que o custo de um meio de produção não justifica a sua distinta rendibilidade consoante seja empregue num ou noutro GMN. A referência à criação de valor que perpassa todas as Diretrizes é infeliz e não condizente com a tradicional doutrina de IRC, que visa tributar o rendimento e não a "criação de valor", conceito difuso e pouco densificado doutrinariamente. Contudo, vd. Chand/Wagh, 2014, p. 405, afirmando que o método PSM alinha a tributação com a criação de valor através da reflexão das contribuições das partes na obtenção de rendimento, por oposição ao uso de fórmulas predeterminadas.

semelhante de lucro entre entidades independentes) ou uma variável (o valor relativo das contribuições de *marketing* das partes). As contribuições serão medidas por fatores baseados em ativo ou capital (ativos operacionais, ativos fixos ou intangíveis[807]) ou em custos[808] (despesa relativa, investimento em I&D, engenharia, *marketing*). Entre outros fatores aceites como integrando uma análise de comparabilidade estão as vendas incrementadas, ou a massa salarial, ou número de trabalhadores envolvidos na transação[809].

A escolha de contribuições é determinada pela correlação das mesmas com a criação de valor no contexto da transação analisada[810]. Deste modo, transações em que os ativos ou capital tenham maior correlação com a criação de valor deverão determinar o uso daquelas contribuições como fatores de repartição de lucro. Pelo contrário, quando seja possível estabelecer relação entre as despesas incorridas e a criação de valor, deverão ser utilizadas as despesas incorridas como fator de distribuição de lucro.

Portanto, embora permita discricionariedade ao contribuinte (no que reside, para nós, a maior limitação metodológica do método), o *profit split method* prevê a distribuição do lucro com base nos fatores clássicos de um sistema de repartição formulaico, excepção feita às receitas. Com efeito, a análise "funções, ativos e riscos" é referenciável a três potenciais fatores de repartição de uma fórmula: a propriedade (capital), a mão de obra (presença física) e as receitas (concretização de risco).

Esta conclusão é reforçada pela secção das Diretrizes Revistas atinente à medição de contribuições para a criação de valor em transações intragrupo. Um aspecto fundamental neste contexto é que as contribuições de cada membro do grupo devem ser proporcionais aos benefícios (leia-se, lucros) resultantes do acordo[811]. Assim, reconhece-se que os interesses de criação de intangíveis podem ser distribuídos de acordo com um mecanismo de partilha de contribuições e riscos que, todavia, não afeta a avaliação apropriada das contribuições das partes para a produção do resultado final[812]. É assinalável o recurso da OCDE ao princípio da proporcionalidade

[807] Estes podem ser de dificuldade de avaliação assinável, sugerindo-se técnicas de avaliação como método de fluxo de caixa descontado.

[808] A escolha dos custos a atender para definição do fator variará de sector para sector, o que introduz indeterminação na escolha de fatores que se lamenta - cfr. OCDE, 2018b, par. 2.181.

[809] Cfr. OCDE, 2018b, par. 2.170 - 2.173.

[810] Cfr. OCDE, 2018b, sec. C. 5.3..

[811] Cfr. OCDE, 2018b, par. 8.5..

[812] Cfr. OCDE, 2018b, par. 8.7..

neste contexto[813], considerando que o lucro repartido pela entidade parte no acordo deve ser proporcional às contribuições que esta faz para os benefícios obtidos na execução do acordo. Ora, as contribuições são medidas com base em fatores idênticos aos propostos para mensuração dos fatores num sistema de repartição formulaica (custos de serviços, investimentos de capital em ativo) e avaliados numa perspetiva de custo em mercado aberto, e não de valor[814].

Parece-nos, em conclusão, manifesta a simetria entre o discurso da OCDE em torno das "contribuições" e o discurso dos partidários dos sistemas de repartição de lucro referindo-se aos "fatores". Trata-se de um método que nunca deixou de ser considerado pela OCDE, pelo que a permeabilidade desta organização ao seu discurso não deve surpreender. O próprio art. 7º, nº 4 da CMOCDE, na versão que vigorou entre 1977 e 2010, previa a possibilidade da utilização de métodos de repartição de lucro entre um GMN e um seu estabelecimento estável caso essa aplicação fosse costumeira no Estado tributante[815]. A versão de 2010 da CMOCDE, todavia, excluiu essa possibilidade. O Comité da OCDE justifica a opção com a sua aplicação excepcional e dificuldade de produção de resultados consentâneos com o princípio da plena concorrência[816]. De qualquer forma, a versão dos comentários anterior a 2010 referia, no seu par. 51 e ss., que os critérios tradicionais para repartir rendimento seriam os das receitas, massa salarial e capital da entidade pertencente ao GMN, sendo que o método deveria tentar produzir os mesmos resultados alcançáveis pelo método da contabilidade separada. A História tende a repetir-se.

4.2. A repartição formulaica e o *profit split method*

Contendemos também que sistemas de repartição formulaica são utilizados no âmbito do regime de preços de transferência, ainda que a OCDE não

[813] Cfr. OCDE, 2018b, pars. 8.5, 8.12 e 8.13, afirmando que o parâmetro de comparação entre transações são os benefícios obtidos por empresas independentes quanto outorgam acordos semelhantes.

[814] Cfr. OCDE, 2018b, par. 8.24 e 8.27.

[815] Ainda que se fosse feita a referência, na parte final da norma, à utilização do método de repartição em conformidade com os princípios constantes do art. 7º CMOCDE.

[816] Cfr. OCDE, 2017a, sec. C(7)-17. Vd. também Ribeiro, 2018a, pp. 477 e ss. Por exemplo. o acórdão do Tribunal de Segunda Instância de Zurique, Suíça, datado de 27/03/2001, proc. nº 1 ST.1999.207, aceitou o método de repartição formulaica entre uma sociedade-mãe e o seu estabelecimento estável como compatível com o art. 7º do ADT celebrado entre a Suíça e a Alemanha.

conceda. Mas, e na verdade, há uma divergência entre o teor das Diretrizes Revistas, apegado a um espírito clássico das mesmas, e o inequívoco caminho de superação do método de preços de transferência que é trilhado pela OCDE, ainda que sem conceder. O teor das Diretrizes Revistas proclama, por princípio, uma visão altamente contrária a um sistema global de fórmulas de repartição[817].

Esta posição assenta em críticas como a dificuldade de um consenso internacional quanto ao conteúdo da fórmula, à base tributária e ao sistema de contabilidade. O desacordo quanto a estes elementos projeta-se duplamente: tanto na potencialidade de dupla tributação que uma implementação descoordenada aportaria, como na potencialidade de evasão fiscal através da manipulação dos componentes da fórmula.

Conceptualmente, o texto das Diretrizes afirma que uma fórmula pré-determinada é arbitrária, repartindo lucro a entidades não considerando as diferenças de funções, ativos, risco e eficiência entre membros do GMN. São colocadas ainda objeções à implementação de fórmulas de repartição por força do desequilíbrio relativo causado pelas flutuações de taxas de câmbio, do aumento de custos de cumprimento e contexto que a implementação do sistema aportaria (por força da maior onerosidade de informação respeitante a cumprimento de obrigações declarativas[818]) e das dificuldades de avaliação de ativos de forma uniforme e integração do método com a rede de ADT vigente.

Devemos dizer que nos parece que a secção de Diretrizes de implementação do *profit split method* é profundamente contraditória em termos argumentativos, notando-se a tentação de descrever o *profit split method* como permitindo alcançar o mesmo resultado de distribuição de lucro que sociedades independentes alcançariam[819] quando tal é, desde logo, incompatível com os tipos de caso em que o método é aplicável, segundo o texto das Diretrizes. Da mesma forma que o grupo não tem como objetivo operacional repartir o lucro pelas entidades constituintes, mas sim consolidar o mesmo na sociedade cúpula ou redistribuí-lo de acordo com as suas neces-

[817] Cfr. OCDE, 2018b, par. 1.18. a 1.31.

[818] Um argumento ultrapassado, diríamos, pelas próprias Diretrizes que detalham a informação a constar da documentação de dossier de preços de transferência, que, acompanhada da obrigação constante das declarações CbCr, é bastante para a implementação de repartição formulaica.

[819] O par. 2.159 das Diretrizes Revistas afirma que partes independentes fariam depender a distribuição do lucro obtido numa transação da proporção do risco que assumem na mesma, ao passo que o par. 2.133 das Diretrizes de 2017 focava-se no lucro que empresas independentes obteriam se se envolvessem em transações comparáveis.

sidades de financiamento, também entidades independentes não acordam distribuir o lucro da transação globalmente considerada entre si[820], muito menos com base nas suas contribuições relativas, o que seria aliás contrário ao seu objeto social. Partes independentes fixam um preço que sirva os seus interesses, independentemente e sem consideração dos interesses da contraparte[821].

Porém, lá onde se desconsidere o apego à terminologia das entidades independentes, a secção C, parte II, do Capítulo II das Diretrizes Revistas constitui um atestado da possibilidade de implementação de fórmulas de repartição no regime de preços de transferência. Efetivamente, o sistema de fórmulas de repartição de lucro é tido como adequado para implementar o regime de preços de transferência pelas próprias Diretrizes, como demonstra o contraste entre os métodos tradicionais de preços de transferência, assentes na comparação de preço e custos (*comparable uncontrolled price, resale price method, cost-plus method*), e os métodos transacionais, apoiados na análise da repartição de lucro (*transactional net margin method* e *profit split method*). Como o enfoque no estabelecimento de preço de transação pode ser equívoco quanto à fixação da medida de lucro obtido pelo contribuinte, porquanto podem verificar-se margens de lucro distintas consoante a organização empresarial, as Diretrizes aceitam métodos de repartição de lucro alternativos.

Ora, estes utilizam o envolvimento de fatores de produção como conjunto indicativo[822] da margem de lucro associada a uma transação. No caso do *transactional net margin method*, afere-se a margem líquida operacional de determinada base de ativos, vendas e custos envolvida numa transação ou conjunto de transações[823], normalmente tomando por base apenas a análise da parte na transação que desempenhe funções rotineiras[824]. No caso

[820] Embora o par. 2.150 após a revisão de 2018 introduza o conceito de "*lucro relevante*", em detrimento do anterior conceito de "*lucro combinado*". O objetivo do PSM é distribuir o lucro da transação que não seja atribuído a funções simples de avaliar e com retornos de rendimento identificáveis por base em comparáveis.

[821] De igual forma, a fundamentação para a imposição de IRC é confusa em algumas passagens das Diretrizes. Por ex., a OCDE, 2018b, par. 2.169, afirma-se que que partes independentes repartem o lucro com base nas suas contribuições para a criação do mesmo. Ora, isto transforma o IRC num imposto sobre o valor adicionado pelas contribuições, o que não é o seu propósito.

[822] Dai que Ribeiro, 2018a, p. 479, afirme a natureza presuntiva de ambos os métodos.

[823] Cfr. OCDE, 2018b, par. 2.64 e 2.68. Reconheça-se a particular dificuldade de individualizar custos empresariais associados a uma determinada transação – cfr. OCDE, 2018b, par. 2.84.

[824] Cfr. OCDE, 2018b, par. 2.65. Veja-se que, para efeitos de determinar a margem líquida da transação, as próprias Diretrizes ordenam a aferição do capital envolvido e do retorno normal

do *profit split method*, o lucro resultante de uma transação ou conjunto de transações é repartido pelas partes de forma alinhada com o valor das suas contribuições, conforme teria sido delineado se as partes fossem independentes[825].

Assim, desde junho de 2018 que as próprias Diretrizes OCDE prescrevem que o *profit split method* será, em várias situações, o método mais apropriado para implementar o princípio da plena concorrência. Em particular, são dados como exemplos de pertinência de aplicação de método os casos em que cada uma das partes faz contribuições únicas e valiosas para a transação controlada (aqui incluído o uso de ativos intangíveis), quando as partes são altamente integradas, ou quando não existe informação pública disponível sobre as margens brutas de transação comparáveis[826]. Ou seja, e no geral, na ausência de fatores que justifiquem a adoção de qualquer outro dos quatro métodos, deverá ser adotado o *profit split method*[827]. Ora, cremos que a maior parte das atividades hodiernas não rotineiras do GMN são subsumíveis a esta exemplificação.

Desta forma, a implementação de fatores como critério de repartição de lucro entre entidades relacionadas é aceite pela OCDE em princípio, pese embora não de forma unívoca e organizada numa fórmula única[828]. Para nós, esta abordagem apenas pode ser justificada apreciando transações de forma global ou integrada, e não isoladamente, determinando a superação do recurso a métodos puramente transacionais[829]. Com efeito, se a natureza

do mesmo em indústrias de capital intensivo, ou a análise do volume de vendas ou despesas operacionais (que incluirão, dizemos, massa salarial) em atividades de distribuição, serviços ou fabrico – cfr. OCDE, 2018b, par. 2.93. Eis os três fatores da fórmula de Massassuchets, ainda que interpretados e implementados para efeitos de aplicação de método de preços de transferência de perspetiva diferente.

825 Cfr. OCDE, 2018b, par. 2.114 e 2.126.

826 Cfr. OCDE, 2018b, par. 2.126 – 2.138, conjunto de parágrafos, aliás, todos revistos em junho de 2018. Aplicando o PSM na ausência de comparáveis, vd. o acórdão do Commissioners for Her Majesty's Revenue and Customs, Reino Unido, proc. nº TC00001, datado de 31/03/2009. Kobetsky, 2020, p. 149, nota que, contudo, o desenvolvimento do método de preços de transferência por NU, 2017, basta-se com a ausência de comparáveis como fundamento de implementação do PSM.

827 Cfr. OCDE, 2018b, par. 2.140.

828 Neste sentido, vd. Robillard, 2015, pp. 448 e ss.

829 Vd. Reimer, 2015, pp. 525, que adverte que uma aproximação formulaica que se refere ao lucro de toda a empresa (ou de um conjunto agregado de transações, se tivermos presente o *transactional net margin method*) e não a cada transação pode não estar em conformidade com o princípio da plena concorrência. O autor sugere que o método formulaico poderá incidir sobre a

da atividade integrada do GMN dificulta a seccionação das suas transações, as Diretrizes possibilitam uma aproximação mais holística, ao reconhecer a importância de análise conjunta de transações contínuas, de longo prazo, associadas entre si, ou, ainda, utilizando interposição de entidades terceiras[830].

Como tal, a dinâmica de grupo é reconhecida e integrada no documento, ao determinar que o *profit split method* impõe que a transação em crise seja testada holisticamente, e não apenas o lucro realizado ou o preço cobrado por uma parte[831]. A questão é fundamental, na medida em que apenas a operação integrada permite obter a medida do lucro global e que frequentemente resulta do preço de transferência cobrado em excesso ou defeito, consoante o caso necessário para deslicalização de lucro. Isto porque, uma vez que é altamente dependente da apreciação do preço de transação, o método de preços de transferência bule sempre com a questão da fixação do valor. Ora, este apenas é fixado em mercado nas relações extragrupo, que permitem a realização do diferencial de valor incorporado nas transações intragrupo. Uma aproximação integrada aprecia a operação global do grupo para compreender onde está localizada a internalização desse valor[832]. O acréscimo de vendas como forma de revelação da atividade da

base tributável total ou sobre uma percentagem de lucros, e que esta última opção é mais adequada.

830 Cfr. OCDE, 2018b, par. 3.9 – 3.12.

831 Cfr. OCDE, 2018b, par. 2.125. Ainda assim, as Diretrizes Revistas não devem ser interpretadas no sentido de que seria aceitável uma entidade de um GMN obter uma remuneração abaixo do que obteria uma entidade independente para que outra entidade do grupo obtivesse correspetivos benefícios – cfr. OCDE, 2018b, par. 3.10, o que é contrário à natureza da operação do grupo, como se demonstrou *supra*, e inclusive aos regimes societários de grupos que permitem a emissão de instruções desvantajosas a sociedades dominadas.

832 Contudo, vd. Torvik, 2018, pp. 774 e ss.: uma das questões essenciais do regime de preços de transferência, operacionalizada através do relevo que é conferido à titularidade legal dos direitos sobre ativos intangíveis, é que os lucros residuais de cadeias de valor globais são alocados de acordo com o princípio da criação de valor do intangível, ou seja, alocando-a à entidade que é tida como sendo proprietária da propriedade intelectual. Sucede que tal se verifica mesmo no âmbito da aplicação do PSM, porquanto o conceito de propriedade do ativo intangível continua a garantir à sociedade detentora dos mesmos, pelas funções associadas e, nomeadamente, pela assunção do risco, a "parte de leão" dos lucros repartíveis pela cadeia de valor. Observa ainda, de forma perspicaz, que caso a aplicação do *transactional net margin method* conduza à alocação de rendimentos que não os meramente derivados de uma contribuição rotineira à jurisdição onde são desempenhadas estas funções, o GMN poderá recorrer a estratégias de contratação de funções rotineiras a terceiros. Desta forma, a remuneração de funções rotineiras observaria um critério de preço de mercado, o que na aplicação de um método PSM pode não se verificar por

sociedade permite identificar onde é realizado o lucro oriundo das transações intragrupo. Daí que se enalteça a abertura das Diretrizes para a compreensão de transações complexas na análise de preços de transferência, embora se refira que esta deverá ser o mais ampla possível de forma a capturar os elementos acabados de descrever.

5. Conclusão intermédia: o método FA como realizando Justiça fiscal internacional e diminuindo BEPS

A secção precedente introduz um ponto fundamental da nossa Tese. A repartição formulaica de lucro não é estranha ao presente regime de preços de transferência, não só porque já é admitida expressamente como forma de o aplicar, como porque o mesmo assenta em e reúne informação sobre fatores de implementação de uma fórmula. Defendemos, pois, que é conceptual e principialisticamente mais adequada ao propósito do IRC tributar transações integradas de grupos de entidades, com particular foco nas transações intragrupo, utilizando fórmulas de repartição de lucro.

Esta opção é, aliás e na nossa opinião, mais consentânea com a definição que apresentámos de Justiça fiscal internacional, permitindo uma melhor realização da mesma. A tributação de atividades de GMN integradas através de fórmulas de repartição permite repartir de forma procedimentalmente mais justa as bases tributárias entre Estados, conservando o seu grau de soberania, inclusive na definição da fórmula que pretendam aplicar na ausência de consenso internacional quanto à mesma. A implementação do método devolve aos Estados a definição direta da forma de repartição de suas bases tributárias, ao invés de se basearem nas declarações dos contribuintes e que desempenham a função indireta de repartição de bases tributárias entre Estados.

Seguidamente, apreciaremos quais os fatores que devem integrar uma fórmula de repartição para o efeito, procurando, no fim, sugerir formas de implementação tributação formulaica unilaterais ou multilaterais.

força da sobrecompensação da entidade que desempenha as ditas funções de rotina. Andrus/Oosterhuis, 2017, afirmam mesmo que as circunstâncias que permitem recurso a PSM são mais estritas na versão pós-2018 das Diretrizes do que na versão anterior.

Capítulo II
Uma proposta de fórmula de repartição

1. FA: a escolha dos fatores

A existência de experiências comparadas e o trabalho doutrinal e técnico desenvolvido no âmbito das Diretrizes OCDE e do projeto CCCTB permitem-nos antecipar problemas e fazer opções quanto à estruturação de uma fórmula de repartição para aplicação a transações intragrupo num contexto aberto. Para isto, procuraremos propor quais os fatores (ou chaves de repartição) a integrar numa fórmula de repartição à luz de um conceito de Justiça fiscal internacional. De seguida, tentaremos avançar hipóteses de implementação do mesmo num contexto aberto, seja de forma coordenada, seja de forma unilateral. Assim, veremos quais os fatores que devem, na nossa opinião, integrar sempre um sistema de repartição de lucro atenta a reflexão das operações empresariais que encerram.

Uma das críticas realizadas ao longo deste trabalho ao regime de preços de transferência prende-se com a sua evolução no sentido de não constituir limite suficientemente determinado à estruturação das operações do GMN de forma a implementar variáveis de comportamento substitutivo. Recorde-se que esta atuação tem lugar ao abrigo do direito de livre organização económica, constitucionalmente reconhecido em Portugal e inerente a uma economia de mercado, razão pela qual apenas pode ser limitado por disposições legais concretas. Por este motivo, afastamo-nos da abordagem constante das Diretrizes da OCDE para implementação do *profit split method* e que permite a escolha dos fatores de repartição pelo contribuinte, caso a caso, consoante a importância relativa dos mesmos na produção de rendimento. A abertura à escolha do método de preços de transferência a implementar por cada contribuinte redunda no grande vício metodológico do regime vigente. Esta possibilidade diminui a eficiência da implementação de um método, a transparência e paz jurídica resultante da sua aplicação e, no geral, a capacidade de o Estado tributante desenvolver as suas políticas fiscais.

Assim, consideramos que o método FA deve ser implementado através da consagração de uma fórmula universal, cujo afastamento apenas poderá ser suscitado pelo contribuinte após autorização de AT local ou demonstração inequívoca de que a aplicação da mesma não demonstra a contribuição proporcional de uma entidade do GMN para a obtenção de lucro, considerada a operação global do mesmo. A fórmula funcionaria, assim, como uma determinação supletiva de repartição de lucro de atividades integradas, redistribuindo o lucro operacional que extravasa funções rotineiras do GMN por todas as unidades do GMN. Atenta esta nossa posição, a escolha dos fatores da fórmula torna-se uma questão central.

Alguma doutrina afirma que a escolha destes é essencialmente política[833]. Com esta asserção, parece pretender-se cobrir o método FA com um manto de argumentos alheios à ciência e técnica jurídicas e que retirariam pertinência à sua adoção. A este propósito, diremos duas coisas. Primeiro, toda a questão fiscal é constitucional e, nessa medida, em parte política, ou não fosse a Constituição o "estatuto jurídico do político"[834]. Segundo, o facto de uma decisão política extravasar meras considerações técnicas (que podem, até, nunca abarcar a plenitude da compreensão e solução do problema que se propõem tratar) não impede que preocupações de ciência jurídica possam informar o debate[835]. No caso de questões metodológicas e de implementação de processos tendentes a um resultado justo, diríamos até que as considerações de Justiça são fundamentais para influenciar o debate político e jurídico sobre os fatores da fórmula a adotar[836]. Ensaiamos alguns argumentos de seguida.

[833] Neste sentido, Agúndez-Garcia, 2006, p. 46, Musgrave, 1984, pp. 250 e ss. Cfr. também Pomp, 1994, p. 811; Mayer, 2009, p. 20; Brauner, 2020, pp. 220 e ss. Anand/Sensing, 2000, pp. 183 e ss. afirmam que cada Estado procura implementar a fórmula que tenha mais relação com os fatores produtivos presentes no seu território. No mesmo sentido, Devereux/Loretz, 2008, p. 9, afirmando que um Estado obtém maior receita tributária se a proporção de um determinado fator usado na fórmula for superior no seu território.

[834] Formulação clássica adotada, por exemplo, por Neves, 2012, p. 23.

[835] A Delegação dos EUA à OCDE já notava em 1974 que a dificuldade em encontrar uma fórmula uniforme é mais histórica do que conceptual – cfr. https://www.taxtreatieshistory.org/data/pdf/DAF-CFA(74)1E.pdf, p. 15. Afastando a suposta arbitrariedade do regime FA, que limitaria o debate normativo sobre o método, vd. Avi-Yonah/Clausing/Durst, 2009, p. 516.

[836] A Justiça intrínseca de uma determinada fórmula de repartição é uma questão recorrente na jurisprudência do USC, por exemplo, que considera a exigência de Justiça da fórmula *(fair appor-*

1.1. A fórmula multifator como imperativo jurídico

A doutrina fiscal clássica consagra cinco parâmetros fundamentais para fixar e apreciar opções fiscais: eficiência económica, Justiça, facilidade de administração, resiliência à evasão e compatibilidade com incentivos eco-

tionment) uma imposição constitucional. A fórmula será justa sempre que composta por fatores que demonstrem uma conexão da fórmula com os fatores de produção de rendimento e sempre que respeite o teste da coerência interna. Mais precisamente, e quanto ao primeiro requisito, deverá existir uma correlação entre as particulares fontes de rendimento que são incluídas na base tributável e repartível do contribuinte e os fatores de repartição constantes da fórmula. Neste sentido, vd. USC, acórdão *Container.* Quanto ao teste de coerência interna, este será respeitado sempre que a composição da fórmula de repartição não implique que, se aplicada da mesma forma por todas as jurisdições, o rendimento do contribuinte seja tributado mais do que uma vez. Hellerstein exemplificam uma fórmula que viola o teste da coerência interna em Hellerstein/Hellerstein, 2018, sec. § 8.15, p. 2: uma fórmula que inclua no seu numerador o valor das vendas de bens fabricadas num determinado estado e vendidas fora, bem como as vendas realizadas nesse mesmo estado e fabricadas fora, implicaria a tributação de mais de 100% da base fiscal de um contribuinte se replicada por todos os estados. O requisito da tributação justa é, assim, bastante lato, quer seja pela dificuldade em determinar quais os fatores produtivos determinantes para a produção de rendimento, em abstrato, quer seja pela resistência do USC em se imiscuir numa matéria que entende ser de competência legislativa estadual e, portanto, fora de sua sindicância no sentido estrito. Ou seja, o USC poderá invalidar uma fórmula porquanto inconsistente com a exigência constitucional, mas não proclama quais os fatores que devem ser incluídos na mesma. Até hoje, este Tribunal nunca invalidou uma fórmula de repartição abstratamente considerada, e apenas por uma vez, em 1931, considerou inconstitucional a aplicação de uma fórmula de repartição ao caso concreto, uma vez que o cálculo da responsabilidade tributária com base na contabilidade separada dos contribuintes integrados no negócio unitário demonstrou um encargo fiscal excessivo por não apresentar conexão justificada com o estado tributante (cfr. USC, acórdão *Hans Rees*). No acórdão *Wisconsin v. JC Penn,* o USC afirmou a liberdade de um estado em prosseguir a sua política fiscal sem restrições constitucionais se esta decorrer das oportunidades que garantiu, dos benefícios que concedeu e da proteção que assegurou ao negócio pelo facto de estruturar uma sociedade civilizada e ordeira. Note-se que a Suíça, por exemplo, não dispõe de uma norma jurídica que positive uma fórmula de repartição particular de lucro de atividades empresariais intercantonais. Na ausência desta, cabe ao Tribunal Federal desenvolver jurisprudencialmente e sector a sector as fórmulas comummente utilizadas com base em princípios constitucionais básicos de Justiça, como sejam o princípio da igualdade e capacidade contributiva (art. 127, nº 2 da Constituição Federal Suíça), a proibição de dupla tributação intercantonal (art. 127, nº 3 da Constituição Federal Suíça), e a proibição de descriminação de tratamento entre contribuintes que declaram apenas parte do seu rendimento num cantão e contribuintes que declaram a totalidade do seu rendimento num cantão (com base no art. 46º, nº 2 da anterior Constituição Federal Suíça). Por exemplo, no caso de sociedades fabris (que incluem o sector de construção civil e fornecimento de electricidade), os lucros societários são repartidos com base nos fatores capital e massa salarial. No caso de sociedades que se dedicam a comércio, a repartição obedece a uma fórmula única que usa o fator receita, atribuída ao cantão de origem da mesma com base na localização do estabelecimento estável que realiza a venda – cfr. Mayer, 2009, p. 138.

nómicos[837]. Visto que o objetivo da fórmula é participar na realização do propósito do IRC – tributar o rendimento oriundo do investimento de capital em fatores de produção – os seus fatores deverão também refletir a presença de manifestações de presença empresarial num Estado que, em conjunto, permitem a obtenção de rendimento tributável. Se os fatores integrantes da fórmula refletirem a ligação do GMN com o Estado que tributa o rendimento empresarial e se consiga alcançar a medida deste último tendo por referência a capacidade contributiva do GMN e não só da entidade local fica assegurada parte da Justiça fiscal internacional do sistema[838]. Assim, pugnamos pela necessidade da adoção de uma fórmula multifator[839], posição que é consentânea com a experiência comparada[840].

[837] Cfr. SMITH, 1999, pp. 417 e ss. Vd. também CCCTB WG, 2007a; MAYER, 2009, p. 207 e DEVEREUX *ET AL.*, 2021, pp. 113 e ss.

[838] Esta questão é fundamental: a fórmula de repartição não visa identificar a unidade do grupo que produz o rendimento, mas sim distribuir o rendimento obtido pelo GMN pelas entidades constituintes, porque a sua função é dividir uma base fiscal que não pode ser satisfatoriamente identificada de forma geográfica com base em fatores que podem ser – cfr. HELLERSTEIN/HELLERSTEIN, 2018, sec. § 9.15, p. 8. Esta especificação torna o sistema relativamente imune a críticas como a de HINES JR., 2010, pp. 108 e ss., que calcula que a variação do peso relativo dos 3 fatores da fórmula de Massassuchets apenas justifica 22% da variação de lucro entre empresas. Conclui, assim, que os fatores da fórmula não representam os elementos essenciais da obtenção de rendimento empresarial (que serão a propriedade intelectual e a operação de ativos intangíveis) e, assim, redistribuem erroneamente pelas entidades do grupo o rendimento obtido. Esta asserção é confirmada por uma projecção de aplicação de fórmula CCCTB por HUNDSDOERFER/WAGNER, 2020, pp. 495 e ss. Mas, como bem precisam EBERHARTINGER/PETUTSCHNIG, 2017, pp. 333 e ss., ao passo que o sistema de contabilidade separada tributa com base em rendimento declarado, um sistema formulaico tributa com base em atividade declarada. A fórmula torna-se, assim, num padrão de medida de atividade de um GMN num Estado, e não uma demonstração da medida das contribuições da entidade que integra o GMN para o seu rendimento empresarial ou do rendimento obtido pelo GMN no Estado – cfr. HELLERSTEIN/HELLERSTEIN, 2018, sec. § 8.15. Esta forma de funcionamento da fórmula está de acordo com a advertência de GRAETZ, 2000, p. 317, que nota que a maioria das regras de tributação com base na fonte assentam na natureza jurídica da transação e não na sua substância económica, sugerindo que tais regras devem evoluir para ligações com a verdadeira atividade económica, nomeadamente a localização de clientes, trabalhadores ou ativos.

[839] Com efeito, uma fórmula multifator "pode ser justificada como sendo uma aproximação bruta da distribuição da fonte de rendimentos de uma empresa ou dos custos sociais que gera" – assim, o USC no acórdão *General Motors Crop v. DC*. Sublinhe-se que este entendimento é compatível com o conceito tradicional de tributação na fonte, sendo que a incidência na entidade empresarial justifica-se para efeitos de implementação da responsabilidade pelo cumprimento da obrigação de imposto – assim, MUSGRAVE, 1984, pp. 240 e ss.

[840] Nos EUA, a repartição do rendimento é realizada de acordo com fatores distintos e de ponderação variável. Em 1978, 43 dos 45 estados que recorriam ao método FA utilizavam a fórmula

de Massassuchets. O próprio USC chegou a descrever esta fórmula no acórdão *Container* como o padrão de medida de avaliação de todas as outras fórmulas possíveis, pois estes três fatores aparentam refletir uma enorme porção das atividades que geram valor de uma empresa. Presentemente, 34 estados recorrem a uma fórmula de 3 fatores, embora a tendência contemporânea seja para o fator "receitas" assumir predominância no seio da fórmula. Esta revela-se seja pela duplicação do seu peso relativo aos outros fatores (em 14 estados), seja pelo recurso ao fator "receitas" como único critério de repartição através de fórmulas de fator único, utilizadas em 13 estados Esta adoção é ditada por motivos económicos, com o objetivo de estimular a fixação industrial e comercial no estado tributante – cfr. Hellerstein/Hellerstein, 2018, sec. § 8.14, autores críticos de fórmulas de fator único por não refletirem a contribuição de fatores produtivos para a obtenção de rendimento do contribuinte (como, por ex., capital e massa salarial). Convenha-se que a descrição genérica das fórmulas é redutora, na medida em que os fatores podem ser consagrados de formas bastante diferentes e particulares de estado para estado. Para um elenco da integração dos fatores representados nas várias fórmulas vigentes, vd. Hellerstein/Hellerstein, 2018, sec. § 0.02, pp. 4 e ss; para mais sobre as tendências evolutivas do IRC estadual nos EUA, vd. Sicillian/Huddlestone, 2020, pp. 66 e ss. No Canadá, como regra geral, a fórmula é composta por dois fatores igualizados. O primeiro corresponde aos rendimentos brutos e o segundo à massa salarial. Apesar de existirem 9 fórmulas adicionais para sectores particulares de atividade, a fórmula geral é aplicada por 88% das empresas – assim, Smart/Vaillancourt, 2020, p. 82. A repartição utilizando o método indireto suíço, mais comum, assenta normalmente numa fórmula tripartida. Assim, os lucros de uma sociedade são repartidos de acordo com a fração proporcional de fatores como propriedade, massa salarial e receitas em cada cantão. Ao contrário do método direto, este reparte rendimento com os cantões nos quais a sociedade não seja lucrativa. Já a repartição do imposto comercial alemão, em regra, assenta numa fórmula de fator único – massa salarial. Existe ainda a possibilidade de aplicar uma fórmula casuística no caso de estabelecimentos estáveis multimunicipais, considerando os custos para os municípios que a presença do mesmo gera – cfr. sec. § 30 GewStG. Neste caso, a massa salarial assume um peso costumeiro de 50% na fórmula, sendo os restantes fatores compostos pela proporção de instalações físicas da empresa no município, ou em certos casos específicos pela proporção de uso intensivo de certas infraestruturas como linhas elétricas, linhas de saneamento – cfr. Mayer, 2009, p. 160. Finalmente, a derrama municipal portuguesa assenta numa fórmula de um só fator. O lucro tributário gerado no território de cada município é determinado pela proporção entre os gastos com a massa salarial correspondente aos estabelecimentos estáveis ou representações locais que o sujeito passivo nele explore e a correspondente à totalidade dos seus estabelecimentos situados em território nacional – cfr. art. 18º, nº 2 LFL. Para este efeito, considera-se que o rendimento é gerado no município em que se situa a sede ou a direção efetiva do sujeito passivo ou, tratando-se de sujeitos passivos não residentes, no município em que se situa o estabelecimento estável onde, nos termos do artigo 125º CIRC esteja centralizada a contabilidade, que serve assim de critério de repartição da coleta da derrama. Quando uma mesma entidade tem sede num município e direção efetiva noutro, deve ser considerada como residente neste último. Existe, ainda, a possibilidade de aplicação de uma fórmula específica quando o volume de negócios de um sujeito passivo resulte em mais de 50 % da exploração de recursos naturais ou do tratamento de resíduo, e cuja fixação depende da iniciativa do município (e não do contribuinte) – cfr. art. 18º, nº 3, 7 e 9 LFL. Trata-se de uma asserção implícita da desadequação da fórmula a indústrias de capital intensivo e que apenas poderá ser aplicada quando alternativa represen-

A adoção de uma fórmula multifator (em detrimento de uma fórmula composta por um único fator) reflete o concurso de vários fatores na produção de rendimento[841]. Mas sobretudo, permite reduzir eventuais efeitos distorsivos da adoção de um fator em particular[842], bem como da manipulação dos fatores[843]. Tem, ainda, o mérito de retirar a discussão da imediação

tar de forma mais fiel, e assim mais justa, a proporção do rendimento gerado no território do município. SALDANHA SANCHES sugeriu outros critérios de repartição alternativos, que levem em conta o valor acrescentado, o benefício obtido pelo sujeito passivo ou a área de implantação geográfica das infraestruturas associadas à sua operação – cfr. SANCHES, 2009b, p. 145.

[841] Concorda MONSENEGO, 2018, p. 174. Já AVI-YONAH/CLAUSING, 2008, p. 122 consideram que os problemas do desenho de uma fórmula de repartição não se resolvem colocando todos os fatores possíveis na mesma. Contudo, WILKIE, 2011, p. 154, afirma que uma fórmula aceitável envolverá manifestações básicas de capital e seus usos negociais, intervenção humana, despesas e receita, que permitam reconhecer a realidade negocial e económica que apenas adquirem significado quando lidos de forma conjugada. Afirmando a proximidade da tarefa de escolha de fatores de repartição com a escolha de indicadores objetivos de rendimento de base científica no direito português, vd. RIBEIRO, 2018a, p. 460.

[842] Descritos em ANDRUS/OOSTERHUIS, 2017, p. 87. MAYER, 2009, p. 106, considera mesmo que a extrapolação deste regime para um contexto aberto seria violadora das regras da OMC, por constituir um subsídio à exportação, com o que MCLURE JR., 2002, p. 594 concorda. Por seu turno, uma fórmula que apenas inclua o fator propriedade é rejeitada por alguns autores por provocar uma descida generalizada da taxa de imposto e a concentração de receita fiscal nos Estados de maior uso de capital (vd., por ex., RUSSO, 2005). Já a opção pela massa salarial como fator único é criticada na medida em que agrava o encargo sobre a tributação do trabalho, a qual já é vista por muitos autores como constituindo a verdadeira incidência do IRC – vd., por ex. FUEST/PEICHL/SIEGLOCH, 2018, p. 34. Vd. também MUSGRAVE, 1984, pp. 246 e ss., para demonstração das circunstâncias necessárias para que uma fórmula de fator único demonstre o rendimento isolado de entidades do GMN, e que não se verificam na prática, segundo conclui. Por fim, as vantagens concorrenciais da adoção de uma fórmula de fator único esbatem-se ao longo do tempo, à medida em que outros Estados conferem também maior peso a este fator ou adotam regime semelhante – cfr. SICILLIAN/HUDDLESTONE, 2020, p. 52. De igual forma, o aumento progressivo do peso do fator "receitas" na fórmula conduz a uma redução na receita fiscal, que pode ser compensada pelo aumento das taxas de imposto – cfr. WEINER, 2008, pp. 110 e ss. e GUPTA *ET. AL.*, 2009, p. 259.

[843] Cfr. CLAUSING, 2016b, pp. 358 e ss., demonstrando que o montante de rendimento coletável é menos sensível à alteração de taxas de imposto no caso de empresas que repartem rendimento com base em fórmulas. No mesmo sentido, GORDON/WILSON, 1986 e WENINGER, 2008, p. 213. SHAVIRO, 2014, p. 198, afirma que quanto mais fatores tenha a fórmula, menor é o retorno marginal provocado pela alteração do preenchimento de fator da mesma pelo GMN, defendendo a fórmula de três fatores com ênfase majorado nas "receitas". AVI-YONAH/CLAUSING, 2008, também afirmam que uma fórmula multifator é mais insensível a manipulação e reações comportamentais à sua fixação pelo GMN. Vd. ainda CCCTB WG, 2007a, p. 6 afirmando que a relocação de um fator da fórmula pelo GMN reloca menos do que uma unidade da base fiscal do GMN, tornando o regime FA mais resiliente a manipulação, capturando de forma mais compreensiva as

de conceitos altamente subjetivos, como os de *alocação de risco* e *criação de valor*, o que permite conferir à fórmula de um grau de transparência facilitador da sua interpretação e aplicação[844]. Concomitantemente, os fatores deverão ser verificáveis, passíveis de definição tanto quanto possível uniforme[845], e de aplicação coerente ao longo do tempo. Com efeito, se o IRC visa aferir a capacidade contributiva materializada no aumento de rendimento num dado período temporal, essencial é que os pontos de referência para o cálculo sejam definidos e aplicados de forma consistente ao longo do tempo[846]. De igual forma, se o IRC assenta na capacidade contributiva do contribuinte, a repartição terá de se fundar em fatores individuais e referentes àquele, e não em fatores setoriais ou macro-económicos[847].

Assumindo a adoção de uma fórmula de repartição multifator, haverá que atentar nas lições da melhora doutrina sobre o tema. Um sistema de IRC repartido com base em fatores cria externalidades formulaicas, na medida em que pode provocar alterações do padrão de obtenção de receita

atividades geradoras de rendimento do GMN e facilitando a negociação da adoção internacional da fórmula.

844 Cfr. Brauner, 2020, p. 228. Avi-Yonah/Clausing, 2008 destacam como grande valia do método FA a facilidade de mensuração de rendimento e administração pelas AT, importante quanto consideramos a necessária aplicação do método por países em desenvolvimento – cfr. Broekhuijsen/Vording, 2020, p. 164; e Mosquera, 2018, p. 3 e ss. A dificuldade de administração e transparência na aplicação da fórmula levam-nos a rejeitar abordagens como as do Parlamento Europeu que equacionam a repartição de lucro com base em elementos informáticos como o tráfego informático processado pelas sociedades do grupo – o chamado "data fator" – cfr. Resolução legislativa do Parlamento Europeu, de 15/3/2018, sobre a Proposta de Diretiva do Conselho relativa a uma MCCCIS (COM(2016)0683 – C8-0471/2016 – 2016/0336(CNS)), art. 3, §1, ponto 28-A.

845 No mesmo sentido, vd. Mayer, 2009, p. 205, que considera que a uniformidade da fórmula adotada pelos vários Estados participantes no projeto CCCTB é essencial para evitar fenómenos de dupla tributação. Também no mesmo sentido, Marchlen, 2010, pp. 163 e ss; Hellerstein/McLure Jr., 2004, p. 98; Musgrave, 1984, pp. 240 e ss; Russo, 2005, p. 21 (embora alertando para a necessidade de fórmulas distintas em determinados sectores); Weiner, 2008, p. 109; Ortmann, 2015, p. 23 (afirmando a maior capacidade de arrecadação de imposto de uma fórmula uniforme); Avi-Yonah/Clausing, 2008, p. 123; CCCTB WG, 2006, p. 6; Agúndez-Garcia, 2006, p. 66; Mintz, 1999, p. 409.

846 O que também permite, segundo Mayer, 2009, p. 208, maior estabilidade na receita ao longo do tempo.

847 Assumimos, assim, uma perspetiva de microrepartição, rejeitando a macrorepartição, baseada, por exemplo, em bases agregadas de valor acrescentado nacional ou sectorial, PIB da jurisdição tributante, índices de rendimento por indústria, entre outros. Sobre a distinção, vd. Agúndez-Garcia, 2006, pp. 41 e ss; Mayer, 2009, p. 54 e CCCTB WG, 2007b, p. 3.

fiscal nos Estados[848]. Com efeito, Weiner demonstra que o aumento relativo do fator vendas numa fórmula multifator diminui a receita dos Estados com maior proporção de massa salarial e ativo, afirmando ainda a correlação negativa entre o aumento de carga fiscal sobre estes fatores e a redução de despesas de capital[849]. Por seu turno, Roger H. Gordon e John D. Wilson concluem que uma fórmula de três fatores, que inclua o fator "receitas" no destino, cria incentivos para alterações no destino da produção: unidades produtivas em países de baixa tributação tendem a vender para países de alta tributação e vice-versa[850]. Já Riedel[851] afirma a tendencial localização de massa salarial no âmbito do imposto de comércio alemão em jurisdições de menor tributação. O excesso de alocação de capital a jurisdições de baixa tributação em caso de diferenciais de taxa de imposto entre jurisdições foi descrito por Weiner/Mintz[852], concluindo que o resultado da repartição por fórmula não depende só das taxas de imposto aplicáveis, mas também da distribuição dos fatores pelas jurisdições[853]. Ortmann/Pummerer demonstram como os encargos fiscais do grupo diminuem se o investimento em mão-de-obra e ativo for superior em jurisdições de baixa tributação[854].

[848] Definidas por Agúndez-Garcia, 2006, p. 63, como externalidades de alocação de capital. No mesmo sentido, Nielsen/Raimondos-Møller/Schjelderup, 2001; Eichner/Runkel, 2008, p. 568; Mintz/Weiner, 2008, p. 102. A adoção de sistemas de repartição formulaica de forma generalizada tem, assim, potencial impacto na receita fiscal dos Estados envolvidos – vd. Devereux/Loretz, 2008; Oestreicher/Reister/Spengel, 2007; Nerudová/Solilová, 2017; Gupta *et al.*, 2009; Cobham/Loretz, 2014; Spengel et al., 2019. Neste contexto, Weiner, 2008, p. 108, afirma que os Estados têm interesse em reduzir o peso proporcional do fator local na composição da fórmula do GMN com o objetivo de baixar a taxa de imposto efetiva local e, assim, atrair investimento. Por fim, as externalidades também podem ser causadas por ação dos Estados, como demonstra Mintz, 1999, p. 415.

[849] Cfr. Weiner, 2006, p. 369. Assim, Nerudová, 2013, p. 287 sugere a adoção de redução de taxas de imposto em Estados de mão-de-obra intensiva como forma de atração de investimento.

[850] Cfr. Gordon/Wilson, 1986, pp. 1357 e ss.

[851] Cfr. Riedel, 2010, p. 257. A conclusão é confirmada e demonstrada em Eichfelder/Hechtner/Hundsoerfer, 2018.

[852] Cfr. Weiner/Mintz, 2002, p. 348.

[853] Vd. também Faccio/Fitzgerald, 2018, que demonstram que a aplicação de um sistema FA a uma GMN reduziria sobremaneira os lucros alocados a jurisdições de baixa tributação com que o mesmo contacta.

[854] Assim Ortmann/Pummerer, 2015, embora reconheçam que os incentivos para uma alocação ótima de recursos em termos fiscais sejam francamente superiores no regime de preços de transferência.

De igual modo, a repartição formulaica do imposto equivale à tributação implícita dos fatores utilizados[855], o que pode introduzir distorções na alocação de territorial de fatores produtivos pelo GMN com o objetivo de atrair rendimento para determinadas jurisdições de tributação mais reduzida[856]. A este propósito, WEINER afirma que a realocação de trabalhadores para jurisdições de tributação inferior reduz a taxa efetiva de imposto do grupo sempre que a taxa da jurisdição de destino seja inferior à média das taxas aplicáveis ao grupo[857]. De forma relacionada, AGÚNDEZ-GARCIA afirma que o estímulo de localização de atividades em jurisdições de baixa tributação é pernicioso, pois aumenta concorrência fiscal e reduz a tributação efetiva dos GMN[858]. Já KIESEWETTER/STEIGENBERER/STIES demonstram como num sistema de repartição formulaica, o GMN tem interesse em inflacionar o valor de balanço de entidades com ativos em jurisdições de baixa tributação, mantendo uma folha de balanço "magra" nos países de alta tributação, possivelmente através de locações e subcontratação de funções e depreciação tão rápida quanto possível de ativos localizados nestas[859].

A adoção de uma fórmula multifator, todavia, é dotada de estabilizadores automáticos que reduzem o impacto das críticas assinaladas. Por um lado, e no plano internacional, a movimentação de integrantes de fatores implica relocalização de atividade económica, a qual será francamente mais complexa de efetivar do que a deslocalização contabilística de lucros através

[855] Cfr. WELLISCH, 2004, pp 33-37. O autor demonstra que, ao passo que a tributação com base em fórmula de repartição apenas com fator capital incide sobre os detentores do mesmo, a tributação com base em fórmula multifator incide essencialmente sobre os trabalhadores, e, incluindo o fator "receitas", sobre o consumo. CLAUSING, 2016b, especifica que não se trata de um imposto direto sobre os fatores de produção porque, caso não haja lucro, não haverá imposto a pagar. De igual forma, caso o fator "receitas" seja incluído na fórmula, a tributação da venda final extragrupo não conduz a resultados diferentes da tributação do lucro de cada venda subsequente intragrupo. Sobre incidência de fórmulas, vd. também AGÚNDEZ-GARCIA, 2006, p. 60.

[856] Cfr. WEINER, 2006, p. 381. ORTMANN/PUMMERER, 2015, p. 27 corroboram a afirmação, ao notar que o regime de preços de transferência tem impacto económico real materializado na relocalização de atividade económica necessária para segregar as atividades de produção e de vendas, e a localização de deduções e inclusões na contabilidade das entidades do GMN.

[857] Cfr. WEINER, 2008, p. 109.

[858] Cfr. AGÚNDEZ-GARCIA, 2006 pp. 63-65.

[859] Cfr. KIESEWETTER/STEIGENBERER/STIES, 2018, p. 25, demonstrando como o uso de contratos de locação financeira impacta os valores dos fatores de repartição no seio da fórmula, substituindo de certa maneira o tradicional planeamento fiscal com base em dívida intragrupo pré-BEPS. O aumento na taxa de depreciação associada à utilização do bem imóvel diminui o peso relativo da base fiscal daquele Estado no total do grupo, diminuindo a taxa efetiva de imposto do GMN na jurisdição *ceteris paribus*.

dos mecanismos descritos e que o regime de preços de transferência possibilita. Pensamos, em particular, na alocação de capital, rendimento de ativos intangíveis e risco. A alteração do fator "ativo" para jurisdições de baixa tributação, em especial, implicará o acompanhamento de trabalhadores para outros países ou a deslocalização de funções produtivas, o que encontra obstáculos jurídicos e organizacionais assinaláveis[860].

Por outro lado, a deslocação do fator "ativo" para jurisdições de baixa tributação tem efeitos mediatos que podem desincentivar a mesma. Atente-se no alerta de Kiesewetter/Steigenberer/Sties sobre mecanismo compensatório que o diferimento no tempo da aplicação das taxas de depreciação provoca[861]. Com efeito, a depreciação do fator "ativo" ao longo do tempo tende a baixar a proporção dos fatores alocáveis a uma dada jurisdição na totalidade dos fatores do grupo. Nessa medida, o peso relativo das jurisdições de baixa tributação na fórmula do grupo tende a esmorecer com o tempo, culminando num aumento progressivo das taxas efetivas de imposto aplicáveis à entidade do grupo, tendendo a alinhar-se com a média das taxas efetivas de imposto de cada jurisdição. Ademais, a deslocalização de fatores produtivos poderá ser temperada pela introdução de um fator associado a considerações de mercado, como o das "receitas", cuja deslocalização se torna mais difícil devido à sua associação à localização do comprador/consumidor não relacionado com o GMN[862].

2. Os três fatores da fórmula e o seu reflexo nas manifestações contabilísticas empresariais

Aqui chegados, cremos que uma fórmula multifator deverá ser composta por três fatores: "ativo", "massa salarial" e "receitas"[863]. Os dois primeiros

[860] Em contraste, Martini/Niemann/Simons, 2012, pp. 1029 e ss. sugerem que a adoção de sistemas formulaicos pode trazer diminuições de eficiência produtiva nos GMN, sobretudo naqueles descentralizados, e reduzir o seu lucro após impostos. Hines Jr., 2010, também afirma que o uso de fórmulas de repartição pode distorcer os padrões de organização empresarial.

[861] Cfr. Kiesewetter/Steigenberer/Sties, 2018.

[862] De Mooij/Liu, 2019, p. 27 demonstram que a adoção de um fator "receitas" diminui bastante a implementação de comportamentos de substituição fiscalmente motivados na medida em que os consumidores não reagem a alterações na taxa de imposto de IRC da mesma forma que os produtores. Também Gérard, 2005, demonstra que a introdução de um fator "receitas" na fórmula reduz a elasticidade da base fiscal, e assim a sua mobilidade, e consequentemente, a concorrência fiscal.

[863] Esta foi a fórmula escolhida pela Comissão no projeto CCCTB e que um observador louvou como sendo "a fórmula correta" – cfr. Weiner, 2012, p. 268. Vd. também, Gérard/Weiner, 2003; Weiner, 2008, p. 107; Graetz, 2000, p. 317. Vd., porém, Fleming Jr./Peroni/Shay,

fatores demonstram a efetividade da presença de uma operação económica associada ao benefício difuso protetor e promotor da mesma proporcionado por um Estado. Trata-se de fatores com inegável presença substancial numa dada jurisdição e que permitem, classicamente, a identificação de uma presença empresarial numa dada jurisdição. A inclusão do fator "receitas" justifica-se por duas ordens de razões principais. Primeiro, porque reflete o efeito da procura na obtenção de rendimento: não há lucro sem receita. Desta forma, revela o papel do mercado, sustentado por serviços difusos ou concretos (proteção de propriedade) do Estado, e nessa medida revela também uma conexão do GMN com a jurisdição tributante, desde que ultrapassados certos limiares reveladores de um investimento do GMN de presença naquele mercado[864]. Seguidamente, porquanto as receitas (obtidas de partes não-relacionadas) são mecanismo fiável e pouco manipulável do valor de localização e realização da transação.

A afirmação destes três fatores não é original nem vanguardista, reconheça-se. Contudo, é bem representativa de fatores identificáveis e administráveis, integrados em quadros conceptuais com os quais os atores económicos trabalham todos os dias e que refletem as medidas jurídicas e contabilísticas da atividade empresarial. São, ainda, suficientemente passíveis de mensuração e representação da alteração do valor empresarial de forma convencionada pela ciência económica e contabilística. Esta última seria, aliás, a base de definição dos fatores com fundamento na definição dos elementos integrantes de uma empresa segundo o normativo contabilístico, identificando os componentes da base tributária empresarial[865].

As normas sobre elaboração de demonstrações financeiras são um ponto de partida idóneo para compreender a descrição dos fatores geradores de rendimento de uma empresa[866]. Advirta-se, porém, que o conte-

2014, p. 35, que afirmam a evidência do efeito distorsivo de uma fórmula de 3 fatores na medida em que encoraja a mudança de produção para Estados com menores taxas de imposto – o que não cremos evidente num contexto aberto, nem problemático conceptualmente se tal envolver mudança de atividade substantiva do GMN. Veja-se, por fim, que são os critérios adotados pelo art. 55º, nº 3 CIRC para efeitos de imputação de lucro a estabelecimento estável.

[864] Sublinhando que a mera existência de consumidores num mercado não justifica um nexo tributário, sendo exigido o investimento no desenvolvimento do mercado, vd. SCHÖN, 2010b, p. 256.

[865] Cfr. SCHÖN, 2004a, p. 440 que afirma que estas são a "única opção realista" para o desenho de uma base tributária comum. Defendendo a centralidade das normas IAS na tributação de capital no interior a UE, vd. SLAVNIĆ, 2015, pp. 413.

[866] Note-se que a contabilidade financeira é também o ponto de partida para o cálculo da responsabilidade fiscal em Portugal por força da imposição constitucional da tributação empresa-

údo e os critérios da contabilidade financeira e comercial não podem ser integralmente transpostos para o discurso fiscal[867]. Com efeito, as normas de relato financeiro[868] visam demonstrar a capacidade de gerar rendimento de uma empresa, ao passo que a contabilidade fiscal atende ao lucro gerado num determinado período[869]. A diferença projeta-se, sobretudo, na diferente atenção à liquidez ou realização no âmbito da contabilidade fiscal[870], por razões atinentes ao critério da capacidade contributiva[871],

rial sobre o rendimento real – cfr. Faveiro, 1984, p. 223; Tavares, 1999, pp. 396 e ss; Morais, 2007, pp. 47 e ss; Chacim, 2011, pp. 521 e ss; Pereira, 2011, pp. 949 e ss; Fernandes, 2020.

[867] A diferença entre contabilidade para efeitos comerciais e contabilidade para efeitos fiscais informa um debate doutrinal considerável, que, adianta-se, permite reconciliar as diferenças entre os dois tipos de contabilidade para efeitos da sua utilização nos vários contextos – cfr. Schön, 2004a, p. 430, afirmando que de um ponto de vista prático e teórico, não há diferenças inultrapassáveis entre a contabilidade fiscal e comercial. Sinalizando estas diferenças, vd. Freedman/Macdonald, 2008, que apontam três razões principais para que a contabilidade financeira (modelo IAS) não seja apropriada para efeitos fiscais: a diferença de princípios e objetivos entre a contabilidade fiscal e a contabilidade financeira, a diferente implementação da IAS de Estado para Estado e a falta de autoridade constitucional da IAS. Por estes motivos, o papel dos princípios fiscais é essencial para modelar a aplicação e interpretação da ciência contabilística ao contexto, daí que esta possa ser usada como ponto de partida para identificar os elementos produtivos de rendimento numa empresa.

[868] Sobre a adoção das mesmas em Portugal, cfr. o Decreto-Lei nº 158/2009, na sua redação conferida pelo Decreto-Lei nº 98/2015 (transpondo a Diretiva 2013/34/UE para Portugal), art. 3º e 4º, bem como o Regulamento (CE) nº 1606/2002. Vd. ainda, Pereira, 2011, pp. 949 e ss.

[869] Assim, a medida do rendimento neste contexto fiscal tem em linha de conta a natureza recorrente da obrigação fiscal, daí que, para o autor, o *timing* de registo das inclusões e deduções seja a verdadeira questão de fronteira entre a contabilidade fiscal e a contabilidade comercial – cfr. Schön, 2004a, p. 434. Vd. também CCCTB WG, 2005, afirmando a p. 4 que para a contabilidade financeira, a rendibilidade da empresa é mais importante que o lucro anual.

[870] Vd. Essers/Russo, 2009, p. 43.

[871] Que implica a rejeição da tributação pelo lucro total, impondo a tributação pelo lucro efetivo ou lucro realizado – cfr. Zornoza/Báez, 2008, p. 287. A questão do reconhecimento prudencial de eventos de realização de lucro é aqui paradigmática. O excesso de reconhecimento sem realização pode ser injusto para o contribuinte, ao determinar obrigação de pagamento de imposto sem liquidez para a cumprir, interferência inaceitável aliás na promoção da atividade empresarial. Contudo, a capitalização do reconhecimento de ativos pode determinar um maior valor de depreciações a registar pelo contribuinte, reduzindo lucros tributáveis futuros, eventualmente por ocasião de ocorrência efetiva de elementos de realização. Do ponto de vista societário, a maior capitalização de ativo e reconhecimento de rendimentos pode, afinal, contribuir para a delapidação patrimonial da sociedade, ao determinar a realização de um valor de lucro distribuível superior ao efetivamente disponível para distribuição por referência aos valores base de capital social, culminando no prejuízo também destes credores. A execução prudencial de contabilidade pode, assim, interessar tendencialmente mais ao contribuinte (defendendo-o de uma AT agressiva, evitando a sua intervenção excessiva na empresa potencialmente danificadora de

o que implica uma preponderância menor do princípio do justo valor neste campo[872].

A maior deferência ao princípio da prudência (a designada *abordagem continental* à contabilidade comercial[873]), com o objetivo de garantir a maior proteção possível dos credores e a manutenção do capital social, coincide com o maior relevo do princípio da realização na contabilidade fiscal. A concretização simultânea destes objetivos é possível na medida em que o sistema de IRC seja sempre moderado pela garantia de que os lucros não são tributados antes de realizados e de que as perdas já terão sido consideradas para efeitos contabilísticos logo que tenha surgido uma probabilidade séria da sua verificação. O maior foco no princípio do justo valor das IAS também decorre de motivos históricos. As demonstrações IAS têm por destinatário os acionistas ou os investidores sociais, daí que pretendam demonstrar o valor de mercado da empresa, conferindo maior relevo ao princípio do justo valor[874]. Na ausência de consenso quanto à utilização de métodos de reporte financeiro como base de aplicação de propostas formulaicas, haverá que encontrar formas alternativas de medição de rendimento,

meios próprios para prossecução de atividade e, no limite, expropriatória), à própria AT (garantindo liquidez para cumprimento das obrigações fiscais do contribuinte quando estas surgem), e aos credores sociais (subvalorizando o património disponível para garantia das suas obrigações). A questão não deve ser tratada de forma absoluta: importa combater os abusos que o excesso de diferimento de tributação possa causar e refletir o acréscimo de rendimento que a valorização da propriedade detida possa acarretar, na esteira da definição de rendimento de SHS, o que implica descartar uma aproximação meramente de fluxo de caixa à tributação – cfr. SCHÖN, 2004a, p. 433-435.

872 Sem prejuízo da admissibilidade de certos critérios de valorimetria mais incertos que podem ser aceites com o objetivo de garantir a Justiça da tributação e evitar o diferimento excessivo da tributação do rendimento acrescido, conforme o mencionam a propósito do projeto CCCTB, ZORNOZA/BÁEZ, 2008, p. 284. A questão da tributação do rendimento não bule apenas com as inclusões. As deduções de rendimento têm impacto assinalável, pelo que o tratamento das perdas fiscais deve ser simétrico ao dos ganhos, assumindo assinalável relevo. A tributação pelo justo valor das perdas implicaria a constante reavaliação de ativos ou deduções futuras ou passadas de perdas assinaláveis, implicando instabilidade e insegurança fiscal. Mais gravosamente, a inclusão ou dedução de rendimento fictício pode impactar a medida da avaliação da capacidade contributiva de um trabalhador. Particularmente crítico da inclusão de uma abordagem lata do princípio do justo valor na contabilidade fiscal, vd. SCHÖN, 2004a, p. 435-439. Sobre o tema, vd. também TAVARES, 2011, pp. 469 e ss.

873 Cfr. ESSERS/RUSSO, 2009, p. 37.

874 Na opinião de ESSERS/RUSSO, 2009, p. 38, se a dicotomia IAS-contabilidade fiscal é assinalável, os regimes de contabilidade fiscal acabam por se orientar pelo mesmo propósito independentemente da maior ou menor dependência das normas IAS: o de proteger o contribuinte da tributação precoce dos seus rendimentos.

como por exemplo a mensuração de fluxos de caixa ou capital associados a determinados fatores[875].

Conclua-se sinalizando que as próprias Diretrizes OCDE incorporaram obrigações de reporte[876] que, em larga medida, permitem a implementação de um sistema de fórmula de repartição – ou que, pelo menos, contêm elementos que já devem ser recolhidos pelos GMN, diminuindo os custos de cumprimento e de eventual adoção mais generalizada do sistema. O preenchimento do *master file*, ainda que utilizado apenas para efeitos de avaliação de risco de preços de transferência pelas AT, compreende a descrição da alocação global de rendimento e atividade económica do GMN, através da demonstração de cinco categorias de informação. Estas são a exibição da estrutura organizacional do GMN, a descrição do(s) seu(s) negócio(s), a descrição dos ativos intangíveis detidos e explorados, das posições financeiras intragrupo e das posições financeiras globais e fiscais[877]. O *local file* contém informação relevante para a análise de preços de transferência das transações de uma afiliada local e empresas associadas em jurisdições diferentes, incluindo a explanação de transações específicas, uma análise de comparabilidade e a seleção do método de preços de transferência mais adequado ao caso (que, insiste-se, pode ser o *profit split method*)[878].

Por fim, o CbCR exige a demonstração de informação agregada referente à alocação global de rendimento obtido pelo GMN, o imposto pago em cada jurisdição, e certos indicadores da localização de atividades económicas nas jurisdições em que atuem[879]. O CbCR é apresentado pelo GMN e inclui informação das suas entidades incluídas no Reporte Financeiro Consolidado para efeitos financeiros[880]. O relatório inclui informação, *inter alia*, sobre a receita e lucro obtidos, o capital social, o número de trabalhadores e

[875] Assim, Andrus/Oosterhuis, 2017, p. 103. Já Musgrave, 1984, p. 252, apresenta uma alternativa: medir os fatores com base no fluxo de caixa associado aos mesmos num dado ano. Numa base de fluxo, o ativo seria representado pelo fluxo de depreciação e juros sobre o mesmo anuais, o fator trabalho seria refletido na massa salarial e as receitas com base no fluxo de realização das mesmas. Contra, Schön, 2004a, p. 433.

[876] E que já são propostas pelo Código de Conduta da UE desde 2006 nos pars. 11, 12, 15 e 31 do seu anexo.

[877] Cfr. OCDE, 2018b, par. 5.18 e 5.19.

[878] Cfr. OCDE, 2018b, par. 5.22.

[879] Cfr. OCDE, 2018b, par. 5.24 e anexo III ao Cap. V das Diretrizes. No mesmo sentido do texto, Brauner, 2020, p. 228, notando a inutilidade para este propósito do reporte porquanto apenas permite identificar estruturas de risco de evasão fiscal.

[880] Para lá da previsão nas Diretrizes, cfr. a Diretiva 2016/881/UE (DAC 4), art. 8º-A e Anexo III, e art. 121-A CIRC.

os ativos tangíveis que não sejam moeda ou equivalentes a moeda. Portanto, tomados por referência os três fatores clássicos de uma fórmula de repartição ("ativo", "massa salarial" e "receitas"), é inequívoco que estes dados já são recolhidos, tratados e comunicados por um GMN ao abrigo das suas obrigações de reporte[881], pelo que não se deverá acenar com a dificuldade transicional como obstáculo à implementação de maior adoção de métodos formulaicos.

Aceitando que um sistema de repartição de lucros assente no método FA deve utilizar uma fórmula multifator e que os três fatores desta deverão ser o "ativo", a "massa salarial" e as "receitas", vejamos de que forma deverão ser definidos estes três fatores.

3. O fator "ativo"

A definição de ativo pela ciência contabilística é relativamente consensual: é um recurso controlado pela empresa como resultado de eventos passados, do qual fluem para a empresa futuros benefícios económicos, e que tem custo ou valor que pode ser medido de forma fiável[882]. Assim, o ativo de uma empresa não é necessariamente concidente com a sua propriedade, mas com o controlo de um recurso que permite a obtenção de benefícios económicos (pelo incremento de rédito ou diminuição de dívida). Da definição, torna-se evidente que a aferição da medida do rendimento de um contribuinte implica a sua integração numa fórmula, quer porquanto se trata de um recurso usado que pode permitir a revelação do local da atividade do GMN, quer porquanto conceptualmente é uma das premissas do cálculo de rendimento segundo a fórmula SHS.

[881] Todavia, vd. Chand/Wagh, 2014, p. 408, que após sugerirem a utilização do modelo CbCr para modelar a aplicação do PSM, acabam por reconhecer uma série de questões prévias a resolver associadas à uniformização e detalhe das obrigações de reporte que acabam por invalidar, na opinião dos autores, o seu uso como identificador de fatores de fórmulas de repartição. Recorde-se que, além do CbCr, há outras obrigações declarativas que impendem sobre sociedades comerciais associadas à transparência dos seus proprietários ou controladores económicos, como as constantes da Lei nº 83/2017, que transpõe parcialmente a Diretiva 2015/849/UE e a Diretiva 2016/2258/UE e, entre outras disposições, cria o Registo Central do Beneficiário Efetivo. A este propósito e sobre a demonstração do beneficiário efetivo como condição de benefício da isenção de retenção na fonte para pagamento de juros prevista na Diretiva Juros/Royalties, vd. ainda o acórdão TJUE, caso *N Luxemburg 1* (proc. apensos C-115/16, C-118/16, C-119/16 e C-299/16).

[882] Cfr. IASB – Framework For Preparation and Presentation of Financial Statements, par. 49, a) (doravante, *Framework IASB*); e IAS 16.

O conceito de ativo desdobra-se em ativo tangível (com substância física) ou intangível (não monetário e identificável, mas sem substância física)[883]. O ativo pode ser detido para uso na produção ou fornecimento de bens ou serviços, arrendamento a outros, fins administrativos[884], para obtenção de rendas e valorização de capital de forma passiva, ou para ambas as finalidades[885]. Estas distinções relevam, nas várias jurisdições, para a seleção de elementos que permitam a consideração do ativo nos fatores da fórmula ou não[886]. A definição dos elementos do ativo que integram a fórmula é fundamental para o IRC, na medida em que permite determinar o conjunto de elementos relevantes para a tributação do rendimento empresarial, seja através do seu empenho na atividade empresarial, seja através da sua transação e troca por preços, identificando eventos de realização[887].

3.1. A definição de ativo tangível

Atendendo ao que foi até aqui sendo aduzido, a inclusão dos ativos tangíveis no fator da fórmula é altamente pertinente. Estes estão associados a um local geográfico, ou são movimentados utilizando infraestruturas locais, o que justifica um nexo tributário. No limite, a proteção jurídica conferida pelo Estado aos bens que se situam no seu território justifica a inclusão dos

[883] Cfr. NCRF 6, p. 8.

[884] Cuja detenção se prolongará por mais de um exercício – é o ativo fixo tangível, cfr. IAS 16 e NCRF 7.

[885] Estaremos, aqui, diante de propriedades de investimento, cuja contabilização é regulada pela NCRF 11.

[886] Por exemplo, nos EUA os elementos tangíveis são integrados na fórmula sob a designação "propriedade" (correspondente à designação "ativo" nos termos desta Tese). Por propriedade, entende-se os bens imóveis e móveis cujo direito de propriedade seja detido pelo sujeito passivo, independentemente da sua localização ser fixa ou de estarem em trânsito por um estado. Por seu turno, os bens locados são incluídos no numerador da fórmula através da capitalização do valor de renda dos mesmos – cfr. HELLERSTEIN/HELLERSTEIN, 2018, sec. § 9.16, pp. 6 e ss., para o tratamento deste e de mais problemas de inclusão de indícios de presença física no fator, como o tratamento das locações financeiras, de custos de armazenagem de inventário, de inventário em trânsito, de propriedade em construção, ou de bens móveis circulantes. Para a definição de ativo no projeto CCCTB, vd. os arts. 34º, 35º, nº 1 e 36º da Proposta de Diretiva CCCTB.

[887] Vd. ZORNOZA/BÁEZ, 2008, p. 273, afirmando que o reconhecimento dos ativos para o sistema fiscal é fundamental porque permite reconhecer a realização de rendimento. Os autores, todavia, são favoráveis a uma concepção estática do ativo e não dinâmica (vd. *op. cit.*, p. 284). O uso de propriedade como um fator é também defendido por MAYER como indicador associado ao retorno sobre o capital investido em ativo produtivo – vd. MAYER, 2009, pp. 207 e 213.

mesmos no fator formulaico como indícios de bens que permitem revelar a capacidade contributiva do grupo numa dada jurisdição[888].

O ativo a incluir no fator divide-se, assim, no ativo propriedade da unidade do grupo e no ativo que esta usa e controla, mas cuja propriedade não detém. As duas categorias suscitam problemas distintos. No caso da primeira, coloca-se a questão da avaliação do ativo para efeitos de inclusão no fator e a evolução da mesma ao longo do tempo. Com efeito, bens com a mesma capacidade produtiva podem ter um peso distinto na fórmula consoante o seu valor contabilístico[889]. A adoção do valor escriturado como referencial do valor do bem para efeitos de inclusão na fórmula parece inevitável, consideradas as dificuldades de implementação de uma avaliação pelo seu justo valor. Porém, haverá que decidir ainda se o valor do bem para efeitos da fórmula deverá ser afetado pelo funcionamento do mecanismo da depreciação ou capitalização ou não. A questão coloca-se em saber se a função da depreciação para efeitos de cálculo de obrigação fiscal colhe aplicação na fórmula de repartição.

Uma possibilidade consistiria em incluir o ativo na fórmula para efeitos de distribuição pelo seu valor de aquisição, acrescido de eventuais custos necessários para a sua operação efetiva, relevando o valor depreciado apenas para efeitos de base fiscal e cálculo de matéria tributável. Se vemos a fórmula como medida de análise de atividade do GMN numa jurisdição e dos custos sociais que aquela acarreta, é forçoso concluir que a atividade do GMN (refletida no uso de um bem) permanece à medida que o seu valor é depreciado[890].

[888] V. Hellerstein/Hellerstein, 2018, sec. § 9.16, e Mayer, 2009, p. 220.

[889] Sumerwell, 1955, pp. 31 e ss., afirmava que, se o que se procura é aferir o valor da propriedade para efeitos de produção e rendimento, a depreciação e amortização de bens deveriam ser totalmente ignorada e a propriedade locada deveria ter o mesmo peso no fator da fórmula que a propriedade detida. É a solução adotada, por exemplo, pelo estado do Kentucky – cfr. Hellerstein/Hellerstein, 2018, sec. § 9.16. O modelo UDIPTA valoriza o fator propriedade ao seu custo original – cfr. UDIPTA, § 11. Agúndez-Garcia, 2006, p. 46, afirma que conceptualmente o ideal seria incluir o ativo na fórmula pelo seu valor de mercado, e não pelo seu valor escriturado. Mayer afirma a necessidade de optar pelo valor escriturado, de acordo com a avaliação de IAS 16.29. Quanto a nós, diríamos que não considerar a depreciação fiscal de um ativo sobrestima a contribuição do ativo detido há mais tempo pelo GMN, bem como implica uma consideração desproporcionalmente superior da contribuição de ativos de longa duração para a produção de rendimento quando comparada com a contribuição de ativos de curta duração. Vd., para mais, McClure Jr., 2002 e CCCTB WG, 2004a.

[890] É necessário precisar que a consideração dos fatores releva apenas para efeitos de repartição de rendimento, e não de cálculo do mesmo. Ou seja, e no limite, poderá ser possível conside-

Por seu turno, a utilização de ativo que não é propriedade do GMN suscita o problema da inclusão do ativo no fator pelo seu proprietário e pelo seu utilizador quando estes não coincidem, o que sucede no caso das locações ou detenções de outra natureza. Neste caso, o locatário deverá incluir o valor da renda de forma capitalizada no numerador do seu fator[891]. A solução impõe-se por uma questão de neutralidade entre proprietários e locatários, mas também para evitar a manipulação da distribuição dos fatores[892]. De igual forma, o proprietário deverá incluir o valor do bem na sua fórmula. A questão não suscita um problema de dupla tributação, porque o rendimento gerado pelo uso do ativo tem natureza diferente por cada membro do grupo[893]. A inclusão do ativo locado, todavia, deverá ser feita pelo mesmo valor da renda capitalizada, sob pena de não se assegurar neutralidade entre o uso da propriedade e a mera titularidade da mesma[894].

rar os bens no ativo pelo custo histórico, não depreciado, e proceder à aplicação da depreciação num momento anterior associado ao cálculo do rendimento do GMN ou, num momento posterior, aplicar a depreciação ao rendimento repartido para a entidade do GMN após o funcionamento da fórmula. Isto permitiria a cada Estado aplicar as taxas de depreciação e capitalização que entenda aos ativos presentes na sua jurisdição, contribuindo para o incremento da soberania fiscal de facto. Sustentando a possibilidade de vigências de regras de amortização e depreciação distintas entre Estados e a sua aplicação independente após ajustes de PT, vd. OCDE, 2017a, p. 183; noutro contexto, mas em sentido semelhante e sustentando-se em jurisprudência do TJUE, vd. Monsenego, 2012, p. 330. Apesar das questões que a medição contabilística histórica suscita, cremos que é a mais defensável por força da necessidade de estabelecimento de contabilização do ativo com base em elementos altamente variáveis de empresa para empresa. Vd. também Essers *et al.*, 2009.

891 Hellerstein/Hellerstein, 2018, sec. § 9.16, p. 2 demonstram como este mecanismo é utilizado por todos os estados dos EUA que integram o ativo como fator de fórmula. Nos EUA, é frequente o valor da renda ser capitalizado 8 vezes; na Suíça, é capitalizado 6 vezes. Já CCCTB WG, 2007a, sugere a capitalização por 8 vezes.

892 Trata-se de uma solução possível, também, no caso de subcontratação de funções que suscita, de igual modo, problemas associados ao ativo inerente ao desempenho das mesmas e que sugerem que a capitalização de custos para efeitos de definição do valor de ativo possa ser uma solução alternativa à consideração do seu valor histórico.

893 Cfr. Hellerstein/Hellerstein, 2018, sec. § 9.16. O facto de o valor da renda ser recebido pelo locador reconhece o papel do mercado na obtenção da mesma, mas não justifica a proteção que o Estado confere à propriedade nem reflete o capital investido no negócio pelo contribuinte através da aquisição da propriedade

894 No mesmo sentido, McClure Jr., 2002, p. 594. Em sentido diferente, vd. Sánchez, 2018, p. 232, afirmando que no caso de uma locação financeira, o ativo deve ser incluído no fator do locatário; no caso de uma locação operacional, no fator do locador; se as partes no contrato, não pertencerem ao mesmo grupo, o bem deverá ser incluído no fator de ambas.

Como o valor do ativo tangível resulta da detenção ou uso de propriedade, a avaliação ao longo do tempo tem de ser alcançada sem o concurso de eventos de realização recorrentes. Nesta medida, cremos que mais importante do que a definição a adotar de ativo e o resultado de valor a que conduza, é que a mesma seja coerente e utilizada de forma estável ao longo do tempo, de forma a permitir aferir o progresso ou retrocesso no seu valor[895].

3.2. O tratamento dos ativos intangíveis

A grande questão no âmbito da definição do ativo como fator formulaico prende-se, contudo, com a inclusão dos ativos intangíveis na fórmula. Estes são ativos sem substância física, não monetários e identificáveis[896]. O ativo intangível só deve ser reconhecido, pois, se o seu custo puder ser fiavelmente mensurado[897]. A OCDE distingue entre dois tipos de intangíveis: intangíveis de mercado (*marketing intangibles*) e intangíveis de comércio (*trade intangibles*)[898]. Para que possa ser considerado um ativo empresarial, deverá ser controlado pelo contribuinte, o que sucede se este tiver o poder de obter benefícios económicos futuros que fluam do recurso subjacente e puder restringir o acesso de outros a esses benefícios[899]. O controlo do ativo depende da legitimidade para peticionar a tutela judicial dos direitos que lhe estão associados[900]. Assim, o rendimento associado ao ativo intangí-

[895] Cfr. Zornoza/Báez, 2008, pp. 287. A este propósito, Mayer, 2009, p. 167 conclui que dicotomia *civil law/common law* não se reflete nas formas de definição da base fiscal dos sistemas que analisou, superada pelo jargão contabilístico-fiscal.

[896] Sempre que passíveis de serem separados do proprietário jurídico e vendidos, transferidos, licenciados, alugados ou permutados, seja individualmente ou em conjunto com um contrato, ativo ou passivo relacionado, independentemente de intenção da entidade de o fazer, ou sempre que resultarem de direitos contratuais ou de outros direitos legais, independentemente de esses direitos serem transferíveis ou separáveis da entidade ou de outros direitos e obrigações – cfr. NCRF 6, par. 11 e 12, e IAS 38.

[897] Cfr. NCRF 6 par. 21, al. b).

[898] E que ainda se distinguem do *goodwill*, ou aviamento – cfr. NCRF 6, par. 49, b). O aviamento, contribuindo para o valor da empresa, acaba por ser melhor subsumível à definição de capital próprio – o interesse residual nos bens da empresa após a subtração de todas as obrigações da mesma (par. 49 de *Framework IASB*).

[899] Cfr. NCRF 6, par. 13.

[900] Cfr. NCRF 6, par. 13, embora possa ser alcançado *"por outras formas"*, nos termos da mesma. Todavia, na nossa opinião, tudo se reconduz à raiz judiciária, pois o controlo *"por outras formas"* dependerá na assunção de obrigações que dissociarão o controlo jurídico do controlo económico do ativo. Estas serão sempre objeto de cumprimento coercivo quando incumpridas, de forma a assegurar o controlo económico do mesmo.

vel resulta do benefício jurídico-económico extraível do mesmo, no limite garantido pelo poder judicial[901].

A desmaterialização deste item do ativo, porém, determina a sua elevadíssima e veloz mobilidade, dificultando a avaliação da sua localização e dos seus custos sociais (mas não necessariamente da atividade associada aos mesmos). De igual forma, a sua avaliação reveste-se de particular dificuldade, sobretudo no caso dos ativos gerados internamente e não transacionados no mercado, motor principal de rendimento do GMN e de caráter singular e de difícil comparabilidade. A capitalização de ativos intangíveis reúne-se assim de dificuldades agravadas, em prejuízo da segurança jurídica e dos credores sociais[902]. Pelo abuso que a imaterialidade e a dificuldade de avaliação dos ativos intangíveis proporcionam, estes são o centro do planeamento fiscal pré-BEPS e da economia digital.

A inclusão do ativo intangível na fórmula é, no geral, desaconselhada pela doutrina que trabalha o tema[903]. Hellerstein/Hellerstein conside-

[901] Oosterhuis/Parsons, 2017, p. 521 notam a valia conceptual desta asserção, mas destacam que a mesma perde relevo prático na tributação transfronteiriça de intangíveis, por exemplo. Isto porque na maioria dos casos o rendimento de intangíveis é tributado na sua fonte (obtido por entidade não residente) e, portanto, sujeito a retenção a fonte sobre o rendimento bruto, o que não permite a dedução de despesas associadas ao seu desenvolvimento. A solução ideal seria garantir de alguma forma a dedução de despesas com I&D na tributação desta forma de intangíveis, garantindo a sua tributação líquida.

[902] A sua desmaterialização implica que o reconhecimento no ativo social possa iludir os credores quanto à extensão da garantia dos seus créditos. Vd. também Zornoza/Báez, 2008, p. 291. Por outro lado, o reconhecimento de custos associados aos mesmos (ou a sua capitalização, se os custos incorridos incrementarem ou mantiveram a capacidade do ativo gerar benefícios no futuro) oferece desafios paralelos, acrescidos da dificuldade de segmentação de um custo especificamente associado a um ativo intangível do custo do desenvolvimento do negócio como um todo. Vd. também IAS 38, par. 69 e Zornoza/Báez, 2008, pp. 298 e ss., sugerindo imediata dedução de todas as despesas com ativos gerados internamente. Contra, aparentemente, Schön, 2004b, p. 137. O benefício de liquidez resultante da dedução imediata saúda-se, embora a sua possível dissipação possa prejudicar os credores sociais. Estes, contudo, preferem um ativo subvalorizado a um ativo sobrevalorizado por bens sem tradução penhorável, situação que facilita, ademais, a distribuição de bens aos sócios por refletir um maior valor de ativo. (cfr. arts. 31º e ss. CSC sobre regras de distribuição de bens a sócios).

[903] Nos EUA, a propriedade intangível, seja financeira (locação, detenção de capital), seja a propriedade intelectual, não integra o fator. Assim, embora seja frequente a alocação de rendas e *royalties* associados a propriedade tangível (ou ganhos realizados com a disposição desta), os ativos intangíveis são normalmente excluídos do fator propriedade, regime seguido pelo UDITPA no seu § 17. Hodiernamente, não pode deixar de se assinalar que as razões para a não inclusão dos ativos intangíveis no fator propriedade se prendem também com a grande dificuldade de localização dos mesmos. Repartir os mesmos com base em critérios subsidiários como a deten-

ram que os ativos intangíveis não são aptos a traduzir um fator de repartição, na medida em que a localização dos mesmos tende a associar-se a grandes concentrações de capital ou à sede do grupo, pelo que a sua inclusão na fórmula produz resultados semelhantes à alocação do rendimento derivado dos mesmos[904]. Para os autores, a fórmula de repartição deve demonstrar a localização dos custos sociais da atividade do GMN ao invés das fontes do seu rendimento, o que está em consonância com a sua proposta de tratamento do fator intangível.

Para estes autores, os custos sociais associados ao ativo intangível são essencialmente dois: a manutenção de infraestruturas e mercado para o seu desenvolvimento e aproveitamento do rendimento gerado pelo mesmo; e a garantia da fruição económica dos mesmos, através do funcionamento do sistema judicial. Os primeiros são identificáveis por referência ao ativo tangível e à massa salarial, na primeira fase, e à receita, na segunda. Os segundos custos são identificáveis por referência à competência para dirimir litígios associados aos mesmos, a qual estará associada aos locais de residência ou centro principal de administração do GMN e que, por definição, congregam maiores volumes de ativo e, frequentemente, de massa salarial.

Assim, a sua sugestão é que o rendimento obtido com ativos intangíveis seja repartido com base nos fatores da fórmula, mas não incluído nos mesmos, refletindo desta maneira o local de atividade geral da empresa que beneficia, de forma difusa, do desenvolvimento e aplicação do ativo intangível. Por exemplo, o valor da infraestrutura de base necessária ao seu desenvolvimento e aplicação em produtos comercializáveis pode integrar o ativo;

ção jurídica ou controlo, por exemplo, acabam por culminar num resultado mais próximo da alocação do que da repartição. Assim, o rendimento não empresarial tende a ser alocado. Quando advém de propriedade tangível, é alocado ao lugar de situação do bem. Quando proveniente de propriedade intangível (aqui incluídos juros, dividendos, *royalties*), é normalmente alocado ao local de residência do proprietário, de sede social (em particular no caso dos dividendos), ou local principal de utilização do ativo, em caso de conflito dos vários critérios – cfr. HELLERSTEIN/HELLERSTEIN, 2018, sec. § 9.03, pp. 3 e ss. No caso suíço, o ativo de investimento ou não utilizado em produção (categoria que engloba os ativos intangíveis) não é incluído no fator. No projeto CCCTB, os ativos intangíveis e financeiros não são incluídos na fórmula de repartição devido à sua natureza móvel e à possível circunvenção das regras da Proposta de Diretiva – cfr. o considerando 10) da mesma. Note-se, todavia, que os custos incorridos com a pesquisa, desenvolvimento, marketing e publicidade associados a intangíveis gerados pelo grupo podem servir como critério para o tratamento destes ativos para efeitos de mais-valias latentes associadas a ganhos de capital implícitos, conforme descrito no considerando 7) e no art. 20º da Proposta de Diretiva CCCTB.

904 Cfr. HELLERSTEIN/HELLERSTEIN, 2018, sec. § 9.16..

a compensação pela gestão dos ativos intangíveis integra a massa salarial[905]; os proveitos obtidos com a aplicação dos ativos intangíveis integram o fator "receitas".

Em sentido idêntido, WENINGER também considera que o ativo intangível já é considerado pela conjugação dos demais fatores: há maior localização de ativo tangível em uso onde há atividade empresarial que emprega ativos intangíveis; o aumento das vendas resulta de ativos de mercado[906]. Portanto, a não inclusão do ativo intangível na fórmula é justificável e, assinala, um inequívoco progresso relativamente às descontinuidades que a sua utilização para efeitos de planeamento fiscal provoca.

Já para MCLURE JR., o desfasamento entre a propriedade legal e económica deste tipo de ativos aconselha a sua omissão dos fatores da fórmula[907]. Afirma que a propriedade inteletual pode ser reconhecida através da capitalização de despesas em I&D, e os ativos de mercado através da sua capitalização de custos de publicidade e outros semelhantes[908]. Contudo, em caso de transações entre partes não relacionadas, sugere a inclusão de certos tipos de intangíveis (como *software* de uso não personalizado) no fator de ativo do comprador ou utilizador, refletindo a inclusão da venda do mesmo no fator "receitas" do vendedor[909].

Por seu turno, MAYER[910] dá como adquirida a inclusão da receita que os ativos intangíveis geram no fator "receitas" e os custos que os mesmos implicam no fator "massa salarial" (ou capitalizadas que sejam as despesas com I&D num fator próprio[911]). Contudo, é reticente quanto à inclusão de ativos intangíveis no fator "ativo", na medida em que a opção pode recuperar problemas semelhantes aos encontrados com este tipo de ativos utili-

[905] Em sentido semelhante, cfr. KIESEWETTER/STEIGENBERER/STIES, 2018, p. 3.

[906] Cfr. WENINGER, 2008.

[907] Cfr. MCCLURE JR., 2002.

[908] Embora admita e reconheça que a capitalização de custos de intangíveis também pode não refletir a sua contribuição para a criação de lucro porque o retorno de intangíveis pode exceder o retorno normal sobre o capital. Contra uma abordagem "*one size fits all*" da tributação de intangíveis, vd. MCLURE JR., 2002, p. 595.

[909] Mesmo que esta aquisição seja executada através de um acordo de licença. Alternativamente, MCINTYRE, 2004, aceita a inclusão de ativo intangível na fórmula, desde que seja possível demonstrar o local de utilização.

[910] Cfr. MAYER, 2009, pp. 220 e ss.

[911] Ainda que o autor admita poderá implicar a excessiva complexidade e fragmentação do sistema, discriminando entre tipos de negócio, ou exigindo regras específicas sectoriais, porque nem todas as indústrias de atuação de GMN são de uso intensivo de intangíveis – cfr. MAYER, 2009, p. 226.

zando os métodos tradicionais de preços de transferência. Sugere, contudo, a inclusão de ativos de comércio gerados internamente[912] no fator "ativo" e "massa salarial" de forma diferida, ou seja, quando os mesmos gerarem receitas passíveis de inclusão no fator "receitas"[913]. Desta forma, as jurisdições com nexo tributário suportariam os custos sociais da atividade associada aos mesmos, mas participariam na repartição do lucro aquando da sua realização, mitigando o desfasamento entre a realização de prejuízos no momento inicial de desenvolvimento dos intangíveis e a obtenção de lucros no momento da utilização comercial dos mesmos.

A Proposta de Diretiva CCCTB não inclui os ativos intangíveis, de forma direta, em nenhum fator. A Comissão justifica a decisão essencialmente com as dificuldades de avaliação e o potencial de manipulação da fórmula que os mesmos encerram[914]. Em suma, sustenta que os ativos intangíveis se manifestam reflexivamente nos outros fatores: massa salarial e ativos tangíveis inerentes ao seu desenvolvimento, bem como vendas resultantes da sua aplicação no negócio.

Em contraponto, a sugestão da não inclusão de ativos intangíveis em fatores de fórmulas de repartição é criticada com base na ideia de que estes são grandes motores de criação de rendimento de GMN. A sua exclusão corre o risco de distorcer a repartição de rendimento pelas unidades do GMN, de não refletir a contribuição das entidades associadas ao desenvolvimento do intangível na obtenção de rendimento tributável, e de não recom-

[912] Rejeitando a inclusão de ativos intangíveis de comércio adquiridos a partes não relacionadas porquanto não gerados por atividades de grupo e passíveis de manipulação de preço para efeitos fiscais.

[913] Na análise do PSM, a própria OCDE demonstra sensibilidade para a questão suscitada pelo autor – cfr. OCDE, 2018b, par. 2.182. O possível diferimento de reconhecimento, conforme sugerido por Mayer, poderá ser solução para assegurar a simetria entre inclusão e dedução de rendimento associada a um ativo caso se insista na inclusão do ativo intangível como parte da fórmula.

[914] Para mais, vd. CCCTB WG, 2006, e, em particular, CCCTB WG, 2007a, que afirma que estas características determinariam o aumento de custos de contexto com a justificação de avaliação dos mesmos e sua fiscalização. Mais se afirma que a inclusão de ativos transacionados com partes terceiras poderia criar uma diferença de tratamento injusta para os GMN que usam ativos gerados internamente, agravada pelo facto de a capacidade de gerar rendimento do ativo não depender da natureza interna ou adquirida do mesmo. Acresce a sua difícil localização para efeitos de IRC e identificação de entidade que obtém rendimento, sobretudo quando utilizados pelo GMN de forma global (pense-se no uso de uma marca). O WP fundamenta a sua recomendação, também, com o facto de a exploração do ativo intangível não estar diretamente associada à obtenção de receitas – por exemplo, a unidade empresarial que detém e explora uma marca pode não realizar vendas do produto associado.

pensar Estados ou jurisdições que fomentem a instalação de atividades de I&D no seu território[915].

Contudo, acompanhamos a doutrina maioritária. O fundamento de um sistema formulaico não é o de repartir o lucro tributável de uma entidade de acordo com a contribuição para a criação de valor que cada unidade empresarial aporta. A tributação com base em fórmulas de repartição é uma forma de tributação na fonte da atividade empresarial, não na fonte de criação de rendimento, atenta a impossibilidade de definição jurídica desta e a sua desadequação ao fim do imposto. Assim, apenas se poderá dizer que ocorre distorção da distribuição de rendimento entre unidades constituintes do grupo se o ponto de comparação for o paradigma da plena concorrência até ora vigente. Ora, o regime FA supera este paradigma e reparte o rendimento global obtido pelo grupo com base na atividade das suas unidades, e não o rendimento individualmente obtido por cada uma, calculado de forma ficionada.

Note-se que a contribuição dos ativos intangíveis para o rendimento empresarial não é desconsiderada pela sua exclusão da fórmula nem o rendimento que estes geram é isento de tributação. O custo e as inclusões determinadas pelo ativo intangível são considerados no cálculo da matéria tributável empresarial, contudo não na sua repartição. Fazê-lo seria abrir novas portas a deslocalização de fatores sem atividade substancial subjacente para jurisdições de menor tributação, através da localização na mesma de ativos desmaterializados de difícil avaliação. Ora, o ativo intangível, *per se*, é refletido nos custos que as atividades subjacentes à sua criação implicam (ativo tangível e mão de obra), uma vez que da natureza da sua própria definição resulta a sua imaterialidade. Por seu turno, a utilização do ativo intangível, frequentemente, aproveita sinergicamente o funcionamento e a obtenção de rendimento por todo o GMN, fazendo sentido que seja repartida pela mesmo com base nos demais indícios de atividade.

Por fim, a não inclusão do ativo intangível como fator de fórmula não significa que os Estados não possam desenhar políticas fiscais de atração a investimento associado àquele tipo de ativos. A fórmula de repartição pode ser implementada como mero mecanismo de distribuição de matéria coletável entre entidades, permitindo a um Estado reconhecer incentivos fiscais no momento da tributação através de fixação de taxas de imposto diferentes

915 Vd. Panayi, 2013, pp. 118 e 119, e Vergnet, 2020, p. 399.

entre jurisdições[916], ou a concessão de benefícios fiscais, ou super-deduções de custos com I&D, ou a não inclusão de determinada parcela de rendimento que estipule ter origem direta em ativos intangíveis[917]. A subsidiariedade do funcionamento da fórmula de calculo do imposto a pagar permite ampla margem de conformação da política fiscal estadual com o objetivo de estimular atividades de I&D. Por seu turno, a garantia de tributação de atividades substanciais na jurisdição do tributante permite o controlo efetivo da base tributária e da parafiscalidade ínsita na mesma, restaurando a soberania estadual *de facto*. As objecções *supra* apontadas à exclusão do ativo intangível da fórmula são, assim, superadas[918].

4. O fator "massa salarial"

A massa salarial é utilizada como fator de repartição em todas as experiências comparadas *supra* descritas, o que bem diz da aptidão da mesma a refletir a atividade de uma empresa multi-jurisdicional[919]. Trata-se de um

[916] Seja a nível global, seja a nível cedular.

[917] Alcançando, assim, o mesmo efeito de regimes de *patent box*.

[918] IFA, 2017, p. 273 sugerem que a tributação da propriedade intangível possa ser um problema solucionado pela aplicação de CGAA ou o desenvolvimento do PSM aplicado ao caso, se necessário com legislação específica. O rendimento distribuir-se-ia, assim, pelo grupo todo. Vd. para mais situações relacionadas com a inclusão no fator "ativo" como o tratamento de ativos financeiros, juros, capital, dividendos, mais valias, vd. Hellerstein/Hellerstein, 2018, secs. §8.08, §9.10 e § 9.15.

[919] Nos EUA, o fator "massa salarial" envolve todos os custos laborais, como salários, comissões e quaisquer outras formas de retribuição pagas a trabalhadores relevantes para efeitos de proteção no desemprego e que sujeitas a IRS. Os custos com a massa salarial do trabalhador também serão incluídos no fator respeitante a um determinado estado se prestar o seu trabalho fora desse estado de forma incidental, se apenas prestar alguns dos serviços nesse estado mas se nesse mesmo estado se localiza a base das operações a partir da qual o serviço é dirigido ou controlado, ou ainda se caso a base de operações ou o local de onde o serviço é executado não se localize em nenhum estado tributante, mas o trabalhador resida no estado tributante. No caso do modelo UDITPA, os custos não são repartidos, pelo que são apenas associados ao estado onde o trabalhador presta serviços. No caso de trabalhadores que desempenhem funções ao serviço do que mais de um empregador, o princípio é o de atribuir os custos associados ao mesmo ao estado do local da prestação de serviços. A excepção será o caso de uma sociedade do grupo que tenha a cargo a obrigação de pagamento de salários de todos os trabalhadores do grupo, independentemente da entidade a quem prestem serviço. Os custos com trabalhadores independentes, assim considerados nos termos das leis laborais, não integram o fator "massa salarial". Para mais exemplos de redação do fator, vd. Hellerstein/Hellerstein, 2018, sec. § 9.17, pp. 10 e ss. No Canadá, o fator "massa salarial" também inclui os custos dos pagamentos a prestadores de serviços que seriam, em circunstâncias normais, desempenhados por trabalhadores da sociedade – cfr. sec. 402 (7) RIRC. Na Alemanha, a coleta de imposto é repartida

fator medido com base no fluxo de caixa de despesas associadas à prestação de trabalho[920], normalmente incluindo o valor de todas as despesas associadas à retribuição, em sentido amplo[921], de trabalhadores das entidades do GMN. Tem a vantagem adicional de se tratar de um fator cuja avaliação não é livremente fixada pelo GMN, dependendo da fixação do nível salarial individual e local.

Se o objetivo da fórmula é demonstrar a atividade do GMN numa jurisdição, a presença de pessoas que o representam ou que desempenham as funções inerentes à atividade produtiva ou comercial é um inequívoco indício da mesma[922]. Acresce que a estabilidade necessária à implementação comercial num dado mercado exige a existência de trabalhadores capazes

com base numa fórmula que leva em consideração a proporção da massa salarial do contribuinte localizada no município, com base nos salários pagos – cfr. art. 29, nº 1 GewStG. Já a derrama municipal reparte-se pelos municípios sempre que os sujeitos passivos tenham estabelecimentos estáveis ou representações locais em mais de um município e matéria coletável superior a € 50.000,00 considerando a proporção entre os gastos com a massa salarial correspondente aos estabelecimentos que o sujeito passivo nele possua e a correspondente à totalidade dos seus estabelecimentos situados em território nacional. Para este efeito, a massa salarial corresponde ao valor dos gastos relativos a despesas efetuadas com o pessoal e reconhecidos no exercício a título de remunerações, ordenados ou salários – cfr. art. 18º, nº 2 LFL. No caso do projeto CCCTB, o fator mão de obra desdobra-se em dois fatores. Metade da sua composição consiste na massa salarial da entidade, ao passo que a outra metade consiste no número de trabalhadores da entidade. Para este efeito, a massa salarial é representada pelos custos com trabalhadores dedutíveis num ano fiscal com retribuições, contribuições para segurança social e fundos de pensões. Considera-se trabalhador aquele definido como tal pela lei nacional do Estado-Membro onde o trabalho é prestado, bem como aqueles que desempenhem tarefas semelhantes às dos trabalhadores – cfr. art. 32º, nº 1 da Proposta de Diretiva CCCTB. Os trabalhadores são, em princípio, incluídos no fator do membro do grupo que lhes presta a retribuição – cfr. art. 33º, nº 1 da Proposta de Diretiva CCCTB. Cfr. também a NCRF 5, p. 8: a contabilização de remuneração inclui todos os benefícios atribuídos a trabalhadores. Os benefícios dos empregados são todas as formas de retribuição pagas, a pagar ou proporcionada pela entidade, ou em noma da entidade, em troca de serviços a esta prestados. Também incluem as retribuições pagas em nome da empresa-mãe da entidade com respeito aos serviços prestados à mesma.

920 Cfr. Agúndez-Garcia, 2006, p. 47.

921 Referimos em sentido amplo para abranger formas de compensação em espécie, como *stock compensation*, pese embora o tratamento destas ser particular. Limitando o fator "massa salarial" aos trabalhadores envolvidos em atividades de produção, excluindo aqueles envolvidos em atividades de vendas, cfr. McIntyre, 2004, pois conceptualmente os fatores capital e massa salarial deverão refletir a produção de bens e serviços, e o fator "receitas" deverá refletir, apenas, o mercado.

922 No mesmo sentido, Monsenego, 2018, p. 174. Vd. também Tavares/Owens, 2015, pp. 590 e ss; e Vann, 2010b, p. 330 afirmando que o capital humano é a medida mais fiável de contribuição para o lucro de uma dada entidade de um GMN. Em complemento, De Mooij/Liu, 2019, p. 23,

de implementarem as decisões do GMN. A validade do fator como demonstrativo da presença do GMN numa jurisdição resulta tanto dos incentivos à fixação de presença física num dado Estado como da necessidade da mesma[923]. Por estes motivos, defendemos que a massa salarial, entendida como o fluxo de caixa associado à prestação de trabalho subordinado ou equiparado, integre a fórmula de repartição.

A definição de trabalhador para este efeito é fulcral, na medida em que permite delimitar o fluxo de caixa que integra o âmbito da fórmula, densificando a composição do fator pela inclusão de salários e custos associados àquele[924]. Contudo, é sabido que no espectro de qualificações de relações jurídicas entre o vínculo de "trabalhador" e o de "prestador de serviços", há uma vastíssima realidade laboral que compreende realidades tão diversas como o trabalho a tempo parcial, o trabalhador temporário, o trabalhador cedido a outro empregador ou em regime de pluralidade de empregadores, o trabalhador em destacamento, o trabalhador autónomo economicamente dependente, entre outras[925]. Neste contexto, uma definição ampla de trabalhador para efeitos de inclusão no fator aumenta o peso relativo do mesmo[926] e corre o risco de incluir na realidade massa salarial trabalhadores independentes ou que a lei laboral não considera como trabalhadores do contribuinte em questão. Assim, cremos que a definição de trabalhador para este efeito deverá partir do reconhecimento da definição de trabalhador para efeitos de deduções fiscais aceites como tal, o que normalmente está associado às qualificações com base no Direito do Trabalho[927].

demonstram que a fixação de um fator "massa salarial" em países em vias de desenvolvimento é essencial para a manutenção, e eventualmente, o reforço da receita tributária destes.

[923] Cfr. Eichfelder/Hechtner/Hundsoerfer, 2017, p. 3, que encontram correlação entre o nível de capital declarado por uma subsidiária de um grupo e o volume de despesas com massa salarial da mesma.

[924] Cfr. Eberhartinger/Petutschnig, 2015, p. 5.

[925] Não olvidando que uma série de funções essenciais ao desenvolvimento de negócios podem ser subcontratadas, como alertam Andrus/Oosterhuis, 2017.

[926] O que aumenta os custos laborais para o empregador, que poderá responder com a redução de mão de obra ou salários, conduzindo, reflexivamente, à redução a médio prazo do peso relativo do fator "massa salarial" no conjunto da fórmula, e à repercussão na receita pública através da redução de contribuições sociais, consumo privado, receitas de IVA ou eventual aumento de prestações sociais. Sobre as implicações de políticas públicas associadas ao fator "massa salarial", vd. Eberhartinger/Petutschnig, 2015, sec. § 4.2.1.

[927] Sugerindo que a definição de trabalhador para efeitos de integração do fator "massa salarial" seja decalcada do Direito Laboral ou da Segurança Social aplicável ao caso, cfr. Mayer, 2009, p. 214.

O mesmo princípio é aplicável à definição de retribuição para efeitos de identificação de fluxo de caixa associado ao trabalhador, a qual tanto poderá ser em dinheiro como em espécie e, equivalentemente, integrando o fator. A implementação da definição de massa salarial num cenário aberto passará pela deferência do reconhecimento da definição adotada pela legislação laboral interna aplicável, sempre que coincidente com despesas dedutíveis como tal para efeitos de composição da base fiscal do GMN[928].

Os elementos associados ao fator "massa salarial" são potencialmente móveis[929]. Por este motivo, a doutrina é lesta em apontar o fator "massa salarial" como passível de manipulação pelo contribuinte. Eichfelder/Hechtner/Hundsoerfer demonstram diversas formas de planeamento fiscal em torno deste fator: realocação do número de trabalhador pelas unidades do grupo, realocação do número de horas trabalhadas por trabalhador ou simples manipulação de declaração de localização de despesas com a massa salarial[930]. Estas podem ocorrer através da cedência ocasional de trabalhadores contratados por sociedades residentes em Estado de tributação mais reduzida a sociedades residentes noutros Estados, através da subcontratação de serviços que deveriam ser desempenhados por trabalhadores, ou através de desempenho de funções laborais por trabalhadores em Estados onde o GMN não disponha de estabelecimento estável[931]. McLure Jr. nota que o fator "massa salarial" não é neutro porque possibilita a relocalização de empregos para jurisdições de tributação mais favorável, fomenta a concorrência fiscal através da atração de investimento o que, por seu turno, tem o potencial de provocar alterações no nível de emprego de Estados concorrentes.

Cremos, todavia, que o risco de deslocalização do fator é manifestamente compensado pela valia enquanto indício de presença física que constitui, cumulado com a sua simplicidade administrativa[932]. A relocalização transfronteiriça de trabalhadores não é simples pois pode envolver barreiras associadas à proteção laboral em matéria de desemprego, segurança social

[928] Cfr. também CCCTB WG, 2007a, p. 8.

[929] Eichfelder/Hechtner/Hundsoerfer, 2017, p. 17 afirmam a correlação negativa entre diferencial entre a taxa de imposto local e a taxa de imposto médio do imposto sobre o comércio e a alocação de despesas com massa salarial como fator de repartição.

[930] Cfr. Eichfelder/Hechtner/Hundsoerfer, 2017, p. 3.

[931] Exemplo citado por de Wilde, 2018, pp. 224 e ss., que analisa o Projeto de Diretiva CCCTB e problematiza possibilidades de manipulação do fator "massa salarial". Neste contexto, vd. também Llopis, 2017, pp. 636 e ss.

[932] Assim o notam Mayer, 2009, p. 213 e Weninger, 2008, p. 213

ou *dumping* laboral e à própria reticência do trabalhador em abandonar o seu local de residência. A relocalização de funções, por seu turno, dependerá da oferta do mercado de trabalho na jurisdição de destino que poderá não ser em número e qualidade que possibilitam o movimento empresarial. Acrescente-se que a relocalização de funções sempre envolveria uma alteração de atividade económica material de acordo com aquela, o que do ponto de vista de política fiscal é aceitável.

Embora Hines Jr.[933] afirme que o fator "massa salarial" seja particularmente inapto a justificar a diferença de rendibilidade entre empresas porque é composto por despesas dedutíveis ao rendimento, cremos que é precisamente esta característica que o torna apto a ser incluído na fórmula. Com efeito, lá onde haja atividade que permita obtenção de rendimento, haverá interesse do GMN em deduzir as despesas associadas ao mesmo. Há uma relação de causalidade entre a dedução de despesa e a obtenção de rendimento que justifica a ideia segundo a qual onde há uma despesa justificada, há uma atividade do GMN no âmbito da prossecução do seu objeto social.

Para diminuir o risco de planeamento fiscal abusivo em torno do fator, cremos que o mesmo deverá ser bipartido e, à semelhança do Projeto de Diretiva CCCTB, incluir também o número de trabalhadores. A inclusão do número de trabalhadores mitiga as discrepâncias declarativas quanto ao valor do fator. Estas podem resultar das próprias declarações do contribuinte com o objetivo de sub ou sobrerepresentar o peso relativo do fator, mas também de um valor de encargos salariais localmente reduzido[934]. O número de trabalhadores confere, assim, robustez ao fator "massa salarial" enquanto indicador da atividade do GMN num Estado.

Uma vez definido como integrando o número de trabalhadores e as despesas associadas aos mesmos, o fator "massa salarial" deverá relacionar os trabalhadores à sociedade contribuinte que assegura o pagamento do seu salário. Todavia, e como a massa salarial deve ser repartida pelas entidades a quem os trabalhadores efetivamente prestam o seu trabalho[935], sugerimos

[933] Cfr. Hines Jr., 2010.

[934] O que pode suceder em jurisdições de menor produtividade laboral, idem, como alerta Agúndez-Garcia, 2006, pp. 47 e ss., defendendo também a inclusão do número de trabalhadores no fator "massa salarial". No mesmo sentido, Mayer, 2009, p. 213 e Weiner, 2020, p. 115. Contra, de Wilde, 2020, p. 227, nt. 76, que considera que as diferenças de produtividade laboral resultam de imperfeições de mercado de trabalho que não serão corrigidas por um sistema de repartição de imposto sobre o rendimento.

[935] Cfr. Hellerstein/Hellerstein, 2018, sec. § 9.17..

um teste de confirmação: apenas serão considerados os trabalhadores cujo salário é pago pela sociedade contribuinte que sejam residentes fiscais na jurisdição onde as despesas com o seu salário integram o fator. Nos demais casos, o trabalhador deverá integrar o fator da entidade do GMN que opera no local de sua residência[936]. Caso não exista sociedade comercial ou estabelecimento estável integrante do GMN, o salário do trabalhador será então recapturado e incluído na massa salarial da sociedade que o paga.

5. O fator "receitas"

A introdução do fator "receitas" na repartição de lucro obtido por um GMN ou em transações intragrupo simboliza a valorização do papel do mercado na obtenção do rendimento empresarial[937]. Constitui, de igual forma, a inovação mais disruptiva do método FA se assim aplicado, em comparação com o regime de preços de transferência. Isto porque a repartição de direitos tributários sobre um GMN por Estados com base no local de realização de receitas do grupo implicaria uma eventual calibragem dos direitos de tributar dos Estados em contexto aberto. Assim, seria reequilibrada a tendencial prevalência das jurisdições de residência para tributar o lucro residual de operações integradas através duma distribuição deste por jurisdições onde se verificam eventos de realização com entidades terceiras – e que o GMN não pode controlar.

Contudo, cremos que a inclusão de um fator "receitas" como forma de representação do direito de tributação da jurisdição de mercado dos produtos vendidos pelo GMN não é teleologicamente distinta do papel conferido ao estabelecimento estável na lógica da repartição de direitos tributários da CMOCDE. O conceito de estabelecimento estável reflete o papel da jurisdição de mercado. Assim, legitima a tributação do Estado fonte dos rendimentos ali obtidos. Note-se que já desde as primeiras formulações da definição de estabelecimento estável se assinalava a necessidade de exclusão daquele conceito das atividades preparatórias ou auxiliares por se encon-

[936] Podendo aproveitar-se o contributo do disposto no art. 15º CMOCDE para os casos de residência parcial. Assim, DE WILDE, 2020, p. 229.

[937] Neste sentido, HELLERSTEIN, 2018, p. 294, afirmando a natureza histórica e estabelecida do mercado como justificativo de alocação de lucros para efeitos tributários, embora não deixe de sublinhar a necessidade de conjugar o mercado com os demais fatores produtivos associados à oferta. A este propósito, CCTB WG, 2007b, afirmava que o mercado não era, em 2007, critério para repartição de direitos tributários entre Estados.

trarem longe de uma atividade produtora de lucro[938]. Neste caso, o contribuinte não está suficientemente envolvido na economia do Estado fonte de forma a justificar a imposição de imposto por esse Estado. Esse envolvimento apenas se verifica quando o conceito de estabelecimento estável é preenchido, ou seja, quando um certo limiar de presença ativa (equivalendo a envolvimento com jurisdição local) é ultrapassado.

A exclusão do preenchimento do estabelecimento estável no caso da existência de um agente independente reforça a asserção: é este que está presente e trabalha o mercado, não o principal. O critério do tempo e da permanência ínsito no estabelecimento estável refere-se, precisamente, ao investimento numa presença de mercado. Esta prende-se com uma atividade fixa, com caráter de estabilidade de presença no território. No caso do agente independente, o risco do desenvolvimento de mercado é deste, daí a sua tributação. Mas no caso do agente dependente, já é o GMN que suporta o encargo tributário que incide sobre um estabelecimento estável porque o desenvolvimento do mercado faz-se sob o seu controlo.

Assim, o conceito de estabelecimento estável demonstra a atividade direta ou indireta de mercado do GMN, refletindo historicamente atividades de investimento direto externo de forma mais substancial que a mera atividade de exportação de bens para o território daquele Estado, e que não confere direito de tributação. Na dicotomia residência/fonte, a residência pode tributar os lucros obtidos no mundo, enquanto que a fonte apenas aqueles obtidos no mercado local. O estabelecimento estável é o simétrico funcional do conceito de residência na operação dos tratados, e que operacionaliza o conceito de mercado na operação de um GMN[939]. Como tal, a oposição à inclusão da repartição de lucro de um GMN com base, ainda que parcial, no local das vendas do mesmo é sobretudo a oposição à redistribuição de direitos tributários entre Estados e à manifesta redução da possibilidade de planeamento fiscal que o fator encerra.

[938] Cfr. https://www.taxtreatieshistory.org/data/pdf/FC-WP1(56)1E.pdf, p. 9, a propósito das exclusões, que refere que par. 3 d) e e) estão tão longe de realizar lucros que não se justifica que sejam considerados estabelecimentos estáveis, o que viria a ser integrado no art. 5º, nº 4 CMOCDE e referido no comentário OECD ao mesmo – cfr. OCDE, 2017a, par. 23.

[939] Cfr. Arnold, 2018, secs. § 1.1.1.1.-1.1.2.3; Reimer, 2015, p. 347 e Avi-Yonah, 2007, p. 83. Este último refere que o conceito de estabelecimento estável é bem mais amplo do que a mera condução de atividade negocial num Estado.

Acrescente-se ainda que o fator "receitas" assume uma inegável vertente anti-abuso, mesmo que implícita[940]. Com efeito, o fator "receitas" é pouco controlável pelo GMN nas vertentes fundamentais para o funcionamento do princípio da realização[941]. Por um lado, o GMN não controla a localização do seu mercado, pelo que não controla o local de ocorrência do facto tributário[942]. Por outro lado, o GMN não controla a fixação do preço da transação com partes não relacionadas. Logo, a inclusão de um fator "receitas" toca o âmago das causas do fenómeno BEPS e facilita a administração da fórmula[943].

5.1. A definição do fator

A definição do fator "receitas" está associada a um grau de litigância superior à associada aos demais fatores, pela experiência comparada. De igual forma, a positivação do fator reveste-se de grande diversidade interpretativa[944].

[940] Shaviro, 2014, afirma que a tributação de rendimento empresarial sempre teve por base fatores que originam rendimento, pelo que a inclusão de receitas neste contexto apenas se deve à dificuldade em rastrear a origem de certas categorias de rendimento.

[941] Se configurado como vendas no destino, como veremos. Agúndez-Garcia, 2006, p. 57, recorda que o registo de vendas com base na origem ou volume de receita é manipulável pelo GMN.

[942] Hellerstein, 2012, pp. 221 e ss. demonstra como o planeamento fiscal em torno de um sistema FA se estrutura em torno da manipulação da localização dos fatores.

[943] Questão fundamental na defesa de vendas ao destino como forma de configuração do fator para Hellerstein/Hellerstein, 2018, sec. § 9.18. Monsenego, 2018, p. 174, considera que a inclusão do fator "receitas" permite equilibrar a diferença na tributação de GMN digitalizados e outros GMN por força da sua natureza intangível, que possibilita aos GMN digitalizados não terem encargos fiscais excessivos nas jurisdições de vendas considerada a baixa presença de ativo e trabalhadores nestas.

[944] Nos EUA, a expressão "receita" engloba, na verdade, toda a receita da venda de propriedade tangível, bem como oriunda da prestação de serviços, locações, *royalties*, vendas de participações sociais e tudo o que, no geral, seja receita com origem em operações negociais e que, de uma forma geral, não sejam alocados como rendimento não empresarial por alguma regra especial – cfr. UDITPA § 1 (g). O universo das vendas é definido, normalmente, por referência às vendas que deram direito a rendimento repartível. Daí que se, por exemplo, determinado montante recebido a título de dividendos seja alocado, não integre o fator "receitas". Cfr. Hellerstein/Hellerstein, 2018, sec. § 9.18 e ss. No projeto CCCTB, o fator "receitas" integra todas as receitas provenientes de venda de bens e prestação de serviços após descontos e devoluções, excluídas de IVA e outros impostos. Rendimentos isentos de imposto, juros, dividendos, *royalties* e receitas provenientes da venda de ativos tangíveis não são incluídas no fator "receitas", a não ser que incorridas no curso normal negocial do contribuinte. Também não são incluídas no fator as vendas e prestações de serviços intragrupo.

Por receitas, entendemos todos os proveitos brutos[945] e benefícios económicos mensuráveis que sejam derivados de transações com partes terceiras[946] e que envolvam vendas de bens, prestação de serviços e uso por terceiros de

[945] No mesmo sentido, McLure Jr., 2002, que afirma que um sistema de repartição formulaica não ajusta margens de venda ou frequências de transação, embora admitindo o desenvolvimento de regras anti-abuso com o propósito de evitar a deslocalização do fator para jurisdições de baixa tributação. Já Hellerstein/Hellerstein, 2018, sec. § 9.18.3, pp. 77 e ss., afirma que em termos de política fiscal, as receitas de ganhos de capital devam ser incluídas de forma líquida no fator da fórmula. Novamente, McLure Jr., 2009, p. 154, afirma que incluir as receitas líquidas é uma abordagem conceptualmente equivocada, sugerindo o *throw-out* destas receitas do fator, e uma adoção de um fator "receitas" apenas baseado em prestação de serviços e vendas de bens. Por seu turno, Agúndez-Garcia, 2006, p. 52, adverte que, num regime de consolidação fiscal, a inclusão de receitas brutas fora do perímetro do grupo pode perturbar o cálculo da matéria coletável deste, mas que a escala exigível para que o efeito das inclusões seja significativo é elevada. Atente-se, também, na lição de McIntyre, 2004, que expõe a diferença de tratamento entre receitas provenientes de uma licença de *software* (que são recebidas e registadas líquidas) e receitas provenientes da venda de produtos (recebidas e registadas brutas, havendo que posteriormente deduzir o custo dos bens vendidos, por exemplo). Algumas disposições estaduais estadunidenses permitem o recálculo da base tributária de forma a incluir apenas o rendimento líquido para combater eventuais abusos desta divergência. O autor sugere que o fator integre valores de receita líquida, permitindo, por exemplo, a dedução do custo dos bens vendidos. Isto apesar de os lucros empresariais serem normalmente tributados numa base líquida (ao passo que juros e dividendos por meio de retenção o são numa base bruta) – cfr. Sasseville/Vann, 2018, sec § 1.1.2.3.

[946] E que não constituam aumentos de capital próprio relacionados com contribuições de participantes no mesmo – cfr. NCRF 20 – ou a restituição de capital entregue. Cfr. McIntyre, 2004, afirmando que o fator é mais amplo do que o mero conceito de venda, mas não engloba todo os recebimentos pela entidade. de Wilde, 2020, p. 232, pondera excluir do fator "receitas" todos os proveitos associados a funções financeiras não diretamente relacionadas com a prossecução do objeto negocial do contribuinte. O objetivo seria evitar a concentração deste tipo de operações, potencialmente geradoras de muitas receitas (não necessariamente de lucro) e, assim, a distorção do preenchimento do fator. Inspira-se, para o efeito, na proposta de MTC. Discordamos. Tal distinção abriria caminho a replicar o maior foco de litigiosidade do sistema de *state income tax* – a distinção entre rendimento negocial e não negocial, e que autores estadunidenses veementemente aconselham que se evite na implementação de qualquer outro sistema formulaico. Vd. também Sicilian/Huddlestone, 2020, p. 54, sobre as diferenças de formulação do fator nos modelos UDIPTA e MTC

ativos da entidade que produzam juros, royalties e dividendos[947] conducentes à obtenção de rendimento tributável[948].

A definição dos pressupostos de inclusão do fator na fórmula deve ser suficientemente densificada de forma a refletir um investimento do GMN na obtenção, manutenção e exploração de um mercado que justifique um direito a tributar do Estado associado. Ou seja, o estabelecimento de um nexo de presença demonstrativo dessa permanência no mercado (porventura, de preenchimento distinto do conceito de estabelecimento estável) torna-se necessário[949]. Cumula-se, aqui, a discussão da definição de estabelecimento estável perante as novas realidades digitais e de comércio desmaterializado com a possibilidade de se estabelecer um nexo tributário mediante a ultrapassagem de um certo limiar de verificação de elementos que integram o fator (o teste de fator[950]). Um exemplo deste último seria o direito a tributar lucro do GMN de uma jurisdição caso se verificasse a ultrapassagem de um determinado valor de receitas aí obtidas, mesmo na ausência do preenchimento do conceito tradicional de estabelecimento estável.

5.2. A localização do fator

As receitas devem ser associadas e incluídas no fator da jurisdição de destino das vendas do GMN[951]. A contabilização de receitas na origem não per-

[947] Cfr. NCRF 20. Note-se que a propósito da definição de receita, a NCRF 2, par. 9, afirma que "[a] quantia de fluxos de caixa proveniente das atividades operacionais é um indicador chave da medida em que as operações da entidade geraram fluxos de caixa suficientes para pagar empréstimos, manter a capacidade operacional da entidade, pagar dividendos e fazer novos investimentos, sem recurso a fontes externas de financiamento".

[948] Seguindo a sagaz advertência de DE WILDE, 2020, p. 231, que permite evitar que rendimento eventualmente isento de tributação (imagine-se distribuições de dividendos intragrupo) possa inflacionar o preenchimento de fator "receitas" em jurisdições de menor tributação ou terceiras e, desta forma, distorcer o funcionamento da fórmula.

[949] Vd. POMP, 1994, p. 815, que afirma que o grande problema de um sistema de repartição formulaica é a repartição de rendimento com uma jurisdição que não tem nexo tributário para impor imposto sobre o mesmo.

[950] Abordagem sugerida pelo CCCTB WG, 2007b, p. 11, e tida como não revolucionária, uma vez que já é aplicada na UE em sede de IVA. Também é a abordagem sugerida por POMP, 1994. Vários estados dos EUA aceitam como limiar de presença tributária a mera presença económica medida por volume de vendas – cfr. MINTZ/WEINER, 2008, p. 106. O método também é sugerido por DE WILDE, 2020, p. 234, como forma de limitar oportunidades de deslocalização de fatores da fórmula.

[951] No mesmo sentido, vd. VELLA, 2020, p. 267, afirmando que se o objetivo é fazer o fator refletir o mercado, a única solução possível é considerar as vendas no destino. Corroborando a asserção

de necessária mudança de paradigma após análise de um GMN com 27 subsidiárias a operar na UE, vd. Fargas Mas, 2010, pp. 405 e ss., que conclui que o volume de vendas declarado nas jurisdições de consumo efetivo é reduzido. Já CCCTB WG, 2004b, p. 9 afirma que os peritos consultados prefeririam a inclusão do fator "receitas" com base na origem, identificando quatro problemas principais com a inclusão do fator com base no destino: a possibilidade de manipulação através da interposição de um agente de vendas entre o vendedor e o comprador; o problema de vendas realizadas em Estados sem presença tributável do GMN; a remuneração igualitária de todas as entidades do grupo, não remunerando as entidades mais produtivas proporcionalmente; o benefício duplo concedido aos Estados de mercado, que podem tributar as vendas realizadas em sede de IVA e recolher imposto sobre o rendimento das pessoas coletivas sobre o mesmo facto tributário. Referindo-nos às demais objecções ao longo do nosso argumento, quanto a última diremos apenas que a inclusão do fator "receitas" não significa uma dupla tributação do consumo pelos seguintes motivos. Primeiramente, o fator "receitas" não integra apenas os proveitos oriundos de transações com consumidor final. Em segundo lugar, o consumo visa tributar a disposição de riqueza por pessoas singulares; o fator "receitas" visa incluir o efeito da procura na obtenção de rendimento empresarial, ultrapassando a perspetivam meramente de oferta do rendimento empresarial, e incidindo sobre o rendimento da pessoa empresarial, e não sobre a pessoa do consumidor que dispõe do rendimento. Por fim, apenas uma parte de base fiscal da transação tributada diz respeito ao local de venda, na medida em que aquela é distribuída com base em dois outros fatores. Nos EUA, o numerador do fator é geralmente o valor das receitas negociais da empresas medidas pelos proveitos realizados no estado, sendo a localização dos proveitos historicamente determinada a partir de um de cinco critérios: 1) vendas no destino (vendas são consideradas no estado para onde tenham sido enviadas onde esteja o cliente a quem foram entregues); 2) vendas na origem (vendas são consideradas no estado a partir de onde o bem tenha sido enviado ou os serviços prestados; 3) estabelecimento de venda (vendas são consideradas no estado do estabelecimento a partir do qual foram registadas; 4) atividade de vendas (vendas são consideradas no estado local de atividade do trabalhador que as contratou); 5) aceitação de vendas (vendas são consideradas no estado local do cliente aceitante do negócio). Hodiernamente, todos os estados que de alguma forma incorporam na sua fórmula o fator "receitas" fazem-no por referência ao critério de vendas no destino. Por outro lado, e historicamente, as receitas não oriundas de venda de propriedade tangível eram distribuídas com base nos custos de execução associados às mesmas. Esta configuração do fator conduzia à dupla consideração dos fatores massa salarial e propriedade, por força da inclusão do local de realização de despesa com estes fatores, com a agravante de não refletir o mercado dos produtos do contribuinte. A questão revela-se progressivamente mais problemática com o aumento do volume de receitas oriundas de prestações de serviços e transações com ativos intangíveis. Daí que em 2014, o regulamento MTC tenha abandonado esta regra, e incluído as receitas oriundas de serviços no numerador dos locais de prestação dos mesmos e as receitas oriundas de negócios com intangíveis no numerador do local de uso dos mesmos. Para mais, vd. Sicilian/Huddlestone, 2020, pp. 54 e ss. No Canadá, as vendas consideram-se realizadas no destino de expedição de mercadoria, caso exista um estabelecimento estável no local de destino. Na ausência de estabelecimento estável no local de destino, as receitas integram o facto do estado onde se localiza o estabelecimento estável do trabalhador que celebrou o contrato – sec. 402 (4) (4h) do RIRC. Os serviços integram o fator do estado onde sejam prestados. Os rendimentos de juros, capital, rendas e *royalties* incidentes sobre propriedade não utilizada em ligação com os negócios principais

mitiria a consideração do papel do mercado na produção de rendimento, não possibilitaria a execução de função anti-abuso da fórmula[952], e duplicaria a contagem dos demais fatores considerados do lado da oferta[953]. Excluem-se, assim, formulações do fator "receitas" que consideram que as mesmas ocorreram na sede do vendedor, nos locais de fabrico do produto, nos locais a partir dos quais são realizadas as vendas e nos locais onde são oferecidas e negociadas as vendas. A definição de "destino" assume, como tal, protagonismo decisivo para que a inclusão do fator possa realizar o seu propósito[954].

Comecemos pela definição do destino de venda de propriedade tangível, apreciando a experiência estadunidense. Esta pode ser descrita por referência a duas grandes linhas de opções. Há estados que consideram que a venda do bem tem destino num estado quando aí é entregue, independentemente de ser esse o seu destino final[955]. Por outro lado, há estados que consideram que o local de destino do bem é o local do seu último destinatário. A diferença nas consequências de cada opção é evidente, quando trabalhado um exemplo simples. Na primeira opção, caso os bens sejam entregues a um transportador localizado num estado A que depois

da empresa não são repartidos – cfr. sec. 402(5) do RIRC. As vendas são avaliadas nos termos do art. 20º da Proposta de Diretiva CCTB e e são contabilizadas com base no critério do destino. Ou seja, as vendas são incluídas no fator do membro do grupo localizado no Estado-Membro onde o envio ou transporte de bens ao adquirente termina. Caso não seja possível identificar este local, as vendas são consideradas como fator do membro do grupo localizado no último Estado-Membro conhecido de localização de bem – cfr. arts. art. 37, nº 2 e 3 e 38º, nº 1 da Proposta de Diretiva CCCTB.

952 Em CCCTB WG, 2007a, é notado que apesar de o GMN poder controlar o local de destino da mercadoria, os custos de alteração da cadeia de distribuição são dissuasores de manipulação neste segmento. De igual forma, a interposição de um agente independente entre vendedor e comprador implicaria a diminuição de margem de lucro. Por outro lado, acrescentamos, a utilização de um agente independente não se reveste de qualquer problema em sede de abuso de normas fiscais, sendo uma forma de estruturação comercial razoável. Vd., a este propósito, Sánchez, 2018, p. 235.

953 Com preocupações semelhantes, vd. Weiner, 2020, p. 120. CCCTB WG, 2007a, acrescenta outra objecção à contabilização do fator com base na origem: não reflete a contribuição da cadeia de valor empresarial até ao destino. Mintz/Weiner, 2008, pp. 81 e ss. afirmam que um conceito de vendas medido na origem aumenta a margem de lucro marginal nos países de produção, ao passo que as vendas medidas no destino aumentam a mesma margem nos países de mercado.

954 Dos três fatores propostos, o fator "receitas" é aquele que se reveste de maior litigiosidade segundo Hellerstein/Hellerstein, 2018, sec. § 9.18.

955 É o regime do art. § 16 UDITPA.

terá de transportar os bens para o comprador no estado B, considera-se que a venda ocorreu no estado A. No segundo caso, considera-se que a venda ocorreu no estado B. À simplicidade administrativa da primeira hipótese (que se basta com o local de entrega do bem conforme constante dos documentos de trânsito ou fatura para certificar a mesma), contrapõe-se a deferência à realidade da segunda hipótese (que implica a averiguação da circunstância fáctica da coincidência entre o local de operação do comprador e o local de entrega final do bem). A jurisprudência esmagadoramente maioritária dos EUA opta pela teoria do último destinatário[956].

A UE integra regras harmonizadas para efeitos de localização de vendas que constam da Diretiva do IVA[957], cujo *rationale* pode ser integrado na presente discussão. Assim, dispõe o art. 31º da mesma que, caso os bens não sejam expedidos nem transportados, se considera lugar da entrega o lugar onde se encontram os bens no momento da entrega. Porém, caso sejam expedidos, considera-se lugar da entrega o lugar onde se encontram os bens no momento em que se inicia a expedição ou o transporte com destino ao adquirente. A Diretiva do IVA parece adotar, se aplicada a este contexto, um regime de vendas na origem. Contudo, a possibilidade de dedução do IVA de entrega em entrega, até ao momento de aquisição pelo consumidor, justifica esta opção de regime.

Com efeito, existe um facto tributário em cada entrega de bens na origem que se vai replicando até ao destino final do bem – o seu consumidor[958]. Quando a venda é feita por um fornecedor para um Estado-Membro que não o de chegada de mercadoria, considera-se realizada no local de chegada da expedição ou do transporte com destino ao adquirente – cfr. art. 33 º e 40º da Diretiva do IVA. Em alternativa, o art. 36º, nº 1 da Diretiva do IVA dispõe que caso os bens expedidos ou transportados pelo fornecedor, pelo adquirente ou por terceiros devam ser instalados ou montados, com ou sem ensaio de funcionamento, pelo fornecedor ou por sua conta, considera-se lugar da entrega o lugar onde se efetua a instalação ou a montagem. Aqui, o facto tributário de IVA tem lugar onde o bem foi montado e onde é, portanto, subsequentemente transacionado, reiniciando-se o ciclo do IVA pelo motivo exposto.

956 Cfr. Hellerstein/Hellerstein, 2018, sec. 9.18.1.

957 Cfr. Diretiva 2006/12/CE na redação conferida pela Diretiva 2020/2020/UE, doravante "Diretiva do IVA".

958 Cfr. art. 1º, nº 2 da Diretiva do IVA.

A incidência do IVA verifica-se, assim, no local do último beneficiário da venda através do fenómeno da repercussão, embora o seu mecanismo reconheça a venda intermédia do bem no local de seu destino caso o produto não esteja acabado (o que assume relevo para efeitos de cadeias de fornecimento). Parece, como tal, que a venda para efeito de IVA tem lugar no local de entrega do bem. No caso do Projeto de Diretiva CCCTB, as vendas entendem-se como sendo feitas no local de destino do transporte do bem vendido ou no último local identificável de situação do bem[959].

Ora, para efeito de venda de bens em sede de imposto sobre o rendimento, o local do destino da venda não tem de ser necessariamente o do consumidor final (nem todo o mercado resulta de consumo final[960]). Para efeito de vendas de bens, o destino deverá ser tido como o local de entrega do bem ao seu comprador[961]. O conceito abstrai-se, assim, do local de entrega do bem a um transportador ou do local de passagem do risco ou da propriedade sobre o bem, ou ainda do local de residência ou domicílio do comprador.

A opção justifica-se conceptualmente. O local de entrega do bem é o local onde o Estado sustenta a infraestrutura que permite a sua receção, armazenamento e comercialização[962]. Aliás, é também o local determinante de competência judicial transnacional para dirimir litígios emergentes de uma transação, tomando por exemplo a UE – cfr. art. 7º, nº 1, al. a) do Regulamento (UE) nº 1215/2012, segundo o qual é competente para dirimir o

[959] Cfr. art. 38º, nº 1 e 2 Projeto de Diretiva.

[960] Embora a localização do consumidor possa ser fixa, o critério para localização da venda para efeitos de integração do fator pode não o ser, conforme alertam Mintz/Weiner, 2008, p. 102. O mercado de um fabricante de peças industriais não é um consumidor, mas sim um outro empresário. A distinção é importante para fixar, por exemplo, se o Estado de vendas pode ser considerado o Estado de expedição intermédio de uma transação ou apenas o Estado de localização do cliente final.

[961] O assunto é ponderoso, sobretudo quando considerada a relação com agentes independentes ou distribuidores independentes, os quais podem ser utilizados como forma de evitar o preenchimento de nexos tributários associados a vendas. Andrus/Oosterhuis, 2017, p. 86 sugerem a adoção de uma regra de transparência fiscal ("*look through rule*"), segundo a qual o local do comerciante final ou o consumidor final seriam os determinantes no local de realização da venda, o que poderia implicar o alargamento do conceito de estabelecimento estável para lá do presente nos tratados. Defendendo a mesma regra, vd. Fleming Jr./Peroni/Shay, 2014, pp. 35 e ss.

[962] Esta solução permitiria implementar também a sugestão de tratamento das vendas de bens, componentes e matérias primas a produtores intermédios que as integrarão feita por Andrus/Oosterhuis, 2017, p. 87.

litígio transfronteiriço entre pessoas domiciliadas em Estados da UE o tribunal do local de entrega dos bens em caso de contratos de compra e venda.

No caso das receitas de prestação de serviços, a regra do modelo estadunidense UDIPTA atribui-as ao local da sua prestação; caso os serviços sejam prestados em mais do que um estado, consideram-se prestados no estado em que seja incorrido o maior volume de custos de execução de atividades geradoras de rendimento. Esta formulação é criticada na medida em que, conceptualmente, não reflete o local de mercado dos serviços (pois estes podem ser prestados à distância e os custos não serão incorridos no local do consumidor) [963]. Assim sendo e recentemente, vários Estados têm adotado uma perspetiva de mercado na atribuição do local de prestação de serviços, segundo a qual os serviços se consideram prestados no local do prestatário ou seu domicílio[964].

A Diretiva do IVA considera os serviços prestados na sua origem – cfr. art. 45º da mesma. Contudo, a prestação de serviços desmaterializados, e que pode ter lugar à distância, conforme os elencados no art. 58º, nº 1 da Diretiva do IVA, considera-se ter lugar na sede do prestatário. Se o objetivo do fator é refletir a contribuição do mercado para a obtenção do rendimento, deverá ser esta última opção a presidir à distribuição do mesmo. É, aliás, a opção de competência judicial expressa também pelo art. 7º, nº 1, al. b) do Regulamento (UE) nº 1215/2012. A prestação de serviços à distância e o fornecimento de bens e serviços *online* deverão ser debatidos, idem, ainda que associados aos conceitos de presença tributável numa jurisdição[965].

5.3. Receitas e ausência de estabelecimento estável

Um sistema de repartição formulaica pode criar incentivos para a localização de vendas em Estados que não disponham de jurisdição para impor tributação sobre o rendimento obtido pelas mesmas[966]. Este tipo de situações

963 Entre outros, cfr. HELLERSTEIN/HELLERSTEIN, 2018, sec. § 9.18[3], p. 50.

964 Vd. SICILIAN/HUDDLESTONE, 2020, pp. 54 e ss.

965 Para mais, cfr. ANDRUS/OOSTERHUIS, 2017, p. 101.

966 Situação distinta da não imposição de imposto por opção estadual, como nota MCINTYRE, 2004, p. 67. Por outro lado, HELLERSTEIN, 2012, p. 226, demonstra como este é um problema que não se coloca no sistema CCCTB, na medida em que o rendimento é repartido por entidades empresariais, não por Estados, determinando que há sempre um Estado que tenha jurisdição para tributar a entidade empresarial. Sobre as diferenças contextuais entre o regime FA dos EUA e a eventual aplicação do regime CCCTB, vd. HELLERSTEIN/MCLURE JR., 2004, pp.86 e ss. Por seu turno, WEINER, 2008, afirma que os GMN com sede nos Estados que implementam regras *throwback* são sensíveis à alteração de taxa de imposto, e que o aumento destas aumenta

pode resolver-se de duas formas: pela redistribuição do rendimento de vendas pelas demais entidades do grupo (*throwback*) ou pela exclusão das vendas do fator da fórmula (*throwout*).

As regras *throwback* podem, ainda, ser configuradas de diferentes formas[967]. Assim, o rendimento gerado em local sem presença tributável do GMN pode ser distribuído pelas entidades de grupo de forma proporcional à verificação dos demais fatores (*spread throwback*); ou na proporção de um só fator (por exemplo, considerando apenas o fator "receitas" de entidades do GMN com presença tributável num Estado); ou apenas a uma determinada entidade (a da origem da venda ou a entidade-mãe).

Nos primeiros dois casos, a redistribuição efetivamente realoca rendimento a todo o grupo, ao passo que no terceiro caso realoca rendimento apenas às entidades selecionadas (normalmente, as de origem da venda) ou às que declarem a presença de determinado fator (por exemplo, àquelas que declaram vendas). Por seu turno, a regra de exclusão de vendas equivale a redistribuir o rendimento resultante por todo o grupo com base nos demais fatores do grupo. As regras *throwback* excluem a integração de receitas no fator do numerador da fórmula; as *throwout* excluem a integração de receitas tanto no fator do numerador como do denominador da fórmula.

Mayer considera que a opção pelo *spread throwback* é defensável, na medida em que a redistribuição de vendas para a entidade na origem implica atribuir-lhe rendimento produzido por outras entidades e a distribuição por todos os membros do grupo implicaria a tributação de quem não contribuiu para a venda[968]. Mais, diríamos, não reflete o conceito de projeção do papel do mercado na fórmula. A opinião do autor não é isolada. McIntyre afirma que as regras *throwback* permitem à jurisdição de origem o direito a tributar o residual de vendas não tributado nos demais Estados, e acaba por defender a aplicação de regras *throwback* em proporção à verifica-

a coleta de imposto. Também Gupta *et al.*, 2009, p. 262, demonstram que a adoção de regras *throwback* aumenta em cerca de 16% a colheita de imposto estadual nos Estados que a implementam.

967 McIntyre, 2004, p. 69 nota que uma disposição deste género pode violar o critério da capacidade contributiva na medida em que contribuintes com o mesmo rendimento podem ter encargos fiscais distintos apenas com bases na diferença do mercado em que operem. A dinâmica das regras *throwout* é semelhante às regras do Pilar 2 da OCDE (OCDE, 2020b) que concedem o direito a um Estado tributar rendimento quanto este não é tributado ou é tributado abaixo do limiar entendido aceitável numa outra jurisdição com pretensões tributárias sobre o mesmo.

968 Cfr. Mayer, 2009, pp. 215 e ss.

ção dos demais fatores[969]. Também o Projeto de Diretiva CCCTB adota uma *spread throwback* rule[970].

Já HELLERSTEIN/HELLERSTEIN consideram que o *throwback* para a origem da venda rompe com o mecanismo conceptual da repartição formulaica[971], e torna-se num mecanismo de garantia de tributação integral do rendimento empresarial que, no limite, pode violar a soberania do Estado de venda no destino que opta por não tributar o mesmo. Por seu turno, a regra de exclusão de fator implica a tributação pela totalidade do rendimento do GMN nas jurisdições onde é tributado, o que o autor considera mais equitativo e fácil de administrar[972]. Outros autores, como MINTZ/WEINER, afirmam que as regras *throwback* introduzem conexão entre os fatores que geraram as vendas e estas, sendo particularmente relevantes na aplicação da venda de produtos tangíveis. Já as regras *throwout* farão mais sentido no rendimento proveniente de ativos intangíveis[973].

Pela nossa parte, consideramos que a inclusão de rendimento deve estar associada à verificação da presença de um fator numa jurisdição. Se não é possível estabelecer esta ligação, o rendimento deve ser atribuído a todo o GMN, garantindo-se a sua total tributação através de uma regra *throwout* ou uma *spread throwback rule* com base nos fatores do lado de oferta – "ativo" e "massa salarial".

*

A seleção das chaves de repartição que melhor refletem a atividade produtora de rendimento do GMN foi desenvolvida, até ao momento, de forma conceptual. A nossa discussão parte do referencial atual do GMN enquanto empresa policorporativa cujo tratamento fiscal integrado assenta na ficção da independência económica das suas entidades constitutivas. Por este motivo, debateremos de seguida os desafios que implicaria a mudança deste paradigma para um que integre o mecanismo de fórmulas de repartição. A noção de Justiça fiscal internacional aventada na Parte I orientará esta tarefa, considerando os corolários que expomos agora.

969 Cfr. MCINTYRE, 2004, p. 75.

970 Cfr. art. 38º, nº 4 do Projeto de Diretiva. Vd. também CCCTB WG, 2007a, p. 14.

971 CCCTB WG, 2006, p. 8 afirma o mesmo.

972 Cfr. HELLERSTEIN/HELLERSTEIN, 2018, sec. § 9.18.1.

973 Cfr. MINTZ/WEINER, 2008, p. 104.

A tributação de rendimentos do GMN deverá respeitar uma série de cânones: implementar Justiça internacional, distribuindo a base tributária do GMN pelas jurisdições que suportem a sua atividade material, de acordo com as operações soberanas do Estado local. Para este efeito, importa assegurar a efetividade das mesmas, seja através da referenciação física de atividades do GMN, seja através da implementação dos métodos de tributação determinados pelo Estado. A deferência ao princípio preços de transferência e à análise "funções, ativos e riscos" coloca excessiva discricionariedade quanto à constituição e preenchimento do facto tributário nas mãos da opção do GMN. Importa, assim, introduzir elementos que reduzam esta discricionariedade, o que teria como contraponto o aumento de segurança jurídica na tributação.

Simultaneamente, a Justiça interindividual deverá ser acautelada. Isto implica considerar a realidade do GMN na medição da capacidade contributiva local, e, desta forma, medir a mesma com base na sua rendibilidade global e não na rendibilidade da entidade presente numa dada jurisdição. Com efeito, o propósito da tributação de rendimento empresarial é o de garantir a tributação de lucros obtidos a partir do investimento em fatores de produção. O próprio conceito de estabelecimento estável visa implementar esta ideia: isola-se a tributação do lucro obtido num determinado mercado pela manifestação de presença do GMN.

Contudo, a análise da operação integrada do grupo implica tomá-la como referência da rendibilidade, e não a mera atividade local. Esta última poderá servir como medida de distribuição de base fiscal através da aferição da capacidade contributiva do grupo manifestada nos indícios de atividade que justificam os serviços prestados pelo Estado local. O binómio "capacidade contributiva" e "princípio do benefício" surge, assim, refletido como fundamentação dupla e à vez da tributação empresarial. Ora, estes propósitos podem ser realizados através da maior utilização de chaves de repartição nos métodos previstos pelos tratados internacionais e integrados nas legislações nacionais[974]. Procuramos, de seguida, analisar de que forma podem os mesmos ser implementados no sistema vigente.

[974] Por exemplo, McLure Jr., 2002, p. 589 admite que o sistema FA pode ser implementado de forma autónoma ou coexistir no atual contexto dicotómico residência/fonte como forma de fixar a fonte geográfica do rendimento para efeitos de concessão de créditos de dupla tributação, por exemplo. É uma sugestão na linha da de Fleming Jr./Peroni/Shay, 2020, pp. 177 e ss.

Capítulo III
Propostas de implementação de método FA

1. Implementação do método FA: questões gerais

A implementação de um método FA no sistema de Direito Fiscal internacional implica discutir uma série de questões estruturais. A primeira prende-se com a própria personalidade tributária do GMN. Assim, deve debater-se se o GMN deve ser tributado como todo, relevando a sua capacidade contributiva global e os lucros assim obtidos, ou se importa apurar a capacidade contributiva de cada unidade constituinte em contacto com um Estado. Esta questão está associada a uma outra: deverá a contabilidade do grupo ser integrada e calculado o seu lucro unitariamente, repartindo-se subsequentemente a matéria coletável por cada Estado onde este opere para que o GMN seja, então, tributado? Ou dever-se-á manter o princípio da contabilidade separada, sendo repartida a matéria coletável por entidade empresarial à qual serão, de seguida, aplicadas regras fiscais próprias de cada Estado? Neste âmbito, é possível ainda equacionar a consolidação da responsabilidade fiscal do GMN ou não, bem como a decisão de aplicar o mecanismo de fórmulas de repartição a todas as operações do GMN ou apenas a determinadas transações – a definição da base tributária. Por fim, mas não menos importante, teremos de aferir se a implementação de um mecanismo de fórmulas de repartição num contexto aberto deverá ser feita multilateralmente ou se haverá condições jurídicas para se impor unilateralmente a mesma.

1.1. A atuação global do GMN e o método FA

A preferência teórica pela adoção de tributação de GMN com base em chaves de repartição poderia sugerir a preferência pela escolha generalizada, por acordo internacional, de um sistema de repartição formulaica global

(*global formullary apportionment*). Um sistema *global formulary apportionment* implica a consolidação da contabilidade de todo o GMN com o objetivo de apurar o seu lucro global para, subsequentemente, repartir o mesmo pelos Estados em que opera de acordo com uma fórmula comumente acordada. A decorrência lógica de um sistema *global formulary apportionment* seria a consolidação plena dos resultados intragrupo, com reporte de prejuízos interno[975], e a anulação para efeitos fiscais das transferências de valor resultantes de transações intragrupo. Contudo, cremos que a ideia é de afastar.

Sucede que a transição para uma adoção geral do sistema implicaria tremendos custos institucionais e de transação[976]. A negociação de um acordo quanto à composição da base tributável, ao conceito de rendimento sujeito à tributação por este método, às regras contabilísticas para efeitos de uniformização dos referenciais anteriores parece, realisticamente, impossível de alcançar. Adiantamos, até, de alcance indesejável: a realização do projeto constitucional local e a manutenção de soberania não se compadecem com a uniformização da composição de base fiscal ou a definição de rendimento em prejuízo da natureza subsidiária da definição de incidência de imposto.

Um sistema *global formulary apportionment* implicaria a redistribuição de receita tributária entre Estados por força do reporte de perdas intragrupo, o que agrava as dificuldades de implementação do método[977]. A gestão de receitas tributárias comuns implicaria uma administração fiscal global comum ou partilhada, o que parece extremamente delicado na ausência de um quadro de integração económica profundo (como, talvez, nem sequer a própria UE terá ainda estabelecido). Além da dificuldade de organização de cobrança e distribuição de receita que o sistema originaria, poderiam surgir dificuldades em garantir o cumprimento de obrigações fiscais perante Estados nos quais não se verificasse património do GMN penhorável para assegurar o cumprimento da obrigação fiscal.

[975] A fixação da matéria coletável de cada entidade é independente dos seus atributos fiscais passados, o que pode determinar que haja um reporte de perdas a nível individual que, todavia, não seja transversal e repercutido nos membros do grupo – e, num contexto aberto, necessariamente transfronteiriço.

[976] Cfr. Roin, 2002, p. 174 e Schön, 2010b, pp. 257 e ss.

[977] De Mooij/Liu, 2019 demonstram como um regime de tributação unitária de modelo *global formulary apportionment* implicaria a redução da base tributável global pelo efeito de compensação de perdas, mas poderia permitir arrecadação de receita semelhante por força da maior localização do remanescente da base em países com maior taxa de imposto efetivo, o que resulta da necessária redistribuição de base tributária entre os Estados que a adoção de um regime maior baseado na substância da atividade, como o *global formulary apportionment*, implicaria.

Acresce que, sem a necessária redistribuição de recursos entre Estados que compense a eventual redistribuição de matéria tributável (e de coleta fiscal) resultante da operação do método, haverá Estados que não aceitarão o estabelecimento de um regime semelhante porque resultarão perdedores no rescaldo do acordo alcançado. O Direito Internacional geral não consagra obrigações redistributivas de riqueza, pelo que pugnar pela positivação das mesmas num acordo de espectro amplo parece utópico.

No plano de execução técnica do sistema, e para lá de preocupações políticas e de regras de distribuição de recursos entre Estados, a deferência às regras de fixação de base tributável do Estado de residência da contribuinte cúpula do GMN poderia ser uma solução teórica que ultrapassasse a dificuldade de um acordo global quanto a este tema[978]. Contudo, uma solução deste género poderia agravar as fricções criadas por concorrência fiscal entre Estados para lograr a fixação de sociedades na sua jurisdição, o que aprofundaria as descontinuidades do sistema presentemente verificadas[979]. Já o GMN poderia encontrar na implementação da proposta um estímulo à subcontratação e desintegração vertical de estruturas de GMN para evitar este tipo de regras internacionais[980]. O necessário acordo multilateral sobre o tema também implicaria também a profunda revisão da rede vigente de ADT, porquanto não previsto nas disposições modelo[981].

Sucede que o tratamento fiscal do GMN é apenas uma das questões jurídicas que a adoção de um método *global formulary apportionment* suscitaria. O estabelecimento de tributação unitária implicaria a consideração do GMN como uma hipótese normativa nova, uma realidade à qual seriam aplicadas regras de tratamento de sociedades ou entidades sem personalidade jurídica distintas que unificariam o seu estatuto jurídico. Sem a coordenação com formas de tutela do grupo noutras áreas jurídicas, seria introduzida uma dissonância entre o tratamento integrado do GMN na área fiscal e o primado da independência jurídica das suas unidades constituintes – tanto no Direito Fiscal como nas demais áreas.

978 À semelhança do projeto *Home State Taxation* da EU. Veja-se uma alternativa a um sistema FA com base na integração sócio-sociedade na residência desta em Cui, 2018, pp. 551 e ss.

979 Cfr. Roin, 2007, p. 228.

980 Como alerta Roin, 2007, p. 233.

981 Cfr. Ribeiro, 2018a, p. 475, que afirma a indispensabilidade de celebração de tratado multilateral ao nível da OCDE para implementar o sistema *global formulary apportionment* internacionalmente.

Em particular, a definição de GMN para efeitos fiscais distorceria o cânone da separação patrimonial acordada às suas sociedades constituintes e que preside a decisões empresariais de racionalização de recursos, especialidade de atividade e limitação de risco. Uma vez aceite a integração fiscal para efeitos de responsabilidade tributária de forma obrigatória e transnacional, quebra-se o benefício da responsabilidade limitada societária, o que impactaria de forma sísmica os fluxos de investimento direto externo e a iniciativa empresarial.

De igual modo, a quebra da separação patrimonial entre sociedades do grupo poderia pôr em causa, desde logo, o tratamento dos demais credores não estaduais. Como demonstrado, o tratamento unitário do GMN tem uma consequência imediata: a redistribuição da responsabilidade tributária pelas unidades que o compõem. Equivale isto a dizer que uma entidade do grupo pode assumir obrigações fiscais alheias *ope legis*, ou que o seu património pode ser onerado pela garantia de obrigações de terceiros ou voluntariamente garantidas. A garantia patrimonial geral das obrigações dos demais credores seria, assim, afetada. Seria imperativo, além do mais, repensar as relações de lealdade ao interesse societário e, em particular, os deveres dos administradores sociais inseridos numa relação de GMN pautada por esta maleabilidade que a consolidação e mobilidade de ativos no seio do GMN implicaria. E, alargando o âmbito dos sujeitos credores do cumprimento destes deveres, poder-se-á alargar o âmbito territorial de responsabilização civil da administração societária.

Neste contexto, a definição do GMN para efeitos fiscais teria de ser alinhada com a definição de grupo para tantas outras áreas do direito, como o societário, o concorrencial ou o laboral. Caso contrário, todas as demais fricções legais *supra* identificadas manter-se-iam, criando uma dissociação muito clivada entre o tratamento fiscal do GMN e as demais áreas de direito. Na ausência daquela harmonização, hesitamos bastante em afirmar que o ganho de poupança em custos de contexto fiscal seja compensador da indução de complexidade que vários tipos de tratamento do GMN tão díspares (o regime fiscal e os demais regimes) implicariam.

Como tal, a introdução de tributação unitária de grupo, assacando ao mesmo uma personalidade tributária única, parece ser de evitar. A consequência desta opção é a manutenção de um regime de contabilidade separada de entidades do GMN, o que implica o cálculo da responsabilidade tributária individual de cada uma destas entidades e o desenvolvimento de eventuais regimes de integração grupal.

A manutenção do regime de contabilidade de cada unidade constituinte do GMN não é impeditiva da consideração da sua rendibilidade global nem da identificação das jurisdições onde desenvolve maior volume de atividade efetiva. Esta última é, desde logo, possibilitada pelo registo dos fatores de repartição descritos na secção anterior. As assimetrias de informação entre Estados que contactam com o grupo podem implicar a diminuição da compreensão da extensão da atividade do GMN e, assim, a mensuração da sua capacidade contributiva. Contudo, os projetos CbCR superam, pelo menos de forma indiciária, estas limitações de índole administrativa. A manutenção de contabilidade separada das unidades constituintes do GMN, cumulada com o reporte conjunto de atividades do grupo, permitem manter a separação funcional e jurídica das suas unidades constituintes e concatenar a forma de tributação do grupo com a tutela do erário público que a atuação integrada suscita.

1.2. A contabilidade separada e a necessidade de consolidação de contas do GMN

A manutenção de um regime de contabilidade separada é compatível com a consideração da atividade do GMN para efeito de fixação da responsabilidade tributária de uma sua unidade constituinte num Estado. A consolidação fiscal de contas do grupo não é uma premissa *sine qua non* da aplicação do regime FA. Conforme vimos *supra*, a consolidação de resultados fiscais é um regime que permite a um grupo de sociedades agrupar-se como um único contribuinte, permitindo tanto o reporte de prejuízos entre as várias unidades de grupo como a transferência de ativos entre as sociedades de grupo de forma fiscalmente neutra. Este tipo de regimes tem um âmbito espacial e subjetivo normalmente limitado. Porém, o método FA não depende do reporte de prejuízos intragrupo, nem exige a transferência de ativos intragrupo de forma neutra.

O método FA é uma forma de repartição de lucro de um conjunto de entidades ou resultante de um conjunto de transações com base em indícios tangíveis de operação substancial dos contribuintes envolvidos. É certo que a sua aplicação leva à desconsideração de preços de transações intragrupo para fixação do valor da matéria tributável[982], mas tal apenas sucede

[982] E para este efeito, apenas. As transações intragrupo deverão ser controladas quanto ao seu valor para efeitos de limitação de abuso de planeamento fiscal mediante transferência de bens intragrupo para entidades em jurisdições de tributação inferior, possibilitando a eventual alienação do bem, então, a partir dessa entidade, fixando aí o local do evento de realização para

porque o lucro originado por uma entidade do grupo com a transação não lhe é atribuído, mas à entidade GMN como um todo, e nessa medida, a perda verificada pela entidade associada numa transação intragrupo é compensada pelo ganho de outra. A repartição de lucro entre as entidades envolvidas não vai depender da fixação de preço nas transações que celebram entre si, mas na repartição do *quantum* que é gerado em transações com terceiros.

Assim se distingue entre o âmbito de operação de um regime de consolidação e o âmbito de operação de um método FA. O que o método FA exige, em termos declarativos ou operacionais, é que o Estado que pretende exercer o seu poder tributário tenha conhecimento do envolvimento dos fatores selecionados da operação do GMN ou reveladores do conjunto das transações que vai apreciar conjuntamente. Ora, este conhecimento não implica que o Estado pretenda ou exerça o seu poder tributário sobre o lucro obtido por todo o GMN ou pelo conjunto de transações apreciadas, mas sim sobre o lucro que se julga – por intermediação de um método distinto do preços de transferência – ter sido gerado pela entidade sob sua jurisdição no conjunto das atividades do grupo. O conhecimento das atividades do GMN ou das transações a analisar tem interesse, assim, como forma de possibilitar o conhecimento da totalidade da operação em análise para, posteriormente, medir a proporcionalidade da participação da entidade local no todo da atividade integrada. Este conhecimento pode ser obtido a partir das declarações do contribuinte, *maxime* utilizando as formas de reporte administrativo previstas no sistema fiscal internacional e os dados do CbCR.

Dir-se-á, até, que esta forma de tributar gera um estímulo declaratório para a entidade do GMN numa dada jurisdição. Este estímulo consiste no interesse em demonstrar uma dimensão de atividades extraterritoriais tão ampla quanto possível, por referência ao Estado que pretende tributar, como forma de reduzir a participação proporcional da entidade local na atividade global sob apreciação e, desta forma, reduzir a responsabilidade tributária daquela entidade. Na verdade, quanto menor for a relação entre os fatores da entidade local e os fatores do GMN, menor matéria tributável é fixada à entidade do GMN em questão e, nessa medida, menor é a sua responsabilidade tributária.

efeito de fixação de taxa de imposto a aplicar ao rendimento repartido com a entidade que opera nessa jurisdição (risco que, todavia, a utilização de um fator "receitas" com base no destino ajuda a reduzir).

A forma de funcionamento do método FA que vem de se traçar é familiar para a doutrina e jurisprudência dos EUA que já lidou, historicamente, com a aplicação do método num contexto aberto. No acórdão *Container*, o USC sustentou a conformidade constitucional do uso do método FA para tributar uma entidade residente nos EUA pelo estado da Califórnia tomando em consideração o seu rendimento global. Com sagacidade, o USC demonstrou que a aplicação do método não causa dupla tributação jurídica ou económica, *per se*. Subsequentemente, no caso *Barclays*, o USC aceitou a tributação de uma sucursal de uma sociedade estrangeira no estado da Califórnia com base no método FA e, em particular, que fosse exigível a essa sucursal a declaração do rendimento obtido por todo o GMN em que se inseria, a fim de aferir da proporcionalidade da sua participação na obtenção do mesmo. Esta exigência decorre, conforme expressamente aludido pelo Tribunal, do risco de manipulação de preços de transferência e dos resultados arbitrários a que a aplicação do método de preços de transferência pode conduzir. Note-se, por fim, que o Tribunal de Recurso de Nova Iorque[983] considerou que a aplicação de FA para aferir do rendimento de um estabelecimento estável de uma sociedade inglesa nos EUA não era contrário ao ADT celebrado entre este Estado e o Reino Unido.

A apresentação de uma declaração de rendimentos global nos EUA é designada por declaração combinada (*combined reporting*). Apesar desta ter pontos em comum com o reporte consolidado de contas, não se trata de realidades justaponíveis, como demonstram HELLERSTEIN/HELLERSTEIN[984]. As declarações combinadas podem envolver a declaração de rendimentos de entidades que não são sujeitas à jurisdição da AT que recebe a declaração, o que é aceitável, porquanto o objetivo da declaração combinada não é o de tributar entidades sem conexão efetiva com o Estado tributante. Contudo, as regras de cálculo de rendimento líquido tendem a ser iguais tanto nos regimes de declaração combinada como de reporte consolidado de contas[985].

[983] Cfr. o acórdão *Reuters, Ltd.* O art. 25º, nº 2 do ADT em questão dispõe que a tributação de um estabelecimento estável de um Estado noutro Estado contraente não pode ser mais desfavorável do que a tributação de uma sociedade local. O Tribunal considerou que uma sociedade local seria tratada da mesma forma que o estabelecimento estável e forçada a apresentar uma declaração do rendimento global do GMN onde se insira.

[984] Cfr. HELLERSTEIN/HELLERSTEIN, 2018, sec. § 8. 11.

[985] É justo notar-se que, contemporaneamente, os estados dos EUA não exigem declarações combinadas do rendimento de GMN, o que resulta de uma opção política de não desincentivar

*

A tributação do GMN como um todo implicaria uma simetria entre o GMN e um único poder tributário – o que não existe. Cada Estado tributa o *quid* sobre o qual tem jurisdição. Todavia, a medida dessa tributação pode ser articulada com um conceito de capacidade contributiva que vise tomar por referência o lucro auferido pelo GMN na sua atividade integrada e as manifestações de capacidade contributiva do mesmo numa dada jurisdição, medidas pela presença de fatores de produção ou contribuições para obtenção de rendimento na mesma. Desta feita, é possível abranger o lucro obtido pelo GMN, repartindo o mesmo pelas jurisdições onde este atua através das suas unidades constituintes, as quais seriam individualmente tributadas. Trata-se de uma mudança de paradigma que implica considerar que o lucro declarado pela unidade do GMN não representa a sua capacidade contributiva; esta alcança-se apenas por referência ao GMN, servindo os fatores associados a cada unidade como manifestações da mesma.

A utilização de fórmulas de repartição não exige, assim, a contabilidade integrada do GMN nem a consolidação da contabilidade separada de cada sua unidade constituinte[986]. O corolário lógico da manutenção da incidência tributária nas entidades que constituem o grupo é, assim, a conservação de um regime de contabilidade individual de cada sujeito passivo. Ora, considerando que o desenvolvimento da implementação multilateral de um sistema de fórmulas de repartição depende do acordo internacional e que, no seio desses, as partes poderão adotar as opções que pretendam, abordaremos de seguida a possibilidade de ulterior desenvolvimento do método de fórmula de repartição de forma unilateral e sem alteração significativa das disposições constantes dos modelos de ADT ou propondo meras alterações pontuais. Partiremos, para o efeito, da análise crítica de propostas doutrinais e da OCDE, o que fazemos de seguida.

2. Propostas de implementação de método FA com base na contabilidade separada das entidades do GMN

A superação da dificuldade de consagração *ex novo* de um método de repartição formulaica integrado e global é feita por alguns autores atra-

as atividades de GMN em solo estadunidense, implementada através de legislação federal, como narra Hellerstein/Hellerstein, 2018, sec. § 8. 11.. Vd. também Morais, 2005, pp. 551 e ss.

[986] Defendendo a manutenção de regimes de contabilidade independente mesmo no âmbito de tributação de grupos de empresas, vd. IFA, 2004, pp. 32 e ss. e Schön, 2010b, p. 261.

vés da sugestão da adoção de métodos híbridos de preços de transferência. Estes concretizam-se através da aplicação de um *profit split method* "hipertrofiado"[987], ou do desenvolvimento da possibilidade de aplicação do método fora dos quadros conceptuais preconizados pela OCDE. Normalmente, aquele tipo de métodos híbridos assenta na manutenção da análise "funções, ativos e riscos" a que a OCDE faz apelo claro, em particular aproveitando a caracterização das funções desempenhadas pelas entidades envolvidas na transação como rotineiras ou não-rotineiras. Assim, o desempenho de funções rotineiras garante ao Estado que tributa a entidade que as desempenha uma porção de lucro associado às mesmas, normalmente calculado através da aplicação de margens fixas ao preço das funções desempenhadas (*mark-up*)[988]. O remanescente dos lucros, dito residual, é repartido pelas jurisdições que contactam o grupo com extensões e métodos diferentes. Os exemplos destas abordagens são vários[989].

Avi-Yonah/Clausing/Durst propõem dividir o rendimento de atividade negocial do GMN nos países onde esta é levada a cabo[990]. Para este efeito, *atividade negocial* é definida como um grupo de funções associadas à conduta de um determinado negócio para o qual duas ou mais partes relacionadas contribuem, determinado no mais amplo nível de agregação de funções desempenhadas que permitirá a identificação fiável das contribuições de cada uma para as funções que permitem a atividade. A atividade é tratada como um contribuinte, e o seu rendimento é calculado subtraindo as despesas globais ao rendimento global, baseado num sistema contabilís-

[987] Por exemplo, apesar de aparentemente críticos dos sistemas FA, Fleming Jr./Peroni/Shay, 2014, p. 54, admitem a inclusão de abordagens limitadas do mesmo, em particular associadas à tributação de rendimento gerado por propriedade intangível, sugerindo mesmo a adoção do PSM sempre que esteja em questão rendimento de intangíveis.

[988] A adoção de margens fixas diminui o incentivo de deslocalização de funções de rotina para países de baixa tributação – Andrus/Oosterhuis, 2017, p. 90 e reduz os problemas associados à distribuição do resultado das vendas pelas jurisdições de mercado a GMN com altas margens de lucro, posto que a aplicação de margens fixas a funções de rotina garante a tributação efetiva por um mínimo do grupo. Os autores afirmam, aliás, que a adoção de "*safe harbours*" com base em margens fixas é uma solução indispensável no quadro de uma solução estável para a tributação de rendimento de GMN. Torvik, 2018, p. 349, também critica o sistema FA por desconsiderar que o desempenho de funções não rotineiras é mais importante que o desempenho de funções rotineiras, sobrecompensando o desempenho destas últimas através da redistribuição de rendimento que opera.

[989] Vd. Sadiq, 2020, pp. 139 e ss. para outra hipótese de repartição formulaica como alocadora de despesas com financiamento do GMN.

[990] Cfr. Avi-Yonah/Clausing/Durst, 2009, p. 508.

tico comum, desconsiderando a separação legal entre as entidades envolvidas. Trata-se de um regime manifestamente influenciado pelo princípio do negócio unitário vigente no sistema FA dos EUA[991] e com os inconvenientes associados à criação de uma nova hipótese normativa de incidência tributária (a *atividade negocial*).

A repartição do rendimento gerado pela atividade é feita da seguinte forma. Primeiramente, cada Estado onde se verifique atividade receberia imposto sobre o retorno de despesas dedutíveis fiscalmente aí realizadas – o rendimento de rotina[992]. O remanescente – residual – seria repartido pelos Estados envolvidos com base nas vendas geradas pela atividade em cada país[993]. Trata-se, assim, de uma repartição do lucro residual com base nas vendas brutas, apresentando os autores cinco grandes fundamentos para a proposta: redução da dependência em torno dos comparáveis de preços de transferência; redução de incentivos para deslocalização jurídica e contabilística de lucros através de licenciamento de propriedade intangível; simplicidade; incremento de receita fiscal, com possibilidade de redução de taxa nominal de imposto; possibilidade de ganhos de coordenação com Estados que implementem IVA e impostos semelhantes.

Devereux *et al.* propõem a aplicação da repartição formulaica do lucro residual de um grupo de transações entre os países de destino das vendas do GMN com base na divisão do rendimento bruto residual (*Residual Profit Allocation by Income* – RPAI) [994]. Esta repartição pode ser feita de duas formas. Na primeira o Rendimento Bruto Residual (*Residual Gross Income* – RGI) em cada país de destino é calculado, subtraindo ao lucro obtido por venda de bens e prestação de serviços numa jurisdição as despesas associadas às funções necessárias para essas operações e que sejam diretamente alocáveis a essas jurisdições, bem como o lucro rotineiro associado a essas

[991] A definição de *unitary business income* nos EUA é rodeada de elevada complexidade e reduzido consenso, o que leva Hellerstein/McLure Jr., 2004, p. 93 a desaconselharem fortemente a adoção de regras que impliquem debates semelhantes. A dificuldade de escolha das transações objeto de avaliação do método de preços de transferência está, também, bem patente no caso *Starbucks* – cfr. Parte II, Capítulo II, 5.2.

[992] Cfr. Fleming Jr./Peroni/Shay 2014, p. 39 que afirmam que as despesas dedutíveis se reconduzem à aplicação de uma fórmula de repartição com base nos fatores ativo e massa salarial.

[993] O local de vendas seria definido de forma diferente consoante a transação em questão, conforme sugestão de redação jurídica dos autores – cfr. Avi-Yonah/Clausing/Durst, 2009, p. 517 e anexo. Estas propostas são criticadas em Devereux *et al.*, 2021, p. 198. Sobre o fenómeno BEPS e remuneração de funções rotineiras, vd. também Kleinbard, 2011a, p. 761.

[994] Cfr. Devereux *et al.*, 2021. Para críticas à sua proposta, vd. Grinberg, 2020, p. 287, nt. 43.

mesmas funções. O lucro rotineiro a subtrair é tributado em cada jurisdição onde se verifiquem as despesas aplicando uma margem aos custos laborais ou aos custos de depreciação dos ativos. Seguidamente, é determinado o lucro residual através da subtração ao valor de RGI global das despesas não alocáveis (I&D, despesas administrativas, despesas globais associadas a vendas, distribuição e marketing, por exemplo), bem como o lucro de rotina associado a essas despesas. O lucro residual e uma parte das despesas não alocáveis são atribuídos a cada Estado de destino de vendas, com base na sua participação no total de RGI[995]. Já na segunda hipótese, procede-se ao cálculo de todo o lucro residual gerado por um conjunto de transações através da subtração do lucro de rotina ao lucro total. O residual é, depois, distribuído por proporção de RGI verificado em cada país de destino para efeitos de tributação.

A proposta dos autores visa garantir que o lucro residual é tributado nos países de destino de vendas para provocar menor distorção nas opções económicas e menor evasão fiscal, resultante da tendencial imobilidade do consumidor ou comprador independente e da transparência da fixação de preço numa transação de mercado[996]. A eficiência da proposta é reforçada pela atribuição do mesmo volume de lucro tributável a um estabelecimento estável ou a uma subsidiária, ao contrário da potencial diferença de utilização de métodos de preços de transferência se aplicados os arts. 9º ou 7º CMOCDE[997]. Contudo, na ausência de um estabelecimento estável na jurisdição de destino, esta poderá igualmente tributar o lucro residual sempre que o contribuinte ultrapasse um certo limiar de volume de vendas. A simetria da proposta completa-se pela garantia de que o lucro rotineiro não inclui os lucros gerados pelas sinergias de integração do GMN, o que

[995] Cfr. Devereux *et al.*, 2021, pp. 189 e ss.

[996] Cfr. Devereux *et al.*, 2021, pp. 210 e ss.

[997] Contudo, haverá que destacar que na ausência de um estabelecimento estável, é alocado lucro à jurisdição de vendas qu enão pode ser tributado e sem que eventuais despesas alocáveis àquela jurisdição sejam subtraídas ao lucro global (porquanto apenas as despesas não alocáveis são subtraídas a este). O lucro de rotina associado a estas funções, ainda que limitado, resulta assim não tributado, aumentando-se a fatia global de lucro a redistribuir em prejuízo das jurisdições onde existe a presença de uma subsidiária e de um estabelecimento estável. A proposta mantém, ainda assim, o uso de regras de preços de transferência no cálculo das vendas intragrupo na medida em que os preços incorporam a aplicação de margem fixa, permitindo assim a acumulação das despesas para dedução na jurisdição de vendas bem como a tributação mínima da atividade de produção.

implica que o lucro gerado por todas estas últimas reverta para os países de mercado[998].

O RPAI é distinto do *profit split method* proposto pela OCDE. porque o primeiro procura calcular a repartição de lucro ao nível do GMN como um todo ou integrando uma linha de produtos entre as jurisdições de destino de vendas; o *profit split method* procura repartir o lucro em circunstâncias mais limitadas e entre um número de afiliadas do GMN identificadas com base em ativos ou atividades (contribuições). O RPAI tem, assim, a particularidade de se aplicar a todos os GMN e não apenas àqueles altamente integrados ou que utilizem ativos intangíveis de difícil avaliação. Os autores admitem, no fim, a possibilidade de determinação formulaica dos lucros rotineiros, através da aplicação de margens pré-determinadas aos custos de trabalho, opção que também pode ser seguida para efeitos de repartição de despesas não alocáveis, utilizando uma fórmula com fator RGI ou volume de vendas[999].

Schreiber/Fell, por seu turno, propõem a tributação de lucros resultantes de operações com intangíveis através do redesenho do *profit split method*[1000]. Assim, numa primeira fase, o *profit split method* atribuiria o lucro de uma transação ou de um conjunto de transações[1001] à jurisdição de vendas, garantindo neutralidade fiscal no tratamento do rendimento do GMN. Num segundo momento, frações do lucro da transação são repartidas para as demais jurisdições não associadas à venda realizada, garantindo o equilíbrio com a Justiça internacional da tributação do rendimento[1002]. Esta repartição poder-se-á fazer com base nos métodos tradicionais de preços de transferência, através de uma análise "funções, ativos e riscos" que determine o lucro residual, considerando histórico de investimento local, ou através da aplicação dos métodos desenvolvidos pelo Plano de Acão BEPS.

998 Embora Devereux *et al.*, 2021 p. 195 refiram que no âmbito das Diretrizes da OCDE, as sinergias não são capturáveis na prática nem alocáveis a unidades empresariais ou localizações geográficas específicas. Por outro lado, note-se que a maior existência de ativos e massa salarial em jurisdições com presença intensiva de GMN baixa o RGI deste e, nessa medida, a alocação de lucros com receitas ao seu mercado. Parece, assim, introduzir-se uma diferença de tratamento em termos de alocação de lucro entre as jurisdições de mercado que não cremos compensada pela aplicação de margem fixa aos custos incorridos com aqueles fatores.

999 Cfr. Devereux *et al.*, 2021, pp. 201 e ss.

1000 Cfr. Schreiber/Fell, 2017.

1001 Cfr. Schreiber/Fell, 2017, p. 6.

1002 Cfr. Schreiber/Fell, 2017, p. 7.

O conflito entre os valores da neutralidade fiscal e da Justiça internacional, implícito na proposta, resolver-se-ia num terceiro momento através da implementação do crédito fiscal. Com efeito, a jurisdição de vendas permitirá a solicitação de um crédito pelo imposto pago nas demais jurisdições pelos Estados aí tributados – na prática, invertendo a lógica do sistema de tributação internacional vigente segundo a qual o Estado de residência tem o dever de anular a dupla tributação internacional, o que faz normalmente por um sistema de crédito fiscal. O método garante, assim, uma taxa de imposto mínima efetiva (a da jurisdição de vendas). Os autores admitem que o segundo momento possa ser padronizado, o que implicaria a adoção de uma fórmula, e teria como efeito a limitação de tributação excessiva das jurisdições de origem em confronto com as jurisdições de vendas[1003].

Greil[1004] também sugere um *profit split method* formulaico. Ou seja, num primeiro momento, o lucro total do grupo deverá ser calculado, considerando as receitas das transações com partes terceiras, subtraídas das despesas intermédias da cadeia de produção, o que demonstra o valor acrescentado total da transação ou grupo de transações. Assim, caso se verifique um resultado positivo, as funções de rotina associadas são tributadas com base na aplicação de uma margem fixa aplicada aos custos relacionados com as mesmas. Existindo um resultado negativo, é atribuída uma perda fiscal à entidade em questão na mesma lógica, limitada ao máximo constituído pela aplicação da margem fixa ao resultado negativo. Num momento posterior, o lucro residual é tributado pela aplicação de uma margem aplicável aos custos incorridos consideradas as funções desempenhadas e os riscos assumidos pelas empresas parte da cadeia valor e que forneceram funções não rotineiras.

O autor considera, todavia, que a remuneração destas funções também deve ser distribuída com base numa percentagem fixa entre as entidades envolvidas para evitar a apreciação casuística da remuneração devida pelo desempenho das funções em questão[1005]. Num quarto momento, o lucro residual resultante de vendas é atribuído às empresas que geram vendas ou prestam serviços a partes terceiras, com base nos nexos tradicionais: exis-

[1003] Cfr. Schreiber/Fell, 2017, p. 10.

[1004] Cfr. Greil, 2017, pp. 624 e ss.

[1005] A utilização de uma margem fixa aplicada ao desempenho de funções dispensa a apreciação subjetiva da magnitude relativa do desempenho das mesmas entre as partes envolvidas.

tência de uma subsidiária ou estabelecimento estável[1006]. Parece, assim, distinguir o lucro resultante de funções não-rotineiras do lucro originado pelas vendas, no que se afasta de outras propostas anteriores.

Luckhaupt/Overesch/Schreiber[1007] começam por alertar que determinadas jurisdições podem estar dispostas a tolerar níveis relativos de deslocalização de lucros como forma de atração e investimento estrangeiro, equilibrando uma eventual taxa nominal de imposto sobre o rendimento superior[1008]. Assim, os autores consideram mais importante a redução de riscos de dupla tributação e de custos de contexto no âmbito da apreciação de transações entre partes relacionadas. Neste contexto, afastam-se do paradigma de análise de comparabilidade de transações das Diretrizes da OCDE, propondo a repartição de lucro transacional através da aplicação de margem fixa sobre determinados custos e a posterior repartição de lucros residuais nos locais de venda como mais apta a cumprir o desiderato que definem.

Os proponentes concedem que esta abordagem diverge bastante da prática corrente, pelo que é necessário atribuir lucros resultantes das vendas também às entidades associadas à produção de rendimento. Para este efeito, partem dos custos associados ao capital e massa salarial envolvidos numa transação (e não ao lucro do GMN como um todo). Posteriormente, equacionam a distribuição do lucro gerado por uma transação de três formas: i) a aplicação de uma margem fixa a estes fatores; ii) a distribuição do lucro consoante as contribuições relativas dos mesmos pelas partes na transação; iii) uma mistura de ambos os anteriores, aplicando uma margem fixa a custos e distribuindo o lucro residual numa segunda fase de forma repartida com base nos custos relativos incorridos por cada membro do GMN, evitando as discussões associadas à definição de funções de rotina e margens de lucro devidas ao desempenho das mesmas. A base de partida das três hipóteses, todavia, é sempre a atribuição primária dos lucros ao local das vendas realizadas, no que se revela a confessa influência teórica na proposta de um imposto de fluxo de caixa com base no destino (*DBCFT*)[1009].

[1006] Cfr. Greil, 2017, p. 628. Trata-se de uma proposta que aplica um conceito de vendas na origem e que, como vimos, redunda na manutenção da privação do direito a tributar por parte da jurisdição de mercado.

[1007] Cfr. Luckhaupt/Overesch/Schreiber, 2011.

[1008] Cfr. Luckhaupt/Overesch/Schreiber, 2011, p. 92.

[1009] Cfr. Luckhaupt/Overesch/Schreiber, 2011, pp. 107-110.

Por fim, a OCDE foi atraída pela força gravitacional do debate que temos desenvolvido na presente tese e publicou, no final de 2020, duas sugestões de introdução de regras de tributação de indústrias digitais contidas na Proposta do Secretariado para uma Abordagem Unificada à tributação internacional. A grande inovação da Abordagem Unificada surge no seu Pilar 1 através da implementação de um *profit split method* com cálculos formulaicos e da criação de um novo nexo tributário no âmbito da CMCODE[1010], com o objetivo de lidar com negócios altamente digitalizados e orientados ao consumidor.

Através do Pilar 1, a OCDE propõe estabelecer um novo nexo tributário na CMOCDE nas jurisdições de mercado onde sejam desempenhadas atividades de prestação de serviços digitais automatizados (ADS, *automated digital services*) e atividades de negócios orientados ao consumidor (CFB, *consumer facing businesses*). A condução destas atividades por GMN com volume de receitas global mínimo de € 750M e superior a um padrão *de minimis* num dado Estado espoletaria um direito de tributação do rendimento assim gerado por este último (distinto e cumulável com o nexo constante dos arts. 5º CMOCDE)[1011]. Este montante residual a tributar é designado por "montante A", que é repartido pelos Estados onde se verifique este novo nexo tributário com fundamento na proporção de vendas verificadas em cada um. A OCDE mais propõe a tributação de rendimento oriundo de atividades de *marketing* e distribuição locais com base em margens fixas calculadas utilizando o *transactional net margin method* – o "montante B". Este "montante B" seria uma forma de determinação de matéria coletável sob a qual os Estados teriam jurisdição por aplicação das regras presentemente vigentes na CMOCD, ou seja, onde pudesse ser estabelecida uma presença tributável do GMN por existência de um estabelecimento estável ou de uma subsidiária[1012].

3. Comentário às propostas de implementação de método FA apresentadas

A análise conjunta das várias propostas possibilita a identificação de denominadores comuns. Primeiramente, quanto ao lucro referencial para aplicação do método, este pode ter origem no lucro total do GMN[1013], no lucro

1010 Cfr. OCDE, 2020a, par. 52. Sobre o Pilar 1, vd. NOGUEIRA *ET AL.*, 2019.

1011 Cfr. OCDE, 2020a, pp. 19-64, e p. 65, par. 194.

1012 Cfr. OCDE, 2020a, pp. 165 e ss.

1013 Conforme propõe GREIL, 2017.

de uma transação ou conjunto de transações[1014], ou no lucro resultante de uma atividade[1015]. Seguidamente, os métodos poderão manter a incorporação de uma análise "funções, ativos e riscos"[1016] ou não[1017]. A composição das fórmulas de repartição varia, sendo de destacar a opção por aplicação de margens fixas de lucro a determinados índices nas propostas de Devereux *et al.*, Avi-Yonah/Clausing/Durst, Greil e da OCDE. Esta aplicação de margens fixas pode ter por base a análise "funções, ativos e riscos" (com o propósito de identificar as funções rotineiras, restando o lucro não-rotineiro para ser repartido) ou os custos incorridos pelas partes envolvidas nas transações. Os lucros que não sejam abrangidos pela aplicação de margens fixas de lucro ao desempenho de funções ou a custos incorridos são distribuídos pelos Estados de mercado com base em vendas ao destino[1018] ou na origem[1019].

[1014] Como propõem Schreiber/Fell, Luckhaupt/Overesch/Schreiber e, se considerarmos os produtos de uma linha negocial como um conjunto de transações, Devereux *et al.* e Pilar 1. Schoeuri, 2015, p. 4 adverte que essa é precisamente a diferença entre o *profit split method* e o FA, e que torna aquele um método de preços de transferência: o sistema FA reparte pelas várias unidades do grupo a receita do grupo, ao passo que o sistema *profit split method* apenas reparte o lucro apurado numa dada transação. Por esse motivo, o sistema FA não reflete a capacidade contributiva do grupo. Ribeiro, 2018a, p. 480, considera que o *profit split method* procura remunerar adequadamente as funções e riscos assumidos pelas partes e não a atividade do GMN com base numa fórmula. Oosterhuis/Parsons, 2017, p. 542, destacam que a alocação de lucros com base em repartição formulaica implica que estes dificilmente terão conexão com o valor de ativos intangíveis protegidos nessa jurisdição ou com as funções e atividades desempenhadas nessa jurisdição.

[1015] Na formulação de Avi-Yonah/Clausing/Durst.

[1016] Como fazem Avi-Yonah/Clausing/Durst para determinação das contribuições associadas às mesmas, Schreiber/Fell, Greil, e em menor medida, o Pilar 1.

[1017] Assim e em grande medida, Devereux *et al.* e Luckhaupt/Overesch/Schreiber.

[1018] Vd. Devereux *et al.*, tendencialmente, Avi-Yonah/Clausing/Durst, Schreiber/Fell, embora com a limitação da concessão de crédito fiscal, Luckhaupt/Overesch/Schreiber, e Pilar 1. O que causa problemas relacionados com a existência de nexo tributário no destino, bem como de localização de vendas para efeitos de matéria prima, bens intermédios e bens da capital – vd. Oosterhuis/Parsons, 2017, p. 544. Já Roin, 2007, p. 266, alerta que se os Estados pretendem implementar um princípio de tributação no destino, em detrimento de tributação no local de transmissão de propriedade ou local de execução de serviços e vendas, a distinção entre regimes PT e FA é relativamente indiferente. O verdadeiro problema torna-se um de jurisdição coerciva e coodernação de informação. Também alertando para as dificuldades de implementação da coercividade de uma obrigação fiscal sem presença física numa jurisdição, mesmo através de implementação de mecanismos de retenção na fonte e sobretudo no caso de transações remotas com consumidores finais, vd. Andrus/Oosterhuis, 2017, p. 81.

[1019] Greil atribui as mesmas à subsidiária ou estabelecimento estável que regista a venda.

Pese embora o apurado recorte técnico e a elegância das propostas, no nosso entender nenhuma satisfaz plenamente as premissas que estabelecemos para o desenvolvimento do método de repartição FA[1020]. Primeiramente, e apesar de a nossa preferência pela concessão de um maior relevo às jurisdições de mercado em termos de distribuição de direitos tributários, parece-nos excessiva a opção de deferir às mesmas o direito principal a tributar a totalidade do lucro residual[1021]. Politicamente, a opção é difícil de expor aos países exportadores de capital, embora se deva reconhecer que os grandes países produtores são, também, os grandes países de mercado. Mas mais importante, o lucro é, idem, um retorno sobre o investimento histórico na geração de capital empresarial, e as atividades de suporte do Estado às jurisdições de produção justificam mais do que atribuição de lucros rotineiros.

Ora, conceptual e juridicamente, o IRC visa tributar o investimento em fatores de produção. Consideramos que a jurisdição de mercado justifica um direito de tributação quando se manifesta um investimento do GMN na criação de uma presença ativa, e que as vendas são um indício dessa presença. Todavia, esse direito é concorrente e não prevalecente sobre os direitos das demais jurisdições de origem, uma vez que as sinergias de integração do GMN não se projetam apenas (ou, até, em menor grau), na jurisdição de mercado. Para nós, o lucro residual é uma manifestação da realização de todo o lucro que é realizado pelo GMN ou de uma sua atividade empresarial[1022], e não o lucro obtido na jurisdição de destino de vendas do GMN. Esta jurisdição não é o local de realização de todo o lucro do GMN

[1020] Andrus/Oosterhuis, 2017, p. 91 consideram que as grandes questões em torno da aplicação de RPAs são a simetria de dedutibilidade de custos e as regras para localização de vendas. Quanto a estas últimas, diríamos, todavia, que o debate doutrinal e a experiência empírica adquirida pelas experiências estadunidenses e europeias (resultantes da aplicação de IVA), são fortes auxiliares à solução da questão.

[1021] Assim, Devereux *et al.*, Avi-Yonah/Clausing/Durst, Schreiber/Fell, Luckhaupt/Overesch/Schreiber.

[1022] Por outro lado, o volume das transações realizadas com terceiros pode ser um ponto de partida para a medição do rendimento alternativo à utilização da totalidade dos elementos financeiros, permitindo dispensar o debate sobre o rendimento questões associadas a depreciações, amortizações, reconhecimento de rédito não realizado ou constituição de reservas, que Andrus/Oosterhuis, 2017 alertam como determinantes na fixação de regras contabilísticas aplicáveis ao grupo. Vd. também TJUE, caso *Vodafone Magyarország* (C-75/18), citado *supra* a nt. 143.

ou da sua atividade empresarial[1023]. Por exemplo, os intangíveis explorados pelo GMN vão muito além dos intangíveis de mercado e refletem-se sobretudo na produção do produto que lhe possibilita a margem de lucro elevada[1024]. O lucro da transação, de um conjunto de transações, ou do GMN e que não se deva ao desempenho de meras funções de rotina não deve ser todo alocado à jurisdição de mercado porquanto não é apenas esta que o gera – é a própria agregação especial de funções de rotina, acrescida do desempenho de funções não-rotineiras em jurisdições de produção, que o causa.

Mais diríamos que afirmar o direito primário de tributação de lucro pela jurisdição de mercado não é proporcional à distribuição da atividade do mesmo, violando o princípio da efetividade que é a base costumeira da jurisdição estadual. É este último que pretendemos assegurar, reconhecendo que esta reconfiguração não encontra arrimo na atual estrutura das ADT. De igual modo, a jurisdição de consumo (que não esgota o mercado, reconheça-se) tem a possibilidade de tributar diretamente o mesmo, pelo que uma proposta equilibrada de tributação do GMN não se pode olvidar da interação com os demais impostos sobre o consumo, transações e reais.

[1023] Vd. Avi-Yonah/Clausing/Durst, 2009, p. 509. Já Fleming Jr./Peroni/Shay, 2014, pp. 35 e ss., consideram que a localização das vendas pode ser facilmente manipuladas pelas regras de transmissão de propriedade ou pela utilização de um agente ou distribuidor independente. Sugerem a utilização da secção 954(d)(1) do CIRCEUA, segundo a qual o local de venda de um produto é o local de destino a não ser que no momento de venda o vendedor soubesse ou devesse saber que esse não seria o local de destino final da encomenda. O problema da deslocalização de vendas existe sempre que se coloca a questão de apurar o destino das mesmas, sobretudo quando conjugado com formas de distribuição descentralizadas ou contratos com entidades não relacionadas que impõem padrões de atividades publicitárias e de marketing que permitem a retenção de vantagens de integração vertical ao abrigo de contratos nominalmente independentes. O foco na estruturação contratual é, todavia, e tendencialmente, progressivamente desconsiderado. Acresce que se a transação for verdadeiramente entre partes independentes, corresponde a uma atividade fixada em parâmetros de mercado e, nessa medida, não sujeita à tutela que curamos no presente trabalho.

[1024] Vd. Oosterhuis/Parsons, 2017, p. 524, mencionando o exemplo do aviamento ("going-concern", que depende particularmente da força laboral) ou de intangíveis de fornecedor "supplier-based intangibles". Por outro lado, alertam os mesmos autores a p. 544 para a necessidade de alinhar a tributação com a dedução de despesas de I&D associadas a intangíveis, que não logra ser feita, desde logo, se todo o rendimento destes for alocado a países de destino de venda. A identificação de uso de ativos intangíveis com lucros obtidos em jurisdições de mercado parece-nos excessiva, como resulta da lista de intangíveis constantes de OCDE, 2017a, pp. 253 e ss., que tanto elencam intangíveis associados à produção como associados ao mercado.

É certo que também defendemos, na nossa Tese, a redistribuição dos direitos tributários entre Estados que a adoção de um método FA com maior foco no direito a tributar do Estado de destino de vendas implicaria. Contudo, esta redistribuição pode ocorrer por força do realinhamento da jurisdição tributária com substância operacional do GMN que a nossa proposta acarreta. Este não é o seu fim necessário, mas uma consequência eventual.

A maior preponderância da jurisdição de mercado na repartição de direitos tributários é ainda mais aprofundada nas sugestões de Luckhaupt/Overesch/Schreiber e Schreiber/Fell. Estes últimos propõem uma total rutura com o paradigma de Direito Fiscal internacional, ao propor que sejam as jurisdições de fonte a providenciar crédito fiscal para eliminação de dupla tributação ao contribuinte[1025]. Tal implicaria que seria a jurisdição de fonte de rendimento a aferir a capacidade contributiva do GMN, quando a conexão da jurisdição de fonte é mais limitada e reveladora de menor integração económica do GMN naquela comunidade. Os autores não justificam como seria aferida a capacidade contributiva pela jurisdição de fonte levando em conta todo o rendimento global do GMN, uma vez que o foco desse critério é o sujeito e a jurisdição de fonte mede sobretudo a revelação da capacidade contributiva com base na intensidade da atividade ali desenvolvida. No fundo, os autores visam transformar o imposto na fonte numa espécie de imposto mínimo aplicável, funcionando como sucedâneo de tributação de residual pelo Estado de residência[1026]. A dificuldade de implementação seria, parece-nos, assinalável, pois todas as jurisdições de vendas teriam, reciprocamente, de assegurar créditos fiscais por impostos pagos noutras jurisdições, o que não se nos afigura exequível.

[1025] Proposta repetida em solução alternativa apresentada por Schreiber, 2018, p 266. Wilkie, 2018, pp. 276 e ss. sugere a implementação de mecanismos de tributação na jurisdição de venda por retenção na fonte, à semelhança da proposta do art. 12º-A da CMONU.

[1026] A estruturação do sistema fiscal com base em montantes mínimos de IRC a pagar está subjacente ao Pilar 2 da Abordagem Unificada da OCDE – cfr. OCDE, 2020b. Também Roin, 2007, p. 263, apesentava a retenção na fonte de rendimentos brutos, atenuada por aplicação de eventual crédito fiscal, como forma de garantir a tributação do GMN desintegrado através de operações de subcontratação ou com mera presença económica numa jurisdição, alargando as opções de retenção na fonte não só a rendimento passivo mas também a rendimento ativo, eventualmente com imposição de taxa nominal de imposto inferior à dos bens produzidos localmente, com os riscos de tributação insuficiente ou excessiva associados a tal mecanismo. Sobre o Pilar 2, vd. também Nogueira, 2020; Durst, 2020.

O apego da maioria das propostas a uma análise "funções, ativos e riscos" para fixação das contribuições às quais são aplicáveis margens fixas de lucro é também problemático[1027], tal como é a fixação destas últimas[1028]. Acresce que a análise "funções, ativos e riscos" com o objetivo de encontrar as funções não-rotineiras redunda na aplicação do *profit split method* com discricionariedade no seu preenchimento pelo contribuinte, além de suscitar litigiosidade em torno do debate do conceito "função de rotina". A análise "funções, ativos e riscos" já foi suficientemente criticada *supra*, e a aplicação de margens de lucro fixas às funções desempenhadas acaba por atribuir lucro aos locais de origem, limitando, todavia, a margem das operações produtivas, o que é agravado pela distribuição do lucro residual unicamente à jurisdição de mercado.

Finalmente, também temos para nós a manifesta desconsideração das jurisdições em vias de desenvolvimento que esta opção implicaria[1029].

4. Conclusões intermédia: princípios estruturantes de uma proposta

Feita a crítica a várias propostas de implementação de método FA de forma incremental no sistema de Direito Fiscal vigente, cumpre-nos de seguida ser consequentes com a nossa análise e propormos formas de implementar

[1027] Cfr. Durst, 2015, p. 16, que destaca que a ideia da existência de "meras" funções de rotina num distribuidor local, por exemplo, desconsidera implicitamente a existência de particularidades do mercado de trabalho ou de consumidores locais que podem impactar a rendibilidade da operação, como a existência de uma procura rapidamente crescente ou poupanças associadas à localização de investimento, pelo que a fixação de margens aplicadas a atividades de rotina nestes casos minimiza o lucro atribuível às jurisdições em questão. Por outro lado, o apego a funções relacionadas com a assunção de risco duplica o foco na análise da contribuição de ativo envolvida no método "funções, ativos e riscos", o que no dizer do autor redunda em que, frequentemente, a análise *profit split method* (por envolver "funções, ativos e riscos") acabe por alocar lucro às meras despesas de dinheiro, o que reforça a ocorrência de atividades BEPS.

[1028] Devereux *et al.*, 2021, p. 198, critica propostas de Avi-Yonah/Clausing/Durst e Luckhaupt/Overesch/Schreiber porque a aplicação de uma margem fixa única a custos, ainda que simples, é arbitrária, além de desconsiderar existências de possíveis casos de diferenças legítimas na margem de lucro das atividades ditas rotineiras entre contribuintes. Em sentido semelhante, por referência à falta de ajustamento aos níveis de capital investido, Oosterhuis/Parsons, 2017, p. 541, acrescentando que várias funções e atividades significativas envolvem custos de transações com partes terceiras que não são, assim, considerados.

[1029] Devereux *et al.*, *2021*, reconhecem que os Estados de origem são, também, importantes Estados de destino o que asseguraria a neutralidade da sua proposta. Todavia, a própria simulação dos autores de aplicação de margem fixa a custos incorridos com partes terceiras pelo GMN, demonstra uma grande diferença de alocação com a proposta RPAI normal, atribuindo mais lucro significativo a Estados de origem.

os princípios jurídicos e considerações que temos vindo a tecer (o que será adiante referido como "a proposta"). Estas podem resumir-se no seguinte elenco:

- os Estados atuam com o objetivo de garantir espaço de autogoverno em cada comunidade que, em conjunto com as demais, compõe a comunidade internacional e as regras de Direito Internacional visam assegurar a concretização deste objetivo[1030];
- o Estado pode exigir imposto que financie os serviços difusos e bens intermédios que presta aos membros da comunidade que o compõem e àqueles suficientemente conexionados com a mesma para financiamento da manutenção da autonomia estadual e para a realização de opções comunitárias constitucionalmente manifestadas - este fundamento é a raiz e o limite da incidência da norma fiscal[1031];
- a fonte do rendimento é o local onde é gerado o retorno do investimento de capital em fatores de produção identificáveis e beneficiários da atividade estadual[1032];
- a tributação deve ser baseada em substância e verificação de atividade empresarial conduzida numa dada jurisdição[1033];
- para implementar estes valores, o processo de repartição de bases tributárias deve assentar no princípio da efetividade e demonstrar uma ligação entre a causa do direito a tributar e a extensão do seu gozo assente na ligação factual entre Estado e GMN;
- a configuração deste processo deverá permitir tomar em consideração os direitos de todos os concorrentes no exercício do direito, ou seja, de todos os Estados com pretensões tributárias concorrentes sobre o GMN[1034];
- para que possa ser implementado, o processo deve respeitar a estrutura geral do IRC[1035] e o primado da entidade empresarial autónoma[1036]; e
- deve superar as insuficiências metodológicas do regime de preços de transferência na apreciação de transações integradas transnacionais

[1030] Vd. Parte I, Capítulo I, 7.
[1031] Vd. Parte I, Capítulo I, 8.
[1032] Vd. Parte I, Capítulo I, 10.
[1033] Vd. Parte I, Capítulo I, 10.
[1034] Vd. Parte I, Capítulo I, 10.
[1035] Vd. Parte II, Capítulo II, 2.
[1036] Vd. Parte II, Capítulo II, 5.1. e Parte III, Capítulo III, 1.2.

implementadas por GMN e na medição da capacidade contributiva desta unidade polisubjetiva[1037]; e

- deve calcular o rendimento a partir das regras contabilísticas de demonstração de resultados, integradas pelas informações declaradas nos termos das obrigações atinentes ao CbCR[1038]; e
- deve utilizar fórmulas de repartição de lucro assentes nos fatores "ativo", "massa salarial" e "receita"[1039].

Determinámos assim os pressupostos jurídicos cremos deverem ser observados para a composição de um regime FA. Apresentaremos, de seguida, formas de integração jurídica da proposta no sistema de Direito Fiscal internacional presente, considerando em particular o contexto aberto e a vigência de regras de ADT. Frisamos que a nossa apreciação é, neste plano, jurídica-normativa. Ou seja, analisamos institutos jurídicos constituídos com o objetivo de avaliar a compatibilidade de implementação da proposta com o Direito vigente e com os princípios normativos que cremos deverem nortear o regime de tributação de GMN.

[1037] Vd. Parte II, Capítulo II, 6.
[1038] Vd. Parte II, Capítulo II, 2.
[1039] Vd. Parte III, Capítulo I, 1.1.

Capítulo IV
A nossa proposta

1. Incidência subjetiva

Importa primeiramente definir a que realidade subjetiva se aplicaria a nossa proposta, na medida em que, como vimos, o IRC parte da definição da incidência pessoal para afirmar a incidência real. Dito isto, haveria que delimitar subjetivamente o GMN a fim de identificar as entidades abrangidas por este e cujo rendimento concorrerá para a integração da base tributável.

Temos para nós que por questões de segurança jurídica, mas também de alinhamento de detenção jurídica da propriedade com perceção de rendimento associado à mesma, o GMN deverá ser definido como o perímetro de sociedades ligadas por relações de detenção de propriedade de capital social representativas da unidade de interesse económico que justifica a apreciação de capacidade contributiva em conjunto. Esta deverá traduzir não só a atividade económica unitária, mas também o investimento em controlo comum de fatores de produção, bem como os seus estabelecimentos estáveis. Estes limiares mínimos de participação no capital social devem relevar para demonstrar controlo unitário do GMN pela sociedade-mãe, direta ou indiretamente, mas também detenção significativa de propriedade.

Por este motivo, não deveremos fixar limiares de participação em capital social que meramente permitam maiorias de direito de voto ou de possibilidade de determinação de membros dos órgãos estatutariamente representativos, exigindo-se algo mais para lá, diríamos até, do limiar da possibilidade de controlo fáctico. A integração deverá ser revelada por fatores objetivos, simpatizando-se neste âmbito com as opções semelhantes seguidas pelo legislador português a propósito do RETGS e da Proposta de Diretiva CCCTB: a detenção de 75% do capital social de filiais ou sociedades ditas dominadas, desde que tal participação confira, direta ou indiretamente, pelo menos 50% dos direitos de voto no grémio social das mesmas[1040]. A detenção de propriedade demonstra, assim, a necessária unidade de controlo económico e jurídico dos ativos que justifica o tratamento integrado da realidade grupal. O estabelecimento do perímetro do GMN, desta forma, possibilita a manutenção de incidência fiscal na entidade empresarial sem criar novas hipóteses de incidência subjetiva.

A raríssima existência de regimes jurídico-fiscais de grupos transnacionais não resulta de uma qualquer dificuldade de definição de âmbito subjetivo e espacial dos mesmos, mas sobretudo das dificuldades de implementação a nível administrativo e de finanças públicas de um regime de partilha de resultados tributários, em particular considerando as possíveis consequências redistributivas do mesmo. Sem prejuízo da reapreciação da constituição de um regime de tributação de GMN em contexto aberto que faremos infra, é importante desde já assinalar que a definição de um perímetro subjetivo de um GMN de modo a aferir qual o rendimento obtido por este não significa qualquer pendor extraterritorial de exercício de poder tributário por um Estado.

Concluindo, a definição do perímetro do GMN (revelada pelas declarações da entidade que o integra ou identificação da entidade detentora do estabelecimento estável, bem como pelos demais regimes declarativos associados a CbCR, como seja a declaração universal de beneficiário efetivo) permite a um Estado aferir a medida das atividades do grupo[1041]. Alcançada esta, pela operação unilateral ou (idealmente) multilateral do método FA, o Estado tributante pode fixar a matéria coletável da entidade que compõe o GMN por referência à sua participação proporcional no lucro global obtido. Ou seja, e especificando, pode o Estado tributar o rendimento de investi-

[1040] A favor da aplicação de um critério de definição de entidade baseado apenas na detenção de capital, Fleming Jr./Peroni/Shay, 2014, p. 21 e McLure Jr., 2002, p. 591. Alertando para as distorções potencialmente geradas pela aplicação de regras FA a entidades integradas com base num critério de controlo comum, cfr. Schön, 2010b, pp. 237 e ss.

[1041] Frise-se que a consideração holística das atividades do GMN já surge aplicada na CMOCDE, por exemplo, a propósito das disposições específicas anti-fragmentação constantes do art. 15º MLI e que se projetam, em particular, nos arts. 5º, nº 9, al. b) e nº 10 CIRC: poderá haver um estabelecimento estável quando duas empresas relacionadas cuja atividade particular não constitui um estabelecimento estável atuam de forma concertada e comumente dirigida através de coordenação de atividades fragmentadas, como explicam Chatel/Hartley, 2019, p. 36.

mento em fatores de produção presentes no seu território obtido por uma entidade integrada no GMN[1042].

2. Incidência objetiva

Fixada a incidência subjetiva da proposta, interrogamo-nos sobre qual deve ser a sua incidência objetiva: o lucro obtido pelo GMN, o lucro gerado por um conjunto de transações conduzidas pelo GMN, ou o preço de uma transação? Começaremos pelo fim. É de afastar uma perspetiva transacional individual por não lograr apreender nem a capacidade contributiva do GMN, nem a sua estrutura empresarial e negocial, facilitando a fragmentação de operações e a estruturação difusa que estão na base das variáveis de comportamento substitutivo facilitadores da ocorrência do fenómeno BEPS.

De entre as duas alternativas de incidência restantes, tenderíamos a preferir que a proposta incidisse sobre o lucro obtido pelo GMN e não sobre um conjunto de transações. O IRC tributa o rendimento obtido pelo investimento em fatores de produção: não tributa lucro de uma iniciativa negocial específica, de uma gama de produtos, ou de um conjunto de transações. O retorno do investimento é variável consoante as atividades empresariais; e o mesmo grupo pode conduzir várias atividades. Contudo, a distinção económica e funcional da atividade investida não implica distinção jurídica do retorno do capital investido. Por outras palavras, o facto de um GMN conduzir várias atividades não significa que a incidência do IRC seja segmentada com base nessas mesmas atividades[1043]. A capacidade de investimento do GMN e a maior rendibilidade das suas operações não são cindíveis. São precisamente as suas sinergias de integração que o caracterizam, e estas não podem ser apreendidas sem uma consideração holística do

[1042] Não resultando, assim, violado o critério da capacidade contributiva se o estabelecimento estável ou a filial do GMN não dispuserem de rendimento ou liquidez para cumprir a obrigação tributária após fixação da matéria coletável. Com efeito, não existindo nenhuma obrigação de capitalização societária adequada à prossecução de objeto social na generalidade dos sistemas societários, a simetria da deslocalização de lucro que o presente sistema integra apenas pode ser corrigida pela *deslocalização da responsabilidade*: ou seja, impondo o concurso do GMN para manutenção da fonte produtiva que originou a totalidade do seu lucro, mesmo que isso implique uma necessidade de financiamento das entidades constituintes para cumprimento de obrigações tributárias.

[1043] Aliás, a diversificação de atividades pode ser precisamente uma estratégia mitigante de risco de condução de negócio e que só pode ser implementada no seio do GMN com capacidade financeira para o efeito.

mesmo. É o rendimento obtido pelo retorno do investimento do GMN que se pretende tributar: todo o seu negócio deve ser objeto de tributação de forma una, assegurando a neutralidade da incidência tributária.

De igual forma, a necessidade de definir o conjunto de transações sobre as quais deverá incidir ou não o método aumentaria a previsível litigiosidade em torno da proposta, que estaria sempre associada à inclusão ou exclusão de uma atividade ou transação do grupo de transações a agrupar como objeto da incidência do imposto e que dificultaria a exequibilidade do método. Como tal, a repartição de lucro alcançado pela totalidade do GMN permite superar uma análise "funções, ativos e riscos" e o debate sobre o valor relativo das contribuições de cada entidade tributada para um conjunto de transações conforme delineadas pelo GMN, afastando a necessidade de uma apreciação casuística da repartição do lucro. Desta forma, é reduzida a discricionariedade do contribuinte quanto aos pressupostos de preenchimento das normas impositivas de imposto, garantindo a coercibilidade do imposto e reduzindo a litigiosidade em torno da ocorrência e preenchimento de factos tributários.

A segmentação de atividades do GMN mais possibilitaria a fragmentação empresarial que tantos problemas causa ao funcionamento do regime de preços de transferência, e permitiria a manutenção em jogo da concorrência fiscal internacional pela atração de investimento direto externo ou fluxos de capital motivada por motivos estritamente fiscais. A consideração da totalidade das atividades do GMN como sujeitas à aplicação da proposta mitigaria a valia e eficácia de estruturas societárias e empresariais constituídas aproveitando jurisdições-conduta, porquanto certas atividades de produção do GMN não se compadecem com deslocalizações não presididas por motivos substanciais ou de ganho económico. A análise integrada das atividades do GMN afastaria o método de análises unilaterais de lucro gerado por uma transação.

A este último propósito, a apreciação global da atividade do GMN facilita a compreensão da sua rendibilidade e, assim, da sua capacidade contributiva como um todo, cabendo à proposta repartir a tributação devida por esta manifestação ao invés de o fazer entidade a entidade. Esta apreciação é particularmente relevante na transação de atividades envolvendo ativos intangíveis, cuja avaliação, localização e regime de remuneração associado a propriedade jurídica possibilitaria a deslocalização de lucros no seio do GMN em moldes semelhantes aos atualmente verificados. Assim, a incidência da proposta deveria ser o rendimento obtido pelo GMN numa dada jurisdição - o que, por si, limita a incidência a um conjunto de transações[1044].

Assim, cremos não dever ser de confundir a necessidade de tributar todo o lucro do GMN com a incidência de um método de tributação unitário. Aquele desiderato é alcançável de forma razoavelmente satisfatória sem recurso a métodos de tributação unitários (que consideram a entidade GMN como um só contribuinte, o que decorre de pretender tributar todo o seu lucro). Contra a consideração da incidência da proposta em todo o lucro do grupo militam os argumentos contra um sistema *global formulary apportionment, mutatis mutandis*, em particular a necessidade de manutenção da incidência subjetiva da proposta em entidades empresariais separadas, mimetizando toda a estruturação do sistema jurídico e mantendo a compatibilidade com o regime de preços de transferência. Mais diríamos que nem todo o lucro do GMN justifica repartição: apenas o que não for alcançado de forma clara por entidades independentes na mesma posição ou que não tenha fonte geográfica (*situs*) claro. O escopo de aplicação da proposta é, assim, limitado a atividades integradas; ou que envolvam transações sem preços comparáveis claros e observáveis recorrentemente no mercado entre partes independentes; ou altamente desmaterializadas, como sejam as sem presença física em jurisdições de mercado ou as envolvendo ativos intangíveis não transacionados com partes independentes.

Por estes motivos, apesar de mantermos o necessário apego à capacidade contributiva do GMN (fundamento normativo para não limitar a apreciação da rendibilidade de uma entidade que o compõe às manifestações evidenciadas numa jurisdição), cremos que o lucro a repartir não é o de todo o GMN mas o que, afinal, se reconduz ao lucro não observável em transações rotineiras ou comparáveis. Este lucro é obtido no âmbito das atividades descritas no final do parágrafo anterior numa dada jurisdição e é comumente designado por "lucro residual".

1044 Sem prejuízo de, na mesma lógica *second best*, lá onde fosse possível ao contribuinte demonstrar a ausência de integração de atividades por si promovidas, nomeadamente a nível financeiro, aplicar a proposta residualmente a apenas algumas das suas entidades ou a um conjunto de transações. Este último caso poderia dar-se, em particular, quando fosse manifesto que parte das operações levadas a cabo pelo grupo são de simples avaliação de margem de lucro, desde logo porquanto é fácil e abundantemente demonstrável a existência de atividades comparáveis para efeito de fixação de preço de remuneração das mesmas.

3. Rendimento repartível e responsabilidade tributária

De forma a assegurar o respeito pela estruturação do GMN e pela distribuição de funções determinada pela sua administração, bem como para garantir a vigência do princípio da efetividade como base de imposição tributária, a proposta deve distinguir o rendimento com fonte clara do rendimento com fonte integrada. Assim, todo o rendimento com fonte física (*situs*) obtido por entidades do GMN seria alocado à entidade localizada no Estado da fonte. Admitimos, idem, que a nossa proposta poderá evoluir para um modelo híbrido associado a margens fixas ou à manutenção de regras tradicionais de preços de transferência.

Neste caso, o rendimento obtido por entidades do GMN em transações intragrupo para as quais existam transações comparáveis abundantes e seguras, que permitam avaliar o cumprimento do princípio da plena concorrência na fixação do seu preço, deverá ser atribuído às mesmas com base na prática corrente ou através da aplicação de margens de lucro fixas. Estaremos diante de funções ditas *rotineiras*, que podem ser desempenhadas por qualquer entidade não integrada no grupo, geralmente associadas à prestação de serviços administrativos, de distribuição, de fabrico sem envolvimento de *know-how* especial ou integração de ativos intangíveis de propriedade exclusiva do GMN, entre outros.

O rendimento global do GMN, após subtração do rendimento já alocado a suas entidades constitutivas por aplicação das regras anteriores, seria então repartido por todas as entidades do GMN, refletindo a sua natureza integrada e o concurso contemporâneo ou histórico de todos os fatores de produção do GMN na sua obtenção[1045]. Para este efeito, a fórmula de repartição seria estruturada de forma aventada na Parte 3, Capítulo I do presente trabalho. A matéria coletável de cada entidade do GMN seria, então, a resultante da repartição do lucro não-rotineiro conforme descrito no presente ponto após aplicação da fórmula de repartição, a acrescer à tributação sobre o rendimento obtido pela entidade de forma exclusiva. Cada Estado poderia, então, proceder às deduções específicas e correções à matéria tributável (tais como reporte de perdas das entidades submetidas a sua jurisdição) que subsequentemente pretendesse positivar, no exercício da sua

[1045] Assinale-se que há despesas de operação que, todavia, são transversais a várias linhas de negócio empresarial (as chamadas *operating expenses, OPEX*), tais como rendas, custo de equipamento, inventário, *marketing* geral, seguros, e despesas com I&D geral. Vd. European Union Joint Transfer Pricing Forum, 2019, Anexo 3.

soberania, e, na mesma medida, aplicar a taxa de imposto que bem pretendesse fixar.

Este processo de redução do lucro repartível acaba por qualificar o nosso método, na medida em que a identificação de funções rotineiras possibilita a agregação das mesmas em torno de conjuntos de transações setoriais do GMN. Desta forma, a incidência do método no lucro global do GMN é convolada na incidência no lucro não-rotineiro de um conjunto de operações identificáveis por referência a um produto ou produtos que resultam da aplicação de um determinado intangível, por exemplo[1046]. Todavia, a nossa proposta dispensa uma análise "funções, ativos e riscos" completa, na medida em que uma vez identificadas funções com remuneração determinável por referência a comparáveis, todo o lucro resultante das operações em que essas funções estão envolvidas e que não se possa afirmar como rotineiro é repartido por referência à fórmula de repartição e não à análise do controlo de risco e dos ativos associados às funções desempenhadas. Assim se projeta a sinergia grupal na distribuição do rendimento coletável pelas várias entidades do GMN, mantendo-se o respeito pela estruturação das operações do GMN conforme a sua livre iniciativa o determine através do relevo para efeitos tributários que é assegurado à localização de operações para as quais se disponha de comparáveis para a avaliação da sua remuneração.

Como decorre do exposto, a implementação da nossa proposta não implica a constituição de um regime pleno de consolidação de grupos de sociedades para efeitos de Direito Fiscal. Como visto, estes regimes têm como características principais a neutralização das transações intragrupo e a consolidação de resultados possibilitando reporte de perdas intragrupo. Mas a neutralização das transações intragrupo não implica a consolidação de resultados e o reporte transnacional de perdas que, aqui, lhe está associado. Este último seria particularmente gravoso para os interesses dos Estados onde o GMN realiza lucros, diminuindo os mesmos e, nessa medida, a base tributável. Esta resultado implicaria a transferência de responsabilidades tributárias entre entidades do grupo e, inerentemente, entre Estados, sem necessários mecanismos financeiros e orçamentais que equilibrassem a mesma.

Porém, é possível equacionar uma situação em que a aplicação do método FA implique a atribuição de rendimento tributável a uma entidade

[1046] Cfr. HIGINBOTHAM/STARKOV, 2021, p. 96.

do GMN superior ao que esta realizaria por aplicação do presente regime de preços de transferência. Esta situação pode implicar, como notado, a insuficiência patrimonial da entidade para cumprir a sua obrigação de pagamento de imposto. A solução para este desequilíbrio seria a necessária reposição da estrutura de capital da subsidiária por uma entidade GMN, sob pena de a execução coerciva da dívida fiscal pela AT poder inviabilizar a operação económica local.

Assim, a repartição de matéria tributável por operação do método FA implicará uma redistribuição da responsabilidade tributária entre entidades do grupo se confrontarmos a mesma com o *statu quo* vigente. Contudo, essa redistribuição é apenas aparente: com efeito, trata-se de considerar a capacidade contributiva do grupo como um todo, implementando formas de atribuir rendimento a uma entidade constituinte assentes na fórmula que identifica o peso relativo do contribuinte local na atividade integrada no grupo. Na verdade, estamos verdadeiramente diante de uma forma de implementação de responsabilidade tributária do GMN, sem prejuízo da manutenção da incidência do IRC na entidade empresarial sujeita a jurisdição do Estado. Em rigor, o ajuste de fluxos financeiros provocado pela implementação do método corre por conta do GMN e não dos Estados credores. O GMN é que tem de reforçar o capital da entidade cuja responsabilidade tributária é acrescida; não é o Estado que teria direito a tributar lucro da entidade na sua jurisdição que tem de suportar a diminuição de receita originada por um reporte de perdas transfronteiriço que não existe. A implementação da proposta não implica, assim, a quebra do benefício da responsabilidade limitada das subsidiárias do GMN.

4. Compatibilidade da nossa proposta com o regime da CMOCDE

Avaliaremos de seguida a conformidade da proposta com o regime modelo da OCDE. A conclusão a que cheguemos poderá ditar várias formas possíveis de implementação. Assim, se concluirmos pela conformidade da proposta com regime da CMOCDE, poder-se-á proceder à aplicação da mesma pelos Estados de forma unilateral ou multilateral. Uma vez que a adoção multilateral permite a criação de novas regras a vigorar, interessa-nos sobretudo a possibilidade de implementação unilateral da proposta, por revelar os seus constrangimentos jurídicos. Uma vez assente esta possibilidade, a adoção multilateral torna-se uma questão política e não técnica. Caso se conclua pela desconformidade da proposta com o regime da CMOCDE, restará apresentar como alternativa as necessárias alterações aos ADT (ou à interpretação das suas disposições) para a sua implementação.

Identificamos quatro questões jurídicas fundamentais que carecem de avaliação. Assim, será necessário determinar se a forma de tributação proposta é subsumível ao âmbito de aplicação da CMOCDE. Se sim, haverá que apreciar se é possível implementar o presente regime sem alteração de regras relativas à presença do GMN jurisdição por intermédio do estabelecimento estável ou de uma sociedade subsidiária. Posteriormente, haverá que aferir da compatibilidade da proposta com o regime de plena concorrência. Por fim, teremos de analisar as sobreposições e insuficiências de jurisdição, ou seja, o tratamento da dupla tributação e dupla não tributação de rendimento por aplicação do método.

4.1. O conceito de rendimento para efeitos da CMOCDE

A CMOCDE é aplicável a impostos sobre o rendimento ou capital[1047]. Neste contexto, são considerados impostos sobre o rendimento todos os impostos que incidem sobre o rendimento total ou sobre elementos do rendimento, incluindo os impostos sobre os ganhos derivados da alienação de bens mobiliários ou imobiliários, os impostos sobre o montante global dos vencimentos ou salários pagos pelas empresas, bem como os sobre as mais-valias[1048]. O tributo que não se enquadre na definição anterior (ou naquela concretamente ditada pelo ADT em questão) não é abrangido pelo âmbito de aplicação da CMOCDE. Dessa forma, o Estado que impõe a tributação pode fazê-lo de acordo com as suas regras soberanas, sendo certo que a consequência não aplicabilidade da CMOCDE ao caso concreto será a necessidade de pagamento do imposto pelo contribuinte sem possibilidade de creditar o montante do mesmo contra o montante de imposto a pagar na jurisdição de residência com base nas disposições do ADT.

Como resulta do exposto, a CMOCDE abrange impostos sobre o capital, *payroll taxes* (que são impostos sobre despesa) e impostos sobre elementos do rendimento. Trata-se de uma definição ampla que permite enquadrar no seu âmbito de aplicação os impostos associados à obtenção de rendimento no curso de uma atividade empresarial de forma geral[1049]. Desta forma, são abrangidos pela OCDE não apenas impostos sobre o rendimento real calculado de forma pura (deduzindo ao rendimento todas as despesas necessárias para a sua obtenção) mas também formas de tributação indireta, bem

[1047] Cfr. art. 2º, nº 1 CMOCDE.

[1048] Cfr. art. 2º, nº 1 CMOCDE.

[1049] Assim, OCDE, Comentário, p. 193, par. 71.

como de "rendimento fictício"[1050] ou não realizado (como, por exemplo, impostos liquidados por aplicação de regimes CFC, impostos nocionais, *exit taxes* ou impostos mínimos sobre rendimento empresarial)[1051].

Importa clarificar que a CMOCDE não abrange, assim, impostos que incidem meramente sobre a receita bruta, por oposição a impostos incidentes sobre o rendimento. Encontram-se naquela categoria os constantes de propostas para tributação específica do setor digital (*digital services taxes*), os quais são qualificados de forma quase unânime pela doutrina como não subsumíveis às disposições da CMOCDE[1052]. Por este motivo, resultam num custo a incorrer em cada jurisdição pelo GMN que não é creditável no Estado de residência. A inclusão de um fator "receitas" na fórmula de repartição poderia suscitar questões de equiparação com estes tributos.

Contudo, a fórmula de repartição não incide sobre as receitas obtidas em transações com terceiros, mas sim sobre o lucro que resulta da operação do GMN. Em rigor, a fórmula de repartição não altera a definição das incidências subjetiva e objetiva do IRC[1053]. O método FA intervém a jusante da ocorrência do facto fiscalmente relevante, na medida em que consiste numa forma de determinação de matéria coletável ou de correção para efeitos de determinação de matéria coletável. Nesta medida, integra-se na categoria de métodos de avaliação indiretos de lucro tributável, não alterando a natu-

[1050] Sobre o conceito, vd. Wattel/Marres, 2003.

[1051] Assim, IFA, 2016, pp. 180 e 181 e Schwarz, 2018, sec. § 17-100 – a definição de "lucros" abrange todas as receitas obtidas na condução de uma iniciativa empresarial que não tenham categoria especial nos tratados. Contudo, *op. cit.*, sec. §15-700, Schwarz considera que o "*diverted profits tax*" aplicado pelo Reino Unido não é subsumível às disposições dos ADT celebrados por este Estado, o que poderá resultar do seu carácter de imputação de rendimento fictício com base em cláusula anti-abuso. É importante frisar, também, que as disposições da CMOCDE são gerais e sujeitas a reservas ou interpretações distintas por parte dos Estados que adotam o modelo. Por exemplo, há Estados (como a Grécia ou a Letónia) que não aceitam que *payroll taxes* sejam enquadrados na noção de rendimento – cfr. OCDE, 2017a, p. 93.

[1052] Os DST são tributos incidentes sobre a receita bruta obtida por prestadores de serviços de determinados sectores digitais em jurisdições nas quais não dispõem de presença física subsumível ao conceito de estabelecimento estável. São demonstrativos da falência estrutural do sistema em lidar com realidades económicas desmaterializadas. Veja-se a Proposta de Diretiva da UE relativa ao sistema comum de imposto sobre os serviços digitais aplicável às receitas da prestação de determinados serviços digitais e Comunicação do Conselho COM(2018) 148 final. Sobre a tributação da economia digital em geral, e sobre as propostas de DST em particular, vd. Kofler/Sinnig, 2019, pp. 176 e ss; Schön, 2018, pp. 278 e ss; Haslehner *et al.*, 2019; Cockfield/Hellerstein/Lamensch, 2019; Pistone/Weber, 2019; Nogueira/Andrade/Pistone, 2019; Olbert/Spengel, 2017, pp. 3 e ss.

[1053] Cfr., por exemplo, os arts. 2º e 3º CIRC.

reza do imposto liquidado na sequência da sua aplicação enquanto imposto sobre o rendimento.

Neste contexto, a tributação por aplicação do método FA incide sobre rendimento líquido, porque ao rendimento bruto obtido pelo GMN são deduzidas as despesas incorridas para a sua obtenção – se o GMN não obtiver lucro residual, a fórmula de repartição não terá nada para repartir pelos Estados envolvidos. Ou seja, a base tributável nunca é composta pelo valor de receitas obtidas numa jurisdição, nem este valor, aliás, é o único referencial para determinação do valor de imposto a pagar. Cumprirá não olvidar que, para nós, a fórmula de repartição deverá ser tripartida, razão pela qual as receitas brutas obtidas não são, sequer, fator decisivo na determinação da matéria coletável de uma dada entidade. Por estes motivos, a implementação do método FA não implicaria a cobrança de imposto não subsumível ao disposto no art. 2º CMOCDE, razão pela qual é, neste particular, compatível com a mesma[1054].

4.2. O nexo tributável

Assente que está que a proposta deve respeitar a estrutura geral do IRC e o primado da entidade empresarial autónoma, resulta daqui que a sua aplicação, e consequente tributação por um Estado, depende do estabelecimento de jurisdição sobre a entidade empresarial a tributar. Afastado um regime de *global formulary apportionment*, coloca-se, então, a possibilidade de aplicação da proposta da perspetiva de um Estado de residência de uma sociedade ou de um Estado fonte de rendimento. Assim, suscitam-se duas questões jurisdicionais distintas.

Primeiramente, será necessário aferir a extensão da jurisdição do Estado de residência sobre os lucros obtidos pelo GMN. Esta preocupação tem por base a alegação segundo a qual a matéria tributável do Estado de residência por aplicação do método FA é superior à que resultaria da aplicação de outros métodos de preços de transferência atualmente vigentes. Este resultado pode ocorrer por três motivos. Por um lado, por força das regras declarativas associadas à determinação de matéria coletável, o Estado de residência pode conhecer agora uma maior quantidade de rendimento obtida pelo GMN e, nessa medida e após aplicação do método, calcular uma matéria tributável superior à que resultaria da aplicação de métodos de preços de

[1054] Reconhece-se como pertinente a observação de Maisto, 2021, p. 26, a propósito da necessidade de caracterização de rendimento para efeitos do seu tratamento cedular.

transferência tradicionais. Por outro lado, e relacionado com a alegação anterior, poder-se-á ainda afirmar que o Estado de residência não pode tributar o GMN com base em elementos deste situados noutras jurisdições, o que aconteceria porque a fórmula de repartição integra elementos com conexão com o Estado de residência e com conexão com outros Estados. Haveria, aqui, um pendor extraterritorial da atuação estadual. Por fim, por força do funcionamento da fórmula de repartição, o montante a tributar poderá resultar superior ao que resultaria da aplicação de métodos de preços de transferência tradicionais (por exemplo, porque a maior atividade substantiva do GMN na jurisdição de residência permite a esta reclamar rendimentos que seriam alocados a uma jurisdição de baixa tributação nos termos já desenvolvidos na Parte 2).

Sublinhe-se que o Estado de residência não vai tributar o rendimento global do GMN. Na verdade, vai a partir daquele, calcular o rendimento a alocar à entidade integrante do GMN residente no seu território com base na proporção da sua contribuição para a geração daquele. Ora, o facto de o Estado de residência ter conhecimento mais apurado do rendimento do GMN não significa que o tribute, apenas que o considera na tributação do rendimento obtido no seu território[1055].

Por seu turno, a determinação indireta da matéria coletável depende diretamente da existência de fatores da fórmula no território do Estado que tributa. Não se pode afirmar, por exemplo, que o Estado de residência tributa o rendimento de vendas em Estados sobre os quais não tem jurisdição porquanto isso equivale a uma descrição incorreta do funcionamento da fórmula. O Estado de residência considera as receitas em Estados terceiros como denominador da fórmula – o que não equivale a tributar as mesmas.

Com efeito, a extensão da obrigação tributária do ente do GMN no Estado que tributa depende da existência de indicadores efetivos presentes na jurisdição do Estado e na sua proporção para os mesmos indicadores do GMN no estrangeiro. Nessa medida, a tributação assenta em manifestações efetivas de atividade no Estado que tributa, não violando o princípio da não transatividade da lei. Na verdade, o funcionamento da fórmula de repartição como descrita apenas servirá para reforçar a pretensão do Estado de residência, posto que efetivamente haja atividade substancial do GMN no seu território. Reforce-se, ainda, que a tendência de tributação interna-

[1055] Aqui, pode ser traçado um paralelo com a aplicação tradicional das regras CFC – cfr., por exemplo, o regime do art. 66º CIRC.

cional vai no sentido de aceitar a implementação de mecanismos do género *throwback* que, essas sim, implicam a tributação de receitas obtidas em jurisdições nas quais o Estado de residência não tem jurisdição por força do princípio da territorialidade, mas que também não tributaram aquele rendimento.

O argumento referente ao possível maior montante de imposto a pagar numa dada jurisdição não diz respeito ao nexo tributário, posto que o funcionamento da fórmula tenha por base as nossas premissas, mas sim à criação de situações de dupla tributação. Por este motivo, reservamos a apreciação do mesmo para secção autónoma *infra*. Assim, no que respeita a implementação do sistema por um Estado de residência, não consideramos a mesma desconforme à CMOCDE, posto que a tributação com base na residência tem associado, consuetudinariamente, o direito à tributação do rendimento global do residente.

Contudo, no que concerne à implementação do método por um Estado fonte, podem ser equacionados problemas sérios de estabelecimento de jurisdição. O regime da CMOCDE apenas permite a tributação de rendimento na fonte verificada a existência de um estabelecimento estável[1056]. Como adiantado, a fórmula de repartição é um método de determinação de matéria coletável e não de incidência subjetiva. Assim, um Estado fonte não pode pretender tributar rendimento obtido no seu território por uma entidade que aí não disponha de estabelecimento estável. A questão suscita-se com particular pertinência na medida em que as receitas na jurisdição de mercado são um fator de repartição de matéria coletável. Esta última jurisdição poderia pretender tributar rendimento obtido no seu território mesmo que não se verificasse nenhum dos outros dois fatores. Contudo, a verificação de realização de receitas não é suficiente para preenchimento do conceito de estabelecimento estável, relevando apenas a jusante: quando uma realidade de tributação na fonte é identificada.

Neste contexto, a implementação do método FA é compatível com as regras jurisdicionais da CMOCDE. A resposta não é, todavia, plenamente satisfatória porque um dos mais importantes argumentos para consideração dos elementos a integrar a fórmula é a possibilidade de conferir à jurisdição de mercado maior relevo e reequilibrar a distribuição dos direitos tributários entre jurisdições. Assim, o seu funcionamento plenamente satisfatório dependeria de alterações à regra do art. 5º CMOCDE que permitissem

1056 Cfr. art. 7º, nº 1 CMOCDE.

considerar uma presença desmaterializada no mercado com base na interação do GMN com consumidores locais ou numa presença económica ou digital relevante, mensurada por indícios de atividade funcionais ou quantitativos[1057]. Não nos parece que a presente redação do art. 5º CMOCDE e a prática estadual permitam alcançar, por via interpretativa, um alargamento do conceito de estabelecimento estável para lá da exigência da condução de uma atividade física e materializada numa jurisdição[1058]. No presente estado de arte, o reconhecimento do relevo tributário de atividades em jurisdições de mercado não permite alocar direitos tributários, *per se*, a estas últimas.

Na ausência destas alterações, uma jurisdição fonte de rendimento (tal como uma jurisdição de residência) poderia considerar na fórmula receitas obtidas em jurisdições nas quais o GMN não dispõe de estabelecimento estável. Isto não representaria um pendor tributário extraterritorial porque,

[1057] Neste sentido, Schreiber/Fell, 2017. Em sentido semelhante, Oosterhuis/Parsons, 2017, p. 518, afirmam que a alocação de bases tributárias entre jurisdições deve ser reformada partindo de mudanças no regime de preços de transferência, no estabelecimento de novas regras de presença tributária e em regras de fonte (em particular, com concessão de maior relevo à jurisdição de venda ao consumidor). Os autores não defendem a existência de um estabelecimento estável com base na mera "presença económica", mas, por exemplo, consideram que devem ser eliminadas a negação de existência de um estabelecimento estável em caso de atividades preparatórias e auxiliares, assumindo preferência por um *diverted profits tax* como aprovado pelo Reino Unido, na medida em que mantém apego a existência física empresarial, o que releva para efeitos de coercibilidade de aplicação da lei fiscale de não inclusão de vendedores sem suficiente dimensão – cfr. Oosterhuis/Parsons, 2017, p. 538. A implementação de um nexo tributário mais alargado do que o conceito de estabelecimento estável presente no art. 5º CMOCDE seria altamente sinergética com a implementação de um sistema FA como o apresentado e, cremos, mitigaria grande parte das questões associadas ao problema da tributação do sector digital e dos novos modelos de negócio. As propostas da OCDE apresentadas até ao momento da entrega desta Tese vão, aliás, nesse sentido – o alargamento do conceito de nexo tributário e a repartição formulaica de rendimento a tributar com base nesse mesmo nexo. A excessiva segmentação e complexificação das propostas do Pilar 1, todavia, possibilitarão a evasão à incidência da proposta. A tributação da economia digital é um problema conexo com o objeto desta Tese, mas não confundível, tal como o não é a evolução do conceito de estabelecimento estável para que se possa adaptar às novas realidades comerciais e industriais do séc. XXI. A necessidade de novos nexos de mercado resulta sobretudo das mudanças em interatividade, velocidade e formas de pagamento eletrónico que aumentam a intensidade do contacto com GMN com a jurisdição de venda, que são permitidas pela digitalização que diferenciam esta forma de atividade da anterior venda direta por telefone ou catálogo, p. exemplo, que não justificava a verificação de um estabelecimento estável, como nota Avi-Yonah, 1996, pp. 510-516. A criação de um novo nexo jurisdicional é também a solução que a OCDE propõe para implementação do novo nexo tributário associado ao "montante A" do Pilar 1 – cfr. OCDE, Pilar 1, p. 65, par. 194.

[1058] Pese embora, como adiantámos em Parte III, Capítulo II, 5, a teleologia do art. 5º CMOCDE permitisse equacionar essa solução.

novamente, a medida da tributação teria por base os fatores verificados na jurisdição de fonte como demonstrativos da proporção da participação do sujeito passivo na obtenção global de rendimento[1059]. Mas uma jurisdição na qual se verifiquem receitas e na qual o GMN não disponha de um estabelecimento estável não poderá tributar o rendimento oriundo das mesmas por falta de conexão com o sujeito passivo. Também neste contexto remetemos as questões associadas à dupla tributação para secção autónoma.

4.3. A compatibilidade com o regime de preços de transferência

A questão fundamental associada a métodos de repartição formulaica é a aferição da sua compatibilidade com o regime de preços de transferência, em particular com as disposições dos arts. 7º, nº 2 e 9º CMOCDE. Este regime tem uma função anti-abuso, mas, na lógica dos modelos de ADT, desempenha igualmente funções distributivas, legitimadoras e limitadoras do direito a tributar pelo Estado em questão, e ainda reguladoras de dupla tributação internacional. Um método FA pode ser utilizado com estes objetivos. Porém, no que respeita à letra e prática interpretativa dos modelos de ADT, a compatibilidade (ou não) do método FA não é evidente.

Recorde-se que a OCDE rejeita totalmente métodos *global formulary apportionment*. Esta proclamação é central na interpretação das normas dos arts. 7º, nº 2 e 9º CMOCDE, quando fazem referência ao princípio da *empresa separada e independente* para atribuição de lucros a um estabelecimento estável ou às condições que seriam acordadas entre *empresas independentes* como padrão de resultados de aplicação do método de preços de transferência no âmbito de transações entre empresas relacionadas. Até o eliminado 7º, nº 4 CMOCDE (versão anterior a 2010) apenas permitia a adoção de métodos formulaicos quando estes fossem de aplicação costumeira nos Estados-parte e a sua aplicação respeitasse os princípios da norma. O método de preços de transferência é um método de fixação de preços de transação e não de repartição de lucro global de um conjunto de entidades.

Contudo, a OCDE aceita nos seus comentários uma perspetiva holística de entidades relacionadas para interpretação das funções desempenhadas

[1059] Por este motivo, aliás, é que o funcionamento do sistema se basta com o cumprimento de obrigações declarativas do género do *combined reporting* estadunidense, não envolvendo a consolidação de resultados intragrupo. O objetivo desta auto-limitação é, precisamente, o de garantir que a norma de incidência fiscal se contém e é aplicável apenas a realidades localizadas no Estado fonte do rendimento.

e riscos assumidos por cada uma delas no âmbito das análises de preços de transferência. Mais: é inequívoca a aceitação progressiva de métodos de repartição de lucro (*profit split method*). Torna-se, assim, central discernir entre um método *global formulary apportionment* e o *profit split method* como formas de repartição de lucros. Esta distinção assenta nos diferentes referenciais de lucro a repartir e nas chaves de repartição aplicáveis.

Tecnicamente, o método *global formulary apportionment* mede o lucro todo de um GMN e reparte o mesmo com base numa fórmula com fatores fixos e previamente determinados[1060]. Já o *profit split method* tem uma base transacional (ou agregadora de grupos de transações) e reparte lucros resultantes de operações limitadas de empresas associadas assente em fatores variáveis, mas pertinentes, porquanto considerados representativos da distribuição de funções e riscos assumidos com vista à obtenção do lucro obtido pelas envolvidas. Nessa medida, a distribuição de lucro das transações respeitaria a proporção da intervenção de cada empresa. Ora, assim sendo, parece aparentemente difícil enquadrar um método formulaico limitado, *de jure condito*, como aceitável à luz da redação, comentários e prática presentemente associados à CMOCDE[1061].

Cremos, contudo, que o cerne da questão é sobretudo de índole conceptual[1062]. Um método *global formulary apportionment* é inequivocamente incompatível com o regime de preços de transferência[1063]. Já um método

[1060] Sasseville/Vann, 2018, sec. § 1.1.2.6.1 afirmam que a grande diferença entre o *profit split method* e o FA reside no reconhecimento ínsito no método PSM que empresas diferentes podem adotar formas distintas de repartição consoante a sua atividade concreta, ao passo que o sistema FA exige fórmulas universais.

[1061] No mesmo sentido, vd. Fleming Jr./Peroni/Shay, 2020, p. 181; Baker, 2017, pp. 7-37 demonstra, por análise jurisprudencial de casos em que se discutia a aplicabilidade de métodos formulaicos na ausência do anterior art. 7º, nº 4 CMOCDE, que a presença desta última norma é condição necessária para aplicação do método FA; Devereux et al., 2021, p. 263, vão no mesmo sentido a propósito da proposta RPAI e do Pilar 1 e 2 da OCDE, pelo que, por maioria de razão, o mesmo diriam relativamente à exposição neste texto; Hellerstein, 2004, p. 98 sugere que a rede de ADT existente é um obstáculo à implementação do projeto CCCTB. A este propósito, afirmando a incompatibilidade do método FA do regime CCCTB com as regras dos ADT celebrados com Estados terceiros, vd. Baker/Mitroyanni, 2008, pp. 647-648; Avi-Yonah/Tinhaga, 2017, p. 69 consideram que um Estado é livre de adotar um regime de tributação unitária caso o tratado aplicável disponha do art. 7º, nº 4 CMOCDE (2010) ou caso não haja ADT celebrado entre os Estados de conexão do sujeito passivo em questão. Vd, ainda, Morais, 2005, pp. 547 e ss.

[1062] Como também o nota, e desenvolve, Grinberg, 2020, pp. 287.

[1063] Assim, OCDE, 1979, para 14; Reimer, 2015, pp. 519-526; Cottani, 2020, p. 8; Roin, 2007, p. 222. Vd. também, Schwarz, 2018, secs. §17-450 e §17-700, para quem a repartição do lucro total

FA limitado, como o *profit split method*, parece ser uma forma aceitável de implementação de regime de preços de transferência, embora deva ser dito que não nos parece que se possa afirmar que este aplique uma análise transacional assente na ficção de independência empresarial[1064]. Contudo, a dependência de uma análise "funções, ativos e riscos" e da possibilidade de escolha de variáveis de repartição consoante os factos aplicáveis ao caso tornam o método compatível com o sistema de preços de transferência.

Ora, no nosso entender, a proposta constitui um método FA limitado. Primeiramente, não reparte o total de lucro empresarial do GMN porque possibilita a aplicação do método de preços de transferência a transações nas quais seja possível afirmar uma remuneração de rotina. Este rendimento, bem como aquele que deve ser alocado (como o rendimento imobiliário) não integra o lucro a repartir, sendo tributado apenas na esfera da entidade que o obtém. Em segundo lugar, assume a repartição de lucro resultante de integração de GMN assente na aplicação de fatores fixos por lei e não os declarados, caso a caso, por cada sujeito passivo. Em terceiro lugar, permite equacionar as vendas realizadas mesmo para Estados onde o GMN não disponha de presença tributária como fator de distribuição de receita pelo GMN. Assim se distingue a nossa proposta do *profit split method* conforme delineado pelas Diretrizes Revistas.

Não pensamos que estas diferenças constituam necessariamente um impeditivo à integração do mesmo sem modificação da rede de ADT pelo Estado que o pretenda, através de uma das seguintes possibilidades alternativas. A primeira prende-se com a evolução interpretativa da aplicação das normas do art. 7º, nº 2 e do art. 9º CMOCDE. A segunda prende-se com a evolução interpretativa do *profit split method*.

A possibilidade de evolução interpretativa do art. 7º, nº 2 e do art. 9º CMOCDE a fim de integrar propostas conceptualmente semelhantes à nossa é aventada por vários autores. Este processo pode ser coordenado ao abrigo do disposto no art. 2º, nº 4 CMOCDE, mediante o qual as autoridades competentes de cada Estado notificam os outros Estados-parte das alterações relevantes às suas regras de tributação de rendimento para efeitos de aplicação do ADT ou, em última análise, por consulta, caso a caso, ao abrigo

de um GMN utilizando uma fórmula não consiste na atribuição de lucros na base da ficção de separação entre entidades.

1064 Vd. Parte III, Capítulo I, 4. Avi-Yonah/Benshalom, 2011, pp. 397 e ss., mais notam que o uso de métodos indiretos quase-formulaicos é pacificamente utilizado em várias jurisdições.

do art. 25º CMOCDE[1065]. É a solução de Avi-Yonah/Clausing/Durst[1066]. Reconheça-se que é uma abordagem com os seus limites porque dependente da aceitação mútua da mesma. Daí que Avi-Yonah/Benshalom tenham evoluído para a afirmação da adoção do método FA sem alteração de tratados como dependente de cobertura na redação dos Comentários à CMOCDE e a adoção de uma prática mais generalizada que consubstancie o método[1067].

Apesar de proponentes de soluções finais distintas, há autores que coincidem numa mesma premissa que poderia possibilitar a adoção de um método FA por via interpretativa. Tanto Schoueri e Kane como Avi-Yonah/Tinhaga aventam que o regime de preços de transferência não visa repartir o chamado lucro residual do GMN, mas apenas os rendimentos que podem ser comparados a rendimentos obtidos por entidades independentes[1068]. Assim, a alocação do lucro residual do GMN poderia ser feita por

[1065] Sobre a resolução alternativa de litígios ao abrigo do art. 25º CMOCDE, vd. Ribeiro, 2018b, pp. 33 e ss.

[1066] Avi-Yonah/Clausing/Durst, 2009, p. 524, que afirmam que a adoção do método encontra obstáculos políticos e não jurídicos. Fleming Jr./Peroni/Shay, 2020, p. 181, expressam dúvidas quanto ao funcionamento de um ADT entre um Estado que adote um método FA e um Estado que adote um método de preços de transferência.

[1067] Avi-Yonah/Benshalom, 2011, p. 393, que afirmam que tal sucedeu, por exemplo, na adoção de fórmulas de repartição nas regras de alocação de lucros a sucursais de instituições financeiras. Sobre os desafios especiais da adoção de um regime de tributação unitária por países em vias de desenvolvimento, vd. Avi-Yonah/Tinhaga, 2017, 2017, p. 72. Sobre interpretação dinâmica ou estática dos modelos de tratado OCDE, vd. Vergnet, 2020, 370 e ss; ou Navarro, 2020, pp. 848 e ss.

[1068] Por um lado, vd. Schoueri, 2015 (também desenvolvido supra, nt. 483) e Kane, 2014. Este último autor afirma que a alocação de lucro é feita pelo mercado ou pelas partes da transação – não pode ser feita pelas partes em termos de mercado, pois ambas as perspetivas são mutuamente excludentes. O *premium* que resulta do controlo comum do grupo (manifestado, por exemplo, na ausência de risco de litigância) é alocável discricionariamente pela cúpula a qualquer sua entidade, no que se sustenta na opinião de Schön segundo o qual a alocação da renda entre as partes deve ser alocada contratualmente, e a distribuição da tributação entre Estados deve ser determinada por investimentos anteriores. O autor conclui que o foco da tributação do prémio de controlo deveria ser a distribuição contratual e a propriedade jurídica dos ativos do GMN – vd. Kane, 2014, p. 311. Trata-se uma abordagem que não cremos defensável em termos de metodologia de interpretação da lei fiscal, por deferência ao princípio da realidade substantiva, neutralidade fiscal e coercibilidade do imposto. Por seu turno, Torvik, 2018, pp. 774 e ss., afirma que um dos elementos essenciais do regime de preços de transferência, operacionalizado através das consequências alocadas à detenção da propriedade industrial, é o de que os lucros residuais das cadeias de valor são alocados, de acordo com o princípio da criação de valor do intangível, à entidade que é tida como a proprietária da propriedade industrial única e valiosa.

outras formas que não as tradicionalmente associadas ao regime de preços de transferência. Os primeiros dois autores consideram, como consequência, que o GMN é livre de alocar contratualmente o lucro residual como entenda. Os segundos autores consideram, em alternativa, que o Estado é, assim, livre de desenvolver outros métodos de tributação do lucro residual.

Estes argumentos não nos convencem plenamente. Por um lado, cremos manifesto que a intenção dos redatores da CMOCDE sempre foi a de manter o apego à abordagem independente e separada da entidade empresarial e essa revela-se através da abordagem à tributação de entidades associadas com base no regime de preços de transferência[1069]. Os requisitos associados à aplicação, declaradamente excepcional, do anterior 7º, nº 4 CMOCDE apenas servem para reforçar esta asserção. Eliminado que tenha sido este nº do artigo, mais difícil fica sustentar o enquadramento de um método FA como enquadrável na CMOCDE. A possibilidade de evolução interpretativa do regime de preços de transferência para aceitar um método FA limitado dependeria, assim, de um amplo consenso na comunidade internacional e na própria OCDE para o efeito[1070]. Por outro lado, é também manifesto que o objetivo da CMOCDE sempre foi o de limitar os direitos tributários dos Estados e repartir as bases tributárias entre estes abrangendo todo o rendimento obtido na condução de uma atividade empresarial. A CMOCDE não distingue entre lucro rotineiro e lucro residual, uma dis-

A aplicação do *transactional net margin method* determina que o lucro residual é sempre atribuído ao proprietário do ativo, que detém o risco associado ao mesmo. Mas mesmo usando o *profit split method*, a ideia de propriedade da propriedade industrial garante que os lucros residuais a repartir são atribuídos à jurisdição onde teve lugar a criação do ativo intangível, o que permite a manipulação da mesma pelo grupo. Um sistema FA garantiria que todas as jurisdições tributassem lucro da atividade do GMN, o que redundaria na sobrecompensação das jurisdições em que atividades com menor risco são desempenhadas. Sugere que o tratamento dos ativos intangíveis no âmbito do regime de preços de transferência implique remover as consequências associadas à titularidade da propriedade industrial, impedindo a alocação de lucros residuais obtidos com este ativo a uma unidade do grupo. Adverte que tal contradiz a teoria económica, porque implicaria que todos os incrementos na cadeia de valor do produto valem o mesmo. Mais conclui que este avanço impediria que seja emulada a distribuição de lucros como o fariam partes independentes no seio do sistema de preços de transferência, e, portanto, removeria a ideia de paridade entre entidades relacionadas e não relacionadas que anima o método.

1069 Vd. OCDE, 2017a, p. 185, par. 41, justificando a eliminação do art. 7º nº 4 versão pré-2010 CMOCDE com a com a excepcionalidade de aplicação do método FA e com a dificuldade "extrema" de o compatibilizar com o regime de preços de transferência.

1070 Assente que está o objeto e fim dos ADT (cfr. art. 31º, nº 1 CV69), esta prática contribuiria para o estabelecimento da interpretação devida nos termos do art. 31º, nº 3, al. b) CV69.

tinção que surge apenas com o desenvolvimento de métodos como o *transactional net margin method* e o *profit split method* como formas de implementação do regime de preços de transferência. Como tal, não nos parece possível interpretar as suas previsões como o fazem os autores descritos no parágrafo anterior.

No presente estado da arte, a evolução unilateral interpretativa para aplicação do mesmo em situações cobertas por ADT celebrados com base neste modelo poderá implicar a violação de uma obrigação internacional convencional. Na ausência de aceitação pelo outro Estado-parte da aplicação de um método FA, com base no art. 25º CMOCDE, seria difícil afirmar a licitude da aplicação do mesmo, bem como evitar a situação de dupla-tributação potencialmente resultante do excesso de lucro alocado a um Estado por comparação com o lucro que resultaria alocado por aplicação do método de preços de transferência. O outro Estado-parte teria, assim, a possibilidade de negar o alívio de dupla tributação ao sujeito passivo onerado, pelo menos no que diz respeito a este diferencial de imposto cobrado. Mas, de forma mais determinante, o sujeito passivo onerado poderia alegar que uma correção feita ao seu lucro tributável por aplicação do método FA, ainda que limitado, seria violadora de eventual ADT aplicado.

Contudo, há que reconhecer que as próprias pronúncias da OCDE criam uma ambiguidade conceptual que também permite sustentar algo distinto[1071]. Primeiramente, atente-se que a OCDE admite que a nova forma de tributar as atividades associadas ao "montante B" do Pilar 1 pode ser implementada sem alteração da rede de ADT ou celebração de um novo MLI[1072]. A segmentação de atividades lucrativas do GMN e a sua tributação com base em margens fixas por referência a padrões regionais e/ou setoriais

[1071] Também reconhecendo esta ambiguidade, embora advertindo para a necessidade de uma leitura restritiva das sugestões de abordagens mais holísticas do GMN pelas Diretrizes, cfr. Maisto, 2021, p. 20. Com cautela idêntica, Hickman, 2021, p. 67, considerando que o maior desenvolvimento das Diretrizes Revistas não tem particular relevo autónomo.

[1072] Cfr. OCDE, 2020a, p. 164, par. 698. Sem prejuízo de, no seguimento, a OCDE afirmar que o excessivo alargamento do escopo de aplicação desta forma de tributação poder implicar a necessidade de alterações à rede de ADT. Não vislumbramos razões nesta asserção: o alargamento do escopo de aplicação é uma alteração quantitativa (mais atividades tributadas daquela forma) e não qualitativa (alteração da forma de tributação). Chand/Turina/Ballivet, 2020, p. 620 consideram que o desenvolvimento das Diretrizes poderia ser suficiente para a implementação do "montante B" do Pilar 1, embora o escopo da nossa proposta seja mais amplo, pois o Pilar 1 apenas abrange atividades muito específicas com a tributação do "montante A" e "montante B". Já Parada, 2019, p. 988, afirma que tanto os arts. 5º como os arts. 7º e 9º da CMOCDE teriam de ser revistos para implementar o Pilar 1.

de rendimento parece, assim, ser compatível com o desenvolvimento interpretativo do método de preços de transferência[1073].

De igual modo, a progressiva atenção conferida pela OCDE ao *profit split method*, em particular com a revisão das Diretrizes na secção pertinente em 2018, sugere que um método de repartição formulaica limitado pode ser uma forma viável de implementar o regime de preços de transferência. Resta saber se as diferenças da nossa proposta quando comparada com o *profit split method* vão ao ponto de se afastar de tal forma deste que se tenha de concluir pelo enquadramento num regime distinto e não mais compreendido na lógica das Diretrizes.

Ora, a nossa proposta subsume-se à classificação de HIGINBOTHAM/STARKOV como um método de fracionamento de lucro residual[1074]. Ou seja, embora o nosso referencial seja o lucro obtido pelo GMN, a compatibilização da proposta com a manutenção de incidência na entidade empresarial e no respeito pela transação delineada pelas partes projetam-nos para uma operacionalização do método que redunda na distinção entre funções rotineiras e não-rotineiras. Nesta medida, a proposta envolve sempre a delimitação das transações implementadas pelas partes de forma precisa com o objetivo de identificar as funções que têm associadas uma remuneração comparável nos termos do regime de preços de transferência. Esta é a premissa essencial de todo o regime de preços de transferência, conforme a identifica HICKMANN partindo do par. 1.142 das Diretrizes: a transação é a consequência ou expressão das relações comerciais ou financeiras das partes envolvidas. É o *prius* da aplicação de qualquer método de preços de transferência, aqui incluído o *profit split method*. Até aqui, a nossa proposta é, pois, compatível com o desenvolvimento do método de preços de transferência.

[1073] Assim, TURINA, 2018, pp. 325 e ss; ou a demonstração de SCHOUERI, 2015, da experiência brasileira com métodos de margem fixa; ou o "sexto método" referido por COTTANI, 2020; ainda OCDE, 2018b, par. 7.52, relativamente à tributação de atividades de prestação de serviços de baixo valor acrescentado intragrupo. A classificação de uso de margens brutas de rendimento como presunções legais do mesmo permite o seu enquadramento nos princípios PT – cfr., NOGUEIRA *ET. AL.* 2020, p. 26. Já CHAND/TURINA/BALLIVET, 2020, p. 616, defendem que as margens fixas deverão constituir presunções de rendimento inilidíveis.

[1074] Por distinção de um método de fracionamento de lucro global (limitado a um conjunto de transações e, assim, não confundível com *global formulary apportionment*) e um método de fracionamento de lucro com base em contribuições – cfr. HIGINBOTHAM/STARKOV, 2021, pp. 94-95. Trata-se da forma de implementação de PSM recomendada pelo EU JOINT TRANSFER PRICING FORUM, 2018. Vd. também NU, 2017, pp. 208 e ss.

Com efeito, a delineação da transação para efeitos de fixação da remuneração das funções rotineiras permite considerar a nossa proposta um método transacional na esteira do *profit split method.* A superação da análise "funções, ativos e riscos" é realizada pela repartição de lucro com base numa fórmula pré-determinada, que permite dispensar a análise da alocação de risco contratual pelas partes. É aqui que a nossa proposta se torna mais disruptiva do atual estado de arte, quer pela fixação de fatores determinados por lei e não selecionados casuisticamente, quer pela consideração de um fator "receitas" como relevante para distribuição de lucro entre as partes envolvidas.

A adoção de uma fórmula pré-determinada é frequentemente descrita como arbitrária, não considerando nem as condições específicas de mercado onde se desenvolve a atividade nem as condições próprias de cada sujeito passivo, mais ignorando a alocação dos recursos promovida pela gestão empresarial[1075]. Efetivamente, já foi sinalizado que a fórmula do *profit split method* deve ser escolhida de acordo com as características do caso e considerando as contribuições dos sujeitos passivos para a realização de lucro[1076]. Ora, a este propósito, diríamos que a utilização de uma fórmula pré-determinada não é o recurso a um método comparativo. Contudo, isso não a torna arbitrária: antes pelo contrário. O recurso a fórmulas, na nossa opinião, terá lugar na ausência de comparáveis para as operações em questão. Aí e então, a composição dos fatores será específica e única para cada GMN, considerando as condições próprias de cada sujeito passivo bem como a alocação de recursos feita pela gestão, o que é evidente em 2/3 da fórmula: "ativo" e "massa salarial"[1077]. O método proposto revela, assim, as condições próprias do exercício de atividade de cada sujeito passivo e a alocação de recursos promovida pela gestão, dependendo os resultados concretos da sua implementação, em larga medida, destes dois atoores. Não se pode afirmar a sua arbitrariedade, cremos.

Aliás, a arbitrariedade do método (se baseada nos argumentos do início do parágrafo anterior) será sempre garantida se forem utilizados comparáveis externos numa análise de preços de transferência, porquanto o preço de transação será comparado com o preço fixado por partes tercei-

[1075] Cfr. OCDE, 1979, par. 14.

[1076] Cfr. Parte III, Capítulo I, 4.2.

[1077] Assim, veja-se a referência à prática da República Popular da China constante de NU, 2017, § D.2.4.7, pp. 577 e ss., que considera que o ativo e a massa salarial são formas adequadas de fazer refletir as contribuições das partes para a obtenção de lucro.

ras, não dependendo de condições próprias do GMN. Não alcançamos, de igual modo, porque é que a imposição de uma fórmula que mede as contribuições das partes previamente fixada por lei é arbitrária, mas o estabelecimento de margens de lucro fixas como referenciais de comparação ou presunções de rendimento para efeitos tributários não o são[1078]. O uso de um método misto na proposta consagra apenas uma aritmética diferente, e que não é tratada presentemente desta forma apenas no que diz respeito ao lucro residual.

Mais nos atrevemos a dizer, quanto a este particular, que se trata de um método indireto com maior relação com a real capacidade contributiva do GMN do que se fosse aplicado algum dos critérios para determinação de matéria tributável por métodos indiretos previstos no art. 90º, nº 1 LGT por se ater unicamente à atividade das entidades que compõem o grupo e não envolver critérios de valorimetria média ou de comparação com outros agentes de mercado. A proposta consagra um método indireto se apreciado do ponto de vista das entidades empresariais que compõem o grupo: mas é um método que considera a capacidade contributiva de todo o GMN ou de um grupo de transações agregadas no mais alto denominador comum, incidindo sobre todo o rendimento líquido resultante da operação do GMN ou do grupo de transações identificadas. Nesta última perspetiva, tem um caráter de tributação inequivocamente direto e que não torna a proposta incompatível com o regime de preços de transferência[1079].

Diríamos, assim, que o óbice à compatibilização do uso de uma fórmula pré-determinada como fator de repartição de lucro resultará do uso do fator "receitas". Com efeito, as Diretrizes Revistas apenas consideram as

[1078] Note-se que os *cost-plus method, resale price method, transactional net margin method,* comparam margens de entidades terceiras a operar no mercado – a definição de um consenso em torno de margens aceitáveis não é, conceptualmente, muito distinto de previamente afirmar a fixação de margens de lucro aceitáveis para efeitos de remuneração de funções rotineiras.

[1079] Considerando que o uso de chaves de repartição é aceitável desde que cumpra razoavelmente com o princípio da plena concorrência, vd. NU, 2017, p. 248, sec. § B.4.3.7.. A este propósito, vd. TAVARES, 1999, pp. 31 e ss., aceitando o apuramento fiscal indireto nos casos excepcionais de elementos informativos da verdadeira situação patrimonial do contribuinte, dado que "tais índices não são arbitrários, mas conectam-se com formas (mediatas, é certo) que denotam o rédito auferido". Veja-se, também, a possibilidade de avaliação indireta prevista no art. 87º, nº 1, al. b) e art. 88º, al. d) LGT, quando o apuramento da matéria tributável seja inviabilizado pela "existência de manifesta discrepância entre o valor declarado e o valor de mercado de bens ou serviços, bem como de factos concretamente identificados através dos quais seja patenteada uma capacidade contributiva significativamente maior do que a declarada".

"vendas incrementadas" como fator de repartição de lucro[1080]. Contudo, o uso de "receitas" como chave de repartição é amplamente aceite pela UN e é tido como fator de repartição aceitável pelo EU Joint Transfer Pricing Forum[1081], ainda que se lhe reconheça as limitações de não levar em conta as atividades de desenvolvimento de intangíveis ou de I&D fora de jurisdições de mercado, mais sendo afetado por diferenças locais de mercado[1082]. Porém, estes obstáculos são ultrapassados pelo equilíbrio da fórmula multifator. Acresce que o uso de um fator "receitas" como chave de repartição em momento algum implica a tributação do rendimento resultante das mesmas, o que apenas é possível no Estado fonte ou caso ocorra um fenómeno de dupla tributação, que trataremos de seguida. O uso da receita é apenas um indicador de base objetiva da proporção de participação do sujeito passivo na obtenção do rendimento do GMN em que se insere.

A proposta observa os critérios definidos pelas Diretrizes Revistas de Aplicação do *profit split method* de 2018 – os fatores são independentes da política de preços de transferência implementada pelo contribuinte e baseados em dados objetivos, verificáveis, e fundados em dados comparáveis, internos, ou em ambos os géneros[1083]. A proposta implica, todavia, o uso de fatores determinados por lei e não de seleção discricionária pelo contribuinte, no que se afasta das várias opções possibilitadas pelas Diretrizes Revistas: fatores de contribuições das partes medidos pelas suas funções, ativos usados e riscos assumidos[1084]; uma cifra de repartição de lucro verificada em transações entre partes independentes[1085]; uma variável constante

[1080] Cfr. OCDE, 2018b, par. 2.172.

[1081] Cfr. NU, 2017, pp. 259 e ss., sec. § B.4.4.15., EU Joint Transfer Pricing Forum, 2019, p. 20. Acresce que o uso de fórmulas de repartição é o método de tributação do sector marítimo e aéreo por excelência, sempre que os direitos de tributação não estejam alocados por ADT ao Estado de residência do contribuinte em exclusivo. Em particular, a chamada "*fórmula Marítima*" apenas considera a relação entre receitas locais e globais para determinação da matéria coletável num dado Estado – cfr. Maisto, 2020, sec. § 4.2.3; IATA, 2015, p. 4, par. 4.5; ou a Diretriz Vinculativa do Estado australiano PS LA 2008/2 (GA), disponível em https://www.ato.gov.au/law/view/document?locid=%27PSR/GA20082/NAT/ATO/fpl%27&PiT=99991231235958#fpl.

[1082] Embora o Estado indiano considere o fator particularmente apto a representar lucro de rendas económicas ou de mercado – cfr, NU, 2017, pp. 587, sec. § D.3.7.3.

[1083] Cfr. OCDE, 2018b, par. 2.166.

[1084] Cfr. OCDE, 2018b, par. 2.168.

[1085] Cfr. OCDE, 2018b, par. 2.170, o que é, aliás, afirmado a par. 2.166 como o objetivo impossível do método – equiparar a distribuição de lucro de uma transação integrada entre partes não-relacionadas.

do valor relativo das contribuições de *marketing* do contribuinte ou outros fatores.

Ora, a nossa proposta apenas se enquadra nesta última previsão e com um propósito distinto: lá onde as Diretrizes Revistas pretendem medir "as contribuições relativas das partes para os lucros a repartir"[1086], a proposta visa medir o envolvimento proporcional e relativo dos fatores de produção de cada entidade na obtenção do rendimento conjunto do GMN. Para este efeito, as Diretrizes Revistas afirmam que os fatores deverão ser baseados no ativo quando haja uma correlação forte entre os ativos empregues na obtenção de valor ou o capital investido e o lucro obtido; ou fundados nos custos quando haja uma correlação forte entre os custos incorridos e as contribuições que geram lucro, não afastando completamente a ponderação do risco assumido pelas partes com as suas contribuições[1087].

Contudo, os fatores "massa salarial" e "ativo" medem as contribuições das partes, igualmente, para a obtenção de lucro a tributar. A inclusão dos dois tipos de fatores que a proposta possibilita dispensa considerações de relação entre os meios envolvidos e a sua preponderância na obtenção do lucro, e demonstra de forma efetiva a ligação substancial de uma entidade que tenha participado na obtenção do mesmo e um dado Estado, pelo que representa um progresso face à indeterminabilidade metodológica do *profit split method*. O fator "receitas", por seu turno, permite considerar a repartição de lucro com fundamento no fator "mercado", o que equilibra o funcionamento da fórmula e reduz a manipulação estrutural e transacional do sistema de preços de transferência pelo GMN[1088]. Parece-nos, assim, que a proposta é uma forma possível de implementação do *profit split method* e, nessa medida, é compatível com o regime de preços de transferência[1089].

[1086] Cfr. OCDE, 2018b, par. 2.170.

[1087] Cfr. OCDE, 2018b, pars. 2.179 e 2.181. Veja-se também o exemplo 11 em OCDE, 2018b, p. 37, par. 58, que refere que os custos associados a I&D podem ter ponderação diferente consoante o nível de risco associados ao mesmo. Todavia, discordamos desta ideia. Cremos que o nível de risco empresarial deve ser irrelevante na ponderação de fatores, permitindo assim a sua repercussão por todo o GMN.

[1088] Acrescente-se que a compatibilidade com o regime de preços de transferência significa, idem, complementaridade com o direito vigente. Nessa medida, transações do GMN que não recaíssem no escopo da nossa proposta poderiam continuar a ser tratadas por normas que pressupõe o conceito de *empresa relacionada* constante do art. 5º, nº 8 CMOCDE após redação conferida pelo art. 14º MLI, por exemplo, bem como sujeitas a todo o demais regime de preços de transferência.

[1089] Propondo solução semelhante para a implementação do método como alocativo de lucro entre sociedade e o seu estabelecimento estável, vd. Maisto, 2021, p. 27, embora não use o fator

4.4. A dupla tributação e a dupla não tributação

Uma vez assente a compatibilidade da proposta com o método de preços de transferência, em geral, haverá que garantir a possibilidade da sua implementação, sobretudo se esta for feita de forma unilateral. Com efeito, a promoção da proposta poderia implicar um certo realinhamento de direitos tributários com a localização de atividade substancial do GMN. Isto pode ocorrer por força da maior atração de rendimento tributável para jurisdições que implementem o método, que é menos dependente da caracterização transacional declarada pelo contribuinte. Assim, a maior distribuição de rendimento coletável a um sujeito passivo em comparação com o funcionamento do método de preços de transferência pode resultar do mero funcionamento da fórmula.

A este propósito, importa começar por referir que não é evidente que a implementação de métodos FA gere dupla tributação[1090]. Seguidamente, como notam Fleming Jr./Peroni/Shay, o método pode ser entendido e implementado unilateralmente como uma mera forma de distinção de rendimento doméstico de rendimento com fonte estrangeira e, assim, é compatível com a dicotomia jurisdicional residência/fonte presentemente vigente[1091]. Nesse caso, o Estado de residência que implementasse o método poderia usar esta distinção como forma de estabelecer os limites para aplicação de crédito por dupla tributação pois este é concedido, frequentemente, de forma limitada[1092].

Já o Estado fonte que pretenda implementar o método poderá, por resultado da sua aplicação, reclamar para si uma matéria coletável superior à que resultaria do anterior uso de outros métodos de preços de transferência. Em certos casos, este resultado pode ser representativo de um realinhar de direitos tributários com substância de atividade do GMN. Isto pode suceder porque a maior presença de fatores do GMN na jurisdição da fonte lhe permite reclamar para si a tributação de matéria coletável resultante de rendimento de transações no GMN noutras jurisdições onde a presença de fatores não seja tão intensa. Em particular, o rendimento verificado numa

"receitas" como chave de repartição. Vd. também Devereux *et al.*, 2021, pp. 194 sobre a progressiva aproximação do regime de preços de transferência a métodos PSM.

1090 Conforme o notou a jurisprudência do USC no acórdão *Moorman & Co.*

1091 Cfr. Fleming Jr./Peroni/Shay, 2020, pp. 169 e ss. Embora McIntyre, 1994, p. 226 e Baker/Mitroyanni, 2008, p. 651, afirmem que um sistema FA funciona independentemente da distinção entre fonte e residência (referindo-se estes últimos à proposta CCCTB).

1092 Cfr. o método de crédito de imposto limitado implementado no art. 91º, nº 1, al. a) CIRC.

jurisdição com uma verificação de fator "receitas" elevado, mas menor verificação dos outros dois fatores, poderá a ser redistribuído para entidades com maior verificação destes.

Convirá, contudo, não exagerar a apreciação do risco de dupla tributação gerado pela implementação da fórmula[1093]. Primeiramente, o funcionamento da repartição do residual implica, economicamente, uma atração meramente moderada do valor de receitas realizadas noutras jurisdições, e apenas quando aplicável. Recorde-se que aquele valor é considerado na fórmula do Estado onde as mesmas são realizadas se este estabelecer uma conexão com a entidade do GMN. Para o efeito, terá de se concluir pela existência de um estabelecimento estável (na ausência de alteração da sua definição por força a incluir operações desmaterializadas). Assim sendo, verificar-se-á a presença de ativo ou massa salarial que permitam o desempenho de funções que, em sede de IRC, serão tributadas com referência a aplicação de margens de rendibilidade fixas (ou verificáveis de forma reiterada por observação de comparáveis) às mesmas, garantindo um mínimo de tributação no Estado de obtenção de receita.

Em segundo lugar, a consideração da receita na matéria coletável a distribuir não implica tributação sobre receita obtida noutros Estados, na medida em que a determinação da matéria coletável no Estado fonte depende da verificação dos três fatores na sua jurisdição. Pelo que, se aí não se verificarem vendas, a inclusão de receitas obtidas noutros Estados no denominador da fórmula apenas tenderá a diluir o peso relativo de receitas locais na operação do GMN, o que pode ser equilibrado pela presença de fatores de atividade tangível, como o são os outros dois fatores da fórmula. Assim, caso o rendimento a repartir inclua valor de receitas obtidas em jurisdições onde o GMN não tem presença fiscal assinalável, o funcionamento dos mecanismos *throwback* garante que a tributação desse rendimento não é obtida à custa da receita de um Estado, mas sim repartida por todos os Estados onde o GMN opere.

O Estado que se considere prejudicado em termos económicos, neste caso, poderá garantir que o GMN tem uma presença tributável na sua jurisdição pela adoção de modificações no conceito de estabelecimento estável, participando assim no processo de repartição de direitos tributários; ou adotar regras de tributação alternativas, como *digital services tax*, embora seja de assinalar a indesejabilidade destas por agravarem o fenómeno da dupla

[1093] Na expressão de Avi-Yonah/Clausing/Durst, 2009, p. 524.

tributação. A dupla não tributação é, também, mitigada pelo funcionamento dos mecanismos *throwback*.

Por fim, as receitas obtidas implicam transações que, frequentemente, são objeto de incidência de outros impostos como os impostos sobre o consumo, o que permite o equilíbrio na repartição de direitos tributários.

Confirmada a licitude de estabelecimento de métodos de tributação alternativos, desde que não discriminatórios, assentes numa conexão efetiva do sujeito passivo com o Estado, e confirmada a compatibilidade da proposta com o regime convencional de preços de transferência, os Estados de residência terão o dever de permitir a eliminação da dupla tributação por concessão de crédito fiscal ou isenção de tributação de rendimento. Na ausência de tal eliminação pelo Estado de residência, a medida de dupla tributação que subsista pode ter como efeito a neutralização de efeito de estruturações transacionais implementadas por motivos fiscais. Note-se que, não obstante a redação ampla do art. 23º, nº 1 CMOCDE, a prática demonstra que os ADT consagram o método do crédito fiscal de forma limitada. Lá onde a medida de dupla tributação subsista por força da limitação do crédito fiscal do Estado de residência, e essa medida ultrapasse a compensação dos efeitos da estruturação do GMN para a receita do Estado fonte, a dupla tributação poderá consistir uma barreira ao investimento no Estado fonte. Mas a questão é, sobretudo, de política fiscal e não de licitude de implementação do método[1094].

4.5. A compatibilidade da nossa proposta com o *profit split method*: demonstração

A adequação da proposta ao quadro conceptual da OCDE, em particular, ao próprio *profit split method* é demonstrável. Atentemos no Anexo II ao Capítulo II das Diretrizes Revistas e em alguns dos exemplos dados pela OCDE de aplicação do método, substituindo a aplicação do *profit split method* ali executada pela aplicação da nossa proposta[1095].

[1094] Como o demonstram Fleming Jr./Peroni/Shay, 2020, pp. 177 e ss. Mayer, 2009, p. 259, sugere que a limitação de crédito fiscal por imposto pago por aplicação de um método FA seja condicionada à efetiva tributação do montante em excesso (por comparação com um sistema de preços de transferência) tributado na fonte, acrescida de demonstração que, caso o Estado de residência aplicasse um método de repartição semelhante ao do Estado fonte, obteria um montante de imposto a pagar inferior ao comparado por aplicação de um sistema de preços de transferência.

[1095] Cfr. OCDE, 2018b, Anexo II.

No caso do exemplo 1, é manifesto que a aplicação da proposta em vez da *profit split method* acabaria por possibilitar maior lucro tributável à sociedade operacional do que a aplicação de uma remuneração nos quadros do regime de preços de transferência, pois o licenciamento do uso e comercialização de um ativo intangível altamente valioso terá um preço que absorverá a margem de lucro da licenciada - apesar de ser esta que, operacionalmente, trabalha o mercado e logra obter as vendas. O mesmo sucede no exemplo 2: a sociedade que desenvolve a implementação do produto no mercado nunca poderia desenvolver a marca sem autorização do produtor, razão pela qual a margem de lucro das suas vendas facilmente seria consumida pela estruturação negocial do GMN como envolvendo a remuneração pelo uso da mesma à sociedade-mãe ou base. Algo semelhante ocorre no exemplo 8: a sociedade que produz os bens vendidos pelo grupo parece obter uma fatia pouco proporcional do rendimento obtido por aquele em face da intensidade de maquinaria e massa salarial que o exemplo sugere. A aplicação da proposta permitiria aumentar o valor da matéria tributável fixada a esta sociedade. Assim sendo, estes exemplos demonstram como a nossa proposta pode corrigir desequilíbrios de sistema resultantes da estruturação transacional com base em ativos intangíveis.

No exemplo 3, uma sociedade-filha procede ao *marketing* e distribuição do produto fabricado. Se o *marketing* utilizando um algoritmo pode ter um valor verdadeiramente único, não deixa de ser verdade que o seu papel na obtenção de rendimento da sociedade não se pode propriamente medir pelo ativo tangível e massa salarial envolvida, que seriam muito inferiores aos envolvidos na produção de bens, nem se pode medir pela utilização de capital, também mais intensiva nas sociedades a montante. Desta forma, apesar do papel fundamental na criação das vendas ser da sociedade-filha, se não fosse contabilizado o fator "receitas" para lhe repartir lucro, esta acabaria por ter uma matéria tributável fixada de valor inferior ao que proporcionalmente lhe caberia na repartição de lucro com base em fatores que revelem investimento no mercado, nomeadamente as receitas brutas.

O papel de uma fórmula com fator "receitas" é, igualmente, notório no exemplo 4. A sociedade que procede à distribuição não assume riscos, assim se diz; pelo que todo o investimento de mercado que é sua atividade acaba por ter uma remuneração reduzida e, nessa medida, o Estado com jurisdição sobre esta entidade acaba por recolher um valor tributário comparativamente inferior. O fator "receitas" permitiria alocar a esta sociedade parte da matéria tributável gerada pelo grupo, refletindo o seu papel no investimento do desenvolvimento de mercado ou, em alternativa, o papel do mercado na obtenção de rendimento pelo GMN.

É certo que os exemplos do *profit split method* constantes do Anexo II não permitem replicar totalmente a proposta por falta de dados sobre o ativo de cada sociedade. Contudo, apreciando o exemplo 11 e supondo uma fórmula que considerasse os custos incorridos e as receitas brutas verificadas por ambas as sociedades, a aplicação da proposta reequilibraria a repartição de lucro resultante do exemplo. Ao passo que, no exemplo, a sociedade que produz o segmento inicial do bem vendido tem menor margem de lucro, mas acaba com 54% do lucro operacional alocado, a sociedade que procede a desenho, acabamento e venda a preço de mercado tem maior margem de lucro, maior volume de gastos (sugerindo maior atividade), mas queda-se com 46% do lucro alocado. Não conseguindo identificar o ativo envolvido, a aplicação da repartição do residual com a proposta permitiria, todavia, alocar apenas 43% do lucro à primeira entidade e 57% à segunda.

A correção que a fórmula permite por oposição à aplicação do *profit split method* é evidente, também, da sua aplicação ao cenário 1 do exemplo 14. Aqui, a repartição de lucro entre as sociedades A e B tem por base o custo associado ao desenvolvimento de um intangível que partilham (30 unidades de custo e 40 unidades de custo, respetivamente). A implementação do método desta forma determina que o lucro residual repartido a A é de 26.57 unidades e a B 35.43, sendo o lucro final de cada uma das sociedades após aplicação de uma margem fixa de lucro aos custos rotineiros respetivamente de 32.57 e 52.43 (repartindo, assim, um lucro conjunto de 85).

Ora, a sociedade B vende 3 vezes mais, tem lucro bruto 4 vezes superior ao da sociedade A e um lucro operacional de 80 unidades que compara com um lucro operacional de 5 unidades da sociedade B. A aplicação de uma fórmula multifator semelhante à da proposta (sem inclusão de ativo, cuja indicação não é fornecida) permite equilibrar a desigualdade na repartição de lucros que a exploração do ativo intangível pela sociedade A causa ao considerar os custos associados ao intangível por aquela sociedade (que reduzem, contabilisticamente, o seu lucro mas são integrados num ativo usado por ambas as sociedades e, portanto, explorado mais lucrativamente pela B) como critério de repartição de lucro integrado. Assim, a consideração em partes iguais e proporcionais dos custos e das receitas permite fixar o lucro residual repartido para A em 20.46 unidades e o lucro repartido para B em 41.54 unidades, corrigindo o desequilíbrio da redução da atração de lucro tributável que uma sociedade altamente lucrativa realiza pela consideração dos custos históricos do desenvolvimento do ativo intangível por uma sociedade associada, sem que, contudo, não deixe de ser repartido lucro a esta última. E se o cenário 2 do mesmo exemplo demonstra a indiferença da dedução de despesas individuais antes ou após a repartição do lucro residual entre sociedades, certo é que esta correção é aprofundada se as despesas associadas ao lucro residual não forem deduzidas individualmente (por cada sociedade que as tenha incorrido), mas sim repartidas com base na mesma forma utilizada para repartir o lucro. É expectável, todavia, que o maior valor de gastos associados ao desenvolvimento de intangíveis tivesse também associado um maior valor de ativo para a sociedade A que reequilibrasse a distribuição de lucro consoante o papel proporcional de cada sociedade na sua obtenção e refletisse a distribuição da sua atividade pelos vários territórios em que opera.

5. A compatibilidade da nossa proposta com a estrutura do IRC

A proposta que apresentamos apresenta algumas características que pretendemos destacar. Quanto ao lucro referencial do método, aquela incide sobre o lucro residual do GMN e, só em situações excepcionais, após solicitação e fundamentação do GMN, sobre o lucro resultante de uma atividade isolada ou autonomizável no seu seio. Neste aspeto, a proposta não envolve uma análise "funções, ativos e riscos". É certo que haverá determinadas atividades que serão remuneradas com base em margens fixas (ou comprovadamente comparadas), e a definição destas atividades implica uma dose de caracterização das mesmas que faz apelo à natureza das funções subjacentes.

Contudo, a repartição do lucro não é baseada na alocação de ativo que seja feita pelo GMN ou na remuneração de risco do desenvolvimento da atividade assumido (ou declarado) por uma das entidades, na medida em que esse risco se reflete em todo o GMN por aplicação da fórmula e a distribuição de rendimento daí resultante. Aceitamos a aplicação de margens fixas a atividades rotineiras como *safe harbour*: não porque haja alguma fundamentação particular na aplicação de margens fixas, mas apenas porque, sendo rotineiras, a experiência e prática desenvolvida pelo GMN na identificação de transações comparáveis permitirá identificar as margens de lucro dessas atividades com relativa simplicidade.

Não encontramos paralelo no conjunto de propostas revistas, também, no que toca às entidades do GMN às quais deve ser repartido o rendimento como resultado da aplicação da fórmula. Com efeito, a proposta não reparte o rendimento residual entre as jurisdições de destino de vendas nem o faz quanto às jurisdições de origem das mesmas. Esta última possibilidade seria, como assinalado, redundante, na medida em que as jurisdições de produção veriam, assim, rendimento duplamente atribuído: por força da aplicação das funções de rotina e por força da concentração em si do produto de vendas realizado noutras jurisdições e cuja contribuição para realização já haviam introduzido através do processo de produção. Ora, a aplicação de um método FA implica sempre uma redistribuição nos direitos tributários entre Estados, concedendo maior prevalência à jurisdição de substância, ou, incluindo o fator "receitas", de mercado[1096].

Nessa medida, os Estados de verificação de vendas justificam a pretensão tributária sobre os eventos de realização das mesmas como forma de revelação do investimento do GMN na criação e desenvolvimento de um mercado para os seus produtos sustentado pela infra-estrutura estadual que propicia a procura e o consumo. Por este motivo, o local de vendas deve estar refletido na fórmula. Contudo, não parece correto afirmar que o resultado de um processo produtivo integrado possa ou deva ser alocado apenas à jurisdição de venda. Com efeito, isso seria desconsiderar todo o papel a montante das sinergias produtivas, do desenvolvimento de produto, da estruturação grupal e, inclusive, do direito histórico à perceção de rendimento associado aos momentos precedentes do negócio que geram o fluxo necessário à alimentação dos eventos a jusante. Por este motivo, optamos por fazer refletir na fórmula o concurso dos três fatores, repartindo assim o residual de forma mais equilibrada por todo o grupo, e evitando a rutura profunda com a repartição de direitos tributários resultante do sistema vigente e a excessiva deferência a jurisdições de mercado que a distribuição de todo o residual com base em receitas implicaria[1097].

[1096] A reconfiguração da repartição de direitos tributários entre Estados não tem de ser um objetivo do sistema, antes resultando de uma correção do desequilíbrio que o sistema de repartição residência/fonte foi agravando ao longo da sua implementação durante décadas, por força da desadequação da evolução do conceito de estabelecimento estável às realidades resultantes da intangibilização ou digitalização da economia, tornando-o incapaz de refletir o IDE em jurisdições de mercado.

[1097] Esta poderia introduzir outras distorções que seriam sucessoras das distorções causadas pelo uso intensivo de ativos intangíveis no planeamento fiscal, por exemplo. Com efeito, retiraria das jurisdições produtoras ou de massa salarial intensiva a grande parte do rendimento tributável, com prejuízo para os países em vias de desenvolvimento, de mercados de menor dimensão, e duplo reforço dos países produtivos de produtos industriais de valor acrescentado: quer pela remuneração da produção, quer pela duplicação da alocação de rendimento resultante da tradi-

A proposta permite ultrapassar, também, algumas das críticas que são formuladas pelos opositores do regime de preços de transferência. Uma vez que o método distribui a tributação do lucro residual por várias entidades do grupo, a questão da ausência de transações comparáveis às transações que permitem integrar o rendimento oriundo das sinergias grupais no seio do GMN é superada. Com efeito, a dificuldade de fixação de preço para as transações específicas de cada GMN que lhe conferem a sua rendibilidade é o cerne do criticismo do regime de preços de transferência. Ao distribuir por todo o GMN o lucro que não é devido a fatores de produção com ligação manifesta e exclusiva a um Estado, a proposta integra dois mecanismos, um interno e outro externo, que tutelam a questão das variáveis de comportamento substitutivo de forma decidida.

No plano interno, se o lucro que é distribuído é o lucro agregado do GMN (ou, de forma limitada, de um conjunto de transações), então a fixação de preço de transações intragrupo deixa de assumir importância para efeitos de fixação do rendimento global a tributar – a perda de uma entidade do grupo será o ganho de outra e o resultado líquido das transações intragrupo reconduz-se ao lucro grupal. No plano externo, este resulta, assim, das transações com partes terceiras, permitindo o funcionamento do mecanismo de realização a nível quantitativo, mas, também, de forma satisfatória quanto ao local de realização de vendas e, nessa medida, de obtenção de rendimento.

A mesma tributação de lucro residual do GMN permite captar o rendimento resultante da integração grupal que uma apreciação transacional ou limitada do mesmo não capta. De igual forma, a proposta reduz o estímulo à localização de determinadas atividades não substanciais em jurisdições de baixa tributação. Pelo mecanismo da neutralização do relevo de transações intragrupo para alocação de rendimento oriundo das mesmas em conjunto com a redistribuição com base em fatores representativos de atividade tangível, a tributação do lucro residual passa a estar distribuída pelas entidades do GMN e não deferida a entidades com o direito subsidiário à captação do mesmo. A residência fiscal destas últimas passa, assim, a ser menos relevante para efeitos de estruturação fiscal da operação do GMN, asserção reforçada pela perspetiva holística do GMN que o método implementa (ao invés de uma perspetiva transacional e unilateral).

cional coincidência entre países produtores de bens de elevado valor e jurisdições de mercado, acabando por concentrar o rendimento tributável nestas.

A repartição do lucro com base em fatores tangíveis ou de localização apreensível (receitas) atinge, aliás, o âmago dos Planos de Acão 8-10 do projeto BEPS: as transferências de ativos intangíveis intragrupo como forma de atração de rendimento tributável deixam de ser possíveis; a sobrecapitalização de entidades financiadores do GMN torna-se menos relevante pela redução da capacidade de atração de rendimento tributável que a alocação de funções de financiamento determina no presente regime; a alocação contratual de funções desempenhadas e riscos assumidos pelas partes torna-se quase irrelevante, na medida em que não são parâmetros de avaliação de conformidade normativa da repartição de lucro conduzida pelo GMN. Este último particular, aliás, reforça a valia do método ao dispensar a AT da fiscalização casuística da estrutura de repartição de lucro grupal, mais a libertando do difícil ónus de descaracterização de transações abusivas para efeitos fiscais. Em suma, é uma proposta que cumpre com os objetivos do Projeto BEPS: limitar a separação artificial entre o local de exploração de atividade económica do grupo e a jurisdição de destino dos lucros da sua atividade global ditada pela localização da sociedade financiadora e recoletora do lucro residual que remunera o seu esforço financeiro[1098].

6. Apreciação final: a compatibilidade da nossa proposta com a Justiça fiscal internacional

A proposta é compatível com a estrutura de IRC *supra* resumida e, em certos pontos, cremos que permite um melhor funcionamento que o resultante da operação do regime de preços de transferência. Assim, a incidência na entidade empresarial é respeitada, embora reconheçamos que este é o pilar da estrutura mais colocado em crise pela proposta. A este propósito, contudo, esta é a ocasião para precisar três pontos fundamentais. Primeiramente, a autonomia funcional de cada entidade empresarial do GMN é assegurada, na medida em que pela nossa proposta, a obrigação de imposto constituída na sua esfera é garantida apenas pelo seu património. Se este não é suficiente para acautelar o cumprimento da obrigação fiscal, cabe ao GMN reforçar o mesmo para este efeito, implementando-se assim um mecanismo limitado de integração de perdas que a deslocalização de lucros contabilísticos para efeitos fiscais acarreta.

Em segundo lugar, a proposta não implica incidência tributária sobre fatores de produção localizados noutra jurisdição, mas apenas sobre os

[1098] Cfr. Parte II, Capítulo II, 1.4.

fatores localizados na jurisdição do Estado tributante. É certo que a fixação de matéria coletável resultante da aplicação do método pode ser superior à que resultaria da operação do método de preços de transferência e do regime de contabilidade separada. Contudo, é precisamente por se entender que o regime de contabilidade separada não permite a apreensão da capacidade contributiva da entidade inserida no GMN que se vai para lá do mesmo, assumindo toda a atividade do GMN como indício do lucro real que este obtém e que deve ser tributado de forma proporcional nas jurisdições que o possibilitam.

Por fim, o facto de a proposta não implementar um regime *global formulary apportionment* permite, ainda, que cada Estado trate a matéria tributável que foi fixada à entidade sobre a qual tem jurisdição de acordo com regras específicas (deduções e créditos) e taxas autónomas, possibilitando, adiantamos desde já, a vigência do segundo subpilar de IRC – a possibilidade de reporte de perdas –, do quarto subpilar de IRC – a manutenção de distintos níveis de atributos fiscais –, e do sexto subpilar de IRC – a mimetização do custo suportado no investimento empresarial.

O princípio da realização, outro pilar do IRC, encontra pleno acolhimento na proposta, que pela sua operação não assume a realização intragrupo como determinante de lucro global, mas apenas as transações realizadas com partes não relacionadas, identificando na perfeição o rendimento-acréscimo do grupo de acordo com regras de mercado. Desta forma, também o princípio da continuidade do interesse económico – terceiro subpilar do IRC – é realizado de forma mais satisfatória. A periodização anual do rendimento não é afetada, sendo que o reporte de perdas é possibilitado pela manutenção da incidência subjetiva na entidade empresarial (ainda que com uma capacidade contributiva medida pela obtenção de lucro da empresa-GMN). É também a manutenção de incidência na entidade empresarial que permite manter o funcionamento da base fiscal e do registo dos atributos históricos de um bem do ativo do GMN[1099].

[1099] Cujos valores de transferência intragrupo devem ser, ainda assim, controlados, para evitar opções de planeamento fiscal consubstanciadas na sua transferência a baixo preço para jurisdição com nível de tributação inferior a partir da qual os bens são posteriormente alienados, ou no aproveitamento das taxas de depreciação mais elevadas numa dada jurisdição, por exemplo. A este propósito, vd SCHÖN, 2004, p. 430, afirmando que o estabelecimento de uma base fiscal comum não pode limitar a implementação de política fiscal local através de determinação autónoma de regras de depreciação.

A forma de cálculo do lucro tributável não se altera necessariamente por força das regras da sua distribuição. Com efeito, apenas são modificados o âmbito de referência subjetivo e a repartição da matéria coletável. Nestes termos, o primeiro subpilar do IRC pode manter-se perfeitamente vigente, bem como os regimes de integração de rendimento empresarial com rendimento dos sócios. Neste último particular, a distribuição de dividendos e as demais formas de retorno de capital poderão não ser incluídas, para efeitos fiscais, na entidade que os recebe, tratando-se de transações intragrupo, relevando apenas o montante de lucro global. O papel de atenuação da dupla tributação económica, através de concessão de crédito fiscal, cabe à jurisdição de residência final do beneficiário efetivo que recebe o lucro distribuído.

*

Aqui chegados, importa notar que não é evidente que uma noção de Justiça fiscal internacional imponha a adoção de um método de tributação em detrimento de outro. Simplesmente, os valores ínsitos na noção poderão ser melhor realizados por um método alternativo ao de preços de transferência – e cremos que esse método é o que apresentámos na última Parte da Tese. Principialisticamente, parece-nos que a proposta assegura critérios de Justiça fiscal internacional e interindividual, mais estando em conformidade com o princípio da efetividade e com os critérios de jurisdição de Direito Internacional público. Impede, também, que jurisdições sem atividade efetiva do GMN tenham direito a tributar uma fatia desproporcional do seu lucro, em prejuízo das demais. Por outro lado, procura assegurar a tributação da capacidade contributiva do GMN, refletindo o lucro real e os benefícios obtidos na jurisdição de mercado e de proteção jurídica do seu rendimento.

Uma teoria coerente de tributação de rendimento empresarial terá de levar em linha de conta o fundamento da tributação sobre o rendimento: o que se visa tributar e com que propósito. Assim, o objetivo da tributação sobre o rendimento empresarial é o de tributar o retorno sobre o capital investido. Ora, o capital é essencialmente investido nos meios de produção. Daí que a fonte de qualquer rendimento seja o local de operação dos meios de produção, na medida em que é este que revela uma ligação à sociedade e ao mercado em que atuam. Assim, a teoria da afiliação económica parece ser melhor revelada através da implementação de um método FA que encontre a causa do rendimento, ao cobrir tanto a sua produção como o consumo na localização dos fatores de produção (na esteira da definição de rendimento SHS).

A garantia de uma tributação devida pelas atividades conduzidas de forma substancial por um GMN num Estado reduziria o fenómeno de erosão de bases tributárias e, nessa medida, mitigaria todas as consequências nefastas referidas na parte I. Porém, de forma mais importante, responderia a um imperativo moral e jurídica, contribuindo para a justa distribuição dos encargos tributários entre GMN, sociedades de âmbito de operação geográfica mais reduzido e pessoas singulares e para a efetiva soberania tributária estadual.

Esta é a nossa Tese.

Conclusões

1. O pagamento de impostos é a principal pretensão que um Estado tem sobre os seus constituintes como forma coerciva de participação no esforço coletivo de construção da comunidade. Para que esta exigência seja justa, todos os que beneficiam da prestação de serviços públicos devem comparticipar o financiamento dos mesmos, sendo que as pessoas coletivas e entidades fiscalmente equiparadas são sujeitas a este esforço através da imposição de IRC.

2. A organização empresarial transnacional reveste a forma do GMN, cuja tributação assume uma tendência regressiva, como resultado do fenómeno designado pela doutrina pelo acrónimo BEPS: "base erosion and profit shifting", ou seja, erosão de bases tributárias e deslocalização de lucros. O fenómeno BEPS é propiciado pela organização do sistema de tributação internacional, que mais não é do que o produto da interação entre os vários sistemas fiscais nacionais. Com o fito de regular as lacunas e sobreposições que possam resultar das pretensões tributárias concorrentes de dois Estados, são celebrados ADT que visam repartir o direito a tributar uma entidade com contato com duas jurisdições por cada um dos Estados concorrentes em torno dos princípios da residência e fonte. O conteúdo jurídico de cada um destes princípios não é uniformizado nem resulta de prática consuetudinária, mas é determinado pela forma como são configurados em cada ADT ou pela legislação interna de cada Estado.

3. O planeamento fiscal do GMN procura optimizar o resultado fiscal das suas operações aproveitando o formalismo em que assenta o sistema tributário internacional e estruturando a sua atividade com base na separação

jurídica das entidades que o compõem, ainda que orientadas economicamente por uma direção comum. Através da implementação das designadas variáveis de comportamento substitutivo nas transações intragrupo, o GMN logra obter um mesmo resultado económico através de negócios jurídicos distintos entre unidades que o compõem, consoante o tratamento fiscal que lhe seja mais favorável. As transações intragrupo assumem, pois, um relevo central para a compreensão do fenómeno BEPS e a sua tributação repercute-se de forma marcante na repartição de bases tributárias entre Estados.

4. Num contexto aberto, a forma como as bases tributárias são fixadas por cada Estado tem impacto na repartição de recursos internacionais e, indiretamente, na distribuição dos mesmos dentro duma comunidade estadual. A orientação do fim que a eficiência na alocação de recursos num contexto aberto deve prosseguir carece da orientação justificativa e normativa de princípios de Justiça que permitam justificar a opção legislativa ou convencional de cada Estado como desejável ou exigível. Esse papel orientador cabe à noção de Justiça fiscal internacional.

5. A noção de Justiça fiscal internacional é especial em face da noção de Justiça internacional. Um padrão de Justiça internacional vigente deve ser aferido por referência à ordem jurídica positiva, e não por fundamento em padrões exteriores à mesma, nomeadamente morais e não inculcados naquela. É a vigência de princípios derivados da ideia de Justiça que confere um caráter normativo à ordem jurídica e dota as regras que a integram de coercibilidade. Qualquer ideia de Direito tem subjacente o valor da promoção da dignidade da pessoa humana, seja a mesma considerada no plano interno ou no plano internacional, independentemente das distintas exigências normativas que diferentes contextos sociais reclamam.

6. Assim, o propósito da Justiça internacional é o de garantir o espaço de exercício exclusivo de soberania de cada comunidade e a potencial manifestação da autonomia de cada um na participação política e no autogoverno de acordo com o contexto local. Resulta do exposto que as regras de Direito Fiscal internacional se devem conformar com um padrão normativo que garanta a soberania de facto de cada Estado, materializada na manutenção da autonomia decisória política de cada comunidade, através da possibilidade da condução de políticas sociais representativas da vontade dos cidadãos constituintes, passíveis de assegurar a implementação de critérios de Justiça interindividual na comunidade de cada Estado.

7. Esta exigência projeta-se no IRC, determinando que cada jurisdição assegure a vigência do princípio da igualdade com base no critério da capacidade contributiva, convolado no critério da participação, e tribute o rendimento resultante de investimento de capital em fatores de produção localizados no território do Estado tributante manifestados de forma objetiva, realizando os propósitos do sistema fiscal.

8. Como tal, uma norma de repartição de direitos tributários entre Estados será justa quando implemente um processo que reflita o grau de ligação efetiva e proporcional do rendimento resultante de investimento em fatores de produção com o Estado que o tributa. O inverso desta proposição implica não tributar factos ou sujeitos com conexão limitada com o Estado.

9. Ao garantir uma ligação efetiva e proporcional da tributação dos GMN às atividades que conduz no território, o processo que divisamos promove redistribuição de recursos entre Estados através da eliminação do fenómeno BEPS e do realinhar de direitos tributários com substância de operação do GMN.

10. Presentemente, o lucro de transações do GMN é repartido, em grande medida, por aplicação do regime de preços de transferência previsto no art. 9º CMOCDE e CMONU, cabendo-lhe o papel, na prática, de repartição de direitos tributários entre Estados. O regime de preços de transferência tem, todavia, limitações assinaláveis e é objeto de várias críticas. Em particular, o seu funcionamento é afetado pela manipulação por parte do GMN da incidência objetiva e subjetiva do IRC.

11. Desde 2014 que a OCDE trabalha o desenvolvimento do regime de preços de transferência através do "projeto BEPS". Contudo, as alterações às Diretrizes interpretativas do regime continuam a permitir a alocação pelo GMN de ativos, riscos e funções para efeitos de mensuração de rendimento tributável a entidades constituintes de forma desproporcionada em face do empenho de meios produtivos no território onde a atividade lucrativa é conduzida. Desta forma, o sistema permite o uso de serviços e bens públicos por entidades constituintes do GMN, sem a correspondente comparticipação proporcional do mesmo nos custos associados. Em suma, a quantificação da matéria tributável em cada jurisdição não é proporcional à presença económica local das unidades do GMN.

12. Trata-se de um problema metodológico. O GMN estrutura-se ao abrigo do direito de livre iniciativa privada. Porém, o regime de preços de transferência não é suficientemente determinado de forma a poder constituir-se um limite ao abuso de integração grupal pelo GMN. Com efeito, a multiplicidade de métodos de definição de preços de transferência que o regime comporta dificulta a afirmação de uma obrigação de opção por um em detrimento de outro.

13. Acresce que o regime de preços de transferência atribui ao GMN a iniciativa de fixação de matéria tributável (e, nessa medida, de integração na base tributária de um Estado). Cabe ao Estado que pretenda incluir uma vantagem obtida por uma sociedade relacionada na esfera de outra para efeitos tributários demonstrar o preenchimento dos respetivos pressupostos. Como tal, o ónus a cargo do Estado torna-se difícil de preencher, uma vez que deve demonstrar a violação da obrigação de escolha de um determinado método de preços de transferência adequado do que outro utilizado.

14. Assim, torna-se necessário procurar soluções para o fenómeno BEPS em quadros jurídicos aplicáveis por interpretação ou integração antes ainda de sugerir alterações à forma de repartição do lucro do GMN. Num contexto fiscal, a aplicação de CGAA à estruturação abusiva do GMN não é solução alternativa às limitações do regime de preços de transferência, por força da dificuldade de enquadramento dos comportamentos substitutivos do GMN num ato ilícito, atenta a sua ampla liberdade de agir e o facto de o ónus de demonstração do preenchimento da previsão do art. 38º LGT incidir sobre a AT. As dificuldades de aplicação do instituto a situações transnacionais, bem como de interpretação dos seus elementos, tornam a CGAA um instrumento pouco idóneo a tutelar o fenómeno BEPS.

15. Por seu turno, o Direito Societário também enquadra o risco do exercício de domínio de uma sociedade por outra. Trata-se, porém, de um enquadramento que apenas se afasta com significado das regras aplicáveis a sociedades comerciais independentes no âmbito do regime do "grupo de direito" previsto nos arts. 488º e ss. CSC. Por exclusão, todas as demais relações de grupo factuais têm parcas consequências jus-societárias. Assim, o regime de responsabilidade associado à tutela de credores sociais previsto pelo Direito Societário não é satisfatoriamente aplicável ao fenómeno BEPS como forma de recuperação de imposto não liquidado por força da estruturação do GMN.

16. A realização de vantagens económicas deslocalizadas para outras sociedades do grupo frustra o fim do tipo societário comercial: a obtenção de lucro no património social, e, só após a sua distribuição, no património dos sócios. Como consequência, resulta frustrada toda a teleologia do regime de IRC: a avaliação da capacidade contributiva do sujeito passivo através da medição do lucro realizado por uma unidade empresarial. O abuso do instituto da personalidade jurídica poderia permitir a desconsideração da personalidade jurídica do ente cujo lucro é deslocalizado, mas esta solução apenas possibilitaria a responsabilidade da sociedade-mãe por dívidas fiscais da sociedade-filha, e não a diferente quantificação das mesmas.

17. Todavia, a instrumentalização da personalidade jurídica por outra pessoa coletiva que a controla fora dos quadros funcionais do tipo permite enquadrar as formas de operação do GMN que descrevemos como abusivas da personalidade tributária das suas entidades constituintes. Assim, podem ser promovidas formas de "*desconsideração de subjetividade jurídica*" através da desconsideração da personalidade tributária das entidades constituintes do GMN no caso de operações altamente integradas. Desta forma, poder-se-iam considerar manifestações de capacidade contributiva deslocalizadas para outras entidades integrantes do GMN que permitam reconhecer uma maior rendibilidade da entidade que o integra e que se pretende tributar por força das exigências ativas ou difusas que o faz ao Estado onde atua.

18. Mas a tributação de uma entidade do GMN mais implica a concreta determinação da sua matéria coletável, o que o regime de preços de transferência não possibilita em determinados casos. Esta dificuldade pode ser ilustrada pela fundamentação dos acórdãos do TGUE *FIAT, Starbucks* e *Apple*, que evidencia tanto as insuficiências metodológicas do regime de preços de transferência, como a inadequação de correção de vícios de sua aplicação com recurso a outras áreas de Direito que não o Direito Fiscal. Aqui chegados, e esgotadas as alternativas metodológicas noutros quadros jurídicos potencialmente aplicáveis ao problema, impõe-se a evolução o regime de preços de transferência de forma a restituir ao princípio da realização a sua função de revelador de manifestações de capacidade contributiva.

19. Uma alternativa de tributação ao regime de preços de transferência é o recurso ao método FA. Através deste, o rendimento obtido por um conjunto de empresas sujeitas a direção económica unitária é agregado e

o rendimento líquido tributável conjunto é calculado. Este é depois redistribuído para efeitos tributários por cada entidade jurídica que compõe o grupo com base numa fórmula que relaciona o peso relativo dos fatores produtivos selecionados de cada uma com o total dos fatores de produção do grupo. A matéria tributável de cada uma das entidades integrantes do grupo consiste no rendimento que lhe é atribuído após a aplicação da fórmula ao rendimento líquido integrado, e não no rendimento que resulta de uma transação com preços fixados utilizando os critérios do regime de preços de transferência.

20. O método FA não assenta na comparabilidade de transações, mas na verificação de indícios objetivos de presença numa dada jurisdição que compõem a fórmula. Por este motivo, reduz a influência fiscal do recurso a comportamentos de substituição. Acresce que, no método FA, a fixação de preços de transações intragrupo não é essencial para a determinação do rendimento líquido tributável, pois as inclusões e deduções de rendimento das entidades do GMN são analisadas conjuntamente e compensam-se. Assim, torna-se mais relevante o preço fixado na transação com terceiros para determinar o rendimento a incluir na base tributável das entidades do GMN como evidência a sua margem de lucro.

21. O método FA permite o alinhamento do direito a tributar com a verificação de atividade efetiva do GMN numa jurisdição. Esta coincidência implica uma redistribuição da repartição de direitos tributários entre Estados. O processo de tributação com base no método FA parece ser, assim, mais condizente com o padrão de Justiça fiscal internacional avançado, porquanto permite alinhar o âmbito de incidência material e territorial do IRC, limita o direito de tributação de Estados com menor intensidade de ligação ao GMN e reduz o peso relativo das sociedades-base no planeamento fiscal internacional. Em simultâneo, é um método enquadrável na estrutura do IRC e permite a manutenção do respeito pela soberania estadual exercida através de concorrência fiscal internacional, pois não interfere com o tratamento local das taxas de imposto, aplicação de isenções, créditos e benefícios fiscais, e, em geral, a determinação dos elementos da base tributária de um Estado.

22. O método FA já é utilizado para implementar o *profit split method*, embora de forma distinta daquela que é proposta nesta Tese. Acresce que

o modelo central de análise de comparabilidade de transações que parte da trilogia "funções, ativos e riscos" assenta, em suma, em manifestações de atividade semelhantes aos fatores típicos utilizados no desenho de fórmulas de repartição, como sejam o "ativo", a "massa salarial" e as "receitas". A própria análise "funções, ativos e riscos" é referenciável a três potenciais fatores de repartição de uma fórmula: o ativo (capital), a massa salarial (presença física) e as vendas (concretização de risco). O método é, assim, compatível com o seu enquadramento no regime de preços de transferência.

23. Visto que o objetivo do IRC é tributar o rendimento oriundo do investimento de capital em meios de produção, os fatores da fórmula deverão também refletir as manifestações de presença empresarial num Estado que, em conjunto, permitem a obtenção de rendimento tributável. Ora, o capital é investido nos meios de produção. Daí que a fonte de qualquer rendimento seja o local de operação dos meios de produção, na medida em que é a localização destes que revela uma ligação à comunidade e ao mercado em que atuam. Nesta medida, a teoria da afiliação económica parece ser melhor revelada através da implementação de um método FA que encontre a causa do rendimento, ao abarcar tanto a sua produção como o consumo na localização dos fatores de produção (na esteira da definição de rendimento SHS).

24. É assegurada a Justiça fiscal internacional do sistema se os fatores integrantes da fórmula refletirem a ligação do GMN ao Estado que tributa o rendimento empresarial e se consiga alcançar a medida deste último tendo por referência a capacidade contributiva do GMN e não só da entidade local. Esta proposta é melhor assegurada pela adoção de uma fórmula multifator, o que é consentâneo com a experiência comparada. A adoção de uma fórmula multifator reflete o concurso de vários contributos para a produção de rendimento, permite reduzir eventuais efeitos distorsivos da adoção de um fator em particular e da manipulação dos mesmos. A escolha dos fatores de repartição terá de assentar em indícios individuais e referentes à composição do GMN.

25. Assim, consideramos que a fórmula deverá ser composta por três fatores: "ativo", "massa salarial" e "receitas". Os dois primeiros fatores demonstram a efetividade da presença de uma operação económica asso-

ciada ao benefício da promoção e proteção da mesma proporcionado por um Estado. O fator "receitas" reflete o efeito da procura na obtenção de rendimento e é um mecanismo fiável e pouco manipulável do valor, da localização e realização da transação, quando contabilizadas as receitas obtidas por transações com partes não relacionadas.

26. As normas sobre elaboração de demonstrações financeiras são um ponto de partida adequado para compreender a descrição dos fatores que geram rendimento de uma empresa. Também as obrigações de reporte previstas nas Diretrizes OCDE, bem como o modelo do CbCR, possibilitam a identificação e verificação dos fatores selecionados.

27. O fator "ativo" deverá ser definido como um recurso controlado pela entidade como resultado de eventos passados e do qual aquela obtém futuros benefícios, tendo um custo ou valor que pode ser medido de forma fiável. O ativo tangível deve ser incluído na fórmula de repartição e distinguir-se no ativo propriedade da unidade do grupo e no ativo que esta usa e controla. Não propomos a inclusão de ativos intangíveis na fórmula. Estes não têm substância física, não são monetário nem identificáveis. A desmaterialização deste item do ativo determina a sua elevadíssima e veloz mobilidade, dificultando a aferição da sua localização e a avaliação do seu valor e dos seus custos sociais (mas não necessariamente da atividade associada aos mesmos).

28. A não inclusão na fórmula de ativos intangíveis não desconsidera a sua contribuição a obtenção de rendimento empresarial, nem o rendimento que estes geram é isento de tributação. As deduções e as inclusões de rendimento associadas ao ativo intangível são consideradas no cálculo da matéria tributável empresarial - ainda que não o sejam na sua repartição. O ativo intangível, *per se*, é refletido nos custos que as atividades subjacentes à sua criação implicam (ativo tangível e mão de obra). Por seu turno, o rendimento do ativo intangível resulta frequentemente do funcionamento sinérgico do grupo, fazendo sentido que aquele seja repartido pelo GMN com base nos demais indícios de atividade.

29. O fator "massa salarial" é medido com base no fluxo de caixa de despesas associadas à prestação de trabalho, incluindo o valor de todos os custos associados à retribuição de trabalhadores do GMN. Se o objetivo da

fórmula é demonstrar a atividade do GMN numa jurisdição, a presença de pessoas que o representam ou que desempenham as funções inerentes à atividade produtiva ou comercial é um inequívoco indício da mesma. Para garantir a sua função, o fator deverá ser bipartido e, à semelhança do Projeto de Diretiva CCCTB, incluir também o número de trabalhadores.

30. O fator "receitas" inclui todos os proveitos brutos e benefícios económicos mensuráveis que sejam derivados de transações com partes terceiras e que envolvam vendas de bens, prestação de serviços, e uso por terceiros de ativos da entidade que produzam juros, royalties e dividendos conducentes à obtenção de rendimento tributável. As receitas devem ser associadas e incluídas no fator da jurisdição de destino das vendas do GMN e o local de realização das prestações de serviços deverá mimetizar as regras da Diretiva do IVA. É, aliás, a opção de determinação de competência territorial judicial expressa também pelo art. 7º, nº 1, al. b) do Regulamento (EU) nº 1215/2012.

31. Consideramos que a inclusão de rendimento deve estar associada à verificação da presença de um fator numa jurisdição demonstrativa de investimento no mercado. Se não é possível estabelecer esta ligação, o rendimento deve ser atribuído a todo o GMN, garantindo-se a sua total repartição através de uma regra *throwout* ou uma *spread throwback rule* com base nos fatores do lado de oferta – "ativo" e "massa salarial".

32. A forma de implementação do método FA não deverá passar pela adoção de um regime global de tributação unitária. A transição para tal sistema importaria tremendos custos institucionais e de transação. A negociação de um acordo quanto à composição da base tributável, ao conceito de rendimento sujeito à tributação por este método, às regras contabilísticas para efeitos de uniformização dos referenciais anteriores e à redistribuição de receita tributária entre Estados parece, realisticamente, impossível de alcançar. O estabelecimento de tributação unitária implicaria a consideração do GMN como uma hipótese normativa nova, introduzindo uma dissonância entre o tratamento integrado do GMN e o primado da independência jurídica das suas unidades constituintes – tanto no Direito Fiscal como nas demais áreas. Em alternativa, o método FA pode ser implementado no âmbito de regime de contabilidade separada de entidades do GMN, o que implica o cálculo da responsabilidade tributária individual de cada uma

destas entidades e o desenvolvimento de eventuais regimes de integração grupal.

33. A nossa proposta de implementação do método FA aplica-se ao GMN definido como o perímetro de sociedades ligadas por relações de detenção de propriedade de capital social representativas da unidade de interesse económico que justifica a apreciação de capacidade contributiva em conjunto e que traduza não só a atividade económica unitária, mas também o investimento em controlo comum de fatores de produção, bem como os seus estabelecimentos estáveis. Este perímetro é revelado pela detenção de 75% do capital social de filiais ou sociedades ditas dominadas, desde que tal participação confira, direta ou indiretamente, pelo menos 50% dos direitos de voto no grémio social das mesmas.

34. O escopo objetivo de aplicação da proposta é limitado a atividades integradas; a atividades que envolvam transações sem preços comparáveis claros e observáveis recorrentemente no mercado entre partes independentes; à condução de atividades altamente desmaterializadas, como sejam as que não têm presença física em jurisdições de mercado ou as que envolvam ativos intangíveis não transacionados com partes independentes.

35. O lucro a repartir não é o de todo o GMN, mas o que, afinal, se reconduz ao lucro não observável em transações rotineiras ou comparáveis. Este lucro é obtido no âmbito das atividades descritas na conclusão anterior e é comumente designado por "lucro residual". O rendimento global do GMN, após subtração do rendimento já alocado a suas entidades constitutivas por subsunção às regras de preços de transferência quando possível, seria então repartido por todas as entidades do GMN, refletindo a sua natureza integrada e o contributo contemporâneo ou histórico de todos os fatores de produção do GMN na sua obtenção A matéria coletável de cada entidade do GMN seria, então, a resultante da repartição do lucro residual conforme descrito no presente ponto após aplicação da fórmula de repartição, a acrescer à matéria tributável realizada por cada entidade de forma individual.

36. A fixação de matéria coletável superior à que resultaria da aplicação do método de preços de transferência pode importar, como notado, a insuficiência patrimonial da entidade para cumprir a sua obrigação de

pagamento de imposto. A solução para este desequilíbrio seria a necessária reposição da estrutura de capital da subsidiária pelo GMN, sob pena da execução coerciva da dívida fiscal pela AT poder inviabilizar a operação económica local.

37. A tributação por aplicação do método FA incide sobre rendimento líquido, já que ao rendimento bruto obtido pelo GMN são deduzidas as despesas incorridas para a sua obtenção. Por este motivo, a implementação do método FA afeta a subsunção do rendimento tributado ao disposto no art. 2º CMOCDE, razão pela qual é, neste particular, compatível com a mesma.

38. A implementação do método FA é compatível com as regras jurisdicionais da CMOCDE. A resposta não é, todavia, plenamente satisfatória, porque um dos mais importantes argumentos para consideração dos elementos a integrar a fórmula é a possibilidade de conferir à jurisdição de mercado maior relevo e reequilibrar a distribuição dos direitos tributários entre jurisdições. Assim, o seu funcionamento plenamente satisfatório dependeria de alterações à regra do art. 5º CMOCDE que permitissem considerar uma presença desmaterializada no mercado com base na interação do GMN com consumidores locais ou numa presença económica ou digital relevante, mensurada por indícios de atividade funcionais ou quantitativos.

39. A nossa proposta é classificável como um método de fracionamento de lucro residual. Ou seja, embora o nosso referencial seja o lucro obtido pelo GMN, a compatibilização da proposta com a manutenção de incidência na entidade empresarial e no respeito pela transação delineada pelas partes projetam-nos para uma operacionalização do método que redunda na distinção entre funções rotineiras e não-rotineiras. Nesta medida, a proposta envolve sempre a delimitação das transações implementadas pelas partes de forma precisa com o objetivo de identificar as funções que têm associadas uma remuneração comparável nos termos do regime de preços de transferência. Esta é a premissa essencial de todo o regime de preços de transferência: a transação é a consequência ou expressão das relações comerciais ou financeiras das partes envolvidas.

40. A nosso ver, a proposta cumpre os critérios definidos pelas Diretrizes Revistas de Aplicação do *profit split method* de 2018 – os fatores são independentes da política de preços de transferência implementada pelo

contribuinte e baseados em dados objetivos, verificáveis, e fundados em dados comparáveis, internos, ou de ambas as naturezas. Parece-nos, assim, que a proposta é uma forma possível de implementação do *profit split method* e, nessa medida, é compatível com o regime de preços de transferência previsto no art. 9º CMOCDE.

41. Na ausência de eliminação total de dupla tributação pelo Estado de residência, a medida de dupla tributação que subsista pode ter como efeito a neutralização de efeito de estruturações transacionais implementadas por motivos fiscais. Porém, não obstante a redação ampla do art. 23º, nº 1 CMOCDE, a prática demonstra que os ADT consagram o método do crédito fiscal de forma limitada. Lá onde a medida de dupla tributação subsista por força da limitação do crédito fiscal do Estado de residência, e essa medida ultrapasse a compensação dos efeitos da estruturação do GMN para a receita do Estado fonte, a dupla tributação poderá consistir uma barreira ao investimento no Estado fonte. Mas, aqui chegados, a questão é, sobretudo, de política fiscal e não de licitude de implementação do método.

42. A extensão da obrigação tributária do ente do GMN no Estado que tributa depende da existência de indicadores efetivos presentes na jurisdição do Estado e na sua proporção para os mesmos indicadores do GMN no estrangeiro. Por este motivo, a proposta não implica incidência tributária sobre fatores de produção localizados noutra jurisdição, mas apenas sobre os fatores localizados na jurisdição do Estado tributante. Nessa medida, a tributação assenta em manifestações efetivas de atividade no Estado que tributa, não violando o princípio da não transatividade da lei.

43. A proposta assegura critérios de Justiça fiscal internacional e interindividual, mais estando em conformidade com o princípio da efetividade e os critérios de jurisdição de Direito Internacional público. Impede, também, que jurisdições sem atividade efetiva do GMN tenham direito a tributar uma fatia desproporcional do seu lucro, em prejuízo das demais. Por outro lado, procura assegurar a tributação da capacidade contributiva do GMN, refletindo o lucro real e os benefícios obtidos na jurisdição de mercado e de proteção jurídica do seu rendimento.

44. A garantia de uma tributação devida pelas atividades conduzidas de forma substancial por um GMN num Estado reduz o fenómeno de ero-

são de bases tributárias. Porém, de forma mais importante, responder a um imperativo de Justiça, contribuindo para a justa distribuição dos encargos tributários entre GMN, sociedades de âmbito geográfico mais reduzido e pessoas singulares e para a efetiva soberania tributária estadual.

BIBLIOGRAFIA CITADA

ABREU, JORGE COUTINHO DE – *Da Empresarialidade: as Empresas no Direito*, Coimbra: Almedina, 1996.

ABREU, JORGE COUTINHO DE – Diálogos com a jurisprudência, II – Responsabilidade dos administradores para com credores sociais e desconsideração da personalidade jurídica, in *Direito das Sociedades em Revista*, vol. 2. nº 3 (2010), pp. 49-64.

ABREU, JORGE COUTINHO DE – Artigo 397º, in VV., AA. – *Código das Sociedades Comerciais em Comentário, vol. VI*, Coimbra: Almedina, 2013, pp. 325-333.

ABREU, JORGE COUTINHO DE – Artigo 489º, in VV., AA. – *Código das Sociedades Comerciais em Comentário, vol. VII*, Coimbra: Almedina, 2014a, pp. 125-135.

ABREU, JORGE COUTINHO DE – Artigo 503º, in VV., AA. – *Código das Sociedades Comerciais em Comentário, vol. VII*, Coimbra: Almedina, 2014b, 279-296.

ABREU, JORGE COUTINHO DE – Remunerações dos administradores e transações com partes relacionadas na Diretiva dos Direitos dos Acionistas II, in *Direito das Sociedades em Revista*, vol. 19 (2018), pp. 13-26.

ABREU, JORGE COUTINHO DE – *Curso de Direito Comercial – Vol. II*, Coimbra: Almedina, 7ª Ed., 2021.

ADINOLFI, ADELINA – The Legal Notion of the Group Enterprise: the EC Approach, in SUGARMAN, DAVID; TEUBNER, GUNTHER (eds.) – Regulating Corporate Groups in Europe. Baden-Baden: Nomos, 1990, pp. 495-514.

AGÚNDEZ-GARCIA, ANA – The delineation and apportionment of an EU consolidated tax base for multi-jurisdictional corporate income taxation: a review of issues and options, in *European Comission Diretorate-General Taxation & Costums Union Working Paper nº 9/2006*, nº 9 (2006).

ALBRECHT, ARTHUR R. – The taxation of aliens under International Law, in *British Yearbook of International Law*, vol. 29. (1952), pp. 145-185.

ALEXY, ROBERT – *A Theory of Constitutional Rights (trad.)*, Oxford: Oxford University Press, 2009.

ALLIX, EDGARD – *La Condition des Étrangers au Point de Vue Fiscal*, in *RCADI*, Volume 61, 1938.

ALTSHULER, ROSANNE; GRUBERT, HARRY – Formula apportionment: is it better than the current system and are there better alternatives?, in *National Tax Journal*, vol. 63, nº 4 (2010), pp. 1145-1184.

ALVES, FILIPE CERQUEIRA – O «mínimo de existência condigna»: da sua determinabilidade à sua revisibilidade, in *Revista Jurídica Portucalense*, nº 20 (2016), pp. 320-359.

ALVES, FILIPE CERQUEIRA – Compreender a Carta Social Europeia Revista: Convenções internacionais e os seus efeitos nas ordens jurídicas nacionais, in *Lex Social: Revista de Derechos Sociales*, vol. 7. (2017), pp. 17-41.

Anand, Bharat; Sensing, Richard – The weighting game: formula apportionment as an instrument of public policy, in *National Tax Journal*, vol. 53. nº 2 (2000), pp. 183-199.

Andrade, José Carlos Vieira de – O "direito ao mínimo de existência condigna" como direito fundamental a prestações estaduais positivas – Uma decisão singular do Tribunal Constitucional – Anotação ao Acórdão do Tribunal Constitucional, nº 509/02, in *Jurisprudência Constitucional*, vol. 1. (2004).

Andrus, Joe; Oosterhuis, Paul – Transfer Pricing after BEPS: Where are we and Where should we be going, in *Taxes – The Tax Magazine*, vol. 95. (2017), pp. 89-107.

Andrus, Joseph L.; Collier, Richard – *Transfer Pricing and the Arm's Length Principle After BEPS*, Oxford: Oxford University Press, 2017.

Antunes, Ana Filipa Morais – O abuso da personalidade jurídica coletiva no direito das sociedades comerciais/Breve contributo para a temática da responsabilidade civil, in Antunes, Ana Filipa Morais; Fonseca, Ana Taveira da; Vasconcelos, Maria João Pestana de; Sá, Fernando – *Novas Tendências da Responsabilidade Civil*, Coimbra: Almedina, 2007, pp. 7-83.

Antunes, José Engrácia – *Liability of Corporate Groups: Autonomy and Control in Parent-Subsidiary Relationships in US, German, and EEC Law, an International and Comparative Perspective*, Boston: Kluwer Law and Taxation Publishers, 1994.

Antunes, José Engrácia – A tributação dos grupos de sociedades, in *Fiscalidade*, vol. 45. (2000), pp. 5-26.

Antunes, José Engrácia – *Os grupos das sociedades: estrutura e organização jurídica da empresa plurissocietária*, Coimbra: Almedina, 2ª Ed., 2002.

Antunes, José Engrácia – The governance of corporate groups, in *Direito das Sociedades em Revista*, vol. 7. nº 4 (2012), pp. 13-48.

Antunes, José Engrácia – A empresa multinacional e a sua responsabilidade, in *Direito das Sociedades em Revista*, ano 5, vol. 9 (2013), pp. 27-74.

Antunes, José Engrácia – *Direito das sociedades*, 9ª Ed., Porto: Edição de Autor, 2019.

Aquino, S. Tomás de – *Suma Teológica – II Secção da II Parte*, São Paulo: Loyola, 2004.

Arena, Matteo P; Roper, Andrew H. – The effect of taxes on multinational debt location, in *Journal of Corporate Finance*, vol. 16. nº 5 (2010), pp. 637-654.

Arginelli, Paolo – PE negative list and fragmentation of ativities within groups of companies, in Vv. Aa. – *New Trends in the Definition of Permanent Establishment*, Amesterdão: IBFD, 2019, pp. 91-132.

Arnold, Brian J. – *Article 5: Permanent Establishment*, in IBFD Global Tax Treaty Commentaries, Recurso *online* (consultado pela última vez em 13/11/2018).

Arnold, Brian J.; Ault, Hugh J.; Cooper, Graeme – *Comparative Income Taxation: A Structural Analysis*, Alphen aan den Rijn: Kluwer Law International, 2019.

Ascensão, José de Oliveira – *Direito Comercial – Vol. I*, Lisboa: Associação Académica da Faculdade de Direito de Lisboa, 1999.

Auerbach, Alan J. – Who Bears the Corporate Tax? A Review of What We Know, in *Tax Policy and the Economy*, vol. 20. (2006), pp. 1-40.

Auerbach, Alan; Devereux, Michael; Keen, Michael; Vella, John – Destination-Based Cash Flow Taxation, in *Oxford University Centre for Business Taxation WP 17/01*, (2017), disponível em https://papers.ssrn.com/sol3/papers.cfm?abstract_id=2908158# (consultado pela última vez em 12/02/2021).

Ault, Hugh J. – Corporate integration, tax treaties and the division of the international tax base: principles and practices, in *Tax Law Review*, vol. 47. (1991), pp. 565-608.

AUSTREY, STEPHANE – Agent PE: The "in the name of" concept, in VV. AA. – *New Trends in the Definition of Permanent Establishment*, Amesterdão: IBFD, 2019, pp. 159-168.

AVI-YONAH, REUVEN – Globalization, Tax Competition, and the Fiscal Crisis of the Welfare State, in *Harvard Law Review*, vol. 113. (1999), pp. 1573-1676.

AVI-YONAH, REUVEN – International taxation of electronic commerce, in *Tax Law Review*, vol. 52. nº 3 (1996), pp. 507-555.

AVI-YONAH, REUVEN – Corporations, Society, and the State: A Defense of the Corporate Tax, in *Virginia Law Review*, vol. 90. nº 5 (2004), pp. 1193-1255.

AVI-YONAH, REUVEN – *International Tax as International Law: An Analysis of the International Tax Regime*, Cambridge: Cambridge University Press, 2007.

AVI-YONAH, REUVEN – Hanging Together: A Multilateral Approach to Taxing Multinationals in POGGE, THOMAS; MEHTA, KRISHEN – *Global Tax Fairness*, Nova Iorque: Oxford University Press, 2016, pp. 113-127.

AVI-YONAH, REUVEN; BENSHALOM, ILAN – Formulary apportionment: Myths and prospects-promoting better international policy and utilizing the misunderstood and under-theorized formulary alternative, in *World Tax Journal*, nº 3 (2011), pp. 371-398.

AVI-YONAH, REUVEN; CLAUSING, KIMBERLY – More Open Issues Regarding the Consolidated Corporate Tax Base in the European Union, in *Tax Law Review*, vol. 62. nº 1 (2008), pp. 119-124.

AVI-YONAH, REUVEN; CLAUSING, KIMBERLY – Problems with Destination-Based Corporate Taxes and the Ryan Blueprint, in *Columbia Tax Law Journal*, vol. 8. (2017), pp. 229-255.

AVI-YONAH, REUVEN; CLAUSING, KIMBERLY; DURST, MICHAEL – Allocating business profits for tax purposes: A proposal to adopt a formulary profit split, in *Florida Tax Review*, vol. 9. (2008), pp. 497-553.

AVI-YONAH, REUVEN; SARTORI, NICOLA; MARIAN, OMRI – *Global Perspectives on Income Taxation Law*, Nova Iorque: Oxford University Press, 2011.

AVI-YONAH, REUVEN; TINHAGA, ZACHÉE POUGA – Unitary taxation and international tax rules, in PICCIOTTO, SOL – Taxing Multinational Enterprises as Unitary Firms, Birghton: ICTD, 2017, pp. 67--73.

AVI-YONAH, REUVEN; XU, HAIYAN – Evaluating BEPS, in *Erasmus Law Review*, vol. 10. nº 1 (2017), pp. 3-11.

BAINBRIDGE, STEPHEN M.; HENDERSON, M. TODD – *Limited liability: a legal and economic analysis*, Cheltenham: Edward Elgar Publishing, 2016.

BAISTROCCHI, EDUARDO – The transfer pricing problem: A Global Proposal for simplification, in *Tax Lawyer*, vol. 59. nº 4 (2005), pp. 941-974.

BAISTROCCHI, EDUARDO; ROXAN, IAN – *Resolving transfer pricing disputes: a global analysis*, Cambridge: Cambridge University Press, 2013.

BAKER, PHILIP – *Double Taxation Conventions*, Vol. I, Londres: Sweet & Maxwell, 2017.

BAKER, PHILIP; MITROYANNI, IOANNA – The CCCTB Rules and Tax Treaties, in LANG, MICHAEL; PISTONE, PASQUALE; SCHUCH, JOSEF; STARINGER, CLAUS (eds.) – *Common Consolidated Corporate Tax Base*, Viena: Linde Verlag, 2008, pp. 627-651.

BALAGUER CALLEJÓN, FRANCISCO – Crisis económica y crisis constitucional en Europa, in *Revista Española de Derecho Constitucional*, nº 98 (2013), pp. 91-107.

BARBER, NICK – *The Constitutional State*, Oxford: Oxford University Press, 2012.

BARKER, WILLIAM B. – Optimal International Taxation and Tax Competition: Overcoming the Contractions, in *Northwestern Journal of International Law & Business*, vol. 22. (2001), pp. 161-218.

BARRY, FRANK – Aggressive tax planning practices and inward-FDI implications for Ireland of the new US corporate tax regime, in *The Economic and Social Review*, vol. 50. nº 2, Summer (2019), pp. 325-340.

BECKER, JOHANNES; JOHANNESEN, NIELS; RIEDEL, NADINE – Taxation and the allocation of risk inside the multinational firm, in *Journal of Public Economics*, vol. 183. (2020), pp. 104-138.

BEITZ, CHARLES R. – *Political theory and international relations*, Princeton: Princeton University Press, 1999.

BEITZ, CHARLES R. – Social and cosmopolitan liberalism, in *International affairs*, vol. 75. nº 3 (1999), pp. 515-529.

BEITZ, CHARLES R. – *The idea of human rights*, Oxford: Oxford University Press, 2011.

BENEDETTI, LORENZO – I vantaggi compensativi nella giurisprudenza, in *Rivista di Diritto dell'Impresa*, nº 1 (2015), pp. 127-154.

BENNOUNA, MOHAMED – Le droit international entre la lettre et l'esprit – Cours général de droit international public, in *RCADI*, Volume 383, Haia: Brill, 2017.

BENTHAM, JEREMY – *Theory of Legislation (trad.)*, Oxford: Trübner, 1871.

BENVENISTI, EYAL – Sovereigns as trustees of humanity: on the accountability of states to foreign stakeholders, in *American Journal of International Law*, vol. 107. nº 2 (2013), pp. 295-333.

BIANCHI, LUIGI A. – Problemi in materia di disciplina dell'attività di direzioni e coordinamento, in *Rivista delle Società*, nº 2-3 (2013), pp. 420-463.

BIRD, RICHARD M.; MINTZ, JACK M. – *Why tax corporations?*, Toronto: Department of Finance, Technical Committee on Business Taxation, International Centre for Tax Studies, 1996.

BIZIOLI, GIANLUIGI, PARADA, LEOPOLDO – Double Non-taxation and the Use of Hybrid Entities. An alternative Approach in the New Era of BEPS, Series on International Taxation 66, Wolters Kluwer, 2018, in *Intertax*, vol. 48. nº 10 (2020), pp. 941-943.

BOGDANDY, ARMIN VON – Pluralism, diret effect, and the ultimate say: On the relationship between international and domestic constitutional law, in *International Journal of Constitutional Law*, vol. 6. nº 3-4 (2008), pp. 397-413.

BOLWIJN, RICHARD; CASELLA, BRUNO; RIGO, DAVIDE – An FDI-driven approach to measuring the scale and economic impact of BEPS, in *Transnational Corporations Journal*, vol. 25. nº 2 (2018), Nova Iorque: UNCTAD, disponível em https://unctad.org/webflyer/transnational-corporations-volume-25-2018-number-2 (consultado pela última vez em 12/02/2021).

BRADBURY, DAVID; HANAPPI, TIBOR; MOORE, ANNE – Estimating the fiscal effects of base erosion and profit shifting: data availability and analytical issues, in *Transnational Corporations Journal*, vol. 25. nº 2 (2018), pp. 91-106.

BRAUNER, YARIV – Value in the eye of the beholder: The valuation of intangibles for transfer pricing purposes, in *Virginia Tax Review*, vol. 28. (2008), pp. 81-164.

BRAUNER, YARIV – Transfer Pricing in BEPS: First Round: Business Interests Win (But, Not in Knock-Out), in *Intertax*, vol. 43. nº 1 (2015), pp. 72-84.

BRAUNER, YARIV – Between Arm's Length and Formulary Apportionment, in KREVER, RICHARD; VAILLANCOURT, FRANÇOIS (eds.) – *The Allocation of Multinational Business Income: Reassessing the Formulary Apportionment Option*, Alpha aan den Rijn: Kluwer Law International, 2020, pp. 209-238.

BRAVO, NATHALIE – *Multilateral Instrument for Updating the Tax Treaty Network*, Amesterdão: IBFD, 2020.

BROE, LUC DE – Corporate tax residence in civil law jurisdictions, in VV., AA. – *Residence of Companies Under Tax Treaties and EC Law*, Amsterdão: IBFD, 2009, pp. 91-125.

Broe, Luc De; Avery Jones, John; Baker, Philip; Ellis, Maarten – Art. 24 (5) of the OECD Model in Relation to Intra-Group Transfers of Assets and Profits and Losses, in *World Tax Journal*, vol. 3 (2011), pp. 179-225.

Broekhuijsen, Dirk; Vording, Henk – What May We Expect of a Theory of International Tax Justice Tax Justice and Tax Law, in in Cogan, Dominc de; Harris, Peter – *Tax Justice and Tax law – Understanding Unfairness in Tax Systems*, Londres: Hart Publishing, 2020, pp. 155-169.

Brooks, Kim – Inter-nation equity: The development of an important but underappreciated international tax policy objetive, in Head, John; Krever, Richard – *Tax reform in the 21st century*, Alphen aan den Rijn: Kluwer Law International, (2009), pp. 471-498.

Brothers, Joseph P. – From the Double Irish to the Bermuda Triangle, in *Tax Analysis*, nº 24 (2014), pp. 687-695.

Buchberger, Matthieu – Pour un abandon de l'intérêt social comme condition de validité des contrats conclus par la société, in *Revue des Sociétés*, nº 12 (2020), pp. 659-669.

Bullen, Andreas – *Arm's Length Transaction Structures: Recognizing and Restructuring Controlled Transactions in Transfer Pricing*, Amesterdão: IBFD, 2011.

Bungenberg, Marc; Hobe, Stephan – *Permanent sovereignty over natural resources*, Berlin: Springer, 2015.

Câmara, Francisco Sousa da – As operações de reestruturação e a cláusula anti-abuso prevista no artigo 67º/10 do CIRC, in Aa. Vv. – *Reestruturação de Empresas e Limites do Planeamento Fiscal*. Coimbra: Coimbra Editora, 2009, pp. 71-111.

Campos, Diogo Leite de; Rodrigues, Benjamim Silva; Sousa, Jorge Lopes de – *Lei Geral Tributária – Anotada e Comentada*, 4ª Ed., Lisboa: Encontro da Escrita, 2012.

Carrillo-Salcedo, Juan Antonio – *Droit International et Souveraineté des Etats. Course General de Droit International Public*, in *RCADI*, Volume 257, 1996.

Carvalho, Catarina de Oliveira – *Da dimensão da empresa no direito do trabalho – Consequências práticas da dimensão da empresa na configuração das relações laborais individuais e coletivas*, Coimbra: Coimbra Editora, 2011.

Cassese, Antonio – *International Law*, 2ª Ed., Oxford: Oxford University Press, 2005.

Castagnède, Bernard – *Précis de Fiscalité Internationale*, 5ª, Paris: Presses Universitaires de France, 2015.

CCCTB WG (Common Consolidated Corporate Tax Base Working Group) – Assets and tax depreciation, 2004a, disponível em https://ec.europa.eu/taxation_customs/business/company-tax/common-consolidated-corporate-tax-base-ccctb_en (última vez consultado em 20/02/2021).

CCCTB WG (Common Consolidated Corporate Tax Base Working Group) – Draft Work Programme, 2004b, disponível em https://ec.europa.eu/taxation_customs/business/company-tax/common-consolidated-corporate-tax-base-ccctb_en (última vez consultado em 20/02/2021).

CCCTB WG (Common Consolidated Corporate Tax Base Working Group) – Taxable income, 2005, disponível em https://ec.europa.eu/taxation_customs/business/company-tax/common-consolidated-corporate-tax-base-ccctb_en (última vez consultado em 20/02/2021).

CCCTB WG (Common Consolidated Corporate Tax Base Working Group) – The mechanism for sharing the CCCTB, 2006, disponível em https://ec.europa.eu/taxation_customs/business/company-tax/common-consolidated-corporate-tax-base-ccctb_en (última vez consultado em 20/02/2021).

CCCTB WG (Common Consolidated Corporate Tax Base Working Group) – CCCTB: possible elements of the sharing mechanism, 2007a, disponível em https://ec.europa.eu/taxation_customs/business/company-tax/common-consolidated-corporate-tax-base-ccctb_en (última vez consultado em 20/02/2021).

CCCTB WG (Common Consolidated Corporate Tax Base Working Group) – Report and overview of the main issues that emerged during the discussion on the sharing mechanism SG6 second meeting – 11 June 2007, 2007b, disponível em https://ec.europa.eu/taxation_customs/business/company-tax/common-consolidated-corporate-tax-base-ccctb/eleventh-meeting-ccctb-wg-september-2728-2007_en (última vez consultado em 20/02/2021).

CDI, Yearbook, A/CN.4/SER.A/2003/Add.1 (Part 2), Nova Iorque: NU, 2003.

Chacim, Ana Rita – O princípio da tributação pelo rendimento real e o "justo valor" no âmbito da adoção das normas internacionais de contabilidade, in Otero, Paulo; Araújo, Fernando; Gama, João Taborda da (eds.) – *Estudos em Memória do Prof. Doutor J. L. Saldanha Sanches, Vol. IV*, Coimbra: Coimbra Editora, 2011, pp. 521-561.

Chand, Vikram; Turina, Alessandro; Ballivet, Louis – Profit Allocation within MNEs in Light of the Ongoing Digital Debate on Pillar I–A'2020 Compromise'?, in *World Tax Journal*, vol. 12. nº 3 (2020), pp. 567-630.

Chand, Vikram; Wagh, Sagar – The profit split method: Status quo and outlook in light of the BEPS action plan, in *International Transfer Pricing Journal*, vol. 21. nº 6 (2014), pp. 402-408.

Chatel, Sophie; Harley, Lee – Article 5 of the OECD Model: Recent Amendments and Upcoming Challenges, in Vv. Aa. – *New Trends in the Definition of Permanent Establishment*, Amesterdão: IBFD, 2019, pp. 31-41.

Chrétien, Michael – *Contribution a l'étude du droit international fiscal actuel: Le rôle des organisations internationales dans le règlement des questions d'impôts entre les divers Etats, in RCADI*, Volume 86, Haia: Brill, 1954.

Christian Aid – *"Impossible Structures": tax outcomes overlooked by the 2015 tax Spillover analysis*, disponível em https://www.christianaid.ie/sites/default/files/2018-02/impossible-structures-tax-report.pdf (consultado pela última vez a a 12/2/2021).

Christians, Allison; Shay, Stephen – Assessing BEPS: origins, standards, and responses, in IFA – *Cahiers IFA* 102, Haia: International Fiscal Association, 2017.

Clausing, Kimberly – In Search of Corporate Tax Incidence, in *Tax Law Review*, vol. 63. nº 3 (2012), pp. 433-472.

Clausing, Kimberly – The Effect of Profit Shifting on the Corporate Tax Base in the United States and Beyond, in *National Tax Journal*, vol. 69. nº 4 (2016a), pp. 905-934.

Clausing, Kimberly – The US state experience under formulary apportionment: Are there lessons for international reform, in *National Tax Journal*, vol. 69. nº 2 (2016b), pp. 353-386.

Clausing, Kimberly – *Open: The progressive case for free trade, immigration, and global capital*, Boston: Harvard University Press, 2019.

Cobham, Alex; Janský, Petr – Global distribution of revenue loss from corporate tax avoidance: re-estimation and country results, in *Journal of International Development*, vol. 30. nº 2 (2018), pp. 206-232.

Cobham, Alex; Loretz, Simon – International distribution of the corporate tax base: Implications of different apportionment fators under unitary taxation, in *ICTD Working Paper 27*, (2014), pp. 1-38.

Cockfield, Arthur J. – Taxing Foreign Diret Investment in a Non-Cooperative Setting: Contributions by Alex Easson., Cock-

FIELD, ARTHUR J.; EASSON, A. J. – *Globalization and Its Tax Discontents: Tax Policy and International Investments: Essays in Honour of Alex Easson*, Toronto: University of Toronto Press, 2010.

COCKFIELD, ARTHUR; HELLERSTEIN, WALTER; LAMENSCH, MARIE – *Taxing global digital commerce*, Alpha aan den Rijn: Kluwer Law International, 2019.

COHEN, JOSHUA; SABEL, CHARLES – Extra rempublicam nulla justitia?, in *Philosophy & public affairs*, vol. 34. nº 2 (2006), pp. 147-175.

COMISSÃO DE DIREITO INTERNACIONAL DAS NAÇÕES UNIDAS – *Projeto de Artigos sobre Proteção Diplomática Comentado*, Anuário da Comissão de Direito Internacional, Vol. II, 2006

COMITÉ DE CONTAS PÚBLICA DA CÂMARA DOS COMUNS DO REINO UNIDO, disponível em https://publications.parliament.uk/pa/cm201314/cmselect/cmpubacc/112/11204.htm (consultado a 10/01/2021)

CONAC, PIERRE-HENRI – National report on France, in MANÓVIL, RAFAEL M. (ed.) – *Groups of companies: a comparative law overview*, Cham: Springer, 2020, pp. 73-86.

CONAC, PIERRE-HENRI; DRUEY, JEAN NICOLAS; FORSTMOSER, PETER; HABERSACK, MATHIAS; HANSEN, SØREN FRIIS; HOMMELHOFF, PETER; KALSS, SUSANNE; KRIEGER, GERD; LENNARTS, MARIE-LOUISE; LUTTER, MARCUS – Proposal to facilitate the management of cross-border company groups in Europe, in *European Company and Financial Law Review, ECFR*, (2015), pp. 299-306.

CONDESSO, JOAQUIM – Avaliação de matéria coletável por métodos indiretos, in *Cadernos de Justiça Tributária*, nº 23 (2019), pp. 10-25.

CORAPI, DIEGO; BENINCASA, DOMENICO – National report on Italy, in MANÓVIL, RAFAEL M. (ed.) – *Groups of companies: a comparative law overview*, Cham: Springer, 2020, pp. 109-129.

CORDEIRO, ANTÓNIO MENEZES – *O levantamento da personalidade coletiva no direito civil e comercial*, Coimbra: Almedina, 2000.

CORDEIRO, ANTÓNIO MENEZES – A responsabilidade da sociedade com domínio total (501.°/1, do CSC) e o seu âmbito, in *Revista de Direito das Sociedades*, vol. III. nº 1 (2011), pp. 83-115.

CORDEIRO, ANTÓNIO MENEZES – *Manual de Direito das Sociedades – Vol. I*, 4ª Ed., Coimbra: Almedina, 2020.

CORDEIRO, PEDRO – *A Desconsideração da Personalidade Jurídica das Sociedades Comerciais*, Lisboa: Associação Académica da Faculdade de Direito de Lisboa, 1989.

CORDEWENER, AXEL; KOFLER, GEORG; SCHINDLER, CLEMENS PHILIP – Free movement of capital and third countries: Exploring the outer boundaries with Lasertec, A and B and Holböck, in *European taxation*, vol. 47. nº 8 (2007), pp. 371-376.

CORREIA, MIGUEL GONÇALVES – Taxation, Property and Market: The Case of the Corporation Income Tax, in OTERO, PAULO; ARAÚJO, FERNANDO; GAMA, JOÃO TABORDA DA (eds.) – *Estudos em Memória do Prof. Doutor J. L. Saldanha Sanches, Vol. IV*, Coimbra: Coimbra Editora, 2011, pp. 971-1019.

CORREIA, MIGUEL GONÇALVES – *Taxation of Corporate Groups*, Alphen aan den Rijn: Kluwer Law International, 2013a.

CORREIA, MIGUEL GONÇALVES – The Regulation of Corporate Groups: Can Tax Help with Regulation? in FERREIRA, EDUARDO PAZ; TORRES, HELENO TAVEIRA; PALMA, CLOTILDE CELORICO (eds.) – *Estudos em Homenagem ao Prof. Doutor Alberto Xavier, Vol. II*, Coimbra: Almedina, 2013b, pp. 327-355.

CORREIA, MIGUEL GONÇALVES; MENDES, ANTÓNIO ROCHA – Alterações aos mecanismos para evitar a dupla tributação e o seu impacto, in *Fiscalidade*, nº 42 (2010), pp. 67-99.

Corrick, Lee – The Taxation of Multinational Enterprises, in Pogge, Thomas; Mehta, Krishen – *Global Tax Fairness*, Nova Iorque: Oxford University Press, 2016, pp. 173-203.

Cortês, António Ulisses – *Jurisprudência dos Princípios*, Lisboa: Universidade Católica Editora, 2010.

Cortês, António Ulisses – Para uma metodologia jurídica integral, in *Direito e Justiça – Estudos dedicados ao Professor Doutor Nuno José Espinosa Gomes da Silva*, Separata (2013), pp. 40-86.

Costa, Ricardo – Artigo 488º, in Vv., Aa. – *Código das Sociedades Comerciais em Comentário, vol. VII*, Coimbra: Almedina, 2014, pp. 108-124.

Costa, Ricardo – *Os Administradores de Facto das Sociedades Comerciais*, Coimbra: Almedina, 2016.

Cottani, Gianmarco – *Transfer Pricing, Global Topics*, 2020, recurso online IBFD, consultado pela última vez em 27/10/2020.

Courinha, Gustavo Lopes – *A Cláusula Geral Anti-abuso no Direito Tributário*, Coimbra: Almedina, 2009a.

Courinha, Gustavo Lopes – O artigo 23º, nº 7 do CIRC, a Constituição e o regime de preços de transferência das Convenções sobre dupla tributação, in Aa. Vv. – *Reestruturação de Empresas e Limites do Planeamento Fiscal*. Coimbra: Coimbra Editora, 2009b, pp. 137-178.

Courinha, Gustavo Lopes – *A Residência no Direito Internacional Fiscal: do Abuso Subjetivo de Convenções*, Coimbra: Almedina, 2011a.

Courinha, Gustavo Lopes – O verdadeiro sentido da simulação fiscal: em especial, das doações de imóveis a favor de sociedades com reporte de prejuízos/regime simplificado de IRC, in Aa. Vv. – *Estudos em memória do Prof. Doutor J. L. Sandanha Sanches, Vol III*, Coimbra: Coimbra Editora, 2011b, pp. 137-157.

Crawford, James – *The Creation of States in International Law*, Nova Iorque: Oxford University Press, 2007.

Crawford, James – *Brownlie's Principles of Public International Law*, Oxford: Oxford University Press, 2012.

Crawford, James – *Chance, Order, Change: The Course Of International Law General Course On Public International Law, in RCADI*, Volume 365, Haia:Brill 2013.

Crivelli, Ernesto; Mooij, Ruud de; Keen, Michael – *Base erosion, profit shifting and developing countries*, IMF, 2015.

Cui, Wei – Residence-Based Formulary Appointment:(In) feasibility and Implications, in *Tax Law Review*, vol. 71. nº 3 (2017), pp. 551-582

Cunha, Paulo Olavo – *Direito das Sociedades Comerciais*, 8ª Ed., Coimbra: Almedina, 2019.

Dagan, Tsilly – *International Tax Policy: Between Competition and Cooperation*, Cambridge: Cambridge University Press, 2017.

Daillier, Patrick; Forteau, Mathias; Pellet, Alain – *Droit international public*, Paris: LGDJ, 2017.

Daly, Stephen; Mason, Ruth – State Aid: The General Court Decision in Apple, in *Tax Notes International*, vol. 99. nº 10 (2020), pp. 1317-1332.

Dammann, Jens – Related Party Transactions and Intragroup Transactions, in in Enriques, Luca; Tröger, Tobias H. – *The law and finance of related party transactions*, Cambridge: Cambridge University Press, 2019, pp. 218-244.

Davies, Paul – Related party transactions: UK Model, in Enriques, Luca; Tröger, Tobias H. – *The law and finance of related party transactions*, Cambridge: Cambridge University Press, 2019, pp. 361-399.

Davies, Ronald B.1; Martin, Julien; Parenti, Mathieu; Toubal, Farid – Knocking on tax haven's door: Multinational firms and transfer pricing, in *Review of Economics and Statistics*, vol. 100. nº 1 (2018), pp. 120-134.

DE BÚRCA, GRÁINNE; WEILER, JOSEPH – *The Worlds of European Constitutionalism*, Cambridge: Cambridge University Press, 2011.

DE WILDE, MAARTEN – *Sharing the pie: taxing multinationals in a global market*, Amesterdão: IBFD, 2017.

DE WILDE, MAARTEN – Tax Competition Within the European Union Revisited: Is the Relaunched CCCTB a Solution? in WEBER, DENNIS; STREEK, JAN VAN DE (eds.) – *The EU Common Consolidated Corporate Tax Base: Critical Analysis*, Alphen ann den Rijn: Kluwer Law International, 2018, pp. 205-234.

DEBELVA, FILIP – Fairness and International Taxation: Star-Crossed Lovers?, in *World Tax Journal: WTJ*, vol. 10. nº 4 (2018), pp. 563-583.

DELVALÉE, JULIEN – Sociétés par actions simplifées – Quand être loyal c'est parfois "bien" voter, in *Revue des Sociétés*, vol. 11. (2019), pp. 681-684.

DESAI, MIHIR; HINES JR., JAMES – Evaluating International Tax Reform, in *National Tax Journal*, vol. 56. nº 3 (2003), pp. 487-502.

DESAI, MIHIR; HINES JR., JAMES R. – Old rules and new realities: Corporate tax policy in a global setting, in *National Tax Journal*, vol. 57. nº 4 (2004), pp. 937 – 960.

DEVEREUX, MICHAEL; AUERBACH, ALAN; KEEN, MICHAEL; OOSTERHUIS, PAUL; SCHÖN, WOLFGANG; VELLA, JOHN – *Taxing Profit in a Global Economy*, Oxford: Oxford University Press, 2021.

DEVEREUX, MICHAEL; FERIA, RITA DE LA – Designing and implementing a destination-based corporate tax, in *Oxford University Centre for Business Taxation WP 14/07*, (2014), disponível em https://papers.ssrn.com/sol3/papers.cfm?abstract_id=3481360 (consultado pela última vez em 12/02/2021).

DEVEREUX, MICHAEL; LORETZ, SIMON – The effects of EU formula apportionment on corporate tax revenues, in *Fiscal studies*, vol. 29. nº 1 (2008), pp. 1-33.

DEVEREUX, MICHAEL; VELLA, JOHN – Gaming Destination-Based Cash Flow Taxes, in *Tax Law Review*, vol. 71. (2017), pp. 477-514.

DIAS, RUI PEREIRA – *Responsabilidade Por Exercício de Influência sobre a Administração de Sociedades Anónimas*, Coimbra: Almedina, 2007.

DIAS, RUI PEREIRA – Responsabilidade das Sociedades-Mãe Estrangeiras no Regime dos Grupos: os Cinzentos do Acórdão Impacto Azul (TJUE, C – 186/12, 20.6.2013), in *III Congresso Direito das Sociedades em Revista*, (2014a), pp. 411-424.

DIAS, RUI PEREIRA – Artigo 486º, in Vv., AA. – *Código das Sociedades Comerciais em Comentário, vol. VII*, Coimbra: Almedina, 2014b, pp. 75-104.

DINE, JANET – *The Governance of Corporate Groups*, Cambridge: Cambridge University Press, 2000.

DOURADO, ANA PAULA – No Taxation Without Representation in the European Union: Democracy, Patriotism and Taxes, in BROKELIND, CÉCILE (ed.) – *Principles of Law: Function, Status and Impact in EU Tax Law*, Amesterdão: IBFD, 2014, pp. 205-234.

DOURADO, ANA PAULA – The Base Erosion and Profit Shifting (BEPS) Initiative under Analysis, in *Intertax*, vol. 43. nº 1 (2015), pp. 2-5.

DOURADO, ANA PAULA – *Governação Fiscal Global*, Coimbra: Almedina, 2017.

DOURADO, ANA PAULA – *Direito Fiscal*, 5ª Ed., Coimbra: Almedina, 2020.

DOURADO, ANA PAULA; FERIA, RITA DE LA – Thin capitalization rules in the context of the CCCTB, in LANG, MICHAEL; PISTONE, PASQUALE; SCHUCH, JOSEF; STARINGER, CLAUS (eds.) – *Common Consolidated Corporate Tax Base*, Viena: Linde Verlag, 2008, pp. 785-819.

DOURADO, ANA PAULA; WATTEL, PETER – Third States and External Tax Relations, in TERRA, BEN; WATTEL, PETER; MARRES, OTTO; VERMEULEN, HEIN – *European Tax Law: General topics and diret taxation*, Alpha aan den Rijn: Wolters Kluwer, 2018.

DOVER, ROBERT; FERRETT, BENJAMIN; GRAVINO, DANIEL; JONES, ERIK; MERLER, SILVIA – *Bringing transparency, coordination and convergence to corporate tax policies in the European Union: Assessment of the magnitude of aggressive corporate tax planning*, estudo para a Direção Geral dos Serviços de Investigação da Secrataria Geral do Parlamento Europeu, 2015, disponível em http://www.europarl.europa.eu/RegData/etudes/STUD/2015/558773/EPRS_STU(2015)558773_EN.pdf, (consultado pela última vez em 12/02/2021).

DUARTE, DIOGO PEREIRA – *Aspectos do levantamiento da personalidade coletiva nas sociedades em relação de domínio: contributo para a determinação do regime da empresa plurissocietária*, Coimbra: Almedina, 2007.

DUARTE, RUI PINTO – A Subcapitalização das Sociedades – Notas de Direito Privado e de Direito Fiscal, in AA. VV. – *Estudos em memória do Prof. Doutor J. L. Sandanha Sanches, Vol IV*, Coimbra: Coimbra Editora, 2011, pp. 1065-1087.

DUARTE, RUI PINTO – A intemperança legislativa no direito das sociedades, in *II Congresso Direito das Sociedades em Revista*, Coimbra: Almedina, 2012, pp. 571-597.

DUGARD, JOHN – *Fourth Report on Diplomatic Protection*, CDI, A/CN.4/530 Nova Iorque:NU, 2013.

DUQUE, MÓNICA – Mais-valias, afetação e desafetação de bens imóveis e princípio da realização: alguns problemas, in *Cadernos de Justiça Tributária*, nº 20 (2018), pp. 3--19.

DURST, MICHAEL C. – OECD Guidelines: Causes and Consequences, in SCHÖN, WOLFGANG; KONRAD, KAI (eds.) – *Fundamentals of International Transfer Princing in Law and Economics*, Berlim: Springer, 2011, pp. 123-136.

DURST, MICHAEL C. – The Tax Policy Outlook for Developing Countries: Refletions on International Formulary Apportionment, in *ICTD Working Paper 32*, (2015), disponível em https://papers.ssrn.com/sol3/papers.cfm?abstract_id=2587860

DURST, MICHAEL C. – A Simplified Method for Taxing Multinationals for Developing Countries: Building on the'Amount B'Proposal to Repair the Transactional Net Margin Method, in *ICTD Working Paper 108*, (2020).

DUSARDUIJN, SONJA; GRIBNAU, HANS – Balancing Conflicting Conceptions of Justice in Taxation, in COGAN, DOMINC DE; HARRIS, PETER – *Tax Justice and Tax law – Understanding Unfairness in Tax Systems*, Londres: Hart Publishing, 2020, pp. 35-57.

DWORKIN, RONALD – Is wealth a value?, in *The journal of legal studies*, vol. 9. nº 2 (1980), pp. 191-226.

DWORKIN, RONALD – *Law's Empire*, Cambridge: Harvard University Press, 1986.

DWORKIN, RONALD – *Taking Rights Seriously*, London: Bloomsbury Publishing, 2013a.

DWORKIN, RONALD – A new philosophy for international law, in *Philosophy & Public Affairs*, (2013b), pp. 2-30.

DYZENHAUS, DAVID – Constitutionalism in an old key: Legality and constituent power, in *Global Constitutionalism*, vol. 1. (2012), pp. 229-260.

DYZENHAUS, DAVID – Hobbes on the international rule of law, in *Ethics & international affairs*, vol. 28. nº 1 (2014), pp. 53--64.

EBERHARTINGER, EVA; PETUTSCHNIG, MATTHIAS – CCCTB: the employment fator game, in *European journal of law and economics*, vol. 43. nº 2 (2017), pp. 333-358.

EDEN, LORRAINE – The arm's length standard: Making it work in a 21st century world of multinationals and nation states, in POGGE, THOMAS; MEHTA, KRISHEN – *Global Tax Fairness*, Nova Iorque: Oxford University Press, 2016, pp. 153-172.

EDEN, LORRAINE – The Arm's Length Standard Is Not the Problem, in *Tax Management International Journal*, vol. 48. (2019), pp. 1-9.

EGGER, PETER; SEIDEL, TOBIAS – Corporate taxes and intra-firm trade, in *European Economic Review*, vol. 63. (2013), pp. 225-242.

EICHFELDER, SEBASTIAN; HECHTNER, FRANK; HUNDSDOERFER, JOCHEN – Formula apportionment: Fator allocation and tax avoidance, in *European Accounting Review*, vol. 27. nº 4 (2018), pp. 649-681.

EICHNER, THOMAS; RUNKEL, MARCO – Why the European Union should adot formula apportionment with a sales fator, in *Scandinavian Journal of Economics*, vol. 110. nº 3 (2008), pp. 567-589.

ELLIFFE, CRAIG – The Meaning of the Principal Purpose Test: One Ring to Bind Them All?, in *World Tax Journal*, vol. 11. nº 1 (2019), pp. 47-76.

EMBID IRUJO, JOSÉ MIGUEL – Interés del grupo y ventajas compensatorias. Comentario de la sentencia del Tribunal Supremo (Sala Primera) de 11 de diciembre de 2015, in *Revista de Derecho Mercantil*, nº 300 (2016), pp. 301-320.

ENGLISCH, JOACHIM – Ability to Pay, in BROKELIND, CÉCILE (ed.) – *Principles of Law: Function, Status and Impact in EU Tax Law*, Amesterdão: IBFD, 2014, pp. 439-460.

ESSERS, PETER; RAAIJMAKERS, THEO; RUSSO, RONALD; SCHEE, PIETER VAN DER; TAS, LEO VAN DER; ZANDEN, PETER VAN DER – *The influence of IAS/IFRS on the CCCTB, tax accounting, disclosure and corporate law accounting concepts*, Alpha aan den Rijn: Kluwer Law International, 2009.

ESSERS, PETER; RUSSO, RONALD – The Precious Relatinship between IAS/IFRS, National Tax Accounting Systems and the CCCTB, ESSERS, PETER; RAAIJMAKERS, THEO; RUSSO, RONALD; SCHEE, PIETER VAN DER; TAS, LEO VAN DER; ZANDEN, PETER VAN DER – *The influence of IAS/IFRS on the CCCTB, tax accounting, disclosure and corporate law accounting concepts*, Alpha aan den Rijn: Kluwer Law International, 2009, pp. 29-85.

ESTEVES, JAIME CARVALHO – Da (ir)relevância da "fat capitalization" de uma "sociedade instrumental", in OTERO, PAULO; ARAÚJO, FERNANDO; GAMA, JOÃO TABORDA DA (eds.) – *Estudos em Memória do Prof. Doutor J. L. Saldanha Sanches, Vol. IV*, Coimbra: Coimbra Editora, 2011, pp. 783-810.

EUROPEAN UNION JOINT TRANSFER PRICING FORUM – *Report on the Application of the Profit Split Methon Witthin the EU*, 2019, disponível em https://ec.europa.eu/taxation_customs/sites/taxation/files/report_on_the_application_of_the_profit_split_method_within_the_eu_en.pdf (última vez consultado a 5/2/2020).

FACCIO, TOMMASO; FITZGERALD, EDMUND VALPY – Sharing the corporate tax base: equitable taxing of multinationals and the choice of formulary apportionment, in *Transnational Corporations Journal*, vol. 25. nº 2 (2018), pp.67-90.

FANTOZZI, AUGUSTO; LE GALL, JEAN PIERRE; VAN RAAD, KEES; BRAUNER, YARIV; NIKOLODAKIS, ANGELO – Round Table: The issues, conclusions and summing-up, in VV., AA. – *Residence of Companies Under Tax Treaties and EC Law*, Amsterdão: IBFD, 2009.

FARGAS MAS, LLUÍS M. – Consequences of the Implementation of the CCCTB Regime on EU Member States Tax Collection: Will CCCTB Have a Dramatic or Only a Severe Effect on Public Finances, in *Intertax*, vol. 38, nº 8-9 (2010), pp. 394-420.

FARIA, MARIA TERESA – Sobre os métodos de determinação de preços de transferência, in *Ciência e Técnica Fiscal*, vol. 400. (2000), pp. 59-160.

FAVEIRO, VÍTOR DUARTE – *Noções Fundamentais de Direito Fiscal Português: Estrutura Jurídica do Sistema Fiscal Português – Vol. I*, Coimbra: Coimbra Editora, 1986.

FAVEIRO, VÍTOR DUARTE – *O Estatuto do Contribuinte*, Coimbra: Coimbra Editora, 2002.

FAZENDEIRO, VÍTOR – Uma teoria acerca do abuso de direito na jurisprudência do Tribunal de Justiça da União Europeia, in *Cadernos de Justiça Tributária*, nº 10 (2015), pp. 3-16.

FELDSTEIN, MARTIN; HARTMAN, DAVID – The Optimal Taxation of Foreign Source Investment Income, in *The Quarterly Journal of Economics*, vol. 93. nº 4 (1979), pp. 613-629.

FELDSTEIN, MARTIN; HINES JR., JAMES; HUBBARD, R. GLENN – Tax Rules and the Effect of Foreign Diret Investment on US National Income, in *Taxing Multinational Corporations*, (1995), pp. 13-20.

FERIA, RITA DE LA; BELIM, CATARINA – Repartição de competências tributárias: o papel do IVA na reforma dos impostos sobre o rendimento coletivo, in OTERO, PAULO; ARAÚJO, FERNANDO; GAMA, JOÃO TABORDA DA (eds.) – *Estudos em Memória do Prof. Doutor J. L. Saldanha Sanches, Vol. IV*, Coimbra: Coimbra Editora, 2011, pp. 333-397.

FERNANDES, FILIPE DE VASCONCELOS – *Direito Fiscal Constitucional – Introdução e Princípios Fundamentais*, Lisboa: Associação Académica da Faculdade de Direito de Lisboa, 2020.

FINANCIAL COMMITTEE – ECONOMIC AND FINANCIAL COMMISSION REPORT BY THE EXPERTS ON DOUBLE TAXATION – DOCUMENT E.F.S.73. F.19 (5/4/1923)

FITZMAURICE, GERALD – The General Principles Of International Law Considered from the Standpoint Of the Rule of Law, in *RCADI*, Volume 92 Haia: Brill, 1957.

FLEMING JR., J. CLIFTON; PERONI, ROBERT; SHAY, STEPHEN – Formulary Apportionment in the US International Income Tax System: Putting Lipstick on a Pig?, in *Michigan Journal of International Law*, vol. 36. (2014), pp. 2-57.

FLEMING JR., J. CLIFTON; PERONI, ROBERT; SHAY, STEPHEN – Is Unilateral Formulary Apportionment Better than the Status Quo?, in KREVER, RICHARD; VAILLANCOURT, FRANÇOIS (eds.) – *The Allocation of Multinational Business Income: Reassessing the Formulary Apportionment Option*, Alpha aan den Rijn: Kluwer Law International, 2020, pp. 169-183.

FMI, Fiscal Monitor – Taxing Times, in *World Economic and Financial Survey*, (2013).

FORST, RAINER – *Normativity and Power: Analyzing Social Orders of Justification*, Oxford: Oxford University Press, 2017.

FOSS, NICOLAI J.; MUDAMBI, RAM; MURTINU, SAMUELE – Taxing the multinational enterprise: On the forced redesign of global value chains and other inefficiencies, in *Journal of International Business Studies*, vol. 50. nº 9 (2019), pp. 1644-1655.

FRANCK, THOMAS – *Fairness in International law and Institutions*, Oxford: Clarendon Press Oxford, 1995.

FRANCO, ANTÓNIO SOUSA – *Finanças Públicas e Direito Financeiro – Vol. I*, Coimbra: Almedina, 1992.

FREEDMAN, JUDITH; MACDONALD, GRAEME – The Tax Base for CCCTB: The Role of Principles, in *Oxford University Centre for Business Taxation WP 08/07*, (2008).

FUENTES NAHARRO, MÓNICA – National report on Spain, in MANÓVIL, RAFAEL M. (ed.) – *Groups of companies: a comparative law overview*, Cham: Springer, 2020, pp. 143-166.

FUEST, CLEMENS; HEMMELGARN, THOMAS; RAMB, FRED – How would the introduction of an EU-wide formula apportionment affect the distribution and size of the corporate tax base? An analysis based on German multinationals, in *Int Tax Public Finance*, vol. 14. nº 5 (2007), pp. 605-626.

FUEST, CLEMENS; PEICHL, ANDREAS; SIEGLOCH, SEBASTIAN – Do higher corporate taxes reduce wages? Micro evidence from

Germany, in *American Economic Review*, vol. 108. nº 2 (2018), pp. 393-418.

FUEST, CLEMENS; SPENGEL, CHRISTOPH; FINKE, KATHARINA; HECKEMEYER, JOST; NUSSER, HANNAH – Profit shifting and 'aggressive' tax planning by multinational firms: Issues and options for reform, in *World Tax Journal*, vol. 5. nº 3 (2013), pp. 307-324.

GALLIGAN, DENIS – *Law in modern society*, Oxford: Oxford University Press, 2006.

GARBARINO, CARLO – Tax design issues in respect to foreign branches and controlled companies and the feasibility of a consolidation area in the EU, in *EC Tax Review*, vol. 23. nº 1 (2014), pp. 16-29.

GARCÍA-BERNARDO, JAVIER – *Offshore finance and corporate tax avoidance*, Tese de Doutoramento, Universidade de Amsterdão, 2020.

GÉRARD, MARCEL – Multijurisdictional firms and governments' strategies under alternative tax designs, in *CESifo Working Paper Series No. 1527*, (2005).

GÉRARD, MARCEL; WEINER, JOANN MARTENS – Cross-Border Loss Offset and Formulary Apportionment: How do they affect multijurisdictional firm investment spending and interjurisdictional tax competition?, in *CESifo Working Paper Series No. 1004*, (2003).

GIANLUIGI, BIZIOLI; GRANDINETTI, MARIO; PARADA, LEOPOLDO; VANZ, GIUSEPPE; VICINI RONCHETTI, ALESSANDRO – *Corporate Taxation, Group Debt Funding and Base Erosion. New Perspectives on the EU Anti-Tax Avoidance Diretive*, Alphen aan den Rijn: Kluwer Law International, 2020.

GOMES, HUGO; MARTINS, ANTÓNIO – A derrama e os grupos de sociedades: uma análise à luz das decisões do Centro de Arbitragem Administrativo, in *Cadernos de Justiça Tributária*, nº 05 (2014), pp. 19--36.

GOMES, JÚLIO VIEIRA – *O conceito de enriquecimento: o enriquecimento forçado e os vários paradigmas do enriquecimento sem causa*, Porto: Universidade Católica Editora, 1998.

GONÇALVES, DIOGO COSTA – O Governo das Sociedades por Quotas – Breves Reflexões sobre a Celebração de Negócios entre o Gerente e a Sociedade, in Aa. Vv. O Governo das Organizações – A vocação universal do corporate governance. Coimbra: Almedina, 2011, pp. 95-123.

GONÇALVES, DIOGO COSTA – O levantamento da personalidade coletiva sob a vigência do código das sociedades comerciais, in AA. VV. – *Congresso Comemorativo dos 30 anos do Código das Sociedades Comerciais*, Coimbra:Almedina, 2017, pp. 231-264.

GONÇALVES, JOAQUIM CERQUEIRA – *Itinerâncias de Escrita. Vol. II – Hermenêutica/ Filosofia*, Lisboa: Impresa Nacional Casa da Moeda, 2013.

GONNET, SÉBASTIEN; STARKOV, VLADIMIR; PLETZ, AMANDA; MAITRA, MADHURA – Comparability adjustments in the absence of suitable local comparables in emerging and developing economies, in *Transfer Pricing International Journal*, nº 4 (2014), pp. 4-14.

GORDON, ROGER; WILSON, JOHN – An examination of multijurisdictional corporate income taxation under formula apportionment, in *Econometrica: Journal of the Econometric Society*, (1986), pp. 1357-1373.

GOSHEN, ZOHAR; HAMDANI, ASSAF – Corporate Control and the Regulation of Controlling Shareholders, in in ENRIQUES, LUCA; TRÖGER, TOBIAS H. – *The law and finance of related party transactions*, Cambridge: Cambridge University Press, 2019, pp. 23-52.

GRAETZ, MICHAEL J. – Taxing international income: Inadequate principles, outdated concepts, and unsatisfatory policies, in *Brooks Journal of International Law*, vol. 26. (2000), pp. 1357-1839.

GRAETZ, MICHAEL J.; O'HEAR, MICHAEL M. – The "Original Intent" of US International

Taxation, in *Duke Law Journal*, vol. 46. nº 5 (1997), pp. 1021-1109.

GREIL, STEFAN – The Dealing at Arm's Length Fallacy: A Way Forward to a Formula-Based Transactional Profit Split?, in *Intertax*, (2017), pp. 624-630.

GRIFFITHS, JOHN – What is legal pluralism?, in *The journal of legal pluralism and unofficial law*, vol. 18. nº 24 (1986), pp. 1-55.

GRIMM, DIETER – The Achievement of Constitutionalism and its Prospects in a Changed World in DOBNER, PETRA; LOUGHLIN, MARTIN (eds.) – *The twilight of constitutionalism?*, Oxford: Oxford University Press, 2010, pp. 1-22.

GRINBERG, ITAI – Formulating the International Tax Debate: Where Does Formulary APportionment Fit?, in KREVER, RICHARD; VAILLANCOURT, FRANÇOIS (eds.) – *The Allocation of Multinational Business Income: Reassessing the Formulary Apportionment Option*, Alpha aan den Rijn: Kluwer Law International, 2020, pp. 277-296.

GUINÉ, ORLANDO VOGLER – A responsabilização solidária nas relações de domínio qualificado in *Revista da Ordem dos Advogados*, vol. I. nº 66 (2006), pp. 295-324.

GUINÉ, ORLANDO VOGLER – Artigo 492º, in VV., AA. – *Código das Sociedades Comerciais em Comentário, vol. VII*, Coimbra: Almedina, 2014, pp. 183-190.

GUPTA, SANJAY; MOORE, JARED; GRAMLICH, JEFFREY; HOFMANN, MARY ANN – Empirical Evidence on the Revenue Effects of State Corporate Income Tax Policies, in *National Tax Journal*, vol. 62. nº 2 (2009), pp. 237-267.

GUTMANN, DANIEL – The Switch-Over Clause, in WEBER, DENNIS; STREEK, JAN VAN DE (eds.) – *The EU Common Consolidated Corporate Tax Base: Critical Analysis*, Alphen ann den Rijn: Kluwer Law International, 2018, pp. 151-162.

GUTMANN, DANIEL (ed.) – *Corporate Income Tax Subjets – EATLP Annual Congress Lisbon*, Amesterdão: IBFD, 2015.

HABERMAS, JÜRGEN – *Inclusion of the other: Studies in political theory*, Maldon: Polity Press, 2005.

HAIG, ROBERT M. – The concept of income--economic and legal aspects, in *The federal income tax*, vol. 1. nº 7 (1921), pp. 1-28.

HARBERGER, ARNOLD C. – The Incidence of the Corporation Income Tax, in *Journal of Political Economy*, vol. 70. nº 3 (1962), pp. 215-240.

HARRIS, PETER – *Corporate/Shareholder Income Taxation and Allocating Taxing Rights Between Countries: A Comparison of Imputation Systems*, Amesterdão: IBFD, 1996.

HARRIS, PETER – *International Commercial Tax*, Cambrige: Cambridge University Press, 2ª Ed., 2020.

HASKEL, JONATHAN; WESTLAKE, STIAN – *Capitalism without capital: the rise of intangible economy*, Princeton: Princeton University Press, 2018.

HASLEHNER, WERNER; KOFLER, GEORG; PANTAZATOU, KATERINA; RUST, ALEXANDER – *Tax and the Digital Economy: Challenges and Proposals for Reform*, Alpha aan den Rijn: Kluwer Law International, 2019.

HAUFLER, ANDREAS – *Taxation in a global economy: theory and evidence*, Cambridge: Cambridge University Press, 2001.

HELLERINGER, GENEVIEVE – Related Party Transactions in France: a Critical Assessment, in ENRIQUES, LUCA; TRÖGER, TOBIAS H. – *The law and finance of related party transactions*, Cambridge: Cambridge University Press, 2019, pp. 400-425.

HELLERSTEIN, JEROME; HELLERSTEIN, WALTER – *State Taxation*, Nova Iorque: Thomson Reuters, 2018.

HELLERSTEIN, WALTER – International Income Allocation in the Twenty-first Century: The Case for Formulary Apportionment, in *International Transfer Pricing Journal*, vol. 12. nº 3 (2005), pp. 103-111.

HELLERSTEIN, WALTER – Tax Planning under the CCCTB's Formulary Apportionment Provisions: The Good, the Bad and the

Ugly, in WEBER, DENIS (ed.) - *CCCTB Selected Issues*. Alphen aan den Rijn: Kluwer Law International, (2012), pp. 221--252.

HELLERSTEIN, WALTER - A US Subnational Perspective on the "Logic" of Taxing Income on a "Market" Basis, in *Bulletin for International Taxation*, vol. 72. (2018), pp. 293-296.

HELLERSTEIN, WALTER; MCLURE JR., CHARLES - Lost in Translation: Contextual Considerations in Evaluating the Relevance of US Experience for the European Commission's Company Taxation Proposals, in *Bulletin for International Taxation*, vol. 58. nº 3 (2004), pp. 86-94.

HEMELS, SIGRID - Fairness: A Legal Principle in EU Tax Law?, in BROKELIND, CÉCILE (ed.) - *Principles of Law: Function, Status and Impact in EU Tax Law*, Amesterdão: IBFD, 2014, pp. 413-438.

HENRY, JAMES S. - Let's Tax Anonymous Wealth!, in POGGE, THOMAS; MEHTA, KRISHEN - *Global Tax Fairness*, Nova Iorque: Oxford University Press, 2016.

HERZFELD, MINDY - The case against BEPS: Lessons for tax coordination, in *Florida Tax Review*, vol. 21. (2017), pp. 1-59.

HERZIG, NORBERT - Tax Harmonization in Europe: Methods of Consolidation, in in LANG, MICHAEL; PISTONE, PASQUALE; SCHUCH, JOSEF; STARINGER, CLAUS (eds.) - *Common Consolidated Corporate Tax Base*, Viena: Linde Verlag, 2008, pp. 547-572.

HICKMAN, ANDREW - The BEPS Action Plan and Updating the OECD Guidance on Profit Split Method, in DANON, ROBERT; MAISTO, GUGLIELMO; CHAND, VIKRAM; CAPPELLERI, GABRIELLA (eds.) - *The Future of the Profit Split Method*, Alphen aan den Rijn: Kluwer Law International, 2021, pp. 55-68.

HIEMANN, MORITZ; REICHELSTEIN, STEFAN - Transfer Pricing in Multinational Corporations: An Integrated Management and Tax Perspective, in SCHÖN, WOLFGANG; KONRAD, KAI (eds.) - *Fundamentals of International Transfer Princing in Law and Economics*, Berlim: Springer, 2011, pp. 3--18.

HIGINBOTHAM, HARLOW; STARKOV, VLADIMIR - Application of the Profit Split Method, in DANON, ROBERT; MAISTO, GUGLIELMO; CHAND, VIKRAM; CAPPELLERI, GABRIELLA (eds.) - *The Future of the Profit Split Method*, Alphen aan den Rijn: Kluwer Law International, 2021, pp. 93-102.

HINES JR., JAMES - Income misattribution under formula apportionment, in *European Economic Review*, vol. 54. nº 1 (2010), pp. 108-120.

HOLMES, STEPHEN; SUNSTEIN, CASS - *The Cost of Rights: Why Liberty Depends on Taxes*, Nova Iorque: W.W. Norton, 2000.

HOMMELHOFF, PETER - Protection of Minority Shareholders, Investors and Creditors in Corporate Groups: The Strengths and Weaknesses of German Corporate Group Law, in *European Business Organization Law Review (EBOR)*, vol. 2. nº 1 (2001), pp. 61-80.

HONGLER, PETER - *Justice in International Tax Law, A Normative Review of the International Tax Regime*, Amsterdão: IBFD, 2019.

HOPT, KLAUS J. - Groups of Companies A Comparative Study on the Economics, Law and Regulation of Corporate Groups, in *European Corporate Governance Institute, Law Working Paper N° 286/2015* (2015).

HUNDSDOERFER, JOCHEN; WAGNER, JULIA - How accurately does the CCCTB apportionment formula allocate profits? An evaluation of the European Commission proposal, in *Journal of Business Economics*, vol. 90. nº 4 (2020), pp. 495-536.

HUNT, EMER - (Un)Fairness as an Irritant to the Legal System: The Case of Two Legislatures and More Multinational Enterprises, in COGAN, DOMINC DE; HARRIS, PETER - *Tax Justice and Tax law - Understanding Unfairness in Tax Systems*, Londres: Hart Publishing, 2020, pp. 35-57.

HUTCHINGS, KIMBERLY – *Global Ethics: An Introduction*, 2ª Ed., Cambridge: Polity, 2018.

IASB – Framework For Preparation and Presentation of Financial Statements

IATA – GUIDELINES FOR TAXATION OF INTERNATIONAL AIR TRANSPORT PROFITS

IFA – *Cahiers IFA 89*, Haia: International Fiscal Association, 2004.

IFA – *Cahiers IFA 90*, Haia: International Fiscal Association, 2005.

IFA – *Cahiers IFA 101*, Haia: International Fiscal Association, 2016.

IFA – *Cahiers IFA 103*, Haia: International Fiscal Association, 2018.

IFA – *Cahiers IFA 104*, Haia: International Fiscal Association, 2019.

IFA – *Cahiers IFA 105*, Haia: International Fiscal Association, 2020.

INFANTI, ANTHONY – Internation Equity and Human Development, in STEWART, MIRANDA; BRAUNER, YARIV – *Tax Law and Development*, Chetlenham: Edward Elgar Publishing, 2012, pp. 209-241.

ISENBAERT, MATHIEU – *EC law and the sovereignty of the member states in diret taxation*, Amesterdão: IBFD, 2010.

JAATINEN, ILDA – IAS/IFRS: A Starting Point for the CCCTB?, in *Intertax*, vol. 40. nº 4 (2012), pp. 260-269.

JAMES, SIMON R.; NOBES, CHRISTOPHER – *The Economics of Taxation: Principles, Policy and Practise*, 18ª Ed., Birmingham: Fiscal Publications, 2018.

JANSKÝ, PETR; PALANSKÝ, MIROSLAV – Estimating the scale of profit shifting and tax revenue losses related to foreign diret investment, in *Int Tax Public Finance*, vol. 26. nº 5 (2019), pp. 1048-1103.

JOGARAJAN, SUNITA – *Double taxation and the League of Nations*, Cambridge: Cambridge University Press, 2018.

JOINT COMMITTEE ON TAXATION SUBMITTED TO THE HOUSE COMMITTEE ON WAYS AND MEANS – Joint Committee On Taxation: Present Law And Background Related To Possible Income Shifting And Transfer Pricing, 2010, disponível em https://www.jct.gov/CMSPages/GetFile.aspx?guid=04e8056b-cccc-47ac-be1b-6b044c316486 (última vez consultado a 1/3/2021).

KALLERGIS, ANDRÉAS – *La Compétence Fiscale*, Paris: Dalloz, 2018.

KANE, MITCHELL – Ownership neutrality, ownership distortions, and international tax welfare benchmarks, in *Virginia Tax Review*, vol. 26. (2006), pp. 53-79.

KANE, MITCHELL – Transfer pricing, integration and synergy intangibles: a consensus approach to the arm's length standard, in *World Tax Journal*, vol. 3. (2014), pp. 282-314.

KAUFMAN, NANCY – Fairness and the Taxation of International Income, in *Law and Policy in International Business*, vol. 29. nº 2 (1998), pp. 145-203.

KAUFMANN, ARTHUR – *Filosofia do Direito (trad.)*, 5ª edição, Lisboa: Fundação Calouste Gulbenkian, 2014.

KEEN, MICHAEL; PERRY, VICTORIA; MOOIJ, RUUD DE; MATHESON, THORNTON; SCHATAN, ROBERTO; MULLINS, PETER; CRIVELLI, ERNESTO – *Spillovers in international corporate taxation*, IMF, 2014.

KEMMEREN, ERIC CORNELIA – *Principle of Origin in Tax Conventions: A Rethinking of Models*, Dongen: Pijnenburg, 2001.

KEUSCHNIGG, CHRISTIAN; DEVEREUX, MICHAEL – The arm's length principle and distortions to multinational firm organization, in *Journal of International Economics*, vol. 89. nº 2 (2013), pp. 432-440.

KIESEWETTER, DIRK; STEIGENBERGER, TOBIAS; STIER, MATTHIAS – Can formula apportionment really prevent multinational enterprises from profit shifting? The role of asset valuation, intragroup debt, and leases, in *Journal of Business Economics*, vol. 88. nº 9 (2018), pp. 1029-1060.

KLEINBARD, EDWARD – Stateless Income, in *Florida Tax Review*, vol. 11. nº 9 (2011a), pp. 699-774.

KLEINBARD, EDWARD – The Lessons of Stateless Income, in *Tax Law Review*, vol. 65. nº 1 (2011b), pp. 99-172.

KOBETSKY, MICHAEL – A Comparative Analysis o the UN and OECD Approaches on the Transactional Profit Split Method and Formulary Apportionment, in DANON, ROBERT; MAISTO, GUGLIELMO; CHAND, VIKRAM; CAPPELLERI, GABRIELLA (eds.) – *The Future of the Profit Split Method*, Alphen aan den Rijn: Kluwer Law International, 2021, pp. 147-170.

KOFLER, GEORG; SINNIG, JULIA – Equalization Taxes and the EU& "Digital Services Tax", in *Intertax*, vol. 47. nº 2 (2019), pp. 176-200.

KREVER, RICHARD; MELLOR, PETER – The Allocation of Multinational Business Income: Reassessing the Formulary Apportionment Option, in KREVER, RICHARD; VAILLANCOURT, FRANÇOIS (eds.) – *The Allocation of Multinational Business Income: Reassessing the Formulary Apportionment Option*, Alpha aan den Rijn: Kluwer Law International, 2020, pp. 9--40.

KUMM, MATTIAS – The Best of Times and the Worst of Times: Between Constitutional Triumphalism and Nostalgia, in DOBNER, PETRA; LOUGHLIN, MARTIN (eds.) – *The twilight of constitutionalism?*, Oxford: Oxford University Press, 2010, pp. 201--219.

KUMM, MATTIAS – The Cosmopolitan Turn in Constitutionalism: An Integrated Conception of Public Law, in *Indiana Journal of Global Legal Studies*, vol. 20. nº 2 (2013), pp. 605-628.

KUMM, MATTIAS – Sovereignty and the Right to Be Left Alone: Subsidiarity, Justice-Sensitive Externalities and the Proper Domain of the Consent Requirement in International Law, in *Law & Contemp. Probs.*, vol. 79. (2016a), pp. 239-259.

KUMM, MATTIAS – Constituent power, cosmopolitan constitutionalism, and post--positivist law, in *International Journal of Constitutional Law*, vol. 14. nº 3 (2016b), pp. 697-711.

LAHEY, KATHLEEN – Missing Women: Gender Impact Analysis and International Taxation, in COCKFIELD, ARTHUR J.; EASSON, A. J. – *Globalization and Its Tax Discontents: Tax Policy and International Investments: Essays in Honour of Alex Easson*, Toronto: University of Toronto Press, 2010, pp. 157-217.

LANG, MICHAEL; PISTONE, PASQUALE; SCHUCH, JOSEF; STARINGER, CLAUS; STORCK, ALFRED (eds.) – *Corporate income taxation in Europe: the common consolidated corporate tax base (CCCTB) and third countries*, Cheltenham: Edward Elgar Publishing, 2013.

LANG, MICHAEL; PISTONE, PASQUALE; SCHUCH, JOSEF; STARINGER, CLAUS (eds.) – *Common Consolidated Corporate Tax Base*, Viena: Linde Verlag, 2008.

LANGBEIN, STANLEY – The unitary method and the myth of arm's length, in *Tax Notes*, vol. 30. nº 17 (1986), pp. 625-681.

LARENZ, KARL – *Metodologia da Ciência do Direito (trad.)*, reimpressão da 4ª edição, Lisboa: Fundação Calouste Gulbenkian, 2009.

LAUTERPACHT, HERSCH – *The function of law in the international community*, Oxford: Oxford University Press, 2011.

LEAGUE OF NATIONS FISCAL COMMITTEE LONDON AND MEXICO MODEL TAX CONVENTIONS COMMENTARY AND TEXT, C.88.M.88.1946.II.A.

LECOURT, BENOÎT – Vers une reconnaissance européenne de l'intérêt du groupe de sociétés: Rapport du professeur Pierre--Henri Conac au nom du groupe informel d'experts en droit des sociétés auprès de la Commission européenne (Informal Company Law Expert Group), in *Revue des Sociétés*, nº 02 (2017), pp. 115 e ss.

LEITÃO, ADELAIDE MENEZES – *Normas de proteção e danos puramente patrimoniais*, Coimbra: Almedina, 2009.

LINDERFALK, ULF – The effect of jus cogens norms: whoever opened Pandora's box, did you ever think about the consequences?, in *European journal of international law*, vol. 18. nº 5 (2007), pp. 853-871.

LINK, SIMON PATRICK – Application of tax treaties to companies subjet to national group taxation regimes, in Vv., AA. – *International and EC Tax Aspects of Groups of Companies*, Amesterdão: IBFD, 2008, pp. 137-147.

LIPSEY, RICHARD G.; LANCASTER, KELVIN – The general theory of second best, in *The Review of Economic Studies*, vol. 24. nº 1 (1956), pp. 11-32.

LLOPIS, ESTEFANÍA LÓPEZ – Formulary Apportionment in the European Union, in *Intertax*, (2017), pp. 631-641.

LOKKEN, LAWRENCE – What Is This Thing Called Source?, in BRAUNER, YARIV; MCMAHON JR., MARTIN (eds.) – *The Proper Tax Base – Structural Fairness from an International and Comparative Perspective–Essays in Honour of Paul McDaniel*, Alphen aan den Rijn: Wolters Kluwer, 2012, pp. 139-148.

LOURENÇO, ANA PRÍNCIPE – *O impacto da lei nos custos de transação: aplicação ao agrupamento complementar de empresas*, Porto: Universidade Católica Editora, 2004.

LOUSA, MARIA DOS PRAZERES – Regime de Tributação pelo Lucro Consolidado, in *Ciência e Técnica Fiscal*, vol. 355. (1989), pp. 59 e ss.

LUCKHAUPT, HAGEN; OVERESCH, MICHAEL; SCHREIBER, ULRICH – The OECD Approach to Transfer Pricing: A Critical Assessment and Proposal, in SCHÖN, WOLFGANG; KONRAD, KAI (eds.) – *Fundamentals of International Transfer Princing in Law and Economics*, Berlim: Springer, 2011, pp. 91-121.

LYONS, TIMOTHY – Starbucks and Fiat Chrysler: is the European Commission defending national tax regimes?, in *British Tax Review*, nº 1 (2020), pp. 37-47.

MACHETE, PEDRO – Constitucionalismo Liberal e Globalização, in VV., AA. – *Estudos de Homenagem ao Professor Doutor Jorge Miranda – Volume III*, Coimbra: Coimbra Editora, 2012.

MADURO, MIGUEL POIARES – Europe and the Constitution: What if this is as good as it gets?, in WEILER, JOSEPH E WIND, MARLENE. (eds.) – *European Constitutionalism Beyond the State*, Cambridge: Cambridge University Press, 2003, pp. 74-102.

MAINE, JEFFREY A.; NGUYEN, XUAN-THAO – The Intellectual Property Holding Company: Tax Use and Abuse from Victoria's Secret to Apple, Cambridge: Cambridge University Press, 2017.

MAISTO, GUGLIELMO – The Rise (and Fall?) of the Profit Split Method, in DANON, ROBERT; MAISTO, GUGLIELMO; CHAND, VIKRAM; CAPPELLERI, GABRIELLA (eds.) – *The Future of the Profit Split Method*, Alphen aan den Rijn: Kluwer Law International, 2021, pp. 1-29.

MAISTO, GUGLIEMO – *Article 8: Business Profits*, in IBFD Global Tax Treaty Commentaries, Recurso *online* (consultado pela última vez em 13/11/2020).

MAJDOWSKI, FILIP; BRONZEWSKA, KATARZYNA – Revolutionary Changes to the Arm's Length Principle under the OECD BEPS Projet: Have CFC Rules Become Redundant?, in *Intertax*, vol. 46. nº 3 (2018), pp. 210-224.

MANÓVIL, RAFAEL M. (ed.) – *Groups of companies: a comparative law overview*, Cham: Springer, 2020.

MAO, YONGSHONG; GOTFRIED, ADAM – The Cameco Decision: A Welcome Glimpse of Transfer Pricing in the Post-BEPS World, in *International Transfer Pricing Journal*, vol. 26. nº 2 (2019).

MARCHLEN, THOMAS – Selected Issues on Interstate Apportionment of Corporation Income Tax in the US: A Model for Europe&#63, in *Intertax*, (2010), pp. 163-166.

MARTHA, RUTSEL SILVESTRE J. – *The Jurisdiction to Tax in International Law: Theory and Practice of Legislative Fiscal Jurisdiction*, Deventer: Kluwer Law and Taxation Publishers, 1989.

Martinez, Pedro Soares – *Direito Fiscal*, Coimbra: Almedina, 1996.

Martini, Jan Thomas; Niemann, Rainer; Simons, Dirk – Transfer pricing or formula apportionment? Tax-induced distortions of multinationals' investment and production decisions, in *Contemporary Accounting Research*, vol. 29, nº 4 (2012), pp. 1060-1086.

Martins, Alexandre Soveral – A aplicação do art. 397º CSC às sociedades por quotas, in *II Congresso Direito das Sociedades em Revista*, Coimbra: Almedina, 2012, pp. 557-570.

Martins, António – A tributação e os preços de transferência: estudo de caso da aplicação do método da margem líquida de operações, in *Boletim de Ciências Económicas*, LVIII (2015), pp. 1-62.

Martins, Elisabete Louro – *O ónus da prova no direito fiscal*, Coimbra: Coimbra Editora, 2010.

Martins, Maria d'Oliveira – *A Despesa Pública Justa: uma Análise Jurídico-Constitucional do Tema da Justiça na Despesa Pública*, Coimbra: Almedina, 2016.

Mason, Ruth – Identifying Illegal Subsidies, in *American University Law Review*, vol. 69, nº 2 (2019), pp. 481-564.

McIntyre, Michael J. – The use of combined reporting by nation states, in *Tax Notes International*, vol. 35. (2004), pp. 917-948.

McKinsey Global Institute – *Playing to Win: The New Global Competition for Corporate Profits*, 2015, disponível em https://www.mckinsey.com/business-functions/strategy-and-corporate-finance/our-insights/the-new-global-competition-for-corporate-profits (consultado pela última vez em 12/02/2021).

McLure Jr., Charles E. – Replacing Separate Entity Accounting and the Arm's Length Principle with Formulary Apportionment, in *Bulletin for International Taxation*, vol. 56. nº 12 (2002), pp. 586-599.

McLure Jr., Charles E. – How Should the UDITPA Sales Fator Treat Receipts from Transactions Involving Financial Instruments?, in *The State and Local Tax Lawyer. Symposium Edition*, (2009), pp. 101-154.

Medeiros, Rui – *A Constituição Portuguesa num Contexto Global*, Lisboa: Universidade Católica Editora, 2015.

Mehta, Krishen; Shubert, Esther; Siu, Erika Dayle (eds.) – *Tax Justice and Global Inequality: Practical Solutions to Protect Developing Country Revenues*, Londres: Zed Books Ltd., 2020.

Mendes, António Rocha – *IRC e as Reorganizações Empresariais*, Lisboa: Universidade Católica Editora, 2016.

Menéndez, Agustín José – *Justifying Taxes: Some Elements for a General Theory of Democratic Tax Law*, Dordrecht: Springer, 2013.

Mintz, Jack M. – Globalization of the Corporate Income Tax: The Role of Allocation, in *FinanzArchiv / Public Finance Analysis*, vol. 56. nº 3/4 (1999), pp. 389-423.

Mintz, Jack M.; Weiner, Joann Martens – Some open negotiation issues involving a common consolidated corporate tax base in the European Union, in *Tax Law Review*, vol. 62. (2008), pp. 81-117.

Miranda, Jorge – *Curso de Direito Internacional público*, 6ª Ed., Lisboa: Principia, 2016.

Miranda, Jorge; Medeiros, Rui – *Constituição Portuguesa Anotada, Tomo I, 2. ª Edição*, Coimbra: Coimbra Editora, 2010.

Mitroyanni, Ioanna – *Integration approaches to group taxation in the European internal market*, Alphen aan den Rijn: Kluwer Law International, 2008.

Monsenego, Jérôme – *Taxation of foreign business income within the European internal market: an analysis of the conflict between the objetive of achievement of the European internal market and the principles of territoriality and worldwide taxation*, Amesterdão: IBFD, 2012.

MONSENEGO, JÉRÔME – *Selectivity in state aid law and the methods for the allocation of the corporate tax base*, Alpha aan den Rijn: Kluwer Law International, 2018.

MONTALENTI, PAOLO – L'attività di direzione e coordinamento: dottrina, prassi, giurisprudenza, in *Giurisprudenza commerciale*, nº 2 (2016), pp. 111-121.

MONTEIRO, ANTÓNIO PINTO; MAIA, PEDRO – Sociedades Anónimas Unipessoais e a Reforma de 2006, in *Revista de Legislação e Jurisprudência*, ano 139, nº 3960 (2011), pp. 138-155.

MOOIJ, RUUD DE; LIU, LI – At a cost: The real effects of transfer pricing regulations, in *IMF Economic Review*, vol. 68. nº 1 (2020), pp. 268-306.

MOOIJ, RUUD DE; LIU, LI; PRIHARDINI, DINAR – An Assessment of Global Formula Apportionment, in *IMF Working Papers*, nº 2019/213 (2019).

MORAIS, RUI DUARTE – A Revisão da "Constituição Fiscal", in VAZ, MANUEL AFONSO; LOPES, JOSÉ AZEREDO (eds.) – *Juris et de Jure: Nos 20 anos da Faculdade de Direito da Universidade Católica Portuguesa-Porto*, Porto: Universidade Católica Editora, 1998, pp. 1153-1181.

MORAIS, RUI DUARTE – *Imputação de Lucros de Sociedades Não Residentes Sujeitas a um Regime Fiscal Privilegiado*, Porto: Universidade Católica Editora, 2005.

MORAIS, RUI DUARTE – Sobre a Noção de "Cláusulas Antiabuso" em Direito Fiscal, in Aa. Vv. – *Estudos Jurídicos e Económicos em Homenagem ao Prof. Doutor António de Sousa Franco – Vol. I*, (2006), pp. 879--894.

MORAIS, RUI DUARTE – *Apontamentos ao IRC*, Coimbra: Almedina, 2007.

MORAIS, RUI DUARTE – Justiça tributária e competitividade, in *Revista de Finanças Públicas e Direito Fiscal*, vol. V. nº 4 (2012), pp. 55-77.

MORAIS, RUI DUARTE – Convenções sobre Dupla Tributação: de novo em diálogo com a jurisprudência, in *Cadernos de Justiça Tributária*, nº 01 (2013), pp. 35-45.

MORAIS, RUI DUARTE – As reformas fiscais do presente, in *Revista de finanças públicas e direito fiscal*, vol. 4. (2016), pp. 249-268.

MOSQUERA, VALDERRAMA IRMA – Output Legitimacy Deficits and the Inclusive Framework of the OECD/G20 Base Erosion and Profit Shifting Initiative, in *Bulletin for International Taxation*, vol. 72. nº 3 (2018), pp. 3-21.

MOYA BALLESTER, JORGE – Nuevas formas de protección de terceros en el Derecho de Grupos, in *Revista de Derecho de Sociedades*, nº 48 (2016), pp. 100-123.

MUNSTERMAN, FABIAN – CONSOLIDATION WITHIN THE CCCTB, in WEBER, DENNIS; STREEK, JAN VAN DE (eds.) – *The EU Common Consolidated Corporate Tax Base: Critical Analysis*, Alphen ann den Rijn: Kluwer Law International, 2018, pp. 197-205.

MURPHY, LIAM; NAGEL, THOMAS – *The Myth of Ownership: Taxes and Justice*, Nova Iorque: Oxford University Press, 2002.

MUSGRAVE, PEGGY – Economic Criteria, Principles and Policies of the Taxation of Foreign Investment Income, in Musgrave, Richman – *Taxation of foreign investment income: an economic analysis*, John Hopkins Press (1963), pp. 5-36.

MUSGRAVE, PEGGY – Principles for dividing the state corporate tax base, in McLure, Charles E. – *The State Corporation Income Tax: Issues in Worldwide Unitary Combination*, Stanford:Hoover Institution Press, 1984, pp. 228-252.

MUSGRAVE, PEGGY – Fiscal Coordination and Competition in an International Setting, in EDEN, LORRAINE (ed.) – *Retrospectives on Public Finance*, Durham: Duke University Press, 1991.

MUSGRAVE, PEGGY – Interjurisdictional equity in company taxation: principles and applications to the European Union, in Cnossen, Sijbren (ed.) – *Taxing capital income in the European union: issues and options for reform*, Nova Iorque, Oxford University Press, 2000.

Musgrave, Peggy – *Tax policy in the global economy*, Cheltenham: Edward Elgar, 2002.

Musgrave, Richard A. – Criteria for foreign tax credit, in *Taxation of Operation Abroad*, Princeton: The Tax Institute (1959).

Musgrave, Richard; Musgrave, Peggy – Inter-nation equity, in *Modern Fiscal Issues: Essays in Honor of Carl S. Shoup*, Toronto: University of Toronto Press, (1972), pp. 63-85.

Nabais, José Casalta – *O Dever Fundamental de Pagar Impostos: Contributo para a Compreensão Constitucional do Estado Fiscal Contemporâneo*, Coimbra: Almedina, 1998.

Nabais, José Casalta – *Por um Estado Fiscal Suportável – Estudos de Direito Fiscal, Vol. I*, Coimbra: Almedina, 2005.

Nabais, José Casalta – *Por um Estado Fiscal Suportável – Estudos de Direito Fiscal, Vol. II*, Coimbra: Almedina, 2008.

Nabais, José Casalta – *Por um Estado Fiscal Suportável – Estudos de Direito Fiscal, Vol. V*, Coimbra: Almedina, 2018.

Nabais, José Casalta – *Direito Fiscal*, 11ª Ed., Coimbra: Almedina, 2019.

Nabais, José Casalta – *Problemas Nucleares de Direito Fiscal*, Coimbra: Almedina, 2020.

Nagel, Thomas – The problem of global justice, in *Philosophy & public affairs*, vol. 33. nº 2 (2005), pp. 113-147.

Nagel, Thomas – The Problem of Global Justice, in *Philosophy & Public Affairs*, vol. 33, nº 2 (2005), pp. 113-147.

Navarro, Aitor – *Transactional adjustments in transfer pricing*, Amesterdão: IBFD, 2017.

Navarro, Aitor – International Tax Soft Law Instruments: The Futility of the Static v. Dynamic Interpretation Debate, in *Intertax*, vol. 48. nº 10 (2020), pp. 848-860.

Nerudová, Danuše – Common Consolidated Corporate Tax Base: sharing the tax base under formulary apportionment, in *Proceedings of the 13th international conference on finance and banking*, 2013, pp. 279-288.

Nerudová, Danuše; Solilová, Veronika – *Report on behavioural model for measurement of the impacts of tax sharing mechanism under C(C)CTB*, FairTax Working Paper n. 12, 2017.

Neves, António Castanheira – Justiça e direito, in *Boletim da Faculdade de Direito da Universidade de Coimbra*, vol. 51. (1975), pp. 205-269.

Neves, António Castanheira – O papel do jurista no nosso tempo, in *Boletim da Faculdade de Direito da Universidade de Coimbra*, vol. 44. (1968), pp. 83-142.

Neves, António Castanheira – Uma reconstituição do sentido do Direito – na sua autonomia, nos seus limites, nas suas alternativas, in *Revista da Faculdade de DIreito da Universidade Lusófona do Porto*, vol. 1. nº 1 (2012), pp. 1-31.

Nielsen, Søren Bo; Raimondos-Møller, Pascalis; Schjelderup, Guttorm – Formula apportionment and transfer pricing under oligopolistic competition, in *Journal of Public Economic Theory*, vol. 5. nº 2 (2003), pp. 419-437.

Nogueira, João Félix – Abuso de Direito em fiscalidade direta – a emergência de um, in *Revista da Faculdade de Direito da Universidade do Porto*, vol. VI. (2009), pp. 239-299.

Nogueira, João Félix – *Direito fiscal europeu: o paradigma da proporcionalidade: a proporcionalidade como critério central da compatibilidade de normas tributárias internas com as liberdades fundamentais*, Coimbra: Coimbra Editora, 2010.

Nogueira, João Félix – Portugal: Can a Servicer Become and Agent Permanent Establishment?, in Aa. Vv. – Tax Treaty Case Law around the Globe, 2018, Amesterdão: IBFD, pp. 81-93.

Nogueira, João Félix – GloBE and EU Law: Assessing the Compatibility of the OECD's Pillar II Initiative on a Minimum Effective Tax Rate with EU Law and Implementing It within the Internal Market, in *World Tax Journal*, vol. 12. nº 3 (2020).

Nogueira, João Félix; Andrade, Betty; Pistone, Pasquale – The 2019 OECD Proposals for addressing the tax challenges of the digitalization of the economy: an assessment, in *International Tax Studies, 2-2019,* (2019).

Nogueira, João Félix; Andrade, Betty; Pistone, Pasquale; Turina, Alessandro – The OECD Public Consultation Document'Secretariat Proposal for a'unified Approach'under Pillar One': An Assessment, in *Bulletin for International Taxation,* vol. 74. nº 1 (2019).

Norr, Martin – Jurisdiction to Tax and International Income, in *Tax Law Review,* vol. 431. nº 17 (1961), pp. 431-463.

Novais, Jorge Reis – *Direitos Sociais: Teoria Jurídica dos Direitos Sociais Enquanto Direitos Fundamentais,* Coimbra: Coimbra Editora, 2010.

NU – *Practical Manual on Transfer Pricing for Developing Countries,* Nova Iorque: NU, 2017.

Nunes, Gonçalo Avelãs – *Tributação dos Grupos de Sociedades pelo Lucro Consolidado em sede de IRC – Contributo para um novo enquadramento dogmático e legal do seu regime,* Coimbra: Almedina, 2001.

OCDE – *Transfer Pricing and Multinational Enterprises,* 1979, disponível em https://www.oecd-ilibrary.org/finance-and--investment/transfer-pricing-and-multinational-enterprises_9789264167773-en (última consulta a 12/02/2021).

OCDE – *Fundamental Reform of Corporate Income Tax,* 2007, disponível em https://www.oecd-ilibrary.org/taxation/fundamental-reform-of-corporate-income--tax_9789264038127-en (consultado pela última vez em 12/02/2021).

OCDE – *Addressing Base Erosion and Profit Shifting,* Paris: OECD Publishing, 2013a, disponível em https://www.oecd.org/ctp/addressing-base-erosion-and-profit-shifting-9789264192744-en.htm (consultado pela última vez em 12/02/2021).

OCDE – *Action Plan on Base Erosion and Profit Shifting,* Paris: OECD Publishing, 2013b, disponível em https://www.oecd.org/ctp/BEPSActionPlan.pdf(consultado pela última vez em 12/02/2021).

OCDE – *Measuring and Monitoring BEPS, Action 11 – 2015 Report, OECD/G20 Base Erosion and Profit Shifting Projet,* Paris: OECD Publishing, 2015a, disponível em https://www.oecd.org/ctp/measuring-and-monitoring-beps-action-11--2015-final-report-9789264241343-en.htm (consultado pela última vez em 12/02/2021).

OCDE – *Transfer Pricing Documentation and Country-by-Country Reporting, Action 13 – 2015 Final Report,* Paris: OECD Publishing, 2015b, disponível em https://www.oecd.org/ctp/transfer-pricing-documentation-and--country-by-country-reporting-action-13--2015-final-report-9789264241480-en.htm, (consultado pela última vez em 12/02/2021).

OCDE – *Transfer Pricing Guidelines,* Paris: OECD Publishing, 2017a, disponíveis em https://www.oecd.org/tax/transfer-pricing/oecd-transfer-pricing-guidelines-for-multinational-enterprises-and-tax-administrations-20769717.htm, (consultado pela última vez em 12/02/2021).

OCDE – *Commentaries on the Articles of the Model Convention,* Paris: OECD Publishing, 2017b, disponíveis em http://www.oecd.org/ctp/model-tax-convention-on--income-and-on-capital-full-version--9a5b369e-en.htm, (consultado pela última vez em 12/02/2021).

OCDE – *Guidance for Tax Administrations on the Application of the Approach to Hard--to-Value Intangibles-BEPS Actions 8-10, OECD/G20 Base Erosion and Profit Shifting Project,* Paris: OECD Publishing, 2018a, disponível em http://www.oecd.org/tax/beps/guidance-for-tax-administrations--on-the-application-of-the-approach-to-

-hard-to-value-intangibles-beps-action-8.htm (última vez consultado a 12/02/2021).

OCDE – *Revised Guidance on the Application of the Transactional Profit Split Method: Inclusive Framework on BEPS: Action 10, OECD/G20 Base Erosion and Profit Shifting Project*, Paris:OCDE Publishing, 2018b, disponível em https://www.oecd.org/tax/beps/revised-guidance-on-the-application-of--the-transactional-profit-split-method--beps-action-10.pdf (consultado pela última vez em 12/02/2021).

OCDE – *Tax Challenges Arising from Digitalisation – Report on Pillar One Blueprint*, Paris: OECD Publishing, 2020a, disponível em http://www.oecd.org/tax/beps/tax-challenges-arising-from-digitalisation-report--on-pillar-one-blueprint-beba0634-en.htm (consultado pela última vez em 12/02/2021).

OCDE – *Tax Challenges Arising from Digitalisation – Report on Pillar Two Blueprint*, Paris: OECD Publishing, 2020b, disponível em http://www.oecd.org/tax/beps/tax-challenges-arising-from-digitalisation-report--on-pillar-two-blueprint-abb4c3d1-en.htmg (consultado pela última vez em 12/02/2021).

Oestreicher, Andreas – CCCTB – Methods of Consolidation, in Lang, Michael; Pistone, Pasquale; Schuch, Josef; Staringer, Claus (eds.) – *Common Consolidated Corporate Tax Base*, Viena: Linde Verlag, 2008, pp. 517-546.

Oestreicher, Andreas; Reister, Timo; Spengel, Christoph – Common corporate tax base (CCTB) and effective tax burdens in the EU member states, in *Discussion Paper/ZEW*, vol. 9. (2009).

Oestreicher, Andreas; Spengel, Christoph; Koch, Reinald – How to reform taxation of corporate groups in Europe, in *World Tax Journal*, vol. 3. nº 1 (2011), pp. 5-38.

Offermans, René; Huibregtse, Steef; Verdoner, Louan; Michalek, Jan Jakub – European Union-Bridging the CCCTB and the Arm's Length Principle–A Value Chain Analysis Approach, in *European Taxation*, vol. 57. nº 11 (2017), pp. 466-480.

Olbert, Marcel; Spengel, Christoph – International taxation in the digital economy: challenge accepted, in *World tax journal*, vol. 9. nº 1 (2017), pp. 3-46.

Oliveira, Ana Perestrelo de – *Grupos de Sociedades e Deveres de Lealdade – Por um Critério Unitário de Solução do "Conflito do Grupo"*, Coimbra: Almedina, 2012.

Oliveira, Ana Perestrelo de – *Manual de grupos de sociedades*, Coimbra: Almedina, 2016.

Oliveira, António Fernandes de – *A legitimidade do planeamento fiscal, as cláusulas gerais anti-abusos e os conflitos de interesse*, Coimbra: Coimbra Editora, 2009.

Oosterhuis, Paul; Parsons, Amanda – Destination-Based Income Taxation: Neither Principled Nor Practical, in *Tax Law Review*, vol. 71. (2017), pp. 515-550.

Ortmann, Regina – Uncertainty in weighting formulary apportionment fators and its impact on after-tax income of multinational groups, in *arqus Discussion Paper n. 184*, (2015), pp. 1-33.

Ortmann, Regina; Pummerer, Erich – Formula apportionment or separate accounting? Tax-induced distortions of multinationals' locational investment decisions, in *WU International Taxation Research Paper Series*, vol. 28. (2015).

Owens, Jeffrey; Zhan, James – Trade, investment and taxation: policy linkages, in *Transnational Corporations – Special Issue on Investment and International Taxation, Part I.* Nova Iorque: UNCTAD, 2018, disponível em https://unctad.org/webflyer/transnational-corporations-volume-25--2018-number-2 (consultado pela última vez em 12/02/2021).

Ozai, Ivan – Inter-Nation Equity Revisited, in *Columbia Journal of Tax Law*, vol. 12. nº 1 (2020), pp. 58-88.

PALMA, CLOTILDE CELORICO – Da evolução do conceito de capacidade contributiva, in *Ciência e Técnica Fiscal*, vol. 402. (2001), pp. 109-145.

PALMA, RUI CAMACHO – Quo vaditis, tax treaties?, in *Estudos em Memória do Prof. Doutor J. L. Saldanha Sanches, Vol. V*, Coimbra: Coimbra Editora, 2011, pp. 773-807.

PANAYI, CHRISTIANA – *European Union corporate tax law*, Cambridge: Cambridge University Press, 2013.

PARADA, LEOPOLDO – The Unified Approach Under Pillar 1: An Early Analysis, in *Tax Notes International*, vol. 96. nº 11 (2019), pp. 983-989.

PARK, WILLIAM W. – Fiscal Jurisdiction and Accrual Basis Taxation: Lifting the Corporate Veil to Tax Foreign Company Profits, in *Columbia Law Review*, vol. 78. nº 8 (1978), pp. 1609-1662.

PEETERS, BART – Classification of Foreign Entities for Corporate Income Tax Purposes, in GUTMANN, DANIEL (ed.) – *Corporate Income Tax Subjets – EATLP Annual Congress Lisbon*, Amesterdão: IBFD, 2015, pp. 59-70.

PEREIRA, MANUEL FREITAS – Relações entre contabilidade e fiscalidade, in OTERO, PAULO; ARAÚJO, FERNANDO; GAMA, JOÃO TABORDA DA (eds.) – *Estudos em Memória do Prof. Doutor J. L. Saldanha Sanches, Vol. IV*, Coimbra: Coimbra Editora, 2011, pp. 949-971.

PEREIRA, PAULA ROSADO – *Principios do Direito Fiscal internacional: do Paradigma Clássico ao Direito Fiscal Europeu*, Coimbra: Almedina, 2011.

PEREIRA, ROSADO PAULA – As diversas vertentes do princípio da capacidade contributiva e o IRS, in PEREIRA, PAULA ROSADO (coord.) – *Temas de IRS*, Coimbra: Almedina, 2020.

PEREIRA, TÂNIA CARVALHAIS; MOUCHO, JULIANA – Direito aduaneiro e preços de transferência: disparidades e pontos de convergência, in *Cadernos de Justiça Tributária*, nº 16 (2017), pp. 53-68.

PERELMAN, CHAÏM – *Lógica jurídica (trad.)*, São Paulo: Martins Fontes, 1998.

PETERS, ANNE – Humanity as the A and Ω of Sovereignty, in *European Journal of International Law*, vol. 20. nº 3 (2009), pp. 513-544

PETRUZZI, RAFFAELE; HOLZINGER, RAPHAEL – Profit attribution to dependent agent permanent establishments in a post-BEPS era, in *World Tax Journal: WTJ*, vol. 9. nº 2 (2017), pp. 263-300.

PETUTSCHNIG, MATTHIAS – Sharing the Benefits of the EU's Common Consolidated Corporate Tax Base within Corporate Groups, in *World Tax Journal*, vol. 7. nº 2 (2015), pp. 242-263.

PICCIOTTO, SOL – *Regulating global corporate capitalism*, Cambridge: Cambridge University Press, 2011.

PICCIOTTO, SOL – Formulary Apportionment: Towards Unitary Taxation, in POGGE, THOMAS; MEHTA, KRISHEN – *Global Tax Fairness*, Nova Iorque: Oxford University Press, 2016.

PICHEL, PAULO – O âmbito espacial do regime de coligação societária à luz do Direito da União Europeia, in *Direito das Sociedades em Revista*, vol. 6. nº 11 (2014), pp. 225-259.

PINTO, ALEXANDRE MOTA – Controlo das transações com partes relacionadas, nas sociedades comerciais, in *Revista da Ordem dos Advogados*, vol. 79. (2019), pp. 471-493.

PIRES, MANUEL – *Da Dupla Tributação Jurídica Internacional Sobre o Rendimento*, Lisboa: Centro de Estudos Fiscais, 1984.

PIRES, RITA CALÇADA – *Tributação Internacional do Rendimento Empresarial Gerado Através do Comércio Electrónico*, Coimbra: Almedina, 2011.

PISTONE, PASQUALE; WEBER, DENNIS (eds.) – *Taxing the Digital Economy: The EU Proposals and Other Insights*, Amesterdão: IBFD, 2019.

PLEIJSIER, ARTHUR – The Artificial Avoidance of Permanent Establishment Status: A Reaction to the BEPS Action 7

Final Report, in vol. 23. nº 6 (2016), pp. 442-446.

POGGE, THOMAS – *Realizing Rawls*, Cornell: Cornell University Press, 1989.

POGGE, THOMAS – World poverty and human rights, in *Ethics & international affairs*, vol. 19. nº 1 (2005), pp. 1-7.

POMP, RICHARD – Issues in the Design of Formulary Apportionment in the Context of NAFTA, in *Tax Law Review*, vol. 49. (1994), pp. 795-820.

PORTALE, G. B. – Capitale sociale e società per azioni sottocapitalizzata, in COLOMBO, G. E.; PORTALE, G.B., *Trattato delle Societá per Azioni, Volume 1 ***, Torino: Utet, 2004.

RAMALHO, MARIA DO ROSÁRIO PALMA – *Grupos empresariais e societários: incidências laborais*, Coimbra: Almedina, 2008.

RAMOS, MARIA ELISABETE – «Os registos de beneficiário efetivo», in *Revista da Ordem dos Advogados*, Ano 78, I/II, 2018, pp. 333-376

RATNER, STEVEN R. – *The thin justice of international law: a moral reckoning of the law of nations*, Oxford: Oxford University Press, 2015.

RAWLS, JOHN – *Uma Teoria da Justiça*, 3ª edição, Lisboa: Editorial Presença, 2013.

RAWLS, JOHN – *A Lei dos Povos e a Ideia de Razão Pública Revisitada*, Coimbra: Edições 70, 2014.

REIMER, EKKEHART – Article 5. Permanent Establishment, in RUST, ALEXANDER; BECKER, JOHANNES – *Klaus Vogel on Double Taxation Conventions*, Alpha aan den Rijn: Kluwer Law International, 2015, pp. 293-408.

REIMER, EKKEHART; RUST, ALEXANDER; BECKER, JOHANNES – *Klaus Vogel on Double Taxation Conventions*, Alpha aan den Rijn: Kluwer Law International, 2015.

RIBEIRO, JOÃO SÉRGIO – *Tributação Presuntiva do Rendimento*, Coimbra: Almedina, 2018a.

RIBEIRO, JOÃO SÉRGIO – New trends in tax treaty disputes resolution, *in* RIBEIRO, JOÃO SÉRGIO (ed.) – *Preventing and Resolving tax Treaties and Transfer Pricing Disputes*, Braga: Universidade do Minho, 2018b, pp. 33-50.

RIBEIRO, MARIA DE FÁTIMA – *A Tutela dos Credores da Sociedade por Quotas e a "Desconsideração da Personalidade Jurídica"*, Coimbra: Almedina, 2009.

RIBEIRO, MARIA DE FÁTIMA – Responsabilidade nas Relações de Domínio, in *III Congresso Direito das Sociedades em Revista*, (2014), pp. 425 – 466.

RIBEIRO, MARIA DE FÁTIMA – Notas sobre a natureza da personalidade jurídica das pessoas coletivas, in *Direito das Sociedades em Revista*, vol. 16. (2016), pp. 77-104.

RIBEIRO, MARIA DE FÁTIMA – O artigo 84º e a sua função actual na tutela dos credores sociais, in AA. VV. – *Congresso Comemorativo dos 30 anos do Código das Sociedades Comerciais*, Coimbra:Almedina, 2017, pp. 83-108.

RICHELLE, ISABELLE; SCHÖN, WOLFGANG; TRAVERSA, EDOARDO – *Allocating taxing powers within the European Union*, Nova Iorque: Springer, 2013.

RICOEUR, PAUL – *"Le juste"*, Paris: Éditions Esprit, 1995.

RIEDEL, NADINE – The downside of formula apportionment: evidence on fator demand distortions, in *International Tax and Public Finance*, vol. 17. nº 3 (2010), pp. 236-258.

RIXEN, THOMAS – *The Political Economy of International Tax Governance*, Londres: Palgrave Macmillan UK, 2008.

ROBILLARD, ROBERT – BEPS: is the OECD now at the gates of global formulary apportionment, in *Intertax*, vol. 43. (2015), pp. 447-453.

RODRIGUES, ANA MARIA; DIAS, RUI PEREIRA – Comentário Geral aos arts. 508º-A a 508º-F, in VV., AA. – *Código das Sociedades Comerciais em Comentário, vol. VII*, Coimbra: Almedina, 2014, pp. 329-397.

ROIN, JULIE – Taxation without Coordination, in *The Journal of Legal Studies*, vol. 31. nº 1 (2002), pp. 61-94.

ROIN, JULIE – Can the Income Tax Be Saved-The Promise and Pitfalls of Adopting

Worldwide Formulary Apportionment, in *Tax Law Review*, vol. 61. nº 3 (2007), pp. 169-240

Roxan, Ian – Limits to globalisation: some implications for taxation, tax policy, and the developing world, in *London School of Economics' Law, Society and Economy Working Papers*, nº 3/12 (2012).

Russo, Antonio – Formulary Apportionment for Europe: An Analysis and a Proposal, in *Intertax*, vol. 33. (2005), pp. 1-30.

Russo, Antonio – Common Consolidated Corporate Tax Base: The Sharing Mechanism, Some General Considerations, in Weber, Denis (ed.) – *CCCTB Selected Issues*. Alphen aan den Rijn: Kluwer Law International, (2012), pp. 207-220.

Russo, Deborah – Sull'uso della ragionevolezza da parte della corte internazionale di giustizia nel controllo sull'esercizio dei poteri discrezionali degli Stati, in *Rivista di diritto internazionale*, vol. 98. nº 2 (2015), pp. 487 – 516.

Sadiq, Kerrie – Multinational Entity Finance Schemes: Formulary Apportionment as the Way Forward in Mehta, Krishen; Shubert, Esther; Siu, Erika Dayle – *Tax Justice and Global Inequality: Practical Solutions to Protect Developing Country Revenues*, Londres: Zed Books Ltd., 2020.

Sanches, José Saldanha – Abuso de Direito em Matéria Fiscal: Natureza, alcance e limites, in *Ciência e Técnica Fiscal*, nº 398 (2000), pp. 9-46.

Sanches, José Saldanha – *Manual de Direito Fiscal*, Coimbra: Coimbra Editora, 2007.

Sanches, José Saldanha – As duas Constituições – nos dez anos da cláusula geral anti-abuso, in Aa. Vv. – *Reestruturação de Empresas e Limites do Planeamento Fiscal*. Coimbra: Coimbra Editora, 2009a, pp. 39-70.

Sanches, José Saldanha – A derrama, os recursos naturais e o problema da distribuição de receita entre os municípios, in *Fiscalidade*, vol. 24. (2009b), pp. 131-156.

Sanches, José Saldanha – *Justiça Fiscal*, Lisboa: Fundação Francisco Manuel dos Santos, 2016.

Sánchez, Angel Sánchez – European Union-The Apportionment Formula under the European Proposal for a Common Consolidated Corporate Tax Base, in *European Taxation*, vol. 58. nº 6 (2018), pp. 230-236.

Sanders, Thies – Consolidation in the CCCTB Proposal, in Weber, Denis (ed.) – *CCCTB Selected Issues*. Alphen aan den Rijn: Kluwer Law International, (2012), pp. 1-10.

Santos, António Carlos dos; Martins, António Ferreira (coord.) – Competitividade, eficiência e Justiça do sistema fiscal: relatório do Grupo para o Estudo da Política Fiscal, *in* Ciência e Técnica Fiscal, vol. 209 (2009), 1043 p..

Sasseville, Jacques – The history of the permanent establishment concept: two questions, in Vv. Aa. – *New Trends in the Definition of Permanent Establishment*, Amesterdão: IBFD, 2019, pp. 3-29.

Sasseville, Jacques; Vann, Richard – *Article 7: Business Profits*, in IBFD Global Tax Treaty Commentaries, Recurso *online* (consultado pela última vez em 13/11/2020).

Sato, Mitsuo; Bird, Richard M. – International aspects of the taxation of corporations and shareholders, in *IMF Staff Papers*, vol. 22. nº 2 (1975), pp. 384-455.

Schenk, Deborah H. – A positive account of the realization rule, in *Tax Law Review*, vol. 57. (2003), pp. 355.

Scholes, Myron S.; Wolfson, Mark A.; Erickson, Merle M.; Maydew, Edward L.; Shevlin, Terry J. – *Taxes & Business Strategy*, 5ª, Essex: Pearson Education, 2015.

Schön, Wolfgang – International Accounting Standards-A Starting Point for a Common European Tax Base?, in *European Taxation*, vol. 44. nº 10 (2004a), pp. 426-440.

SCHÖN, WOLFGANG – The odd couple: A common future for financial and tax accounting, in *Tax Law Review*, vol. 58. nº 2 (2004b), pp. 111-149.

SCHÖN, WOLFGANG – Tax and corporate governance: A legal approach, in DREXL, JOSEF; SCHÖN, WOLFGANG; HILTY, RETO; STRAUS, JOSEPH (eds.) – *Tax and Corporate Governance*, Berlim: Springer, 2008, pp. 31-61.

SCHÖN, WOLFGANG – International Tax Coordination for a Second-Best World (Part I), in *World Tax Journal*, nº 1 (2009), pp. 67-117.

SCHÖN, WOLFGANG – International Tax Coordination for a Second-Best World (Part II), in *World Tax Journal*, nº 1 (2010a), pp. 65-94.

SCHÖN, WOLFGANG – International Tax Coordination for a Second-Best World (Part III), in *World Tax Journal*, nº 2 (2010b), pp. 227-261.

SCHÖN, WOLFGANG – Transfer Pricing – Business Incentives, International Taxation and Corporate Law, in SCHÖN, WOLFGANG; KONRAD, KAI (eds.) – *Fundamentals of International Transfer Princing in Law and Economics*, Berlim: Springer, 2011, pp. 47--70.

SCHÖN, WOLFGANG – Ten Questions about Why and How to Tax the Digitalized Economy, in *Bulletin for International Taxation (IBFD-Bulletin)*, vol. 72. nº 4/5 (2018), pp. 278-292.

SCHOUERI, LUÍS EDUARDO – Planejamento Tributário: Limites à Norma Antiabuso no Direito Tributário Brasileiro, in AA. VV. – *Estudos em memória do Prof. Doutor J. L. Sandanha Sanches, Vol III*, Coimbra: Coimbra Editora, 2011, pp. 409-447.

SCHOUERI, LUÍS EDUARDO – Arm's Length: Beyond the Guidelines of the OECD, in *Bulletin for International Taxation*, vol. 69. nº 12 (2015), pp. 690-716.

SCHREIBER, ULRICH – *International Company Taxation*, Nova Iorque: Springer, 2013.

SCHREIBER, ULRICH – Sales-based apportionment of profits, in *Bulletin for International Taxation*, vol. 72. nº 4/5 (2018), pp. 259-272.

SCHREIBER, ULRICH; FELL, LISA MARIA – International profit allocation, intangibles and sales-based transactional profit split, in *World Tax Journal: WTJ*, vol. 9. nº 1 (2017), pp. 1-17.

SCHWARZ, JONATHAN – *Schwarz on tax treaties*, 5ª Ed., Londres: Wolters Kluwer UK, 2018.

SEN, AMARTYA – *The Idea of Justice*, Londres: Allen Lane, 2009.

SHAVIRO, DANIEL – An Efficiency Analysis of Realization and Recognition Rules Under the Federal Income Tax, in *Tax Law Review*, vol. 48. (1992), pp. 1 e ss.

SHAVIRO, DANIEL – *Decoding the U. S. Corporate Tax*, Washington: Urban Institute Press, 2009.

SHAVIRO, DANIEL – *Fixing US international taxation*, Oxford: Oxford University Press, 2014.

SHAXSON, NICHOLAS; CHRISTENSEN, JOHN – Tax Competitveness – A Dangerous Obsession, in POGGE, THOMAS; MEHTA, KRISHEN – *Global Tax Fairness*, Nova Iorque: Oxford University Press, 2016.

SHAY, STEPHEN; FLEMING JR., J. CLIFTON; PERONI, ROBERT – The David R. Tillinghast Lecture – What's Source Got to Do with It-Source Rules and US International Taxation, in *Tax Law Review*, vol. 56. (2002), pp. 81-157.

SICILIAN, SHIRLEY; HUDDLESTONE, JOE – The US States' Experience with Formulary Apportionment, in KREVER, RICHARD; VAILLANCOURT, FRANÇOIS (eds.) – *The Allocation of Multinational Business Income: Reassessing the Formulary Apportionment Option*, Alpha aan den Rijn: Kluwer Law International, 2020, pp. 41-70.

SILBERZTEIN, CAROLINE – When is a Transactional Profit Split Method the Most Appropriate Method?, in DANON, ROBERT; MAISTO, GUGLIELMO; CHAND, VIKRAM;

Cappelleri, Gabriella (eds.) – *The Future of the Profit Split Method*, Alphen aan den Rijn: Kluwer Law International, 2021, pp. 69-93.

Silva, Bruno da – The Impact of Tax Treaties and EU Law on Group Taxation Regimes, Alpha aan den Rijn: Kluwer Law International, 2016.

Silva, Bruno da – The independent agent exception, in Vv. Aa. – *New Trends in the Definition of Permanent Establishment*, Amesterdão: IBFD, 2019, pp. 169-1951.

Silva, João Calvão da – Elisão fiscal e cláusula geral anti-abuso, in *Revista da Ordem dos Advogados*, vol. 66. nº II (2006), pp. 791-832.

Simons, Henry C. – *Personal income taxation: The definition of income as a problem of fiscal policy*, Chicago: Chicago University Press, 1938.

Slavnić, Nana Šumrada – *European Capital Movements and Corporate Taxation*, Amesterdão: IBFD, 2015.

Smart, Michael; Vaillancourt, François – Formulary Apportionment in Canada and Taxation of Corporate Income in 2019: Current Practice, Origins and Evaluation, in Krever, Richard; Vaillancourt, François (eds.) – *The Allocation of Multinational Business Income: Reassessing the Formulary Apportionment Option*, Alpha aan den Rijn: Kluwer Law International, 2020, pp. 75-100.

Smit, Daniel – The Arm's Length Standard: A Blind Spot in the CC(C)TB Proposals, in Weber, Dennis; Streek, Jan van de (eds.) – *The EU Common Consolidated Corporate Tax Base: Critical Analysis*, Alphen ann den Rijn: Kluwer Law International, 2018, pp. 99-110.

Smith, Adam – *The Wealth of Nations Books IV-V*, Londres: Penguin Classics, 1999.

Spengel, Christoph; Bräutigam, Rainer; Dutt, Verena; Fischer, Leonie; Stutzenberger, Kathrin – The impact of the CCTB on the effective tax burden of corporations: results from the tax analyzer model-final report, in *European Commission Taxation papers: working paper n. 75*, vol. 75. (2019).

Spengel, Christoph; Zöllkau, York (eds.) – *Common Corporate Tax Base (CC(C)TB) and determination of taxable income: An international comparison*, Springer Science & Business Media, 2012.

Staringer, Claus – Business income of tax groups in tax treaty law, in Vv. Aa. – *International and EC Tax Aspects of Groups of Companies*, Amesterdão: IBFD, 2008, pp. 147-157.

Stewart, Jim – MNE tax strategies and Ireland, in *Critical perspectives on international business*, vol. 14. nº 4 (2018), pp. 338-361.

Streek, Jan van de – Some Introductory Remarks on the Relaunched CCTB/CCCTB Proposals from a Policy Perspective, in Weber, Dennis; Streek, Jan van de (eds.) – *The EU Common Consolidated Corporate Tax Base: Critical Analysis*, Alphen ann den Rijn: Kluwer Law International, 2018, pp. 1-9.

Subcomité de Investigações Permanentes do Senado dos EUA – *Exhibtis on Offshore Profti Shifting and the U. S. Tax Code*, 2012, disponível em https://www.hsgac.senate.gov/subcommittees/investigations/hearings/offshore-profit-shifting-and-the-us-tax-code (consultado pela última vez em 12/02/2021).

Sumerwell, R. F. – The property factor, in *Tax Executive*, vol. 30. nº 7 (1955), pp. 31-40

Tavares, Maria Isabel – *Guerra e responsabilidade: a intervenção militar no Iraque em 2003*, Porto: Universidade Católica Editora, 2015.

Tavares, Romero – Multinational Firm Theory and International Tax Law: Seeking Coherence, in *World Tax Journal*, vol. 8. nº 2 (2016), pp. 243-276.

Tavares, Romero; Bogenschneider, Bret; Pankiv, Marta – The intersection of EU

State aid and US tax deferral: A spectacle of fireworks, smoke, and mirrors, in *Florida Tax Review.*, vol. 19. (2016), pp. 121-188.

TAVARES, ROMERO; OWENS, JEFFREY – Human Capital in Value Creation and Post-BEPS Tax Policy: An Outlook, in *Bulletin for International Taxation*, vol. 69. nº 10 (2015), pp. 590-601.

TAVARES, TOMÁS CANTISTA – Da relação de dependência parcial entre a contabilidade e o direito fiscal na determinação do rendimento tributável das pessoas coletivas: algumas reflexões ao nível dos custos, in *Ciência e Técnica Fiscal*, vol. 396 (1999), pp. 7-177.

TAVARES, TOMÁS CANTISTA – *IRC e Contabilidade – Da Realização ao Justo Valor*, Coimbra: Almedina, 2011.

TEIXEIRA, ANTÓNIO BRAZ – *Finanças Públicas e Direito Financeiro*, Lisboa: Associação Académica da Faculdade de Direito de Lisboa, 1990.

TEIXEIRA, GLÓRIA – *Manual de Direito Fiscal*, Coimbra: Almedina, 5ª Ed., 2018.

TEIXEIRA, MANUELA DURO – Reestruturação de empresas e limites do planeamento fiscal – Algumas notas, in AA. VV. – *Reestruturação de Empresas e Limites do Planeamento Fiscal.* Coimbra: Coimbra Editora, 2009, pp. 237-279.

TERRA, BEN; WATTEL, PETER; MARRES, OTTO; VERMEULEN, HEIN – *European Tax Law: General topics and diret taxation*, Alpha aan den Rijn: Wolters Kluwer, 2018.

TEUBNER, GUNTHER – Unitas Multiplex: Problems of Governance in Group Enterprises, in SUGARMAN, DAVID; TEUBNER, GUNTHER (eds.) – Regulating Corporate Groups in Europe. Baden-Baden: Nomos, 1990, pp. 67-104.

THURONYI, VICTOR; BROOKS, KIM; KOLOZS, BORBÁLA – *Comparative Tax Law*, Alphen aan den Rijn: Kluwer Law International, 2016.

TIEBOUT, CHARLES – A pure theory of local expenditures, in *The journal of political economy*, (1956), pp. 416-424.

TING, ANTONY – *The taxation of corporate groups under consolidation: an international comparison*, Cambridge: Cambridge University Press, 2012.

TING, ANTONY – iTax-Apple's international tax structure and the double non-taxation issue, in *British Tax Review*, nº 1 (2014), pp. 40-71.

TØRSLØV, THOMAS R; WIER, LUDVIG S; ZUCMAN, GABRIEL – *The missing profits of nations.* National Bureau of Economic Research, 2018.

TORVIK, ODDLEIF – *Transfer Pricing and Intangibles: US and OECD Arm's Length Distribution of Operating Profits from IP Value Chains*, Amesterdão: IBFD, 2018.

TRAVERSA, EDOARDO; PIRLOT, ALICE – Tax Sovereignty and Territoriality under Siege: How Far Should the EU freedoms of Movement Impact on the Territorial Allocation of Taxing Powers between Member States?, in BROKELIND, CÉCILE (ed.) – *Principles of Law: Function, Status and Impact in EU Tax Law*, Amesterdão: IBFD, 2014.

TRIUNFANTE, ARMANDO MANUEL; TRIUNFANTE, LUIS DE LEMOS – Desconsideração da Personalidade Jurídica–Sinopse Doutrinária e Jurisprudencial, in *Julgar*, *nº9*, (2009), pp. 131-146.

TRÖGER, TOBIAS H. – Germany's Reluctance to Regulate Related Party Transactions: An Industrial Organization Perspective, in ENRIQUES, LUCA; TRÖGER, TOBIAS H. – *The law and finance of related party transactions*, Cambridge: Cambridge University Press, 2019, pp. 426-451.

TURINA, ALESSANDRO – Back to Grass Roots: The Arm's Length Standard, Comparability and Transparency–Some Perspectives from the Emerging World, in *World Tax Journal*, vol. 10. nº 2 (2018), pp. 295-348.

UNCTAD – *World Investment Report: Investment and New Industrial Policies* Nova Iorque: 2018, disponível em https://unctad.org/webflyer/world-investment-

-report-2018 (consultado pela última vez em 12/02/2021).

UNCTAD – *World Investment Report: Reforming International Investment Governance.* Nova Iorque: 2015, disponível em https://unctad.org/webflyer/world-investment-report-2015 (consultado pela última vez em 12/02/2021).

Urban-Brookings Tax Policy Center, 2020. State and Local Finance Data: Exploring the Census of Governments. Washington, DC: Urban-Brookings Tax Policy Center, acessível em https://state-local-finance-data.taxpolicycenter.org/pages.cfm (30.11.2020).

Van Hoecke, Mark (ed.) – *Methodologies of Legal Research: Which Kind of Method for What Kind of Discipline?*, Oxford and Portland: Hart Publishing, 2011.

van Raad, Kees – *Nondiscrimination in International Tax Law*, Amesterdão: Springer, 1986.

van Wheegel, Stef – A Deconstruction of the Principal Purpose Test, in *World Tax Journal*, nº 1 (2019), pp. 3-46.

Vann, Richard J. – "Liable to Tax" and Company Residence under Tax Treaties, in Aa. Vv. – *Residence of Companies under Tax Treaties and EC Law, EC and International Tax Law Series*, vol. 5. (2010a), pp. 197-271.

Vann, Richard J. – Taxing international business income: Hard–Boiled Wonderland and the End of the World Country, in *World Tax Jornal*, vol. 2-3 (2010b), pp. 291-346.

Varela, Antunes – *Das obrigações em geral – Vol. I*, Coimbra: Almedina, 2012.

Vasconcelos, Maria João Pestana de – Algumas Questões sobre a Ressarcibilidade de Danos Patrimoniais Puros no Ordenamento Jurídico Português, in Antunes, Ana Filipa Morais; Fonseca, Ana Taveira da; Vasconcelos, Maria João Pestana de; Sá, Fernando – *Novas Tendências da Responsabilidade Civil*, Coimbra: Almedina, 2007, pp. 147-202.

Vasques, Sérgio – *O Princípio da Equivalência como Critério de Igualdade Tributária.* Coimbra: Almedina, 2008.

Vasques, Sérgio – *Manual de Direito Fiscal*, 2ª Ed., Coimbra: Almedina, 2016.

Vaz, Manuel Afonso; Carvalho, Raquel; Botelho, Catarina Santos; Folhadela, Inês; Ribeiro, Ana Teresa – *Direito Constitucional – O Sistema Constitucional Português*, 2ª edição, Porto: Universidade Católica Editora, 2015.

Velasco Vallejo, Manuel – *Instituciones de derecho internacional publico*, 18ª Ed., Madrid: Tecnos, 2013.

Vella, John – Value Creation and the Allocation of Profits under a Formulary Apportionment System, in Krever, Richard; Vaillancourt, François (eds.) – *The Allocation of Multinational Business Income: Reassessing the Formulary Apportionment Option*, Alpha aan den Rijn: Kluwer Law International, 2020, pp. 259-278.

Ventura, Raúl – *Novos estudos sobre sociedades anónimas e sociedades em nome coletivo: comentário ao código das sociedades comerciais*, Coimbra: Almedina, 1994.

Ventura, Raúl – *Sociedades por Quotas, vol. I*, Coimbra: Almedina, 1987.

Ventura, Raúl – *Sociedades por Quotas, vol. III*, Coimbra: Almedina, 2006.

Vergnet, Nicolas – *La création et la répartition de la valeur en droit fiscal international*, Paris: LGDJ, 2020.

Vogel, Klaus – Worldwide vs. source taxation of income–A review and re-evaluation of arguments (Part I), in *Intertax*, vol. 16. nº 8 (1988a), pp. 216-229.

Vogel, Klaus – Worldwide vs. source taxation of income – A review and re-evaluation of arguments (Part II), in *Intertax*, vol. 16. nº 10 (1988b), pp. 310-320.

Vogel, Klaus – Worldwide vs. source taxation of income – A review and re-evaluation of arguments (Part III), in *Intertax*, vol. 16. nº 11 (1988c), pp. 393-402.

VOGEL, KLAUS; RUST, ALEXANDER – Introduction, in RUST, ALEXANDER; BECKER, JOHANNES – *Klaus Vogel on Double Taxation Conventions*, Alpha aan den Rijn: Kluwer Law International, 2015, pp. 11-73.

VV. AA. – *New Trends in the Definition of Permanent Establishment*, Amesterdão: IBFD, 2019.

WALEN, ALEC – Transcending the means principle, in *Law and Philosophy*, vol. 33. nº 4 (2014), pp. 427-464.

WATTEL, PETER – Starbucks and Fiat: Arm's Length Competition Law, in *Intertax*, vol. 48. nº 1 (2020), pp. 119-121.

WATTEL, PETER; MARRES, OTTO – International: Characterization of fictitious income under OECD-patterned tax treaties, in *European taxation*, vol. 43. nº 3 (2003), pp. 66-79.

WEBER, DENNIS (ed.) – *CCCTB: selected issues*, Alphen aan den Rijn: Kluwer Law International, 2012.

WEBER, DENNIS; STREEK, JAN VAN DE (eds.) – *The EU Common Consolidated Corporate Tax Base: Critical Analysis*, Alphen ann den Rijn: Kluwer Law International, 2018.

WEINER, JOANN MARTENS – *Company tax reform in the European Union: Guidance from the United States and Canada on implementing formulary apportionment in the EU*, Berlim: Springer Science & Business Media, 2006.

WEINER, JOANN MARTENS – Formula One--The Race to Find a Common Formula to Apportion the EU Tax Base, in *EC Tax Review*, vol. 17. nº 3 (2008), pp. 100-110.

WEINER, JOANN MARTENS – CCCTB and Formulary Apportionment: The European Commission Finds the Right Formula, in WEBER, DENIS (ed.) – *CCCTB Selected Issues*. Alphen aan den Rijn: Kluwer Law International, (2012), pp. 253-269.

WEINER, JOANN MARTENS – The Dream Is Alive: EU Tax Policy with a Common Consolidated Corporate Tax Base and Formulary Apportionment, in in KREVER, RICHARD; VAILLANCOURT, FRANÇOIS (eds.) – *The Allocation of Multinational Business Income: Reassessing the Formulary Apportionment Option*, Alpha aan den Rijn: Kluwer Law International, 2020, pp. 101-131.

WEINER, JOANN MARTENS; MINTZ, JACK – An exploration of formula apportionment in the European Union, in *European Taxation*, vol. 42. nº 8 (2002), pp. 346-351.

WELLISCH, DIETMAR – Taxation under formula apportionment-tax competition, tax incidence, and the choice of apportionment fators, in *FinanzArchiv/Public Finance Analysis*, (2004), pp. 24-41.

WENDT, CARSTEN – *A Common Tax Base for Multinational Enterprises in the European Union*, Berlin: Gabler Verlag, 2009.

WENINGER, PATRICK – The Labour Apportionment Fator for a Common Consolidated Corporate Tax Base: A Double-Edged Sword-, in *International Transfer Pricing Journal*, vol. 15. nº 5 (2008), pp. 213-219.

WILKIE, J. SCOTT – Refleting on the "Arm's Length Principle": What is the "Principle"? Where Next?, in SCHÖN, WOLFGANG; KONRAD, KAI (eds.) – *Fundamentals of International Transfer Princing in Law and Economics*, Berlim: Springer, 2011, pp. 137-157.

WILKIE, J. SCOTT – An Inverted Image Inspires a Question: Comments on Professor Ulrich Schreiber's "Sales-Based Apportionment of Profits", in *Bulletin for International Taxation*, vol. 72. nº 4/5 (2018), pp. 273-277.

WINTER, JAAP W.; SCHANS CHRISTENSEN, JAN; GARRIDO GARCIA, JOSÉ M; HOPT, KLAUS J.; RICKFORD, JONATHAN; ROSSI, GUIDO; SIMON, JOELLE – Report of the High Level Group of Company Law Experts on Issues Related to Takeover Bids in the European Union, in HOPT, KLAUS J.; WINTER, JAAP; WYMEERSCH, EDDY; FERRARINI, GUIDO (eds.) – *Reforming Company And Takeover Law In Europe*, Oxford: Oxford University Press, 2002, pp. 825-924.

WORKING PARTY N 1 ON DOUBLE TAXATION OF THE COMMITTEE ON FISCAL AFFAIRS

– Revised Articles And Commentaries Of The 1963 Oecd Draft Convention (Note by the Secretariat) (CFA/WP1(73)10) – disponível em https://www.taxtreatieshistory.org/data/pdf/CFA-WP1(73)10E.pdf, (consultado pela última vez em 12/02/2021).

Xavier, Alberto – *Direito Tributário Internacional*, Coimbra: Almedina, 2007.

Xavier, Alberto – *Manual de Direito Fiscal I*, Lisboa: Faculdade de Direito de Lisboa, 1981.

Xavier, Alberto – Conceito e Natureza do Acto Tributário, Coimbra: Almedina, 1972.

Zornoza, Juan; Báez, Andrés – Definition of assets adn capitalization problems for CCCTB Purposes, in Lang, Michael; Pistone, Pasquale; Schuch, Josef; Staringer, Claus (eds.) – *Common Consolidated Corporate Tax Base*, Viena: Linde Verlag, 2008.

Zucman, Gabriel – *The hidden wealth of nations: The scourge of tax havens*, Chicago: University of Chicago Press, 2015.

JURISPRUDÊNCIA CITADA

Jurisprudência de Direito Internacional geral

TPAI, Ilha de Palmas (Reino dos Países Baixos v. EUA), decisão arbitral, 4/4/1928, RIAA 829 1928, p. 831.

TPIJ, S. S. Lotus (França v. Turquia), acórdão, 7/9/1927, TPIJ Série A, nº 10, 1927.

TPIJ, União Aduaneira entre Alemanha e Áustria, parecer, 5/9/1931, TPIJ Série A/B, nº 41, 1931.

TPIJ, Zona Franca de Alta-Savóia e de Gex, acórdão, 7/6/1932, TPIJ Série A/B, nº 46, 1932.

TPIJ, Prince von Pless (Alemanha v. Polónia), decisão, 2/12/1933, TPIJ Série A/B, nº 59, 1933.

TPIJ, Diversão de Águas do Meuse (Reino dos Países Baixos v. Bélgica), acórdão, 28/6/1937, TPIJ Série A/B, nº 70, 1937.

TPIJ, Companhia de Electricidade de Sófia e de Bulgária (Bélgica v. Bulgária), acórdão sobre excepções preliminares, 4/4/1939, TPIJ Série A/B, nº 77, 1939.

TIJ, Pescarias (Reino Unido v. Noruega), acórdão, 18/12/1951, ICJR 1951, p. 116.

TIJ, Caso dos direitos dos nacionais dos EUA em Marrocos (França v. EUA), acórdão, 27/8/1952, ICJR 1952, p. 176.

TIJ, Caso Nottebohm (segunda fase) (Liechenstein v. Guatemala), acórdão, 6/4/1955, ICJR 1955, p. 4.

TIJ, Barcelona Traction, Light and Power Company, Limited (Bélgica v. Espanha), acórdão sobre objeções preliminares, 24/7/1964, ICJR 1964, p. 7.

TIJ, Plataforma Continental do Mar do Norte (República Federal da Alemanha v. Dinamarca), acórdão, 20/2/1969, ICJR 1969, p. 3.

TIJ, Plataforma Continental (Tunísia v. República Árabe da Líbia), acórdão, 27/2/1982, ICJR 1982, p. 18.

TIJ, Delimitação Marítima da área do Golfo de Maine (Canadá v. EUA), acórdão, 12/10/1984, ICJR 1984, p. 246.

TIJ, Disputa Fronteiriça (Burkina Faso v. Mali), acórdão, 22/12/1986, ICJR 1986, p. 554.

TIJ, Atividades Armadas no Território da República Democrática do Congo (República Democrática do Congo v. Uganda), acórdão, 19/12/2005, ICJR 2005, p. 168.

TIJ, Delimitação marítima do Mar Negro (Roménia v. Ucrânia), acórdão, 3/2/2009, ICJR 2009, p. 61.

TIJ, Disputa sobre Direitos de Navegação e outros (Costa Rica v. Nicarágua), acórdão, 13/7/2009, ICJR 2009, p. 213.

TIJ, Fábrica de Celulose do Rio Uruguai (Argentina v. Uruguai), acórdão, 20/4/2010, ICJR 2010, p. 14.

TIJ, Disputa Marítima e Territorial (Nicarágua v. Colômbia), acórdão, 19/11/2012, ICJR 2012, p. 624.

TIJ, Disputa Marítima (Peru v. Chile), acórdão, 27/1/2014, ICJR 2014, p. 3. TIJ, Ahmadou Sadio Diallo (República da Guiné v. República Democrática do Congo), acórdão sobre indemnização, 19/6/2016, ICJR 2016, p. 324.

TIJ, Delimitação Marítima do Mar das Caraíbas e Oceano Pacífico e Fronteira Terrestre da Parte Norte da Ilha Portillos (Costa Rica v. Nicarágua), acórdão, 2/2/2018, ICJR 2018, p. 139.

TIDM, M/V Saiga (nº 2) (S. Vicente e Grenadinas v. Guiné), acórdão, 1/7/1999, ITLOSR 1999, p. 10.

TIDM, M/V Virgina G (Panamá v. Guiné-Bissau), acórdão, 14/4/2014, ITLOSR 2014, p. 4.

TIADH, Juridical Condition and Rights of the Undocumented Migrants, parecer OC-18/03, 17/9/2003, disponível em http://www.corteidh.or.cr/uris_in/ndex.html, consultado pela última vez em 21/3/2021.

Jurisprudência nacional portuguesa

TC, acórdão nº 1203/96 (Assunção Esteves), datado de 27/11/1996.

TC, acórdão nº 227/2015 (João Pedro Caupers), datado de 28/4/2015.

STA, proc. nº 0833/13 (Jorge de Sousa), acórdão datado de 14/05/2005.

STA, proc. nº 0138/08 (Miranda de Pacheco), acórdão datado de 07/02/2008.

STA, proc. nº 0199/08 (Pimenta do Vale), acórdão datado de 24/9/2008.

STA, proc. nº 021/12 (Fernanda Maçãs), acórdão datado de 29/02/2012.

STA, proc. nº 0206/12 (Casimiro Gonçalves), acórdão datado de 5/7/2012.

STA proc. nº 01302/12 (Fernanda Maçãs), acórdão datado de 01/09/2013.

STA, proc. nº 01292/14 (Dulce Neto), acórdão datado de 16/09/2015.

STA, proc. nº 0418/14.1BECBR (Ana Paula Lobo), acórdão datado de 05/22/2019.

STJ, proc. nº 05A1413 (Fernandes Magalhães), acórdão datado de 31/5/2005.

STJ, proc. nº 5371/15.1T8OAZ.P1.S1 (Fonseca Ramos), acórdão datado de 4/4/2017.

STJ, proc. nº 1872/18.8T8LRA.C1.S1 (Maria da Graça Trigo), acórdão datado de 09/10/2020.

TCAS, proc. nº 02515/08 (José Correia), acórdão datado de 08/12/2008.

TCAS, proc. nº 04255/10 (José Correia), acórdão datado de 15/02/2011.

TCAS, proc. nº 237/05.6BEALM (Joaquim Condesso), acórdão datado de 30/11/2017.

TCAS, proc. nº 9973/16.0BCLSB (Jorge Cortês), acórdão datado de 05/03/2018.

TRC, proc. nº 213/10.7T2AVR-A.C1 (Jorge Arcanjo), acórdão datado de 09/07/2010.

TRG, proc. nº 153/14.0TBBRG-A.G1 (Helena Melo), acórdão datado de 18/02/2016.

TRG, proc. nº 2522/16.2T8BRG.G1 (Maria Purificação Carvalho), acórdão datado de 25/10/2018.

Jurisprudência arbitral portuguesa

CAAD, proc. nº 5/2011-T, decisão arbitral datada de 26/01/2012.

CAAD, proc. nº 76/2012-T, decisão arbitral datada de 10/29/2012.

CAAD, proc. nº 112/2013-T, decisão arbitral datada de 11/15/2013.

CAAD, proc. nº 131/2013-T, decisão arbitral datada de 2/5/2014.

CAAD, proc. nº 146/2013, decisão arbitral datada de 4/16/2014.

CAAD, proc. nº 181/2014-T, decisão arbitral datada de 9/3/2014.

CAAD, proc. nº 109/2015-T, decisão arbitral datada de 9/22/2015.

CAAD, proc. nº 300/2013-T, decisão arbitral datada de 9/22/2014.

CAAD, proc. nº 587/2014-T, decisão arbitral datada de 1/15/2015.

CAAD, proc. nº 660/2014-T, decisão arbitral datada de 4/21/2015.

CAAD, proc. nº 844/2014-T, decisão arbitral datada de 9/7/2015.

CAAD, proc. nº 762/2015-T, decisão arbitral datada de 8/31/2016.

CAAD, proc. nº 7/2006-T, decisão arbitral datada de 28/11/2016.

CAAD, proc. nº 219/2016-T, decisão arbitral datada de 7/10/2017.

CAAD, proc. nº 256/2019-T, decisão arbitral datada de 09/02/2020.

Jurisprudência da UE

TGUE, acórdão datado de 24/9/2019, proc. apensos nº T-760/15 e T-636/16, ECLI: EU:T:2019:669.

TGUE, acórdão datado de 24/9/2015, proc. nº T-755/15, ECLI:EU:T:2019:670.

TGUE, acórdão datado de 15/7/2020, proc. apensos nº T-778/16 e T-892/16, ECLI: EU:T:2020:338.

TJCE, acórdão datado de 28/1/1986, caso *Avoir Fiscal*, proc. nº C-270/83, ECLI: EU:C:1986:37.

TJUE, acórdão datado de 3/3/2020, caso *Vodafone*, proc. nº C-75/18, ECLI: EU:C:2020:139.

TJUE, acórdão datado de 29/4/2004, caso *Leusden*, proc. apensos nº C-487/01 e C-7/02, ECLI:EU:C:2004:263.

TJUE, acórdão datado de 18/6/2009, caso *Aberdeen*, proc. nº C-303/07, ECLI: EU:C:2009:377.

TJUE, acórdão datado de 13/3/2007, caso *Thin Cap Group Litigation*, proc nº C-524/04, ECLI:EU:C:2007:161.

TJUE, opinião AG, caso *Thin Cap Group Litigation*, proc nº C-524/04, ECLI: EU:C:2006:436.

TJEU, acórdão datado de 21/2/2006, caso *Halifax*, proc. nº C-255/02, ECLI: EU:C:2006:121.

TJUE, acórdão datado de 17/7/1997, caso *Leur-Bloem*, proc. nº C-28/95, ECLI: EU:C:1997:369.

TJUE, acórdão datado de 10/11/2011, caso *Foggia*, proc. nº C-126/10, ECLI:EU:C:2011: 718.

TJUE, acórdão datado de 3/9/2008, caso *Kadi*, *proc.* apensos nº C-402/05 e C-415/05, ECLI:EU:C:2008:461.

TJUE, acórdão datado de 13/12/2005, caso *Marks & Spencer*, proc. nº C-446/03, ECLI:EU:C:2005:763.

TJUE, opinião AG, caso *Marks & Spencer*, proc. nº C-446/03, ECLI:EU:C:2005:201.

TJUE, acórdão datado de 15/5/1997, caso *Futura Participations*, proc. nº C-250/95, ECLI:EU:C:1997:239.

TJUE, acórdão datado de 18/9/2003, caso *Bosal*, proc. nº C-168/01, ECLI:EU:C:2003:479.

TJUE, acórdão datado de 6/6/2000, caso *Verkooijen*, proc. nº C-35/98, ECLI:EU:C:2000:294.

TJUE, acórdão datado de 12/12/2006, caso *FII Group Litigation*, proc. nº C-446/04, ECLI:EU:C:2006:774.

TJUE, acórdão datado de 10/2/2011, caso *Haribo*, proc. apenso nº C-437/08 e C-437/08, ECLI:EU:C:2009:17.

TJUE, acórdão datado de 18/7/2007, caso *Oy AA*, proc. nº C-231/05, ECLI:EU: C:2007:439.

TJUE, acórdão datado de 25/2/2010, caso *X Holding*, proc. nº C-337/08, ECLI:EU: C:2010:89.

TJUE, acórdão datado de 19/6/2019, caso *Skatteverket*, proc. nº C-608/17, ECLI:EU: C:2019:511.

TJUE, acórdão datado de 15/5/2008, caso *Lidl Bélgica*, proc. nº C-414/06, ECLI: EU:C:2008:278.

TJUE, acórdão datado de 15/2/2007, caso *Centro Equestre*, proc. nº C-345/04, ECLI: EU:C:2007:96.

TJUE, acórdão datado de 27/11/2008, caso *Papillon*, proc. nº C-418-07, ECLI:EU: C:2008:659.

TJUE, acórdão datado de 6/9/2012, caso *Phillips*, proc. nº C-18/11, ECLI:EU: C:2012:532.

TJUE, acórdão datado de 4/7/2018, caso *NN A/S*, proc. nº C-28/17, ECLI:EU: C:2018:526.

TJUE, acórdão datado de 6/10/2015, caso *Finanzamt Linz*, proc. nº C-66/14, ECLI: EU:C:2015:661.

TJUE, acórdão datado de 2/9/2015, caso *Groupe Steria SCA*, proc. nº C-386/14, ECLI:EU:C:2015:524.

TJUE, acórdão datado de 12/06/2014, caso *SCA Group Holding*, proc. apensos nº C-39/13 a C-41/13, ECLI:EU:C:2014:1758.

TJUE, acórdão datado de 22/2/2018, casos apensos nº C-398/16 e C-399/16, ECLI: EU:C:2018:110.

TJUE, acórdão datado de 14/5/2020, caso *B e o.*, proc. nº C-749/18, ECLI:EU:C:2020:370.

TJUE, acórdão datado de 12/9/2006, proc. nº C-196/04, ECLI:EU:C:2006:544-

TJUE, acórdão datado de 12/12/2002, caso *Lankhorst-Hohorst*, proc. nº C-324/00, ECLI:EU:C:2002:749.

TJUE, acórdão datado de 21/12/2016, caso *Masco Denmark ApS*, proc. nº C-593/14, ECLI:EU:C:2016:984.

TJCE, acórdão datado de 1412/1995, caso *Sanz de Lera*, proc. apensos nº C-163/94, C-165/94 e C-250/94, ECLI:EU:C:1995: 451.

TJCE, acórdão datado de 6/6/2000, caso *Staatssecretaris van Financiën v. B.G.M. Verkooijen*, proc. nº C-35/98, ECLI:EU:C:2000: 294.

TJUE, acórdão datado de 20/08/2008, caso *Orange European Smallcap Fund*, proc. nº C-194/06, ECLI:EU:C:2008:289.

TJUE, acórdão datado de 31/5/2018, caso *Hornbach-Baumarkt-AG v. Finanzamt Landau*, proc. nº C-382/16, ECLI:EU:C:2018: 366.

TJUE, acórdão datado de 26/02/2019, caso *N Luxemburg 1* (proc. apensos C-115/16, C-118/16, C-119/16 e C-299/16), ECLI:EU:C:2019:134.

Jurisprudência dos EUA

USC, caso *Container*, Container Corporation of America v. Franchise Tax Board, 463 US 159, (1983).

USC, caso *Barclays*, Barclays Bank PLC v. Franchise Tax Board, 512 US 298, (1994).

USC, caso *Adams Express co.*, Adams Express Co. v. Ohio State Auditor, 166 US 185, (1897).

USC, caso *Butler Bros*, Butler Bros v. McColgan, 315 US 501, (1942).

USC, caso *Mobil Oil Corp*, Mobil Oil Corp. v. Commissioner of Revenue, 445 US 425, (1980).

USC, caso *Hans Rees*, Hans Rees' Sons v. North Carolina, 283 US 123, (1931).

USC, caso *Standard Oil Co.*, Standard Oil Co. v. Peck, 342 US 382, (1952).

USC, caso *Exxon*, Exxon, 447 US 207, (1980).

USC, caso *ASARCo*, ASARCO, 458 US 307 (1982).

USC, caso *Woolworth*, Woolworth, 458 US 354, (1982).

USC, caso *Allied-Signal*, Allied-Signal, 504 US 768, (1992).

USC, caso *MeadWestvaco*, MeadWestvaco, 553 US 16, (2008).

USC, caso *Moorman*, Moorman Mfg. Co. v. Bair, 437 US 267, (1978).

USC, caso Wisconsin v. JC Penn, Wisconsin v. JC Penney Co., 311 US 435, (1940).

USC, caso *General Motors Corp.*, General Motors Corp. v. District of Columbia, 380 US 553, (1965).

Tribunal de Recurso da Califórnia, caso *John Deere*, John Deere, 38 Cal. 2d 214, (1951).

Tribunal de Recurso Fiscal de Nova Iorque, caso *Reuters Ltd.*, Reuters, Ltd. v. Tax Appeals Tribunal, 82 NY2d 112, (1993).

Tribunal de Recurso Federal dos EUA, Nono Circuito, acórdão *Altera*, *Altera Corp. v. Commissioner*, Nos. 16-70496, 16-70497. (9th Cir. junho 7, 2019).

Tribunal de Recurso Federal dos EUA, Nono Circuito, acórdão *Amazon*, *Amazon.com Inc.*

v. Commissioner, No. 17-72922. (9th Cir. agosto 16, 2019).

Jurisprudência de outros Tribunais

Cour Administrative d'Appel de França, decisão de 25/6/2008, proc. nº 06-2841, caso *Société Novartis Groupe France AS*

Conseil d'État de França, decisão de 13/10/2010, proc. nº 313440.

Cour de Cassation de França, Câmara Penal, caso *Rozenblum*, decisão de 4/2/1985, proc. nº 84-91.581.

Conseil d'État de França, decisão de 13/7/2010, proc. nº 313440.

Tribunal de Recurso de Antuérpia, Bélgica, decisão de 5/3/2019, proc. nº 2017/AR/1640.

Supremo Tribunal de Justiça Federal do Canadá, caso *GlaxoSmithKline Inc.*, decisão de 18/10/2012, proc. nº 33874.

Supremo Tribunal de Justiça de Ontário, Canadá, caso *Ford Motor Company of Canada, Limited v. Ontario Municipal Employees Retirement Board*, decisão de 22/01/2004, caso nº 98-CL-3075.

Tribunal Federal de Recurso, Canadá, caso *Cameco Corporation*, decisão de 26/06/2020, proc. nº 2020 FCA 112.

Tribunal Supremo de Espanha, Sala de lo Civil, decisão de 11/12/2015, proc. nº 695/2015.

Tribunal Constitucional Federal alemão, caso *Solange*, decisão de 22/10/1986, BVerfGE 73, 339 2 BvR 197/83.

Tribunal Constitucional Federal alemão, decisão de 15/12/2015, BVerfGE 141, 1-56, ECLI:DE:BVerfG:2015:ls20151215.2bvl000112.

Tribunal de Justiça Federal, Alemanha, caso *Autokran*, BGH, decisão de 16/9/1985 - II ZR 275/84, BGHZ, 95, 330.

Tribunal de Justiça Federal, Alemanha, caso *TBB*, BGH, decisão de 29/3/1993 - II ZR 265/91, BGHZ, 122, 123.

Tribunal de Justiça Federal, Alemanha, caso *Trihotel*, BGH, decisão de 16/7/2007 - II ZR 3/04, BGHZ, 173, 246.

Tribunal de Justiça Federal, Alemanha, caso *Bremer Vulkan*, BGH, decisão de 17/9/2001 - II ZR 178/99, BGHZ, 149, 10.

Tribunal de Justiça Federal, Alemanha, caso *KBV*, BGH, decisão de 24/6/2002 - I ZR 300/00, BGHZ 151, 181.

Tribunal Europeu dos Direitos do Homem, acórdão datado de 30/6/2005, caso *Bosphorus*, proc. nº 45036/98, ECLI:CE:ECHR:2005:0630JUD004503698.

Corte Constitucional de Itália, decisão de 22/10/2014, proc. nº 238/2014, ECLI:IT:COST:2014:238

Supremo Tribunal Administrativo da República Checa, decisão de 13/3/2013, proc. n.p 99/2012-52.

Tribunal de Segunda Instância de Zeeland-West Brabant, Países Baixos, 19/9/ 2017, proc. nº BRE-15_5683.

Tribunal Fiscal Nacional da Dinamarca, decisão de 24/10/2019, proc. nº 17-0989902.

Tribunal de Segunda Instância de Zurique, Suíça, decisão de 27/03/2001, proc. nº. 1 ST.1999.207.

Commissioners for Her Majesty's Revenue and Customs, Reino Unido, decisão de 31/3/2009, proc. nº TC00001.

ÍNDICE

AGRADECIMENTOS 9
RESUMO 11
ABSTRACT 13
LISTA DE SIGLAS E ABREVIATURAS 15
NOTA PRÉVIA 21
INTRODUÇÃO 23

PARTE I 29
CAPÍTULO I – A CRISE DO IRC EM CONTEXTO ABERTO: O FENÓMENO BEPS 31
1. O Estado fiscal 31
2. O Estado fiscal e a extrafiscalidade 34
3. O poder tributário e a inclusão do rendimento empresarial na base tributária 39
4. A crise do IRC e o fenómeno BEPS 43
5. O fenómeno BEPS e o seu impacto 55

CAPÍTULO II – JUSTIÇA FISCAL INTERNACIONAL 63
1. Justiça fiscal internacional e o IRC 63
2. Justiça fiscal internacional e eficiência na alocação de recursos internacionais 71
3. A eficiência na alocação de recursos internacionais como critério normativo insuficiente para uma análise de Justiça fiscal internacional 76
4. A intensificação de trocas comerciais no séc. XX e os primeiros esforços de regulação de distribuição justa dos direitos tributários entre Estados 79
5. Noções de Justiça fiscal internacional 84
5.1. A influência de PEGGY MUSGRAVE 84
5.2. Sistematizações posteriores: um resumo 89
6. Justiça internacional: que referencial? 92
6.1. Justiça internacional: a visão cosmopolita 94

6.2. Justiça internacional: a visão estatista 98
6.3. Justiça internacional e a superação da dicotomia cosmopolitismo--estatismo 101
7. Justiça internacional: entre unidade de Direito e pluralismo jurídico 106
8. Justiça internacional e Direito Fiscal 114
9. Justiça fiscal internacional e repartição de bases tributárias 118
9.1. A repartição de bases tributárias como resultado da fixação de jurisdição 118
9.2. A fixação de jurisdição orientada por critérios de Justiça internacional 123
10. Conclusão intermédia: uma proposta de noção de Justiça fiscal internacional e a sua aplicação 128

PARTE II 133

CAPÍTULO I – AS CAUSAS DO FENÓMENO BEPS E O IRC EM CONTEXTO ABERTO 135
1. Causas de BEPS: unidade de contexto, diversidade de regras, fragmentação social 135
2. A estrutura do IRC 135
2.1. Os três pilares do IRC 135
2.2. Os sete subpilares do IRC 139
3. O GMN e o seu enquadramento económico-funcional 143
4. O GMN e o seu enquadramento jurídico-fiscal 147
4.1. Regimes de tributação de grupos 147
4.2. Regimes de tributação de grupos transfronteiriços: a iniciativa CCCTB 153
4.3. Regimes de tributação de grupos transfronteiriços: uma realidade rara e limitada 157
5. O GMN e a estrutura de IRC 162
5.1. A atuação do GMN e a estrutura de IRC: a incidência na entidade empresarial 163
5.2. A atuação do GMN e a estrutura de IRC: o princípio da realização 172
6. O GMN e comportamentos de substituição 175
7. Comportamentos de substituição e contexto aberto 186

CAPÍTULO II – AS SOLUÇÕES PARA O FENÓMENO BEPS 189
1. O relevo do regime de preços de transferência e a tributação do GMN e o princípio da fonte e o princípio da residência 189
1.1. O regime de preços de transferência: uma breve descrição 190
1.2. O regime de preços de transferência e suas limitações 198
1.3. As limitações do regime dos preços de transferência e o projeto OCDE-BEPS 205
1.4. O regime de preços de transferência no projeto BEPS 210
1.5. O regime de preços de transferência após o projeto BEPS – comentário 218

2. As limitações metodológicas do regime de preços de transferência 227
3. Comportamentos de substituição e Direito Fiscal: o abuso em geral 231
4. Comportamentos de substituição e Direito Societário 240
4.1. O GMN e o regime dos grupos de sociedades no CSC 243
4.2. O GMN e o regime dos grupos de facto no CSC 251
4.3. O GMN e o regime das transações entre partes relacionadas 256
4.4. O GMN e instruções desvantajosas 259
4.5. A inaplicabilidade do regime de tutela de credores sociais ao fenómeno BEPS 261
4.6. A inaplicabilidade de compensação de desvantagens provocadas pelo fenómeno BEPS dentro do GMN 266
4.7. A *ultima ratio* – a desconsideração da personalidade jurídica no GMN? 270
5. Revisão judicial de abuso de preços transferência: as decisões do TGUE nos casos *FIAT, Starbucks e Apple* 278
5.1. O caso *FIAT* 279
5.2. O caso *Starbucks* 282
5.3. O caso *Apple* 287
5.4. Revisão judicial de regime de preços de transferência e ónus de prova 292
6. Conclusão intermédia: a insuficiência metodológica do regime de preços de transferência e a injustiça fiscal internacional 293

PARTE III 297

CAPÍTULO I – FÓRMULAS DE REPARTIÇÃO COMO REMÉDIO PARA O FENÓMENO BEPS 299
1. A fórmula de repartição como alternativa aos preços de transferência 299
2. O método FA em contexto fechado 307
2.1. O método FA nos EUA 307
2.2. O método FA no Canadá 309
2.3. O método FA na Confederação Helvética 310
2.4. O método FA e tributação local: os casos alemão e português 311
3. O método FA em contexto aberto 313
4. O método FA e as Diretrizes OCDE em matéria de preços de transferência 317
4.1. Análise "funções, ativos e riscos" e fatores de repartição: dois lados da mesma moeda 318
4.2. A repartição formulaica e o *profit split method* 324
5. Conclusão intermédia: o método FA como realizando Justiça fiscal internacional e diminuindo BEPS 329

CAPÍTULO II – UMA PROPOSTA DE FÓRMULA DE REPARTIÇÃO 331
1. FA: a escolha dos fatores 331

1.1. A fórmula multifator como imperativo jurídico 333
2. Os três fatores da fórmula e o seu reflexo nas manifestações contabilísticas empresariais 340
3. O fator "ativo" 345
3.1. A definição de ativo tangível 346
3.2. O tratamento dos ativos intangíveis 349
4. O fator "massa salarial" 355
5. O fator "receitas" 360
5.1. A definição do fator 362
5.2. A localização do fator 364
5.3. Receitas e ausência de estabelecimento estável 369

CAPÍTULO III – PROPOSTAS DE IMPLEMENTAÇÃO DE MÉTODO FA 373
1. Implementação do método FA: questões gerais 373
1.1. A atuação global do GMN e o método FA 373
1.2. A contabilidade separada e a necessidade de consolidação de contas do GMN 377
2. Propostas de implementação de método FA com base na contabilidade separada das entidades do GMN 380
3. Comentário às propostas de implementação de método FA apresentadas 387
4. Conclusões intermédia: princípios estruturantes de uma proposta 392

CAPÍTULO IV – A NOSSA PROPOSTA 395
1. Incidência subjetiva 395
2. Incidência objetiva 397
3. Rendimento repartível e responsabilidade tributária 400
4. Compatibilidade da nossa proposta com o regime da CMOCDE 402
4.1. O conceito de rendimento para efeitos da CMOCDE 403
4.2. O nexo tributável 405
4.3. A compatibilidade com o regime de preços de transferência 409
4.4. A dupla tributação e a dupla não tributação 420
4.5. A compatibilidade da nossa proposta com o *profit split method*: demonstração 422
5. A compatibilidade da nossa proposta com a estrutura do IRC 425
6. Apreciação final: a compatibilidade da nossa proposta com a Justiça fiscal internacional 428

CONCLUSÕES 433
BIBLIOGRAFIA CITADA 447
JURISPRUDÊNCIA CITADA 479

JURISPRUDÊNCIA DE DIREITO INTERNACIONAL GERAL 479
JURISPRUDÊNCIA NACIONAL PORTUGUESA 480
JURISPRUDÊNCIA ARBITRAL PORTUGUESA 480
JURISPRUDÊNCIA DA UE 481
JURISPRUDÊNCIA DOS EUA 482
JURISPRUDÊNCIA DE OUTROS TRIBUNAIS 483
ÍNDICE 485